Als Goethe
nach Uetersen schrieb

9783529026959

W0055686

Gräfin Christiane und
Graf Franz zu Stolberg-Stolberg zugeeignet

Als Goethe nach Uetersen schrieb

Das Leben der Conventualin
Augusta Louise Gräfin zu Stolberg–Stolberg

Von Elsa Plath-Langheinrich

KARL WACHHOLTZ VERLAG

Autorin und Verlag danken den Sponsoren

Adeliges Kloster Uetersen
Altonaer Wellpappenfabrik GmbH, Tornesch
data-jet-endlosdruck, Hamburg
Die Ministerin für Bildung, Wissenschaft, Jugend und Kultur
des Landes Schleswig-Holstein
Stora Papyrus Uetersen GmbH
Hotel im Rosarium Uetersen
Hatlapa Uetersener Maschinenfabrik GmbH & Co.
Kreissparkasse Pinneberg
Lavorenz, Foto – Bücher – Papier, Uetersen
Metallbau Breutigam GmbH, Uetersen
Nordmark Arzneimittel GmbH, Uetersen
Otto Riewesell Malerei, Autolackierungen, Uetersen
Peter Möller Bauunternehmung KG, Uetersen
Schleswig-Holsteinischer Heimatbund e. V.
Stadt Uetersen
Uetersener Eisenwerk GmbH & Co.

sowie den Spendern, die unbekannt bleiben möchten, für die großzügige
finanzielle Unterstützung, mit dem sie den Druck dieser
kulturgeschichtlichen Arbeit förderten.

Gedruckt auf Mediaprint seidenmatt – 90 g/m^2
ein Produkt der Stora Papyrus Uetersen GmbH

ISBN 3 529 02695 8

Vorwort zur 2. Auflage

Ein Buch, randvoll mit Kulturgeschichte des 18. Jahrhunderts, ist nach drei Jahren vergriffen und erfährt eine Neuauflage – nein, dieser für die Autorin beglückende Tatbestand ist nicht selbstverständlich! Zuallererst sei darum Dank gesagt all meinen Leserinnen und Lesern, die dieses Ereignis haben zustande kommen lassen, indem sie, sei es durch eigene Lektüre oder den Besuch einer meiner zahlreichen Autorenlesungen, Gustchen Stolberg liebgewannen und anderen von ihr erzählten. Und so lernte Goethes Gustchen, zu Lebzeiten niemals weiter als – aus Anlaß eines Kuraufenthaltes in Bad Pyrmont – bis zum Weserbergland gekommen, innerhalb dieser drei Jahre an der Hand ihrer im 20. Jahrhundert gewonnenen Freunde nicht nur alle deutschen Landschaften mit Städten und Dörfern kennen, sondern gelangte bis nach Italien: *La vita di Augusta Louise zu Stolberg-Stolberg e la fondazione nobiliare di Uetersen* lautet das Thema, mit dem die Germanistin Isabella Giuseppina Rossi im Februar dieses Jahres an der Universität Verona zum Doktor promovierte. Doch für Gustchen Stolberg Verehrende ist dies nicht die einzige interessante Begebenheit, die sich nach Erscheinen ihrer Biographie zugetragen hat: Im September 1992 kamen in Basel die elf der seither unter der Bezeichnung *ehemals Sammlung Brockhaus* in

Privatbesitz befindlichen Briefe Goethes an Gräfin Augusta zur Auktion, ausgerufen mit 350 000 Schweizer Franken. Mit Hilfe der *Kulturstiftung der Länder* sowie privater Förderer konnte das Freie Deutsche Hochstift – Frankfurter Goethe-Museum diese Autographen erwerben und erfuhr mit diesen Schätzen, unter ihnen des Dichters für Augusta angefertigte Zeichnung seines Frankfurter Arbeitszimmers (S. 143) sowie der ergreifende Altersbrief aus dem Jahre 1823 (S. 333/34), die wichtigste Ergänzung seines Handschriftenarchives seit Jahrzehnten. Des weiteren kann mitgeteilt werden, daß sich Goethes Briefe an Augusta, Insel-Bücherei Nr. 1015, vom Herausgeber Dr. Jürgen Behrens mit neuem Kommentar versehen, in Neuauflage präsentieren – in der hier vorliegenden Biographie sind die Briefe nur in Auszügen enthalten. Nicht vorenthalten möchte ich auch ein weiteres, mir bislang unbekannt gebliebenes vom Kieler Maler Joh. Ludwig Hansen herstammendes Portrait der 75jährigen Augusta aus dem Gräflich Bernstorffschen Familienalbum. Dank dafür, daß ich es erhalten habe und veröffentlichen darf!

Die Zeiten, in denen sich eine zweite Auflage als *revidiert* einführte, sind leider vorbei. Ich bitte darum meine Leserschaft, die auf der bisher leer gewesenen Seite 338 aufgelisteten Druckfehler und Ergänzungen berücksichtigen zu wollen. Ferner bitte ich um Verständnis dafür, daß ich ins Vorwort nun einbinde – aus Platzgründen leider sehr verkürzt –, womit ich das Kapitel *Gustchen und die*

Musik aufgrund neugewonnener Erkenntnisse gerne erweitern würde: Die musikalischen Kontakte zwischen dem Uetersener Klosterfräulein und dem Berliner Hofkapellmeister Reichardt müssen weit intensiver gewesen sein, als dieses sich in meinen Quellen darstellte, denn so schreibt Dietrich Fischer-Dieskau, dem ich für seine weiteren Bemühungen in dieser Angelegenheit herzlich danke, in seiner Reichardt-Biographie *Weil nicht alle Blütenträume reiften: ...Reichardt (bringt) 1755 . . . die „Gesänge für's schöne Geschlecht" heraus, deren Dichterinnen und Komponistinnen nur in drei Fällen erwähnt werden: Anna Amalia, Herzogin von Sachsen Weimar, Gräfin Stolberg und Juliane Benda, Reichardts spätere Frau.* Und im charmanten Vorwort der erwähnten Liedersammlung heißt es dann: *Kennt man denn nicht Frauen und Mädchen, die die Einsamkeit lieben und die in ihrer einsamen Zelle Pult und Clavier haben und Lieder dichten und componieren und singen können? Haben wir denn keine Amalien, keine Gräfin Stolberg, keine Juliane Benda?* Es besteht kein Zweifel: Hier ist Augusta gemeint, die der 22jährige Reichardt in Hamburg, also außerhalb ihrer *einsamen Zelle,* soeben kennengelernt hatte. Aber welche der 53 Kompositionen seiner Liedersammlung an *Pult und Clavier* der hochmusikalischen Conventualin entstanden sind, behielt Johann Friedrich Reichardt leider leider für sich.

Ja, Gräfin Augusta war hochmusikalisch, und ich bin Frauke Lühning in Schleswig zu großem Dank verbunden dafür, daß sie für mich übersetzte, was sie in *Frederikke Brun fodt Münter og hendes Kreds hjemme og ude* von Louis Bobé fand: Gräfin Augusta war seit drei Jahren die Gemahlin des verwitweten Staatsministers Bernstorff, als ihr Kopenhagener Freundeskreis beschloß, J. A. P. Schulz' Oper *Athalie* einzustudieren. Frau Brun erzählt: *Die einzelnen Rollen wurden an verschiedene Dilettanten des Bernstorffschen Kreises verteilt. Athalies Partie übernahm Antonie Forster (eine Schwester des Weltumseglers Georg Forster), die Lehrerin bei A. P. Bernstorffs Kindern war. Gräfin Augusta Bernstorff war Josabeth, andere Partien wurden von ihren Kindern gesungen . . . Die Aufführung zeichnete sich durch eine für Dilettanten seltene Gewandtheit in Intonation und Vortrag aus. Besonders wurden Gräfin Bernstorffs und Fräulein Forsters Darbietungen als wirkliche Kunst hervorgehoben . . . Der Kronprinz und alle Diplomaten waren zugegen, die Oper wurde zweimal gegeben. Die ganze Stadt sprach von dieser Begebenheit. Durch die Aufführung . . . wurde das Interesse für Schulz' Musik erst eigentlich geweckt . . . Und dies gab Veranlassung dazu, daß man mit dem Komponisten Verhandlungen einleitete, den vakanten Platz als Kapellmeister zu übernehmen, was denn auch zu seiner Berufung und Anstellung führte . . .*

Die neu hinzugekommenen Leserinnen und Leser habe ich nun mit Informationen überfallen, die sie, da sie die Geschichte der Uetersener Conventualin ja noch gar nicht kennen, gar nicht einzuordnen vermögen. Ich bitte um Verständnis, so verfahren zu haben, und empfehle, dieses Vorwort noch einmal, nämlich als Nachwort, zu lesen!

Uetersen, im September 1993   Elsa Plath-Langheinrich

Zum Geleit

Zahlreich und mannigfaltig sind die Fäden, die Johann Wolfgang von Goethe mit den Zwillingslanden Schleswig und Holstein verknüpfen. In diesem Buche wird von der einzigartigen Beziehung zwischen der kleinen Stadt Uetersen und dem berühmten Dichter erzählt.

Sowohl im 18. als im 19. Jahrhundert fehlte es im deutschen Norden keineswegs an bedeutenden Menschen, die Goethe auf die eine oder andere Weise nahestanden, und im Laufe seines langen Lebens erhielt er darum manche freundliche Aufforderung das Land zwischen den Meeren zu besuchen. Die frühestbekannte und bis heute erhaltene Einladung, die in Holstein zu Papier gebracht wurde, um Goethe nach Nordelbien zu holen, wurde am 9. Dezember 1775 im unweit Hamburgs gelegenen Kloster Uetersen geschrieben.

Hier war damals eine junge Frau zu Hause, die sich seit einem Jahr mit dem Verfasser des *Werther* im Briefwechsel befand und ihn, den gefeierten Autor, sehnlichst persönlich kennenzulernen wünschte. Im Rückblick auf jene Zeit bekannte sie fast fünfzig Jahre später, als sie beide das achte Lebensjahrzehnt vor sich sahen, dem inzwischen zu höchstem Ruhme aufgestiegenen Dichter: *Als wir uns schrieben, war ich eins der glücklichsten Geschöpfe auf Erden, wie reich war ich . . .* Die Blätter, die die Handschrift des jungen Goethe trugen, waren ihr teuer, sie hütete diese Zeugnisse gemeinsam durchwanderter Lebenszeit wie einen kostbaren Schatz, ja wie ein Heiligtum: *Ich las in diesen Tagen wieder einmal alle Ihre Briefe nach – the Songs of other times – die Harfe von Selma ertönte – Sie waren der kleinen Stolberg sehr gut – und ich Ihnen auch so herzlich gut – das kann nicht untergehen – muß aber für die Ewigkeit bestehen – diese unsre Freundschaft – die Blüthe in unsrer Jugend, muß Früchte für die Ewigkeit tragen, dachte ich oft – und so ergriff es mich beym Lesen Ihrer Briefe, und so nahm ich die Feder . . .*

Die Geschichte der *kleinen Stolberg*, die den Verfasser des *Werther* durch ihre Briefe so zu fesseln verstand, daß er sie während eines wichtigen Lebensabschnittes zu seiner Vertrauten machte, ist noch nirgends umfassend dargestellt worden. Mit kurzen biographischen Skizzen nur ist Goethes Jugendfreundin überall dort zu Gast, wo die das 18. Jahrhundert sowohl in Politik als Geistesgeschichte nachhaltig prägenden Persönlichkeiten ihrer Familie und ihres Freundeskreises literarische Würdigung erfahren haben. Indem dieses Buch nun von der *kleinen Stolberg* erzählt, die dreizehn Jahre ihres Lebens im Kloster Uetersen zubrachte, schließt es nicht nur eine Lücke, sondern läßt gleichzeitig einen ‚weißen Fleck' in Schleswig-Holsteins Kulturgeschichte farbig werden: Über die Damenstifte der eingesessenen Ritterschaft, zu denen Uetersens Kloster zählt, und über den Alltag, den Frauen unterschiedlichen Alters in früheren Zeiten dort verlebten, ist kaum etwas bekannt. Hier gibt es vieles nachzuholen; die Frage, wie es denn möglich war, daß eine Nonne mit dem jungen Goethe korrespondierte und später das Kloster wegen Heirat verließ, wird gar nicht so selten gestellt.

Augusta Louise Gräfin zu Stolberg-Stolberg, Conventualin des Adeligen Klosters Uetersen, war die Empfängerin von Briefen, die zu dem Schönsten gehören, das aus des jungen Goethe Feder floß, und die zu den bedeutendsten Dokumenten des Sturm und Drang gezählt werden. Gräfin Augusta, Angehörige eines seit 1210 urkundlich bekannten, im Harz ansässigen reichsunmittelbaren Grafenhauses – dieses teilte sich 1645 in die Linien Stolberg-Wernigerode und Stolberg-Stolberg und spaltete sich später noch einmal auf in die Linien Stolberg-Roßla und Stolberg-Gedern –, wurde in ihrem Kreise zeitlebens unter dem Namen geschätzt, verehrt und geliebt, den die Familie ihr im Kindesalter gegeben hatte: ... *und bleibe ohn Unterschied das Gustchen Stolberg, das Sie kennen*... (78), schrieb sie im Oktober 1776 einem ihrer Freunde. Unter diesem Namen wird Uetersens prominente Conventualin, die als *Goethes Gustchen* in die deutsche Literaturgeschichte einging, auch Ihnen, liebe Leserinnen, liebe Leser, auf den Seiten dieses Buches gegenübertreten und vertraut werden. Eine verbindliche Rechtschreibung im heutigen Sinne kannte man damals noch nicht. Goethe, der *Herzgen*, *Mädgen* und *Liedgen* schrieb, redete sie mit *Gustgen* an.

Die Briefe, die aus Uetersens Kloster nach Weimar oder Frankfurt gingen, sind nicht mehr vorhanden. Immer wieder trennte sich Goethe von den schriftlichen Zeugnissen abgeschlossener Lebensperioden, spätestens beim *großen Autodafé* vom Juli des Jahres 1797, als er am Vorabend seiner dritten Reise in die Schweiz sein Testament abfaßte und alle bis 1792 empfangenen Briefe vernichtete, gingen auch die Blätter aus Uetersen in Flammen auf.

Doch obwohl die Schreiben, die der junge Dichter von Gustchen Stolberg erhielt, nicht mehr aufzufinden sind, lebt die hier vorgelegte Biographie von ihren Selbstzeugnissen: Freunde und Geschwister – und sodann deren Nachkommen – haben manche ihrer Episteln bewahrt. Aus diesen Schätzen, heute wohlgehüteter Besitz von Bibliotheken und Archiven, wird die Uetersener Conventualin unmittelbar zu Ihnen, den Lesern dieses Buches, sprechen. Die einem solchen Zitat hintangestellte Zahl bezieht sich auf die Numerierung des Autographen-Verzeichnisses, das sich – nebst Stammtafeln, Archiv-, Bild- und Literaturnachweis, dem Register und einer Chronik – im Anhang dieses Buches befindet, und ermöglicht das Auffinden der Quelle. Wird Gustchens wörtliche Rede durch begleitenden Text der Autorin unterbrochen, so steht die Quellenangabe am Ende des jeweils letzten Zitat-Teilstückes; sie erübrigt sich, wenn die Daten des verwendeten Schriftstückes in das Erzählte hineingeflochten sind. Das von mir erstellte Verzeichnis erfaßt sämtliche zur Zeit bekannten gedruckten und ungedruckten Schriftstücke der Conventualin Stolberg – also alle Schreiben ihrer Hand, die bis zu ihrer Verheiratung entstanden. Es ist recht gut möglich, daß sich in manchen Privatarchiven noch weitere Briefe aus ihrer Jugend befinden: Ach, trüge dieses Buch doch dazu bei, nicht nur diese aufzuspüren, sondern auch solche, die s i e , Gustchen, von Geschwistern und Freunden empfangen hat! Außer denen, die Goethe an sie schrieb, ist mir nur ein einziger dieser Kategorie bekannt geworden.

Obgleich auf genauester Auswertung historischer Quellen beruhend, ist dieses Buch keine wissenschaftliche Abhandlung, sondern für jedermann be-

8

stimmt. Des besseren Verständnisses wegen wurden aus diesem Grunde Augustas sehr eigenwillige Abkürzungen zu vollen Worten ergänzt sowie ihre spontane, willkürliche und zufällige Orthographie und Interpunktion an manchen Stellen behutsam modernisiert.

Wie ist es zu diesem Buche gekommen? Weil diese Frage immer wieder an mich herangetragen wird, will ich sie im folgenden kurz beantworten. Als ich, an der Seite meines Mannes, vor mehr als 30 Jahren nach Uetersen kam, war mir die Tatsache des Briefwechsels zwischen Augusta Stolberg und dem jungen Goethe nur sehr schemenhaft bekannt. Doch alle Wißbegierde stieß damals sehr schnell an ihre Grenzen, nicht nur in Uetersen war über Goethes Gustchen wenig zu erfahren!

Wie ein Blitz am dunklen Nachthimmel die rings umgebende Schwärze ganz plötzlich mit Licht überflutet, erhellte das 1957 erschienene Jahrbuch der Goethe-Gesellschaft, mir leihweise übergeben, mit einem Male die mir vorher so trostlose Finsternis: Auf 57 Seiten veröffentlichte und kommentierte Professor Detlev Schumann hier Briefe Augusta Stolbergs an Geschwister und Freunde aus ihrer Klosterzeit. Nach ausgiebiger Lektüre war zwar mein Heißhunger gestillt, aber der Appetit größer als je zuvor.

. . . aber leider, man kann nicht immer denselben Augenblick waß man will, und, thut nicht immer, waß man kann − . . . (139), schrieb Gustchen gegen Ende ihrer Uetersener Jahre einem ihrer Freunde − und wer teilt diese Erfahrung nicht? So zogen denn beinahe 25 Jahre ins Land, bis ich mich aus Anlaß des damals bevorstehenden Uetersener Stadtjubiläums intensiv mit der Historie des Ortes befaßte, der einst das Zuhause von Goethes Gustchen war. Damals begann ich die Reihe meiner literarischen Veröffentlichungen, die, „Uetersensien" geheißen, die Vergangenheit von Kirche und Kloster lebendig machten und zugunsten unserer großen kirchenmusikalischen Aufführungen verkauft wurden.

Nachdem ich durch Lesen, Sichten und Korrespondenz umfangreiche Kenntnisse über die schleswig-holsteinischen Klöster erworben hatte, begab ich mich, um die begonnene Reihe mit einer Studie über Uetersens prominente Conventualin fortsetzen zu können und damit einen langgehegten Wunsch in die Tat umzusetzen, im Sommer 1985 für vier Tage dorthin, wo die Briefe lagen, die ich 1958 kennengelernt hatte: ins Kopenhagener Reichsarchiv. Hier begegnete man meinem Vorhaben mit allergrößter Aufgeschlossenheit und erwies mir jede nur denkbare Hilfe. Der damalige Besuch blieb nicht der einzige. Fasziniert von den vergilbten Papieren des Stolbergschen Freundes- und Familienkreises, die von einer jungen Frau erzählen, die einst im Uetersener Kloster lebte und dort glücklich war, vergrub ich mich zunehmend, sowohl in Dänemark als in Holstein, im 18. Jahrhundert: Aus dem vorgesehenen Bändchen wurde dieses umfangreiche Buch.

Auf dem weiten Weg zu diesem nunmehr erreichten Ziel ist mir vielfältige Hilfe zuteil geworden, und ich stehe in großer Schuld. Mein besonderer Dank gilt Dr. Jürgen Behrens, Kustos des Freien Deutschen Hochstiftes Frankfurter Goethe-Museum, der mir zu jeder Zeit mit fachkundigem Rat zur Seite stand und das Entstehen dieses Buches von seinen kleinsten Anfängen bis zu seiner

Vollendung begleitete; daß ich nicht auf halbem Wege stehenblieb, verdanke ich seiner Förderung. Ein ebenso großer und herzlicher Dank gebührt Frau Oberstudienrätin Ingeborg Uecker in Uetersen. Ihre unermüdliche, selbstlose und zuverlässige Mitarbeit und ihre ständige Anteilnahme am Aufspüren der Lebensgeschichte Augusta Stolbergs haben mir unendlich viel geholfen. Dankbar nenne ich hier auch den Namen meiner Mutter Elisabeth Langheinrich in Gersfeld, die mir, insbesondere beim Erstellen des Registers, unschätzbare Dienste leistete. Maßgeblichen Anteil an dem Werden der hier vorliegenden Arbeit, die von der Schwester seines Ururahns Friedrich Leopold erzählt, hat Franz Graf zu Stolberg-Stolberg in Wiesbaden und, nicht minder, seine Frau; die dem Buche vorangestellte Widmung ist Ausdruck des Dankes für gewährtes Vertrauen und nie ermüdende freundschaftliche Hilfeleistung und spricht für sich. Dankbar verbunden bin ich auch Frau Elli Messing in Dreilützow – einem der Schauplätze dieses Buches –, Andreas Peter Graf von Bernstorff auf Gartow und Christoph von Bethmann-Hollweg auf Altenhof, die meiner Unternehmung sofort das rührigste Interesse entgegenbrachten. Ohne ihre stete Hilfsbereitschaft und den daraus erwachsenen zeitaufwendigen Einsatz hätte ich wichtige Informationen niemals erlangt. In ähnlicher Weise erhielt ich überaus wertvolle Unterstützung durch Rose-Maria und Dr. Klaus Hurlebusch, Dr. Helmut Riege und Rainer Schmidt von der Klopstock-Arbeitsstelle der Staats- und Universitätsbibliothek Hamburg Carl von Ossietzky, und ich schließe sie in das vorher Gesagte ein. Mein aufrichtiger Dank gilt sodann dem Uetersener Klosterprobsten Ernst Günther Graf von Luckner und seiner Frau. Ohne das mir von ihnen beiden entgegengebrachte Vertrauen, das mir zu jeder Zeit die Arbeit im Archiv des Klosters ermöglichte, hätte ich dieses Buch nicht schreiben können. Allen Leitern, Mitarbeitern und privaten Besitzern der Archive, die das Archivverzeichnis nennt, sei an dieser Stelle gedankt für alle Hilfen, die sie mir gaben sowie für die Bereitwilligkeit, mit der sie mir sowohl die Benutzung als die Veröffentlichung ihrer Autographen gestatteten; hier zeige ich mich auch allen im Bildnachweis aufgeführten Museen und Bibliotheken, die mir Bilder aus ihrem Besitz zur Verfügung stellten, erkenntlich. Besonderen Dank bin ich schuldig Prof. Dr. Jörn Göres, Direktor des Goethe-Museums Düsseldorf, und der dortigen Dipl.-Bibliothekarin Regine Zeller, Dr. Ludwig Baron Döry, Kustos am Historischen Museum Frankfurt am Main, Dr. H. Rohlfing, Leiter der Handschriftenabteilung der Niedersächsischen Staats- und Universitätsbibliothek Göttingen, Prof. Dr. Dieter Lohmeier, Direktor der Schleswig-Holsteinischen Landesbiliothek Kiel, sowie Dr. Renate Paczkowski, dortige Kustodin, Archivdirektor Prof. Wolfgang Prange vom Landesarchiv Schleswig-Holstein in Schleswig und Dr. Dieter Eckardt, Direktor des Goethe-Nationalmuseums Weimar. Herzlichen Dank sage ich auch Marianne Ayanoglu, Christa Fausch, Michael Haase, Wolfgang Hirsch und Rosemarie Sellmer von der Stadtbücherei Uetersen. Ihr fortwährender Einsatz machte mir meine Arbeit um vieles leichter.

Bei der Gestaltung dieses Buches setzte ich auf freundschaftlichen Beistand und wurde nicht enttäuscht: Fini Frank, Gerda Rohde, Dieter Göhler, Dr. Hans Herbert Henningsen, allesamt in Uetersen, sowie Dr. Jean Lefebvre in Quickborn stellten mir ihr Können in uneigennütziger Weise zur Verfügung, als ich

sie darum bat; ebenso meine Tochter Ulrike und mein Bruder Hans Langheinrich in Leonberg. Ihnen allen bekunde ich hiermit meinen Dank.

Ohne die Vielzahl kleiner und großer Hinweise, Auskünfte und praktischer
Hilfeleistungen, die ich vier Jahre hindurch erhielt, wäre dieses Buch, so wie es
nun vorliegt, schwerlich zustande gekommen, den im folgenden Genannten bin
ich zu großem Dank verpflichtet: Wiltrud Ammann, Frankfurt/Main; Andreas
Graf von Bernstorff, Celle; Bechtold Graf von Bernstorff, sen. Fam., Hamburg-
Blankenese; Carl Johann Graf von Bernstorff-Gyldensteen auf Gyldensteen/
Fünen; Sybille Gräfin von Bernstorff, Bentheim; Cay von Bethmann-Hollweg
auf Jersbek; Renke Borchert, Tornesch; Luise Braeuer, Berlin-Schlachtensee; Ot-
tilie von Buchwaldt auf Helmstorf i. H.; Frau Priörin Irmela Gräfin von Brock-
torff, Adeliges Kloster Preetz; Dr. Ernst Coester, Mönchengladbach; Jobst von
Dewitz gen. von Krebs, Bremen; Andreas Fründt, Uetersen; Dr. Hajo Hartung,
Pinneberg; Dr. Hans Kaußler, Erlenbach/Franken; Rosmarie Gräfin von Kiel-
mansegg auf Seestermühe; ev.-luth. Kirchengemeinde Bad Bramstedt; ev.-luth.
Kirchengemeinde Hamburg-Wandsbek; Frau Priörin Gerda Baronin von
Löwenstern, Adeliges Kloster St. Johannis vor Schleswig; Dr. Hubertus Neu-
schäffer, Plön; Almuth Nölting, Bergedorf; Dr. Manfred Peters, Pinneberg; El-
len Poulsen, Frederiksborg; Frau Äbtissin Henriette Gräfin zu Rantzau, Adeli-
ges Kloster Itzehoe; Kuno Graf zu Rantzau auf Rastorf i. H.; Familie Graf zu
Rantzau auf Breitenburg i. H.; Elmar Graf von Reventlow auf Rudbjerggaard/
Seeland; Friedrich Graf von Reventlow auf Wittenberg i. H.; Ove Graf von
Reventlow-Mourier auf Brahetrolleborg/Fünen; Cai Asmus von Rumohr auf
Drült; Ilse Rusch, Neuendeich; Carl Gustav Graf von Scheel-Plessen auf Sier-
hagen; Birte Gräfin von Schimmelmann auf Lindenborg; Sr. M. Pia Schindele,
Ocist. Abtei Lichtenthal/Baden; Dr. Hartmut Schmidt, Bielefeld; Renata Prin-
zessin von Schönaich-Carolath auf Haseldorf; Prof. Dr. Detlev Schumann, Pro-
vidence/USA, †; Dr. Wolfgang Siebke, Claudius-Gesellschaft e. V. Hamburg-
Wandsbek; Elisabeth Gräfin zu Stolberg-Stolberg auf Hasselburg; Prof. Dr.
Erich Trunz, Kiel; Frau Dekanesse A. Wichfeld, Schloß Vallø/Seeland; Viola
Baronin von Witzleben, Hude; Henry Baron von Witzleben, Palo Alto/USA.

Goethes Briefe an die Conventualin Stolberg, seit 1839 insgesamt sechsmal in
Buchform veröffentlicht, werden im hier vorliegenden Buche bis auf wenige
Ausnahmen nur auszugsweise wiedergegeben. Der Abdruck des Textes erfolgt
nach der im Jahre 1983 in der Insel-Bücherei erschienenen und von Jürgen Behrens besorgten Neuausgabe; dem Verlag, der mir dazu die Genehmigung erteilte, herzlichen Dank. Gleichermaßen verpflichtet bin ich dem Verlag Georg
Olms in Hildesheim, der mir aus seinem 1975 erschienenen Reprint-Druck der
1896 von Max Friedländer herausgegebenen Sammlung Gedichte von Goethe in
Compositionen seiner Zeitgenossen die Wiedergabe des Liedes Ihr verblühet,
süße Rosen gestattete. An dieser Stelle danke ich auch dem Verlag Karl Wachholtz, der in sehr großzügiger Weise auf meine Wünsche und Vorstellungen einging, sowie den Foto-Ateliers Lavorenz und Schweim, beide Uetersen, die mir
beim Erstellen des Bildmaterials behilflich waren.

Informationen, sach- und fachkundigen Rat, mir zur Verfügung gestellte Bilder und Dokumente, praktische Hilfeleistungen sowie eigene Erkenntnisse hät-

te ich jedoch niemals zu einem Ganzen verbinden können, wäre mir nicht in meinem allernächsten Umfeld alle nur mögliche Unterstützung zuteil geworden, als sich das Lesen, Nachforschen, Recherchieren und Schreiben von einer kleinen interessanten Freizeitbeschäftigung unversehens zu einem zeit-, kräfte- und platzaufwendigen Betätigungsfeld ausdehnte, das die vorhandenen Nischen sprengte. Darum gilt, nächst meinem Geschwister- und Freundeskreis, der meinem Rückzug aus mancher sonst geübten Gemeinsamkeit mit großem Verständnis begegnete, mein großer, allumfassender und herzlicher Dank meinem Mann und meinen drei Kindern Klaus, Ulrike und Eilika. Sie haben meine Arbeit an diesem Buche durch ständige Rücksichtnahme und mit kleinen und großen Diensten auf jede nur denkbare Art unterstützt und mit liebevoller Nachsicht meinen fast täglichen Aufenthalt im 18. Jahrhundert ertragen – besonders in den letzten Monaten, als der Tageslauf der Familie fast völlig von Gustchen bestimmt wurde. In diese Danksagung binde ich nun auch Frau Käthe Plath in Stade, meine Schwiegermutter, ein, die gleichsam den Grundstein zu der nun vorliegenden Biographie Augusta Stolbergs legte: Sie war es, die mir vor dreißig Jahren das genannte Jahrbuch der Goethe-Gesellschaft überließ. Die Frauengestalt, die sie mir dadurch kennzulernen ermöglichte und deren außerordentlich reichem Leben mir dann nachzuspüren vergönnt war, ist mir innerhalb der jahrelangen Arbeit, die diese Publikation mit sich brachte, sehr, sehr lieb geworden. Ich wollte, ich hätte Gustchen gekannt.

Uetersen, im Juli 1989   Elsa Plath-Langheinrich

12

Inhaltsverzeichnis

Briefe 15
Das „Adeliche Jungfrauen Closter zu Ütersen" 21
Schleswig-Holstein, Dänemark, die Bernstorffs und Uetersen 29

1753—1766

Augustas Kindheit 36
Gustchen erhält einen Klosterplatz 47
Gustchen wird eine Conventualin 55

1767—1769

Gustchen und die Uetersener Priörin-Wahl des Jahres 1769 62

1770

Aufbruch 66
Gustchen trifft in Uetersen ein 69
Uetersen – der Ort, für den Gustchen zur Obrigkeit gehörte 78

1771—1774

Gustchen und der damalige Uetersener Nahverkehr 88
Gustchens Freunde in Hamburg und Altona 93
„ . . . wie ich den Tag zubringe, will ich Ihnen sagen . . ." 103
Gustchen und ihre Göttinger Dichterfreunde 109
Gustchens Freundschaft mit Heinrich Christian Boie 121
„Göthe muß ein trefflicher Mann seyn!
. . . ich mögte ihn wohl kennen . . ." 126

1775

Silhouetten 131
Gustchens Wohnung 136
Gustchens Haushalt 144
Metta von Oberg, die „innige Freundin" 151
Gustchen und die Musik 157
Reisen 170
Lili 181
Schloß Bernstorff auf Seeland 186
Gustchen, eine „Schlafmütze"? 195
„Wann kommst Du nach Hamburg?" 206
„ . . . sonst wäre er mit nach Hamburg gekommen . . ." 222

1776

Weimars ‚lustige Zeit' 231
„Kranck, Gustgen! dem Todte nah!" 233
Gustchen und der Mai 240

1777

Vom Landweg nach Uetersen und allerhand Ämtern und Diensten zu
Uetersen, Eutin und Weimar 249
Gustchens „Revenüen" 263
Gustchens Geschwister 272

1778

Die Klosterordnung 285

1779

Ein Uetersener Ausflugsziel im Wandel von zweihundert Jahren . . . 293

1780

Nachlese eines Jahrzehnts 298

1781/82

Gustchens Priörinnen 311

1783

Gustchen verläßt das Kloster Uetersen 317

1783–1835

Augusta Louise Gräfin von Bernstorff 328

Anhang

Chronik 339
Archivverzeichnis 349
Gedruckte Quellen und Forschungsliteratur 350
Tabellarisches Verzeichnis 354
Personen- und Ortsregister 359
Bildnachweis 374
Stammtafeln 375

Briefe

Das Zeitalter, in dem Gustchen Stolberg und Johann Wolfgang Goethe jung waren, ging als das *Jahrhundert des Briefes* in die Kulturgeschichte ein. Die mit Siegellack verschlossenen und von rumpelnden Postkutschen beförderten Papiere entwickelten sich damals von der kurzen Mitteilung persönlicher Dinge zur literarischen Kunstform. Wie es um das Briefeschreiben bestellt war, zeigen die Worte, mit denen der auf Gartow im Lüneburgischen ansässige Edelmann Andreas Gottlieb von Bernstorff seinem Sohne Andreas Peter auftrug, während seiner Studienreise durch Deutschland, Österreich und Italien das gut ausgebaute Postnetz einmal wöchentlich zu nutzen. Man schrieb das Jahr 1755, die damals üblichen Briefbögen umfaßten vier Quartseiten: *Du sollst sie von oben bis unten füllen; Stoff dazu kann Dir nicht fehlen; wenn Du mir nichts Wichtiges zu erzählen hast, sag mir, wie es Dir geht, ob Du dick oder mager wirst, wofür Du Dich interessierst, und womit Du Dich unterhältst, wie Du Deine Zeit einteilst, welche Gesellschaft, welche Wünsche und Pläne Du hast ...*

Ein Tintenfaß, das durch einen an seiner Unterseite fest angebrachten Dorn sicher im Erdreich zu verankern war, machte vom Schreibtisch unabhängig. Nun war es möglich, Gedanken und Empfindungen sowie Erlebtes und Geschautes überall und jederzeit niederzuschreiben, und namentlich solche Briefe, das wußte auch der Absender, waren mehr als nur ein Lebenszeichen für die Daheimgebliebenen. Das Vorlesen der von Freunden oder Verwandten eingetroffenen Post war eine beliebte Unterhaltung bei in kleinem Kreise stattfindenden Nachmittags- und Abendgesellschaften, zu denen man sich sommers in sein Garten- oder Teehaus zurückzog. Besonders interessante Briefe wurden, bevor man sie im Familienarchiv ablegte, nicht nur handschriftlich kopiert und weitergegeben, sondern in einem der zahlreichen Journale – mitunter ohne Wissen des Verfassers – abgedruckt.

Doch um sich gegenseitig Briefe zu schreiben, bedurfte es nicht der Reisen. Die Menschen des 18. Jahrhunderts traten sich mit großer Offenheit gegenüber, und niemals war es leichter als damals, Freunde zu gewinnen. Hatten sich gleichgesinnte Seelen gefunden, dann war die Post das Mittel, um die Freundschaft auch über weite Entfernungen zu pflegen. Das Zueinanderkommen, immer noch nur mittels Pferd und Wagen möglich, war ja nicht nur zeit- und kostenaufwendig, sondern auch äußerst mühselig.

Briefpapier und Feder verhalfen auch Gelehrten und Wissenschaftlern zu gegenseitigem Gedankenaustausch. Matthias Claudius, als Dichter des Abendgesanges *Der Mond ist aufgegangen* der heutigen lied-verstummten Zeit dennoch geläufig, gewann auf diese Weise vom kleinen holsteinischen Flecken Wandsbek aus den Kontakt zu den Philosophen seiner Zeit. Kam es vor, daß er aus Königsberg Briefe empfing, deren Inhalt, zur wissenschaftlichen Abhandlung geraten, er nicht zu folgen vermochte, so störte sich sein schlichtes Gemüt daran nicht: *Von Hamann habe ich diesen Winter verschiedene Briefe gehabt, die ich alle gelesen, aber versteht sich, nicht verstanden habe. Indeß versteht man doch hie und da ein halbes Wort, und wer hat es denn gesagt, daß man alle Briefe*

Teehaus im Garten
der Priörin zu Uetersen

verstehen soll, die man lieset? Ob es Gustchen Stolberg mit den seinen nicht genauso erging, bleibt freilich offen: *... neulich kriege ich einen Englischen Brief von Ihm ganz unerwartet ganz Claudiisch ...* (24).

Nunmehr ist ein Personenkreis angesprochen, der wie kein zweiter dazu beitrug, die Briefkultur auch im deutsch-dänischen Norden zur Blüte zu bringen. Überquellende Archive in Kopenhagen, Schleswig und anderswo zeugen davon, mit welcher Leidenschaft der Klopstocksche Freundeskreis, zu dem Claudius zählte, und die mit diesem verbundenen, miteinander verschwägerten oder befreundeten Familien der Schimmelmanns, Reventlows, Bernstorffs und Stolbergs das Briefeschreiben betrieben. Schon die Zeitgenossen verharrten staunend vor den Leistungen, die letztere auf diesem Gebiete, sowohl qualitativ als quantitativ, hervorbrachten: *Die Stolbergs! Sie liegen am Briefschreiben recht krank darnieder!* In jener schreibseligen Zeit verging ein Drittel des Lebens am Schreibtisch – doch Gustchens Mutter, Gräfin Christiane Stolberg, wird mit dieser Zeit nicht ausgekommen sein. Wie sie ihren beiden Söhnen Christian und Friedrich Leopold mitteilte, erhielt sie am 17. März des Jahres 1771, einem der beiden wöchentlichen Posttage, zweiundzwanzig Briefe, *... auch vier Paquete von Euch ...* Die damaligen Portokosten waren beträchtlich, die sparsamen Studiosi bündelten ihre Briefe zu *Paqueten.* Solche Mengen an Post wollten beantwortet sein, und so berichten denn die Töchter Julia und Katharina in ihren gedruckt vorliegenden Erinnerungen, daß die Mutter mit jeder Post acht bis neun Briefe auf die Reise schickte – dies bedeutet eine Monatsleistung von sechzig bis fünfundsiebzig Stück. Augustas Schwägerin Luise konnte es noch besser, von ihrer Bilanz des Jahres 1783 heißt es: *Die Gräfin hat heute ihre Rechnung beschlossen, sie hat in diesem Jahre 75 Bände durchgelesen ohne die Journale etc. und 911 Briefe geschrieben ...* Mit *Gemurre,* wenn Briefe ausblieben, oder mit *Gejauchze,* wenn solche eintrafen, begingen die erwachsenen Töchter Stolberg jeden neuen Posttag, den Gott werden ließ. Für die bei ihr so beliebte Art menschlicher Kontaktpflege fand Gustchen, mehrere Tage lang unterwegs zwischen Dänemark und Uetersen, am 24. September 1780 eine besonders schöne Umschreibung: *Donnerstag gehts nach meiner Celle zurück ... wo ich* komme, wachsen Blumen der Freude für mich auf, in Löwenburg kriegte ich den liebendsten Brief von Puletchen ..." – dies war die älteste Schwester – ... in Trolleburg Deinen ... hier fand ich ein sehr lieben von Friz ... (122) – hier sprach sie von einem ihrer Brüder.

Das Schreibgerät der damaligen Zeit, nämlich noch immer die kratzige Gänsefeder, sowie ein oft sehr rauhes Papier ließen das Besorgen einer umfangreichen Korrespondenz zur physischen Leistung werden. Der dem Stolbergschen Freundeskreis aufs engste verbunden Literat und Publizist Heinrich Christian Boie, für den das Abfassen von Briefen nicht nur dringendes Gemütsbedürfnis bedeutete, sondern zum beruflichen Alltag gehörte, wußte davon sehr wohl zu berichten. Nachdem er aus Hamburg ... *nach einer Schneckenreise von 96 Stunden ... während welcher mich allein das Andenken an Hamburg und die Briefe beschäftigten, die ich von jedem Ruhepunkte dahin schrieb, ...* zu Hause in Göttingen angekommen war, teilte er dem Dichter Friedrich Gottlieb Klopstock mit: *Ich schreib Ihnen nächstens weitläufiger. Heute kann ich alles nur berühren. Die Hand thut mir schon weh vom Schreiben. Ich fing diesen Morgen an und bald ist es Abend. Ich erschrecke, wenn ich die Arbeit ansehe, die ich noch vor mir habe ...* Erschöpfte sich die Kraft des im besten Mannesalter stehenden Boie innerhalb eines einzigen Schreibtages – wie viel weniger vermochte Augustas Mutter, von zwölf Schwangerschaften innerhalb von siebzehn Jahren geschwächt und fast stets kränkelnd, die Folgen ihrer Posttage durchzustehen! Um ihre riesige Korrespondenz zu bewältigen, ließ sie die Briefe sehr oft nach ihrem Diktat entweder vom Hauslehrer, von ihrer Jungfer oder den heranwachsenden Kindern schreiben. In frühester Jugend also schreibgewandt geworden, gelang es diesen, die Mutter zu übertreffen, und der Sohn des Kopenhagener Hofpredigers Cramer setzte die Beschreibung der Stolbergschen ‚Krankheit' also fort: *Das Briefschreiben ist der ganzen Familie wie angebohren, besonders aber dem ältesten, und Augusta. Feder und Dinte! ist das erste wornach der ruft, so bald er in ein Wirtshaus tritt. Zuhause, auf Reisen, wo es auch sey! Schreib ihnen, und du hast den ersten Posttag Antwort. Augusta – vom Morgen bis in Abend laufen die Depeschen bey ihr ein, wie bey einem Staatsminister, und werden sorgfältiger abgefertigt als in einer Canzelley ...*

Gustchens *Depeschen*, mit denen sie so tatkräftig zum *Jahrhundert des Briefes* beitrug – wie sehen sie aus?

Die Comtesse Stolberg, ‚bei Hofe' aufgewachsen und selbstverständlich derjenigen Sprache mächtig, der man zu jener Zeit sowohl in Wort als in Schrift in gebildeten Kreisen huldigte, verfaßte nur in Ausnahmefällen französische Briefchen und erklärte ihrer Freundin Emilie Schimmelmann: *Hör, ich schreibe Teutsch weil mir daß natürlicher ist, und weil ich mit Leuten, die ich liebe, den kleinsten Zwang haße ...* (75).

Ihrer Lieblingsbeschäftigung *vom Morgen bis in Abend* frönend und dabei die Regeln der Grammatik souverän mißachtend – oder aber nicht um diese wissend –, lag sie ständig mit *das* und *daß* im Kriege oder pflegte Dativ und Akkusativ miteinander zu vertauschen und die Endungen *em* und *en* sowie die gebeugten Artikel *dem* und *den* nach einer Art Abzählmuster in ihre Sätze einzufügen. Im übrigen aber wußte sie sich durch von ihr erfundene Silbenkürzel, die aus einem Buchstaben mit angehängtem Strich bestanden, vor der Entscheidung zu drücken, welcher der beiden Fälle anzuwenden war. Mit Interpunktion sowie der Groß- und Kleinschreibung nahm sie es ebenfalls nicht so genau, und hinkte die störrische Feder dem von Mitteilungsbedürfnis angestachelten eiligen Gedankenflug hinterher, dann reihten sich mitunter Satzfragmente zu Ratespielen für den Empfänger auf.

Bei der Masse dessen, was sie aus ihrer *Canzelley* auf die Reise schickte, war flottes Schreiben unerläßlich – was den Auf- und Abstrichen, den Bogen und Schlingen, den Ober- und Unterlängen der aneinandergefügten Buchstaben nicht eben zuträglich war. Den Mangel der gefälligen äußeren Form sehr wohl bemerkend, war sie um Ausreden niemals verlegen. Noch die Sechsundzwanzigjährige genoß es, sich hinter dem drei Jahre älteren Bruder verstecken zu können: *... verzeihen Sie dies Geschmier, Friz sizt aber bey mir und schreibt, oder vielmehr macht die Miene zu schreiben und macht Possen...* (102). War eine Epistel einigermaßen lesbar zu Ende gebracht, dann löste sich manchmal ein vorlauter Tropfen Tinte just in dem Augenblick von der Feder, wenn Gustchen zur Grußformel ansetzte. Den Klecks ganz und gar nicht als ein das Papier verunzierendes Malheur empfindend, verstand sie es, dessen gelungene Form in ihre Grüße miteinzubinden: *Da ein freundliches Gesicht für dich bestes Hannchen* (112).

Also originell aufbereitet, waren ihre Briefe nicht nur eine harte, sondern auch eine begehrte Währung, mit der sich allerhand einkaufen ließ. Einem jungen Dichter, dessen jüngst veröffentlichtes, gefühlvoll-schmachtendes *Lied einer Nonne* ihr Herz bewegte, ließ sie ausrichten: *... er muß mir einmal eins machen, ich laße ihm ehr keine Ruhe, denn soll er auch einen langen Brief von mir haben – ...* (27).

Gustchen hielt sie alle am Schnürchen, die da von ihr Depeschen erhielten. Ihren Brüdern Christian und Friedrich Leopold gab sie präzise an, was sie innerhalb einer Frist von knappen zehn Tagen zu leisten hatten: *Ütersen, den 31. Mai 1773 ... ich bleibe bis den 25. Juni hier, in der Zeit muß ich nothwendig von jedem von Euch 2 Briefe haben ...* Folgendermaßen aber beschloß sie ihre Epistel an eine zwei Jahre jüngere Freundin: *... du hältst doch recht dein Wort und* *schreibst mir b a l d und einen r e c h t l a n g e n Brief, wo nicht, so strafe ich dich und d u t z e dich nie wieder* (8). Beide Mädchen, achtzehn und sechzehn Jahre alt, hatten bis zur Konfirmation der jüngeren noch *Sie* zueinander gesagt.

Wer einen Brief von Augusta erhielt, tat gut daran, denselben umgehend zu beantworten – wollte er nicht, auf klecksverziertem Zettelchen, einen Tadel wie diesen erhalten: *Abscheulicher Mensch – ich weiß noch nicht ob Sie meinen Brief haben oder nicht – man sagt daß Sie mir sollen geschrieben haben, hab nichts davon gesehen, aber man soll ja glauben, waß man auch nicht sieht.* Versöhnlich aber trotzdem der Schluß: *Grüßen Sie Ihre Frau. Ich heiße Gustchen* (88). War in der Folgezeit wiederum ein Brief innerhalb von acht Tagen noch nicht beantwortet, dann genügte die Drohung: . . . *soll ich wieder sagen abscheulicher Mann!* . . . (92). Doch nicht mit jedem Echo, das der Säumige ihr zukommen ließ, war die Depeschen-Schreiberin zufrieden. Der Gescholtene, kein Geringerer als der zu seiner Zeit die deutsche Dichtung maßgeblich beeinflussende norddeutsche Literat Heinrich Wilhelm von Gerstenberg, wußte sich aber zu wehren: *Daß Ihnen meine Antwort strafbar vorgekommen ist, meine ungnädige Gräfinn . . . that mir von Herzen leid . . . Würdigen Ew. Gnaden mich in dieser, wie in jeder andern Sache Ihrer näheren Befehle: Sie werden mich, solange ich athme, befinden als Dero unterthänigen pflichtunvergessenen Diener . . .*

Heinrich Wilhelm von Gerstenberg
Kupferstich von Schreyer

Der junge Goethe zählte Gerstenberg zu den *Guten* seines Zeitalters, mit denen er verbunden zu sein wünschte. Im Oktober des Jahres 1773 trat er mit ihm in Briefwechsel. Die Tatsache, daß Gustchen die Familie Gerstenberg, die in Lübeck wohnte, fünf Jahre später kennenlernte und sehr liebgewann, hat das Jahrhundert um Schätze bereichert. Mit folgenden Worten lud die Sechsundzwanzigjährige den *abscheulichen Mann* in das Haus ihres Bruders ein, das sie zusammen mit ihrer Schwester Katharina während dessen Abwesenheit hütete: *Hören Sie Lieber guter couleur de Chair kommen Sie mit Friz ich will Sie auch ergezlich schön bewirthen, will auch ein Kleid couleur de Chair anziehen – und kommen Sie Kommen Sie – Sie machen dadurch, aber n u r dadurch Ihre Sünden gut – gerne schrieb ich mehr, aber neque semper arcum tendit Apollo . . .* (97).

König Friedrich IV., *Von Gottes Gnaden König von Dänemark, Norwegen, der Wenden und Gothen, Hertzog zu Schleswig Holstein, Stormarn und der Dith-*

König Friedrich IV. von Dänemark
Zeitgenössischer Kupferstich

marschen, Graf zu Oldenburg und Delmenhorst, hatte gewiß nur das Wohl seiner Uetersener Untertanen im Auge, als er an einem Tage des Jahres 1726 ein Papier unterzeichnete, das seine Beamten ihm zuschoben: Indem er Flecken und Kloster ans Königliche Postnetz anschloß und so mit allen Metropolen Europas verband, sorgte er nicht nur dafür, daß die ansässigen Vieh- und Getreidehändler ihren Kundenkreis auszuweiten imstande waren, sondern er schuf auch die Voraussetzung dafür, daß das *Jahrhundert des Briefes* knapp fünfzig Jahre später in einer mächtigen Welle in das dortige *Adeliche Jungfrauen Closter* hinein- und in einer noch mächtigereren wieder hinausbrandete, von der Conventualin Augusta Stolberg bejubelt: . . . *o der Seeligkeit des Briefschreibens und Brieferhaltens!* . . . (77).

Das „Adeliche Jungfrauen Closter zu Ütersen"

Das mehr als 750 Jahre alte ehemalige Cistercienserinnenkloster Uetersen in Holstein, niemals von einer Äbtissin, sondern von Anfang an von einer Priörin geleitet – die sich auch manchmal *Prieurin* schrieb –, ist eines jener vier Frauenklöster, die als die angesehensten des Landes nach der Reformation nicht wie die anderen geistlichen Güter – eine Vielzahl von Nonnen- und Mönchsklöstern – von König Christian III. von Dänemark eingezogen, sondern zu adeligen Damenstiften umgewandelt wurden. In den Klöstern Schleswig, Preetz, Itzehoe und Uetersen brachten die unverheirateten Damen der eingesessenen Ritterschaft ihr Leben zu während jener Jahrhunderte zwischen Reformation und Gegenwart, in denen es den Frauen weder gestattet noch möglich war, sich durch

Im dichten Grün alter Bäume und im Schatten der ‚neuen' Klosterkirche sind die wenigen aus alten Zeiten verbliebenen Gebäude des Klosters am Ueterst End der Geest, an der Grenze zur Marsch, kaum auszumachen. Der Blick geht nach Südost

einen Beruf eine eigene Existenz aufzubauen. Wollte ein dem einheimischen Adel angehörender Vater seine Tochter vor den Wechselfällen des Lebens schützen, dann zahlte er dem Stift seiner Wahl einen festgesetzten Geldbetrag. Dieses Einschreiben, in der Regel am Tage der Taufe vollzogen, kostete in Uetersen, durch die Jahrhunderte gleichgeblieben, noch 1804 die stolze Summe von *150 Reichsthaler Courant* oder *125 Reichsthaler Species*. Name und Herkunft des Mädchens wurden im *Installierungsregister* festgehalten, und war die junge Dame im Alter von sechzehn Jahren noch ledig, dann hatte sie Aussicht, in absehbarer Zeit ihr Stift Uetersen beziehen zu können.

Das Preislied dieser früheren Töchterversorgung hat niemand besser gesungen als die Uetersener Priörin Dorothea Catharina von Ahlefeldt, die im Spätsommer des Jahres 1794 die einundzwanzigjährige Friederica Ulrica von Rumohr mit folgenden Sätzen willkommen hieß: *Wer eine gewisse uneingeschränkte Freiheit im Denken und Handeln liebt, wird sichs nicht verhehlen können, daß die Ehe uns dieses Vorrechtes fast gänzlich beraubt, unser Geschlecht ist verbunden, auch dann nachzugeben, wenn offenbar unsere Meinung die vernünftigste ist. Dieser Gedanke schreckt manches Frauenzimmer ab, es bleibt unverehelicht, und wird, ehe es die Hälfte seines Lebens durchlebt hat, als ein unnützes Glied der menschlichen Gesellschaft verlacht und verlassen; das verbittert ihren Charakter, macht sie mürrisch, neidisch, ungesellig, und also würcklich ein unnützes und lästiges Wesen. Um diesem ziemlich bekannten und verschrieenen Übel zu entgehen, heyrathet manche unüberlegt und wird unglücklich.*

Nicht so eine Klosterdame: sie weiß, daß sie jederzeit, wenn sie mit schätzbaren Eigenschaften begabt ist, in ihrem Kloster geliebt, geehrt und geschätzt wird: So wie ihre Jahre zunehmen, wächst die Liebe ihrer jüngeren Klosterschwestern, zum Vertrauen, zur Ehrfurcht; sie, die sich den rauschenden Vergnügungen entzogen hat, beneidet andere, die sie genießen, nicht, nimmt gerne an ihren unschuldigen Freuden theil und verbreitet dadurch Wonne und Witz in ihrem Umgange . . .

Im 18. Jahrhundert bot Uetersen Platz und Auskommen für fünfzehn adelige Jungfrauen – den Conventualinnen – sowie für eine Priörin. In der Reihenfolge,

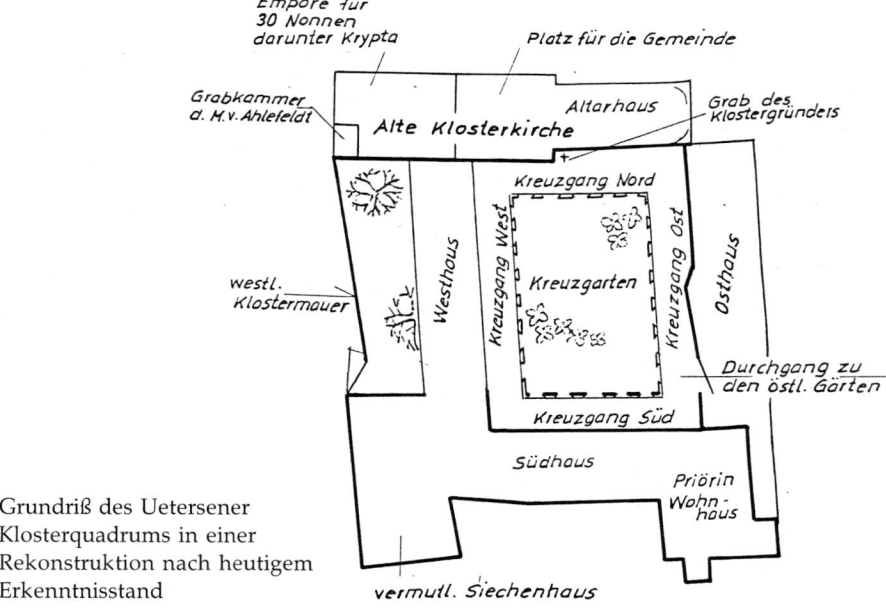

Grundriß des Uetersener Klosterquadrums in einer Rekonstruktion nach heutigem Erkenntnisstand

wie die kleinen Töchter einst eingetragen worden waren, hatten die jungen Damen mit dem Tage der Konfirmation Anspruch auf die für sie erworbene Klosterstelle – die freilich erst freigeworden sein mußte, um bezogen werden zu können. Neben dem Installierungsregister führte darum jedes Kloster noch eine Warteliste mit den Namen der *Expectivirten Fräulein*. Ein beamteter Schreiber – zu Gustchens Zeiten zuerst der *Cantzley-Rath* Jürgen Grube, studierter Jurist, und nach ihm der *Cantzley-Secretaire* Heinrich Wilhelm Lawätz – wachte über sämtliche Klosterbücher. Mit dickem Federstrich sowie den beiden Bemerkungen *is dodt* oder *hat geheurad* brachte er die Daten sowohl des Convents – wie sich eine klösterliche Gemeinschaft bis zum heutigen Tage nennt – als die der Warteliste jeweils auf den neusten Stand. Eine *Expectantin*, die in den Hafen der Ehe einlief, verlor ihre sämtlichen Privilegien, noch ehe sie dieselben genossen. Ihre Nachfolgerin hingegen, einen Platz nach vorne rückend, näherte sich schneller als erwartet der sicheren Pfründe.

So, wie beschrieben, wollte es die Regel. Doch immer dann, wenn ein neuer Landesherr den Thron bestieg, trat das Gegenteil ein: Alle Anwärterinnen fielen um einen Platz zurück! Jedem Thronfolger stand nämlich das Recht zu, in die vier Stifte des Landes je eine erwachsene Dame seiner Wahl einzubitten. Er bezahlte aus seiner Privatschatulle die Installierungstaler und befahl den Klöstern, das Fräulein zum nächstfälligen Termin aufzunehmen. Dieses *Jus Primariarum Precum* verschaffte auch denjenigen – vielmals sehr bedürftigen – Töchtern einen Klosterplatz, deren Väter auswärtigem Adel angehörten oder, finanzieller Engpässe wegen, ihre Mädchen nicht hatten einschreiben lassen. Zur Zeit, als Goethe nach Uetersen schrieb, wurde hier etwa alle fünfzehn Monate ein Klosterplatz frei, und die nachrückenden Damen zählten niemals mehr als vierundzwanzig Jahre.

*

In einem Siegeszug ohnegleichen hatte sich die benediktinische Reformbewegung der Cistercienser, die Anfang des 12. Jahrhunderts in Citeaux in Frankreich ihren Ausgang nahm, über das Abendland verbreitet. Die strenge Befolgung der Regeln und der Reichtum des geistlichen Lebens faszinierte die nach religiöser Vertiefung suchenden Männer und Frauen gleichermaßen. Eine umfangreiche Darstellung der Geschichte des Cistercienserordens nennt 318 Frauenklöster beim Namen, die zwischen 1150 und 1350 im deutschen Kulturraum entstanden und sich der Reformbewegung entweder anschlossen oder von ihr aufgenommen wurden. Eines davon ist das Kloster Uetersen, das der Ritter Heinrich von Barmstede etwa im Jahre 1234, wahrscheinlich als Grablege für sich und seine Familie, am Rande der bebaubaren Geest, am *Ueterst End*, stiftete. Mit Ländereien aller Art, mit einem Steinbruch, einer Ziegelei, mit Mühlen und Fischereirechten aufs großzügigste von ihm ausgestattet, war Heinrichs Gründung im Besitz einer gesunden wirtschaftlichen Basis. Für den straff organisierten Orden war dies eine der Voraussetzungen für den Anschluß, denn kein Kloster durfte einem anderen zur Last fallen. Nachdem die notwendigen Gebäude errichtet waren – keinesfalls eher, die geforderte klösterliche Abgeschiedenheit sowie das geistliche Leben konnten schließlich nicht in Heinrichs ehemaliger Ritterburg praktiziert werden –, zog der Gründungsconvent ein. Nach der Gepflogenheit der Cistercienser kam dieser aus dem nächstgelegenen Kloster und bestand aus zwölf Nonnen und einer Priörin. Uetersen war eine Filiation des nahe bei Hamburg gelegenen, damals etwa zehn Jahre älteren Klosters Reinbek.

Schenkungen und Stiftungen mehrten den Wohlstand des jungen Klosters, dessen Grundbesitz sich im Westen bis in den Stader Raum jenseits der Elbe, im Süden bis nach Flottbek bei Hamburg und im Norden bis nach Krempe erstreckte und sogar einige Ländereien in der Gegend um Neumünster mit einschloß. Wie eine um das Jahr 1720 gefertigte Zeichnung von der Westempore der alten Klosterkirche sichtbar macht, zählte der Convent der vorreformatorischen Zeit dreiunddreißig Nonnen.

Pracht und Herrlichkeit des Uetersener Klosters waren zu Gustchens Zeiten längst dahin. Wie der *Königlich Schleswig-Holsteinische Special-Calender auf das 1776ste Jahr Christi* angibt, war sein Grundbesitz auf einen Rest von $28^{1}/_{2}$ *Pflügen* zusammengeschrumpft. Solange diese Zahl allein steht, sagt sie freilich wenig aus: Die Ländereien des Klosters Preetz umfaßten damals 268, die des nahegelegenen Adeligen Gutes Breitenburg 180 Pflüge; Kriege, Feuers- und Wassersnot sowie Übergriffe der Grafschaft Pinneberg, des mächtigen Nachbarn, der immer wieder versuchte, das Kloster Uetersen unter seine Herrschaft zu zwingen, hatten Heinrich von Barmstedes Stiftung schwer geschädigt. Bei Königin Sophie Magdalene, der Landesmutter, besaß der Name Uetersen jedoch ein halbes Jahrtausend nach Heinrichs Gründung noch immer einen guten Klang. Denn als sie damals ihr Schloß und Gut Vallø, auf der dänischen Insel Seeland gelegen, in ein Adeliges Damenstift umwandelte, pflanzte sie dieser ihrer Stiftung altklösterliche Zeremonien ein, die sie vorher in Uetersen hatte erfragen lassen. So wurden, wie der im Juni des Jahres 1735 deswegen geführte Briefwechsel zeigt, die beiden meilenweit voneinander entfernten Orte Vallø und Uetersen durch die praktizierten Feier-Riten gleichsam zu ,Schwester-Stiften', die als solche noch enger miteinander verbunden wurden, als Gustchen Stolbergs ältere Schwester Katharina im Jahre 1774 als Stiftsdame in Vallø einzog.

Aus den Reihen der Schleswig-Holsteinischen Ritterschaft vorgeschlagen und vom Convent, dem Zusammentritt sämtlicher Damen, *per majora* in geheimer Abstimmung gewählt, war ein Probst der *Verbitter* des Klosters, sein Schutz- und Schirmherr, der die äußeren Angelegenheiten des Stiftes zu ordnen hatte. *Oh, wie hat man doch mit den lieben Frauenzimmern seine Not und sein Elend, und wieviel leichter ist es, ein ganzes Regiment Soldaten zu kommandieren als eine Handvoll Nonnen!* Der Probst, der a. D. 1729 diesen Seufzer tat, hatte die Klosterordnung, deren zu beherzigender Kernsatz lautete: *Die Priörin ist das Haupt des Klosters,* offenbar niemals studiert! Wollte er sich nicht in endlosen Machtkämpfen verschleißen oder von sehr standfesten und selbstbewußten Damen, die vor Prozessen gegen ihn nicht zurückschreckten, sich gar zum Rücktritt zwingen lassen, sondern in seinem Amte Erfolg haben, dann tat er gut daran, bei der Durchsetzung seiner Vorhaben den Kasernenhof zu vergessen und unter Aufbietung all seines männlichen Charmes sich zäher und

24

geduldiger Diplomatie zu befleißigen. Ohne das Ja-Wort der Damen vermochte er noch nicht einmal einen Vogt oder Schreiber einzustellen – Ihro Hochwürden die Frau Priörin hingegen bedurften bei keiner ihrer Entscheidungen seiner Zustimmung! Um ihre Ideen in die Tat umzusetzen, genügte ein in einfacher Mehrheit erzielter Conventsbeschluß, der freilich auch Macht hatte, ihre Vorschläge oder gar eigenmächtigen Handlungen zu Fall zu bringen: *Bauet sie ohne des Convents Einwilligung, so muß sie dasselbe wieder niederreißen.*

Das Priörinhaus, Südflügel des Klosterquadrums

Die in der Verfassung festgelegte Stellung der beiden Klostervorstände schlug sich in der baulichen Anlage ihrer Residenzen nieder. Während das Domizil des Probsten allezeit außerhalb des inneren Klosterbereiches lag, war als *der Frau Priörin Behausung* der gesamte Südtrakt des ehemaligen Klostergeviertes bestimmt. Hier befanden sich nicht nur ihre Wohngemächer, sondern selbstverständlich auch ihre Amtsräume: Gerichtsstube, Conventsaal und Archivzimmer. Das letztere war – wie in allen Klöstern, so auch in Uetersen – wegen der darin aufbewahrten unersetzlichen Dokumente, die Existenz und Privilegien des Stiftes betreffend, besonders sicher und geschützt angelegt und sinnvollerweise mit dem Conventsaal verbunden: Aktenstücke und Urkunden mußten schnell zur Hand sein, wenn strittige Punkte der Aufklärung bedurften. Die von den Stolbergs und ihrem Freundeskreis hinterlassenen Briefe, von denen etwa zweitausend Stück gelesen und ausgewertet wurden, sind die eine, das Archiv des Klosters Uetersen ist die andere Quelle, aus der sich bei dem Vorhaben, das Leben von *Goethes Gustchen* darzustellen, schöpfen ließ. Jedes

25

einzelne Blatt der zahlreichen zusammengeschnürten und allesamt gesichteten Aktenbündel dieses Archivs trug das Seine dazu bei, das Dunkel der um mehr als zweihundert Jahre zurückliegenden Zeit zu erhellen.

Neben den aufbewahrten offiziellen Schriftstücken des Klosters findet sich dort auch manche private Aufzeichnung einer Conventualin. Als Elisabeth Benedicta Brocktorff aus dem Hause Rohlstorff, zehn Jahre älter als Gustchen und 1765 ins Kloster eingeführt, in Uetersen Wohnung bezog, begann sie damit, *Nachrichten von dem Closter* aufzuschreiben. Der Inhalt der wunderhübschen mit marmoriertem Einband versehenen Kladde, die leider noch nicht einmal bis zur Hälfte gefüllt ist, hält nicht ganz, was die Aufschrift verspricht. Trotzdem ist das sauber geführte Heft – von den Erben verschmäht und darum wie ähnliche Notizen aus anderen Zeiten im Kloster verblieben – von unschätzbarem Wert: Als Augenzeugin derjenigen Jahre, die Gustchen in Uetersen zubrachte, trug Elisabeth Brocktorff mancherlei zusammen, was für sie, eine Conventualin des ausgehenden 18. Jahrhunderts, von Wichtigkeit war. Wegen Tiefsinnigkeit und unvorsichtigen Hantierens mit Feuer wurde sie 1788 unter Kuratel gestellt. Daß sich hinter den in fließender Handschrift zierlich geschnörkelten Buchstaben ihrer Nachrichten ein schweres Schicksal verbirgt, erfährt nur, wer ihren Grabstein liest: *Ihr Lebenspfad war Harte Traurigkeit. Jammer führte Ihre Kindheit durch Dornen, Ihre Jugend durch Einöden und ward Übergang zur Herrlichkeit.*

Das vorliegende Archivmaterial ist mehr als ausreichend, um nicht nur das 18. Jahrhundert aufzuhellen. Erhebliche Lücken lassen sich dennoch nicht übersehen, und die Fülle der allgemeinen Mitteilungen vermag nicht darüber hinwegzutäuschen, daß der Klostereintritt der Conventualin Stolberg durch nur drei vorhandene Dokumente eigentlich recht spärlich belegt ist. Wo ist der Briefwechsel, der zu solchem Anlaß fällig wurde? Augusta war noch nicht einmal konfirmiert, als man sie nach Uetersen rief! Und gehörte sie nicht einer der schreibfreudigsten Familien des Landes an?

Über die Vollständigkeit des Archivs zeit ihres Lebens zu wachen, dasselbe, unter Assistenz des Klosterschreibers, weiterzuführen und es in wohlgeordnetem Zustande der Nachfolgerin zu hinterlassen, war eine der vornehmsten Aufgaben einer jeden Priörin. Seit achtzehn Jahren in Uetersen, wird Margarethe Hedwig von Buchwaldt aus dem Hause Borstel gewußt haben, welch schweres Erbe sie antrat, als sie am 8. Mai des Jahres 1764 zur Priörin gewählt wurde. Damit beschäftigt, durch Reparieren der morschen Brücken und Mühlen die Versäumnisse ihrer beiden Vorgängerinnen aufzuholen, empfing sie eines Tages einen Brief der Landesregierung. Die beiden früheren Amtsinhaberinnen, in endlosen Fehden mit ihrem Probst die Landgerichtsakten kräftig vermehrend, hatten nicht nur die Klostergebäude in beklagenswertem Zustande hinterlassen, sondern auch die Pflege des Archivs sträflich vernachlässigt. Die Kunde von diesem Tatbestand war, wer weiß wie, bis an höchste Stelle gedrungen. Kaum ein Jahr im Amt, erhielten Ihro Hochwürden von Buchwaldt den königlichen Befehl, diesen Schlendrian in angemessener Frist zu beenden. Um der Aufforderung Nachdruck zu verleihen und, wenn gewünscht, Hilfestellung zu geben, hielt sich im Sommer des Jahres 1766 eine Königliche Kommission aus vier Etat- und Conferenzräten eine ganze Woche lang in Uetersen auf, . . . *die Umbstände des Closters zu untersuchen.* Elisabeth Brocktorffs Urteil ist vernichtend: *... welches aber ... so wenig Nutzen geschafft, daß selbige nur vor 2 Mark Notaten gemacht, hingegen hat es dem hiesigen Closter zum höchsten Beschwerde 1242 Mark Unkosten veruhrsachet.*

Se. Excell. Henning von Qualen
Probst des Adeligen Klosters
Uetersen von 1757—1785

Se. Excell. Probst Henning von Qualen, *Ritter, Geheimer Conferenz- und Landrath,* der nur mit der letzten seiner fünf Priörinnen einen kleinen Prozeß führte, kam mit den anderen blendend aus! In seltener Eintracht verstand es der Klostervorstand, in meisterlicher Strategie aus ständig neuen Versprechen, Entschuldigungen und Ausreden, zum Besten der klösterlichen Schatulle, die Ausführung des königlichen Befehls immer wieder zu verzögern. Die ganze Größenordnung der Ueterser Schlamperei wurde der Regierung erst offenbar, als Probst und Priörin – Margarethe Hedwig von Buchwaldt war nach nur kurzer Amtszeit verstorben – sechs Jahre nach Erhalt der ersten Aufforderung, das Archiv zu ordnen, die dritte am 1. September 1771 also beantworteten: *... betreffend der Inordnungbringung hiesigen ... Archives, wird zu des Klosters Entschuldigung hiermit angezeigt ... es ist solches bißhero in den beyden letztverfloßenen Jahren nicht wohl thunlich gewesen, weil die Behältniße, worin die klösterlichen Documenta sich befinden ... wegen des Baus des Priörin-Hauses ... bey der Frau Priörin und der Fräulein Reventlau, als ältesten Conventualin, in ihren Privat-Häusern, zum Verwahrsam vertheilet werden müßen; so daß man ... die Documenta nicht an einem Orte beysammen habe, auch nicht wohl zu einer ordentlichen Registratur schreiben zu können, die Gelegenheit gehabt hat ...*
Wie lange das Tauziehen zwischen Regierung und Kloster – und damit auch die Heimatlosigkeit des Archivs – währte, geht aus dem Brief hervor, mit dem Schreiber Lawätz das Stift zur Kasse bat: *Für die Regulierung des in der Frau Priörin Hause befindlichen Dokumentenarchives, worauf bekanntlich das ganze Jahr 1777 verwendet worden. Das Ordnen aller Papiere samt chronolog. Verzeichnis = 900 Reichsthaler. Für die Regulierung des mir in einer totalen Unordnung abgelieferten klösterlichen Akten-Archivs, worauf ich das ganze Jahr 1777 gewendet = 200 Reichsthaler.*
Jedes Stückchen beschriebenes Archiv-Papier, das jene Jahre der Zerstreuung unbeschadet überstanden hat, ist unter solchen Umständen ein Schatz zu nennen – erst recht dann, wenn es von Gustchen erzählt!

Hatte ein Vater die geforderten Taler bezahlt, wurde sein Töchterchen, Anwärterin auf einen Klosterplatz, in das *Installierungs-Buch* eingetragen.

Als erstes ihrer drei somit kostbaren Uetersener Lebensdokumente fand sich, als letztes Blatt eines Installierungsregisters, die Beurkundung ihres Klostereintritts: *Aō 1766 29. Septem ist die Comteße von Stolberg eingekleidt.* Zu erzählen, welche Zeremonie sich hinter dieser nüchternen Eintragung verbirgt, muß einem der späteren Kapitel vorbehalten bleiben. Doch soviel sei schon jetzt verraten: Zu dem Ereignis, das der Klosterschreiber hier dokumentierte, wurde Augusta sechsspännig nach Uetersen geholt.

Auf das letzte Blatt eines Installierungsbüchleins im Oktavformat trug der Schreiber Gustchens Klostereintritt ein. Wie man sieht, fehlte nicht viel, und die einzige Nachricht von ihrer Einkleidung, diesem für eine jede Conventualin so wichtigen Datum, in den Stolbergschen Familienpapieren nirgends festgehalten, wäre für immer ausgelöscht worden: Der offenkundig von Kerzenlicht herrührende Brandfleck, Zeugnis abendlichen Interesses an den Lebensdaten eines Klosterfräuleins, fraß sich durch das ganze Heftchen.

Schleswig-Holstein, Dänemark, die Bernstorffs und Uetersen

Zur Zeit, als Goethes Briefe nach Uetersen gingen, waren die dem Heiligen Römischen Reich Deutscher Nation angehörenden Herzogtümer Schleswig und Holstein schon seit vielen Menschenaltern durch Personalunion des Herrschers mit dem Königreich Dänemark verbunden. Als Folge der weit zurückliegenden Auseinandersetzungen zwischen Wahl- und Erbrecht waren innerhalb dieses staatlichen Gesamtgefüges einzigartig komplizierte staatsrechtliche Verhältnisse entstanden, die im einzelnen hier nicht dargelegt werden können. Doch weil eine Mitconventualin Augusta Stolbergs 1755 von *Ihro Kayserl. Hoheit dem Großfürsten aller Reußen* ins Kloster Uetersen eingebeten wurde, muß man wissen, daß Paul I. damals den Thron von Holstein-Gottorf besaß. Es sei außerdem darauf hingewiesen, daß Gustchens Stift nicht dem Amte Pinneberg, der ehemaligen Grafschaft Schauenburg, unterstand, sondern direkt dem dänischen König. Prinz Carl von Hessen, der ab 1806 den Titel Landgraf führte, wurde 1768 von seinem Schwager Christian VII. von Dänemark zum Statthalter der Herzogtümer Schleswig und Holstein ernannt, worauf er 1769 mit seiner Familie Schloß Gottorf bei Schleswig bezog.

Mit welcher Leichtigkeit die gemeinsame Kultur jener vergangenen Zeiten sowohl die Jahrhunderte zu überbrücken als die Menschen über die heutigen Staatsgrenzen hinweg zu verbinden in der Lage ist, zeigt ein Erlebnis besonderer Art: Auf einer Reise über die dänische Insel Seeland, Gustchen Stolbergs Spuren folgend, kam es im Sommer des Jahres 1985 im Park des Schlosses Vemmetofte zu einer zufälligen Begegnung mit einem der Bewohner des dort eingerichteten Seniorenheimes. Ein Gespräch mit den Reisenden anknüpfend, bedurfte der alte Herr keines Kommentars, als er deren „Woher" erfuhr! Den Namen Uetersen verband er ganz selbstverständlich mit Goethes Gustchen, und hocherfreut darüber, in den Fremden auch Verehrer ihres Dichter-Bruders Friedrich Leopold vor sich zu haben, den die Dänen, wie er die Reisenden belehrte, den *Sänger von Hellebek* nennen, deklamierte er aus dem Gedächtnis alle drei Strophen von dessen *Lied auf dem Wasser zu singen*, das durch Franz Schuberts Vertonung, die die sanften Wellen eines Sees nachempfindet, zum unvergänglichen Erbe deutscher Musik gehört.

Ein Zeitgenosse Gustchens, der den dänischen Gesamtstaat Ende des 18. Jahrhunderts bereiste, schrieb in seinem *Tagebuch eines Fremden* im Kapitel *Die Menschen leben hier glücklich* folgendes nieder: *Ich finde, daß Kenntnisse, Verstand und gute Sitten hier im Allgemeinen mehr als Rang und Geburt geschätzt werden. Unter den Bürgern sieht man sehr viele artige, aufgeklärte und gelehrte Männer. Sie werden weder durch arrogante Anmaßungen anderer Stände, noch durch große Staatslasten gedrückt, und einige städtische Privilegien ausgenommen, ist die Gewerbsfreiheit hier völlig uneingeschränkt. Der Landmann ist wohlhabend – reich kann man sagen, im Vergleich anderer deutscher Provinzen. Er verdankt diesen glücklichen Zustand der Lage des Landes, der*

Menge der Häfen, den hohen Getreide- und Viehpreisen, dem auswärtigen Absatz, der Neutralität Dänemarks, den geringen Abgaben, der angefangenen Aufhebung der Leibeigenschaft, der Zerstückelung der Krongüter, der Vertheilung der Gemeinheiten, – im Ganzen der milden und weisen dänischen Regierung.

J. H. E. Graf von Bernstorff   A. P. Graf von Bernstorff

Zeitgenössische Kupferstiche

Die *milde und weise dänische Regierung,* von der der anonyme Reisende hier spricht, nahm ihren Anfang, als Friedrich V., kaum auf dem Thron, den auf internationalem Parkett erfahrenen Diplomaten Johann Hartwig Ernst von Bernstorff im Jahre 1750 nach Kopenhagen rief. Als Direktor der Deutschen Kanzlei und Leiter der auswärtigen Politik stand Bernstorff sehr bald an der Spitze der Regierung. Er war der jüngere Bruder jenes Vaters, der, wie im 1. Kapitel erzählt, seinen Sohn Andreas Peter dazu anhielt, Briefpapier, Feder und Tinte recht fleißig zu gebrauchen. Die Bernstorffs, noch heute im niedersächsischen Gartow ansässig, entstammen einem alten mecklenburgischen Adelsgeschlecht. Johann Hartwig Ernst war ein Gegner kriegerischer Auseinandersetzungen. Seine in Klugheit, Rechtschaffenheit und Gottvertrauen geführten Verhandlungen zeitigten, als der Siebenjährige Krieg auch die Herzogtümer bedrohte, im Verein mit Caspar von Saldern die *Große Ruhe des Nordens.* Unter diesem Namen in die Geschichte eingegangen, erhielt dieses Ergebnis geschickter Diplomatie dem Lande den Frieden, der dadurch insgesamt hundert Jahre währte. Seiner Verdienste wegen wurde Bernstorff, der, wie der Sohn des Kopenhagener Hofpredigers von ihm schrieb, *alles in sich verband, was je den Menschen erhöht, den vortrefflichsten Verstand, ein Herz ohne Gleichen, die aufgehelltesten und ausgebreitetsten Kenntnisse . . .,* im Jahre 1767 vom dänischen König in den erblichen Grafenstand erhoben. Sein Name, untrennbar auch mit der dänischen Landreform und der Bauernbefreiung verbunden, war bereits 1755 in ganz Europa bekannt und ist in Dänemark bis heute unvergessen. Bernstorff wurde von Friedrich dem Großen, der seine Fähigkeiten bewunderte, das *Orakel Dänemarks* genannt.

Der zwanzigjährige Andreas Peter, sein Neffe aus Gartow, gab nicht nur seinem Vater allwöchentlich Bericht. Auch mit dem Oheim stand er in regelmäßi-

ger brieflicher Verbindung. Ihm nacheifernd, wünschte auch er in den Staatsdienst zu treten. Indem sich Graf Bernstorff der Erziehung des mit den vortrefflichsten Geistesgaben und Charaktereigenschaften ausgerüsteten jungen Mannes annahm, schulte er sich beizeiten einen Nachfolger: *Was ich von Dir wünsche, mein lieber Neffe, ist, daß Du den Müßiggang und die Beschäftigung mit
Dingen vermeidest, von denen die Gesellschaft keinen Nutzen hat. Du hast Deine Laufbahn und Deinen Beruf gewählt, Deine ganze Sorge und Mühe muß darauf gerichtet sein, Dich dazu geschickt zu machen . . . Die Behandlung der Staats-
sachen stellt viele Anforderungen; sie verlangt ein Herz und einen Geist von
rechtschaffener Art, um nicht aus der Politik zu machen, was viele andre aus ihr
machen – eine Kunst der Lüge und des Betruges, . . . einen klaren, tätigen, muti-
gen Geist, um nicht in falsche Vorstellungen oder in die Fallen zu geraten, welche unsere Gegner uns legen, . . . einen gebildeten, unterrichteten Geist, um aus
der Vergangenheit und dem, was in der Ferne geschieht, auf das zu schließen,
was im Augenblick und in der Zukunft getan werden muß . . .*

Die Instruktionen des Staatsministers fielen bei Andreas Peter auf überaus
fruchtbaren Boden, der Neffe setzte die erfolgreiche Politik des Onkels fort.
Ebenso wie Graf Johann Hartwig Ernst zum Staatsmann von europäischem
Rang und durch seine weisen Maßnahmen zum *Abgott der Nation* geworden,
wurde er wiederum von seinem Sohn Christian Günther abgelöst, mit dem die
Bernstorffsche Ära nach mehr als einem halben Jahrhundert ihr Ende fand. Die
an das Kloster Uetersen gerichteten Regierungsschreiben jener Jahrzehnte tragen die Unterschriften der Bernstorffs.

Auch in Straßennamen
hält Dänemark das Andenken
der Bernstorffs fest.

Die Einheimischen empfanden es genauso wie der Fremde, der ihr Land bereiste und seine Eindrücke im Tagebuche festhielt, daß sie unter einem milden
und weisen Regimente lebten. Um die Mitte des Jahrhunderts wurde in Holstein
unter der Überschrift *Die Glückseligkeit eines Reiches und Landes* eine Ode niedergeschrieben, deren 15. Strophe also lautet:

> *Mit Dänemark theilt sein geneigt Geschicke
> Das alte werthe Cimberland.
> Es fühlet keine Noth, die es bedrücke,
> Und preiset seinen Ruhestand.
> Die Städte sind voll Nahrung, voll Gewerbe,
> Wie güldner Friede nach sich zieht:
> Die Dörfer haben Fruchtbarkeit zum Erbe:
> Der Ackerbau, die Viehzucht blüht.*

Wo der Dichter dieser Verse lebte, der unbekannt bleiben wollte und darum nur seine Initialen M.A.F.M.P. unter die Dichtung setzte, ist unschwer zu erraten:

Da, wo der milden Aue sanfte Fluthen
Vor mancher Fluhr vorüber gehn;
Wo muntrer Heerden Heere in der guten
Und fetten grünen Weyde stehn;
Wo bey den hohen angenehmen Linden
Ein alt geweiht Gestifte blüht;
Und wo ein schönes Gotteshaus zu finden,
Daran man seine Lust ersieht.

Der Verfasser, Magister Adolf Friedrich Meyer, ein Pastor emeritus aus Hamburg, rühmte am Schluß seines zweiundzwanzig-strophigen Werkes:

Daß es sehr gut in KÖNIG FRIEDRICHS Landen,
Und nur im Himmel besser sey.

Zu jener Zeit, als diese Ode entstand, war das *Königliche Leib-Regiment Dragoner* nach Holstein abkommandiert, um die dortigen Grenzen vor dem Sturm des Siebenjährigen Krieges zu schützen, und ein Offizier namens Johann Friedrich Camerer, *Kriegs-Assessor Ihro K. M. zu Dänemark*, der diesem Regiment angehörte, war in Uetersen stationiert. Seine Leidenschaft galt nicht dem Kriegshandwerk, sondern den Musen, vornehmlich der Literatur. Den Titel *Correspondent der Königl. Großbrittanischen Gesellschaft der Wissenschaften in Göttingen* führend, betrieb er an jedem seiner Standorte gründliche Studien über Land und Leute, und was er erforschte und erlebte, schrieb er in Briefform nieder, ganz wie es dem Jahrhundert entsprach. Blatt für Blatt mit hochinteressanten Mitteilungen gefüllt, entstand auf diese Weise das 872 Druckseiten umfassende Buch *Vermischte historisch-politische Nachrichten in Briefen von einigen merkwürdigen Gegenden der Herzogtümer Schleßwig und Hollstein.* Beinahe ein Drittel dieses stattlichen Bandes nimmt, als hervorragende Quelle für Gustchens späteres Zuhause, die *Nachricht von dem Fräuleinkloster und Flekken Uetersen* ein. Hier stellte Camerer auch die in Teilen zitierte Ode vor. Der

Das Dehnsche (links) und das Bernstorffsche (rechts) Palais zu Kopenhagen wurden 1763/64 im *Pontoppidanske Atlas* abgebildet. Im einstigen Hause des Staatsministers, Bredegede 42, residiert heute die Versicherung *Baltica.*

Verfasser widmete sein Buch, eine gründliche Landesbeschreibung, die sowohl in Leipzig als in Flensburg verlegt wurde, dem Lenker des Staatsschiffes, dem Minister Johann Hartwig Ernst von Bernstorff.

Seiner Excellenz
dem Hochgebohrnen Herrn
Herrn
Joh. Hartwig Ernst
Freyherrn
von Bernstorf,
Ritter vom Elephanten, Geheimen Rath
des geheimen Conseils, Cammerherrn, Ober-
Secretair in der deutschen Canzley und bey den aus-
ländischen Affaires, auch Deputirten im General-
Landes-Oeconomie- und Commerce-
Collegio :c.

Meinem gnädigen Freyherrn.

In der Art und Weise, in der Bernstorff sich sehr bald nach seiner Berufung in Kopenhagen seßhaft machte, beeinflußte er maßgeblich die weitere bauliche Entwicklung der Hauptstadt. In Absprache mit seinem Grundstücksnachbarn, dem Geheimen Rat Baron von Dehn, der gleichzeitig baute, errichtete er sich ein im sächsischen Barock ausgeführtes Palais, dem seine Gemahlin Charitas Emilie als Hausfrau wohl vorzustehen verstand. Sie war die älteste Tochter Friedrich von Buchwaldts auf Borstel im Holsteinischen und hatte ihrem Mann ein bedeutendes Vermögen zugebracht. Als ihre Ehe kinderlos blieb, nahmen die Bernstorffs mehrere Glieder ihrer Familie bei sich auf. Die großzügige Anlage des Palais bot auch einigen Mitarbeitern des Hausherrn sowie deren Familien, zusammen mit dem Bernstorffschen Personal zeitweise siebzig Personen, Wohnung.

Die Brüdergemeinde, eine von Herrnhut in Sachsen ausgegangene, stark verinnerlichte und gefühlsbetonte evangelische Glaubensbewegung, der sich auch Goethes Elternhaus öffnete, hatte zu jener Zeit auch schon Kopenhagen erreicht, sowohl das dänische Königshaus als die Bernstorffs standen ihr nahe. Im Jahre 1748, zur Zeit, als man in Uetersen die baufällige und zu klein gewordene alte Klosterkirche niederriß und eine neue erbaute, veröffentlichte Friedrich Gottlieb Klopstock die ersten drei Gesänge seiner Dichtung *Der Messias*. Sowohl von der Schönheit der Sprache ergriffen als erst recht angerührt von ihrer tiefreligiösen Aussage, zog Bernstorff den erst siebenundzwanzigjährigen Ver-

33

fasser nach Kopenhagen. Damit er sein Werk in Ruhe und frei von materiellen Sorgen beenden konnte, gewährte ihm Friedrich V. eine jährliche Staatspension von 400 Reichstalern. *So wurde der König der Dänen zum Pflegevater der deutschen Muse,* kommentierte der Klopstock-Biograph Carl Friedrich Cramer diesen Vorgang, der den Dichter als solchen aus dem Gelehrtenstübchen holte, ihm unverlierbare Würde gab und gesellschaftlichen Rang verlieh. Hatte Camerer sein Buch *Vermischte historisch-politische Nachrichten* im Jahre 1761 *Meinem gnädigen Freyherrn* übereignet, so überschrieb Klopstock zehn Jahre später seine Oden kurz und knapp mit der Widmung: *An Bernstorff.*

Johann Hartwig Ernst Graf von Bernstorff
Gemälde von Jean-Louis Tocqué

Charitas Emilie Gräfin von Bernstorff
geb. von Buchwaldt

Der Messias, zwanzig Gesänge umfassend, war 1773 vollendet. Doch der Dichter behielt seine Staatspension, die sich auf die dreifache Höhe steigerte, lebenslang. Er gilt als der Schöpfer des deutschen Epos, die Dichtergeneration Goethes feierte ihn begeistert als Vorbild. Nach dem Tode seiner ersten Frau, der Hamburger Kaufmannstochter Meta Moller, die unter dem Namen *Cidli* in manchem seiner Gedichte weiterlebt, hatte auch Klopstock seine Wohnung im Bernstorffschen Palais, das dadurch zu einem kulturellen Mittelpunkt des Nordens wurde. Mit je einem Choral zählen die Angehörigen jenes deutsch-dänischen Kulturkreises Klopstock, Matthias Claudius und der Hofprediger Johann Andreas Cramer noch heute zu den Dichtern des evangelischen Kirchengesangbuches von Nordelbien.

Gräfin Charitas Emilie von Bernstorfff war glücklich über den geistig-lebendigen Kreis kluger Menschen, die ihr vielseitig gebildeter Mann um sich versammelte. Sie pflegte eine anspruchsvolle Geselligkeit, indem sie zu Literaturzirkeln und Hauskonzerten einlud, bei denen der Messias-Dichter zu ihrer Klavierbegleitung sang. Dem Kreise derer, die sich in ihrem Palais trafen, gehörten auch Augustas Eltern an, denn Christian Günther Graf zu Stolberg stand in dänischen Diensten. Die Verbindung zwischen dem Bernstorffschen Palais und

der Familie Stolberg wurde noch enger, als Andreas Peter, der Neffe des Staatsministers, im Dezember 1762 Gustchens älteste Schwester Henriette heiratete.

Enge verwandtschaftliche Bande verknüpften das Bernstorffsche Haus mit
dem Kloster Uetersen, denn Margarethe Hedwig von Buchwaldt, aus dem Kreise der Conventualinnen im Jahre 1764 zur Priörin gewählt, war eine Schwester
des Vaters von Gräfin Charitas Emilie. So ist denn die Ursache der fehlenden
Korrespondenz über Augustas Klostereintritt weniger in der jahrelangen Heimatlosigkeit des Uetersener Klosterarchivs als vielmehr in der Verflechtung der
Häuser Bernstorff und Stolberg zu sehen: Der diesbezügliche Briefwechsel
wird, weil er die Mutter der Anwärterin überforderte, über den Schreibtisch der
Gräfin Charitas Emilie gegangen und somit zur Privatpost zwischen Tante und
Nichte geworden sein.

Die Briefe, die in den Jahren 1766 bis 1769 zwischen dem Bernstorffschen
Palais und dem Kloster Uetersen hin- und hergingen, schlossen eine Kindheit
ab, von der Gustchens Bruder Friedrich Leopold Jahrzehnte später schrieb: *In
welcher goldenen Unbefangenheit blüheten wir auf!.. Wir trieben noch Kinder-
spiel und wurden schon entzückt von Klopstock, von Cramer, von Geßner und
Anderen ...*

Augustas Kindheit

Gustchens Wiege stand in Holstein. Als ihre beiden Geschwister Katharina und Magnus am 2. Weihnachtstag des Jahres 1777 von Kiel nach Uetersen reisten, ergab sich in Bramstedt ein längerer Aufenthalt. Wenige Tage später las der Bruder Friedrich Leopold: *Von unserem Geburtsort muß ich an Dich schreiben, mein bester Fritz. Es ist doch so ein eignes Gefühl, den Ort wiederzusehen, wo man gebohren ist, und wo man die ersten Jahre des Lebens zugebracht hat. Der Anblick rührte mich. Magnus zeigte mir unser Eltern Haus, und wir machten die Runde darum ... Ich hätte Bramstedt nie wieder gekannt, ich habe nicht geglaubt, daß der Ort so groß wäre. Ich bin mit Magnus recht viel darin herumstolziert ...*

Gustchens Geburtshaus
Gartenansicht vom
Torhaus des ehemaligen
Adeligen Gutes
Bramstedt

Augustas Geburtsort, dessen Name sich leicht verwechseln läßt mit dem des benachbarten Städtchens Barmstedt, wo Uetersens Klostergründer Heinrich von Barmstede zu Hause war, wurde 1910 zur Stadt erhoben und trägt seitdem, seines heilkräftigen Wassers wegen, die Auszeichnung *Bad*.

Im 18. Jahrhundert gehörte Bramstedt zum Amte Segeberg. Als der Posten des Amtmanns im Jahre 1744 vakant wurde, besetzte die dänische Regierung die Stelle mit Christian Günther Graf zu Stolberg-Stolberg. Er war der jüngste Sohn des regierenden Grafen des am Harz gelegenen Ländchens gleichen Namens und stand seit 1738 in dänischen Diensten. Seine jüngste Tochter Julia erzählt in ihren Erinnerungen: *Mein Vater, Graf zu Stolberg-Stolberg, war in Stolberg am Harz geboren ... Mein Großvater hatte bestimmt, daß die beiden einzigen Söhne, die ihm geblieben waren (mein Vater war der jüngste von allen), nach seinem Tode die Grafschaft gemeinschaftlich regieren sollten; das war ihnen beiden unangenehm und sie wurden darüber einig, daß der ältere Bruder die Regierung allein übernehmen und meinen Vater mit einer sehr bedeutsamen*

Summe abfinden sollte, doch hat er sie nie erhalten; später, als er eine zahlreiche Familie zu versorgen hatte, gaben ihm viele den Rat, einen Prozeß anzufangen, allein, er wollte lieber allem entsagen, wie als ein Gegner seines Bruders auftreten; späterhin sind meinen Brüdern nach und nach Summen zugeschickt worden, wovon auch uns Schwestern einiges zu Theil wurde, doch war es lange nicht, was es hätte sein sollen ...

Die Dienstwohnung des Segeberger Amtmanns, die Graf Christian Günther nach seiner Hochzeit mit Christiane Charlotte Gräfin zu Castell-Remlingen bezog, befand sich in Bramstedt. Augustas ältere Geschwister Henriette, Christian, Friedrich Leopold und Katharina verlebten hier die ersten Jahre ihrer Kindheit.

Der Marktplatz der Stadt Bad Bramstedt, *Bleek* genannt, wird an seiner Westseite noch immer vom Torhaus des ehemaligen Adeligen Gutes begrenzt. König Christian IV. von Dänemark, der dieses Anfang des 17. Jahrhunderts besaß, hatte dem Wäschermädchen Wiebke Kruse, seiner großen Liebe, im Park ein Schlößchen errichten lassen. Graf Stolberg erwarb Gut Bramstedt, als es wenige Jahre, nachdem er sein Amt angetreten und die Dienstwohnung bezogen hatte, zum Verkaufe stand. Die Vorbesitzer des Gutes hatten Generationen hindurch in ständigen Querelen mit den Bürgern des Ortes, die sie zu Leibeigenen machen wollten, gelebt, jetzt zog ein neuer Geist in Bramstedt ein. Die Streitigkeiten hatten ein Ende, und als einer der ersten im Lande befreite der neue Gutsherr seine Bauern von der Leibeigenschaft.

Die Familie des Amtmanns wuchs, die Dienstwohnung war bald zu klein. Weil das zum Gut gehörende Schlößchen Wiebke Kruses baufällig war, ließ Graf Stolberg den nördlichen Teil des Torhauses zu einer herrschaftlichen Wohnung herrichten. Die im Stile des Rokoko geschmackvoll verzierten Dek-

Auf der linken Spalte einer rechten Seite des Bramstedter Kirchenbuches wurde Gustchens Taufe als zweite des Jahres 1763 beurkundet. Gustchen selbst schrieb ihre beiden Vornamen später stets in umgekehrter Reihenfolge.

37

ken und Ofennischen der Zimmer sind noch immer eine Augenweide für den Betrachter. Mit einigen zur Schau gestellten Dokumenten hält die Stadt Bramstedt in dem heute als Kulturzentrum genutzten Gebäude die kurze Stolbergsche Ära fest.

Die neue Wohnung war fertiggestellt, als Augusta Louise, das 5. Kind des Segeberger Amtmanns, am 7. Januar des Jahres 1753 geboren wurde. Die Angaben des Bramstedter Taufregisters sind, verglichen mit demjenigen Uetersens aus der gleichen Zeit, wo sowohl die Familie des Täuflings als auch die Paten ausführlich, auch mit ihrem Wohnort, vorgestellt und somit zu einer wichtigen Quelle der Familienforschung werden, außerordentlich spärlich: Auf wenigen Quadratzentimetern Papier sind höchst unübersichtlich jeweils sechs Namen niedergeschrieben. Durch den Zusatz *Gva* wird manchmal kenntlich gemacht, daß es sich bei den drei letztgenannten um die *Gevattern* handelt. Es ist nun außerordentlich bedauerlich, daß die Beurkundung von Augustas noch am Geburtstage vollzogener Taufe die Namen der Paten, diesen für Königs-, Amtmanns- oder Kätner-Kinder gleichermaßen von der christlichen Kirche geforderten Taufzeugen, nicht nennt. Mit welchen Familien im Lande waren die Stolbergs damals freundschaftlich verbunden? Diese Frage läßt sich leider nicht beantworten, denn auch bei Augustas Geschwistern wurden die Gevattern nicht aufgeschrieben.

Durch den Kauf des Adeligen Gutes Bramstedt wurde Augustas Vater Mitglied der Schleswig-Holsteinischen Ritterschaft. Nun gehörte er zum Kreise derer, die ihre Töchter in die Klöster des Landes einschreiben durften. Daß er Augusta dennoch nicht einkaufte, mag seinen Grund zum einen in der schwierigen wirtschaftlichen Lage gehabt haben, in der er sich befand, nachdem er das Gut übernommen und die Wohnung hergerichtet hatte. Die Apanage aus der Grafschaft Stolberg blieb aus, und 125 Reichstaler *Installierungsgeld* waren ein beträchtlicher Batzen Geldes. Zum anderen aber erübrigte sich eine Klosterversorgung durch die für seine Familie überaus günstigen Zukunftsaussichten, die für das soeben geborene Töchterchen vortreffliche Heiratschancen verhießen. Die Herrschaft Breitenburg – seit 1526 niemals verkauft, sondern durch ununterbrochene Erbkette bis zur Gegenwart stets bei derselben Familie verblieben –, war 1726 durch die Heirat einer Erbtochter Rantzau Besitztum der aus Unterfranken kommenden Reichsgrafen zu Castell-Rüdenhausen und eine Generation später der Reichsgrafen zu Castell-Remlingen geworden. Augustas Mutter, in Franken aufgewachsen, war die älteste Tochter dieses Hauses und durch ihre Heirat in das Land ihrer mütterlichen Ahnen zurückgekehrt. Die Stolbergs durften erwarten, daß ihnen die Breitenburg eines Tages zufallen und sich nach menschlichem Ermessen die angespannte pekuniäre Lage sodann ins Gegenteil verkehren würde.

Obwohl Augustas Vater im Jahre 1753 keine Installierungstaler an das Kloster Uetersen zahlte, wurde sein Name dennoch damals dort aktenkundig: Ihro Hochwürden Anna Emerentia von Reventlow a. d. H. Altenhof, gestorben in dem Jahre, als Gustchen geboren wurde, ließen nicht nur zu ihren Lebzeiten in Uetersen ein Armenhaus erbauen, sondern legierten in ihrem Testament ein Kapital von 10 000 Mark, dessen Zinsen den in ihrem Hause lebenden Armen zuflossen. Dieses Reventlowsche Geld stützte den Kapitalmarkt des Landes. Als der Bramstedter Amtmann ziemlich bald nach Gustchens Geburt 400 Mark benötigte, stand es auch ihm zur Verfügung. Wie Uetersens Priörin unter dem Datum des 28. Juni 1756 erfuhr, ließen unvorhergesehene Ereignisse die pünktliche Rückzahlung des Geldes zum Problem werden: *Da mir anitzo eine Veränderung bevorsteht, die mir einige Ausgabe verursacht, indem es im Werck ist, daß ich Hofmarschall bey Ihro Majestät der verwitweten Königin werden soll, so wäre es mir freylich sehr angenehm gewesen, wenn ich das Geld gegen eine Obligation von mir bis Martini hätte behalten können ...*

Über Graf Christian Günthers Vetter Stolberg-Wernigerode waren die Stolberg-Stolbergs mit dem dänischen Königshause verwandt. Als Königin Sophie Magdalene, eine deutsche Prinzessin aus dem Hause Brandenburg, Witwe Christians VI. und Mutter des seit 1746 regierenden Königs Friedrich V., einen Hofmarschall suchte, rief sie Augustas Vater in dieses Amt. Ein Umzug nach Dänemark verursachte erhebliche Kosten. Deswegen bat Graf Stolberg darum, das geliehene Kapital weiterhin behalten zu dürfen.

Stolberg im Harz
Stahlstich von E. Benjamin nach einer Zeichnung von Ludwig Richter

Gustchen zählte zur Zeit der Übersiedlung nach Dänemark dreieinhalb Jahre, ihr Geburtsort hinterließ ihr keinen bleibenden Eindruck. Bei ihrem nächstälteren Bruder Friedrich Leopold war dies anders. Eine Köchin oder Kinderfrau, ein Stuben- oder Küchenmädchen, tätig im Haushalt des Amtmanns, legte den Grundstein dazu, daß er sich später der Volkspoesie zuwandte: *... für den*

Däumling habe ich eine alte Vorliebe und erinnere mich noch, daß mir die Mina in Bramstedt sein Leben und seine Thaten erzählt hat . . .

Im September 1756, nachdem sein achtes Kind geboren war, verkaufte Graf Stolberg Gut Bramstedt und zog mit seiner Familie, zwei Kindergräber zurücklassend, nach Kopenhagen.

Heinrich Christian Boie, der fleißige Briefschreiber aus Göttingen, zählte die Insel Seeland, die nunmehr zu Gustchens Heimat wurde, *zu den schönsten Ländern dieser Erde. Gustchens Land, das ich liebe, in dem ich süße Freuden der Kindheit, der Jugend . . . genoßen habe . . .* (125) blieb auch Friedrich Leopold teuer: *Jene freundlichen Buchenhaine, welche mit Äckern, Wiesen und Landseen abwechseln, in der Ferne das erhabene Meer, das bald roth von der auf- oder untergehenden Sonne lächelt und bald mit allen Schrecken Gottes sich rüstet . . . das alles, wie ist es mir so lieb! . . .* Die Nachkommen empfanden nicht anders, Gustchens Enkelin Elise Bernstorff schreibt: *Die Bäume sind nirgends in der Welt so wunderschön, sie breiten nirgends ihre Äste zu solchen Lauben aus, der Rasen ist nirgends so frisch und grün; die fehlenden Gebirge werden durch das sanfte, anschwellende, wellenartige Terrain ersetzt, die Flüsse durch die Menge und Schönheit der Landseen, und überdies bietet das Meer von jedem erhöhten Punkte aus die herrlichste, die köstlichst umgrenzte und die abwechslungsreichste Aussicht dar . . .*

Das Kronprinzen-Palais
zu Kopenhagen,
heute Nationalmuseum,
wurde 1744 erbaut.

Die Wohnung des Hofmarschalls Graf Stolberg lag im Kronprinzen-Palais. Mit seinem *langen, kalten, dunklen, selbst bey Tage von drey Thranlampen erleuchteten Gang,* hinter dessen riesigen Türen die Stimmen der sich darin Aufhaltenden kaum zu vernehmen waren, bereitete das düstere Gebäude den Kindern Katharina und Gustchen manche furchtsame Stunde, so daß *unsere seelige Mutter aus Mitleid für uns beyde im ganzen Haus das Verbot proklamieren ließ, daß man uns nie mehr Gespenster Geschichten erzählen dürfte . . . .*

Graf Stolbergs wurden in Kopenhagen vier weitere Kinder geboren: Magdalena, Julia, Magnus und Andreas. Magdalena, genannt Lenchen, blieb nach einem im 5. Lebensjahre erlittenen Sturz gehbehindert. Als Andreas Peter Bernstorff die Tochter des Hofmarschalls heiratete, zählte der älteste seiner vier Schwäger vierzehn Jahre, der jüngste aber vier Monate. Augusta, damals neun Jahre alt, war die zweitälteste seiner vier Schwägerinnen.

Durch den engen Kontakt mit dem Bernstorffschen Hause wurde Augusta mit Sophie, der elternlosen Nichte des Staatsministers, bekannt, die er an Kindes Statt angenommen hatte. Sie war zwei Jahre jünger als Gustchen, beide Mädchen schlossen miteinander Freundschaft.

Im Sommer verlegte Königin Sophie Magdalene die Hofhaltung auf ihr Landgut Hirschholm. Für einen Hofmarschall mit neun Kindern war die Wohnung im dortigen Schloß zu klein, die vier Jüngsten wurden deswegen *bei einer Pastorin Bratje in die Kost gegeben.*

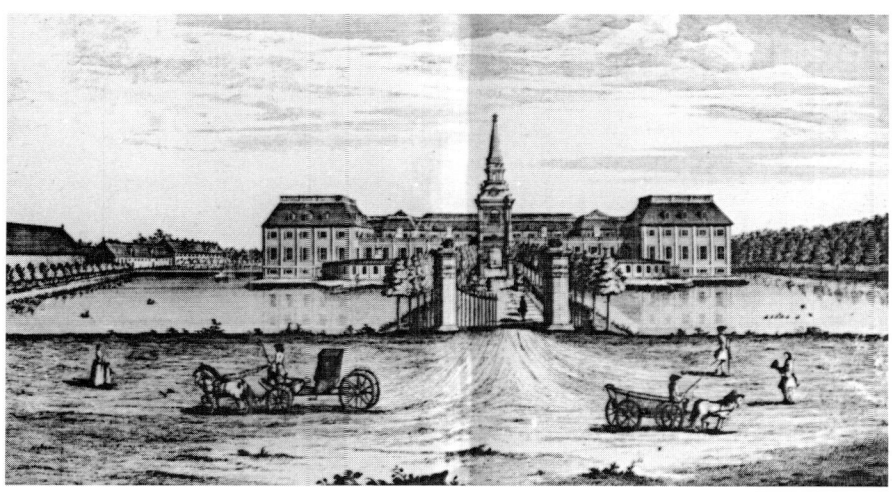

Schloß Hirschholm bei Kopenhagen
Landschloß der Königin Sophie Magdalene von Dänemark

Die Inschrift des Gedenksteines, den die Hirschholmer Bauern Graf Christian Günther setzten, erzählt davon, daß sein *weiser Rat* die Königin-Witwe bewog, die Leibeigenschaft auf ihrem Gute aufzuheben; sein Schwiegersohn Andreas Peter Bernstorff setzte die Reform später landesweit durch. *Seine Geschäfte, die sehr groß waren,* schrieb Katharina von ihrem Vater, *und die er mit unglaublicher Treue ... besorgte, machten, daß er uns nicht viel sah. Als Chef des Hofes der Königin ... aß er immer bey Hofe, das war ein Fest für uns, wenn er einmal zu Hause aß, aber das war nur ein oder zwei mal im Jahre ... Sein Gefühl war so weich, daß er sich jedes Thiers erbarmte, aber bis zur Strenge ging sein Ernst, wo er Unrecht sah. Er belachte die Thorheit, bestrafte das Laster ... er war allgemein verehrt, von den Guten geliebt, ... gefürchtet von denen, die auf falschem Wege gingen ...* Ihr Elternhaus beschreibend, fährt Katharina fort: *Es ist sonderbar, daß ich in der That nicht erinnern kann, je in meiner Eltern Hause das Wort Geld, Auskommen, Oecomonie ... Sparsamkeit gehört zu haben. Damals war der*

Der Gedenkstein, den die Hirschholmer Bauern setzten, trägt die Inschrift:
Paa det vise Raad af Hr. Christian Günther, Greve af Stolberg, Hendes Oberhofmester, Alle Undersatter i Horschholms Amt Befriedes af Hoveri, Faestegaarde forvandledes til Eiendomme.

Luxus noch nicht Mode, und wär ers auch gewesen, unserer Eltern Haus war wie eine Insel. Wir lebten von anderen abgesondert, ohne es eigentlich zu wissen, wir hielten wahrscheinlich die Sitte bey uns für etwas ganz gewöhnliches . . . unsere Eltern waren freygebig, . . . ihr Geschmack und ihre Denkungsart hielt sie von Fantasien ab und von tausend Thorheiten der Eitelkeit . . . jedem Freund und jedem Gast stand das Haus offen . . . Ich weiß wirklich nicht, wie reich oder wie arm sie waren . . . Unsere Kleidung war nie nach der Mode, aber nicht nur anständig, sondern vornehm; . . . So wenig von Geld und Mode die Rede war, war auch von Bequemlichkeit die Rede . . . Alle Möbeln waren, wie unsre Kleider, gut und anständig . . .

Als Siebzigjährige erinnerte Katharina ihre Schwester Gustchen an die *Matadors* ihrer aller Kindheit, den Hauslehrer Dubois und *die Klara: . . . mit ihnen ward für uns viel Freude in die Welt gebracht.* Nach allem, was aus den Stolbergschen Papieren herauszulesen ist, war Klara die alte Kinderfrau oder Jungfer der Mutter und stammte, wie hätte es anders sein können, aus deren fränkischer Heimat. *Weißt Du noch, wie wir Kinder alle viele Jahre im Ernst glaubten, daß die Sonne im Winter alle Sonntag schien, weil uns die Klara alle Sonntag Vormittag in Kopenhagen in ihrem sonnigten Kabinett mit Kuchen und Schokolade traktierte, uns alte Geschichten aus ihrer Jugend erzählte und mit fränkischen Sprüchwörtern, und Sprüchen aus der Bibel und Versen aus geistlichen Liedern würzte, mit einer so herzlichen frommen Innigkeit und Naivität, und wir waren ganz Ohr, lachten und weinten mit ihr . . .* Des Sonntags war Klara stets geputzt und fröhlich. An diesem Tage erschien sie nie in dem alten, dunkelblauen *Friesunterrock, von dem unser seeliger Vater behauptete, sie zöge ihn nur an, wenn sie übler Laune wäre . . . Sie war . . . mit allen ihren Wunderlichkeiten ein wahrer Schatz und eine Quelle der Freude für uns. Wir kriegten einmal einen tüchtigen Produkt von ihr, weil wir uns geschlagen und gekratzt hatten; ich bin fast gewiß, daß ich den Anfang damit gemacht habe, Du mich aber durch Reden und Kitzeln gereizt hattest . . . Erinnerst Du Dich, wie sie den Mops unterm Bett beschwor, ihn für einen bösen Geist haltend . . .* Klara, aus Franken in das ferne Dänemark verpflanzt, vermittelte den Kindern des Hofmarschalls Ihro Majestät nicht nur, gewiß in Original-Mundart, in fränkische Sprüchwörter verpackte Volksweisheiten wie: „Tu den Beutel net weiter auf, als er g'schlitzt ist", oder: „Einem betrunkenen Mann soll ein Fuder Heu ausweichen", sondern sie lehrte sie auch, dem Nächsten, wer es auch immer sei, mit vorurteilsfreiem Vertrauen zu begegnen. Klaras Angehörige lebten in Süddeutschland: *Du erinnerst Dich gewiß,* schrieb Katharina an Augusta, *denn deine Erinnerungen, wenn gleich jünger als ich, sind viel reichhaltiger als die meinen, des Ducatens, den sie mit einem wandernden Juden an ihren Vater schickte und wie sie mit ihrem guten Glauben an ihn geneckt ward, und wie die Antwort des Vaters die Ehrlichkeit des Juden bewieß . . .*

Gustchens Elternhaus war von außerordentlicher Frömmigkeit geprägt. Zu jeder Zeit waren die Herrnhuter Prediger dort gern gesehene Gäste. Der im 18. Jahrhundert gebräuchliche Vorläufer der noch heute von der Brüdergemeinde alljährlich herausgegebenen zweifarbigen Bändchen, *Losungen* genannt, deren geistlicher Inhalt das Leben zahlreicher Familien in aller Welt tagtäglich begleitet, war der ,Zettelkasten', in den man allmorgendlich oder, wann immer man des göttlichen Trostes bedurfte, hineingriff und einen Bibelspruch herauszog.

Über die von den Herrnhutern beeinflußte Lebensführung in Augustas Elternhaus kam es mit der Großmutter, Friederike Eleonore Gräfin zu Castell-

Gräfin Christiane Charlotte
geb. zu Castell-Remlingen und
Graf Christian Günther
zu Stolberg-Stolberg

*Unsrer Eltern Denkungsart
stimmte vollkommen miteinander
überein. Ihrer beyder natürlicher,
schöner und edler Charakter,
ihre ernsten Grundsätze und ihre
fromme Gesinnung machten, daß sie sich gegenseitig aufs innigste ehrten und
liebten . . . ihre Charaktere waren eben so verschieden voneinander, wie ihre Art zu
empfinden es war. Mein Vater war still und ernst, meine Mutter im höchsten Grade
lebhaft, mein Vater schloß sich nur an einige wenige Freunde an, meiner Mutter Herz
umfaßte mit Liebe alles, was sie interessierte. Meines Vaters Herz war wie ein tiefer
Brunnen oder wie eine Quelle, die immer fließt, nie trübe wird, aber kaum hörbar
rieselt. Meiner Mutter Herz war wie das Firmament, mit Sonne, Mond und Sternen . . .*

Remlingen, der Eigentümerin der Herrschaft Breitenburg, zum Konflikt. Aufs äußerste erbost über die *Pietisterey* im Hause ihrer Tochter, versuchte sie, über einen Brief an König Friedrich V. auf deren Haushalt Einfluß zu nehmen, wo *Beth-Brüder* und *Beth-Schwestern* aus- und eingingen, und wo mit *Kopfhängern und andern dergleichen Gesindel* die Summen aufgezehrt wurden, die sie der Familie ihres unvermögenden Schwiegersohnes zuschoß. Die alte Dame fürchtete um das Fortbestehen Breitenburgs.

Der Bruch konnte nicht ausbleiben, Gräfin Christiane wurde von ihrer Mutter enterbt. Dies brachte sie keineswegs aus dem Gleichgewicht. Sie griff in ihren Zettelkasten, und mit den Worten: *Nun lesen Sie, lieber Witze, kann ich nicht zufrieden seyn?*, zeigte sie dem über ihre Gelassenheit aufgebrachten Erzieher ihrer Söhne, dem Hofmeister Clauswitz, den wie ein Lotterielos herausgezogenen Spruch Psalm 16, Vers 6, welcher lautet: *Mein Los ist mir gefallen aufs lieblichste, mir ist ein schön Erbteil worden.*

Die Weltferne und Gleichgültigkeit gegen alles Äußere ging bei Gräfin Christiane sehr weit. Wie der Hamburger Geograph Büsching von einem Besuch im Stolbergschen Hause berichtet, spazierte der Schoßhund der Hausfrau auf dem Eßtisch umher und beschnupperte die Speisen.

Gräfin Stolbergs jüngere Schwester Amoene, die nun die Herrschaft Breitenburg erhielt, war verheiratet mit Friedrich Graf zu Rantzau, einem Verwandten der Breitenburger Linie. Die Entscheidung der Mutter Friederike Eleonore Castell-Remlingen brachte den Rantzauschen Stammsitz wieder in den Besitz der Namensträger. Augusta spricht zwar manchmal vom *fatalen Breitenburg*, aber sowohl sie als ihre Geschwister sind regelmäßig dort eingekehrt, und auch die Briefe zwischen den Schwestern Christiane und Amoene zeugen von einem ungetrübten Verhältnis. Auch das, was die siebzigjährige Katharina Jahrzehnte später niederschrieb, zeigt weder Zwietracht noch Bitterkeit: *Gestern war der Geburtstag unserer seel. Mutter, und am 12. wird es 66 Jahr, daß wir Bramstedt verließen, nach Dänemark zu reisen, ich freue mich immer, wenn ich an diese frühe Niederlaßung in Dänemark denke, und an die Enterbung unsrer seel. Mutter von Breitenburg. Wie anders wäre unser aller Schicksal geworden, und wie glücklich fiel uns allen das Loos! – Gott sey dafür gedankt! ...*

Im Sommer des Jahres 1765 verabschiedete sich Graf Stolberg von den Seinen, um zur Kur nach Aachen zu fahren. Er kehrte nie mehr zurück. Ein Schlaganfall setzte seinem Leben am 22. Juni ein Ende. Fast gleichzeitig wurden Mutter und Geschwister vom Tode des dreijährigen Andreas getroffen, der im Hause der Pastorin Bratje starb. Im niederländischen Vaals unweit Aachens fand Graf Stolberg sein Grab.

Seine Witwe, mit sieben unversorgten Kindern zurückgeblieben, mußte beide Dienstwohnungen räumen. Mit Hilfe der Königin-Witwe erwarb sie das bisher zu Hirschholm gehörende Gut Rungstedt am Sund, auch *Rondstedt* genannt. Eineinhalb Jahrhunderte später hatte hier die Schriftstellerin Tanja Blixen ihr Zuhause, deren außergewöhnliches Schicksal einer breiten Öffentlichkeit nahegebracht wurde durch den Spielfilm *Jenseits von Afrika*.

Die Kinder Stolberg hatten ihren Vater nur selten gesehen und früh verloren. Wegen unzulänglicher Wohnungsverhältnisse im Schlosse der Königin waren

Friedrich Gottlieb
Klopstock im 33.
Lebensjahr
Stich von J. M. Ber-
nigeroth 1757

Königin Sophie Mag-
dalene von Dänemark,
Dienstherrin des Gra-
fen Stolberg
Gemälde von Andreas
Brünniche

sie alljährlich mehrere Monate hindurch auseinandergerissen. Die kränkelnde Mutter wurde enterbt. Dennoch bezeugen alle Geschwister in Briefen und Lebensberichten eine helle und frohe Kindheit und Jugendzeit in der vollkommenen Geborgenheit des Elternhauses, einem von Gott spürbar gesegneten Kraftquell für die auch ihnen nicht erspart gebliebenen Härten des Lebens.

Sowohl in Kopenhagen als in Hirschholm und später in Rungstedt wuchsen sie höchst unkonventionell heran. Klopstock, sprachgewaltiger gefeierter Dichter und passionierter Sportler, der nach dem Tode des Vaters zum Mentor der Söhne wurde, brachte ihnen Eislaufen sowie Tauchen und Schwimmen bei. Letzteres war bei ihm und bei seinen gelehrigen Schülern an keine Jahreszeit gebunden. Friedrich Leopold warf sich in die *Novemberwogen,* und am 1. Januar 1781 schreckte er nicht vor den Nordseewellen zurück.

Der *göttliche Sänger* Klopstock, der mit Strenge die lateinischen Übungen der Söhne überwachte, war gleichzeitig der liebste Spielgefährte der Kinder. Beim Römer- und Karthagerspielen jagte ihn der Nachwuchs des Hofmarschals durch Wald und Gebüsch, wo er als verfolgter Hannibal im Dickicht Hut und Perücke verlor.

Die Verbindung mit dem Bernstorffschen Hause ließ alle Kinder früh teilhaben am geistigen und künstlerischen Leben ihrer Zeit – man wird noch sehen, wie reich und vielfältig das kulturgeschichtliche Spektrum war, für das sich Augusta interessierte, Umgang und Erziehung des Elternhauses setzten früh den Maßstab. Schon als Kinder begeistert von Form und Inhalt des Messias, beherrschten die jungen Stolbergs einzelne Gesänge daraus beizeiten auswendig. Wie Goethe im zweiten Buch des ersten Teiles von *Dichtung und Wahrheit* erzählt, wurden er und seine Schwester Cornelia durch Lektüre außerhalb des Elternhauses von dieser Dichtung entzückt – von der, weil ohne Reim, der Vater im Hause am Hirschgraben zu Frankfurt freilich nichts hielt und sich daher hütete, *dieses Werk anzuschaffen; aber unser Hausfreund, Rat Schneider, schwärzte es ein und steckte es der Mutter und den Kindern zu* ...

In welcher Freiheit und Ungebundenheit ihre Kindheit zu den verschiedenen Jahreszeiten verstrich, schrieb Julia Stolberg ihren Nachkommen auf: *Im Winter liefen wir auf dem Eise herum, nur die Landstraße trennte unser Haus vom Meer. So leicht gekleidet wie im Hause sprangen wir von einer Eisscholle auf die andere ... Wir hatten einen Gärtner ..., er verfertigte uns einen kleinen Schlitten mit Kalbsknochen darunter und fuhr uns oft darauf herum ... Im Sommer genossen wir in noch höherem Grade die Freuden der Natur; früh morgens durchstrichen wir schon die Gärten und eine freundliche, daran gränzende Wiese, worauf Trollius, Maiblumen und viele andre Blumen wild wuchsen; die ersten Veilchen und Schlüsselblumen beglückten uns, und die Ankunft der Schwäne, die in ganzen Schaaren von der Ostsee nach der Nordsee zogen; schon von weitem hörten wir den melodischen Ton ihres Flügelschlagens ... – Wir hatten schöne Lauben und einen Hügel mit einer prächtigen Aussicht aufs Meer ... Kein Zaun und kein Graben schreckte uns, wir sprangen hinüber. Nahe am Ufer des Meeres ragten einige Steine aus dem Wasser hervor, worauf sich die Seehunde versammelten und sich sonnten; auch dies interessierte uns sehr, noch mehr die vielen Schiffe, zuweilen kamen hunderte auf einmal, die durch den Sund gingen und uns alle vorbeisegeln mußten. Uns grade gegenüber lag die Insel Wheen und die Küste von Schonen. – So wuchsen wir in Liebe und Eingkeit, ganz Naturkinder, heran* ...

Am 7. Januar des Jahres 1766 wurde Gustchen dreizehn Jahre alt. Mit Liedern, Gedichten, Spielen, Geschenken und Blumenkränzen – je nach der Jahreszeit – feierlich begangen und aus dem Alltag erhoben, festigten die Stolbergschen Geburtstage die Familienbande und führten die Kinder von einem Jahr zum anderen. Gustchens diesjähriges Fest unterschied sich von den vorangegangenen dadurch, daß der Vater nicht mehr unter ihnen weilte. Der Umzug nach Rungstedt war noch nicht erfolgt. Bevor Gräfin Stolberg mit Kindern und Gesinde dort einziehen konnte, mußten die Gebäude überholt werden. Die Familie war nach dem Tode des Vaters nicht mehr nach Kopenhagen zurückgekehrt, sondern in Hirschholm geblieben. Wie Katharina erzählt, fuhren die Söhne Christian und Friedrich Leopold, achtzehn und sechzehn Jahre alt, täglich nach Rungstedt hinüber, um nach dem rechten zu sehn.

Als das dreizehnjährige Gustchen an ihrem Ehrentage, einem Dienstag, die Gratulationen von Mutter und Geschwistern, Verwandten, Freunden, Lehrern und Dienstboten entgegengenommen hatte und der Tag zu Ende gegangen war, währte es nur noch eine Woche bis zu dem das ganze Königreich samt den Herzogtümern erschütternden Ereignis, durch welches sich bei dem Geburtstagskinde die Glück- und Segenswünsche in ganz besonderer Weise, von niemandem vorhersehbar, erfüllten.

Gustchen erhält einen Klosterplatz

Am 14. Januar 1766 verstarb im Alter von nur dreiundvierzig Jahren und nach nur zwanzigjähriger Regierungszeit Friedrich V., *Von Gottes Gnaden König von Dänemark, Norwegen, der Wenden und Gothen, Herzog zu Schleswig, Holstein, Stormarn und der Dithmarschen, wie auch zu Oldenburg und Delmenhorst*. Seit mehr als zweihundert Jahren folgte auf einen Friedrich ein Christian. Noch am gleichen Tage bestieg der Sohn als der Siebte dieses Namens den Thron.

Um dem Volke, das seinen verstorbenen König bereits zu Lebzeiten unter dem Beinamen *der Gute* verehrte und liebte, Gelegenheit zum Abschied zu geben, wurde Friedrich V. im Dom zu Roskjilde, dem Begräbnisort aller dänischen Könige, feierlich aufgebahrt. Die damals sechseinhalb Jahre zählende Julia Stolberg erzählte später: ... *meine Mutter fuhr mit meinen älteren Geschwistern nach Kopenhagen und nahm mich auch mit; wir sahen das Castrum doloris in der Kirche, saßen oben in tiefer Trauer, das Gewühl der Menge war groß und es war interessant, dies zu sehen. Unzählige Lichter erhellten die Kirche und als wir hinunter gingen, um die Leiche vor dem Altar in der Nähe zu sehen, konnte man kaum durch's Gedränge hingelangen. Die Züge des Königs waren sehr edel und schön, und ich hielt ihn für ein Marmorbild, denn ich hatte noch nie eine Leiche gesehen* ...

Die beiden ältesten Söhne Stolberg, Christian und Friedrich Leopold, seit drei Jahren königlich-dänische Kammerjunker, füllten während der Begräbnisfeierlichkeiten ihre Plätze aus, die das Protokoll ihnen vorschrieb. Zu den Gästen, die am Abend dieses Tages im Kopenhagener Palais des Staatsministers Johannes Hartwig Ernst von Bernstorff einkehrten, gehörten Gräfin Stolberg und ihre Töchter Katharina, Gustchen und die kleine Julia. Der ereignisreiche Tag prägte sich auch unauslöschlich in das Gedächtnis der damals vierzehnjährigen Katharina ein: *Diese kleine Reise, die erste in meinem Leben von der Art – machte Epoche bey mir ..., ich machte viele Bekanntschaften bey der Gelegenheit; allein diese Rose war nicht ohne Dornen. Wir brachten den Abend beym alten Bernstorff zu, es waren wohl 20 Personen am Tisch und fast nichts zu essen. Eine einzige kleine Ente war der Braten und ich nahm ein Stück, als mir der Teller angeboten ward. Der Prinz von Hessen saß neben mir. Beym Dessert präsentirte er mir die Bisquits, ich nahm eins davon, ohne dabey den Teller in die Hand zu nehmen, sondern ließ ihn denselben halten. Den Abend hielt mir meine Mutter über meine Unbescheidenheit, von dem kleinen Braten eine Portion genommen zu haben – und über meine Unhöflichkeit gegen den Prinzen von Hessen, eine sehr beschämende Predigt in Gegenwart meines Schwagers und Klopstocks, welche sich meiner aber treulich annahmen und aus der Sache einen Scherz machten* ...

Nun, ganz so knapp, wie von Katharina Jahrzehnte danach aufgeschrieben, wird es bei dem Essen gewiß nicht zugegangen sein! Gräfin Charitas Emilie, Tochter eines holsteinischen Gutsbesitzers, ließ für den Abend eines solchen Tages, an dem sie mit plötzlichen Gästen rechnen mußte, sicherlich nicht nur

König Friedrich V. von Dänemark
Kupferstich von 1740

König Christian VII. im Krönungsornat
Gemälde von Peder Als

eine einzige, und dazu noch *kleine* Ente richten, die dann, den fünf Broten und zwei Fischen aus der biblischen Geschichte von der Speisung der Fünftausend gleich, zwanzig Personen sattmachte! Nein, der Braten auf der Bernstorffschen Abendtafel wird aus mehreren, bereits tranchierten, Enten bestanden haben. Aber serviert auf Speisegeschirr des Hochbarock wirkte jede Fleischportion klein und verloren und schrumpfte darum in Katharinas Erinnerung im Laufe der Jahre auf eine Hungerration zusammen.

Am 29. Januar, seinem Geburtstag, wurde der siebzehnjährige Prinz, der mit der englischen Prinzessin Caroline Mathilde verlobt worden war, als Christian VII. in Kopenhagen zum König gekrönt. Die Feierlichkeiten dieses Tages unterbrachen die Staatstrauer, die sofort nach dem Tode Friedrichs V. verordnet worden war: *Musiken und Saitenspiel in- und außerhalb der Kirchen*, wozu auch das *Orgelrühren* gehörte, hatte bis auf weiteres zu unterbleiben. Statt dessen schallten die Glocken täglich zweimal zwei Stunden lang von allen Türmen, auch von denen der kleinen Dorfkirchen rings um Hirschholm, wo das dreizehnjährige Gustchen in jenen Tagen erfuhr, daß es ins Kloster sollte. Christian VII. hatte sein Jus Primariarum Precum ausgeübt.

Falls der junge König nicht schon von den Sorgen der Gräfin Stolberg wußte, wird Johann Hartwig Ernst von Bernstorff, auf den auch er seine Regierung stützte, ihn davon in Kenntnis gesetzt haben. So *präsentirte* er, *Gegeben auf Unserer Königlichen Residentz Christiansburg zu Copenhagen*, dem Kloster Uetersen *Unsere Liebe Besondere, Augusta Louisa, Comtesse von Stolberg, mit dem allergnädigsten Ansinnen . . ., selbiger eine jetzo vacant seyende, oder die erstvacant werdende Stelle . . . zu conseriren . . .* Erst als die Staatstrauer am 7. April gelockert wurde – das Musizierverbot galt weiterhin, das Glockenläuten aber hatte ein Ende –, verließ der für das Kloster Uetersen bestimmte Brief, mit Bernstorffs Unterschrift versehen, die Deutsche Kanzlei.

In der Wahl des Klosters, das Christian VII. für Gustchen aussuchte, ist die Mitwirkung des Staatsministers zu sehen, der der Witwe Stolberg tatkräftig zur Seite stand. Uetersens Priorin, Tante seiner Frau, wird ihm bekannt gewesen sein. Gustchen, ein ungewöhnlich empfindsames Kind, vertraute er somit keinem fremden Menschen an.

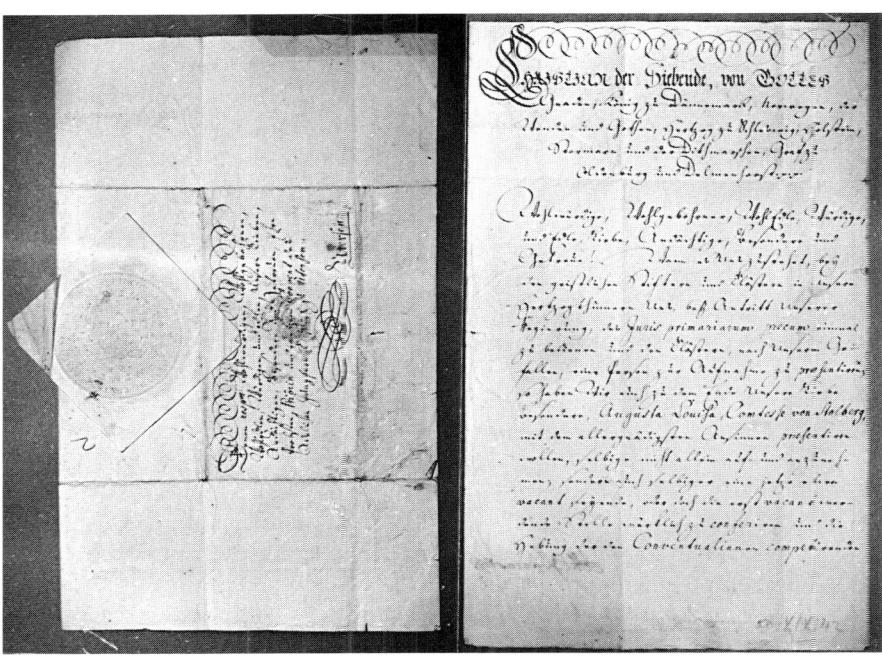

Der Brief, mit dem Christian VII. Gustchen dem Kloster *präsentirte,* ist das zweite ihrer drei dort verwahrten Lebensdokumente.

Die an das *Adeliche Jungfrauen Closter zu Ütersen* ergangene königliche Aufforderung, die *Comtesse zu Stolberg* aufzunehmen, trug die Unterschrift des Ministers Johann Hartwig Ernst von Bernstorff.

Wie elf Jahre zuvor bei der zehnjährigen Elisabeth Catharina Zoege von Manteuffel, eingebeten von *Ihro Kayserl. Hoheit dem Großfürsten aller Reußen als Regierender Herzog zu Schleswig-Holstein,* wich das Kloster Uetersen auch bei Augusta von der Bestimmung ab, die Konfirmation der Anwärterin abzuwarten. Verbunden mit der Bitte, der Thronerbe wolle dieses Entgegenkommen durch seine *Allerhöchste Protection* sowie durch Bestätigung der von seinen Vätern dem Kloster gewährten Privilegien honorieren – was auch, mit Bernstorffs Unterschrift, im Dezember des gleichen Jahres geschah –, sagten Ihro Hochwürden von Buchwaldt bereits am 18. April die *erstvacant werdende* Stelle für die Comtesse Stolberg zu.

Leider ist in keinem der Stolbergschen Familienpapiere der Wintertag festgehalten worden, an dem Gräfin Stolberg der Sorge um ihre dritte Tochter enthoben wurde und Gustchen von Mutter oder *Schwester Bernstorff* davon erfuhr, in welcher Weise Seine Majestät in ihr Leben eingegriffen hatten. Es läßt sich darum weder von einer gehorsamen Tochter erzählen, die sich widerspruchslos in die ihr erzeigte königliche Gnade schickte, noch von einer, die mit Tränen, Bitten oder Trotz dieses ihr verordnete Schicksal abzuwenden versuchte. Doch soviel läßt sich sagen: Die Aussicht, Heimat und Familie eines Tages verlassen zu müssen, möglicherweise schon sehr bald, wird das kleine Mädchen im tiefsten Inneren erschreckt haben, ihre späteren Briefe reden eine deutliche Sprache: *Ütersen, den 22st. Feb. 1774 ... Ich kann die süße Hoffnung, Euch alle bald zu sehen, nicht aufgeben, sie erhält mich izt, öde und leer würde izt mein Tag ...* Sechs Jahre später schrieb sie nieder: *Trennung bleibt meinem Herzen ewig ein fremdes Klima. Wiedersehen ist die süßeste Freude meines Herzens ...* (145a).

Die verwandtschaftlichen Beziehungen zwischen Frau Priörin von Buchwaldt und Gräfin Charitas Emilie war nicht die einzige Verbindung, die zwischen Gustchens jetzigem und ihrem künftigen Wohnort bestand. Sowohl die Bernstorffs als auch Mutter Stolberg werden jede sich bietende Gelegenheit wahrgenommen haben, um die Dreizehnjährige mit dem Status einer Stiftsdame vertraut zu machen. Gräfin Charitas Emilie, bis zu ihrer Verheiratung Klosterfräulein in Preetz, kann ihr erzählt haben, daß eine holsteinische Conventualin weder in Nonnentracht einherging noch ihr Leben in einer engen Zelle verbrachte. Hatte Gustchen nicht vorher schon die Bekanntschaft mit dem anno 1731 ins Uetersener Stift eingebetenen Klosterfräulein Anna Susanna von der Osten gemacht, die als Hofmeisterin der dänischen Prinzessin Charlotta Amalia in Kopenhagen lebte, dann lernte sie auf jeden Fall eine ihrer Mitschwestern kennen, als sich, wie Katharina erzählt, im Januar oder Februar 1766 folgendes zutrug: *Da wir auf dem Lande den Winter waren, konnten wir nur jeden anderen Tag frisches Brodt haben. An einem Tage, da wir altes Brodt hatten, kam die Frau von Plessen mit ihren zwey Fräulein, die ihr überall folgten. Meine Mutter machte Entschuldigungen über das alte Brodt, die Frau von Plessen versicherte, sie äße lieber altes als frisches Brodt, weil es gesünder wäre; gleich sagten die beyden Fräulein dasselbe ...* Eine der *zwey Fräulein*, die der späteren Oberhofmeisterin der jungen Königin Caroline Mathilde bedingungslos anhingen, war die Baronesse Charlotte Amalia Schack, eine Conventualin des Adeligen Klosters Uetersen. Sie war im Mai 1764 zur *Einkleidung*, einer Zeremonie, der nun auch Gustchen entgegensah, ins Stift gerufen worden, ihre Freundin Louise von Plessen hatte sie damals begleitet. Zweien der mit altem Brot bewirteten Damen war Gustchens künftiges Zuhause aus eigener Anschauung bekannt, an Gesprächsstoff wird es darum nicht gemangelt haben. Wenn Augusta nicht schon von Gräfin Bernstorff oder Fräulein von der Osten davon gehört hatte, dann erfuhr sie spätestens beim Zusammentreffen mit Fräulein Schack von der – allerdings

Oberhofmeisterin Louise von Plessen
geb. von Berckentin
Gemälde von Carl Gustav Pilo

mit Nachteilen verbundenen – Möglichkeit, als Conventualin auch außerhalb des Klosters leben zu können.

Um Augusta aufs genaueste mit ihrem späteren Wohnort vertraut zu machen, bedurfte es aber weder der Erzählung der Frau von Plessen noch der von Fräulein von Schack. Die neunzehnjährige Henriette Bernstorff, die ihren jungen Haushalt im Palais des Onkels führte, wird sich, klug und belesen, in dessen Bibliothek ausgekannt und der kleinen Schwester darum den *Camerer* gegeben haben, denn nicht nur das Briefeschreiben, auch die Lektüre betrieb Gustchen mit Passion.

Was der in dänischen Diensten stehende Kriegsrat Camerer um das Jahr 1760 über *Fräuleinkloster und Flecken Uetersen* zu berichten wußte, ist für heutige Leser nicht weniger interessant, als es damals für Gustchen war: Weil ‚ihr' Kloster *lange nicht Lutherisch* hat werden wollen, mußte König Christian III. den *letzten römischen Priester* höchstpersönlich *mit Gewalt wegjagen.* Danach von ihm zum Adeligen Damenstift umgewandelt, das ihn und seine Nachfolger auf den Reisen durchs Land zu beherbergen und zu bewirten hatte, war ‚ihre' künftige Versorgungsstätte ganz offensichtlich nicht sehr wohlhabend. Obwohl *der Werth der Dinge in unsern Tagen gestiegen ist,* waren die *Stiefelgelder* des Klosterschreibers, eines studierten Juristen, seit dreihundert Jahren nicht angehoben worden und betrugen noch immer *1 Mrk. 8 Schil.* Johann Friedrich Camerer legte den *Regenten der Staaten* dringend nahe, die Einkünfte der Beamten zu verbessern, ... *die Stiefeln vor einen halben Thaler möchte ich wohl sehen* ...

Alle Stolbergs liebten die ländliche Idylle. Was über das Wirken des Klosterprobsten Benedikt von Ahlefeldt im *Camerer* geschrieben steht, mußte Gustchen sehr erfreuen: *Er fand Vergnügen an Linden, und alle Personen, welche ihn verehrten, ahmten ihn nach, und ich habe keinen Ort in ganz Holstein gesehen, welcher so mit Linden vor den Thüren ausgezieret wäre ... so gar der tägliche Wochenmarkt wird unter Linden gehalten ...* Doch damit nicht genug! Eine mit eben solchen Bäumen bepflanzte Allee, welche *nach Hamburger Art Jungfern-stieg genennet wird*, führte zu einer großen Rasenfläche, dem Klosterhof. Doch auch in Uetersen wuchsen *keine Rosen ohne Dornen*, Camerer bemängelte: *Die-ser Platz würde im Sommer noch angenehmer seyn, wenn eine Pfütze, welche mitten auf demselben offen ist, zugeschmissen würde, bey heißen Tagen hauchet diese Pfütze einen verpesteten Geruch aus, so daß man, um nicht krank zu wer-den, den angenehmen Linden Spaziergang allein deswegen vermeiden muß . . .* Das also geschmähte Gewässer ist Uetersens noch immer vorhandener Burggra-ben.

Ev.-luth. *Kirche am Kloster* zu Uetersen
Titelkupfer des Textblattes der Einweihungskantate vom 7. 12. 1749

Über die Menschen, mit denen Gustchen eines nicht allzu fernen Tages zu-sammenleben sollte, konnte sie lesen, . . . *daß die Sitten der Einwohner sehr ge-bildet sind.* Genau wie der Verfasser, der *von allen Ständen Höflichkeit in Ueter-sen genossen hatte*, mag auch sie sich darüber empört haben, wie die Hambur-ger, für die Uetersen eine beliebte Sommerfrische war, sich in ihrem künftigen Wohnort, diesem *artigen Flecken*, betrugen: *Diese Herren und Frauen glauben, wenn sie in Uetersen sind, . . . auf dem Lande zu seyn. Sie sind es auch in Absicht ihrer großen Stadt, sie sind es aber wirklich nicht, in Absicht der höflichen Le-bensart. Sie achten also nicht auf die Einwohner, sie gehen im Schlafrocke und das Frauenzimmer im Nachthabit, der Mann mit einer Pfeife Canaster auf der Straße spazieren und brauchen ihrer Meynung nach der Landluft und der guten Sonne. Ich kann Ihnen aber versichern, die mittlere Sorte von Menschen wird in dem Flecken . . . sehr beleidiget, wenn sie die Geringschätzung ihres Ortes se-hen . . .*

52

Auch Gräfin Stolberg dürfte sich für die Bleibe ihres Töchterchens interessiert und mit Befriedigung davon gelesen haben, was Camerer über die ärztliche Versorgung des Klosterfleckens geschrieben hatte: *Die Arztneygelehrsamkeit ist noch in ihrer Kindheit in hiesiger Gegend . . ., doch hat Uetersen darin den Vorzug, daß es einen sehr frommen gewissenhaften, nicht ungelehrten, und recht fleißigen Chirurgen an dem Herrn Greven besitzt . . .,* der, nicht zu stolz *wie mancher lächerlicher Windmacher, bey ungewissen Fällen* sich bei *geschickten* Hamburger *Doctoren* Rat holte. Von der alten Hansestadt hinaus nach Uetersen zu gelangen, war allerdings nicht so einfach: *Hinter den Klosterwiesen fließt die so genannte Aue, über welche eine kleine Brücke gebauet ist, welche halb von der Herrschaft Pinneberg, halb von dem Kloster erhalten werden muß. Ob es einen politischen Grund hat, weiß ich nicht; der Theil aber, welchen das Kloster unterhalten muß, ist weit schlechter, und muß man sich etwas mehr fürchten, wenn man über diesen Theil der Brücke fährt . . .* Doch die eventuelle Besorgnis von Gustchens Mutter, daß unter solchen Umständen die *geschickten Doctoren* aus Hamburg das Kloster nicht schnell genug erreichen könnten, vermochte Gräfin Charitas Emilie sicherlich zu zerstreuen: Diese schlimme Brücke reparieren zu lassen, war eine der ersten Taten ihrer rüstigen Tante, die übrigens gerne mit *Prieurin Bougwald* zu unterschreiben pflegte. Je emsiger Gustchen den *Camerer* studierte, um so mehr wird die Fremde ihre Schrecken verloren haben. Gleich hinter dem Klosterdorfe Horst begann die Herrschaft der Breitenburger Verwandten, dies war eine tröstliche Aussicht.

Klopstock, bei Stolbergs häufig zu Gast, wird das Seine dazu beigetragen haben, Gustchen aufzumuntern, wenn es nötig war. Galt der Spaß, von dem Aage Friis, der Bernstorff-Biograph, erzählt, etwa ganz allein ihr? Vielleicht, um ihr vorzuführen, auf welche Weise ein Klosterplatz für sie freiwerden konnte, *machte er ein sechzigjähriges Klosterfräulein, das der Priorin seine bevorstehende Vermählung anzeigt, so komisch nach, daß die Gräfin Stolberg und die ganze Familie sich totlachen wollten.* Dem Dichter, der vor seiner Übersiedlung nach Dänemark für kurze Zeit in der Hansestadt an der Elbe gelebt hatte, war die beliebte Hamburger Sommerfrische Uetersen, von der Johann Friedrich Camerer erzählt, vielleicht sogar bekannt.

Sowohl Gustchen als ihre Mutter wird über die aufgezeigten Verbindungen, die zwischen dem kleinen Klosterflecken und der dänischen Hauptstadt bestanden, davon gehört oder gelesen haben, daß den jungen Damen, die ins Kloster kamen, eine dreijährige Vorbereitungszeit verordnet war, die sich mit dem altklösterlichen Noviziat vergleichen ließ. Von diesen *Schuljahren* war aber nur noch der Name geblieben, nur wenige *Schulfräulein* übten sich in ihrem Stifte ein, fast alle ließen sich für diese Jahre beurlauben. Daß diese Möglichkeit bestand, wird Gustchen sehr beruhigt haben: Uetersen hatte ihr die *erstvacant werdende* Stelle zugesagt. Diese Nachricht bedeutete, daß sie ihren vom König für sie erworbenen Platz im Stift erhielt, sobald eine der jetzigen Uetersener Conventualinnen durch Tod oder Heirat ausschied. Wann immer das sein würde, morgen, übermorgen oder in zwei Jahren: Ein Abschied von Mutter und Geschwistern war fürs erste nicht damit verbunden.

Auch das Schulfräulein Charlotte Ernestine von Brocktorff, am 23. Juni des Jahres 1764 im Uetersener Kloster aufgenommen, zog es vor, zu Hause zu bleiben. Ihr Vater, auf der Insel Lolland ansässig, besaß die Güter Aschau, Aderstrup und Grimstedt. Während ihre Namensschwester Elisabeth Benedicta von Brocktorff, die fleißige Nachrichten-Schreiberin, lebenslang im Stift verblieb, besaß Charlotte Ernestine nur zwei Jahre hindurch den Status einer Conventualin, denn sie heiratete 1766 den Oberstleutnant Georg Heinrich von Warnstedt. Da ihr Hochzeitsdatum aber weder in den klösterlichen Listen noch in *Danmarks Adels Aarbog* zu finden ist, läßt sich bedauerlicherweise der Tag nicht nennen, an dem ihr Platz im Stift zum *erstvacant werdenden* geriet und auf ,Klosterdeutsch' für Gustchen Stolberg *der Fall* eintrat.

Was sodann frühestens vier Wochen nach diesem Ereignis zu geschehen hatte, liest sich wie folgt: . . . *auf erhaltene Nachricht der Priörin, daß der Fall eingetreten ist, muß das Schulfräulein anreisen und sich einkleiden lassen.*

Weil Charlotte Ernestines Hochzeitstag nicht überliefert ist, läßt sich nicht sagen, wann Ihro Hochwürden von Buchwaldt den an Gräfin Stolberg adressierten Brief der Post übergaben. Es kann dies aber nicht vor Ende April 1766 gewesen sein, denn in früheren Zeiten wurde das tägliche Leben viel mehr als heute vom Kirchenjahr bestimmt, und während der Passionszeit fanden keine Trauungen statt. Oberstleutnant von Warnstedt kann seine Frau erst nach Ostern heimgeführt haben.

Inzwischen war Gräfin Stolberg von Hirschholm nach Rungstedt umgezogen. Hier erhielt sie frühestens Mitte Mai 1766 die Aufforderung, ihre Tochter Augusta zur Einkleidung nach Uetersen zu bringen.

54

Gustchen wird eine Conventualin

Bei den zahlreichen Querverbindungen zwischen den Kopenhagener Hof-
kreisen und dem Adeligen Kloster Uetersen war es für die in Süddeutschland
aufgewachsene Gräfin Christiane Stolberg ein leichtes, sich die in den holsteinischen Klöstern gebräuchliche Zeremonie der *Einkleidung* erklären zu lassen, um
Gustchen darüber zu unterrichten: ... *nach einer kleinen Anrede von der Frau
Priörin, sich nach der Closter Ordnung zu verhalten*, wurde die junge Dame *mit
das alte gewöhnliche Closter Habit von derselben bekleidet und somit introduci-
ret*. Für Stift Vallø im Jahre 1735 also beschrieben, wurde dieser feierliche Akt
noch 1928 in Uetersen in eben derselben Weise begangen. Er geht auf die frühe-
sten Zeiten zurück: Die junge Nonne, die ihr Gelübde abgelegt hatte, erhielt ihr
Ordenskleid. Das *Closter-Habit*, bedauerlicherweise in keinem der vier Adeligen Damenstifte Schleswig-Holsteins mehr vorhanden und auch nirgends abgebildet, war ein die Gestalt völlig einhüllender, langer, schwarzer Mantel.

Die Ereignisse der vergangenen Monate – Tod des Mannes, Räumung der
beiden Wohnungen, die Übersiedlung nach Rungstedt und dazu immerwähren-
de Geldprobleme – hatten die ohnehin schwache Gesundheit der Gräfin Stolberg noch weiter untergraben, ihre Korrespondenz ließ sie fast ausschließlich
von den Söhnen, nach ihren Angaben, führen. Reichten ihre Kräfte noch nicht
einmal zum Diktieren von Briefen aus, um wieviel weniger war ihr eine Reise
nach Uetersen zuzumuten, die mit der Überfahrt der launischen Ostsee begann!
Hatte der Kopenhagener Segler nach zwei, acht oder sechzehn Tagen, je nach
Wetterlage, in einem der holsteinischen Häfen angelegt, galt es, sich dem Unge-
mach einer mindestens zweitägigen Kutschfahrt ins Landesinnere auszusetzen.
Noch zwei Generationen später hatte eine solche Reise durch Holstein nicht
ihre Schrecken verloren, aus dem Jahre 1802 erzählt Gustchens Enkelin Elise:
*Die Rückreise war bei schlechtem Wetter und noch schlechterem Wege be-
schwerlich. Den zweiten Reisemorgen fuhren wir also geordnet aus, daß ich mit
meiner kleinen Cousine ... den Nachtrab bildete ... Wir warfen um, zwar ohne
uns Schaden zu thun, aber auch ohne von den anderen bemerkt zu werden oder
sie anrufen zu können. So blieben wir einige Stunden, mich bedünkte es eine
Ewigkeit, in dem umgestürzten Wagen auf der Heide liegen ..., während unser
Postillon in das nächste Dorf ritt und uns von dort einen Bauernwagen verschaffte. Verhungert und erfroren kamen wir in stockfinsterer Nacht in der Bau-
ernkneipe an, fanden keinen anderen Raum als die Wirthsstube, die wir mit dem
Postillon u.s.w. theilten, bis ein Strohlager, welches in einem an den Viehstall
grenzenden Verschlage bereitet wurde, uns aufnahm. An dem folgenden Tage
hielt uns die Reparatur des Wagens so lange auf, daß wir nur mit großer Noth
und vielen Trinkgeldern Hamburg vor der Thorsperre erreichten ...*

Mit Bestimmtheit läßt sich sagen, daß Gräfin Stolberg im Sommer des Jahres
1766 keine Reise nach Uetersen unternommen hat. Die von einem Brandfleck
entstellte Beurkundung im Installierungsregister zeigt jedoch, daß die *Comteße
Stolberg* am 29. September im dortigen Kloster *eingekleidet* wurde. Wer, wenn
nicht die Mutter, geleitete die Dreizehnjährige von Seeland nach Holstein? Und

wer, wenn nicht die Mutter, war bei ihr, als Frau Priörin von Buchwaldt sie begrüßte und ihr das *alte gewöhnliche Closter Habit* umlegte?

Bei der Beantwortung der ersten Frage ist man ausschließlich auf Recherchen angewiesen. In den Lebensdaten des Staatsmannes Andreas Peter Graf von Bernstorff ist für die beiden Monate Juli und August 1766 eine Reise nach Norddeutschland ausgewiesen. Die Vermutung liegt nahe, daß er seine kleine Schwägerin damals von Dänemark nach Deutschland brachte, begleitet vielleicht von *der vortrefflichen Hinrichsen, eines Predigers Tochter, die Kammerjungfer bei der Mutter war*. Wo aber hat sich Gustchen dann aufgehalten? Erst im September wurde sie eingekleidet!

War die Mutter eines angehenden Schulfräuleins verstorben oder aus irgend einem Grunde verhindert, ihre Tochter selbst ins Kloster zu bringen und dem feierlichen Einkleidungs-Akt beizuwohnen, dann wurde dieses Problem, wie dem Vater der elfjährigen Elisabeth Zoege von Manteuffel Jahre zuvor mitgeteilt worden war, *mit Zuziehung einer Dame von dero nechster Verwandtschaft* auf einfachste Weise gelöst. Für Gräfin Stolberg bedeutete dies, daß sie sich im Uetersener Kloster durch ihre Schwester Amoene Gräfin zu Rantzau vertreten lassen konnte. Daß diese Regelung damals tatsächlich so getroffen wurde, geht aus einem Brief hervor, der sich im Archiv des Schlosses Breitenburg befindet.

Falls Andreas Peter Graf von Bernstorff, in dienstlichen Geschäften unterwegs, daran gehindert war, Gustchen bis zur Breitenburg zu bringen, dann übergab er sie vielleicht den Freunden seiner Schwiegereltern, Franz Joachim und Johanne von Dewitz, die auf Loitmark bei Kappeln an der Schlei ansässig waren. Von dort aus war Breitenburg in zwei bequemen Tagereisen zu erreichen.

Amoene Gräfin zu Rantzau
geb. Gräfin zu Castell-Remlingen

Gräfin Amoene zu Rantzau war wie ihre Schwester in Franken aufgewachsen. Die Zeremonie, der ihre Nichte entgegensah, war ihr, als Mutter einer vierjährigen Tochter noch niemals vorher davon betroffen, unbekannt. Doch bevor sie sich als *Dame von dero nechster Verwandtschaft* im benachbarten Kloster einstellte, wollte sie über den Verlauf der Feier unbedingt Bescheid wissen. Vielleicht gab es ja, zum Beispiel in puncto Kleidung, bestimmte Vorschriften, die zu beachten waren! Ließ sich dies bei Freunden erfragen?

Auf welche Weise Rantzaus ausgerechnet mit dem jungen Mann verbunden waren, der kürzlich eine Uetersener Conventualin geheiratet und dadurch den Platz für Gustchen freigemacht hatte, kann nicht erklärt werden. Fest steht nur, daß Georg Heinrich von Warnstedt am 8. September 1766 in Glückstadt folgenden Brief nach Breitenburg schrieb: *Hochgebohrner Herr Graf! Ihro Geehrtes habe heute Morgen mit meinem Kutscher, der mir von hier abholen soll, erhalten, und damit die verlangte Antwort nicht verzögert wird, habe Gegenwärtiges noch hier geschrieben, um solches sogleich von Itzehoe abzusenden.*

Meine Liebe Frau ... befiehligt mir zu hinterbringen, das bey der Einführung weiter keine Ceremonie zu observieren, als daß die gnädige Gräfin die Comtesse hinbrächten und sie der Prieurin präsentierte, worauf ihr ein Mantel umgegeben würde, und die Prieurin eine Rede hielte, und nach geendigter Rede, wenn der Mantel abgenommen würde, der Prieurin ein Rosenoble gegeben, so wäre alles vorbey ...

Das Kloster legte Wert darauf, daß die jungen Damen, ließen sie sich von der dreijährigen Schulzeit dispensieren, unmittelbar vor oder nach der Einkleidung einige Zeit unter ihren Mitschwestern zubrachten. Frau Priörin von Buchwaldt wird mit Rantzaus übereingekommen sein, Gustchen am 10. September nach Uetersen kommen zu lassen: Die spannpflichtigen Bauern Friedrich Kelting, Peter Knoop und Michael Kelting erhielten für diesen Tag die Weisung, je zwei Pferde zur Verfügung zu stellen *für die Comtesse Stolberg nach Horst.* Die künftigen Schulfräulein, die zur Einkleidung kamen, wurden stets von der Peripherie des klösterlichen Herrschaftsbereiches abgeholt. Dies geschah, der Bedeutung des Tages angemessen, sechsspännig; ansonsten standen einer Conventualin vier Pferde zu.

Tante Amoene wird Gustchen nun an diesem 10. September bis zum Klosterdorfe Horst, in der Nähe Elmshorns gelegen, gebracht und dort Ihro Hochwürden von Buchwaldt – oder, war diese verhindert, einer der Conventualinnen – übergeben haben, die sich von einem der namentlich aufgeführten Bauern in der sechsspännigen Kutsche hatte dorthin bringen lassen, um Augusta in Empfang zu nehmen.

Siebzehn Tage, nachdem Gustchen im Kloster Uetersen eingetroffen war, wurde die Anfang des Jahres verhängte Landestrauer für den Dänenkönig Friedrich V. aufgehoben. Die Einkleidung war ein fröhliches Fest, das mit einem großen Diner begangen wurde. Es ist anzunehmen, daß sie deswegen erst am 29. des Monats stattfand.

Das Kleid, das die junge Dame zu diesem feierlichen Anlaß trug, durfte, so hatte Warnstedt geschrieben, *nach Belieben schwartz, weis, auch weis und schwartz sein.* Man war sparsam in Holstein, das Konfirmationskleid, örtlich verschieden hell oder dunkel, war immer richtig! Gustchen wird solchen ‚Staat‘ allerdings noch nicht besessen haben, da sie ja erst im kommenden Frühjahr eingesegnet werden sollte. Doch Tante Amoene, die zum großen Ehrentag ihrer Nichte von Breitenburg nach Uetersen herüberkam, löste das Kleiderproblem sicherlich zu aller Zufriedenheit.

Das kleine Mädchen wird in dem für erwachsene Damen geschneiderten *Closter Habit* regelrecht versunken sein. Im Beisein der Tante und aller künftigen

Mitschwestern damit bekleidet, lauschte sie sodann den wohlgesetzten Worten der Priörin, die ganz allein ihr galten. Nein, die Rede, mit der Ihro Hochwürden von Buchwaldt die Comtesse Stolberg damals im Kloster begrüßten, hat die Zeiten nicht überdauert. Einige andere Konzepte aus späteren Jahren werden jedoch im Archiv bewahrt. Sowohl in Form als Inhalt untereinander sehr ähnlich, gehen sie offenbar auf eine gemeinsame Vorlage zurück. Die Worte, die Frau Priörin von Buchwaldt an Gustchen richtete, werden sich kaum unterschieden haben von denen, die eine ihrer Nachfolgerinnen im Jahre 1795 für eine Comtesse Ahlefeldt fand: *Ihnen, meine geehrten Conventualinnen ist es bekannt, zu welchem Zweck wir uns versammelt haben … und brauche mich also nur an diese junge Dame zu wenden, welcher vielleicht die Nothwendigkeit einer für sie äußerst beschwerlichen Weise nicht hinlänglich bekannt seyn möchte … Da nun aber jede gesellschaftliche Verbindung ohne eine feste Regel nicht bestehen kann, so haben auch unsere Vorfahren bey Stiftung der Klöster eine gewisse Regel festgesetzt, nach welcher alle … sich richten müssen.*

Diese … wurden … vor Zeiten den … Fräulein den Tag der Einkleidung vorgelesen, und wenn dieses geschehen, verpflichtete sich die neue Klosterdame eidlich, dem Angehörten gehorsamlich nachzuleben. Die Veränderung der heutigen Sitten und Lebensart hat auch die zum Theil strengen Vorschriften, wofür in unserem Zeitalter junge Leute zurückbeben würden, gemildert, jedoch hat es die nothwendige … Verbindlichkeit, den zwar gemilderten … Gesetzen nachzuleben, nicht aufgehoben. Wir leisten keinen Eid mehr, aber die Zeremonie der Einkleidung gilt an Eides statt. Die angehende Klosterdame zeigt, indem sie sich zu dieser feierlichen Handlung einfindet, stillschweigend an, daß sie … sich … ebenso willig unterwerfen will.

Das Wesentlichste der Pflichten, welche Sie, liebe Comtesse … übernehmen, ist, das allgemeine Beste des Klosters dem privaten Nutzen vorzuziehen, bey Wahlen und Conventsbeschlüssen sich nicht durch Leidenschaft, Überredungen und Freundschaftsbündnisse sondern einzig und allein durch Tüchtigkeit und Gerechtigkeit leiten zu lassen, in allem Übrigen aber den alten Gebrauch zu befolgen, … sollten aber neue Einrichtungen erforderlich seyn, sich darinnen dem durch Mehrheit der Stimmen bestätigten Conventschlusse ohne Murren zu unterwerfen. Jeder jungen Dame, die mit solchen Gesinnungen … ins Kloster zieht, kanns nicht fehlen, sich die Hochachtung und Zuneigung ihrer Klosterschwestern zu erwerben, auch Sie, meine verehrte Comtesse, sind derselben gewiß … Ja, Sie können und werden … hier glücklich leben. Sie, meine verehrungswürdige Gräfin, werden gütigst Ihrer angenommenen Tochter die Wahrheit dieser Hoffnung verbürgen und dieselbe versichern, daß sie in mir … jederzeit eine treue Rathgeberin und theilnehmende Freundin finden wird.

Wie ein junges Mädchen ihre Klosteraufnahme empfand und welche Feierlichkeiten mit dieser einhergingen, schrieb Augustas Enkelin Elise in ihren Lebenserinnerungen auf: *Im Herbst 1799 beglückte mich meine Einführung ins Preetzer Kloster sehr, wo ich zehnjährig wie eine Erwachsene im schwarzen Schleppkleide, den weißen Rosenkranz auf dem Kopfe und einen Fächer in der Hand, neben den Schwestern Holck feierlich mit einer Rede vorgestellt ward, den*

Schwesterkuß von allen Klosterfrauen empfing und an einem Repräsentations-Diner bei dem Probst teilnahm.

Der *Rosenoble*, eine englische Goldmünze im Wert von 5 Reichstalern, den Gräfin Rantzau am Ende der Feier zu bezahlen hatte, füllte die Klosterkasse und galt das *Repräsentations-Diner* ab, das nicht nur in Preetz üblich war. Als der festliche Tag sein Ende gefunden hatte, fuhr die jüngste Uetersener Conventualin mit ihrer Tante zur Breitenburg zurück. Die Quellen schweigen darüber, auf welche Weise Augusta dann wieder nach Hause zu ihrer Familie gelangte. Doch auch diese Reise läßt sich recherchieren:

Etwa gleichzeitig, als sich die Dreizehnjährige im Sommer 1766 zu ihrer Einkleidung von Dänemark nach Holstein begab, machte sich viele Land- und Seemeilen von ihr entfernt eine Fünfzehnjährige auf den Weg in das Land, aus dem erstere aufgebrochen war. Im Unterschied zu ihr, die vielleicht mit einer Jungfer reiste, führte die andere ein großes und prächtiges Gefolge mit sich; doch auch sie wurde weder von ihrer Mutter noch einem ihrer zahlreichen Geschwister zu ihrem künftigen Wohnort begleitet. Ihre monatelange Reise führte über den Ärmelkanal nach Frankreich und sodann über den Rhein nach Deutschland hinein: Prinzessin Caroline Mathilde, Schwester des Königs von Großbritannien, befand sich auf dem Wege zu ihrer Vermählung mit Christian VII. von Dänemark – beide Königskinder hatten sich vorher niemals gesehen.

Prinzessin Caroline Mathilde von Großbritannien wurde als 15jährige mit König Christian VII. von Dänemark vermählt und fünf Jahre später durch Urteil von ihm geschieden. Aus Dänemark verbannt, starb sie im Alter von 24 Jahren in Celle.
Kupferstich nach einem Pastell von Francis Cotes 1766

Als die Prinzessin in Altona eintraf, der ersten Stadt auf dänischem Hoheitsgebiet, wurde dort die Landestrauer für die Dauer ihres Aufenthaltes unterbrochen, um die künftige Königin mit Paukenwirbel und Trompetenschall gebührend zu begrüßen.

Es war die Pflicht der Klöster, den Landesherrn sowie dessen Angehörige aufzunehmen, wenn sie sich auf Reisen befanden. Zwischen der Nachricht aus dem Jahre 1675, als der Uetersener Klosterschreiber 470 Mark *zur Tractirung der Königin und der Landgräfin von Hessen* abrechnete und der – leider undatierten – Meldung aus dem ersten Viertel des neunzehnten Jahrhunderts, als *gestern* der *Thronfolger* bei Frau Priörin von Gollowin von *12 weißgekleideten Jungfrauen* – bei deren Anzahl wohl der einstige Reinbeker Gründungsconvent Pate stand – empfangen und mit Kaffee und Kuchen bewirtet wurde, gibt es aus dem

18. Jahrhundert keinerlei Mitteilung, daß König oder Herzog oder deren Verwandtschaft im Kloster Uetersen einkehrten. Schauplatz aller Empfänge und *Gastereyen* war stets das Amtshaus der Priörin. Da man in Kopenhagen wußte, in welchem Zustande sich dieses Gebäude befand, wird man die Reiseroute der königlichen Braut an Uetersen vorbeigeführt haben.

Während Gustchen im September 1766 dort ihrer Einkleidung entgegensah, erhielt ihr Onkel, Reichsgraf Friedrich zu Rantzau auf Breitenburg, eines Tages einen Brief aus Kopenhagen. Oberhofmarschall Adam Graf von Moltke forderte ihn auf, sich Anfang Oktober *zu Pferde in Gala und mit 2 Bedienten zu Fuß* zum Empfang der Prinzessin und zur Hochzeit des königlichen Paares, die auf den 8. November festgesetzt war, in der dänischen Hauptstadt einzufinden. Unter seinem Schutze wird Gustchen, am Abend des 29. September 1766 aus Uetersen ins Rantzausche Schloß zurückgekommen, unmittelbar danach die Heimreise nach Rungstedt angetreten haben. Als Reichsgraf Friedrich spät im Jahr wieder nach Holstein reiste, schrieb Christian Stolberg im Auftrage der Mutter: . . . *ich kann Ihnen versichern, daß wir alle Sie in Gedanken begleiten sowohl auf Dero Reise zu Lande als über den Belt.*

Während Gräfin Stolbergs jüngste Kinder, Magdalena, Julchen und Magnus, die drei ‚Kleinen‘, nach den bei Frau Pastorin Bratje verbrachten Sommern das für sie ganz neue Landleben auf Rungstedt in vollen Zügen genossen, sich untereinander oder mit Hilfe des kinderlieben Gärtners Stengel im Schubkarren durch den Garten kutschierten und sich gegenseitig in den Lauben des Anwesens mit Kuchen und Obst bewirteten, wurde der Zeitvertreib der vier ‚Großen‘ zunehmend gesitteter. Sie jagten nicht mehr mit Klopstock durch den Wald, sondern unternahmen, soweit es die Studien der sich auf die Universität vorbereitenden Brüder Christian und Friedrich Leopold, den Freunde und Familie *Fritz* nannten, zuließen, in der geräumigen Stolbergschen Kutsche Ausflüge in die wunderschöne Umgebung Rungstedts oder auch nach Kopenhagen, um Schwester Henriette zu besuchen. Der Altersunterschied, der zwischen Augusta und Sophie Bernstorff bestand, der Nichte des Staatsministers, verwischte sich allmählich. Beide Mädchen, durch gleiche Interessen verbunden, schlossen sich eng zusammen. Die aus dem Palais Bernstorff Heimgekehrten überbrachten der zurückgezogen lebenden Mutter die Grüße ihrer so glücklich verheirateten Ältesten und ließen sie durch ihr Erzählen am Heranwachsen der Enkelkinder teilhaben.

Das außerordentlich enge Einvernehmen, das die vier sich im Lebensalter so nahe stehenden Geschwister Christian, Friedrich Leopold, Katharina und Augusta miteinander verband und das sich bei Trennung voneinander in intensivstem Briefwechsel niederschlug, hat in diesen gemeinsamen Rungstedter Jahren ihre Wurzeln. In der für junge Menschen schwierigen Lebensphase des Erwachsenwerdens stützten und halfen sie einander. Angerührt von einer poetischen Naturbeschreibung Christians aus der Schweiz, schrieb Gustchen, viele Jahre später, dem Bruder zurück: *Darüber fallen mir unsre Spaziergänge im Mond-*

Rungstedt am Sund Mitte des 19. Jahrhunderts

schein ein, die wir 4 alle Sommer und Herbst Abend im Rondstedter Hof mach-
ten – o mein bester, das ist eine Erinnerung, die mit viel Wehmuth vermischt
ist . . .(54).

   Als sich Königin-Witwe Sophie Magdalene und König Christian VII. eines Tages in Rungstedt zu Besuch einstellten, durften beide, Großmutter und Enkel,
wohl zufrieden sein: Die verwaiste Familie ihres verstorbenen Hofmarschalls
hatte auf dem ehemals zu ihrem Landgute Hirschholm gehörenden Besitz Wurzeln geschlagen, und Conventualin Augusta, die bei seiner Thronbesteigung einen Klosterplatz erhalten hatte, trug seit dem 29. September 1766 mit etwa 100
Mark, den Jahreseinnahmen eines abwesenden Schulfräuleins, zum Unterhalt
der Ihren bei.

Gustchen und die Uetersener Priörin-Wahl des Jahres 1769

Am 29. September 1766 eingekleidet, war Gustchen auf den Tag genau drei Jahre später der Schulzeit entwachsen. Von einer Conventualin, die von nun an sämtliche Rechte genoß, wurde erwartet, daß sie ihrer Residenzpflicht am Orte nachkam. Ein weiteres Fernbleiben vom Kloster bedurfte der Genehmigung und wurde von Frau Priörin, lagen triftige Gründe vor, höchstens noch für die Dauer eines einzigen Jahres anstandslos gewährt. Die beiden Conventualinnen Meta von Oberg und Elisabeth Benedicta von Brocktorff machten von dieser Möglichkeit Gebrauch und kamen in Schönschrift und wohlgesetzten Worten um Beurlaubung ein; auch ihre Schuljahre liefen während der Amtszeit von Ihro Hochwürden Buchwaldt ab. Da sich auch Gustchen, wie aus verschiedenen Quellen bekannt ist, erst nach Ablauf des 4. Klosterjahres in Uetersen einstellte, müßte Frau Priörin in dieser Sache nicht nur Post aus Jersbek und Rohlstorff, sondern auch aus Rungstedt erhalten haben. Dort, wo die Episteln der Fräulein von Brocktorff und von Oberg noch heute bewahrt werden, sucht man jedoch vergeblich nach dem Brief, den Gustchen – oder einer ihrer Angehörigen – damals geschrieben haben muß. Kann sich auch er, wie andere vor ihm, zwischen die Privatpost der Priörin von Buchwaldt verirrt haben?

Katharina Stolbergs Erinnerungen sind zur Beantwortung dieser Frage überaus aufschlußreich. Ihre aus dem Jahre 1769 festgehaltenen Familiendaten ergänzen sich mit den gleichzeitigen Ereignissen im fernen Uetersen auf eine Weise, wie sich zwei Puzzleteile aneinanderfügen und erklären das Nichtvorhandensein eines Stolbergschen Urlaubsgesuches: *Anno 69 hatte meine Mutter einen angstvollen Sommer. Wir hatte alle den Keichhusten sehr stark, er dauerte 18 Wochen ... Die Blattern waren in der Gegend und keines von uns hatte sie gehabt. Es wütheten tolle Hunde. Ich weiß noch, daß einer einige unsrer Hühner in der Küche, welche ganz nahe bey unserem Zimmer war, biss. Sie wurden toll, flatterten dem Feuer zu und verbrannten ...*

König Christian hatte kurz vorher den Altonaer *Landphysicus* Johann Friedrich Struensee, einen Verfechter der Pockenschutzimpfung, nach Kopenhagen berufen. Katharina erzählt weiter: *Im Oktober oder September des Jahres wurden wir alle inoculiert. Da ich das vorherige Jahr fünf Recidive vom kalten Fieber und den Keichhusten gehabt und nun inoculiert ward, glaube ich, daß das den Grund zu meinen schwachen Augen gelegt hat ...*

Die Angst vor den Blattern, die, führten sie nicht zum Tode, sehr entstellende Narben hinterließen, war größer als die vor den Folgen einer zur Unzeit angebrachten Impfung. Warum sich die Braut seines Sohnes, Henriette Stolberg, noch vor der Hochzeit gegen Pocken impfen lassen sollte, begründete Andreas Gottlieb auf Gartow folgendermaßen: *Es ist wahr, daß Schönheit und Jugend nicht dauern können, aber die Veränderung geht unmerklich vor sich, und man wird miteinander älter; dagegen verändert die erwähnte furchtbare Krankheit mit einem Schlage alles bis zu den Gesichtszügen und dem Ausdruck ... Mein*

Sohn möge sich selbst prüfen, denn obwohl ein ehrenhafter Mann seine Frau aus solchem Grunde niemals schlecht behandelt, ... so ist man nicht immer Herr über einen ... begründeten Widerwillen, und es ist schwer, Zärtlichkeit nur aus Vernunft oder Pflicht zu erhalten. Henriette war damals Hofdame der Königin-Witwe Sophie Magdalene. Diese war eine Gegnerin des Impfens und verweigerte ihre Zustimmung.

In jenem *angstvollen Sommer,* in dem ihre sieben Kinder, Gustchen eingeschlossen, *Keichhusten* und Pockenschutzimpfung durchstehen mußten und das älteste ihrer vier Enkelkinder, das *erste Lottchen,* am *Keichhusten* gestorben war, hatte Gräfin Christiane Stolberg andere Sorgen als die, wie man sich dem fernen Uetersen gegenüber den dortigen Gepflogenheiten entsprechend verhielt. Das Urlaubsgesuch mußte etliche Wochen vor Ablauf der Schuljahre im Kloster eingehen, damit darüber noch Convent gehalten und der Empfängerin rechtzeitig genug die Antwort zugestellt werden konnte. Dies bedeutete, daß der sehr formvollendete Brief im *angstvollen Sommer* hätte geschrieben werden müssen. Gräfin Stolberg, die sich bei weit geringeren Anlässen der Hilfe ihres Schwiegersohnes und durch seine Vermittlung des Bernstorffschen Hauses bediente, war in jenen sorgenvollen Monaten dieser bedürftig wie kaum jemals zuvor. Somit scheint aufgeklärt, warum an der Stelle, wo die anderen Briefe liegen, ein Stolbergsches Urlaubsgesuch nicht aufzufinden ist: Gräfin Charitas Emilie wird ihrer Frau Tante, der Priörin Margarethe Hedwig von Buchwaldt, die Nöte der Familie vorgetragen und die nicht abreißende Kette von Krankheiten aller Art geschildert und sie darauf hingewiesen haben, daß Gustchen noch nicht einmal siebzehn Jahre alt war. Zwölf Monate später würde die Comtesse aus dem mit ihr verschwägerten Hause den Erwartungen des Klosters voll und ganz entsprechen! Frau Priörin wird sodann den Brief ihrer lieben Nièce, nachdem sie ihn, wunschgemäß, beantwortet hatte, bei ihrer Privatpost abgelegt haben. Eines Tages würde sie alles sichten und ordnen.

Die Blattern wüteten im Sommer und Herbst des Jahres 1769 nicht nur auf Seeland, sie forderten ihren Tribut auch in Holstein. Im drittletzten Monat des genannten Jahres klopfte der Tod auch an die wunderschöne Türe des Uetersener Priörin-Hauses und forderte Einlaß. Margarethe Hedwig von Buchwaldt, seit fünf Jahren Priörin des Adeligen Klosters Uetersen, starb am 7. Oktober *an den Blattern, zum allgemeinen Leidwesen.* Vierzehn Tage später, am 21. des Monats, wurde sie *des Abends stille begraben, 59 Jahre, 4 Monate, 1 Tag.* Sie fand ihre letzte Ruhestätte in einer Gruft hinter dem Altar der Klosterkirche. Ihr Grabstein zeigt das von Buchwaldtsche Wappen.

Der private Kontakt zwischen Uetersen und dem Stolbergschen Hause zu Rungstedt war jäh zerrissen worden. Gräfin Charitas Emilie blieb zwar zunächst weiterhin mit dem Kloster in Verbindung, doch geschah dies nicht mehr Gustchens wegen: Sie und ihre Schwester Ida Hedwig Gräfin von Moltke waren die einzigen Angehörigen, die sich als *die Hohen von Buchwaldtschen Erben* um den Nachlaß der verstorbenen Priörin zu kümmern hatten. Dabei ging es zum Beispiel um ein Gewächshaus, das Ihro Hochwürden *auf Kloster-Hof und Gartengrunde* aus eigenen Mitteln für sich hatte errichten lassen.

Spätestens, wenn eine Stiftsdame in ihr siebentes Lebensjahrzehnt eintrat, machte sie sich Gedanken um das eines Tages zurückbleibende irdische Gut. Sophie von Uecken, Conventualin des Uetersener Klosters im ausgehenden siebzehnten Jahrhundert, schrieb ihren letzten Willen mit dreiundsechzig Jahren nieder, *... weil man dieses Lebensjahr das große Gefahrjahr nennt.* In Uetersen werden etliche Testamente von Klosterfrauen früherer Zeiten aufbewahrt. Stets sehr ausführlich abgefaßt, sind sie kultur-, zeit- und familiengeschichtliche Quellen von unschätzbarem Wert. Das der Priörin von Buchwaldt ist leider nicht vorhanden. Läge die Letztwillige Verfügung der aus Borstel stammenden Klosterdame vor, dann wäre dieses Dokument bei den Nachforschungen über Gustchens in Uetersen verbrachte Lebenszeit ganz gewiß sehr hilfreich gewesen und hätte manche mühevolle Kleinarbeit erspart. Vermutlich war es im Oktober des Jahres 1769 noch gar nicht erstellt: Frau Priörin Margarethe Hedwig von Buchwaldt hatte *das große Gefahrjahr* noch nicht erreicht, ihre Lebenserwartung vielleicht an ihren Vorgängerinnen gemessen und das *Media vita in morte sumus* nicht bedacht.

Die Klosterordnung regelte die Vakanz: Die Geschäftsführung oblag der ältesten Conventualin, deren vordringlichste Aufgabe darin bestand, die Neuwahl der Priörin vorzubereiten. Nachdem der Convent unter ihrem Vorsitz den 20. November 1769 zum Wahltag bestimmt hatte, mußte der Probst die abwesenden Damen über dieses Datum unterrichten und zur Wahl einladen.

Die Entfernung Uetersen–Kopenhagen offenbar unterschätzend, forderte er die soeben stimmberechtigt gewordene Conventualin Stolberg erst am 6. November auf, sich am 20. des Monats im Kloster einzustellen. Im Verhinderungsfalle war das Fernbleiben unter Angabe des Grundes zu entschuldigen. Sein Brief, der innerhalb von acht Tagen sein Ziel erreichte, traf in Rungstedt ein zu der Zeit, die Katharina als Fortsetzung des angstvollen Sommers so beschreibt: *Dasselbe Jahr war meine Mutter tödlich krank und besserte sich den 30. November.*

Das allerwichtigste Ereignis im Leben eines Klosters, nämlich die demokratische Wahl eines neuen Oberhauptes, verblaßte hinter der Sorge um das Leben einer Mutter, deren jüngste Kinder neun und zehn Jahre alt waren. Unter diesen Umständen ist es verständlich, daß keiner der beiden älteren Brüder der Sechzehnjährigen behilflich war, einen korrekten Entschuldigungstext abzufassen. Gustchen ließ den Brief des Probsten, der sie zur Wahl rief, vier Tage unbeachtet, ehe sie ihn von einem Schreiber beantworten ließ: *Ew. Excell. und Hochwürden unterm 6. dieses an mich erlaßenes Berufungs-Schreiben, der auf dem 20. huj. angesetzten Wahl einer Prieurin des Hochadel. Closters zu Uetersen beyzuwohnen, ist mir erst den 14. allhier eingehändiget worden. Da es also unmöglich ist, mich schon am bevorstehenden Mondtage zu besagter Wahl dorten einzufinden, so werde ich Demjenigen, was von den Anwesenden in Ansehung derselben nach Vorschrift der Closter-Ordnung wird ausgemachet werden, beypflichten, und ermangele dahero nicht, Ew. Excell. und Hochwürden solches hiermit in schuldigster Antwort zu erwiedern. Die ich mit aller Hochachtung zu seyn die Ehre habe Ew. Excell. und Hochwürden gehorsame Dienerin Augusta Louisa Gräfinn zu Stolberg.* Rondstedt den 18. November 1769.

Während der Brief unterwegs war, trafen im fernen Uetersen sieben Damen zusammen und wählten ihre Mitconventualin Hedwig Albertina von Rumohr a. d. H. Olpenitz zu ihrer neuen Priörin. Wie die kleine Zahl des Wahlkonventes zeigt, war nicht nur Gustchen an der Reise nach Uetersen verhindert. Sich jedoch, entgegen den Regeln des Anstands, deswegen nicht entschuldigt zu haben, damit fiel nur eine unangenehm auf: *Die Comtesse Stolberg ist auf die ergangene Einladung so wenig zu dem Wahltermin erschienen als wenig dieselbe auf die Einladung geantwortet.*

Innerhalb der folgenden zehn Tage wird Gustchens Brief in Uetersen eingetroffen sein. Seine Exzellenz Probst Henning von Qualen wird seinen Inhalt zur Kenntnis genommen und ihn dann dem Klosterschreiber übergeben haben, der ihn den Wahlakten beifügte. Beide Herren versäumten es jedoch, die Rüge im Convent-Buch zu löschen. Wer nun die näheren Umstände nicht kennt, der verwundert sich doch sehr, daß ausgerechnet das schreibfreudige Stolbergsche Haus eine Antwort schuldig geblieben sein soll!

Der Brief aus Schreibershand, den die Sechzehnjährige durch eigenhändige Unterschrift zu dem ihren machte, konnte nicht mehr unter die Privatpost der Priörin von Buchwaldt geraten. Folgerichtig ist dieses Dokument aus Gustchens Uetersener Zeit noch heute im Kloster vorhanden. Doch ist es wirklich sehr merkwürdig, welch anderes Schriftstück in seiner unmittelbaren Nachbarschaft zu finden ist: Weil ein Klostersekretär vor Zeiten die beiden Aktenbündel *Priörin-Wahlen* und *Priörin-Vermächtnisse* zu e i n e m Paket zusammenschnürte, lagern zufällig zwei Briefe nahe beieinander, die als die einzigen des Archivs aus dem Hause Stolberg stammen. Jenes Papier aus dem Jahre 1756, mit dem Graf Stolberg zu Bramstedt sich als Schuldner des *Reventlowschen Armenkapitals* ausweist, ruht in der Ablage *Priörin-Vermächtnisse*. Nur durch eine Papierumhüllung des Bündels *Priörin-Wahlen* vom Brief des Vaters getrennt, liegt das Entschuldigungsschreiben der Tochter vom 18. November 1769.

Bramstedt den 28. Jun. 1756 Ew. Hochwürd. und Gnad. unterthäniger Diener
CGGzStolberg

Rondstedt den 18. November 1769
... gehorsame Dienerin Augusta Louisa Gräfin zu Stolberg

Aufbruch

Die Frühlings- und Sommermonate des Jahres 1770 müssen im Hause Stolberg zu Rungstedt von großer Unruhe geprägt gewesen sein, stand doch zum Herbst nicht nur Gustchens Übersiedlung nach Uetersen, sondern auch die der Brüder nach Halle bevor, ihrem Studienort, wohin sie ihr Hofmeister Clauswitz begleiten sollte.

Die gute Hinrichsen, Hausdame und treue Pflegerin der Mutter, die vier Jahre später auch Katharina beim Umzug nach Vallø beistand, wird der siebzehnjährigen Augusta beim Packen ihrer Klosteraussteuer behilflich gewesen sein, Mutter Stolberg, ständig leidend, wird ihre Mitwirkung am Umzug ihrer Tochter auf das Diktieren von Briefen beschränkt haben. Gewiß aber ist, daß ihre Schwester Amoene Rantzau Anfang August von Breitenburg nach Uetersen reiste, um sich der *Placirung der Comtesse Stolberg,* ihrer Nichte, anzunehmen.

Das Kloster Uetersen war weder ein Altersheim noch ein Mädchenpensionat und bot darum keine fertigen Wohnungen an. Sich um eine solche zu bemühen, lag in der Verantwortung der einzelnen Damen und ihrer Familien. Gustchens Uetersener Haushalt mußte fix und fertig eingerichtet sein, wenn sie, termingerecht, zum 28. September im Kloster eintreffen würde. Die Siebzehnjährige hatte dann voll und ganz den Erwartungen gerecht zu werden, die das Kloster an sie stellte und die eine Priörin späterer Zeit so formulierte: *Von dem Augenblicke an, da Sie ihr Kloster beziehen, entziehen Sie sich aller leitenden Stützen, welche sonst das Frauenzimmer gewöhnlich, selbst im verehelichten Stande, umgeben. Hier stehen Sie allein, müßen jeden Ihrer Schritte, jede Ihrer Handlungen selbst verantworten, und was mehr ist, auch noch rücksichtlich derer verantworten, auf denen Ihr Beispiel nützlich oder schädlich wirken wird.*

Die sehr umfangreichen technischen Vorbereitungen für die Umzüge der Geschwister müssen sich auf dem Höhepunkt befunden haben, als in den Sommer- und Herbstmonaten dieses wichtigen Jahres unvorhergesehene Ereignisse eintraten, die dazu zwingen, Gustchens Versorgung im Kloster samt ihrer Übersiedlung ausgerechnet zu diesem Zeitpunkt als glückliche – im Sinne der gläubigen Stolbergs göttliche – Fügung anzusehen.

Kurz bevor sich ihr Enkel, der regierende König Christian VII., mit seinem Minister Graf von Bernstorff auf eine Reise in die Herzogtümer begab, verstarb auf Hirschholm die Königin-Witwe Sophie Magdalena, in deren Diensten Gustchens Vater gestanden hatte. Ihr blieb es erspart, das Unheil mit ansehen zu müssen, das drei Monate später über Dänemark hereinbrach und mit seinen Folgen tief in das Stolbergsche Familienleben hineinschnitt.

Der neue Leibarzt des Königs, der ehemalige Altonaische Landphysicus Johann Friedrich Struensee, machte sich den jungen, willensschwachen König Christian VII., der später als geistesgestört in die Geschichte eingehen sollte, hörig. Mit größter Machtbefugnis ausgestattet, gab er Graf Johann Hartwig Ernst von Bernstorff, der das Staatsschiff zwanzig Jahre hindurch an gefährlichen Klippen vorbeigesteuert hatte, den Abschied. Empört über die Behandlung, die man seinem Oheim widerfahren ließ, legte Gräfin Stolbergs Schwiegersohn, Graf Andreas Peter, seit 1758 an verantwortlicher Stelle in der Regierung tätig, alle seine Ämter nieder. In Dänemark war ihres Bleibens nicht länger, beide Bernstorffs schickten sich an, mit ihren Angehörigen das Land zu verlassen und sich auf ihre holsteinischen Güter Borstel, Wotersen und Stintenburg sowie auf den in Mecklenburg gelegenen Besitz Dreilützow zurückzuziehen.

Johann Friedrich Struensee
Stich von Anton Wachsmann

Zur Zeit dieser turbulenten Ereignisse befand Gustchen sich schon an Bord, Katharina schrieb es auf: *Den 15. September reiste Gustchen von Rungstedt nach Uetersen und den 24. meine Brüder und Clauswitz nach der Universität. Allein da Erstere immer contrairen Wind hatte, reisten sie zusammen, hatten eine schlimme und gefährliche Seereise.* Die Winde verschworen sich grundsätzlich gegen Augusta – wie man noch hören wird.

Als beide Grafen Bernstorff nach Holstein abgereist waren, blieb Gräfin Christiane Stolberg mit den vier Kindern Katharina, Magdalena, Julchen und Magnus allein in Dänemark zurück. Sobald es die Bewirtschaftung ihres Gutes Rungstedt zulassen würde, gedachte auch sie, Seeland den Rücken zu kehren.

Graf Johann Hartwig Ernst von Bernstorff und seine Frau Charitas Emilie ließen sich, zusammen mit ihrer Pflegetochter Sophie und dem Dichter Klopstock,

Schloß Wotersen

Schloß Borstel heute. Es wurde 1751 von Friedrich von Buchwaldt, dem Bruder der Uetersener Priörin Margarethe Hedwig, erbaut.

zunächst auf ihrem Gute Borstel, dem Buchwaldtschen Erbe, bei Segeberg gelegen, nieder. Sodann suchten sie sich in Hamburg eine Bleibe, denn nur die Sommermonate pflegte man auf dem Lande zuzubringen. *Das Haus, so der Geheimrath auf den Winter geheuert, ist das, so die seel. Bischöfin gehabt,* wußte Gräfin Stolberg ihrer Schwester Amoene Rantzau mitzuteilen. Die jungen Bernstorffs, Gustchens Schwester Henriette und Graf Andreas Peter mit ihren vier kleinen Kindern zwischen dreieinhalb Jahren und sieben Monaten, bezogen zunächst das vornehme Hamburger Gasthaus *Stadt Petersburg* auf dem Jungfernstieg. Im Frühling wollten sie dann nach Dreilützow übersiedeln, das in Mecklenburg nahe der lauenburgischen Grenze gelegene Bernstorffsche Gut.

Gustchens Mutter beauftragte ihren Schwiegersohn, in Altona nach einer passenden Wohnung für sie und ihre Kinder Ausschau zu halten: *... so nicht an einer rauschenden Straße liegt, sondern in der Gegend bei Fleischmanns Garten ...,* und wünschte, *... daß ein Gärtgen dabey seyn mögte ...*

Als Gustchen im Spätsommer des Jahres 1770 ihre Sachen hatte packen lassen, um für immer nach Uetersen zu gehen, waren die Tage überschattet von der Wehmut des bevorstehenden Abschiedes und der gewissen Vorstellung, abgeschnitten von allen Lieben und heimwehverzehrt ein Dasein in klösterlicher Abgeschiedenheit fristen zu müssen, wohin sich, der großen Entfernungen wegen, kaum jemals eines der Geschwister verirren würde. Wie ganz anders gestaltete sich nun die Wirklichkeit! Nur den beiden Brüdern muteten die Umstände eine längere Trennung von der Familie zu, die anderen fanden sich innerhalb der nächsten zehn Monate im engeren Umkreis Holsteins alle wieder.

Für Gustchen hatte sich somit alles zum Besten gewandt. Im nachhinein erwies es sich für sie als ein außerordentlicher Glücksumstand, daß sie vor vier Jahren vom König nicht etwa in Preetz, Itzehoe oder Schleswig eingebeten worden war, sondern in das der Hansestadt Hamburg am nächsten gelegene ehemalige Cistercienserinnenkloster Uetersen.

68

Gustchen trifft in Uetersen ein

Davon, wie es sich zugetragen hat, als die Conventualin Gräfin zu Stolberg am 4. Oktober des Jahres 1770 nach Uetersen kam, gibt es außer einem Brief, mit dem sie selbst das Ankunftsdatum festhält, keine direkten Quellen.

Der Tag, ohne dessen soeben genanntes Ereignis der Name Uetersens niemals mit dem Goethes zu einem Buchtitel hätte verbunden werden können, ist jedoch zu wichtig, um nicht ausführlich von ihm zu erzählen. Wenn seinem denkwürdigen Geschehen nunmehr ein ganzes Kapitel gewidmet wird, so holt der Gobelin, der vor den Augen des Lesers entsteht, seine bunten Fäden aus mancherlei Schubladen. Kette und Schuß der Webarbeit werden gebildet aus den entweder in den Stolbergschen Briefen oder den Archivalien von Kloster und Kirche belegten Umständen und Geschehnissen jener Zeit, aus dem aus mancherlei Quellen erschlossenen damaligen Ortskolorit des Fleckens Uetersen und aus der Einsicht, daß sich menschliche Verhaltensweise innerhalb von zweihundert Jahren so gut wie gar nicht verändert.

Wie seit Jahrhunderten flutet der Verkehr noch immer auf den gleichen Straßen in den Ort hinein und wieder hinaus, und wie seit eh und je werden die Kühe, wenn auch jetzt im Schatten von drei Hochhäusern, auf die Klosterkoppel getrieben. Zum gegenseitigen Austausch von Neuigkeiten aller Art – in Uetersen „Schludern", anderswo „Klatsch und Tratsch" genannt – findet man sich, wie in früheren Zeiten, noch immer entweder drinnen in den Wohnungen und Gaststuben oder draußen, auf Bürgersteigen, Plätzen oder in den Gärten, zusammen.

Wie sie es in allen folgenden Jahren immer taten, werden die jungen Reisenden – nämlich Augusta, ihre beiden Brüder Christian und Friedrich Leopold samt deren Hofmeister Clauswitz – vermutlich auch damals im Oktober ihren Weg, der sie von der Ostseeküste nach dem südlichen Holstein führte, über Breitenburg, den Sitz der Verwandten, genommen haben. Von den Struenseeschen Machenschaften im Familienkreis aufs ärgste betroffen, waren sie die zuverlässigsten Zeugen der Kopenhagener Ereignisse und werden deshalb nicht nur die Grüße der Mutter an deren *allerliebste Schwester* Amoene, sondern auch deren Mann, dem Reichsgrafen Friedrich zu Rantzau, manche wichtige Nachricht überbracht haben.

Der Straßenzug, über den sie dann am Donnerstag, dem 4. Oktober, zu einer der Frau Priörin genehmen Tageszeit in den Flecken Uetersen einfuhren, windet sich, zuerst *Lohe*, dann *Mühlenstraße* geheißen – deren oberer Verlauf zu jener Zeit seiner betuchter. Bewohner wegen *Reichenstraße* genannt wurde –, noch heute in mehr als einem Kilometer Länge an bebauten Grundstücken vorbei in das alte Zentrum des Ortes hinein. Am *Buttermarkt* angekommen, führt der Weg, damals noch durch ein Tor, nach rechts zu den Klostergebäuden.

Gustchens Ankunft in Uetersen geschah zu einer Jahreszeit, in der Äpfel, Birnen und Pflaumen geerntet und die Gärten winterfest gemacht wurden. Während ihre Ehemänner, Handwerker und Fuhrleute, ihrer Berufsarbeit nachgingen, werden sich die Anwohnerinnen des genannten Straßenzuges in ihren

Uetersens Buttermarkt um 1840. Lithographie von Ed. Ritter, Hamburg

Hausgärten befunden haben. Trockenes Herbstwetter war dazu freilich die Voraussetzung – doch warum sollte die Sonne nicht geschienen haben, als Gustchen nach Uetersen kam?

Die *Planken*, wie man zu jener Zeit die Zäune nannte, die Grundstücke und Straße voneinander schieden, waren gewiß nicht so hoch, als daß man sich nicht zu einem nachbarlichen Plausch hüben und drüben aufstellen konnte! Das heißeste Thema des Tages war noch immer das gleiche wie gestern und vorgestern: Wo blieb sie nur, *die neue Fräulein?*

Noch ehe Gustchen ihr neues Domizil erreicht hatte, stand sie bereits im Mittelpunkt des Interesses: Die Kaufleute sahen dem Zuzug mit Wohlgefallen entgegen, und manches junge Mädchen erhoffte sich eine Anstellung im Haushalt der neuen Conventualin. So war denn im Flecken bestens für Gesprächsstoff gesorgt.

Dank der Mitteilsamkeit des klösterlichen Personals wird es damals Ueterser Allgemeinwissen gewesen sein, daß Ihro Hochwürden Gnaden, die Frau Priörin, eine Comtesse Stolberg aus Dänemark erwarteten. Der Ort Bramstedt war nicht so weit entfernt, als daß man dort keine Verwandten haben konnte, wenn man im Klosterflecken wohnte, und vierzehn Jahre waren auch keine zu lange Zeit, um den Namen des Gutsherrn, der als erster im Land die Hörigkeit der Bauern aufgehoben hatte, dort in Vergessenheit geraten zu lassen. Man wird sich vielleicht auch der kleinen Dreizehnjährigen erinnert haben, die sich vor vier Jahren für wenige Spätsommerwochen im Kloster aufgehalten hatte, das sie dann, in der sechsspännigen Rantzauschen Kutsche, Ende September wieder verließ.

Es war im Flecken bekannt, daß die neue Conventualin, um bestimmte Einkünfte zu erhalten, spätestens am 28. September hätte eingetroffen sein müssen. Man wußte, daß *Piesche* – zu diesem Wort hatten sich die Uetersener die Amtsbezeichnung der Klostervorsteherin über den Umweg *Priörsche* zurechtgeschliffen – in dieser Angelegenheit sehr genau war, und so wird denn die erwartende Neugier einer teilnehmenden Sorge gewichen sein, als der Zahltag verstrich, ohne daß die Comtesse ihre bereitstehende Wohnung bezogen hatte. Man wird von den Herbststürmen über der Ostsee erfahren haben, und wie gefahrvoll, zeit- und kräfteraubend sich zu dieser Jahreszeit eine Seereise anließ, wußte man in Uetersen, Heimatort so machen Kapitäns, nur allzu gut.

Würde *die Fräulein* nun heute endlich eintreffen? Eines war gewiß: Reiste sie an, dann passierte sie i h r e Straße – dessen waren sich die am Wohl und Wehe ihrer erwarteten Klosterdame teilnehmenden fleißigen Hausfrauen in den Gärten der Lohe und Mühlenstraße sicher! Denn via Breitenburg würde sie in den Flecken einfahren – das Verwandtschaftsverhältnis war längst bekannt! Zudem hatte sich Gräfin Amoene zu Rantzau im August eigens herbemüht, um nach der Wohnung der kleinen Stolberg zu sehen.

Die Kunst der Wagenbauer hatte zu jener Zeit höchst unterschiedliche Kutschen, Karossen und Chaisen ersonnen, die sich im Fahrgeräusch, das sie verursachten, erheblich voneinander unterschieden. Doch wonach sollte man die Ohren spitzen? Wußte doch niemand, mit welchem Fahrzeug „die Neue" anreisen würde. Bediente sie sich der Extrapost? Wurde sie etwa in der Rantzauschen wappengeschmückten Kutsche gebracht? Oder hatte sie sich einen Kastenwagen gemietet, wie er in Altona gebräuchlich war? Daß die Mutter der jungen Reisenden, die sich seit Mitte des vorigen Monats auf dem Wege nach Uetersen befanden, dieses Verkehrsmittel seines Luftabschlusses wegen haßte und ihre Kinder deswegen nie und nimmer in solchem Ungetüm hätte reisen lassen, konnten die das Klosterfräulein Gräfin Stolberg Erwartenden ja nicht wissen.

Um die Ankunft der Comtesse nicht zu verpassen, müssen die also unkundigen Anwohnerinnen der nördlichen Einfallstraße übereingekommen sein, sich mit allen Sinnen jedem Wagengeräusch zuzuwenden, das sich vom Herbeihoppern eines Bauernwagens unterschied.

So kann es denn am frühen Nachmittag dieses Tages geschehen sein, daß eine rüstige Großmutter, die im Laufe eines langen Lebens an der Seite eines Uetersener Fuhrmanns umfassenden Sachverstand erworben hatte, plötzlich ihre Harke sorgsam an die Mauer lehnte, ihr zwischen gefüllten Apfelkörben spielendes Enkelkind auf den Arm nahm und ihren Nachbarinnen zurief: *Dat sünd de Breedenborger Peer! Dor heff ick een Hör för!*

Äpfel und Pflaumen hin, Kohl und Wurzeln her – jetzt galt es, an den Planken Aufstellung zu nehmen, um das wichtigste Ereignis dieser Tage nicht zu verpassen, von dem andere möglicherweise dann mehr zu erzählen wußten.

Die neue Conventualin hielt ihren Einzug ganz bestimmt nicht unter der ihr zukommenden Würde, und das näherkommende Pferdegetrappel hörte sich tatsächlich mindestens vierspännig an. Bald standen alle fleißigen Nachbarinnen am Straßenrand und blickten dem Fahrzeug entgegen, dessen sanftes Rollen sich in der Stille des frühen Herbstnachmittages immer deutlicher vernehmen ließ. „De Frollein föhrt in'ne Kopenhagener Schees, un lütt is de aber ganz un gor nich!" mag die Fuhrmannsfrau wieder das Wort ergriffen haben – und mit dieser Feststellung hatte sie recht!

Auf der schmalen, holprigen Straße, vorbei an der Klostermühle, deren gemächlich im Winde sich drehende Flügel den Ankömmlingen zeigten, wie Gustchens – und ihrer Mitschwestern – Taler entstanden, kann der geräumige Stolbergsche Wagen nicht schnell gefahren sein – zur großen Freude der Schaulustigen, denen es somit gelang, den Zuzug ihres Klosters ausgiebig zu mustern. Auch den Insassen, insbesondere Gustchen, kam das Schrittempo gewiß sehr gelegen: Jede Minute Fahrzeit verlängerte das ungestörte Beisammensein mit ihren Brüdern, die Trennung kam noch früh genug.

Ansicht der Klostermühle vor dem Großbrand, dem sie Anfang dieses Jahrhunderts zum Opfer fiel. Sie war die älteste noch bestehende Windmühle des Landes und wurde als solche nicht mehr wieder aufgebaut, sondern 1907 auf Dampfbetrieb umgestellt. Sie ist heute nicht mehr im Besitz des Klosters.

Diejenigen der Uetersener Mädchen – in ununterbrochener Ahnenkette mehr als zwei Jahrhunderte hindurch mit wohlwürdigen, hochedelgeborenen, wohledlen, hochwohlgeborenen und hochwohlwürdigen Klosterdamen ihren Wohnort teilend –, denen das Knicksen nicht schon angeboren war, die erlernten es noch vor dem Laufen, und die Jungens kamen sozusagen bereits mit der Mütze in der Hand auf die Welt. Gustchen wird über den herzlichen Empfang, der ihr hier bereitet wurde, nicht wenig beglückt gewesen sein. Umgekehrt wird auch der Charme der jungen Leute im Wagen seine Wirkung auf die Umstehenden nicht verfehlt haben. Das Fräulein, das sich da anschickte, unter ihnen zu leben, war klein und zierlich, hatte blaue Augen und dunkles Haar. „Wat för'n seute Deern! De ward nich lang in't Kloster blieben!"

Nach solchem und ähnlichem Kommentar werden sich die Frauen wieder an ihre Arbeit begeben haben. Drei junge Männer gaben der kleinen Comtesse das Geleit – das war eine Neuigkeit, die sich noch heute unter die Leute zu bringen lohnte.

Der hochgetürmte Bagagewagen, der, von den Bedienten der Brüder und von Gustchens Zofe besetzt, in einigem Abstande folgte, lockte noch einmal die Neugierigen an die Planken, über die die Sonnenblumen nickten, und fand allerseits ungeteilte Aufmerksamkeit. So viele Kisten, Kasten und Körbe! Dabei bezog *die Fräulein* doch ein fertig eingerichtetes Haus! Die Staunenden, die sich auf den Feierabendplausch freuten, konnten ja nicht wissen, daß da auch die für zwei Jahre bemessene Ausstattung dreier junger Männer, die eine Universität bezogen, an ihnen vorbeiholperte.

Auch der weit vorne in der Reichenstraße wohnende Klosterschreiber und Syndikus, Herr *Kantzley-Rath* Jürgen Grube, wird die Stolbergsche Kutsche bemerkt haben. Seufzend gedachte er ähnlich gelagerter Fälle, an denen seine lange Amtszeit so reich war: „Schwierig, schwierig! Der Zahltag ist vorbei! Aber sie wird sagen, es war höhere Gewalt!" Und als er, vielleicht hinter der Gardine eines seiner Fenster stehend, die drei bei Gustchen im Wagen sitzenden jungen Männer erblickte, wird er, um das Wohl des Klosters besorgt, hinzugesetzt haben: „Ihre Curatores, drei Stück sogar, hat sie deswegen schon mitgebracht!"

Als der Wagen am Ende der Straße den scharfen Knick in Richtung Buttermarkt passierte, mag es sich begeben haben, daß der Kutscher mit jähem Ruck die Zügel anzog, um einem kleinen Häuflein feierlich gekleideter Menschen Platz zu lassen, das, von der Klostergasse herkommend, nun vor der großen Gastwirtschaft mit Ausspann angelangt war: In der Klosterkirche hatte soeben eine Kindtaufe stattgefunden, und die Familie des Kätners Matthias Bornemann aus Heidgraben strebte, vermehrt um die drei üblichen Patentanten, ihrem Wagen zu.

Hat sich das Zusammentreffen tatsächlich so ereignet – und das ist recht gut möglich, denn die günstigste Zeit für eine Kindtaufe auswärts wohnender Landleute war der frühe Nachmittag –, dann wird Gustchen noch vor dem Aussteigen vom Heimweh gepackt worden sein: Das winzige Taufbündel, des Kätners Töchterchen Elsabe, das den Mittelpunkt der Gruppe bildete, erinnerte sie mit Macht an das Jüngste ihrer Schwester Henriette Bernstorff, das am 8. Mai dieses Jahres geborene *zweite Lottchen*, und die Sehnsucht nach den fernen Lieben wird ihr das Wasser in die Augen getrieben haben. Doch fiel es dann den Brüdern nicht schwer, sie zu trösten: Noch in diesem Monat würden ja Schwester und Schwager samt ihren Kindern nach Holstein kommen, ein Treffen auf der Breitenburg war ja längst ausgemacht.

Die Klosterprobstei
Uetersen um 1840

Mit Bestimmtheit läßt sich sagen, daß die jungen Reisenden am Hause des Probsten vorbeifuhren, als sie das Gelände des Klosters erreicht hatten. Davon ganz abgesehen, daß sie den Herrn Klostervorsteher an jenem Tage gar nicht hätten antreffen können, weil er, natürlich sechsspännig, nach Bramstedt gefahren war, gehörte der Empfang einer Conventualin zur Amtsbefugnis der Frau Priörin.

Hier nun sahen sich die Ankommenden einer Schwierigkeit gegenüber, welche für jeden Chronisten bis zum heutigen Tage fortbesteht und sich darum als eine graue Stelle im ansonsten recht bunten Gobelin niederschlägt. Ihnen, den Stolbergs, wird damals Rat geworden sein, und sie werden den Weg zu dem Hause, in dem Ihro Hochwürden residierten, gefunden haben. Doch nach zweihundert Jahren sind die Spuren, die ihre Chaise hinterließ, verweht.

Benjamin Gottlieb Burchard selbst gezogene Namens Buchstaben. Der Maurermeister verpflichtete sich am 7. Mai 1770, das Priörinhaus zu reparieren. Schadhaftes Gemäuer war abzutragen, das alte Material war nach Möglichkeit wieder zu verwenden. Für je 1000 Stück abgeputzte und vermauerte Steine erhielt er 5 Mark.

Die im alten Amtshaus gelegene Dienstwohnung der Priörin wurde zu jener Zeit vom Uetersener Maurermeister Burchardt sowohl von innen als von außen *repariret*. Vielleicht war er derjenige, der, auf seinem Gerüst stehend, den Suchenden nach einleitenden Worten wie: „Piesche hett hier noch nich to wohn', Piesche wohnt in'n Paddick!" zu ihrem Ziele verhalf. Ihro Hochwürden von Rumohr, im November des Vorjahres gewählt, hatten die Amtswohnung erst gar nicht bezogen. Sie war in ihrem Conventualinnenhause verblieben, das am *Paddick*, dem Kreuzgang des alten Klosters, lag und als *vor eine Priörin zu klein*, aber ansonsten ohne nähere Beschreibung, in die Akten des Klosters einging. In dieser ihrer Wohnung nahm sie die Weitgereisten gastfreundlich auf und hieß, wohl bei Tee und Gebäck, die neue Conventualin mit den ihr zustehenden mütterlichen Worten willkommen.

Die sich anschließende Konversation wird allen Beteiligten wenig Mühe gemacht haben. Wie üblich beim Wetter ihren Ausgang nehmend, wandte sie sich dem Ergehen der Familie zu und streifte zuletzt, dem Uetersener *Schludern* gar nicht unähnlich, die hohe Politik, die alle diese Umzüge nötig machte, von denen Ihro Hochwürden mit Interesse – aber auch leichter Beunruhigung – vernahmen. So, so, die Mutter würde sich demnächst mit den anderen Kindern nach Altona begeben. Der gestürzte Minister wollte sich in Hamburg niederlassen, wohin ihm der große Klopstock – das ließ sich ja denken – folgen würde. Sicherlich fehlte, als der Name dieses Dichters fiel, nicht ihr Hinweis darauf, daß der Bücherschrank manch einer Conventualin des berühmten Mannes bedeutendstes Werk, den Messias, hütete. Gustchen wird dies mit Freuden vernommen haben: Wo man Klopstock kannte und schätzte, da würde sie leben können! Der Emporkömmling Struensee, ehemals Landphysicus zu Altona, war Frau Priörin persönlich bekannt. Mit kundigem Blick die blasse Comtesse streifend, wird sie das unerfreuliche Thema mit der Bemerkung beendet haben, daß dem Kloster in Herrn Dr. Philipp Gabriel Hensler, seinem Nachfolger, ein äußerst tüchtiger Arzt zur Verfügung stand. Bevor sie die Stolberggeschwister entließ, hielt sie es gewiß für geboten, die neue Conventualin im Beisein ihrer Brüder darauf hinzuweisen, daß jegliche Entfernung vom Kloster ihrer Genehmigung bedurfte.

Als sich ihr Besuch verabschiedet hatte, blieben Ihro Hochwürden mit gemischten Gefühlen zurück. Den finanziellen Auseinandersetzungen wegen des verspäteten Eintreffens sah sie mit Gelassenheit entgegen – da würde sich gewiß ein Kompromiß finden lassen. Viel mehr Sorge bereitete ihr der Umstand, daß sich fast der gesamte Familien- und Freundeskreis der Comtesse in Uetersens Nähe anzusiedeln gedachte. Nicht genug damit, daß auch die neue Regierung, der Bernstorffschen gleich, ihr mit der Forderung nach einem geordneten Archiv im Nacken saß – die gewiß sehr zahlreichen Urlaubsgesuche der kleinen Stolberg würden für erhebliche Unruhe im Kloster sorgen!

Priörinhaus, Kirche und Kirche und Klosterprobstei um 1830. Lith. Institut Ch. Fuchs, Hamburg

Indessen war Gustchen in ihrem neuen Zuhause angekommen, das seit Tagen zu ihrem Empfang bereitstand. Es ist nicht bekannt, ob ihre Brüder Christian und Friedrich Leopold einen Gasthof bezogen oder ob sie sich in der Wohnung der Schwester einquartierten – auch an dieser Stelle bleibt darum der Teppich grau.

Als sich Gustchen in ihren von heute an eigenen vier Wänden umschaute – was war das? Als Zeichen treuen Gedenkens und als Willkommensgruß in der neuen, noch fremden Umgebung lachte ihr ein Brieflein entgegen. Es trug die vertrauten Schriftzüge der Kopenhagener Freundin Sophie von Bernstorff und war, noch in Kopenhagen geschrieben – die Bernstorffs fuhren Anfang Oktober dort ab –, ihr vorausgereist.

Was Augusta jetzt tat, bestätigt den Wahrheitsgehalt der Worte, die Carl Friedrich Cramer, der Sohn des Hofpredigers zu Kopenhagen, von den Stolbergs schrieb: *Feder und Dinte! . . . Schreib ihnen, und du hast den ersten Posttag*

Antwort ... Denn als sie in Erfahrung gebracht hatte, daß morgen, am Freitag, in Uetersen die Briefe abgingen, gab es für sie nichts Eiligeres zu tun, als der Freundin zu antworten. Doch sollte es noch etliche Wochen dauern, bis sie die Schreibweise ihres neuen Heimatortes begriffen hatte:

Uttersen, den 4. October 1770

Nun bin ich endlich nach einer langen Reise hier angekommen; und habe gleich ihr Schreiben erhalten wofür ich Ihnen liebste Bernstorfen aufs Freundschaftlichste dancke, der Gedancke daß auch Sie meine Freundin sind, ist für mich überaus angenehm, die Versicherung Ihrer Freundschaft von der ich schon völlig überzeugt war, war mir sehr lieb, ich glaube sagen zu dürfen daß ich verdiene von Sie geliebt zu seyn; ... Mein Verlust ist freylich sehr groß, ich habe Freunde in Rondstedt in Bernstorff und in Halle verlohren und ich darf wohl sagen daß auch in Borstel einige Personen sind denen mein Hertz sehr zärtlich attachirt ist. Ich dencke mit Haller,

> *Ach fern von allen die ich liebe*
> *Die Blut und Freundschaft mich verband,*

Von dennen hiesigen Damens kan ich ihnen gar nichts sagen, ich bin eben erst angekommen, und habe noch keine gesehen, der Ort gefällt mir beßer als das erstemahl ich bin sehr gut logirt, und habe einen kleinen Garten am Hause. Unsre Reise hat sehr lange gewährt, Wir sind zehn Tage auf den Waßer geweßen, und eine Nacht einen sehr heftigen Sturm ausgehalten, wo meine Brüder und ich die einzigen waren die sich nicht furchten, ... der Schiffer versprach in der Angst den Armen 2 Rigsdaler und alles weinte und betete. Im Hafen von Falster musten wir einlaufen und uns da 2 Tage aufhalten. Wie sehr hätte ich gewünscht daß Klopstock mit gewesen wäre, machen Sie ihm ja viele Empfehlungen von mir, wie glücklich wäre ich wenn ich hoffen dürfte daß er so mein Freund wäre als ich seine Freundinn, doch der Gedancke ist zu kühn, das Glück Ihn zum Freund zu haben verdienen nur wenige, und nur eine himmlische Cidli verdiente es ganz.

Vergeßen Sie mich ja nicht liebste Bernstorfen, ach wie traurig ist es doch von allen Freunden verlaßen zu seyn ... Nun adieu behalten sie mich und meine liebste Schwester in Rondstedt lieb, wir lieben sie beyde.

Augusta Louisa GzStolberg

In einem Punkte bedarf ihr Brief des erklärenden Kommentars: Ihre Brüder blieben einige Tage bei ihr und halfen ihr über das erste Heimweh hinweg. In der Formulierung, daß sie *Freunde in Halle verlohren* hätte, beschrieb sie einen Zustand, der erst zur Zeit der Ankunft ihres Briefes bei der Freundin eingetreten sein würde.

Nach Tagen und Nächten voller Gefahr genoß Gustchen in Uetersen einen wohlbehüteten Schlaf, als sie sich am Abend des 4. Oktober zur Ruhe begab. Von der Pflichttreue des klösterlichen Nachtwächters Johann Burchard Säveke zeugte sein allstündlicher Nachtwächterruf, und für die Sicherheit im angrenzenden Flecken hatte die klösterliche Obrigkeit gleichfalls gesorgt: Die *Pflicht für das allgemeine Beste* befahl den Männern des Ortes, allnächtlich zu viert, *Haus bei Haus wechselnd*, die Straßen und Gassen zu kontrollieren. Ohne Ansehen der Person machte sich jeder des Raubens und Stehlens verdächtig, der in mondlosen Nächten ohne Laterne durch den Flecken stolperte; für einen solchen Sünder bot das klösterliche Vorwerk sicheren Gewahrsam bis zum hellen Morgen.

Nun kann es sich zugetragen haben, daß, einige Häuser von Gustchen entfernt, in der Klostergasse, just an jenem Abend des 4. Oktober die Posthalterswitwe Cecilia Dorothea Reese in ihrem Stübchen über ihren Rechnungsbüchern saß. Angesichts des zwar stabilen, aber, weil noch nicht einmal bis zur Hälfte gefüllt, kümmerlich in sich zusammengefallenen Postsackes, der vor ihr auf dem Tische ruhte, bemühte sie sich verzweifelt, mittels wieder und wieder neu verfertigter Zahlenkolonnen dem nun bald zu Ende gehenden Jahre ein wenig Überschuß abzugewinnen. Das Briefaufkommen in Flecken und Kloster war seit jeher außerordentlich gering. Die Einnahmen der Posthalterei, der die Witwe als Nachfolgerin ihres Mannes vorstand, deckten kaum die Unkosten. Weil dem König an der unrentablen Poststelle jedoch sehr gelegen war, bedachte er das *Neben-Contoir* Uetersen mit einem festen jährlichen Zuschuß von ganzen zwölf Reichstalern.

Ach, wieviel weniger sorglos als in allen Nächten zuvor hätte die Posthalterin ihren Schlaf finden können, wäre ihr an jenem Abend schon die Familienleidenschaft der neuen Conventualin bekannt gewesen! War doch der Brief an Sophie Bernstorff, den sie als womöglich letzte Sendung des heutigen Tages dem ach so leichtgewichtigen Postsack einverleibt und der ihre Tageseinnahme um einen Lübschen Schilling vermehrt hatte, nur der erste kleinwinzige Spritzer einer ab jetzt munter sprudelnden Quelle, die erst im Sommer des Jahres 1783 wieder versiegen sollte und in ihrem munteren Plätschern nicht unbedeutend dazu beitrug, daß sich ihr Lebensabend rosiger gestaltete.

Uetersen – der Ort, für den Gustchen
zur Obrigkeit gehörte

Ihro Hochwürden Amalia Dorothea von Gollowin, Priörin des Adeligen Closters Uetersen von 1814 bis 1831, hinterließen folgende Worte: *Das Closter-Fräulein kann weniger wie jede andere unbemerkt einhergehen, sie hat einen Stand, einen Wirkungskreis – vorzüglich in u n s e r e m Stift, wo wir den Vorzug genießen, allein Orts-Obrigkeit zu seyn. Dieses gewiß sehr angenehme Verhältnis verpflichtet uns aber zu der größten Aufmerksamkeit auf uns selbst, indem wir überzeugt seyn können, scharff beobachtet zu werden.*

Der Verantwortung, Obrigkeit zu sein, wurde das Kloster genau einhundertundzwanzig Jahre nach Gustchens Übersiedlung ledig. Endgültig verschwanden im Jahre 1890 die Schilder an Wegen und Stegen, aus deren Aufschrift durch die geschickten Hände fleißiger Lausbuben *Klö ter iche Obrigkeit* geworden war.

Zusammen mit Ihro Hochwürden Gnaden der Frau Priörin und den *hiesigen Damens*, die ihr am Tage der Ankunft noch unbekannt waren, sowie *Sr. Excell. dem Herrn Closter-Probsten, Ritter, Geheimer Conference- und Land-Rath* Henning von Qualen, bildete das siebzehnjährige Gustchen nun die Obrigkeit des Fleckens Uetersen. Jenseits der vom Kloster regierten vier Uetersener Quartiere begann die Machtbefugnis des Königlichen Amtsvogtes. Mit diesem Posten hatten sich in der Vergangenheit die bekannten Namen Hagedorn und Münchhausen verbunden, die beide zur Ahnenreihe des Hamburger Dichters Friedrich von Hagedorn gehörten. Der jetzige Stelleninhaber hatte vor zwölf Jahren mit der Klösterlichen Obrigkeit in einem recht kuriosen Streit gelegen. Sein Dienstgebäude *nicht in wohnbarem Stande* findend, sah er sich gezwungen, eine andere Unterkunft zu suchen, und mietete sich in dem prächtigen Hause des Commerzrates von der Willigs ein, das *unter klösterlicher Jurisdiction belegen* war. Ohne Zögern nahm Probst Henning von Qualen den neuen Einwohner Robert Anthon Armbster in seine Steuerlisten auf und forderte, wie von jedem Mieter im Flecken, so auch von ihm das *Schutzgeld.* Als Repräsentant des Königs wie ein *geringer und gemeiner Hauerling* behandelt zu werden, war für den Amtsvogt *die impertinenteste ... und grobeste Chicane so jemalen erdacht werden können, ... eine Erfindung eines boshaften müßigen Kopfes ..,* die seinen Herrn, den König, aufs empfindlichste beleidigte. Von beiden Seiten damals um Hilfe angerufen, befahl Friedrich V. von Dänemark, *daß das Kloster Uetersen von dieser Forderung abstehe.*

Während der vier Jahre, die das Klosterfräulein Stolberg zu Hause verbracht hatte, waren drei weitere Mädchen eingekleidet worden. Jetzt, als Gustchen am 4. Oktober 1770 nach Uetersen kam, war sie die viertjüngste Conventualin.

Von den fünfzehn Damen, die dem Uetersener Convent angehörten, hatten sich außer Gustchen noch neun weitere Fräulein am Orte *etabliert.* In den klösterlichen Listen werden die Namen der Conventualinnen nicht nach dem Lebensalter, sondern nach dem Tage des Klostereintritts geführt. So, wie sich der

Convent nach dieser Ordnung am Tage von Augustas Ankunft präsentierte, wird er hier jetzt vorgestellt. Mit dem Wörtchen *auswärtig* zeigte der Klosterschreiber stets an, daß die Genannte nicht dem einheimischen Adel entstammte.

Frau Hedwig Albertina von Rumohr aus dem Hause Olpenitz, Priörin
Conventualinnen:
Anna Susanna von der Osten, auswärtig – sie lebte in Kopenhagen
Catharina von Reventlow a. d. H. Schmool
Christina Ulrica von Dewitz a. d. H. Loitmark
Margaretha Elisabeth von Wedderkop, verwirrten Geistes – sie lebte in Altona
Elisabeth Catharina Fridericia Zoege von Manteuffel, auswärtig
Anna Sophia Baronesse von Reichenbach
Adelheid Dorothea von Rumohr a. d. H. Segalendorf
Sophie Magdalena von Thienen a. d. H. Kühren
Anna Metta Baronesse von Oberg, auswärtig
Charlotta Amalia Baronesse von Schack *aus Dänemark* – sie lebte in Kopenhagen
Elisabeth Benedicta Baronesse von Brocktorff a. d. H. Rohlstorff
Augusta Louise Gräfin zu Stolberg, auswärtig
Sophie Magdalena Gräfin von Dernath a. d. H. Hasselburg
Anna von Buchwaldt a. d. H. Gudumlund – auch sie lebte nicht in Uetersen
Dorothea Catharina von Ahlefeldt a. d. H. Lehmkuhlen – sie lebte zu Hause

Es war keineswegs so, daß Gustchen von jetzt an unter Greisinnen leben mußte, nein, die Obrigkeit, der die siebzehnjährige Comtesse nun angehörte, war keine Versammlung alter und gebrechlicher – *klötericher* – Damen! Frau Priörin von Rumohr hatte als einzige das sechste Lebensjahrzehnt überschritten. Ulrica von Dewitz und Catharina von Reventlow hatten dieses noch gar nicht erreicht, und der Bogen spannte sich von Metta von Oberg, die im 34. Lebensjahr angekommen war, über Elisabeth Zoege von Manteuffel und Gräfin von Dernath, die beide nicht mehr als vierundzwanzig Lenze gesehen hatten, bis zum siebzehnjährigen Gustchen. Durch Wiederbesetzung eines freigewordenen Klosterplatzes veränderte sich der Convent etwa alle zwölf bis fünfzehn Monate. Innerhalb der dreizehn Sommer und Winter, die Augusta in Uetersen zubrachte, rückte sie vom zwölften Platz, den sie bei ihrer Ankunft innehatte, auf den siebten vor. Soweit sich Einkleidungen und die ihnen vorausgegangenen Todesfälle oder Hochzeiten nach mehr als zweihundert Jahren ermitteln ließen, wurden sie als wichtige Daten für Gustchens Leben in die Chronik, die sich im Anhang dieses Buches befindet, aufgenommen.
Unweit des Klosters wohnten die beiden Geistlichen des Ortes, der *Klosterprediger* und der *Diaconus*. Für ersteren, der den Titel eines *Hauptpastors* führte, hatte die Obrigkeit das Vorschlagsrecht: Priörin, Conventualinnen und Probst *präsentireten* je einen Kandidaten, die Gemeinde wählte. Die Pfründe des Hauptpastorats erbrachte die doppelten Einkünfte des Diaconats. Der jetzige Haupt- und Klosterprediger Johann Christoph Wiese hatte 1743 als Rektor der Klosterschule sein Wirken in Uetersen begonnen, war fünf Jahre später zum

Anfang des 19. Jahrhunderts ließ das Kloster dieses Haus für seine Lateinschule errichten. Es war später Uetersens 1. Rathaus und wurde, ungeachtet seiner historischen und baulichen Bedeutung für die Altstadt, im Jahre 1982 abgerissen.

Diaconus und im Jahre 1766 in das einträgliche Amt des Haupt- und Klosterpredigers gewählt worden. Sein Amtsbruder hieß Johann Friedrich Ballhorn und war der Sohn seines Vorgängers.

Wie alle Klosterprediger, die ihm im Amte vorangegangen waren, führte auch Pastor Wiese die Aufsicht über die vom Kloster unterhaltene zweiklassige Lateinschule, die, wie die ältestvorhandenen Anstellungsurkunden zeigen, bereits Anfang des 17. Jahrhunderts eine feste Uetersener Einrichtung war. Um 1800 zahlten die Eltern ein monatliches Schulgeld von einem Taler. Die beiden Lehrkräfte, der Organist der Klosterkirche sowie ein eigens bestallter Rektor, waren Angestellte, *Officiale*, des Stifts.

In den beiden Klassen saßen unterschiedliche Jahrgänge beieinander, der *Rector* führte die Abschlußklasse. Sein Zeugnis öffnete seinen Zöglingen, wollten sie studieren, das Tor zur vorletzten Klasse der *Hohen Schulen*, nämlich den Gymnasien zu Kiel, Lübeck, Altona oder Hamburg. Von hier aus bezogen die Absolventen eine Universität.

Auch die Uetersener Klosterschule hatte unter den Kriegswirren des 17. Jahrhunderts schwer gelitten. Durch ein Legat von 650 Talern hatten Ihro Hochwürden Ida Hedwig von Brocktorff im Jahre 1712 einen Neubeginn möglich gemacht, damals war ein neues Schulhaus gekauft worden. Andere Klosterdamen folgten ihrem Beispiel, Ende des Jahrhunderts war die Anstalt hervorragend ausgestattet. Mit welchem Interesse die Conventualinnen die Entwicklung ‚ihrer‘ Schule verfolgten, zeigt das Testament von Gustchens Mitconventualin Adelheid Dorothea von Rumohr, die 1814 verstarb. Als sie viele Jahre vor ihrem Tode ihren Letzten Willen niederschrieb, vermachte sie *an das hiesige Schulrektorat, von dem ich viel Gutes gehört habe, 200 Rthl Hamburger Bankgeld*, von deren Zinsen *nach und nach einige gute Bücher und mathematische oder physicalische Instrumente* angeschafft werden sollten. Doch daß die Schule dieses Legat eines Tages erhielt, war so selbstverständlich nicht! Hatte ein unfähiger Nachfolger des außerordentlich tüchtigen derzeitigen Rektors Andreas Andresen den guten Ruf der klösterlichen Bildungseinrichtung zum Zeitpunkt des Ablebens von Fräulein Rumohr ins Gegenteil verkehrt, dann sollten die 200 Taler dem klösterlichen Armenhaus zufallen.

Die von einem weiblichen Convent getragene Anstalt stand auch den Mädchen offen. War die im Jahre 1719 erlassene *Schul-Ordnung* inzwischen nicht geändert worden, dann beschränkte sich für sie der Unterricht auf *Teutsch-Lesen, Schreiben und Rechnen, wie auch Christenthum.* Aus den Absolventinnen ‚ihrer' Schule werden die Conventualinnen ihre Kammerjungfern und Zofen ausgesucht haben. Eine *Jungfer*, die nicht heiratete, sondern lebenslang bei ihrer Herrin blieb, rückte nicht selten in die Vertrauensstellung einer Gesellschafterin auf. Das Beispiel der Stolbergschen *Jungfer Hinrichsen*, die Briefe nach Diktat schrieb, zeigt, welche Fertigkeiten von einem jungen Mädchen erwartet wurden, das in einen derartigen Dienst trat. Aus den Konfirmandenlisten, die Klosterprediger Wiese mit größter Genauigkeit nach Schulen und Klassen geordnet führte, läßt sich noch nach zweihundert Jahren ablesen, wie stark die Einwohner Uetersens und die der umliegenden Dörfer von dem Angebot des Klosters Gebrauch machten, ihren Kindern eine etwas umfassendere Schulbildung zukommen zu lassen.

Die erste Konfirmation, an der die Conventualin Gräfin Stolberg im Klosterflecken teilnahm, fand an Ostern des Jahres 1771 statt. Damals wurden von Hauptpastor Wiese vierundvierzig Konfirmanden eingesegnet. Achtzehn dieser Jugendlichen kamen aus der Stiftsschule, elf davon waren – Mädchen! Je zwei Margarethen und Katharinen und je eine Anna und Dorothea hatten die Klasse des Herrn Rektors Michaelsen absolviert und waren fünfzehn oder sechzehn Jahre alt, Catharina, Geesche, Anna, Elsbeth und Dorten, allesamt fünfzehn Lenze jung, verließen die Schule mit einem Abgangszeugnis des Organisten Heydorn. Ihre Väter hatten das Schulgeld als Schuster, Schiffszimmermann, Weißbäcker, Schlachter, Kaufmann oder Landwirt aufgebracht, nur Catharina Cölpin wies den Status eines ‚Akademikerkindes' auf: ihr Vater wirkte als angesehener Notar in der Klostergasse. Der Name dieser Familie wird gleich noch einmal genannt werden.

Weil die damalige Bibelauslegung das weibliche Geschlecht ausschließlich auf die Gemeindebänke verwies, blieben die Mädchen der Stiftsschule von einer Pflicht ausgeschlossen, der die Knaben regelmäßig nachzukommen hatten. Allsonntäglich versahen sie unter der Leitung ihres Rektors, der dann als *Cantor* fungierte, mit mehrstimmigen Motetten und einstimmigem Choralgesang den gottesdienstlichen Chordienst und gehörten mithin zu Gustchens engerem Lebenskreis. An hohen Festtagen sangen sie die Liturgie, wie es die Kirchenordnung des schleswig-holsteinischen Reformators Bugenhagen gestattete, in der altkirchlichen lateinischen Form. Ihr Platz, *das Schülerchor*, befand sich in gleicher Höhe mit der Empore der Conventualinnen, den Damen blieben ihre Klosterschüler somit ganz und gar nicht unbekannt. Von einer weiteren kirchenmusikalischen Tätigkeit dieser Knaben künden die Uetersener Kirchenbücher, in denen als Ergänzung zu den Daten eines Verstorbenen ihre Mitwirkung beim Begräbnis eingetragen wurde: *Ist mit der Schule hingesungen worden.* Der Chorgesang der zweiklassigen Uetersener Stiftsschule muß übrigens eitel Wohllaut gewesen sein! Denn Gustchens Briefe aus Uetersen sind bar solcher Schmährede, mit der ihr Bruder Friedrich Leopold den ihm von der dreiklassigen Eutiner Rektorschule zugemuteten Ohrengraus bedachte: *O for King Mi-*

dar's Ears! Da gurgeln mir Pfaff, Küster und Chor-rotzjungen ihre ungereimten Reime um die Ohren daß ich müßte zum Henker fahren – erste Pause – zweite Pause – das nimmt kein Ende, sie bölken immer noch – endlich aus!...

Aus Uetersens Stiftsschule, in der nicht nur die einheimische Jugend, sondern auch auswärtige Schüler unterrichtet wurden, die beim Rektor in Kost und Logis gegeben waren, ging etliche Prominenz hervor. Ihr einstiger Zögling Alexander Cölpin – vielleicht ein Onkel der fünfzehnjährigen Catharina –, Professor der chirurgischen Akademie zu Kopenhagen, entsann sich im Jahre 1800 der segensreichen klösterlichen Einrichtung, die ihn früh geprägt hatte, und bedachte sie in seinem Testament mit 5000 Talern, dem berühmt gewordenen *Cölpinschen Legat.*

Der Klassenraum der Prima vom Johanneum zu Hamburg. Die Bänke wurden auch von Absolventen der Uetersener Lateinschule gedrückt.
Lithographie nach einer Zeichnung von W. Friedr. Wulff 1840

Zwanzig Jahre, nachdem Gustchen das Kloster für immer verlassen hatte, als jedoch noch viele ihrer einstigen Mitschwestern als Obrigkeit über Uetersen wachten, drückte der nachherige Erfolgsautor Theodor von Kobbe, Enkel des damaligen Klosterprobsten Peter Graf zu Rantzau, die Schulbank der Stiftsschule. Geraume Zeit später machte er diese Uetersener Einrichtung in seinen *Humoristischen Erinnerungen aus meinem academischen Leben* in ganz Deutschland bekannt: *Es war um Michaelis, als mein Oheim und Vormund mich aus der Schule des Rectors Andresen in Uetersen nach Hamburg schickte, um dort auf dem Johanneo meine letzte Vorbereitung zur Universität zu empfangen. Seit 1804 war ich in diesem Klosterflecken und nach dem im August 1809 erfolgten Tode meines Großvaters, des dortigen Prälaten Grafen Rantzau, in der Pension des gedachten Andresen erzogen... das wenige Gute, was sich in meinem glücklichen Naturell ausgebildet hat, ... ich verdanke dies alles ihm, dem liebenswürdigen poetischen und wohlunterrichteten Manne, dem schwerlich ein Lehrer in ganz Dänemark verglichen werden kann, ... An Uetersen knüpfe ich meine liebsten Erinnerungen.*

Nicht unerwähnt bleiben soll hier, daß sich der zwanzigjährige Student von Kobbe eines Tages in das Herzogtum Sachsen-Weimar-Eisenach aufmachte, um sich als einer, der den Musen huldigte, bei Johann Wolfgang von Goethe vorzustellen. Der Dichter hielt sich damals in Jena auf. Am 11. April 1818 ließ der einstige Uetersener Scholar sich bei dem Herrn Geheimrath melden und wurde vorgelassen: *Übrigens mußte ich dem alten Herrn zu meiner allergrößten Verwunderung versprechen, ihn bald wieder zu besuchen. Er verlangte dies in einem durchaus herzlichen Tone, was ich mir übrigens noch bis auf diese Stunde auf keine Weise erklären kann* . . . Goethe hatte den jungen Studiosus in rechte Verlegenheit gebracht, weil er sich für dessen Geburtsort, die Insel Föhr, interessierte. Bereits im Alter von sechs Jahren nach Uetersen gekommen, wußte der Besucher kaum etwas darüber zu sagen, denn die Geographie war diejenige Wissenschaft, . . . *die sich mir von jeher am fernsten gehalten hat* . . .

Als Obrigkeit des Fleckens nahm das Kloster auch die Armenpflege wahr. Unweit des klösterlichen Vorwerkes hatte die Priörin Anna Emerentia von Reventlow noch zu ihren Lebzeiten für *Tausend Reichsthaler Courant* ein Armenhaus *zu sechszehn Wohnstellen* erbauen lassen, das sie in ihrem Testament mit einem reichlichen Kapital ausstattete. Ihren Nachfolgerinnen maß sie die Aufgabe zu, die Plätze des Hauses zu besetzen mit *betagten, gebrechlichen, oder ihrer Nahrung und des Obdaches halber Bekümmerten, durch traurige Unglücksfälle höchstbedrängten Personen* . . . Natürlich hatte die Stifterin auch die Seelen ihrer Schützlinge nicht vergessen, eine außen am Hause angebrachte *Betglocke* rief die Hausbewohner zur täglichen Andacht zusammen. Ähnlich wie die Schule, bedachten die Klosterdamen in ihren Testamenten auch das Armenhaus. Bei jeder Einkleidungsfeier wurden sie auf diese ihre Verantwortung hingewiesen: . . . *Ein weites Feld eröffnet sich Ihnen hier, wo der Armuth viel und der Wohlhabenden, ihr beizustehen, nur wenige sind* . . . Auch zu Gustchens Pflichten gehörte es, die *Nothleidenden und Trauernden . . . zu erquicken und zu erfreuen* . . .

Zur Fürsorgepflicht der Damen gehörte auch die Übernahme des Patenamtes. Da, wo, aus welchen Gründen auch immer, die in Uetersen geforderten drei

Taufstein in der Klosterkirche
zu Uetersen

Taufpaten fehlten, sprangen die Conventualinnen als *Gevatterinnen* ein. Manch einstiges Patenkind rückte später zur Jungfer seiner klösterlichen Gevatterin auf, und die Bindung, die ihren Anfang über der von der Priörin Metta von Schwaben noch für die alte Kirche gestifteten Taufschale genommen hatte, blieb lebenslang bestehen. Natürlich gab es auch die selbstbewußten Bürger des Fleckens und die Angestellten des Klosters, die von Probst, Priörin und Conventualinnen die Patenschaft für ihre Kinder erbaten. Der Bleicher und klösterliche Nachtwächter Säveke beschäftigte anläßlich der Taufen seiner vier Kinder fast die gesamte Obrigkeit einschließlich des pröbstlichen Lakais und des Kanzleirats Grube.

Im Oktober 1770 nach Uetersen gekommen, wurde Gustchen, deren warmherziges Wesen nicht lange verborgen geblieben sein wird, bereits am 18. Juni des folgenden Jahres als Patentante in die Kuhlenstraße geholt. Zusammen mit Ihro Hochwürden Gnaden der Frau Priörin von Rumohr und der Gemahlin des Herrn Klosterprobsten stand sie Gevatterin bei dem Töchterchen eines *Arbeitsmannes*, das damit die stolzen Namen *Albertina Henningia Augusta* zu tragen berechtigt war. Sie kann sich mit ihrer Bilanz sehen lassen, nur die beiden späteren Priörinnen Dewitz und Reventlow sowie ihre Freundin Metta von Oberg wurden öfter gebeten. Während der dreizehn Jahre, die sie als Conventualin in Uetersen zubrachte, hielt Gustchen drei Mädchen und einen Jungen – der, weil er ihren Namen tragen sollte, *August* genannt wurde – über die Taufe. In dem gleichen Zeitraum bekamen Ulrica von Dewitz und Metta von Oberg je sechs und Catharina von Reventlow fünf Patenkinder.

*

Der Klostergründer Heinrich von Barmstede hatte seine Stiftung sowohl mit einer Wasser- als mit einer Windmühle ausgestattet, die alle beide verpachtet waren und gute Einnahmen brachten, weil jedermann beim Kloster mahlen lassen mußte. Dies wurde anders, als König Friedrich IV. im Jahre 1727 direkt hinter der Fleckensgrenze zugunsten seiner bislang benachteiligten Untertanen die *Neue Mühle* erbauen ließ. Weil ihr Pächter, Jakob Lange mit Namen, die Preise der klostereigenen Mühlen unterbot, versuchte der Convent immer wieder, die lästige Konkurrenz von seinem Hoheitsgebiet fernzuhalten. Der Mühlenstreit, der seit beinahe fünfzig Jahren schwelte, belebte auch noch die Conventsitzungen, an denen das siebzehnjährige Gustchen teilzunehmen hatte.

Es ist hier die Stelle, etwas über die Örtlichkeit zu sagen, wo die klösterliche Obrigkeit tagte – besser gesagt: tagen sollte. Vorher schon in sehr schlechtem Zustande, war der von altersher dafür bestimmte Raum, der im Amtshaus der Priörin gelegene Conventsaal, vollends unbrauchbar, seitdem sich die Handwerker im Priörinhaus aufhielten. Die Damen wußten Rat und wichen 1770 in die Wohnstube von Ihro Hochwürden aus. Dort fanden sie es so gemütlich, daß sie daraus einen Dauerzustand zu machen beliebten.

Die Regierung in Kopenhagen indessen hatte eine andere Vorstellung von obrigkeitlichen Handlungen: Sitzungen, die dem Wohle des Klosters oder seiner Untertanen dienen sollten, waren keine Privatveranstaltungen der Priörin. Dar-

Durch eine schwere eichene Türe gelangt man in die Diele des Priörin-Hauses, von der eine Treppe in den mit einer Flügeltüre versehenen 9,35 m×6,90 m großen Conventsaal führt. Dieser liegt im ältesten Teil des Klostersüdtraktes, die Diele befindet sich im 1664 errichteten Giebelanbau.

um drang sie im September des Jahres 1772 darauf, das Uetersener Provisorium durch sofortige Baumaßnahmen am Conventsaal zu beenden.

Die Damen ließen mehr als sechs Monate verstreichen, ehe sie am 30. April des folgenden Jahres das großherzige Angebot ihres Herrn Probsten nach Kopenhagen meldeten: Zwecks *Bespahrung* der Kosten für die Reparatur des Conventsaales stellte er ein Zimmer seines Hauses zur Verfügung, und damit war ja wohl die Schwierigkeit *wegen Haltung der Convente sattsam gehoben*. Nunmehr war die Geduld der Regierung am Ende, und es erging der Befehl, *ohne längeren Anstand* einen neutralen Raum für unabhängige Beschlüsse zu schaffen. Frühestens Anfang des Jahres 1776 wird Gustchen den alten Conventsaal in neuem Glanze wiedererstanden, zum ersten Male betreten haben.

Wie sah es außerhalb der Klostergebäude aus? Von diesem Zuhause der Conventualinnen herkommend und in den Flecken hineinführend, verlief die Klostergasse. Eine Zeit, die mit dem altehrwürdigen Gemäuer, das der Straße jahrhundertelang seinen Namen geliehen hatte, nicht mehr allzuviel im Sinne hatte, machte sie zur heutigen Kirchenstraße. Hier und in den in sie einmündenden Nachbargassen hatten sich, folgerichtig, die Handwerksbetriebe und Kaufläden angesiedelt, deren das Kloster seit ältesten Zeiten bedurfte. Aufs beste ausgestattet war Uetersen mit Schustern und Schneidern. Schon dem Chronister Camerer war aufgefallen, daß sich die Conventualinnen nicht mehr an die vorgeschriebene grün-schwarze Tracht hielten, sondern die neuesten Moden zur

Schau trugen. Ketten, Ringe und Broschen machten auch damals die Kleidung komplett, und so hatten sich denn zwei Goldschmiede in allernächster Nähe ihrer besten Kundinnen, in der Klostergasse, niedergelassen.

Viermal im Jahr mußten sich die ansässigen *Höker*, die Krämer, bei denen Gustchens Jungfern die täglichen Einkäufe besorgten, mit starken Umsatzeinbußen abfinden, zwischen März und Oktober fanden die *Krahm-, Ochsen- und Pferdemärkte* statt. Nur zwei davon waren königlich privilegiert und damit in den Kalendern angezeigt – die anderen beiden hatte sich die klösterliche Obrigkeit selbst geschaffen. Entsprach nun zwar die Anzahl der Marktveranstaltungen derjenigen der großen Städte Hamburg und Kiel, so hielt sich das Warenangebot dennoch in den bescheidenen Grenzen eines Klosterfleckens. Sei es, weil die Dithmarscher vielleicht eine besonders wirksame Mischung zusammenzurühren imstande waren oder weil Gustchen als einzige im Ort um die Bedeutung der Mundhygiene wußte und sich deswegen die Warenhaltung eines Zahnpflegemittels für Uetersens Höker und Apotheker nicht lohnte – fest steht, daß sie Anlaß hatte, ihrem Freund Boie, damals schon Landrat in Meldorf, folgendes Postskriptum einem mit *Klein Gustelchen* unterzeichneten Brief anzufügen: *O wenn Sie können, so bringen Sie mir doch Zahn Pulver mit . . .*(129). Immer wieder besorgte er das begehrte Präparat: *Dank für Ihren lieben Brief und Dank fürs Zahnpulver, daß so a propos als möglich kam, denn meine Zähne blendeten nicht mehr, und warfen schwächere Stralen – Lieber kleiner Boie, für Sie, den Schutz Engel meiner Zähne, die ja ohnehin, an Farbe, und Glanz denen des kleinen Oberon so nahe kommen . . Lieber Boie, Ihr Zahn Pulver ist schön, und hat meine Zähne wieder curirt, bitte sorgen Sie, daß ich mit der Zeit mehr kriege . . .*(139).

Keine Uetersener Einrichtung wurde von Gustchen mehr frequentiert als diejenige, der die Witwe Reese vorstand und über deren Wohl und Wehe die klösterliche Obrigkeit als Handlangerin Seiner Majestät ein wachsames Auge zu haben verpflichtet war.

Zu jenen Zeiten war es im Heiligen Römischen Reich Deutscher Nation gar nicht so ungewöhnlich, daß eine Postmeisters-Witwe das Amt ihres verstorbe-

Maria Christiane Langheinrich geb. Wolff
Postmeisterin in Asch vom 30. 8. 1782–2. 7. 1792

nen Mannes weiterführte. Tief im Südosten Deutschlands, in der Stadt Asch, stand die Witwe Maria Christiane Langheinrich der Thurn- und Taxisschen Post vor und sorgte als Mutter eines achtjährigen Sohnes dafür, daß dieses Amt in der Familie verblieb und Johann Gottlieb d. J. mit 17 Jahren die Bestallungsurkunde eines k. k. Postmeisters erhielt. Als 40jähriger wurde er der Gastgeber Goethes auf dessen Reisen in die böhmischen Bäder; auch am Morgen seines 70. Geburtstages hielt sich der Weimarer Staatsminister im Langheinrichschen Posthause auf.

Für die Uetersener Posthalterei, bei der Schreibfaulheit der Uetersener jahrzehntelang durch den gewährten Staatszuschuß als Hungerbrot ausgewiesen, waren im Gefolge von Gustchens Etablierung wohl tatsächlich bessere Zeiten angebrochen, so daß auch Frau Reese das Amt gerne in der Familie behalten wollte und 1774 darum bat, es nach ihrem Tode ihrer Tochter zu übertragen. Wie verhielt es sich mit ihren Einkünften, zu denen Gustchen, wovon die gefüllten Archive zeugen, so nachhaltig beitrug? Frau Reese berechnete den Posttarif für ihre Kunden und erhielt für alle ihre Mühen 1 Lübschen Schilling für jeden Brief. Von diesen Einnahmen, über die sie nicht abzurechnen brauchte, mußte sie den *Bothen zu Fuß* finanzieren, der dienstags und freitags sowohl frühmorgens als abends die Uetersener Briefpost in einem Sack zur Weiterbeförderung nach Elmshorn oder Pinneberg brachte. Für jeden Postgang erhielt er zwei der genannten Geldstücke. Für Cecilia Reese entstanden dadurch, völlig unabhängig davon, ob im Postsacke Ebbe oder Flut herrschte, wöchentliche Fixkosten von zweimal 4 Schillingen. Ordnet man einem jedem Posttag des Jahres vier Gustchen-Briefe zu – der niedrige Ansatz berücksichtigt die vielen Urlaubswochen, in denen Augusta ihre Schreiben woanders einlieferte –, dann waren jetzt tatsächlich bessere Tage für Frau Reese angebrochen. Gutchens literarische Kontinuität trug die gesamten Unkosten, die der *Bothe zu Fuß*, damit auch er zu leben hatte, verursachte. Dieses Beispiel zeigt einmal mehr die Abhängigkeit des Ortes von seinen Conventualinnen, deren Etablierung deswegen so dringend gewünscht wurde.

Die klösterliche Obrigkeit hatte darüber zu wachen, daß der Postzwang, der von Anfang an bestand, eingehalten wurde. Die regelmäßig nach Hamburg pendelnden Fuhrleute beförderten jedoch Sendungen aller Art nicht nur schneller, sondern auch billiger. Am 6. März 1773 war es wieder einmal so weit: *Die Posthalterin Reesen zu Uetersen hat geklaget, daß die dasigen Fuhrleute so wohl eine Menge Briefe nach Hamburg mitnehmen, als auch von da ... die mehresten Zeitungen wiederum zurückbringen ...* Diese Praxis, die gegen die königliche Postverordnung verstieß, wurde mit zehn Reichstalern Strafe, sowohl vom Empfänger als vom Absender zu zahlen, geahndet, – das Bußgeld für einen Brief betrug beinahe das Jahresfixum der Posthalterin, der *Bothe* lief dafür 240mal nach Pinneberg und zurück

Gustchen, Glied der klösterlichen Obrigkeit, hat mindestens einmal gegen den Postzwang verstoßen: *Uetersen, d. 16. Dez. 1775. Daß ich Dein Brief aus Weimar gekriegt habe ... daß habe ich Dir schon gesagt, aber den aus Deßau habe ich durch ein fatales Versehen des Fuhrmanns erst gestern erhalten, da ich die Freude drey Tage eher hätte haben können ..*

Gustchen und der damalige Uetersener Nahverkehr

Der Monat, in dem Gustchen ihr Kloster bezogen hatte, war noch nicht vergangen, als ihr bereits ein Wiedersehen mit ihrer Familie bevorstand. Am 20. Oktober des Jahres 1770 bei günstigem Wind in Kopenhagen an Bord gegangen, sollten Schwester und Schwager Bernstorff mit ihren vier Kindern auf dem Wege nach Hamburg Anfang November bei den Verwandten auf der Breitenburg einkehren. Dorthin unternahm Augusta, nachdem sie bei Ihro Hochwürden von Rumohr um Urlaub nachgekommen war, am 31. Oktober ihre erste Ausreise. Wieder ins Kloster zurückgekehrt, erzählte sie der Freundin Sophie davon: *Wie lebhaft meine Freude war, meine liebe Aelteste Schwester wieder zu umarmen, kann ich Ihnen gar nicht sagen, ich fühlte die ... unaussprechliche Freude des Wiedersehens, freylich ist es sehr traurig, alle seine Freunde nicht zu sehen, ich empfinde diesen schmerzlichen Verlust so sehr als man ihn nur empfinden kann .. – ich will mich nur geschwinde diesem traurigen Gedanken mit Gewalt entreißen, der mich nur in gar zu festen Banden hält. – Aber meine Bernstorffen, wann werde ich denn Sie einmal wieder sehen ...* (2). Dieses Ereignis sollte gar nicht so lange auf sich warten lassen, wie Gustchen befürchtete, denn bereits Ende November hatten sich Bernstorffs in Hamburg fest etabliert. Während sich ihr Schwager dort nur vorübergehend aufzuhalten gedachte und sich deshalb mit seiner Familie im angesehenen Gasthof *St. Petersburg* einmietete, bezog Graf Johann Hartwig Ernst mit den Seinen das *auf dem Kamp*, dem heutigen Valentinskamp, gelegene *fürstlich Eutinische Haus*. Auch Klopstock wohnte wieder unter seinem Dache.

Sooft es ihr möglich war, kümmerte sich Gräfin Henriette um die kleine Schwester in Uetersen, die unter unaussprechlichem Heimweh litt, wie auch Sophie Bernstorff erfuhr: *Für den zärtlichen Antheil den Sie an meinem jetzigen Zustande nehmen, küße ich Sie liebste Freundin von Herzen, er ist freylich traurig; von allem was man liebt getrennt zu seyn, ist so hart so empfindlich, daß ich es kaum ausstehen kann, der Umgang einer Freundin, die ich hier gefunden habe, ist Balsam für mich ... Wie sehr mich der Besuch meiner geliebten Schwester freute, kann ich Ihnen gar nicht beschreiben, Sie können es sich aber vorstellen ...* Auch Sophie hatte bereits Anfang Dezember ihren Besuch in Aussicht gestellt: *Ach, liebe Freundin ... schön wäre es gewesen, Sie hier zu sehen, ich hätte mich unaussprechlich gefreut, meine Schwester hatte mir durch einen Brief, den ich einige Stunden vor ihrer Ankunft erhielt, Hoffnung gemacht, daß Sie kommen würden ...* In den für Gustchen so kostbaren Tagen, die Henriette bei ihr zubrachte, ruhte sogar ihr Federhalter: *Schreiben Sie mir ja auch einmal ehe meine Schwester reißen wird, ach aber liebe Bernstorff, nun werde ich länger warten müssen, ehe ich an Sie schreiben kann, sobald aber meine Schwester nach Hamburg geht, werde ich gewiß schreiben ...* (3).

Briefe der fernen Lieben und Besuche der geliebten Schwester füllten Augustas erste Klosterwochen aus, die sie sehr zurückgezogen verbrachte. Für Klosterprediger Wiese wird es eine große Befriedigung gewesen sein, als Gustchen Anfang des Jahres 1771 endlich in seiner Gemeinde Fuß zu fassen begann und sich zum Sonntag Septuagesimae zum ersten Male zum Heiligen Abendmahl anmeldete. Nicht dem einheimischen Adel entstammend und aus Kopenhagen gekommen, handelte es sich bei diesem seinem neuen Schäflein gewiß um eine Dänin, weshalb er Gustchen mit dem Namen *Gräfin Stoleborg* in sein dickleibiges *Confitentenregister* eintrug.

In einem Brief, an dem die Posthalterin Reese leider nichts verdiente, meldete Gustchen am 7. Februar 1771 voller Unternehmungslust ihren bevorstehenden Besuch in Hamburg an: *Wie könnte ich unterlassen, meiner Schwester Bernstorff einen Brief an Sie geliebte Freundin, mitzugeben ... Ach liebste Bernstorff, meine Schwester wird Ihnen wohl sagen, daß ich bald das Vergnügen haben werde, Sie zu umarmen ...*

Die Ursache, warum dann doch noch beinahe vier Wochen verstrichen, ehe sie am 4. März diese ihre Ankündigung in die Tat umsetzte und nach Hamburg reiste, wird in den Witterungsverhältnissen jenes Monats zu suchen sein, für den keine einzige *Klosterfuhre* eingetragen wurde. Nachdem sich Gustchen dieser allen Conventualinnen zur Verfügung stehenden klösterlichen Einrichtung schon einmal, nämlich zur Fahrt nach Breitenburg, bedient hatte, wird es höchste Zeit, dieses Gefährt des damaligen Uetersener ‚Nahverkehrs‘ vorzustellen.

Henriette, die junge Gräfin Bernstorff, reiste ganz gewiß mit der eigenen Kutsche, wenn sie Gustchen besuchte. Wie aber legte die Conventualin ihre Fahrten nach Hamburg oder zu den Verwandten zurück?

Im *Fuhrenregister* wurde jede Wagenfahrt der Spannpflichtigen eingetragen. Auf dieser letzten Seite des Jahres 1770 ist Gustchens Fahrt nach Horst vermerkt.

Die „*Bauleute von Kortenmohr, am Sonnenteich und auf der Wisch* und auch die von Horst hatten ihre Bauernstellen als freies Eigentum oder in Erbpacht inne, waren aber Untertanen des Klosters, das ihnen Gericht und Verwaltung gewährte. Dafür hatten sie Abgaben verschiedener Art zu leisten, und die *Spanndienste* für die Klosterfuhren gehörten dazu.

Paragraph 15 der damals gültigen Klosterordnung von 1636 beantwortete die Frage nach den Klosterfuhren so: *Auch einer jeden Jungfrawen ... nur eine ... erträgliche Zahl der Fuhren zu verwilligen ... damit die Closterleute über ihr Vermögen mit zu vielen Fuhren nicht beschwert werden: Inmaßen denn in der Jungfrawen Macht nicht stehen soll ... mehr Fuhren abzufordern als ... die Priö-*

rin ... consentiret haben. Uetersens Priörin hatte diesen Passus den hiesigen Verhältnissen angepaßt und für ihre *Jungfrawen* bestimmt:

Ein jede Frl. hat jährlich 2 freye Fuhren mit 4 Pferden, und wenn sie nach Hamburg fahren, sint die Bauern schuldig ohne entgelt eine Nacht daselbst zu warten, und Ihr wieder zurück zu bringen, außer denn wann eine Frl. nach Itzehoe fähret und in Horst kömmt, sint die dortigen Bauern schuldig ihr nach Itzehoe zu fahren, auch von dorten ... abzuholen, und ... nach Uetersen zu bringen, jedoch muß die Frl. einen Zettel von der Frau Priörin mitbringen.

Jeder der Bauern wurde jährlich viermal mit je zwei Pferden, die zu vieren oder zu sechsen zusammenzuspannen waren, von den Klosterfuhren betroffen. Ein solches Gefährt bedurfte dann jeweils nur eines einzigen Wagens und Kutschers.

Ein seit 1748 geführtes *Fuhrenregister* gibt sehr genau Aufschluß über sämtliche Fahrten, die sowohl von den *Jungfrawen* als von der Klosterleitung während der dreiundvierzig folgenden Jahre unternommen wurden. Die Eintragungen in dem sorgfältig erhaltenen Büchlein berichten mancherlei. Sie erzählen davon, daß Ihro Hochwürden Gnaden Anna Emerentia Gräfin von Reventlow, beeindruckt von der Kantate, die bei der Einweihung der neuen Klosterkirche erklang, in ihrem Letzten Willen den Wunsch nach einer großen Begräbnismusik niederlegten. Infolgedessen waren die Künstler, Hamburger *Sängers* und *Musicanten,* am 3. März 1753 per Klosterfuhre *zum Leichenbegängniß der wohlseel. Frau Priörin* nach Uetersen geholt und drei Tage später auf eben diese Weise wieder nach Hamburg zurückgebracht worden.

Das Fuhrenregister erzählt noch mehr! Es berichtet – man höre und staune –, daß die Spannpflichtigen ‚Mutterschutz‘ genossen: *Die Männer, deren Frauen sich im Wochenbett befinden, sind so lange von allen Fuhren befreyt.* Im Einzelfall versah dann der Schreiber die betreffenden Namen mit einem Vermerk: *... ist die Fuhre vorbeygegangen, weil seine Frau sechs Wochen hält.*

Der Status der Klosterreisenden spiegelte sich in der Zeit der Pferde wider, die vor den Wagen gespannt wurden. Ließ ein sechsspänniges Gefährt das Straßenpflaster erdonnern, so wußten die Einwohner des Fleckens, daß Ihro Hochwürden oder Seine Excellenz vorbeifuhren. Bei Gustchen und ihresgleichen reduzierte sich der Lärm um ein Drittel.

Zwar besaß das Kloster einen eigenen Fuhrpark, doch beliebten Priörin, Probst und Kanzleirat gleichzeitig auszureisen, so reichten weder Kutschen noch Pferde aus. In solchen Fällen erhielten die Bauern Marschzettel wie diesen: *Sonntag des Morgens um 6 Uhr 4 Pferde vor des Herrn Probsten Excell., desgl. 4 Pferde vor den Herrn Justizrath des Morgens um 7 Uhr, am Montag mittag 8 Pferde in Glückstadt in dem Wirtshause der Karp genannt.*

Einmal in zwanzig Jahren ereignete es sich, daß zwei Bauern, Matthias und Jürgen Hell, nicht pünktlich vor dem Hause der Priörin vorfuhren, als sie zu einer Fahrt nach Hamburg bestellt waren. Als sie endlich eintrafen, waren Ihro Hochwürden längst unterwegs. Der Schreiber aber hielt die Namen der säumigen Bauern fest: *Diese beyden sind zu spät gekommen, wesfalls ein Wagen für Geld gedungen worden, wofür selbige das Fuhrlohn zu bezahlen schuldig.* Als die Bauern Harm Seemann und Harm Eiler den Herrn Probst Ende Dezember des

90

Jahres 1774 nach Hamburg fuhren, trat der entgegengesetzte Fall ein: Nicht sie, sondern Seine Excellenz hielten sich nicht an die Abfahrtszeit. Auch dies Ereignis hatte Folgen: *Diesen wird künftig eine Fuhre gut gethan, weil sie vom 28. bis 30. Dezember 2 Nächte in Hamburg der Rückfuhr halber verweilen mußten und nicht abgelöset worden.*

Weil das Register für Gustchen stets nur Pferde, aber niemals einen Wagen ausweist, wird die Vermutung zur Gewißheit, daß sie zu den wenigen Damen gehörte, die einen eigenen Wagen besaßen; im Hause Stolberg war anders entschieden worden, als es die damalige Stellung der Söhne und Töchter erwarten läßt: Nicht die Brüder erhielten den ‚Zweitwagen' der Familie, sondern die Tochter, die ins Kloster kam. Um in der kleinen Stadt Halle, in finanzieller Abhängigkeit vom Elternhaus, ein Studium zu absolvieren, bedurften Christian und Friedrich Leopold nicht einer eigenen Kutsche; als sie die Verwandten im Harz besuchten, wurden sie, Studenten ohne eigenes Fahrzeug, vom *Bäsgen* (9) aus Halle abgeholt. Daß tägliche Ausfahrten einer schwächlichen gesundheitlichen Konstitution, wie sie Gustchen besaß, außerordentlich zuträglich waren, wußte Gräfin Christiane, die Mutter, nur allzugut: ... *denn fahren muß ich nothwendig, da ich jeden Tag sehe, wie gut mir das thut* ... Bei Gustchen waren überdies alle Voraussetzungen für den Besitz eigener vier Räder gegeben, denn als Conventualin verfügte sie nicht nur über eigene finanzielle Mittel, um sich sowohl Kutscher als Pferde zu mieten, sondern sie besaß auch einen im klösterlichen Vorwerk gelegenen ‚Garagenplatz'. Mittels ihrer *Chaise* reiste sie alljährlich in den Sommerurlaub und wieder zurück. Verladen auf das Schiff, das sie über die Ostsee brachte, wurde der leichte, halboffene Wagen oft genug zum bequemen Zufluchtsort, wenn sie von der Seekrankheit geschüttelt wurde.

Mit den zwei ihr zustehenden jährlichen Klosterfuhren kam Gustchen nicht aus, ihre Anwesenheitszeiten in Altona oder Hamburg sind anhand ihrer Briefe recht gut zu verfolgen. Laut Klosterordnung stand es ja nicht in ihrer Macht, ... *mehr Fuhren abzufordern* ... Wie legte sie, wie legten ihre Mitschwestern den Weg in die umliegenden Orte zurück, wenn ihr ‚Fuhrenkonto' erschöpft war?

Gewiß halfen die Damen einander aus und stellten sich gegenseitig die freien Plätze in den Klosterfuhren zur Verfügung. Diejenigen *Jungfrawen*, die keinen Wagen besaßen und denen eine komplette Mietkutsche zu teuer war, werden den regelmäßigen Pendelverkehr der postschmuggelnden Fuhrleute zu schätzen gewußt haben. Gustchen indes, begehrte sie trotz erschöpften Fuhrenquantums auszureisen, bedurfte nur eines Mietkutschers samt seiner Pferde, und beides war in Uetersen problemlos zu beschaffen. Ihre Mutter nahm einen Fuhrmann mit Gespann unter *Contract*, als sie sich in Altona niederließ. Wenn sie ihre Tochter zu sehen wünschte, wird sie manchmal Befehl gegeben haben, nach Uetersen zu fahren.

Wie das Anfang des 19. Jahrhunderts in Uetersen aufgewachsene Pastorentöchterchen Charlotte Höpfner in ihrem *Rückblick* von 1878 berichtet, währte eine Kutschfahrt von Hamburg nach Uetersen vier Stunden. Fünfundzwanzig Jahre zuvor werden die Pferde weder langsamer noch schneller gelaufen sein. Nach fünf Jahren Klosteraufenthalt war Gustchen die bummeligen Wagenfahrten offenbar leid und machte Anstalten, sich aus der Abhängigkeit von knappen Fuhrenkontingenten und fremden Kutschern zu lösen. Warum sollte sie es nicht den Freunden gleichtun, welche die Strecken Hamburg—Altona—Uetersen zu Pferde in kürzester Zeit zurücklegten? Im Sattel zu sitzen, war ihr durchaus nicht ungewohnt: *Zum neuen Gaul gratulire ich, Liebster Friz, Freya ist also abgedankt – waß macht meine liebe alte graue Stute, die habt ihr doch gesehn wie ihr in Rondstedt wart? weißt Du noch, Friz, wie sie mit mir im Teich hinein wollte? und wie der gute alte Speckhals mit mir durchlaufen wollte? und des Postboten Gäulchen niedlich trabte? . . .(66)* Als ihre Brüder im Frühling des Jahres 1775 in Kopenhagen ihre Sachen packten, um nach Deutschland zu reisen, traf eines Tages eine wichtige Ordre aus Uetersen ein: *. . . eine Bitte – bringe mir grauen Satin mit zu einem Reitkleid. Bitte unsre Schwester, daß sie ihn aussucht, und sie weiß wohl, wie viel . . .* Henriette wird nicht nur dies gewußt haben, sondern auch, ob man für solche Kleidung *Satin* oder *Shantung* gebrauchte. Augusta warf ihren Wunsch so locker aufs Papier, daß beides herauszulesen ist. Die Freundin Metta von Oberg fand Gustchens Idee offensichtlich nachahmenswert: *. . . die Oberg bittet, daß Du ihr weißen S. mitbringen mögtest . . . (33).*

Gustchens Freunde in Hamburg und Altona

Zu jener Zeit, als Gustchen nach Uetersen kam, war die Freie Reichsstadt Hamburg nicht nur als Handelsmetropole, sondern auch als Pflegestätte der Künste bekannt. Am Gänsemarkt befand sich, 1678 eingerichtet, die älteste Opernbühne Deutschlands, und zwei Jahre, bevor Bernstorffs an die Elbe übersiedelten, hatte Carl Philipp Emanuel Bach, ein Sohn Johann Sebastians, seine Stellung als Cembalist Friedrichs des Großen mit dem in ganz Deutschland angesehenen Amt des Hamburger Kirchenmusikdirektors vertauscht und die Nachfolge Georg Philipp Telemanns angetreten – der übrigens sein Patenonkel war. Aus ganz Europa pilgerten die Musikbeflissenen herbei, um ihm, dem *Hamburger Bach*, dem berühmtesten der vier Söhne des Thomaskantors, die allesamt Musi-

Kirchenmusikdirektor Carl Philipp Emanuel Bach
Silhouette von Jacob von Döhren

ker waren, zuzuhören und von ihm zu lernen. Daß sich nun auch Klopstock in ihren Mauern niederließ, mehrte den Ruhm der alten Hansestadt. Beide Künstler befruchteten sich gegenseitig, ihr gemeinsames Schaffen führte Gleichgesinnte zusammen. Bach vertonte Klopstocksche Texte, und Johanna von Winthem, Nichte des Dichters und musikalisches Naturtalent, die zu einer engen Freundin Gustchens wurde, brachte die neuen Lieder im Bernstorffschen Hause oder in dem des Komponisten zu Gehör. An der Literatur interessierte Damen schlossen sich zu einer *Lesegesellschaft* zusammen, und der Salon, den Gräfin Charitas Emilie Bernstorff führte, nahm bald die Stellung ein, die er in Kopenhagen besessen hatte. Klopstock, dem Gustchen einmal gestand, *... ich weiß selbst oft nicht, ob ich Sie mehr verehre oder liebe ...* (112), war der Mittelpunkt dieses Kreises. Die Worte, mit denen das Klosterfräulein im Herbst 1774 die Abwesenheit des so geschätzten Dichters beklagte, der sich, eingeladen vom Markgrafen von Baden, nach Karlsruhe begeben hatte, waren nur allzu wahr: *Ah ... waß hat Hamburg verlohren, his best jewel – unsern Klopstock! ...* (31). Der so schmerzlich Vermißte kehrte aber nach wenigen Monaten wieder an die Elbe zurück.

Aus der Stille ihres torfgeheizten Klosterhauses zu Uetersen nahm Gustchen, soeben achtzehn Jahre alt geworden, über den Briefwechsel mit Sophie Bernstorff regen Anteil daran, wie man im nahen Hamburg den Musen und Grazien huldigte: *Von der Lesegesellschaft mache ich mir einen sehr hohen Begriff, welchen Werth hat sie, einen Klopstock zum Stifter zu haben! –* . . . (5).

Die Liste derer, die im Bernstorffschen Hause ein- und ausgingen, ist lang. Um den Kreis vorzustellen, genügen jedoch wenige Namen, zumal Augusta, dieser Gesellschaft sehr bald zugehörig und per Klosterfuhre oder anderweitig in die Stadt gekommen, nur wenige Persönlichkeiten dieses auch Familien der alteingesessenen Hamburger Kaufmannschaft einschließenden Zirkels favorisierte: *Sie denken vielleicht mein lieber Boie! daß die Herren und Damens in Hamburg immer so galant sind, als sie sind, wenn man sich einige Wochen da aufhält – Das Neue gefällt ihnen überaus, so lange es neu bleibt – Einige Edle vortreffliche Seelen ausgenommen, mag ich Hamburg nicht leiden –* . . . (25).

Wenn sie sich aus den *vortrefflichen Seelen* besondere Lieblinge erkor, dann beruhte die Zuneigung auf Gegenseitigkeit: *Claudius und seine Frau, die wußten, daß ich hier war, kamen . . . und blieben bis 5 – es geht ihnen wie immer, die Umstände sind schlecht, aber sie sind ruhig und munter dabei . . .* (33). Um das Freundschaftsband zu festigen, legte auch sie Wege zurück: *Claudius, den guten Cl. habe ich oft gesehen, wir haben ihn 2 mahl in Wandsbek besucht. Er und sein Weibgen mit seiner Kleinen führen so recht ein Leben, das Neid erregen könnte – so still, so ruhig, so allein und mit sich vergnügt . . .* (29). Badauerlicherweise findet sich nirgends auch nur ein einziges Blatt des gewiß sehr originellen Briefwechsels, der Uetersen mit Wandsbek verband: *Am guten Claudius habe ich gestern einen herzlichen Brief geschrieben . . .* (23).

Matthias und Rebekka Claudius
Zeitgenössische Silhouetten

Ein weiterer Favorit ihres Herzens war der Hamburger Neubürger Johann Joachim Christoph Bode, der Verleger von Klopstocks *Oden: Bode und ich, wir schreiben uns oft, ich liebe ihn sehr, daß Hambourg ihn nicht goutirt wundert mich nicht, es macht wahrlich Boden Ehre – ...* (25). Von recht viersch:ötigem Äußeren, hatte der jetzt Vierzigjährige, der sich vom Schafhirten über die Stationen Musiker und Übersetzer zum angesehenen Journalisten emporgearbeitet hatte und durch eine reiche Heirat zum Verleger geworden war, bei den Damen, namentlich den jüngeren, manches auszustehen. Vom Eintreffen der Uetersener Klosterfuhre hatte er allerdings nichts zu befürchten – im Gegenteil: ... *auf Bode freue ich mich sehr, da ich Ihn, wie Sie wißen, nur sehr wenig gesehen habe, wir schrieben uns aber oft, er klagte sehr, daß die Gräfin Bernstorff und das muthwillige Fräulein* – nämlich Sophie – *ihn necken, ich habe ihm versprochen, ihn unter meine Protection zu nehmen ...* (27). Ende des Jahrzehnts stieg Augustas Favorit *Bode, dem ich unter uns, sehr gut bin ...* (32) zum Geschäftsführer der verwitweten Gräfin Charitas Emilie Bernstorff auf; der Herzog von Sachsen-Gotha ernannte ihn zum Legationsrat.

Johann Joachim Christoph Bode
Kupferstich von F. John (?)

Die höchst munteren Zusammenkünfte des Klopstock-Kreises beschränkten sich nicht auf das Bernstorffsche Haus. Ein Sammelplatz des intellektuellen und gesellschaftlichen Lebens in Hamburg war auch das des Nationalökonomen Johann Georg Büsch, das seine Frau Margarethe, *immer dieselbe muntre Frau* (32), als welche Augusta sie schätzte, zu führen verstand. Zusammen mit Professor Christoph Daniel Ebeling leitete Büsch die von ihm gegründete und weithin angesehene Hamburger Handelsakademie.

Auf seiner Reise durch die musikalischen Zentren des Kontinents stattete der spätere Berliner Hofkapellmeister Johann Friedrich Reichardt, als Musikberichterstatter der damaligen Zeit aus der Kulturgeschichte nicht wegzudenken, als Zweiundzwanzigjähriger im Sommer des Jahres 1774 auch der Stadt Klopstocks und Bachs eine Visite ab: *Noch an dem selben Morgen machte ich meinen Besuch bei dem Professor Büsch und von den Stunden, wo ich dessen Haus betreten, begann für mich ... ein so angenehmes, reiches Leben, wie ich es nur je erlebt hatte. Dieses treffliche Haus war damals der Sitz der Freude und des Wohllebens ... Madame Büsch ... empfing mich mit jener Wärme und Freundlichkeit, mit der sie alle durch Talent und Bildung ausgezeichnete Menschen, Weiber wie Männer, zu empfangen gewohnt war ... Geliebte, schöne Kinder zierten den edlen Kreis der Familie und was Hamburg nur an gebildeter reizvoller Jugend, an Frauen und Männern von Geschmack und Gefühl hatte, versammelte sich in*

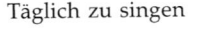

Täglich zu singen

Ich danke Gott und freue mich, wie's Kind zur Weihnachtsgabe, daß ich bin, bin! und daß ich dich, schön menschlich Antlitz! ha-- be

Daß ich die Sonne, Berg und Meer
und Laub und Gras kann sehen
Und Abends unterm Sternenheer
Und lieben Monde gehen;

Und daß mir denn zu Mute ist,
Als wenn wir Kinder kamen
Und sahen, was der heil'ge Christ
Bescheret hatte, Amen!

Ich danke Gott mit Saitenspiel,
Daß ich kein König worden;
Ich wär' geschmeichelt worden viel
Und wär' vielleicht verdorben.

Auch bet' ich ihn von Herzen an,
Daß ich auf dieser Erde
Nicht bin ein großer reicher Mann
Und ach wohl keiner werde.

Denn Ehr' und Reichtum treibt und bläht,
Hat mancherlei Gefahren,
Und vielen hat's das Herz verdreht,
Die weiland wacker waren.

Und all das Geld und all das Gut
Gewährt zwar viele Sachen;
Gesundheit, Schlaf und guten Mut
Kann's aber doch nicht machen.

Und die sind doch, bei Ja und Nein!
Ein rechter Lohn und Segen!
Drum will ich mich nicht groß kastei'n
Des vielen Geldes wegen.

Gott gebe mir nur jeden Tag,
So viel ich darf zum Leben.
Er gibt's dem Sperling auf dem Dach;
Wie sollt er's mir nicht geben!

Text: Matthias Claudius. – Weise: J. A. P. Schulz.

Gustchen schrieb über Claudius: ... *wie traurig ist es aber, daß solche Leute durch Nahrungssorgen nicht glücklich sind – das ist unaussprechlich traurig, aber doch leider hier der Fall* ... (29). Ein Lied wie das hier abgedruckte war Claudius' Kontrapunkt zu einer solchen Feststellung.

---

diesem ... frohen Zirkel. Was Reichardt über Augustas Freund Bode zu sagen wußte, war für diesen ganz und gar nicht schmeichelhaft! Völlig ohne *protection* – Gustchen hielt sich zum Sommerurlaub in Dänemark auf –, war ihr Schützling der harschen Kritik dieses Fachmanns ausgeliefert: *Bei den kleinen Abendmusiken pflegte der Buchhändler Bode das Violoncell zu spielen; er war ... nach Dilettantenart gewohnt, mit seinem schönen Instrumente ... überall zu herrschen, und das war mir, dem ersten Geiger, unausstehlich ... so gab es zwischen uns manche Mißhelligkeiten ... Mancher ... aus der Gesellschaft mochte auch wohl Bode's colossale Gestalt und den tiefen, starken Ton seiner von furchtbaren Grimassen begleiteten Stimme scheuen; ...* Doch im weiteren stimmte Reichardt mit Gustchens Sympathien überein: *... In dem frohen Kreise ward auch oft lu-*

stiger Chorgesang angestimmt und das nicht blos in empfindsamen Weisen, oft auch im Tone ausgelassener Freude ... Madame Büsch, die sehr viel Witz ... hatte, pflegte die dummen Menschen, die sie nicht leiden konnte, einzutheilen in Schöpschristeln, Seelenpeter und Butterlämmer – ... Drang hier und da ein ungebetener Gast ein, so wußte ihn die gescheide Wirthin immer auf gute Art wieder zu entfernen ...

In dem fröhlichen Zirkel, den Reichardt hier beschreibt, hatten sich auch Friedrich Leopold und Augusta kurz zuvor aufgehalten: *Wir gingen viel zusammen aus und sahen oft .. Bach .. Das waren himmlische Stunden ... – es wurden oft Feste gegeben ... Die Büschen ist in solchen Gesellschaften eine unentbehrliche Frau. Sie belebt die ganze Gesellschaft und hat die Gabe, meinen Spleen, wenn ich ihn noch so sehr hätte, ganz zu vertreiben. – (29).*

Die Uetersener *Rectorschule* offenbar sehr schätzend, wo Latein, Griechisch, *Logique* und bei Bedarf auch Hebräisch unterrichtet wurde, gaben die Eltern Büsch im September des Jahres 1777 ihren zehnjährigen Sohn Hermann Martin aus der Unruhe ihres Hauses beim Uetersener Klosterprediger in Pension. Schlich den kleinen Schüler das Heimweh an, dann war es ihm sicherlich ein Trost, daß die ihm wohlbekannte Comtesse Stolberg in der unmittelbaren Nachbarschaft seines neuen Zuhauses wohnte. Doch schon wenige Monate später zerriß der Tod das zwischen Hamburg und Uetersen neugeknüpfte Band: Aus den Weihnachtsferien nach Uetersen zurückgekehrt, wurde Hermann von einer *starken Erkältung* überfallen, von der er sich nicht erholte. Am 23. Januar 1778 reisten die Eltern Büsch in den Flecken, um ihr Kind zu begraben. Es fand seine Ruhestätte im Turm der Klosterkirche, *wofür der Kirche 10 Rthl. bezahlt worden sind.*

*

Wer eine Staatsrente genoß, mußte diese im Lande verzehren, wenn er sie nicht verlieren wollte. Daß Klopstock die seine trotzdem behielt und lediglich eine zehnprozentige Kürzung hinzunehmen hatte, obwohl er in der Hansestadt wohnte, war die Ausnahme und zeigt einmal mehr die Achtung, die das Dänische Königshaus dem Messias-Dichter zollte. Gräfin Stolberg, durch diese Verordnung bei ihrer Übersiedlung daran gehindert, sich in unmittelbarer Nähe der Bernstorffs niederzulassen, sah jedoch die Vorteile, die Altona bot und zählte sie ihrer Tochter Henriette auf: Hier war nicht nur *die Luft gesünder,* sondern *gewiß ist es da auch wohlfeiler ...* Daß diese Stadt, aus der Asche der vom Schwedengeneral Steenbock sechzig Jahre zuvor angerichteten Verwüstung neu erblüht und für den Schriftsteller Jens Baggesen *unvergleichlich schöner als Hamburg,* dem dänischen König unterstand, während die Freie Reichsstadt ihre eigene Staatshoheit besaß, erschwerte nicht im mindesten den gegenseitigen Besuchsverkehr der Einwohner. Der abendliche Torschluß setzte ihm lediglich zeitliche Grenzen.

Auf dem Umwege über Dreilützow, wo sich ein fünftes Enkelkind ansagte, trafen Mutter Stolberg und ihre vier bei ihr verbliebenen Kinder Katharina, Magdalena, Julchen und Magnus am 8. oder 9. Juli 1771 in Altona ein. Als Gustchen davon erfuhr, gab es kein Halten mehr: ... *die Freude war auf beiden Seiten ganz unbeschreiblich* ... Bis Anfang November blieb das Klosterfräulein bei den Seinen.

Einer der ersten Freunde, den die erwachsenen Töchter Katharina und Augusta Stolberg in Altona gewannen, war der literarisch und künstlerisch interessierte und wegen seiner Tüchtigkeit im ganzen Ostseeraum berühmte Arzt der Mutter, Dr. Philipp Gabriel Hensler. Über ihn wurden die beiden Schwestern mit Martin Ehlers, dem Rektor des Altonaer Christianeums, bekannt, und bald war Augusta mit seiner Frau und deren Freundin, der Apothekerswitwe Speth, aufs unzertrennlichste zusammengewachsen. Im Hamburger Klopstock-Zirkel, dem die neuen Freunde der Stolbergs sehr schnell angehörten, sprach man von den drei Damen nur noch als vom *Altonaischen Kleeblatt.* Noch lieber als in Begleitung dieser ihrer beiden Freundinnen ging Augusta freilich mit ihren Brüdern Christian und Friedrich Leopold aus: *Altona, den 24. März 1775 Des Abends bin ich oft in Gesellschaft unsrer hiesigen Freunde – in Hamburg bin ich in keiner geweßen, ich warte darauf bis ich under the guardianship of my brothern es thun kann – ich habe sonst manchen Abend ausschmaußen sollen* ...

Paradiesische Tage brachen für Gustchen stets dann an, wenn Christian und Fritz die Oster- oder Semesterferien in Altona verbrachten. Mit Hilfe der mütterlichen Unterschrift durch Frau Priörin vom Kloster beurlaubt, stellte auch sie sich dann, meist für noch etwas länger, bei der Mutter ein. Waren beide Studenten wieder abgereist, blieben sie durch Gustchens Briefe auf dem laufenden: *In diesen lezten Wochen haben Katharina und ich unsere Altonaer Freunde mehr als jemals genoßen, Hensler der ietzt der herrschende Favorit ist, sahen wir fast alle Tage 2 mahl und oft ziemlich lange ... Mit Ehlers und seiner Frau sind wir sehr oft, und die letzten 8 Tage, alle Tage von 6 bis halb 9 spatzieren gegangen, Ehlers liebe ich sehr, und er ist von allen der, mit dem ich am vertrautesten bin – ... Katharina hat mich hergebracht und weil wir sehr früh ausfuhren, so hat sie 8 Stunden hier bleiben können* ... Gustchen teilte ihre Uetersener Wohnung mit einer Freundin: *Ich muß Euch doch sagen, daß Ehlers uns hier besuchen will, vieleicht kömmt er morgen, waß sagt Ihr dazu, ist dieß nicht sehr galant?* ... (21). Martin Ehlers war allen Stolberg-Geschwistern außerordentlich zugetan, die ihn ihrerseits liebevoll mit einem aus drei französischen Wörtchen bestehenden Namen belegten, den Augusta bald ausschließlich gebrauchte, wenn sie von ihm sprach: *Ütersen, ... im oct. war ich 14 Tage in Altona bey bon et cher* ... (32). Rektor Martin Ehlers, *Bon et cher, der noch immer bon et cher ist* (31), wurde ein Jahr später als Professor an die Universität Kiel berufen.

Weder Hamburg noch Altona war eine Hochburg des Pietismus, und Gräfin Stolberg, ihren engen religiösen Vorstellungen verhaftet, begegnete dem Umgang, den ihre erwachsenen Töchter pflegten, darum mit Vorbehalten, ja sogar mit Verboten: ... *sie kannte diese Menschen nicht, die übrigens vortrefflich waren,* schrieb Julia später auf. Daß sich Katharina und Gustchen – begreiflicherweise – über die Wünsche der Mutter hinwegsetzten, brachte die kleinen Schwestern Magdalena und Julia, die davon wußten, in große Gewissensnot, als Gräfin Stolberg in sie drang und sie die beiden Großen doch nicht verraten wollten. Um ruhig sterben zu können, entdeckte das kranke Lenchen der Mutter alles – Gustchen und Katharina jedoch glaubten, Julia habe sie verraten: *Viele Jahre habe ich dafür leiden müssen, und das Gefühl, von meinen Geschwistern verkannt zu werden, trübte mir das Leben ...*

Seine Ähnlichkeit mit Friedrich Leopold – Henriette pries diesen Umstand als Glück – verschaffte Dr. Henslers Hamburger Kollegen Jacob Mumssen die Sympathien der Gräfin Stolberg. Gutmütig und verläßlich, erwarb er sich die Zuneigung sowohl ihrer Töchter als der Söhne. Er wohnte in der ABC-Straße und verkehrte im Bernstorffschen Hause. Von *Toby*, wie ihn seine Freunde nannten, wird noch öfters die Rede sein.

Diese Unterschrift setzte Georg Ludwig Ahlemann, als er am 1. Oktober 1769 die *Schulmeister* nach vollzogener Visitation aufforderte, *der Jugend mit einem guten Exempel voranzuleuchten.*

Gegen die erste Eroberung, die Katharina und Gustchen in Altona machten, hatte die Gräfin bestimmt nichts einzuwenden: *... vorigen Sonntag hörten wir Ahlemann zum erstenmahle, er predigte ganz vortrefflich, ich freue mich schon auf Sonntag ganz unbeschreiblich ...* (11). Beide junge Damen saßen vor. da an regelmäßig unter der Kanzel des Angeschwärmten, Gustchen stellte ihn den Brüdern so vor: *Ahlemann, bey dem meine Schwester und ich waren, gefällt mir überaus gut ... Er hat sehr viel natürliche Beredsamkeit, und spricht sehr rührend* (12). Die Schwestern hatten den Hauptpastor inzwischen auch persönlich kennengelernt: *Er ist im Umgange charmant, sein exterieur ist gar nicht hübsch, aber wenn man ihn nur sprechen hört, so vergißt man das sehr bald ... Du siehst ... daß ich ihn nicht wenig liebe. Seine Frau ist seiner werth, es ist ein gar zu artiges, liebes, Weibgen ...* (12). Es dauerte nicht lange, bis die ganze Familie Stolberg zu gern gesehenen Gästen des Ahlemannschen Hause wurde.

Übrigens müssen die beiden Schwestern, weil Augusta den Prediger so rühmte, in seiner Kirche einen besonders guten Platz gehabt haben, nach Meinung des Kirchenhistorikers Eolten stand Ahlemanns wenig tragfähige und kleine Stimme in auffallendem Gegensatz zu seinem großen Amt. Zwei Jahre zuvor zum Propst berufen und soeben zum Konsistorialrat ernannt, führte er sowohl in der Herrschaft Pinneberg als im Klosterflecken die Kirchen- und Schulaufsicht.

Auf Ahlemanns Geheiß fand das Kirchenjahr Eingang in die Listenführung der Tauf-, Trauungs- und Sterberegister der ihm unterstehenden Kirchengemeinden: Die Numerierung der Eintragungen hatte fortan nicht mehr am 1. Januar, sondern am 1. Advent zu beginnen. Ahlemann war es, der den bis dahin in der Uetersener Kirche noch gebräuchlichen *Lateinischen Gesang* verbot. Rektor und Stiftsschüler fügten sich damals seinem Worte – die Engel auf dem Plafond des Kirchengebäudes aber taten es nicht; bis zum heutigen Tage halten sie die lateinischen Textblätter in ihren Händen fest. Ahlemann wachte in seiner Propstei über die reine lutherische Lehre, er prüfte die Rechnungsführung der

Die Engel des Deckenfreskos in der Klosterkirche folgten der Weisung des Herrn Kirchenpropsten nicht. Sie singen noch immer ihr GLORIA PATRI ET FILIO ET SPIRITUI SANCTO, das GLORIA IN EXCELSIS und CANTATE DOMINO CANTICUM NOVUM.

Gemeinden und *examinirte* die Schuljugend *über den Katechismus*. Ahlemann, Kirchenpropst und Konsistorialrat, war ein weithin hochgeachteter und gewiß auch manchmal gefürchteter Mann. So aber ging er in die Briefe der jungen Stolbergs ein: *Gestern haben wir bei Hensler gegessen; wir waren sehr lustig, tranken und sangen. Ahlmännchen war nicht da, weil Ahlmännchen predigen soll* ...

Friedrich Leopold, der diesem Freunde viel später die Grabschrift setzte, fiel auf, daß dessen Augen *klein und süß wie Corinthen* waren, wenn er von seiner Schwester Katharina sprach. Was Gustchen vom Herrn Kirchenpropsten zu erzählen wußte, zeigt, daß er ihr mindestens ebenso gut war: *Altona, den 11. Juni 1780 ... Ich litt unaussprechlich gestern von der Hize und bei Ahlemann stieg ich ab. Der ging im Garten und lernte seine Predigt ...* Daß ein Pastor sich bei dieser seiner sehr wichtigen Tätigkeit nur ungern stören läßt, war Gustchen wohlbekannt. Um so überraschter nahm sie zur Kenntnis, wie sich der Memorierende verhielt, als sie ihm im Namen der Geschwister eine Einladung zu einer *Excursion* überbrachte: *Er hatte gleich gewaltig Lust, seine Frau auch. Doch sollte es erst eine Stunde reiflich überlegt werden. Er ward aber so guter Laune, daß er sich anzog, seine Lektion (Sonnabend Abend um 8) verließ, und mich zu Hensler führte ...*

Daß sich die Planung des Unternehmens dann jedoch verzögerte, war nicht Gustchens Schuld: Der die Excursion vorbereitende Brief, den die Abendpost hätte befördern sollen, ging erst am nächsten Morgen auf die Reise, *weil ich Ahlemann vor 10 zu keinem Entschluß bringen konnte! O die weisen Männer!* ... Aus der unterbrochenen Lektion wurde übrigens ein ausgedehnter Abendspaziergang. Denn bei Dr. Hensler angekommen, erfuhren beide, daß Klopstock zusammen ... *mit Reichart* – dem abermals an der Elbe weilenden

Musiker – *und der Büschen* unterwegs war, um Gustchen, deren Ankunft man erst für später erwartete, vor den Toren Altonas einen großen Empfang zu bereiten: *Ahlemann und ich suchen sie auf, und finden sie vor Ottensen.* Was die Schreiberin dann zu erzählen hatte, wird sie mit nicht geringem Stolze erfüllt haben: *Klopstock machte gleich einen Cirkel um mich, und sagt, ich lege auf morgen den ganzen Tag Beschlag auf Sie, ihre Hand, sie kommen zu uns und bleiben. Ich balancierte des Abends wegen, und sagte, ja biß Thorschluß bleibe ich, aber da hörte ich, Hensler äße den Abend mit, also ja da haben Sie mein Wort. Ich gehe also in einer Stunde hin . . .*

Das Erzählen dieser kleinen Episode führte in eine Zeit hinein, die eigentlich noch gar nicht angebrochen ist. Denn betrachtet man den Beginn dieses Kapitels, so sind die Kopenhagener Emigranten ja gerade erst in Hamburg angekommen, und Gustchens Bekanntenkreis ist noch im Entstehen.

Gräfin Stolberg ließ ihre Briefe zu jener Zeit von der zwölfjährigen Julia schreiben. Was sie jedoch am 21. Februar des Jahres 1772 ihren noch immer in Halle studierenden Söhnen mitzuteilen hatte, erfuhren diese von ihr selbst: *Gott hat uns nach Seinem weisen Rath unseren theuren Grafen Bernstorff genommen . . . den 18. nach Mitternacht starb er plötzlich . . .*

Graf Johann Hartwig Ernst hatte noch von der am 17. Januar in Kopenhagen stattgefundenen Palastrevolution erfahren: Der ehebrecherischen Beziehung mit der jungen Königin Caroline Mathilde bezichtigt, war der von hemmungslosem Reformeifer und blindwütigem Rationalismus besessene Politiker Struensee gestürzt worden. Er war im Sommer zuvor zum Grafen ernannt worden und zum *Cabinetsminister, mit dem privilegium, daß seine Unterschrift gilt wie des Königs seine . . .*, wie Henriette Bernstorff den Hallenser Studenten fassungslos berichtet hatte.

Klopstocks Nichte
Johanna Elisabeth von Winthem
geb. Dimpfel

101

Nach zwanzig Jahren des allerengsten freundschaftlichen Einvernehmens kam es wenige Monate nach dem Tode des Grafen Bernstorff zum Bruch zwischen seiner Witwe und Friedrich Gottlieb Klopstock. Gräfin Charitas Emilie hatte an dem allzu arglos-intimen Umgang Anstoß genommen, den der Dichter mit seiner verheirateten Nichte Johanna von Winthem pflegte, in deren Hause er lebte, nachdem sie ihren Hausstand verkleinert hatte und nicht mehr am Valentinskamp, sondern auf dem Jungfernstieg wohnte. Der ganze Zirkel litt unter der Trübung des einst so herzlichen Verhältnisses, und es fehlte nicht an Bemühungen, die Gräfin und den Dichter zu versöhnen. Augusta war es, die mit viel Geschick und Witz den entscheidenden Durchbruch schaffte und die beiden wieder zusammenführte: *Die Gräfin Bernstorff, . . . wie sie Ihn das erstemahl auf dem Concert wiedersah, freute sie sich so, daß sie nur die Länge der Zeit fühlte, die sie ihn nicht gesehen hatte, ohne an die Ursache zu denken, und im Begriff war, ihn zu fragen, wo er sich denn seit $1^{1}/_{2}$ Jahren aufgehalten hätte? Daß hat mich recht amusirt . . .* (24). Die Anerkennung der Freunde blieb nicht aus, Boie schrieb den Grafen Stolberg: *Das meiste dabei hat Ihre Gräfin Schwester gethan, wir andern nur vor- oder beyläufig . . .*

Nachdem der Struenseesche Spuk sein Ende gefunden hatte, rief Dänemark den Neffen des verstorbenen Staatsministers, Andreas Peter Graf von Bernstorff, in seine Ämter zurück. Wenig später wurde er, als Nachfolger seines Oheims, mit der Führung der Außenpolitik betraut und zum Direktor der Deutschen Kanzlei, der obersten Verwaltungsbehörde der Herzogtümer in Kopenhagen, ernannt. Solange ihre Söhne in Deutschland studierten, wohnte Gräfin Stolberg weiterhin in Altona, erst im Herbst 1773 kehrte sie mit ihren Kindern nach Rungstedt heim. Klopstock aber blieb, zu Augustas großer Freude, in Hamburg. Auch Gräfin Charitas Emilie ging nicht mehr nach Dänemark zurück.

„. . . wie ich den Tag zubringe, will ich Ihnen sagen . . ."

Als Gräfin Stolberg im Dezember des Jahres 1770 von Rungstedt aus ihre Übersiedlung nach Altona vorbereitete, plante sie ihren täglichen Mittagstisch für sieben Personen, *weil ich Gustgen schon mitrechne, weil sie doch die meiste Zeit wird bey uns seyn . . .* Die Mutter, die sich, genau wie heutzutage fast jedermann, nicht vorzustellen vermochte, daß eine Siebzehnjährige am Leben im Stift Gefallen fand, hatte sich gründlich getäuscht! Während der drei Jahre, die sie an der Elbe lebte, hielt sich ihre Tochter Augusta *die meiste Zeit nicht in* Altona, sondern in Uetersen auf. Nach längerer Abwesenheit dorthin zurückgekehrt, meldete sie den Brüdern Christian und Fritz ihre glückliche Ankunft: *Daß ich hier bin, daß wißt Ihr ja wohl, meine Besten! Daß ich unaussprechlich froh bin, daß ich hier bin, daß vermuthet Ihr Euch wohl auch . . .* (21). Als Stiftsdame leben zu müssen, fand die Betroffene selbst zu keiner Zeit beklagenswert. Nachdem sie elf Jahre in Uetersen zugebracht hatte, schrieb sie dem Meldorfer Landrat Boie: *Enzezlich gerne sagte ich Ihnen, wie ich hier lebe, wenn Ihnen nicht dabey das Wasser zusehr im Munde kommen wollte. Denn so eigentlich ists das Gegentheil von Ihrer Lebensart. Dafür, lieber Boie, klage ich denn auch über den zu geschwinden Flug der Zeit, und daß ein Tag hin ist, wenn ich ihn erst anzufangen glaubte, und diese Klage führen Sie wohl eben nicht . . .* (137).

Nein, Müßiggang und Langeweile waren wirklich nicht Gustchens Sorgen! Kaum ein Vierteljahr im Stift, hatte sie zwar die Schreibweise ihres neuen Wohnortes noch immer nicht, wohl aber ihre Zeit schon fest im Griff, und Sophie Bernstorff erfuhr: *Uttersen, den 7. Februar 1771 . . . wie ich den Tag zubringe, will ich Ihnen sagen. Ich lerne Englisch, welches so ziemlich gut geht, daß thue ich fast den ganzen Morgen und Vormittag . . .*

England war en vogue. Seit mehreren Jahrzehnten trug der Kurfürst von Hannover die Krone Großbritanniens, und zwischen dem Inselstaat und dem Kontinent kam es auf allen Gebieten zu gegenseitigem kulturellen Austausch. Im letzten Drittel des achtzehnten Jahrhunderts wurde die Mode nicht mehr von Paris, sondern von England bestimmt. Natürlich fallende und bequeme Gewänder verdrängten den Reifrock, der einzig offiziellen Anlässen bei Hofe vorbehalten blieb. Die jungen Männer wehrten sich gegen die gepuderte Perücke und trugen statt seidener Anzüge und Schnallenschuhen Tuchjacken, Lederkniehosen und Stulpenstiefel. Auf Bildern des Malers Gainsborough läßt sich dieser damalige ‚Country Look' gut studieren. Die Jugend Deutschlands trug sich aber nicht nur englisch, sondern sie begeisterte sich auch für die Literatur des Inselvolkes. Die englische Volkspoesie und Mythologie in Deutschland bekannt gemacht zu haben, war das unbestreitbare Verdienst des für einige Jahre zum Kopenhagener Klopstockkreis zählenden, dann in Lübeck und später in Altona wohnenden Stolberg-Freundes Heinrich Wilhelm von Gerstenberg, dessen Name schon öfter genannt wurde. Shakespeare und seine Sprache eroberten den Kontinent.

Eines Tages las Gustchen in einem der zahlreichen Briefchen aus Halle, die ihr Frau Reese zustellen ließ, daß die Brüder damit begonnen hatten, Englisch zu lernen. Daß es in Uetersen niemanden gab, der diese Sprache unterrichtete, hinderte sie nicht daran, ihnen nachzueifern. Der König hatte Uetersen vor nicht ganz fünfzig Jahren ans Postnetz angeschlossen – und das genügte: *Tausendmal küße ich Dich, mein Liebster Bruder für Deinen lieben Englischen Brief, den ich zwar ganz verstanden habe, ob ich gleich unmöglich in der selben Sprache antworten kann, Du gehst sehr geschwinde mit Deinem Englischen, ich bewundere Dich, wie kannst Du aber denken, daß ich schon so weit bin und schon schreiben kann, da ich keinen Sprachmeister habe und also nicht die geringste Anführung, ich bitte Dich, mein Geliebter Bruder, schreibe mir ja recht oft Englisch daß ist mir sehr gut . . .* Entgegen ihren Beteuerungen machte sie sich mutig ans Werk und faßte die zweite Hälfte des Briefes, sich für die Stümperhaftigkeit sogleich entschuldigend, in Englisch ab: *Verzeihe meine vielen Fehler, bald hoffe ich wird es besser werden . . .* (10).

Wie sich die findige Schwester, die auch mit ihren Freunden Claudius und Boie englische Briefe wechselte, ohne *Sprachmeister* zu helfen wußte, davon hatte Christian schon zwei Monate vorher gelesen: *Mit meinem Englischen geht es immer beßer, ich leße nichts anderes, ich leße izt auch in der Englischen Bibel, welches mir sehr hilft . . .* (9). Der im Elternhause erworbene Schatz, nämlich die durch ihren unnachahmlichen Sprachrhythmus so leicht und sicher durch Hören und Lesen im Gedächtnis haftenden Worte der Lutherbibel, trug Augusta nicht nur über die Höhen und Tiefen ihres Lebens, sondern erleichterte ihr, einen Lehrer ersetzend, den Einstieg in die fremde Sprache.

Also eingeübt, griff sie bald zu Englands berühmtester Dichtung: *Ossian ist für Anfänger ein gutes Buch, es sind sehr viele schwere Wörter, die Construktion aber ist nicht schwer, es ist vortrefflich . . .* Ihrer Ausdauer blieb der Erfolg nicht versagt: *. . . vor einigen Tagen hatte ich eine große Freude, ich schlug die Ode in Pope auf, die ich Dir hier schicke und außer wenige Wörter verstand ich sie ganz, sie gefällt mir sehr gut . . . Sage mir doch, wie Du sie findst . . .* (9). Gedanken und Gefühle fast ausschließlich konzentrierend auf ihre englischen Dichter und deren Gestalten, fürchtete sie eines Tages, Fritz könnte eifersüchtig sein: *Ich leße noch immer im Ossian, den ich doch sehr liebe. Dich aber, mein Allerliebster, liebe ich doch weit mehr. Daß glaubst du doch wohl? . . .* (15).

Bereits am Anfang ihrer Studien hatte sie sich ein Ziel gesetzt: *Ach, wie freue ich mich auf die Zeit, da ich einen göttlichen Young, Milton und Ossian werde leßen können, deren Übersetzung mich schon so sehr entzückt . . .* (4). Fünf Jahre später, zur Zeit, als der berühmte Hamburger Schauspieldirektor Schröder mit seiner Erstaufführung des *Hamlet* sein Publikum dreizehnmal nacheinander zu Begeisterungsstürmen hinriß, hatte Gustchen ihr Ziel erreicht. Ihre Freundin Emilie Schimmelmann erfuhr, daß sie jetzt Shakespeare las: *. . . o wie voll Schönheiten ist er, wie erhaben oft . . .* (80).

Aus der Begeisterung über die Schönheit der Dichtung wurde im Laufe der Jahre ein regelrechtes Studium, das seinen festen Platz im Tagesablauf erhielt: *. . . dann eine halbe Stunde im Schakespeare, der mir, unter uns gesagt, sehr schwer ist, weil ich ihn mit unendlicher Pedanterie lese, und nie über eine Stelle*

weggehe, biß ich sie verstehe, oder mir doch einen Sinn schaffe, dazu erschöpfe
ich erst meine Verstands Fähigkeiten, nehme alle dictionairs zu Hülffe, und zu-
lezt die Übersetzung, iezt lese ich Midsummer Nights dreams, ein allerliebstes
Stück, und nicht so schwer, doch ists mir unmöglich über eine halbe Stunde darin
zu lesen . . . (137).

Das letzte Wörtchen dieses Abschnittes führt zurück zu ihrem Brief an Sophie
Bernstorff, der mit dem Erzählen vom Englisch-Lernen ja noch nicht beendet
war: *. . . wenn ich mich dann müde gelernt habe, so erhole ich mich wieder und*
womit wohl? Erräths Du das noch nicht? Dann lese ich . . . izt lese ich Croneck,
den ich ungemein liebe, sein Codrus hat mich entzückt, . . . Viel kann ich, wie Sie
wohl dencken können, nicht leßen, da ich meine meiste Zeit dem Englischen
gebe . . . Meinen lieben Meßias, Giseke, Gesner, Lavater, Haller . . . habe ich
schon hier geleßen . . . (4).

Die hier aufgezählten Bücher, gängige deutschsprachige Literatur der damaligen Zeit, kann Augusta bei ihren Mitschwestern im Kloster gefunden und ert-
liehen haben, denn die genannten Autoren waren allgemein beliebt, und die
Bibliothek mancher Priörin oder Conventualin war bemerkenswert gut be-
stückt. Nicht nur im Erlernen der Fremdsprachen tat Gustchen es Christian
gleich: *Hast du Liebster Bruder Gellert seine Vorlesungen der Moral schon gele-*
sen, ich ziehe es allen seinen übrigen Werken vor . . . (6).

Ihr jeweiliger Lesestoff nahm sie ganz gefangen: *O weinen Sie mit mir, Gran-*
dison ist zu Ende. – Wahrhaftig, ich hätte fast geweint, o meine göttliche Lectu-
re! . . . (25). Immer wußte sie sich die neusten Bücher zu verschaffen: *O Lieber*
ich lese izt ein Buch, daß mich hinreißt. Cook's Reise . . . Nun bin ich in Neu
Seeland und es verlangt mich herzlich nachs friedliche Niederlaßen da-
selbst . . . (96). Ob Predigten, Historie, Poesie, antike Schriftsteller oder moderne
deutsche oder englischsprachige Romane – die Art und Weise, wie Augusta bei
ihrer *Lecture* verfuhr, war mehr als Zeitvertreib: *. . . ich habe izt Clarissa ange-*
fangen. Ich habe noch zu wenig geleßen um davon urtheilen zu können, aber
genug, um eben Clarissa schon zu lieben und zu bedauern . . . (29). Drei Monate
später war sie unter die Rezensenten gegangen, und Boie las: *. . . o ein göttliches*
Buch! aber ich gestehe Ihnen doch, ich ziehe Grandison vor, ich finde Clarissa zu
gedehnt, nach proportion der Länge des Buchs ist nicht action genug – Lovelace
hält uns zu lange mit seinen teuflischen Anschlägen auf, und wir leiden unter-
deßen Todes Angst für Clarissa. Ich finde es zu schwarz . . . (30).

Wollte man jetzt alle Buchtitel nennen, die Augusta – wie die vorliegenden
Briefe zeigen –, nachweislich gelesen hat, so käme dieses Kapitel einem Litera-
turlexikon gleich oder einer Auktionsliste des peniblen Uetersener Klosterschreibers, der, regelte er den Nachlaß einer Conventualin, auch deren Bibliothek erfaßte. Daß Gustchen sich in ihren Briefen stets über ihre augenblickliche
Lecture ausließ, hatte eines Tages schlimme Folgen: *Ein dummer Mann* (15), wie
sie den Stifter des Unheils nannte, hatte sich in Altona bei der Postzustellung
geirrt und einen für sie bestimmten Brief Christians bei der Mutter abgegeben,
die ihn, mißtrauisch geworden durch den eigenmächtigen Umgang, den ihre
Töchter pflegten, nicht nur geöffnet, sondern auch gelesen hatte. Nach geende-
ter Lektüre brach ihr eine Welt zusammen. Anstatt daß der ‚große' Bruder mit

der ‚kleinen' Schwester über Klopstocks *Meßias* oder fromme Herrnhuter Traktätchen plauderte, unterhielt sich der dreiundzwanzigjährige Sohn, zum Jurastudium nach Halle geschickt, mit der jungen Tochter, einem Klosterfräulein, über die wichtigste Quelle der antiken Sittengeschichte, nämlich über die Satiren des Römers Decimus Junius Juvenal. Über die Reaktion der Mutter war Gustchen tief betroffen: *Mein Herz blutet wenn ich denke, daß eure zärtliche Absicht, meine Schwester und mich mit lectures zu amusiren, euch einen solchen Verdruß zugezogen hat . . .* (6). Gräfin Christiane gelang es, den anstößigen Dichter zu konfiszieren, Gustchen bedauerte den Bruder: *. . . ich . . . fürchte sehr, daß man Ihn Dir nicht wieder geben wird . . .* (15). Wie Gräfin Stolberg glaubte, hatten die Töchter nicht nur zu verbotenen *lectures* gegriffen, sondern auch getan, als seien sie im ländlichen Rungstedt: *Du schreibst mir ja aber gar nicht, waß meine Mutter noch geschrieben hat. Meine Schwester hat gar nicht geritten, sie hat auch weder Pferd noch Sattel, ich also auch nicht . . .* (6). Gustchens Aufenthalte in Altona glichen wohl zuweilen Gratwanderungen, deren glückliches Bestehen sie den Brüdern nicht vorenthielt: *Mit meiner Mutter ist es überaus gut gegangen . . .* (21).

Das Klosterleben erzog zur Selbständigkeit. Unabhängig von ihrem Alter vertrat und begründete jede Dame im Convent ihre eigene Meinung und übte ihr Stimmrecht aus. Die Führung ihres, wenn auch kleinen, Haushalts verlangte von jeder Conventualin ein hohes Maß an Umsicht, Dienstboten mußten schließlich sowohl angeleitet als beaufsichtigt werden. Gustchen, die mit ihren achtzehn Jahren den Erwartungen des Klosters vollauf entsprach, nahm für sich das Recht in Anspruch, ihre Lektüre weiterhin selbst zu wählen. Um den Konflikt mit der geliebten Mutter aber nicht zu verschärfen, mahnte sie Christian selbst dann zur Vorsicht, als sie sich mit ihm über die neue Veröffentlichung des Messias-Dichters unterhielt: *Klopstocks Oden habe ich noch nicht, will sie aber haben, aber bester . . ., ich werde sie nicht verstehen, denn Du weißt wohl, daß leicht etwas über meine Sphäre ist . . . Jetzt werde ich vielleicht bald nach Altona gehen . . . ich bitte Dich also, Deine Briefe so einzurichten, daß sie können gesehen werden und lieber nichts von lectures sprechen, ich fürchte, daß an die vorigen lectures gedacht wird . . .* (18). Der schriftliche Austausch über Gelesenes mit den so viel klügeren Brüdern war ihr unverzichtbar, die Monate in Uetersen galt es darum zu nutzen: *. . . die Zeit, da wir uns so frey schreiben können, währt nicht ewig . . .* (15).

Es wäre jedoch ungerecht, wollte man das Verhalten der Gräfin Stolberg verurteilen. Den Töchtern den Lesestoff zuzumessen, war allgemein üblich, und man muß sagen, daß sie bei der von ihr ausgeübten Buchzensur noch bemerkenswert großzügig verfuhr: Caroline Claudius, die älteste Tochter des von allen Stolbergs hochgeschätzten Dichters, kannte bis zu ihrer Hochzeit nur *Stillings Jugend- und Lehrjahre* und den *Robinson*. Sie wird ihre Wissenslücken in kürzester Zeit geschlossen haben, heiratete sie doch den angesehenen Hamburger Verleger und Buchhändler Friedrich Perthes.

Nicht nur die leicht frivolen Geschichten im *Juvenal* hatten Mutter Stolberg zum Handeln veranlaßt. Im Unterschied zu Gustchen, die das Lesen als Erholung pries, sah Gräfin Stolberg in dieser Beschäftigung eine hohe physische Lei-

stung. Gustchen war ‚schwach auf der Brust', wie man damals die Lungentuberkulose, die im Laufe der Jahre bei ihr ausheilte, zu umschreiben pflegte. Gräfin
Stolberg konnte nicht billigen, daß die Achtzehnjährige über Stunden in dump-
fer Stube saß und bei trübem Licht den studierenden Brüdern nacheiferte, anstatt ihre zarte gesundheitliche Konstitution, die wirklich Anlaß zur Sorge gab,
durch häufigen Aufenthalt in der frischen Uetersener Landluft zu kräftigen. Um
die unerquicklichen Debatten über das Bücherlesen zu vermeiden, hielt Gustchen, die sich als Dr. Henslers Patientin in den besten Händen wußte, ihre Ge-
sundheitsbeschwerden fortan vor der Mutter geheim – was freilich nicht immer
gelang, denn Philipp Gabriel Hensler war auch der Arzt der Gräfin: *Meine Mutter hat es vom Blut speyen erfahren, niemand hat es geklatscht, sondern sie erfuhr es durch einen Zufall ...* Daß der Altonaer Physicus in Uetersen gewesen
war, konnte ihr nicht verborgen bleiben, und ... *da brauchte meine Mutter alle
Ihre Inquisitionsfähigkeiten ...* (21).

Auf solche Weise brachte Gräfin Stolberg auch in Erfahrung, daß Augusta
nach wie vor zu Büchern griff, die zu lesen sie den Töchtern verboten hatte. Die
zwischen Mutter und Tochter dieserhalb entstandenen Spannungen spitzten
sich zu und belasteten sämtliche Geschwister: Erst kurz vor dem Tode der Gräfin kam es, wie Christian an Klopstock schrieb, zur Aussöhnung: *Zu unserer
innigsten Freude hat sie meiner Schwester in Uetersen sagen lassen, daß sie ihr
alles verziehen habe; und sie ihrer zärtlichen treuen Liebe versichert.* In ihrem
Anspruch auf geistige Unabhängigkeit hatte das knapp zwanzigjährige Klosterfräulein offenbar die Unterstützung des Altonaer und Hamburger Freundeskreises gefunden, denn Friedrich Leopold setzte Christians Zeilen hinzu: *Daß
Mißverständnis zwischen meiner Mutter und meiner Schwester in Uetersen hat,
wie ich fürchte, bey vielen Personen widrige Eindrücke gegen meine Mutter gemacht.*

Augustas Interesse an Sprache und Dichtung kam nicht von ungefähr. Klopstock, der Begleiter ihrer Kindheit, hatte ihnen allen das Ohr geschärft, und die
Brüder Christian und Fritz bemühten sich schon früh, ihre Gedanken in Verse
zu kleiden. Katharina erzählt in ihren Erinnerungen von einem Gedicht, das
Friedrich Leopold zur Krönung Christians VII. verfaßte, und fährt dann fort: *Er
hatte schon einige Jahre früher allerley Versuche gemacht: ..., allein von diesen
Dramas ist nichts mehr ... In Rungstedt besang er in Hexametern die 4 Jahreszeiten ... Mein ältester Bruder, ohne sein Wissen (nur Gustchen und ich waren
vom Geheimnis), schrieb die 4 Gesänge ab und schickte sie nach Kopenhagen mit
der Bitte, sie nacheinander in die Zeitung einzurücken, aber es geschah nicht, er
bekam keine Antwort, und die Gesänge wurden nie wiedergeschickt ...* Das kleine Mädchen Augusta fand am Reimen ebenfalls Gefallen. Zwischen Andreas
Peter Bernstorffs Papieren liegt bis zum heutigen Tage ein Geburtstagsglückwunsch seiner kleinen Schwägerin. Der wohlabgezirkelten Kinderschrift nach
zu urteilen, muß das Gedicht, das leider kein Datum trägt, vor 1766 entstanden
sein:

> *Du schöner Tag erscheinst du nun*
> *Mein Hertz kann kaum vor Freuden ruhn*

Ich habe dich erwart' mit vielen Schmertzen
Drum freu ich mich nun mehr von gantzem Hertzen.

Ich wünsche Dir ein langes Leben
Gott wolle Dir noch vieles andre geben
Und alles was Er gibt, das wünsche ich
Sein reicher Segen, der begleite Dich.
A. L. G. zu Stolberg (148).

Zur eigenen Freude hat sich das literaturbegeisterte Uetersener Klosterfräulein, wie ein Brief an Heinrich Wilhelm Gerstenbergs Frau vermuten läßt, auch hin und wieder selbst an der Schriftstellerei versucht: *Hier schicke ich Ihnen ... etwaß, daß Sie gewiß mit Vergnügen lesen werden. Sie wißen die Verfaßerin, behalten Sie es zu Ihrem und meinem Andenken ...* (102).

Weil Gustchen ihre Augen fortwährend überanstrengte, indem sie, sowohl bei Sonnenschein als bei trübem Winterlicht, lange Stunden des Tages über Büchern zubrachte oder *beym Spiele der Nadel* (137) feinste Handarbeiten zauberte, wurden Schreiben und Lesen, ihre beiden Lieblingsbeschäftigungen, ihr später zeitweilig zur Qual: *Ütersen, den 10. October 1778 Lieber Gerstenberg, Liebste Sophie, vergeben Sie, seyn Sie großmüthig genug ... thun Sie mir nur nicht unrecht ... – vom 29. st. Juni ist ihr lezter Brief datiert, und ich trage ihn nun seitdem wie die Katze ihre Jungen, in meinem Kopfe herum, habe ihn ... oft neben mir gelegt, um ihn zu beantworten, und doch hat sich's biß heute verschoben. Die Hauptursache und die mich gewiß bey Ihnen entschuldigen wird, ist die, daß ich so sehr an meinen Augen leide, daß das Lesen mir eine unmögliche und das Schreiben höchst schwere Sache geworden ist – selbst izt leide ich schwer, aber an Sie schreiben muß und will ich nun ...*

Im Jahre 1781 waren die Zeiten längst vorbei, in denen Gustchen ihrem Bruder klagen mußte, *daß leicht etwas über meine Sphäre ist.* Sie hatte aufgeholt, und von ihren gesundheitlichen Problemen ließ sie sich nicht unterkriegen. Am 9. November des genannten Jahres erzählte sie ihrem Freunde Heinrich Christian Boie: *Leider kann ich, meiner sehr schwachen Augen wegen, nicht viel lesen, und mache mich sicher, ein paar mahl des Tages, auf eine Stunde krank, weil ich's doch nicht laße. Fast täglich mein Stück im Spectator, ... Jedesmal daß ein Stück aus ist, lustwandle ich im Liebling Ossian. Da gehts rasch, mit verhängtem Zügel, im leichten Phaeton mit luftigen Gäulchens – Neben bey, lese ich auch zuweilen einen Brief in Plinius letters mit Anmerkungen von Orrery. Des Abends lesen meine Freundin und ich zusammen den Rollin, haben eben l'histoire Ancienne geendet, und sind nun bey der Römischen! o Alte Geschichte! ...*

108

Gustchen und ihre Göttinger Dichterfreunde

Paradiesische Tage, die teilweise in Altona und Uetersen verlebten Semesterferien der Studenten Christian und Friedrich Leopold Stolberg, waren zu Ende
gegangen, als Gustchen am 15. Oktober des Jahres 1772 zur Feder griff, um den
vier Stunden früher abgereisten Brüdern die Schmerzen der Trennung zu klagen.

Das Herz der Uetersener Posthalterin Cecilia Reese wird einen Freudensprung getan haben, als sie diesen Brief entgegennahm. Wie sein Bestimmungs-
ort, die Stadt Göttingen, vermuten ließ, hatte ihre treueste Kundin den Umfang
ihrer Korrespondenz abermals erweitert, denn sie erinnerte sich nicht, schon
vorher Briefe dorthin befördert zu haben. Erst beim zweiten Blick stellte sie –
enttäuscht – fest, daß ihr die Empfänger längst bekannt waren! Bisher reisten die
für die Grafen Stolberg bestimmten Briefe nach Halle. Nun aber las sie: *Göttingen. Beim Restaurateur Brandt. Gothmarstraße No. 1.*

Was der Göttinger Student Johann Heinrich Voß dem Mecklenburger Land-
pfarrer Brückner, seinem Freunde in der Heimat, am 6. Dezember des gleichen
Jahres mitteilte, zeigt, daß Frau Reese die Adresse richtig entziffert hatte – bei
Gustchens Handschrift ein nicht eben leichtes Unternehmen: *Ich kann meine
Freude nicht so lange bei mir behalten, . . . ich muß, ich muß sie Ihnen vorher
mitteilen. Die Grafen Stolberg – aus dem vorigen Briefe kennen Sie sie etwas –
ach! welche Leute sind das! . . . Leute von der feinsten Empfindung, dem edelsten
Herzen, . . . den vortrefflichsten Talenten zur Dichtkunst, und ohne den kleinsten
Stolz – kurz, Leute, die Klopstock schätzt und liebt, in diesem Stande zu finden,
das ist ein großer Fund, und den hab ich gemacht! . . .* Gustchens Brüder hatten
die Universität gewechselt.

Wovon man in jenen Tagen in der zu Hannover gehörenden kleinen Stadt
Göttingen sprach, hatte, einen Monat, bevor sich die beiden Grafen dort imma-
trikulierten, der in der Nähe wohnende Justizamtmann Gottfried August Bürger
am 20. September 1772 zu Papier gebracht. Die Post trug sein Schreiben nach
Halberstadt, und sein Dichterkollege, der Lyriker Johann Wilhelm Ludwig
Gleim, erfuhr: *Zu Göttingen keimt ein ganz neuer Parnaß und wächst so schnell,
als die Weiden am Bache. Wenigstens zehn poetische Pflanzen sprossen dort,
wovon zuverlässig vier oder fünf zu Bäumen dereinst werden.*

Daß die Universitätsstadt, drei Jahre zuvor vom dortigen Mathematikprofes-
sor Georg Christoph Lichtenberg noch mit dem spöttischen Reim bedacht: *Berühmt in allerlei Bedeutung, durch Würste, Bibliothek und Zeitung,* plötzlich als
Sitz der Musen einen Glanz gewann, der bis heute nicht erlosch, ist das Verdienst einer kleinen Gruppe talentierter junger Leute, jener von Bürger aufgezeigten *poetischen Pflanzen.* Allesamt Studiosi der Georgia-Augusta-Universi-
tät, begeisterten sich diese *Jünglinge,* wie man Männer ihres Alters damals zu
bezeichnen pflegte, durch die Schriften der von ihnen hochverehrten Altmei-
ster Klopstock und Gerstenberg dazu angeregt, für die Volkspoesie und schlossen sich am 12. September 1772, versammelt in rauschendem Eichenhain, zu
einem Dichterbund zusammen. Johann Heinrich Voß, aus ärmsten Verhältnis-

Der *Göttinger*   Ludwig Hölty   Gottfried August Bürger
Musenalmanach   Zeitgenössische Silhouetten

sen kommend – der Siebenjährige Krieg hatte die bürgerliche Existenz seiner Eltern vollkommen ruiniert –, war einer der begabtesten dieses Dichterkreises. Seine Poesie besang den Alltag der einfachen Leute, und seine in Hexametern gefaßte Homer-Übersetzung, die Goethes Beifall fand, ist bis heute unerreicht.

Kurz, nachdem er seinen Fund gemacht, nämlich die Freundschaft der beiden Grafen Stolberg gewonnen hatte, wurde das Brüderpaar feierlich in den *Bund* aufgenommen. Daß sich zwei Reichsgrafen, Angehörige eines jahrhundertealten Geschlechtes, mit den dichtenden Studenten verbrüderten, stärkte das Ansehen der jungen Gründung sehr.

Deutschland, dem infolge der politischen Lage die geistige Mitte fehlte, stand auf allen Gebieten unter dem Einfluß der höfischen Kultur, die aus Frankreich kam. In den Salons des Adels und des gebildeten Bürgertums zog man es vor, französisch zu sprechen, Eltern und Kinder, ja selbst Geschwister untereinander teilten sich in Wort und Schrift in fremder Sprache mit. Seit Mitte des 18. Jahrhunderts wurden die Stimmen immer lauter, die eine Rückbesinnung auf das eigene geistige Erbe forderten. Als einer derjenigen, die sich diesem Gedanken öffneten, schrieb der damals neunzehnjährige Leipziger Student Andreas Peter von Bernstorff – derselbe, der neun Jahre später Gustchens Schwager wurde – am 13. Februar 1753 an seine Schwester Marianne nach Gartow: *Verwundere Dich nicht, einen deutschen Brief von mir zu bekommen. Es fehlet unserem Briefwechsel noch ganz und gar daran, und dieses ist vielleicht ein Fehler. Laß uns den heimlichen Vorwurf vermeiden, als wäre unsere Sprache nicht ebenso geschickt, unsere Gedanken leicht und angenehm auszudrücken.* Zu jener Zeit entdeckte man neu die Schönheit der deutschen Sprache; welch begeisterte Aufnahme Klopstocks Messias fand, wurde schon erzählt.

110

Die jungen Dichter – unter ihnen Gustchens Brüder Christian und Friedrich Leopold – im *Göttinger Hain* vereinigt zu haben, war das Werk des damals achtundzwanzig Jahre alten Schleswig-Holsteiners Heinrich Christian Boie, der nun endlich vorgestellt wird, nachdem sein Name schon des öfteren genannt wurde.

Auf ein Amt wartend, lebte der älteste Sohn des Flensburger Kirchenpropsten, weltgewandt und literarisch interessiert, nach absolviertem Jurastudium als Hofmeister junger reicher Engländer in Göttingen. In dieser Stellung war es ihm möglich, seinen schöngeistigen Neigungen nachzugehen, und auch er begeisterte sich für den von Klopstock und Gerstenberg gewiesenen Weg zur Erneuerung der deutschen Sprache und Dichtung. Nach dem Vorbild des Pariser *Almanach des Muses*, einem in jährlicher Folge erscheinenden handlichen Büchlein, das neuer Literatur ein Podium bot, schuf Boie den *Göttinger Musenalmanach*. Diese Blütenlese deutscher Dichtung erschien 1770 zum ersten Male. Mit sicherem Geschmack trug er hier aus der Fülle des Neuen das Beste zusammen. In dieser seiner genialen Schöpfung, die bis 1804 Bestand hatte, stellte er auch die Gedichte der jungen Haingenossen – der *poetischen Pflanzen*, wie Bürger seine Schützlinge genannt hatte – dem literaturinteressierten Deutschland vor. Als Poet gegenüber den so viel begabteren *jungen Leutgens* (23), wie Gustchen seine studiosi titulierte, bescheiden im Hintergrund bleibend, registrierte er dennoch mit Stolz, wenn seine Verse Anerkennung fanden: *Die Gräfin ... wußte manche von meinen Reimereien auswendig*, erzählte er seiner Braut von Augustas ältester Schwester Henriette Bernstorff, *und sagte sie mir so gut, daß sie mir beinahe selbst gefielen ...*

Neben der Ode war das Lied eine Lieblingsform des Göttinger Hains. Voß nannte ein Gedicht, dem die Melodie fehlte, eine *Glocke ohne Klöppel*, und Goethe, der dem Hain nahestand, verglich das musikalische Gewand, das Worte zum Klingen brachte, mit dem einströmenden Gas, das einen Luftballon in die Höhe treibt. Indem die jungen Literaten ihre Poesie in die Formen des schlichten Volksliedversmaßes gossen, erreichten sie damit das sich selbst gesteckte Ziel: Die Komponisten griffen zu, und vom Geläut der neuen Glocken und den aufsteigenden bunten Luftballons begeistert, fand man sich hier in der Spinnstube und dort um ein Klavier gruppiert beim Singen der gleichen Lieder zusammen. Denn Boies schmuckes Büchlein im Oktavformat, das, von einem Kalendarium eröffnet und von *Kupfern* geziert, in jede Westentasche paßte und Notenbeilagen für den praktischen Gebrauch enthielt, machte die neuen Lieder in Hütte und Schloß bekannt. Jene Epoche ging als der deutsche *Liederfrühling* in die Musikgeschichte ein.

Die jungen Dichter heißen: Voß, Hölty, Hahn, Miller ... schrieb Friedrich Leopold Stolberg am 27. Januar 1773 nach Hamburg. Was er Klopstock erzählte, wird er Gustchen nicht vorenthalten haben, und mit brennendem Interesse verfolgte sie nun von ferne, was sich auf Göttingens *Parnaß* ereignete: Die Brüder und ihre Freunde schworen sich ewige Treue und verschrieben Leben und Dichten Gott, dem Vaterland, der Natur, der Freundschaft, der Freiheit – man lebte am Vorabend der Französischen Revolution – und der Liebe, in der Begeisterung für die frühe deutsche Dichtung bei ihnen *Minne* geheißen. Von den genannten Freunden sollte Augusta nur einen nicht persönlich kennenlernen:

Den reichbegabten, damals schon vom Tode gezeichneten Ludwig Hölty, der nach Hamburg kam, als sie auf Seeland weilte, und der im Herbst 1776 an der Schwindsucht starb.

Über Gustchens Brüder waren die jungen Göttinger ihrem Idol, dem Messiasdichter, unversehens sehr nahegerückt. Als Zeichen ihrer Verehrung ließen sie ihm zum Osterfest des Jahres 1773 durch Christian und Friedrich Leopold Stolberg, die ihre Semesterferien in Altona verbrachten, einen Buchband überbringen, in dem alle Mitglieder des Hains, zugleich mit der Bitte um Kritik, insgesamt einundneunzig Gedichte eingeschrieben hatten, die sie für ihre besten hielten. In die Fußstapfen ihres Meisters tretend, der seine Oden *An Bernstorff* überschrieben hatte, versahen die jungen Poeten ihr Präsent mit der Widmung *Für Klopstock*.

Als die Brüder Stolberg wieder nach Göttingen zurückgekehrt waren, hangten und bangten nicht nur sie und ihre Freunde dem Urteil aus Hamburg entgegen, auch Gustchens Gedanken kreisten ständig um die Frage, wie sich der berühmte Mann zu der ihm dargebrachten Huldigung wohl äußern würde: *Sagt mir recht, wie es Euch und Euren Freunden geht? Hat Klopstock noch nicht geantwortet? . . .* (21). Weil Christian und Friedrich-Leopold ihr von einem Balladen-Wettstreit erzählt hatten, begehrte sie den Ausgang desselben zu wissen. Wie aber kam es wohl, daß sie ihre diesbezügliche Frage in die makabren Worte kleidete: *Hat Hahn sich noch nicht gehängt? . . .* (21).

Den zweifelhaften Ruhm, ein Klosterfräulein zu solcher Niederschrift veranlaßt zu haben, durfte sich Gottfried August Bürger zuschreiben, der damals an seiner Ballade *Lenore* arbeitete und mit diesem vielstrophigen Werk – das in der Tat nach seiner Veröffentlichung im *Göttinger Musenalmanach auf das Jahr 1774* ungeheures Aufsehen erregte – denjenigen der jungen Hainbrüder zu übertreffen behauptete, der die Balladendichtung beherrschte wie kein zweiter dieses Kreises. Doch *Hahn*, wie Gustchen schrieb, war es nicht: *Nun habe ich eine rührende Romanze in der Mache*, schrieb Bürger, seine Lenore ankündigend, an Boie, *darüber soll sich Hölty aufhängen*. Aus dem Abstand von zweihundert Jahren läßt sich jedoch sagen, daß der von Augusta mit Hölty verwechselte Musensohn Johann Friedrich Hahn alle Ursache gehabt hätte, zu tun, wonach sie fragte: Ludwig Höltys Lieder erfreuen noch heute – von Hahns Tönen ist aber so gut wie nichts übriggeblieben!

Gustchen, die mit Katharina zusammen *vom Geheimnis* war, als sich ihre Brüder mit zaghaften Schritten in das Reich der Poesie hineintasteten, begehrte nun, da sie festen Boden gewannen, alles zu wissen, das sie jetzt niederschrieben: *Schickt mir doch ja die Gedichte, die Ihr unterdessen gemacht habt . . .* (21), und gönnten sich die zwei eine schöpferische Pause, drängte es aus Uetersen: *Habt Ihr beiden seit wir uns gesehen haben nichts gemacht? Ich vergebe es Euch nicht, wenn Ihrs habt und es mir nicht schickt . . .* (66).

Daß die Stolbergbrüder im Herbst des Jahres 1773 *ausstudirt* hatten und nach einer emphatischen Abschiedsfeier am 12. September, dem Jahrestag des *Bundes*, morgens um drei aus Göttingen schieden, bedeutete weder das Ende ihrer Verbindung noch das ihrer Mitarbeit an Boies Almanach, an dessen Werden Augusta ganz und gar nicht unbeteiligt war: *. . . sage mir, wann kriegt man wie-*

der von Euren poetischen Kindern zu sehen? Bitte bitte schickt mir bald etwaß, kommt die versprochene Elegie denn nie? ... (24), scholl es vorwurfsvoll aus dem Kloster, wenn die Brüder wochen- und monatelang glätteten und feilten, bis die druckreifen Gedichte vorlagen. Christian und Fritz schätzten das Urteil

Der alte Landmann an seinen Sohn.

Üb' immer Treu und Redlichkeit bis an dein kühles Grab und

weiche keinen Finger breit von Gottes Wegen ab.

Dann wird die Sichel und der Pflug
In deiner Hand so leicht;
Dann singest du beim Wasserkrug,
Als wär' dir Wein gereicht.

Dem Bösewicht wird alles schwer,
Er tue, was er tu;
Der Teufel treibt ihn hin und her
Und läßt ihm keine Ruh.

Der schöne Frühling lacht ihm nicht,
Ihm lacht kein Ährenfeld;
Er ist auf Lug und Trug erpicht
Und wünscht sich nichts als Geld.

Drum übe Treu und Redlichkeit
Bis an dein kühles Grab
Und weiche keinen Finger breit
Von Gottes Wegen ab.

Text: Ludwig Hölty. Meldodie: W. A. Mozart.

Mit einer Melodie aus Mozarts *Zauberflöte* unterlegt, wurde Höltys Gedicht zu einem der bekanntesten Volkslieder. Viele Generationen hindurch geleitete es die Einwohner der Stadt Potsdam durch ihren Tageslauf, tönte es doch vom Turm der dortigen Garnisonkirche als Glockenspiel. Im Ersten Weltkrieg zu Kriegsgerät umgeschmolzen, wurden Glocken und Mechanik durch eine Stiftung der aus Potsdam stammenden Engländerin Margaret Gray in den zwanziger Jahren neu errichtet. Der Zweite Weltkrieg schlug der Stadt tiefe Wunden, und das Glockenspiel verstummte auf immer.

ihrer vielbelesenen Schwester, und bevor Boie, mit dem Augusta seit Anfang des Jahres 1774 eng befreundet war – es wird davon noch ausführlich erzählt – die Manuskripte empfing, hatte Augusta in dieselben Einblick genommen: *Sind Sie denn nicht izt mit meinen Brüdern zufrieden? Sind sie nicht ganz fleißig geweßen? Vom ältesten kriegen wir ein, und vom jüngeren sieben Stück im Almanach, und einige drunter die Deutschland Ehre machen werden* (30).
Am dichterischen Schaffen der Brüder also beteiligt, verspürte Gus-chen manchmal den Wunsch, nicht nur Zuhörerin zu sein: *Was sagt Ihr zu dieser Rapsodie? Was zu meiner Verwegenheit, es Euch zu schicken, ich, die ich sonst so blöde, und ein bißgen bescheiden bin ...* Ihrem Brief zwei dichtbeschriebene Blätter inbrünstig empfundener geistlicher Lyrik über die zukünftigen himmlischen Freuden beilegend, wagte sie es, den sprachgewaltigen Brüdern diesen Stoff, gleichsam als Rohmasse zu einem Kunstwerk, anzubieten: *Aber glaubt nicht, daß ichs thue, damit es von Euch gelobt oder getadelt werde ... O wenn*

Ihr mir die Freude machen wolltet, diese Materialien zusammen zu setzen, ihnen Farbe und Gestalt und Schönheit zu geben, ein ganzes daraus zu machen, ... lacht mich nicht aus ... (58). Fünf Jahre später wünschte sie sich von Christian, daß er einen Pudel poetisch verkläre und das heißgeliebte Tier, das sie gerne besessen hätte, aber *nicht kriegte,* auf diese Weise *unsterblich* mache (124).

Nicht nur Boie stellte die Gedichte der Haingenossen vor, auch der *Wandsbecker Bothe* füllte seine Seiten gerne mit ihren Versen. Und als unterhielte sie im Kloster eine kleine Außenredaktion des besagten Blattes, tadelte Augusta die säumigen Brüder: *Claudius ist recht böse, daß ihr izt gar nichts macht, er plagte mich jedesmal wenn er mich sah ich sollte ihm etwaß zeigen, und wenn ich sagte, ich hätte nichts neues, wollte er mich nicht glauben ...* Ob mit oder ohne Stolbergsche Gedichte – der *Bothe* ernährte ihren Freund Claudius nicht: – *wie wohl that es mir vor 8 Tagen ... für ihn das Geld von unsrer Schwester Bernstorff zu schicken, und wie wohl wird es mir thun, izt bald das eure zu schicken ...* (24)

Mit dem, was ihre Brüder über Göttingen schrieben und erzählten, gossen sie Öl ins lodernde Feuer: Gustchen brannte darauf, die jungen Dichter, deren Gesänge sie auf den zweihundertunddreiunddreißig Seiten des Göttinger Musenalmanaches des Jahres 1774 wieder und wieder mit Entzücken las, persönlich kennenzulernen. Ihre Chancen standen nicht schlecht: Klopstock zog sie allesamt wie ein Magnet nach Hamburg. Bevor sie sich, wie es das natürliche Schicksal junger Menschen ist, in alle Winde zerstreuten, machten sie sich, sobald es die Umstände eines jeden von ihnen erlaubten, einzeln oder in Gruppen zur Wallfahrt an die Elbe auf, wo Gustchen ihrem Eintreffen mit großer Ungeduld entgegensah. Mit den zweien, die sich angemeldet hatten, mochte sie sich nicht begnügen: *Ütersen, den 2. Merz 1774 ... auf Voß und Hahn freue ich mich sehr, o könnte ich doch die erste entrevue mit Klopstock sehen! – aber, mein guter Boie, da müßen Sie mitkommen und Millern mitbringen ...*

Von Gustchen bestürmt, ihr den Weg zu bahnen, schrieb Friedrich Leopold seinem Freunde Voß am 29. März 1774 aus Kopenhagen: *Meine Schwester müßen Sie kennen lernen, das gute Mädchen wird sich innig freuen, Sie zu sehen. Sie hat mir schon davon geschrieben ...*

Johann Heinrich Voß
Zeitgenössische Silhouette

Als der Erwartete am Dienstag vor Ostern bei Klopstock eintraf und sodann in Hamburg *die seligsten Tage meines Lebens* genoß – am 2. April bei Musikdirektor Bach zum Mittagessen eingeladen, hörte er danach die Uraufführung

Heureigen

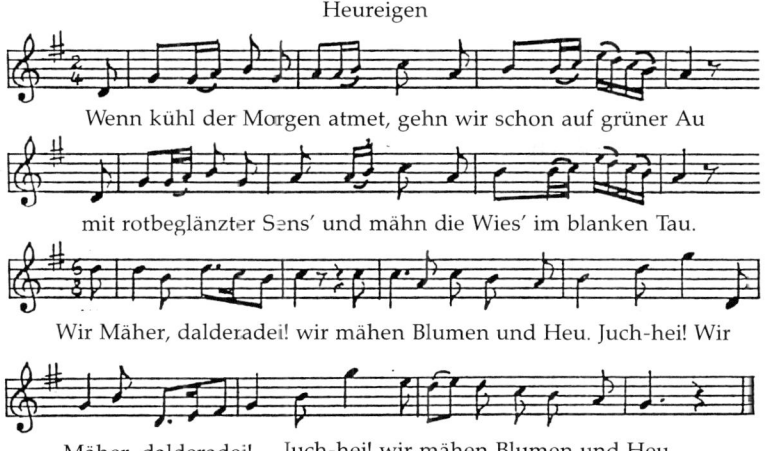

Wenn kühl der Morgen atmet, gehn wir schon auf grüner Au

mit rotbeglänzter Sens' und mähn die Wies' im blanken Tau.

Wir Mäher, dalderadei! wir mähen Blumen und Heu. Juch-hei! Wir

Mäher, dalderadei!   Juch-hei! wir mähen Blumen und Heu.

Die Lerche singt aus blauer Luft,
Die Grasemück im Klee,
Und dumpf dazu als Brummbaß ruft
Rohrdommel fern am See.
Wir Mäher, dalderadei!
Wir mähn in Schwaden das Heu. Juchhei!

Und scheint die liebe Sonne warm.
Dann kommt der Mägdlein Schar,
Den Rock geschürzt, mit bloßem Arm,
Strohhut auf glattem Haar.
Die Mägdlein, dalderadei!
Sie harken Blumen und Heu. Juchhei.

Ist weit hinab die Wiese kahl,
Dann lagern wir uns frisch
In bunter Reih' zum frohen Mahl
Am blühenden Dorngebüsch.
Die Mägdlein, dalderadei!
Ruhn gern selbander im Heu. Juchhei!

Text: Johann Heinrich Voß. Weise: J. A. P. Schulz

von dessen Oratorium *Auferstehung* – war *das gute Mädchen* in Uetersen unab-
kömmlich: Sowohl in der Karwoche als am Osterfest erhielt ein Klosterfräulein
keinen Urlaub. Weil sie sich erst am *Tag nach Ostern* (27), am Dienstag. dem
5. April, von den Pferden der Spannpflichtigen Claus Högemann und Franz
Koopmann gezogen und von einem dieser beiden Bauern kutschiert, auf den
Weg nach Altona machen durfte, fehlte nicht viel, und sie und Voß wären aneinander vorbeigefahren; denn letzterer gedachte bereits tags darauf nach
Flensburg zu reisen, wo er von der Familie seines Freundes Boie erwartet wurde.
Weil Augusta noch am gleichen Tage nach Hamburg weiterfuhr und, durchge-
schüttelt von einer vierstündigen Wagenfahrt, sich sogleich bei Klopstock einstellte, gewann sie den Wettlauf mit der Zeit: *Izt muß ich meine Erzählung anfangen, vorher aber sagen, daß ich mich erstaunend gefreut habe, die guten Hahn
und Voß zu sehen. Voß habe ich nur einmal gesehn. Er gefiel mir aber ganz*

ungemein gut. Sein lebhafter Blick und seine sanfte phisionomie machen einen gar zu angenehmen Contrast... Hahn habe ich oft gesehn. Er gefällt mir ganz ungemein gut. Er ist so recht der feurige Enthusiastische Jüngling, wie ich ihn mir vorgestellt habe. Es wird mir schwer zu entscheiden, welcher unter ihnen beyden mir eigentlich beßer gefällt... Als sie diesen Brief an Boie schrieb, weilte sie im Stift Vallø bei ihrer Schwester Katharina zu Besuch. Wie es sich wieder einmal gezeigt hatte, war es ein großer Vorteil, in Uetersen zu leben und Hamburg sozusagen vor der Haustüre zu haben: *Sie beneidet es mir sehr, daß ich das Gut habe, Sie, Voß und Hahn zu kennen...* Mit dem gesamten Göttinger Freundeskreis fürchteten auch die beiden Schwestern um das Leben des an Lungentuberkulose erkrankten Bundesbruders Voß: *Gott, wie nahe geht mir die schwache Gesundheit des würdigen Mannes! Waß verlören seine Freunde, und die ganze Nachwelt, wenn der Jüngling in der Blüthe seines Lebens stürbe...* (29).

Durch die liebevolle Pflege, die ihm in Boies Elternhaus zu Flensburg zuteil wurde, von der Krankheit genesen, ließ sich der junge Philologe Voß, als er ein Jahr später keine Anstellung fand, ganz privat in Wandsbek nieder. Dort, in der Nachbarschaft des Gustchenfreundes Claudius, baute er sich eine bescheidene Existenz auf, indem er einen eigenen Musenalmanach ins Leben rief. Durch Boies literarisches Wirken war sein Name längst bekannt, und so blieb ihm der Erfolg nicht versagt. Alle seine Göttinger Freunde steuerten das Ihre bei, um das Büchlein mit gediegenem Inhalt zu füllen, und auch Gustchen verfolgte mit Interesse das Entstehen des ersten Jahrgangs. Mit Verwunderung vernahm sie eines Tages, daß Voß ihres Bruders Beitrag *Elise von Mansfeld. Eine Ballade aus dem zehnten Jahrhundert* verwarf. Christian hatte die sehr rührselige Geschichte mit ein wenig eigner Familiensaga aufbereitet und sogar ein Mädchen namens Gustchen darin auftreten lassen – wie sollte das Klosterfräulein seine Schöpfung nicht lieben? *Haben Sie meines aeltesten Bruders Ballade gesehen? mir gefällt sie trefflich. Voß hat sie zum Almanach gekriegt, aber ich glaube, er läßt sie nicht hineinsezen,* beklagte sie sich bei ihrem Freunde Boie; *ich sage aber gerade zu er hat unrecht es nicht zu thun, sowohl des Gedichts, als des Verfaßers und selbst des Almanaches wegen...* (50). Etwa gleichzeitig, als dieser Brief in Göttingen eintraf, vernahm Boies Schwester Ernestine aus erster Quelle, wie Augusta für ihres Bruders Ballade focht: *Schwester Gustchen ließ mir sagen,* schrieb ihr Verlobter Johann Heinrich Voß, *sie würde mir böse werden, wenn ich sie nicht einrückte, aber ich blieb unerschüttert.* Für ihn war das Stolbergsche Poem eine *langweilige Romanze,* die Boie dann *aus Mitleid* veröffentlichte. *Die Gräfin ist ein gar herrliches Mädchen... Sie ist nicht schön, aber ich begreife recht gut, daß man ihretwegen ein Narr werden könnte, wenn man keine Ernestine liebte,* hatte er seiner Braut einst vorgeschwärmt, nachdem er mit Gustchen näher bekannt geworden war. Es hatte damals jedoch keine vier Wochen gedauert, als er sich von diesem *zu hohen Tone* distanzierte: *Ich schätze sie noch immer, ihrer außerordentlichen Talente halber, aber ihrethalben ein Narr zu werden, das begreif ich nicht mehr...*

Was das manchmal recht sentimentale Klosterfräulein beim trocknen Rationalisten Voß, der sich nach dem Umgang mit ihresgleichen als *halbtodt empfindelt* beschrieb, vergeblich suchte, wurde ihr in reichem Maße zuteil bei demjenigen der jungen Göttinger, der als nächster nach Hamburg wallfahrte. *Kennen Sie noch ein gewißes kleines Geschöpf daß Gustchen heißt und daß Sie liebte ehe sie Sie kannte und nur Ihre Lieder geleßen hatte* . . . (85), erinnerte Augusta ihn am 5. August des Jahres 1777 an die Zeit, als er ihr, nächst Boie, von allen Freunden ihrer Brüder der liebste wurde. Mit seinen weichen klangvollen Versen, in denen er Mondschein und Blumenduft, Liebesleid und Liebesfreud, Tränen des Abschieds und des Wiedersehens besang, rührte er die Herzen der Menschen jener Zeit, die man die *empfindsame* nennt. *Miller heißt er*, schwärmte der Württemberger Christian Daniel Schubart seinem Bruder Conrad vor, *macht dir göttliche Verse, schreibt wie ein Engel, sieht aus wie Johannes an der Brust Jesu, wehmütig-bleich, schön, ruhig, herzig, seelenvoll, ist'n Theolog, aber wie's keinen gibt, und ein herrlicher deutscher Mann* . . .

Johann Martin Miller
Zeitgenössische Silhouette

Kaum hatte Gustchen Stolberg den *Göttinger Musenalmanach auf das Jahr 1774* durchstudiert, durfte der also Gerühmte, dessen Poesie viele Seiten des genannten Buches füllte, sie zu seinen Verehrerinnen zählen. *Boie sagte mir*, schrieb er seinem Bundesbruder Friedrich Leopold Stolberg nach Kopenhagen, *daß auch Ihre vortreffliche Gräfinn Schwester in Hamburg mir ihren Beyfall geschenkt hat. Ich bin von diesem neuen Glück unendlich gerührt* . . .
Als Bewohnerin eines mehr als fünfhundert Jahre alten Klosters wurde Gustchen in ganz besonderer Weise ergriffen von den wehmutsvollen Gesängen, die Johann Martin Miller einer jungen Nonne in den Mund legte, die, *auf ewig eingemauert*, fortan als *Gottes Anverlobte trauert*. Auch wenn, wie in diesem Fall, der Dichter eines solchen Liedes der Freund ihrer Brüder war, schickte es sich nicht, daß sie, eine junge Dame, solange sie den Poeten noch nicht kennengelernt hatte, als erste die Feder ergriff:
Der gute Miller. Ich bin ihm sehr gut . . . (26), vertraute sie Friedrich Leopold an und sehnte ein Zusammentreffen mit diesem Hainbruder herbei, dessen Äußeres, so wie es Schubart beschrieb, eigens dafür geschaffen schien, einem Klosterfräulein zu gefallen.
Alles das, was Gustchen ihrem Nonnenlieder-Dichter zu sagen wünschte, mußte einstweilen, so gebot es der Anstand – zum Schaden der Posthalterin Reese, der jedesmal ein Schilling entging –, den Umweg über ihre Brüder oder über Boie nehmen: *Grüßen Sie alle Ihre Freunde sehr herzlich von mir, alle, ich liebe sie alle, vorzüglich aber den sanften Miller, danken Sie in meinem Namen für die 2 charmanten Nonnen Liederchens, sagen Sie ihm, daß seine Stücke so etwaß an sich hätten ich weiß selbst nicht waß, daß ich sie aber gleich auswen-*

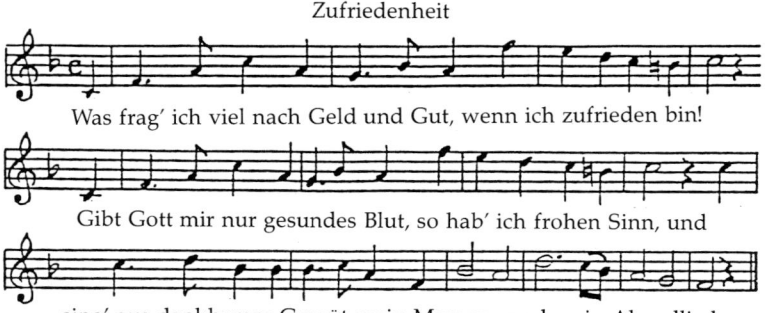

Zufriedenheit

Was frag' ich viel nach Geld und Gut, wenn ich zufrieden bin!

Gibt Gott mir nur gesundes Blut, so hab' ich frohen Sinn, und

sing' aus dankbarem Gemüt mein Morgen- und mein Abendlied.

So mancher schwimmt im Überfluß,
Hat Haus und Hof und Geld,
Und ist doch immer voll Verdruß,
Und freut sich nicht der Welt.
Je mehr er hat, je mehr er will,
Nie schweigen seine Klagen still.

Da heißt die Welt ein Jammertal,
und deucht mir doch so schön.
Hat Freuden ohne Maß und Zahl,
Läßt keinen leer ausgehn:
Das Käferlein, das Vögelein
Darf sich ja auch des Maien freun.

Und wenn die goldne Sonn aufgeht,
Und golden wird die Welt,
Und alles in der Blüte steht,
Und Ähren trägt das Feld,
Dann denk ich: Alle diese Pracht
Hat Gott zu meiner Lust gemacht.

Dann preis ich laut und lobe Gott,
Und schweb in hohem Mut.
Und denk: Es ist ein lieber Gott,
Und meint's mit Menschen gut.
Drum will ich immer dankbar sein
Und mich der Güte Gottes freun.

Text: Joh. Martin Miller. Weise: C. G. Neefe

dig lernte – mehr Nonnen Lieder muß er machen, bitten Sie ihn in meinem Namen, aber der liebe Mond muß auch darin angeredt werden, ich habe, daß müssen Sie wißen, ein großes tendre für den Mond – er ist ein so sanfter stiller Freund. . . (23).

Für den Fall, daß Boie sie nicht richtig verstanden hatte, umriß sie drei Wochen später ihre Wünsche noch etwas genauer: *Tausend freundschaftliche Empfehlungen* ließ sie *dem guten Miller* am 28. März 1774 ausrichten, und das Gedicht, das sie begehrte, . . . *muß auch voll soft and tender Melancholy seyn, aber nur der Mond soll Zeuge davon seyn . . .* (27).

Daß sie dem jungen Mann einen eigenhändigen Brief als Belohnung in Aussicht stellte, sobald sein Liedchen bei ihr eingetroffen war, ließ Pegasus nicht schneller traben – sollte Boie den Auftrag etwa vergessen haben? Gustchen wurde ungeduldig: *Haben Sie ihm denn nicht gesagt, daß ich ihn in meinem letzten Brief an Sie um ein Nonnen Liedchen bitten ließ? . . .* (29), mahnte sie ungeduldig, als der Sommer ins Land gezogen war. Doch ein Vierteljahr später war das inzwischen Zugesagte noch immer nicht in ihrem Besitz: *Sind Sie in Göttingen, so grüßen Sie ja doch aufs freundschaftlichste von mir Miller, Hahn und Voß, wie wünschte ich den ersteren zu kennen! . . . Erinnern Sie doch ja Millern an das Lied, das er mir versprochen hat, mir verlangt erstaunend darnach – Bitte! Bitte mein guter Boie, wenn Sie nicht in Göttingen sind, so schrei-*

ben sie Ihm und ermuntern Sie Ihn dazu – ... (30). Als es Winter wurde und sie das Ersehnte noch immer nicht in Händen hielt, zog sie ein anderes Register – der Dichter war nur drei Jahre älter als sie: *... und mein guter Miller waß macht denn der? grüßen Sie ihn doch recht von mir und noch kein Nonnen Lied! Er läßt mich so lange warten, sagen Sie ihm, daß ich kein Gelübde gemacht hätte ewig Nonne zu bleiben...* (31).

Es sieht so aus, als habe Miller, in Göttingen als Herzensbrecher bekannt, diese Sprache verstanden, denn Boie blieb von weiteren Aufträgen verschont. Vielleicht hat Gustchen ihr *Nonnen Liedchen* zu Weihnachten erhalten, und vielleicht war es gar jenes, das Boie in den Musenalmanach des Jahres 1775 einrückte. *Lied einer Nonne im Frühling* ist es überschrieben, und in der dritten Strophe, einem Vers *voll soft and tender Melancholy*, wird *der liebe Mond* ...

Die Hamburger Binnenalster im Mondenschein
Gemälde von Jens Juel 1764

angeredt, ganz so, wie es Gustchen bestellt hatte. Die an ihr Zellenfenster gelehnte Klosterfrau, von milden Frühlingslüften umfächelt, klagt dem silbernen Gestirn der Nacht ihr grausames Geschick – auch sie hat *ein großes tendre für den Mond,* der sich ihr als *sanfter siller Freund* erweist, bei dem sie, betrogen von den Menschen, Trost und Zuflucht findet:

Aber Lieb und Mitleid füllet
Guter Mond, am Himmel, dich!
Meinem Auge gleich, verhüllet
Deines in den Schleier sich.

Um die bleiche Wange wallen
Weinende Gewölke nur,
Und in Perlentropfen fallen
Thränen auf die Blumenflur.

Im Frühling des Jahres 1775 reiste auch Miller endlich gen Norden und traf, zusammen mit Klopstock, der aus Baden heimkehrte, am 13. April in Hamburg ein. Weil sich dort auch ihre Brüder angesagt hatten, eilte Augusta in die große Stadt und wurde nun endlich mit ihrem *guten Miller* bekannt. Boie, der geduldige Vermittler, durfte später lesen: *... es thut mir so wohl, meinen Nonnen Lieder Dichter zu sehn, Sie wißen wie ich mich für ihn besonders intereßirte ehe ich ihn noch kannte ...* (50). Johann Heinrich Voß, der jene Frühlingswochen miterlebte, in denen das Klosterfräulein und ihr sanfter Dichter sich fast täglich in Altona oder Hamburg sahen, sorgte sich um den Freund: *Mir ist sehr bange um Miller, er ist seit einigen Tagen tiefsinnig ...*

Als ihr Nonnenlieder-Schreiber wenig später zum gefeierten Romanautor aufstieg, war Gustchen unter den ersten Lesern: *... nun, seit ich Ihren Siegwart las, hab ich Sie noch lieber ... ich liebe das Buch enzelich – ...* Miller hatte sich kürzlich verlobt: *... wie freuts mich, daß Sie so glücklich sind, grüßen Sie Ihre Braut von mir – ... ich muß Sie beyde in diesem Leben noch sehen. Gustchen Stolberg* (85).

Die Französische Revolution erschütterte Europa, das erste deutsche Kaiserreich ging zu Ende, in Dänemark erlosch die Bernstorffsche Ära, der Wiener Kongreß tanzte und Frankfurt schickte sich an, die erste deutsche Nationalversammlung aufzunehmen – Millers Erfolgsromane aus den siebziger Jahren des vergangenen Jahrhunderts, *Siegwart, eine Klostergeschichte* sowie *Geschichte Karls von Burgheim,* Jahrzehnte hindurch einen Auflagenrekord nach dem anderen erzielend, überdauerten die Zeiten. Gustchens Generation war längst dahin, als die Uetersener Stiftsdamen um die Mitte des 19. Jahrhunderts, wie es die klösterlichen Auktionslisten zeigen, noch immer davon lasen, wie eine der Ihren, nämlich die Conventualin Augusta Stolberg, einst einen jungen Dichter bezauberte: Johann Martin Miller, wie es aussieht, für kurze Zeit *ihrethalben ein Narr* geworden, ließ im 4. Band des *Karl von Burgheim* auf Seite 354 eine seiner Romanfiguren Empfindungen niederschreiben, die einst wohl seine eigenen waren:

Der wichtigste Schatz aber, den ich in Hamburg gefunden habe, ist die Freundschaft, die mir die Gräfin Stolberg, eine Schwester von denen vortrefflichen Grafen, ... geschenkt hat ... O meine Friederike, das ist ein Frauenzimmer, das Sie kennen sollten! In unserem Stande habe ich außer Ihnen ... noch kein Frauenzimmer kennengelernt, das so viel wahres, unverdorbenes Gefühl, ein so offenes Herz für alles Wahre und Gute, es mag sein und herkommen, wo es will, besäße, das so ganz frei von Vorurteilen aller Art und besonders des Standes, wäre ... Wir steckten fast immer beisammen, und ich hätte gern alle Hamburgischen Ergötzlichkeiten hingegeben um den Umgang mit dieser wahrhaftig edelen Seele. O wie bewundere ich ihre Festigkeit, ihre starke, männliche Denkungsart bei so viel weiblichem Reiz und so starker Empfindung. Wie ungern trennte ich mich von meinem Gustchen (so heißt sie). Wir weinten beide bei dem Abschiedskuß.

Gustchens Freundschaft mit Heinrich Christian Boie

Mit Worten voller Überschwang stellte der gänzlich mittellose Student Johann Heinrich Voß seinem Freunde Brückner den Herausgeber des Göttinger Musenalmanaches vor: *Bewundern verehren lieben . . . sollen Sie . . . meinen redlichen Boie. . . . Einen freien Tisch, freie Kollegien, freie Stube, alles hab ich durch ihn . . . Gewiß erwarten Sie eine kleine Beschreibung von diesem vortrefflichen Mann: Stellen Sie sich also ein kleines . . . jedoch proportionirt, etwas dickes Männchen, mit einer gleich einnehmenden, freundlichen Miene vor. Seine Blicke verkündigen seinen Wiz, und wenn er spricht, so wird man bezaubert. Alles ist Geist, alles ist Enthusiasmus an ihm . . .*

So, wie Voß ihn schilderte, hatte auch Gustchen ihren allerbesten Freund in lebendiger Erinnerung: *Lange habe ich nicht an Sie geschrieben, bestes Boielchen . . . Sind Sie denn wirklich vergnügt? Fühlen Sie nicht zu sehr die Last der Geschäfte? Ihre Stirne ist doch noch ohne Falte? Der Sitz der Freude? Und Ihre Phisiognomie noch so smiling? . . .* (135).

Heinrich Christian Boie
Pastell von Leopold Matthieu 1774

Ihre Briefe an Heinrich Christian Boie legen Zeugnis ab von einer auf tiefster seelischer und geistiger Übereinstimmung beruhenden treuen Freundschaft: *. . . mein Freund müßen Sie bleiben, zuweilen an mich denken und es glauben, dass ich Ihnen wahre und Aufrichtige Freundinn bin, und immer den größten Antheil an allem waß Sie betrifft, nehmen werde und bald müßen Sie wieder einmal nach Hamburg kommen. Sie werden so sehr gewünscht und auch sehr von A. L. Stolberg . . .* (23). Die Furcht des vielbeschäftigten Literaten, ihre Plauderbriefchen könnten ausbleiben, war wirklich unbegründet: *Ihr Brief, so klagend und spleenish er war, hat mich doch sehr sehr gefreut, und ich danke Ihnen aufs freundlichste dafür . . . Wie können Sie zweifeln, ob ich auch an Sie in Co-*

121

penhagen schreiben werde? Die Frage will ich gar nicht beantworten ... denken Sie schon an die Möglichkeit, daß ich jemals aufhören könnte, Ihre Freundinn zu seyn – o mein guter Boie! Alles dieß beweißt mir, daß Sie wirklich einen abscheulichen spleen hatten, sonst hätten Sie so etwaß nicht denken können ... (27). Sechs Jahre später beschloß sie einen ihrer Briefe: ... ich bin im Punkte der Freundschaft ein Fels im Meer ... (109). Auch nach beider Verheiratung blieb das gegenseitige enge Einvernehmen bestehen: Kaum darf ich mehr vor Ihnen erscheinen Lieber guter Boie ... ich gebe Ihnen meine Hand drauf, daß es nicht Mangel der Freundschaft und des herzlichsten Andenkens war, daß ich nicht schrieb, aber seit langer Zeit, war immer einer meiner Lieben um mich herum krank, und heischte meine Pflege ... wie gern besuchte ich Sie, ... sähe ... Ihren Kleinen und Ihr liebliches Gärtchen ... könnten Sie mir im Herbste 4 Moos Rosen Sträucher verschaffen? Schon so oft ließ ich welche kommen, und immer sinds keine, und ich liebe sie so sehr ... bleiben Sie mein Freund, und seyn Sie meiner unveränderlichen warmen Freundschaft gewiß ... Das Gärtchen, das sich Boie geschaffen hatte, wurde noch Jahrzehnte nach dem Tode seines Schöpfers als Sehenswürdigkeit gepriesen. Auch Gräfin Augusta hatte zu seiner Schönheit beigetragen: ... daß meine Rosen Ihnen Freude gemacht haben, freut mich sehr – es sind meines Wißens alle Maiden blush ...

Das Klosterfräulein und der Herausgeber des Musenalmanach hatten sich im Januar des Jahres 1774 kennengelernt. In tiefer Trauer um die Mutter, die, im Herbst des vorangegangenen Jahres nach Rungstedt zurückgekehrt, dort am 20. Dezember gestorben war, hielt sich Augusta um die Jahreswende bei den Freunden in Hamburg und Altona auf. Boie, in Sachen Musenalmanach an die Elbe gereist, erzählte Friedrich Leopold Stolberg: Täglich sehe ich, außer Klopstock, Ihre vortreffliche Schwester ... Ihre Schwester hat sich zu meiner Verwunderung hier erhollt ... Ihnen, mein Theuerster, hätt ich den Anblick wünschen mögen, wie ihr Blick nach und nach heller, ihre Wange röther, ihr Gang lebhafter, ihr Ausdruck geschwinder und heiterer ward ... Ich wollte sehr stolz seyn, wenn ich glauben dürfte, etwas zu ihrer Aufheiterung beygetragen zu haben. Wie können Sie noch fragen, ob die Schwester meiner Stolberge meine Freundinn ist! fragen, da sie mir selbst diesen Namen genannt hat! Ohne Ihre anderen Schwestern gesehen zu haben, ... verehr ich sie ganz ... Wieder heimgekehrt, geriet er ins Schwärmen, und Klopstock las: Diese Tage in Hamburg waren mir mit die seligsten meines Lebens ... Wie sehnlich werde ich nun den Posttagen entgegensehn! Briefe von Hamburg! Von Klopstock! Von der Stolberg! ... O, ich glücklicher Mann!

Daran gehindert, den neuen Freund zu einer kurzen Reise nach Flensburg zu verabschieden, war Gustchen glücklich über sein schriftliches Lebewohl: Der Zettel hat mich in meinem Argwohn bestärkt, daß Sie mir doch ein wenig gut sind ... ich sage Ihnen nicht, wie viel Freude es mir macht. Leben Sie wohl mein lieber Herr Boie, und errinnern Sie sich oft der Schwester von Ihren Freunden, die gewiß auch schon Ihre wahre Freundin ist ... (22).

Boie war in Göttingen noch gar nicht wieder angekommen, als Gustchen, am 2. Februar 1774 von einem Klosterbauern aus Hamburg abgeholt, in Uetersen das zarte Pflänzchen der neuen Freundschaft begoß: Der heutige Tag ist so an-

*genehm geweßen, daß ich ihn angenehm schließen muß ... izt muß ich an mei-
nen guten Boie schreiben, wenn ich daß gethan habe, will ich mich hinsezen, in
der Stille alles nachdenken, mich freuen, Gott danken, und dann ruhig einschlaf-
fen ... Sie sind mir also weiter entfernt und entfernen sich noch immer von
Hambourg und Ütersen, aber denken Sie denn noch wohl zuweilen, daß Sie in
Ütersen eine kleine Freundin haben, die Ihnen recht aufrichtig attachirt ist? ...*
(23). Im Laufe der ersten drei Monate seiner mit ihr geschlossenen Freundschaft
erhielt der *glückliche Mann* nicht weniger als vier ausführliche Episteln.

Boies nimmermüdes Wirken zum Wohle der deutschen Literatur verursachte
der Conventualin viel Kopfzerbrechen, wenn sie sich anschickte, ihre Briefchen
zu adressieren: *Ich hoffe, ...! Sie trauen es mir zu, daß es nicht Mangel des
freundschaftlichsten Andenkens ist, daß ich so lange nicht an Sie geschrieben
habe, nur Ihr quecksilberhaftes Wesen ist schuld daran ... denn immer reisen Sie
herum, und nie schreiben Sie, wo Sie sind. ... Izt aber muß ich an Sie schreiben,
wenn ich auch risquiren sollte daß mein Brief verlohren geht, einmal mußte ich
doch wieder fragen, wo Sie leben, wie es Ihnen geht, ob Sie noch vergnügt sind
und sich meiner noch immer mit Freundschaft errinnern? Auf alle diese s e h r
w i c h t i g e n Fragen bitte ich mir eine Antwort aus ...* (30).

In spielerischer Leichtigkeit, gewürzt von Witz und Flirt, hüpfen die Sätze
dahin, die sie zu Briefen nach Göttingen und Meldorf zusammenfügte: *Lieber
kleiner Boie, ich kann mir selbst keine Vorwürfe machen, nicht an Sie geschrieben zu haben, also auch Sie nicht, es ist doch waß schönes um ein gutes Gewißen,
beßer als um einen guten Magen, und gute Augen! ...* (107). Im Juli des Jahres
1780 gab sie ihm den Namen des Elfenkönigs aus Shakespeares *Sommernachts-
traum: Verzeihen Sie, bester kleiner Oberon, daß ich so lange nicht an Sie geschrieben habe ... leider, man kann nicht immer denselben Augenblick waß man
will, und thut nicht immer, waß man kann ... Adis lieber kleiner Boie, ich sehe
Sie freundlich, recht freundlich an, aber es blühen keine Lilien diesen Sommer,
wenn Sie nicht im May in Borstel sind ...* (139). Das zentral gelegene Bernstorffsche Gut zwischen Hamburg und Segeberg diente zu jener Zeit als familiärer
Treffpunkt. Die Körpergröße des Freundes, die der ihren glich, beflügelte ihren
Geist zu besonders origineller Grußformel: *... schreiben Sie mir bald, und bleiben Sie mein Freund – Klein Boyelchen weiß es doch wohl wie lieb ihn Klein
Gustelchen hat? lieber als K l e i n Gustelchen klein ist ...* (121). Das Maß ihrer
Freundschaft zu ergründen, blieb dem Empfänger des Blattes überlassen, denn
Augusta beschloß ihren Brief mit den hier wiedergegebenen drei Punkten. Der
also Angesprochene war neun Jahre älter als Augusta und als überaus korrekt
bekannt. Um wieviel kapriziöser mögen ihre Briefchen ausgesehen haben, die
sie an den ihr im Alter so viel näher stehenden jungen Goethe richtete?

Sowohl, um das Bild von der tiefen Freundschaft abzurunden, die Augusta
und Boie miteinander verband, als auch, um den Briefstil aufzuzeigen, mit dem
die einundzwangzigjährige Comtesse, wovon jetzt gleich zu lesen sein wird,
den jungen Goethe gefangennahm, steht am Ende dieses Kapitels eine literarische Kostbarkeit besonderer Art. Im Herbst des Jahres 1776 übergab Gustchen
der Uetersener Posthalterin folgenden – hier geringfügig gekürzten – Brief:

Lore vom Tore

Von allen den Mädchen so blink und so blank gefällt mir am

besten die Lore; von allen den Winkeln und Gäßchen der Stadt

gefällt mir's im Winkel am Tore. Der Meister, der

schmunzelt, als hab' er Verdacht, als hab er Ver- dacht auf die

Lore, sie ist mein Gedanke bei Tag und bei Nacht und

wohnet im Winkel beim Tore.

> Und kommt sie getrippelt das Gäßchen herab,
>   So wird mir ganz schwül vor den Augen;
> Und hör ich von weitem ihr leises Klipp-Klapp,
>   Kein Niet oder Band will mehr taugen.
> Die hochfeinen Damen mit all ihrer Pracht,
>   Sie gleichen doch nicht meiner Lore,
> Sie ist mein Gedanke bei Tag und bei Nacht
>   Und wohnet im Winkel am Tore.
>
> Und kommt nun das Frühjahr und Pfingsten heran,
>   Die Zeit, wo der Bursche tut wandern,
> Bleib' ich halt im Städtchen, setz' alles daran,
>   Um Meister zu werden gleich andern.
> Und hab ich's dann endlich zum Meister gebracht,
>   Frau Meisterin wird meine Lore,
> Dann heißa, juchheißa, mein Glück ist gemacht,
>   Leb wohl, du lieb' Häuschen am Tore.

Heinrich Christian Boie, nach dem englischen Lied *Of all the girls . . .* von Henry Carey

Ütersen den I don't know
Welcher Datum es ist weiß ich nicht, aber es ist Dienstag und in den letzten
Tagen des October, wenigstens in den vorlezten. Kennen Sie den Zustand ganz,
wenn man sich entschuldigen wollte, und nicht kann, und darüber von Gleich-
gültigen Sachen hin und her plaudert – Lieber Boie, daß heißt – Verlegenheit –
und daß war eben mein Fall als ich den Brief anfieng – im Sprechen beiße ich

mich dann die Lippen, oder spiele mit den ersten besten Stük Papier, und nun
mußte der arme Datum her, den ich nicht weiß – Entschuldigen kan, und will
ich mich nicht – seyn Sie Großmüthig, und beschämen und erfreuen mich bald
mit einem Brief. Das lange Stillschweigen ist unverzeihlich, ich habe aber gewiß
sehr oft an Sie gedacht, mich oft nach Ihnen erkundigt und i m m e r, durch meine
Brüdern, oder andern Freunden gewußt, wie es Ihnen geht – aber hören Sie lieber
Freund, in Ihren lezten Brief – (den ich gar nicht erwähnen sollte so lange ist's
her) schrieben Sie, ich wüßte wohl nicht, daß Sie in Hannover wären – haben Sie
denn nie den Brief erhalten in bon et cher sein Hauß geschrieben, wo er, seine
Frau, meine Brüder, Unzer und ich hinein geschrieben? Sagen Sie mir nun aber
recht wie es Ihnen geht, und waß Sie machen, denn ich nehme immer noch
denselben freundschaftlichen Antheil an allen was Sie interessirt. Glauben Sie's
mir nur zu, ich bin meinen Freunden immer waß ich ihnen einmal wer, und
bleibe ohn Unterschied das Gustchen Stolberg, daß Sie kennen ... mit meinen
Brüdern bin ich 14 Tage in Hamburg und Altona geweßen – und recht herzlich
vergnügt, und haben alle unsre Freunde wohl gefunden – Kommen Sie doch auch
bald einmal wieder – Nun lebe ich hier auf alten Fuß, das heißt sehr stille und
eben so glücklich mit meiner Oberg.

Soll Ihre Sammlung englischer Gedichte denn ewig bey Bode liegen? Denken
Sie daran, wie ich Sie darum bat, und also einen kleinen Antheil daran habe.
Sehen Sie Zimmermann oft? wie gefällt er Ihnen? meinen Brüdern so gut daß ich
so sehr wünschte ihn zu kennen – Bringen Sie Ihm doch einen Gruß von mir, von
der Schwester seiner Stolberge, von Gustchen, wenn er die Existenz des Dinges
kennt. Leben Sie wohl guter Boie, und seyn Sie meiner Freundschaft gewiß. G. St.

Sagen Sie noch an Zimmermann daß er nie wieder im Sommer nach Hamburg
kommen soll, aber so oft er will und bald einmal im Winter oder Frühjahr. Die
Ursache mag er rathen. Sie ist nur Eigennuz (78).

Weil die Schreiberin dieses Briefes die heißen Monate des Jahres auf Seeland
zuzubringen pflegte, war ihr unlängst eine interessante Bekanntschaft ertgan-
gen: Dr. Johann Georg Zimmermann, der in ganz Deutschland berühmte Leibarzt des Königs von Großbritannien, hatte kürzlich Hamburg besucht. Die *Existenz des Dinges Gustchen* war ihm durchaus bekannt – man wird bald mehr
darüber hören. Bis zur persönlichen Begegnung aber sollte es noch drei Jahre
dauern.

„Göthe muß ein trefflicher Mann seyn!
... ich mögte ihn wohl kennen ..."

Heinrich Christian Boie, als Herausgeber des Göttinger Musenalmanach der Vermittler zwischen lesendem Publikum und schreibenden Dichtern, war dieser Rolle gewachsen wie kein zweiter. Sein sicheres Urteilsvermögen, mit dem er die Spreu vom Weizen schied, und sein unermüdlicher Fleiß, mit dem er durch Reisen oder Schreiben Kontakte zu jungen Talenten knüpfte, bescherten seinen Lesern das breite Spektrum der zeitgenössischen Literatur und verschafften ihm Respekt und Ansehen in ganz Deutschland. Daß sich Boie und der junge Goethe, dessen Gedichte längst Eingang in den Musenalmanach gefunden hatten und der seit Erscheinen des *Götz von Berlichingen* als *deutscher Shakespeare* gefeiert wurde, eines Tages auch persönlich begegnen würden, war nur eine Frage der Zeit.

Der *Götz*, 1773 im Druck vorliegend und ein Jahr später bereits in Hamburg aufgeführt, brachte seinem Verfasser den ersten Ruhm. Sein erstes Honorar hingegen bescherte ihm ein Büchlein, das zwischen Februar und April des Jahres 1774 entstand und unter dem Titel *Die Leiden des jungen Werthers* zur Frankfurter Herbstmesse des gleichen Jahres erschien. Den Ruhm des *deutschen Shakespeare* steigernd, eroberte dieser Roman in einem gewaltigen Siegeszug die Jugend Deutschlands und versetzte sie in eine Begeisterung hinein, die von besonnenen Zeitgenossen als Fieber bezeichnet wurde, vor dem es die Heranwachsenden zu schützen galt. In Dänemark wurde das Buch darum kurzerhand verboten.

Gustchen Stolberg aber wohnte in Holstein. Hamburg war nahe, und als sie, nach ausgiebigem Sommerurlaub Ende September wieder nach Uetersen zurückgekehrt, sich in den ersten Oktobertagen 1774 zusammen mit Christian und Katharina in der Hansestadt aufhielt, gehörte sie dort durch ihr allzeit waches Interesse an der Literatur zu den ersten Lesern des in Leipzig in der *Weygandschen Buchhandlung* verlegten neuen Romans.

Ins stille Kloster heimgekommen, wurde sie von der Lektüre dieses Büchleins täglich neu gefesselt. Auch sie geriet in jenes Fieber, aus dem heraus ihr Bruder Friedrich Leopold an Johann Heinrich Voß schrieb: *Werther! Werther! Werther! o welch ein Büchlein. So hat noch kein Roman mein Herz gerührt! Der Göthe ist ein gar zu braver Mann, ich hätte ihn so gern mitten im Lesen umarmen mögen!*

Doch trotz der Begeisterung, mit der Augusta sich wieder und wieder der so ganz neuen Sprache des jungen Autors hingab, war sie nicht mit allem einverstanden, was er schrieb. Es drängte sie heftig nach Meinungsaustausch – aber Heinrich Christian Boie, der für die Literatur so maßgebende Freund, befand sich in Sachen Musenalmanach auf Reisen. Es wundert nicht, daß sie sofort zur Feder griff, als sie durch Gräfin Charitas Emilie von seiner Rückkehr nach Göttingen erfuhr:

Ütersen, den 14. November 1774 Sie haben, wie es scheint, ganz vergeßen mein guter Boie, daß eine kleine Stolberg lebt, deren Freund Sie waren, längst

Johann Wolfgang Goethe.
Gemälde von Johann Daniel Bager (?) 1773

Augustas Exemplar des *Werther*
wird im Goethe-Museum Düsseldorf
aufbewahrt. An- und Unterstreichungen im
Text zeugen von ihrer intensiven Lektüre.

*hatte ich sie daran erinnern wollen, aber man weiß ja nie wo Sie stecken, in
welchem Winkel der Welt – ...Ich habe recht oft an Sie gedacht, recht oft an Sie
schreiben wollen, aber ich wußte nie, und niemand wußte es, wo mein Brief Sie
finden würde ...Sagen Sie mir ich bitte Sie, waß sagen Sie zu Die Leiden des
jungen Werther? Ich kann Ihnen versichern, daß ich fast nichts, (ich nehme allein
unsern Klopstock aus) mit dem Entzücken geleßen habe – ich weiß fast das ganze
Buch auswendig, der erste Theil insonderheit hat ganz göttliche Stellen, und der
2te ist schrecklich schön – Göthe muß ein trefflicher Mann seyn! sagen Sie mir
kennen Sie ihn? ich mögte ihn wohl kennen – welches warme überfließende
Herz, welche lebhafte Empfindungen, wie offen muß sein Herz jeder Schönheit
der Natur, des Geistes, und des Herzens seyn! Man fühlt es ihm in jeder Zeile ab,
wie mich dünkt, daß er so, und eben so denkt und empfindet als er schreibt. Nur
wollte ich, daß er die Irrthümer in Werthers Art zu denken, wiederlegte, oder
zum wenigsten es den Leser fühlen laßen, daß es Irrthümer sind ...stellen Sie
sich meinen Schrecken vor, als ich, nachdem ich es geleßen hatte, hörte, daß es
leider kein Roman, sondern die wahre Geschichte des armen unglücklichen jungen Jerusalems ist. Gottlob, daß ich es nicht vorher wußte – Bon et cher, der noch
immer bon et cher ist, hatte es mir verborgen – wie finden Sie Claudius seine
Recension? ich ganz a la Claudius – ...*

Jenseits allen Wertherfiebers der jungen Leute hatte der biedere *Wandsbecker
Bothe* seine Besprechung des Buches angesiedelt, von dem er nicht recht wußte,
*...ob's 'n Geschicht' oder 'n Gedicht ist ...: Ja, die Lieb ist 'n eigen Ding; läßt
sich's nicht mir ihr spielen wie mit einem Vogel. Ich kenne sie, wie sie durch Leib
und Leben geht und in jeder Ader zuckt und stört und mit'm Kopf und der Ver-*

nunft kurzweilt. Der arme Werther! Er hat sonst so feine Einfälle und Gedanken. Wenn er doch eine Reise nach Pareis oder Peking getan hätte! So aber wollt' er nicht weg von Feuer und Bratspieß und wendet sich so lange dran herum, bis er kaput ist . . .

Als Augusta nach Goethe fragte, hatte Boie den jungen Mann, dessen Name in aller Munde war, just vor einem Monat in Frankfurt besucht und diese wichtige Begegnung unter dem Datum des 15. Oktober in seinem Tagebuche festgehalten: *Einen vortrefflichen schönen Tag gehabt! Einen ganzen Tag allein, ungestört mit Göthen zugebracht, mit Göthen, dessen Herz so groß und edel wie sein Geist ist! Beschreiben kann ich den Tag nicht! . . . Göthe ist ein Mann ungefähr von Voßens Figur, aber etwas feiner gebaut, sehr blaß, Geist im Gesichte und besonders in dem hellen braunen Auge. Er hat mir viel vorlesen müßen, ganz und Fragment, und in allem ist der originale Ton, eigne Kraft und bei allem Sonderbaren, Unkorrekten, alles mit dem Stempel des Genies geprägt. Sein Dr. Faust ist fast fertig, und scheint mir das größte und eigenthümlichste von Allem.*

O, wie wurde er dieses Zusammentreffens wegen von Gustchen beneidet: *Sie haben also Göthe kennenlernen H a p p y M a n! – Ich weiß meinen Werther bald auswendig. O es ist doch ein gar zu göttliches Buch! und doch geht es mir oft wie es Ihnen geht, ich wollte, daß es nicht gedruckt wäre, ich denke immer, es ist z u g u t für diese Welt . . . Sie kennen meine Liebe zum Englischen, die ist noch immer dieselbe, Werther aber hat die Deutsche Waagschale sehr sinken machen – Als ein Meisterstück des Genies ist d e r Roman . . . nun genug geschwatzt . . . Farewell dear . . . dearest Boie – do not forget me . . .* (32).

Nachdem Boie den Werther-Dichter im Herbst 1774 persönlich kennengelernt hatte, wird er Gustchen dazu ermuntert haben, mit ihren Fragen, ihrem Lob und ihrer Kritik selbst an ihn heranzutreten.

So tat sie denn, das einundzwanzigjährige Stiftsfräulein, den ersten Schritt. Alle Regeln der Konvention mißachtend, ließ sie sich tragen von den Wellen der Begeisterung – wozu andere Fieber sagten – und schrieb, wohl Ende Dezember 1774, an den gefeierten Autor Johann Wolfgang Goethe.

Beim Abfassen ihres Briefes verfuhr sie sehr selbstbewußt: Indem sie Namen und Adresse verschwieg, trat sie ihm als ein unbekanntes junges Mädchen, nicht aber als Schwester eines prominenten Brüderpaares gegenüber, dessen Gedichte er im Göttinger Musenalmanach gelesen hatte. Wollte er ihr antworten, dann sollte er dies nicht tun, weil sie einen großen Namen führte, sondern weil ihn ihre Gedanken fesselten. In diesem Fall würde sein Brief den gleichen Umweg nehmen können, den der ihre gegangen war: Boie, der treue Freund und kluge Vermittler, beförderte ihr Blättchen nach Frankfurt, wo Goethe, nach abgeschlossenem Jurastudium auf ein Amt wartend, im Elternhaus am Hirschgraben wohnte.

Die für Uetersen bestimmten Postsendungen, die ihren Weg, aus Deutschlands Süden kommend, über Hamburg nahmen, wurden dienstags und freitags spätabends vom *Bothen zu Fuß* von Pinneberg in den Klosterflecken befördert und tags drauf in aller Frühe dem Empfänger zugestellt: *Heute Morgen weckte mich dein lieber Brief, mein bester Christel . . .*, bestätigte Gustchen ihrem Bruder am 2. Dezember 1775 die empfangene Post, und eine solche Terminierung

Augusta Louise Gräfin zu Stolberg-Stolberg. Jens Juel 1780

1775/76 wurde Goethe von Melchior Kraus in Weimar gemalt – er erwähnt den Namen des Künstlers in seinem 13. Brief an Gustchen. Nach ihrem Besuch in Frankfurt im Jahre 1778 ließ Herzogin Anna Amalia das Gemälde von Johann Ehrenfried Schumann für Goethes Eltern kopieren. Das Bild, das heute im Frankfurter Goethe-Museum hängt, zeigt den Dichter im *grauen Biber-Frack* aus dem brieflichen Selbstzeugnis, das er *Der teuern Ungenannten* am 13. Februar 1775 nach Uetersen schickte und den er zu jener Zeit am liebsten trug. Wen die Silhouette darstellt, die er in seiner rechten Hand hält, ist nicht bekannt.

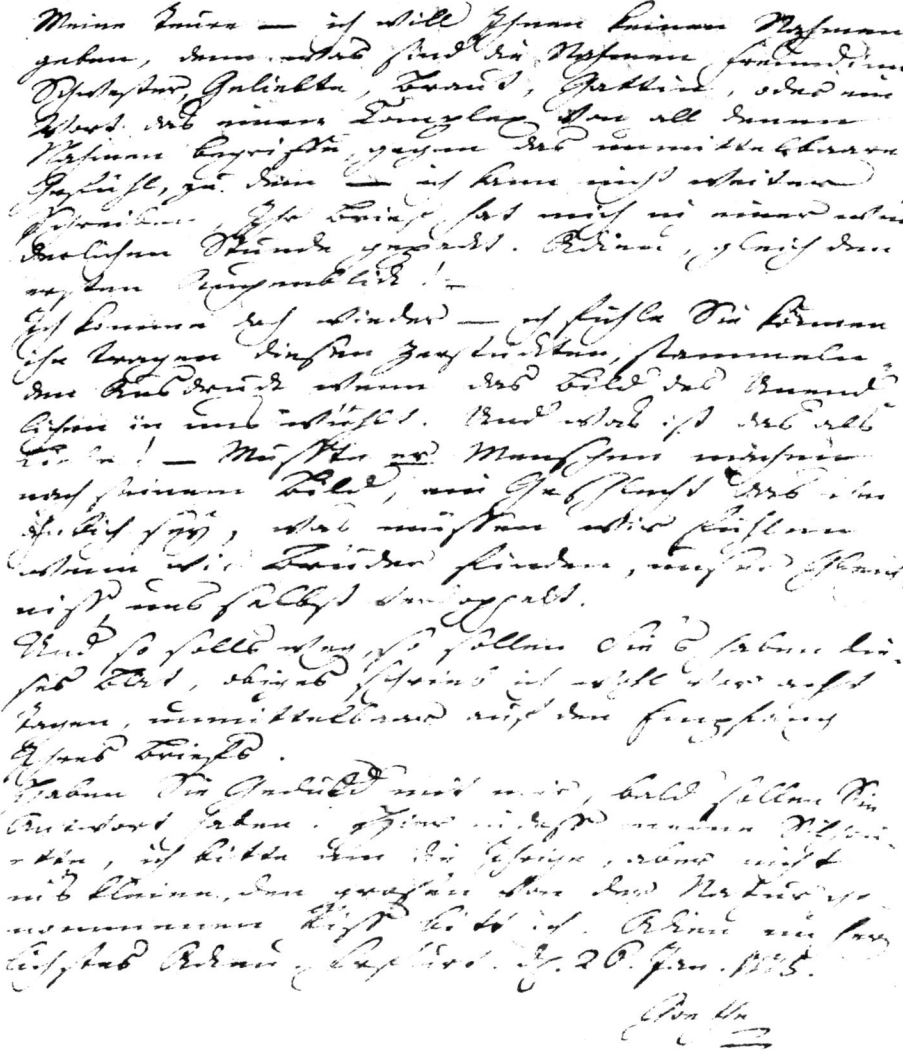

Der erste Brief, den Goethe nach Uetersen schrieb

läßt sich in ihren Episteln öfter finden. Geht man davon aus, daß die morgendliche Toilette der Klosterdamen um acht Uhr in der Frühe beendet sein mußte, weil zu dieser Uhrzeit der tägliche Kloster-Gottesdienst begann, dann dürften die Briefe, von denen Gustchen des Morgens geweckt wurde, zwischen sechs und sieben Uhr bei ihr abgegeben worden sein.

In den ersten Februartagen des Jahres 1775 nun geschah es: Eines Mittwochs- oder Samstagsmorgens wurde der Conventualin Stolberg ein Brief zugestellt,

dem die Posthalterin, weil die Adresse die Handschrift Boies trug, nicht anzusehen vermochte, daß er eine abermalige Vergrößerung der Stolbergschen Korrespondenz verhieß – Goethes erster Brief war in Uetersen eingetroffen:

Der theuern Ungenandten

*Meine Teure – ich will Ihnen keinen Nahmen geben, denn was sind die Nah-
men Freundinn, Schwester, Geliebte, Braut, Gattin, oder ein Wort das einen
Complex von all denen Nahmen begriffe, gegen das unmittelbaare Gefühl, zu
dem – ich kann nicht weiter schreiben, Ihr Brief hat mich in einer wunderlichen
Stunde gepackt. Adieu, gleich den ersten Augenblick! –*

*Ich komme doch wieder – ich fühle Sie können ihn tragen diesen zerstückten,
stammelnden Ausdruck wenn das Bild des Unendlichen in uns wühlt . . .*

*Und so solls weg, so sollen Sie's haben dieses Blat, obiges schrieb ich wohl vor
acht Tagen, unmittelbaar auf den Empfang Ihres Briefs.*

*Haben Sie Geduld mit mir, bald sollen Sie Antwort haben. Hier indess meine
Silhouette, ich bitte um die Ihrige, aber nicht in's kleine, den grosen von der
Natur genommenen Riss bitt ich. Adieu ein herzlichstes Adieu.*
Frfurt. d. 26. Jan. 1775.
Goethe

*Der Brief ist wieder liegen blieben o haben Sie Geduld mit mir. Schreiben Sie
mir und in meinen Besten Stunden will ich an Sie dencken . . . Noch einmal
Adieu.*

Silhouetten

Noch ehe der von der Jugend ganz Deutschlands angeschwärmte Dichter Gustchens äußere Lebensumstände zu wissen begehrte, interessierte er sich – und wer hätte dafür kein Verständnis – für das Aussehen der unbekannten jungen Dame.

Zu jener Zeit hatte der Zürcher Pfarrer Johann Kaspar Lavater eine Theorie entwickelt, wie aus dem durch Zeichnung oder Silhouette wiedergegebenen Gesichtsprofil eines Menschen auf Charakter und Eigenschaften des Abgebildeten zu schließen sei. Über diese seine *Physiognomik* war der junge Goethe mit ihm in Kontakt gekommen, beide schätzten damals einander hoch. Der Schattenriß der Unbekannten würde ihm nicht nur ihr Äußeres verraten!

Seine Erkenntnisse, die auf jahrelangen Beobachtungen beruhten, stellte der Schweizer Theologe vor, als er im Sommer des Jahres 1775 mit dem ersten Band seiner *Physiognomischen Fragmente* an die Öffentlichkeit trat. Das heftige Diskussionen auslösende Buch war kaum erschienen, als es Augusta auch schon mit Begeisterung verschlang: *Gott wie viel hätte ich euch heute zu sagen, es ist aber zu spät – über die Phisiognomik o ein göttliches Buch ...* (45), schrieb sie den Brüdern, die den Autor in Zürich besucht hatten. Vier Tage später setzte sie das Thema fort: *... ich für mich habe die Phisiognomik geleßen. Fast noch niemals hat mich ein Buch in dem Grad intereßirt, und keins habe ich mit mehr Vergnügen geleßen – wie gönne ich und wie – fast hätte ich gesagt – beneide ich euch das Glück, Lavatern zu kennen, es muß ein gar göttlicher Mann seyn!* (47)

Augusta Louise   Johann Wolfgang Goethe
Gräfin zu Stolberg

Aus einer Fülle von Schattenrissen, die es von Augusta einst gegeben haben muß, hat nur ein einziger überdauert. Beide Silhouetten entstanden, aber unabhängig voneinander, etwa zu Beginn der Korrespondenz.

Ihre Silhouette war im Frühling 1775 nicht nur nach Frankfurt gegangen, sondern die Brüder hatten auch eine nach Zürich mitgenommen – o, wie fieberte sie danach, zu hören, was der *göttliche Mann* aus ihr herausgelesen hatte! Doch Christian hielt die Nachricht zurück: *... und warum willst du mir nicht sagen,* *und Friz auch nicht, waß Lavater von meiner Silhouette sagt? Ist meine Silhouette gut, und sind meine Züge treu, so verrathen sie sicher ein zärtliches Herz, ein Herz, das mit einigen Fehlern, viel Gutes hat, – warum soll ich daß nicht wißen, nicht die Fehler wißen, die Lavater entdeckt, die ich theils schon kenne, theils durch ihn würde kennen lernen. O bitte bitte sagt mir alles – ich leugne es nicht, ich bin eitel genug, es wißen zu mögen ...* (42). Als sie ein Vierteljahr später erfuhr, wie der so Hochgeschätzte Lob und Tadel miteinander vermengt und zu einem allgemein gehaltenen Urteil zusammengefaßt hatte, war sie gar nicht zufrieden: *Stolz macht es mich, waß Lavater von meiner Silhouette sagt, aber ich mögte lieber, er sagte das Gute und die Fehler jedes für sich – das wäre mir lieber als das ganz Kurze ...* (57). Wie sich Lavater im November 1775 über die Silhouette des Uetersener Klosterfräuleins äußerte, ist nach mehr als zweihundert Jahren nicht mehr in Erfahrung zu bringen, denn die Briefe der Brüder an Gustchen liegen nicht vor. Vielleicht hatte sie sich dann noch einmal selbst an den berühmten Mann gewandt, denn dieser schrieb am 10. Januar 1776 an Friedrich Leopold: *Dein Schwesterchen ist auch ein liebes Geschöpf voll Engelsseele ...*

Auch in Gustchens allerengstem Freundeskreis, zu dem ihre spätere Schwägerin Luise von Gramm gehörte, waren Lavaters Erkenntnisse umstritten: *... sie war sehr gegen die Phisiognomik als sie hier wegging, denn obgleich sie das Buch nicht geleßen hatte, so war sie so dagegen, daß wir oft darüber mit ihr gezankt haben ...* Doch nach Holstein gereist zu ihren Verwandten auf Gut Altenhof bei Eckernförde, das dem dänischen Oberkammerherrn Detlev von Reventlow gehörte, wurde Luise vom Saulus zum Paulus: *... mir schreibt sie neulich, sie hätte den ganzen Morgen in der Phisiognomik geleßen und mit vieler*

Im zweiten Band seiner *Physiognomischen Fragmente* bildete Lavater die Grafen Christian und Friedrich Leopold Stolberg ab.

Empfindung ... Doch bei aller Verehrung, die Augusta für den *göttlichen Mann* hegte – als sie hörte, was Lavater über ihre Brüder zu Papier gebracht hatte, nahm sie das ganz und gar nicht widerspruchslos hin: *... auch dünkt mich, er macht dich zu schwebend und schwimmend – ich habe immer gefunden, daß du im Cörper und Charakter viel Festigkeit hast – ... das Wort Verschlagenheit hat mich gleich im höchsten Grad choquirt ... und wir fanden alle aus, daß Lavater unter dem Wort waß anders verstehen müßte als wir – rasende Laune ist ganz falsch – die habe ich an meinem Christel noch nie gesehen ...*

132

Lavaters Buch setzte einer neuen Zeitvertreib in Gang, dem man auch auf Schloß Altenhof huldigte, als sich Luise von Gramm dort aufhielt: *Sie schreibt, sie hätten den ganzen Abend ihrer aller Silhouetten gemacht, sogar der Ober-Kammerherr hätte mit gezeichnet ...* (52). Der Umgang mit Schere, Tusche und Papier trieb, wie Augusta von den weitgereisten Brüdern erfahren hatte, anderwärts merkwürdige Blüten – im Bekanntenkreis auf Seeland tat man dergleichen nicht: *Das Talent, mit den Händen auf dem Rücken auszuschneiden, bewundere ich mehr als ichs eben beneide, die Berchtolsheim hat auch das Talent des Ausschneidens im höchsten Grad, aber nicht mit den Händen auf dem Rücken ...* (49). Die kunstfertige Dame, von der Augusta erzählte, war eine Freundin des Bernstorffschen Hauses.

Doch die laienhaften Erzeugnisse der landauf, landab sich ausbreitenden Schnippelei ließen die Künstler, die das Silhouettenzeichnen gewerbsmäßig betrieben, nicht brotlos werden! Weit weniger kostspielig und zeitaufwendig, als einem Maler Portrait zu sitzen, war es, sich von einem der umherziehenden, in den Gasthäusern für etliche Tage ihr Quartier aufschlagenden Silhouetteure abbilden zu lassen. Die filigranen Bildchen, im Freundeskreis verschenkt, machten nicht nur die gegenseitige Verbundenheit deutlich, sondern zierten, eines neben dem anderen, die Wände der Stuben und Kabinette oder füllten, dicht gedrängt, die Alben der Familien. Katharina Stolberg, Stiftsdame von Vallø, hatte mit den kleinen Kunstwerken allerdings anderes im Sinn, am 7. Januar 1777 schrieb sie an Klopstock: *Ich hab jetzt ein edles project. Bald kömmt hier jemand aus Copenhagen, der vortreffliche Silhouetten macht. Da will ich mir meines Oberhaupts und aller meiner ... Mitschwestern Silh. ausbitten. Sie werden mich dafür seegnen, wenn ich Ihnen einmal die liebenswürdige collection zeigen werde. Nachdem ich das Wort liebenswürdige so entweiht habe, darf ich wohl kaum Ihrer niece, der dieser Titel so sehr gebührt, ... einen herzlichen Gruß schicken ...*

Ein berühmter Silhouettenschneider des deutsch-dänischen Umfeldes war damals Friedrich Bernhard von Wickede, Bürgermeisterssohn aus Lübeck. In den Jahren 1780 und 1781 portraitierte er in Kopenhagen den gesamten Bernstorff-Stolbergschen Freundes- und Familienkreis. Doch weil er dies leider im Winter tat und nicht im Sommer, sucht man in dem hübsch gebundenen Album, das sich im Reventlow-Museum zu Pederstrup auf Lolland befindet, vergeblich nach einem Schattenriß des Uetersener Klosterfräuleins Augusta Stolberg.

Die Meisterschaft der Silhouetteure entsprach der Berühmtheit der Stadt, in der sie sich für längere oder kürzere Zeit niederließen. Gustchen und einige ihrer Geschwister, auf der Rückreise von Bad Pyrmont, nahmen die sich bietende Gelegenheit wahr und suchten in Hannover, wo sich damals auch Boie aufhielt, einen Künstler auf. Heimgekehrt nach Uetersen, empfing Gustchen sehr bald danach einen dicken Brief, in dem Freund Boie ihr die fertigen Bildchen übersandte und zu wissen begehrte, wie sie gefielen. Seine Freundin Stolberg war ehrlich wie stets. Nein, Erzeugnisse solcher Art trugen nicht dazu bei, das Ansehen der königlichen Residenz zu mehren: *... ob ich mit den Silhouetten zufrieden bin? nein gar nicht. Die von Christian finde ich nicht gut, die von Friz mag* *ich gar nicht ansehen, Catharina ihre ist ein bischen unkenntlich, meine kennt kein Mensch. Ich finde sie verfeinert, verschönert, idealisirt, und warum gab er mir Augenwimpern? Etwa weils eine Schönheit ist? die mir aber fehlt . . .* (107).

Es bleibt im dunkeln, wo und wie Augusta den Schattenriß anfertigen ließ, mit dem sie, im Februar des soeben angebrochenen Jahres 1775, der Bitte Goethes entsprach: Ließ sie einen der im Lande umherziehenden Künstler in ihr Haus kommen? Reiste sie seinetwegen vielleicht mit der Freundin Metta, für die am 8. Februar 1775 eine Klosterfuhre ausgewiesen ist, nach Hamburg? Zelebrierten die beiden Freundinnen Oberg und Stolberg das für Goethe bestimmte Bildchen unter Zuhilfenahme von Leinwand, Kerze, Stift und Tusche gar in eigener Handarbeit? Wie auch immer angefertigt: Aus Gustchens Echo auf die geschönten Silhouetten aus Hannover darf man schließen, daß das Schattenbild, das sie an Johann Wolfgang Goethe sandte, ihre Gestalt, *von der Natur* genommen, lebensecht nach Frankfurt übermittelte.

In seinem dritten Brief, geschrieben am 7. März 1775, bestätigte der Dichter den Empfang: *Viel hab ich an Sie gedacht, Gedacht dass ich für die Silhouette noch nicht gedanckt habe! . . . wie ist mein und meines Bruders Lavaters Phisiognomischer Glaube wieder bestätigt. Diese rein sinnende Stirn diese süsse Festigkeit der Nase, diese liebe Lippe dieses gewisse Kinn, der Adel des ganzen! dancke meine Liebe dancke – . . .*

Gustchens Brief, der den *Riss* barg, war noch gar nicht in Frankfurt eingetroffen, als es Goethe am 13. Februar drängte, mit dem holsteinischen Klosterfräulein – als ein solches war ihm die geheimnisvolle Unbekannte entschleiert worden – erneut Zwiesprache zu halten. Doch die Adresse trug – wohl, um die Empfängerin nicht zu erschrecken –, wenn auch in vom ersten Brief abweichender Orthographie, die gleichen Worte wie vordem:

Der teuern Ungenannten.

Wenn Sie sich, meine liebe, einen Goethe vorstellen können, der im galonirten Rock, sonst von Kopf zu Fuse auch in leidlich konsistenter Galanterie, umleuchtet vom unbedeutenden Prachtglanze der Wandleuchter und Kronenleuchter, mitten unter allerley Leuten, von ein Paar schönen Augen am Spieltische gehalten wird, der in abwechselnder Zerstreuung aus der Gesellschaft, ins Concert, und von da auf den Ball getrieben wird, und mit allem Interesse des Leichtsinns, einer niedlichen Blondine den Hof macht; so haben Sie den gegenwärtigen Fassnachts Goethe, der Ihnen neulich einige dumpfe tiefe Gefühle vorstolperte, der nicht an Sie schreiben mag, der Sie auch manchmal vergisst, weil er sich in Ihrer Gegenwart ganz unausstehlich fühlt.

Aber nun giebts noch einen, den im grauen Biber-Frack mit dem braunseidnen Halstuch und Stiefeln, der in der streichenden Februarlufft schon den Frühling ahndet, dem nun bald seine liebe weite Welt wieder geöffnet wird, der immer in sich lebend, strebend und arbeitend, bald die unschuldigen Gefühle der Jugend in kleinen Gedichten, das kräfftige Gewürze des Lebens in mancherley Dramas, die Gestalten seiner Freunde und seiner Gegenden und seines Hausraths mit Kreide auf grauem Papier, nach seiner Maase auszudrücken sucht, weder rechts noch lincks fragt: was von dem gehalten werde was er machte? weil er arbeitend immer gleich eine Stufe höher steigt, weil er nach keinem Ideale springen, sondern

134

seine Gefühle sich zu Fähigkeiten, kämpfend und spielend, entwickeln lassen will. Das ist der, dem Sie nicht aus dem Sinne kommen, der auf einmal am frühen Morgen einen Beruf fühlt Ihnen zu schreiben, dessen gröste Glückseligkeit ist mit den besten Menschen seiner Zeit zu leben.

Hier also meine beste sehr mancherley von meinem Zustande, nun thun Sie dessgleichen und unterhalten mich von dem Ihrigen, so werden wir näher rükken, einander zu schauen glauben – denn das sag ich Ihnen voraus dass ich Sie offt mit viel Kleinigkeit unterhalten werde, wie mirs in Sinn schiesst.

Noch eins was mich glücklich macht, sind die vielen edlen Menschen, die von allerley Enden meines Vaterlandes, zwar freylich unter viel unbedeutenden, unerträglichen, in meine Gegend, zu mir kommen, manchmal vorübergehn, manchmal verweilen. Man weiss erst dass man ist wenn man sich in andern wiederfindet.

Ob mir übrigens verrathen worden: wer und wo sie sind, thut nichts zur Sache, wenn ich an Sie dencke fühl ich nichts als Gleichheit, Liebe, Nähe! Und so bleiben Sie mir, wie ich gewiss auch durch alles Schweben und Schwirren, durch unveränderlich bleibe. Recht wohl – ! diese Kusshand – Leben Sie recht wohl Franckfurt. den 13. Febr. 1775.
Goethe.

Gustchens Wohnung

Im Januar hatten sich auch Augustas Brüder Christian und Friedrich Leopold an den Verfasser des *Werther* gewandt. Der Umstand, daß auch sie ihre Briefe über Boie zustellen ließen, mag dazu beigetragen haben, das Rätsel um die *theure Ungenannte* zu lösen.

Von Goethe dazu aufgefordert, ihn von ihrem *Zustande* zu *unterhalten*, wird Gustchen ihm nicht nur das Wie, sondern auch das Wo ihres Klosteralltags geschildert haben. Es ist darum an der Zeit, ihre eigenen vier Wände in Augenschein zu nehmen.

Anders als in Göttingen, wo die einstigen Wohnungen ihrer Brüder und Freunde, obgleich nur kurze Bleibe junger Studenten, durch an den Häusern angebrachte Gedenktafeln gekennzeichnet sind, findet sich in Uetersen an keinem der aus jener Zeit in die Gegenwart herübergeretteten Klostergebäude ein Hinweis darauf, daß Goethes Gustchen dort dreizehn Jahre lang aus- und einging. Das Ausfindigmachen desjenigen Hauses, in dem sie vor zweihundert Jahren ihre Briefe empfing und schrieb, gleicht einer über verschlungene Wege führenden Schnitzeljagd, bei der die Wegzeichen nur sehr verborgen angebracht sind. Nur eines davon stammt von Gustchen selbst: *... ich bin sehr gut logirt, und habe einen kleinen Garten am Hause ...* (1).

Diese Worte aus dem Brief an Sophie Bernstorff stehen in krassem Gegensatz zu allem, was die Uetersener Klosterakten des 18. Jahrhunderts über die Wohnungen der Conventualinnen erzählen; ganz andere Erfahrungen mußte zum Beispiel Detlev von Brocktorff auf Rohlstorff machen. Weil seine Tochter Elisabeth Benedicta nach beendeter *Schulzeit* am Ueterst End keine Bleibe fand, bat sie im Mai des Jahres 1768 um ein weiteres Urlaubsjahr. Der Vater unterstützte ihr Gesuch: *Denn so sind ... aniezo ... keine andere, als sogenannte Partinhäuser dort vacant, und in dem Flecken selbst ... kein Haus zu finden; jene aber nicht nur sehr verfallen und unwohnbar, sondern auch feucht und ungesund, und überdem, bei hohem Waßer, der Gefahr deßelben exponiret. Da nun meine Tochter ohnehin fast niemals recht gesund ist ... so würde deren schwächliche Constitution ... gar zu sehr leiden, wenn sie ein solches Haus zu bewohnen gezwungen seyn, und ihre Gesundheit, das Edelste, was der Mensch nur hat, dadurch völlig ruiniren sollte ...*

Als Ihro Hochwürden den Urlaub nicht bewilligten, bat Elisabeth Benedicta das Kloster wenige Monate später um einen Bauplatz: *... weil aber in dem Flekken noch sonst für mich eine bequeme Wohnung sich befindet, ... wann auch eine noch zu haben seyn mögte, dieselbe so beschaffen seyn würde, daß solche erst abgebrochen werden ... so wäre ich wohl entschlossen, ein neues Gebäude aufführen zu lassen ...* Nachdem Fräulein von Brocktorff die Wohnung einer plötzlich verstorbenen Mitconventualin übernommen hatte, kam sie am 18. Juli des Jahres 1770 noch einmal auf ihre früheren Schwierigkeiten zurück: *... gleichfalls ist es ... nicht unbekannt, wie sehr ich mich vergeblich bemühet, hierselbst eine Wohnung entweder zu Kauf oder zur Hauer zu bekommen ...*

Die Klagen von Vater und Tochter Brocktorff sind Verse einer vielstrophigen Litanei. Angestimmt im Jahre 1702 von der Priörin Metta von Schwaben, die die Ritterschaft aufforderte, sich *mitleidlich gegen dieses Kloster* zu erweisen, das *ohne Lebensgefahr ohnmöglich länger bewohnt werden kann* – waren doch die Damen schon damals *erweislich vor Schnee und Regen nicht sicher* –, hallte der monotone Singsang von der Wohnungsnot das ganze 18. Jahrhundert hindurch im Kloster zu Uetersen wider. Außerhalb dieses traurigen Chorus aber steht das siebzehnjährige Gustchen und jubiliert einen Cantus von sehr gutem Logis!

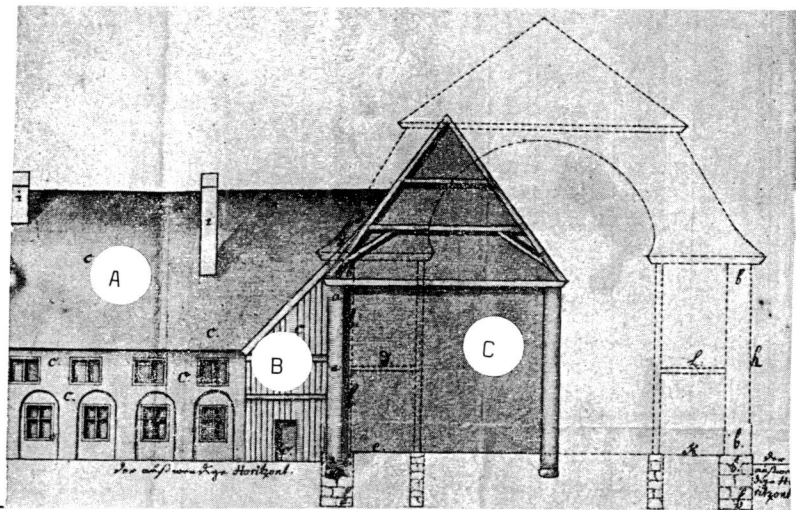

Dieser im Jahre 1748 anläßlich des Kirchenneubaus vom dänischen Landes-Baumeister Müller im Blick von Ost nach West angefertigte *Riß* ist die einzige graphische Darstellung, die das Aussehen der *Partic-Häuser*, auch *Fall-Häuser* genannt, im Bilde festhält. Zu Gustchens Zeit war sowohl der hier dargestellte Westflügel A des einstigen Klosterquadrums als auch ein Rest des einstmals an der alten Kirche C entlanglaufenden nördlichen Kreuzganges B noch vorhanden. Hinter den mit einem Fenster versehenen zugemauerten Rundbogen verlief der *Partic*, der Kreuzgang, von dem aus die *Partic-Häuser* zu betreten waren.

Die kriegerischen Zeitläufte des vorangegangenen Jahrhunderts waren die Ursache für den Wohnungsmangel des Stifts. Zerstörtes war nicht wieder aufgebaut worden, nur zum Reparieren und Schuttwegräumen hatte das Geld gereicht. Wand an Wand gelegen und jeweils die ganze Höhe vom Keller bis zum Dachgeschoß umfassend, befanden sich die verbliebenen Klosterwohnungen, heutigen Reihenhäusern ähnlich, in den beiden noch vorhandenen Gebäudeflügeln des einstigen Klosterquadrums. Weil sie vom ehemals ringsumlaufenden Kreuzgang aus – dem *Partic*, verschlissen zu *Paddick* oder, wie bei Vater Brocktorff, zu *Partin* – jede für sich durch eine eigene Türe zu betreten waren, wurden sie *Partic-Häuser* genannt. Sie waren von Klosterdamen zu beziehen, für die *der Fall* eingetreten war, und führten darum offiziell den Namen *Fall-häuser*. In Zusammenhang gebracht mit dem ver'fall'nen Zustand, indem sich diese Wohnungen befanden, hatte das Wort *Fallhaus* längst eine doppelte Bedeutung angenommen und Uetersens Klosterbehausungen im ganzen Lande zu trauriger Berühmtheit verholfen. Die hohen Unterhaltungskosten dieser alten Gemäuer – die Klosterkasse kümmerte sich nur um Dach und Partic – sowie der Abstand, der an die Vorgängerin oder deren Erben zu zahlen war, standen in keinem Verhältnis zum Wohnwert dieser engen, feuchten und ständig reparaturbedürftigen Wohnungen, die nicht den kleinsten Komfort aufwiesen. Selbst das, was jeder Kätner sein eigen nannte, einen Hausgarten, besaßen sie nicht. Auf Wunsch stellte das Kloster den Bewohnerinnen ein Stück Land jenseits des Vorwerks zur Verfügung. Hin und wieder kam es vor, daß eine junge Conventualin aus Ehrfurcht vor dem geschichtsträchtigen Gemäuer ‚Denkmalschutz' betrieb und sich eines der alten Fallhäuser herrichtete. Das Schulfräulein Sophie Magdalena von Dernath erntete für dieses ihr Engagement aber nur Verständnislosigkeit: *Gräfin von Dernath hatte in Uetersen ein gutes Haus. Sie verkaufte es und erhandelte im Kloster eine alte Masure, wobey sie viel Geld consumirte . . .* Das Wegzeichen, das Gustchen anbrachte, führt mit Sicherheit nicht zu den Fallhäusern! Angesichts einer Wohnung am Paddick hätte sie ganz gewiß keinen Jubilus angestimmt, sondern wäre in die Lamentatio ihrer Mitschwestern miteingefallen.

Bei dem erbärmlichen Zustand der Klosterwohnungen war es nicht zu verhindern, daß sich die Damen, zum Schaden der klösterlichen Gemeinschaft, im Flecken Uetersen niederließen. Dies zu tun, war lediglich der Priörin verwehrt. Ist Gustchens Logis darum vielleicht außerhalb der Klostermauern zu finden?

Eine Uetersener Conventualin, die nicht auf Klostergrund, sondern im Flecken wohnte, hatte, wie jeder Mieter oder Grundeigentümer des Ortes, der klösterlichen Obrigkeit Steuern zu zahlen. Als Abgabenpflichtige für *Grundhauer* oder *Hofdienstgeld* werden in den Rechnungsbüchern jedoch weder Comtesse Stolberg noch Baronesse Oberg, ihre Freundin, genannt. Dazu kommt, daß die wenigen repräsentativen Häuser des Fleckens, die sich als Wohnung für eine Conventualin eigneten, an lauten Durchgangsstraßen gebaut waren. Augusta, die *Nonne*, als die sie sich in ihren Briefen immer wieder bezeichnet, weist den Suchenden, ihm von der *Stille*, die *hier* ist, erzählend, eindeutig ins Kloster zurück.

Um der katastrophalen Wohnungsnot zu begegnen und gleichzeitig die Stiftsdamen wieder näher ans Kloster zu binden, wurde es den Conventualinnen Anfang der sechziger Jahre des 18. Jahrhunderts gestattet, sich innerhalb der Klostermauern eigene Häuser zu errichten. Die Nutzung derselben war freilich, den alten Fallhausgesetzen entsprechend, eingeschränkt: Nach *Abgang* durfte eine solche Wohnung ausschließlich an ein Klosterfräulein verkauft oder vermietet werden. Verwandte der Damen, die sich gerne in Uetersen niederließen, wurden somit vom Klostergelände, das ein Ort der Stille bleiben sollte, ferngehalten.

Eine der Damen, die von dieser Regelung profitierte, war Elisabeth Benedicta Brocktorff. Der Mühe, *ein neues Gebäude aufführen zu lassen*, wurde die Sechs-

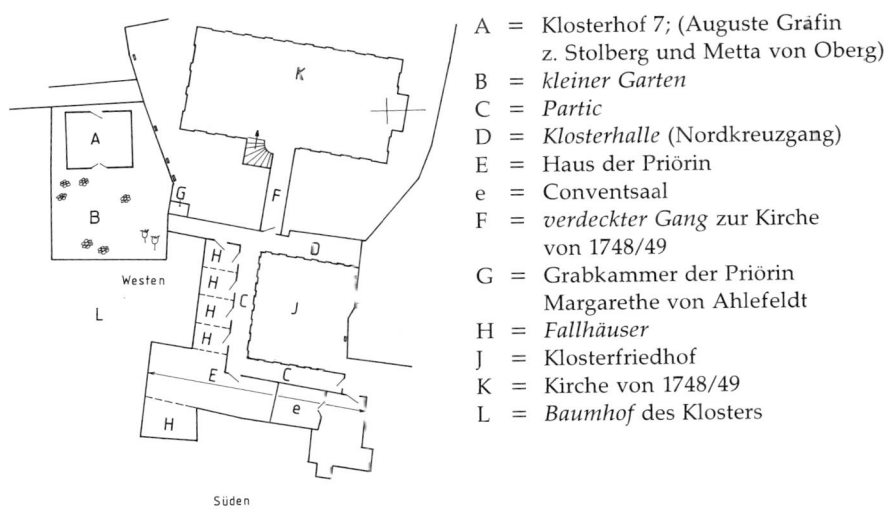

A = Klosterhof 7; (Auguste Gräfin
z. Stolberg und Metta von Oberg)
B = *kleiner Garten*
C = *Partic*
D = *Klosterhalle* (Nordkreuzgang)
E = Haus der Priörin
e = Conventsaal
F = *verdeckter Gang* zur Kirche
von 1748/49
G = Grabkammer der Priörin
Margarethe von Ahlefeldt
H = *Fallhäuser*
J = Klosterfriedhof
K = Kirche von 1748/49
L = *Baumhof* des Klosters

Lageplan der Uetersener Klostergebäude zur Zeit Augusta Stolbergs. Die *Klosterhalle*
und der Westtrakt des alten Klosterquadrums, in dem sich die Fallhäuser befanden,
wurden 1813 abgerissen.

undzwanzigjährige durch den plötzlichen Tod der Conventualin Christiane Sophie von Wedderkop aus Lübeck enthoben, die 1769 ein an die Straße gebautes,
aber noch auf Klostergrund gelegenes Haus hinterließ. Sollte es bei Gustchen
ähnlich zugegangen sein?

Auf dem gesamten Klostergelände befindet sich nur ein einziges Gebäude,
auf das ihr wegweisender Jauchzer ... *ich bin sehr gut logirt, und habe einen
kleinen Garten am Hause,* passen will. Doch merkwürdig: Die von Elisabeth
Benedicta herkommende Spur weist plötzlich zum Priörinhaus.

Damals, im März des Jahres 1764, als Frau Priörin Marie Antoinette Gräfin
von Ahlefeldt a. d. H. Langeland-Rixingen nach langer Krankheit die Augen
schloß, ließ sich die Frage nicht mehr länger hinausschieben, was denn mit der
im Amtshaus gelegenen Priörin-Dienstwohnung zu geschehen habe. Herunter-
gekommen wie die Fallhäuser, war das verwohnte Gemäuer, der alte Südtrakt
des Klosters samt dem von der Priörin Margaretha von Ahlefeldt vor hundert
Jahren im Osten angefügten Giebelbau, in seinem jetzigen Zustand – darüber
war sich der Convent einig – einer Nachfolgerin nicht mehr zuzumuten. Der
Erkenntnis, den gesamten Bau sanieren zu müssen, stand jedoch eine nur mäßig
gefüllte Klosterkasse gegenüber.

Bereits in der ersten von zwei die damalige Priörin-Wahl vorbereitenden Sitzungen bewies Margarethe Hedwig von Buchwaldt a. d. H. Borstel – Tante der
Gräfin Charitas Emilie von Bernstorff – ihre Führungsqualität. Die Damen beschlossen am 20. Mai des Jahres 1764 *per majora,* daß *die künftige Frau Priörin*

nicht in ihrem Ambts-Hause, sondern in ihr eigenes Haus bleiben könnte . . . Was die Damen hier – bei einer Gegenstimme – verabschiedet hatten, war eine ‚Lex Buchwaldt'. Dieser die Klosterkasse schonende Conventsbeschluß ließ das sonst übliche Kandidatinnen-Terzett – die drei ältesten Klosterdamen – auf einen Solopart zusammenschrumpfen und machte die Wahl zur Farce: Zwei der wählbaren Fräulein, Bewohnerinnen der armseligen Fallhäuser, schieden von vornherein aus.

Wie nicht anders zu erwarten, ging Margarethe Hedwig von Buchwaldt, Klosterfräulein seit 1746, siegreich aus der ‚Wahl' hervor. Um dem Conventsbeschluß Genüge zu tun, muß sie ein der Bedeutung ihres Amtes gemäßes Haus, und zwar auf Klostergrund, besessen haben. Als jedoch Johann Friedrich Camerer kurz vor 1760 Uetersen beschrieb, zählte er sie zu den Damen, die im Flecken wohnten. War sie inzwischen umgezogen?

Daß sie, so Gott sie am Leben ließ, eines Tages zur Priörin aufsteigen würde, war für Fräulein Buchwaldt nur eine Frage der Zeit: Bereits Ende der fünfziger Jahre war sie eine der ältesten Damen. Als Tochter eines Vaters, der sich seinerzeit dem Kloster gegenüber geweigert hatte, für sie eines der schadhaften Fallhäuser zu erwerben, hatte sie sich im Flecken niedergelassen. Sie wird wenig Lust verspürt haben, ihr solides und wohl auch modernes Haus im Ort gegen die unbequeme Amtswohnung einzutauschen, ihres Uralt-Zustandes wegen hatte Camerer diese als *gothisch* beschrieben. Auch wenn die Klosterkasse den durch die geschlossenen Fenster pfeifenden Winden Einhalt gebot und die bröckelnden Mauern festigte, wurden die weitläufigen Flure, Kammern und Stuben um keinen Deut gemütlicher. Doch eine Priörin unterlag der Residenzpflicht. Eines nicht allzu fernen Tages in dieses Amt gewählt, würde ihr, der Conventualin Buchwaldt, wie die Dinge nun einmal lagen, ein Umzug in die Behausung ihrer sämtlichen Vorgängerinnen nicht erspart bleiben . . .

Immer noch auf dem Wege zu Gustchens Haus, wird der Suchende überraschend gewahr, daß er sich – in Borstel befindet. Dort starb am 15. August des Jahres 1761 Friedrich von Buchwaldt, Schwiegervater des Staatsministers Graf Johann Hartwig Ernst von Bernstorff und Bruder der Uetersener Conventualin Margarethe Hedwig. Mit Einwilligung seiner ältesten Tochter Charitas Emilie hatte er Gut Borstel seinem Schwiegersohne überschrieben, seine Schwester, die Uetersener Conventualin, mußte ‚abgefunden' werden. Somit verfügte die Stiftsdame just in dem Augenblick über ein stattliches Kapital, als das Kloster mit Grundstücken lockte.

Eine Immobilie war auch damals die sicherste Geldanlage. Wie die an seiner Fassade prangende Jahreszahl 1763 noch heute verkündet, war Fräulein von Buchwaldts Haus, geschmiegt in den Windschatten der Kirche und direkt mit dieser verbunden durch die zu ihrem Garten führende Klosterhalle, zwei Jahre nach dem Tod des Bruders fertiggestellt. Ausgestattet mit acht gemütlichen Zimmern, drei Kammern, großer Diele, geräumiger Küche, Keller und Dachboden, wurde es von seiner zielbewußten Herrin wenig später zur Residenz der Uetersener Priörin erhoben. Wie es die ‚Lex Buchwaldt' ermöglicht hatte, lenkten Ihro Hochwürden die Geschicke des Klosters und des Ortes hier in ihrem eigenen Hause, bis der Tod sie nach Ablauf eines halben Jahrzehnts aus ihrem

Sorgen und Planen abberief. Vor ihrer am 7. Oktober des Jahres 1769 verwaisten Residenz endet der Weg, der zu Gustchen Stolberg führt.

Privat errichtete Conventualinnen-Häuser gingen nur im Zusammenhang mit Konkursen oder Auktionen in den Schriftverkehr des Klosters ein; das Schicksal des Buchwaldtschen Hauses ist deshalb in den Uetersener Papieren nicht erfaßt. Daß es die Nachfolgerin nicht übernahm, ist jedoch gewiß: Hedwig Albertina von Rumohr bestand darauf, daß man ihr die Dienstwohnung in Ordnung brachte. Wie nun mag es zugegangen sein, daß die Conventualin Stolberg am 4. Oktober des Jahres 1770 in das Haus der verstorbenen Priörin einziehen konnte?

Um die Fallhausgesetze wissend, werden die *Hohen von Buchaldtschen Erben* Gräfin Ida Hedwig von Moltke und Gräfin Charitas Emilie von Bernstorff das Klosterhaus zuallererst der Conventualin Schack angeboten haben, die als Gesellschafterin der Oberhofmeisterin von Plessen in Kopenhagen lebte und hin und wieder so tat, als wollte sie sich in Uetersen etablieren. Doch wie sie dem Kloster zwei Jahre später mitteilte, überstieg *ein so theures Haus, als der wohlseeligen Frau Priörin ihres,* damals ihr Budget.

Wie aus der klösterlichen Buchführung hervorgeht, ließ sich die 1762 eingekleidete, jedoch seitdem *wegen mißlicher Gesundheit* beurlaubte Conventualin Metta von Oberg aus Jersbek, ohne in die Herbergssuche-Litanei ihrer Mitschwestern eingefallen zu sein, im November des Jahres 1769 in Uetersen nieder. Nur ein in jeder Hinsicht befriedigendes Wohnungs-Angebot kann sie zu diesem Schritt veranlaßt haben. Daß sie, Schwester ihres Gutsnachbarn, sich bei passender Gelegenheit im Uetersener Kloster zu etablieren wünschte, wird den aus Borstel stammenden Erbinnen, denen Metta sicherlich persönlich bekannt war, kein Geheimnis gewesen sein. Sie werden ihr das Haus samt Mobiliar *verhauert* haben, denn im Hinblick auf die Töchter der nachwachsenden Generation wäre ein Verkauf sehr töricht gewesen.

Die beachtliche Anzahl ihrer bis in die Gegenwart erhaltenen Briefe an den ihr in großer Freundestreue zur Seite stehenden Grafen Johann Hartwig Ernst

Augustas Uetersener Zuhause

Bernstorff macht die ganze Hilflosigkeit offenbar, mit der die verwitwete Gräfin Stolberg, ihren eignen Worten nach eine *unnütze Creatur*, der Bewältigung ihres Alltags gegenüberstand. Sogar die Sorge um ihre tägliche *Chocolade* lud sie bei dem Staatsminister ab – Gustchens Etablierung zu betreiben, das muß sie vollends überfordert haben.

Alle Fakten sprechen dafür, daß Bernstoffs dieses Problem anpackten, noch ehe die Mutter überhaupt darüber nachdachte. Gustchens Schiffspassage war bereits gebucht, als sie sich am 10. September *vor die Nachricht des Hauses in Uttersen* bedankte, jedoch dabei zu bemerken hatte, daß *meine Tochter . . . nicht . . . ein solch großes Haus gebrauchet und es ihr zur Last fallen würde, es zu unterhalten . . .* Daß dieses Gebäude von Gustchen gar nicht alleine bewohnt werden sollte, hatte Gräfin Stolberg offenbar nicht begriffen. Längst wird Gräfin Charitas Emilie die Conventualin Oberg gebeten haben, das siebzehnjährige Gustchen, dessen Friedfertigkeit sie zu garantieren vermochte, bei sich aufzunehmen. Angesichts des reichlich bemessenen Wohnraumes hatte sie diese Lösung vielleicht von vornherein ins Auge gefaßt; als sich Fräulein Oberg aus Jersbek in Uetersen etablierte, war Gustchens letztmögliches Urlaubsjahr soeben angebrochen.

Dem heute sehr altersgebeugten Hause ist noch immer anzusehen, als welch Kleinod es dem soeben in Uetersen angekommenen Gustchen Stolberg entgegenfunkelte. Eingerichtet mit dem Mobiliar einer Priörin, hielt es von innen, was es von außen versprach. Auch Johann Wolfgang Goethe wird, wie fünf Jahre zuvor Sophie von Bernstorff, von Gustchen erfahren haben, daß sie *sehr gut logirt* war und *einen kleinen Garten am Hause* besaß. Als dieser in Frühlingsblüte stand, traf der 3. Brief aus Frankfurt in Uetersen ein:

Warum soll ich Ihnen nicht schreiben, warum wieder die Feder liegen lassen, nach der ich bisher so offt reichte. Wie immer hab ich an Sie gedacht. Und iezzo! – Auf dem Land bey sehr lieben Menschen – in Erwartung – liebe Auguste – Gott weis ich bin ein armer Junge – d. 28. Febr haben wir getanzt die Fassnacht beschlossen – ich war mit von den ersten im Saale, ging auf und ab, dachte an Sie – und dann – viel Freud und Lieb umgab mich – Morgens da ich nach Hause kam, wollt ich Ihnen schreiben, liess es aber und redete viel mit Ihnen – Was soll ich Ihnen sagen, da ich Ihnen meinen gegenwärtigen Zustand nicht ganz sagen kann, da Sie mich nicht kennen. Liebe! Liebe! Bleiben Sie mir hold – Ich wollt ich könnt auf ihrer Hand ruhen, in Ihrem Aug rasten. Grosser Gott was ist das Herz des Menschen! – Gut Nacht. Ich dachte mir sollts unterm Schreiben besser werden – Umsonst mein Kopf ist überspannt. Ade. Heut ist der 6. Merz denck ich. Schreiben Sie doch auch immer die Daten in solcher Entfernung ist das viel Freud.

Guten Morgen liebe! . . . ich habe keine Rast im Bette. Ich will an meine Schwester schreiben, und dann mit Ihnen noch ein Wort.

Es ist Nacht, ich wollte noch in den Garten, musste aber unter der Thüre stehen bleiben, es regnet sehr . . . – Heut war der Tag wunderbaar. habe gezeichnet – eine Scene geschrieben. O wenn ich iezt nicht dramas schriebe ich gieng zu Grund. Bald schick ich Ihnen eins geschrieben – Könnt ich gegen Ihnen über sizzen, und es selbst in Ihr Herz wurcken, – Liebe nur dass es Ihnen nicht aus Händen kommt. Ich mag das nicht drucken lassen ...

... Warum sag ich dir nicht alles – Beste – Geduld Geduld hab mit mir!

// den 10ten, wieder in der Stadt auf meiner Bergere, aufm Knie schreib ich Ihnen. Liebe der Brief soll heute fort, und nun sag ich Ihnen noch dass mein Kopf ziemlich heiter mein Herz leidlich frey ist – Was sag ich –! o beste wie wollen wir Ausdrücke finden für das was wir fühlen! Beste wie können wir einander was von unserem Zustande melden, da der von Stund zu Stund wechselt.

Gesegnet sei der gute Trieb der mir eingab statt allen weiteren Schreibens, Ihnen meine Stube, wie sie da vor mir steht, zu zeichnen. Adieu. halten Sie einen armen Jungen am Herzen. Geb Ihnen der gute Vater im Himmel viel muthige frohe Stunden wie ich deren offt hab, und dann lass die dämmrung kommen, thränenvoll und seelig – Amen

Ade liebe Ade!   Goethe.

Gustchens Haushalt

Wovon Goethe ihr in seinem zweiten Brief erzählt hatte, dessen erfreute sich Gustchen jetzt, nach Erhalt des dritten, in einer Zeichnung. Zwar nicht mit *Kreide auf grauem Papier*, sondern mit brauner Tinte ausgeführt, erblickte sie ein Bildchen seines *geliebten Hausraths*.

Im Vordergrund ziehen die dem Tageslicht zugewandte Staffelei und der Notenständer des Cellospielers Goethe die Blicke auf sich. Alle anderen Einrichtungsgegenstände des Mansardenzimmers im Frankfurter Elternhaus am Großen Hirschgraben sind nur schemenhaft wahrzunehmen. Ob es sich rechter Hand um ein zugedecktes Bett handelt und im Hintergrund, unweit der drei die Wand schmückenden Bilder, um ein Spinett mit aufgeschlagenem Notenbuch oder um einen Schreibtisch, läßt sich nicht erkennen.

Eine Vorstellung davon zu gewinnen, wie Gustchens Einrichtung beschaffen war, von der sie ihm, als Echo auf das Bildchen, vielleicht erzählt haben wird, ist nicht allzu schwierig, obwohl sich in ihren vorliegenden Briefen nichts darüber findet. Augusta wird ihren Klosteralltag im gleichen äußeren Zuschnitt wie ihre Mitconventualinnen gelebt haben, über deren Wohnungsausstattung im Klosterarchiv einiges zu erfahren ist: Weil die Nachfolgerin das Haus leer zu übernehmen wünschte oder den Erben nur an Barem gelegen war, wurde der Hausrat in einer öffentlichen Auktion feilgeboten und deshalb bis zum letzten Taschentuch aktenkundig.

Im Jahre 1765 hatte Adelheid Dorothea von Rumohr ein *Partic-Haus* bezogen, in dem sie bis zu ihrem Tode verblieb. Ihre Mobilien, 1814 versteigert, zeigen, wie eine Klosterdame zu Gustchens Zeiten eingerichtet war:

Stube rechter Hand nach forne zu – 1 furnirter Eckschrank, 3-Schubladen-Commode, 1 Sopha, 9 Stühle mit schwarzem Pferdehaar, 2 seidene, 1 Teetisch, 1 kleiner ovaler Tisch, 1 Wandspiegel, 2 Fenstergardinen.

Stube, die daran anstößet und kleiner ist – 1 Schreibsecretair, 1 Commode.

Seitencabinett linker Hand – 1 große Dielenuhr, 1 Spieltisch, runder eichener Teetisch, 1 Spiegel im Goldrahmen, 1 großer Lehnstuhl, 3 andere Stühle, 1 Strohstuhl, 4 lange Fenstergardinen.

Schlafstube – 1 Himmelbett, Kissen, Decken, Pfühle; 1 Waschtisch, 1 Commode, Stühle, Spiegel, Lehnstuhl, Strohstuhl, 2 grüne Fenstergardinen.

Mädchenstube – Eichencommode, 1 Domestikenbett, Unterbetten, Kissen, 1 kleiner Tisch, 1 Wandspiegel, grüne Gardinen, weiße darüber, 3 Strohstühle.

Große Stube forne zur linken Hand – 1 großer Eckschrank, 2 moderne Tragekissen, 1 Sopha, 6 Stühle, 2 große Spiegel, 1 Teetisch, 1 Speisetisch, ausziehbar, 8 Fenstergardinen mit 4 Kappen und Quasten.

Hausdiele – Eichen-Leinenschrank mit 2 Türen und Aufsätzen, 2 große Dielenkoffer, 1 alter Gewürzschrank, 1 alter Schrank, 1 Fliegenschrank, Serviettenpresse, 1 großer Speisetisch, Bettzeug für den Wächter im Hause, 1 Portechaise, 1 kleinerer Schrank, kleiner Spiegel, Messinglampe, 2 Fenstergardinen.

Die Vielzahl der Spiegel diente weniger der weiblichen Eitelkeit als vielmehr dazu, den Kerzenverbrauch in Grenzen zu halten. Unter einer *Portechaise* ist

eine Sänfte zu verstehen, in der die älteren Damen ihre weiten Wege zurückzu-
legen pflegten. Gustchen wird noch keine besessen haben.

Bei einer Dame, die fünfzig Jahre ihres Lebens im Kloster zugebracht hatte,
war das Haus voll bis unters Dach: *Dachboden – Mangel, Rolltische, Gartenbän-
ke, altes Clavier, alte Bettstellen.* Zu jeder Wohnung gehörten Nebengebäude:
Stall – gesamte Winterfeuerung an schwarzem und braunem Torf.

Portechaise im Kloster zu Preetz

Die vielen verschiedenen kleinen und großen Küchengeräte, die in der Aufli-
stung nach ihrem Material unterschieden wurden, können hier nicht einzeln
genannt werden. Fräulein von Rumohr besaß Kupfergeschirr und Messing-
sachen, zu Eisen zählten Pfannen und Messer, zu Blech Milchsiebe und Durch-
schläge, unter Zinn sind Suppenteller, Schüsseln und Kannen aufgeschrieben,
und bei Holz liest man *5 Spinnräder, 1 Garnwende, 2 Haspeln.* Die in ihrer Dürf-
tigkeit ganz und gar nicht repräsentative Bibliothek ordnete der Schreiber der
gleichen Materialgruppe zu, und darum steht inmitten von Kochlöffeln und
Mangelhözern verzeichnet: *Bücherbrett mit 19 Stück Büchern.*

Als Gustchens Mutter Ende des Jahres 1770 ihre Übersiedlung nach Altona
plante, bat sie ihren Schwiegersohn, ihr ein Haus *mit Meubeln, reinlich und
nicht alt* zu suchen, um die *Unkosten zu sparen, welche anzuschaffen oder sie
von hier hinzuschleppen.* Erst recht wird sich Gustchen eines aufwendigen
Meubel-Transportes über die Ostsee enthalten haben! Wenn überhaupt, wird
Gräfin Charitas Emilie von Bernstorff den Hausrat ihrer in Uetersen verstorbenen Tante nur zu einem kleinen Teil nach Borstel, dem Stammsitz der Familie,
zurückgeholt haben, denn das dortige Haus war ausgestattet. Es darf angenommen werden, daß Augusta Stolberg – und vielleicht auch Metta von Oberg – das
von Buchwaldtsche Mobiliar entweder käuflich erwarben oder *in Hauer* hatten.

Das in der Versteigerungsliste aufgeführte einzige *Domestikenbett* der Mädchenstube erweckt den Eindruck, als sei Adelheid Dorothea Rumohr mit nur
einer weiblichen Bedienung ausgekommen. Wie allein die fünf Spinnräder zeigen, war dies gewiß nicht der Fall! In den Testamenten ihrer Herrinnen wurden

145

die Jungfern, Zofen und Mägde stets sehr reichlich bedacht. Sie erhielten nicht nur Bargeld und komplette Trauerkleidung, sondern nicht selten gingen auch ihre Betten, ausgestattet mit Decken, Kissen und Pfühlen, in ihr Eigentum über. Auch hier werden die Bediensteten der Verstorbenen die Mädchenstube leergeerbt haben.

Gustchen wird nach Frankfurt geschrieben haben, wie ihre Stuben und Kammern eingerichtet waren. Aber für den jungen Dichter, der noch bei den Eltern wohnte, war gewiß nicht minder interessant, wie sie, ein holsteinisches Stiftsfräulein von zweiundzwanzig Jahren, ganz allein auf sich gestellt ihr Hauswesen besorgte.

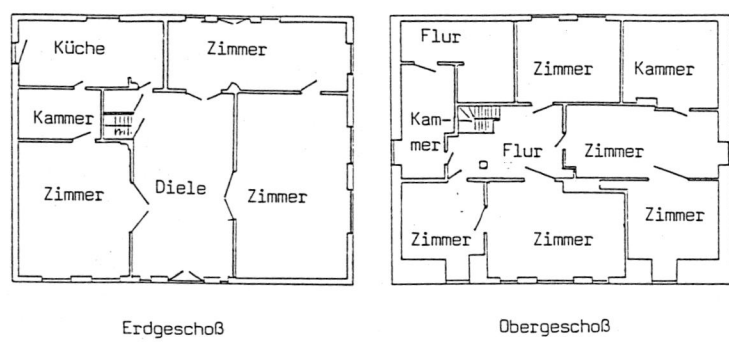

Erdgeschoß   Obergeschoß

Grundriß des Hauses Klosterhof 7 im Blick von Nord nach Süd

Eine Conventualin pflegte, je nach Vermögenslage, in ihrem Einpersonenhaushalt bis zu fünf Angestellte zu beschäftigen. Nach einer im Jahre 1762 in Kopenhagen durchgeführten Volkszählung gehörten dem Hausstand des Oberhofmarschalls Graf Stolberg ein deutscher und ein französischer Hauslehrer sowie elf weibliche und vier männliche Bedienstete – Köchin, Jungfern, Kinder-, Küchen- und Stubenmädchen, Kutscher, Kammerdiener, Tafeldecker – an. Diesen für eine Familie mit neun Kindern nicht eben reichlichen Personalbestand wird die Witwe für das Leben in Rungstedt reduziert haben – mit anderen Worten: Die Söhne und Töchter Stolberg waren gewiß nicht verwöhnt. Als Gustchens Brüder Christian und Friedrich Leopold im Jahre 1775 beim Markgrafen von Baden Visite machten, erzählten sie ihrer Schwester Henriette: ... *ja uns Reichsgrafen bot man gar einen Cavalir zur Aufwartung an, das schlug dann freilich unsere Bescheidenheit aus* ... Wie nun war Gustchens Personalfrage gelöst?

Weil das damals geführte *Confitentenregister* der Kirchengemeinde, das die Abendmahlsgäste mit Namen und Beruf festhält, unter den vielen verzeichneten ,Schäflein' des Klosterpastors als *Jungfer b. d. Comt. Stolberg* nur die beiden Mädchen *Anna Maria Mollern* und *Maria Arhuß* nennt, muß geschlossen werden, daß Gustchen tatsächlich nur zwei Dienstboten hielt.

Jungfer Mollern wurde vielleicht in Uetersen *angehäuert* – ihr Name liest sich einheimisch –, Maria Arhuß folgte ihrer Herrin vermutlich übers Meer – der ihre weist nach Dänemark. Genaues läßt sich nicht sagen, denn die Quellen schweigen darüber, mit Klatsch über Dienstboten pflegte Augusta ihre Briefe nicht zu füllen. Nur ein einziges Mal, nämlich als sie dem Bruder die auf Breitenburg eingetroffene Verwandtschaft aus Süddeutschland, eine Tante mit Anhang, vorstellte, bedurfte ihre spitze Feder dieses Kolorits: *Unerwartet sind sie hier angekommen, eine große Kutsche, darin sie, die zwei Jungens und der Hofmeister, ein großer Rüstwagen, darin eine Kammerkatze, eine Kammerkatze, ein Kammerdiener, ein 2. für den ältesten Jungen, und noch 2 Bediente und 8 Koffer und unendliches Gepäck . . .* (117) Die sechs Bedienten der vier Reisenden, wie sie den Wagen entstiegen, alle einzeln aufs Papier gebracht – *eine Kammerkatze, eine Kammerkatze . . .*, forderten die Lästerzunge einer jungen Dame heraus, die innerhalb Holsteins manchmal gänzlich ohne Zofe auf Reisen ging.

Die beiden Mädchen Maria und Anna Maria müssen ihre Arbeit hervorragend verstanden und geleistet haben. Als Gustchen und ihre Mutter nach einer Trennung von zehn Monaten im Juli 1771 einander wiedersahen, teilte Gräfin Christiane Stolberg den in Halle studierenden Söhnen hochbefriedigt das vortreffliche Aussehen ihres früher allzeit mageren Töchterleins mit: *. . . ich finde, daß sie sehr zugenommen hat . . .* Nein, der Hilferuf, den Gustchen zur Zeit des Frühjahrsputzes einmal nach Hamburg sandte: *Liebes Hannchen, darf ich Dir nun mein Kleid zum waschen schicken? . . .* (84) läßt weniger auf untüchtiges Personal, als vielmehr auf ein unzureichend eingerichtetes klösterliches Waschhaus schließen. Der Stadthaushalt von Klopstocks Nichte Johanna von Winthem war bestimmt besser ausgestattet.

Über die Löhne, die damals an die Dienstboten gezahlt wurden, läßt sich im Kloster Uetersen manches erfahren. Für den üblichen Zeitraum von sechs Monaten hatte Gustchens Mitconventualin Sophie Magdalena Gräfin von Dernath am 29. September 1779 ein Mädchen namens Anna Elisabeth Warnsholtz gedingt. Als sie ihrerseits den Kontrakt brach, klagte die Geschädigte, die übrigens aus Schleswig kam, den vereinbarten Lohn von sechs Reichstalern nebst dem üblichen *Kostgeld* mit eigenhändiger Unterschrift direkt beim König ein – der

Unterschrift der Jungfer Warnsholtz, 24. 1. 1780

Convent hatte sich dafür als nicht zuständig erklärt. Ein solches Anfängergehalt ließ sich freilich nicht messen an dem Lohn, den eine langgediente Kraft erhielt. Schon 1758 bezahlte die Conventualin Eleonora von Dessihn ihrer *Jungfer Schwatzen* die stolze Jahressumme von *142 Mark Courant.*

Elisabeth Benedicta Brocktorff teilt in ihren *Nachrichten* mit: *Eine jede Freulein kann hier so viele Kühe halten wie sie will und ausfüttern kann, jedoch muß sie für jedes Stück 3 Reichthaler Graßgeld bezahlen.* Das fortlaufend geführte *Register des Conventviehs* erzählt von sieben Damen, die mit bis zu drei Kühen, Starcken oder Kälbern eifrig Landwirtschaft betrieben – Gustchen gehörte nicht zu ihnen! Die bescheidene Milchwirtschaft der Freundin Metta von Oberg, die ständig eine, manchmal auch zwei Kühe fütterte, mag für die gemeinsame Küche ausgereicht haben. Bei tagelangem Logierbesuch, wie er bei Augusta recht häufig war, ließ sich der Mehrbedarf mühelos bei den Mitschwestern decken.

Das Vieh der Conventualinnen wurde zusammen mit dem der Uetersener Einwohner im Mai eines jeden Jahres auf die Klosterwiesen getrieben. Im Jahre 1775 weideten dort *83 Kühe, 25 Pferde und 9 Starcken der Gemeine, imgleichen 16 Convents Kühe und 1 Starcke.* Die Summe des gezahlten Graßgeldes, das natürlich auch von der *Gemeine* zu entrichten war, wurde im Juli gleichmäßig unter alle Conventualinnen verteilt und gehörte zu ihren Einkünften. In jenem Jahr erhielt Augusta 41 Reichstaler und 19 Schillinge an Graßgeld, den Milchvieh haltenden Damen wurde ihre Schuld bei der Auszahlung des Geldes verrechnet. Den klösterlichen Angestellten stand das *Freiheitsvieh* zu – ihre Kühe weideten umsonst.

Uetersener Klosterkoppel heute – die Kühe weiden dort wie ehedem.

Wie die anderen Klosterdamen wird auch Gustchen ihren eigenen Hühnerstall besessen haben. Darüber hinaus befaßte sie sich später mit Taubenzucht: Was sie in Uetersen in kleinem Maßstabe begonnen hatte, beabsichtigte sie auf dem auf der Insel Seeland gelegenen Landgut von Schwester und Schwager etwas umfangreicher zu betreiben, die Tiere sollten ihr vorausreisen. Die Abfahrtszeiten der Lübecker Kopenhagen-Segler hingen von der Witterung ab und waren deshalb ungewiß. Auf gut Glück in den Hafen expediert, würden die Vögel dort während der Wartezeit womöglich elend verhungern. Doch in der Hansestadt wohnten Freunde, und mittels ihrer gewandten Feder hatte Gustchen das Problem schnell gelöst: *Liebster Gerstenberg, dieß Paar Täubchen, daß mein ist, und damit ich eine Colonie in Bernstorff anlegen will, empfehle ich biß das Schiff geht Ihrer Pflege und Liebe, waß Sie ihm erzeigen, erzeigen Sie mir. Adieu gutes edles Paar ... (101)*

Als Klosterdame gehörte Gustchen der privilegierten Schicht an, die Zollfreiheit genoß. Ob die Waren für sie persönlich oder zur Bewirtung ihrer Gäste gebraucht wurden, machte keinen Unterschied, ja, die Hohen Behörden hatten sogar dafür Verständnis, daß sich auch die Insassen des klösterlichen Armenhauses an Festtagen über Kaffee und Zucker freuten: *Zollfrei war für die Conventualinnen ... ingleichen desjenige, was sie von solchen Sachen anderen Personen unentgeltlich zukommen lassen oder was sie den Armen mitteilen.*

Von den auch durch Deutschlands Wälder und Auen streifenden Vogelstellern gefangen und verkauft – Papageno aus Mozarts Zauberflöte war damals eine reale Figur –, wurden nicht nur ausländische, sondern auch einheimische Singvögel in Käfigen gehalten. Gustchens Haushalt war für dergleichen Mode nicht eingerichtet: *Liebste Sophie, herzlichen Dank für die Nachtigall, die Sie mir geben wollten, ich kann es aber nicht annehmen, es fehlen dazu alle Anstalten, und hier ist kein Mensch, der es versteht, und denn so habe ich in 1½ Jahren 3 allerliebste zahme, selbsterzogene und zahm gemachte Canarienvögel verlohren, nun mag ich keine Vögel mehr haben, ich attachire mich so daran und es ist doch alles vergänglich. Nur meine Freundschaft für die Lieben nicht, die ist in meiner Seele verwebt ... (95)*

Durch eine bescheidene Haushaltsführung mit nur zwei Jungfern hielt Gustchen ihre Unkosten in tragbaren Grenzen, denn beliebte eine Dame auf Reisen zu gehen, dann hatten die daheimgebliebenen Dienstboten nicht nur Anspruch auf vollen Lohn, sondern einem jeden stand ein wöchentliches *Kostgeld* von einem Reichstaler zu.

Vom ersten Tage ihres Aufenthaltes in Uetersen an besaß Augusta in der Conventualin Metta von Oberg, mit der sie das Haus teilte, den ratenden und helfenden Beistand, dessen eine Siebzehnjährige bedurfte, die sich plötzlich der Führung eines eigenen – wenn auch kleinen – Hauswesens gegenübersah. Von dieser jungen Frau, Augusta in lebenslanger Freundschaft verbunden, hatte auch Goethe inzwischen erfahren.

Noch immer blühten die Frühlingsblumen, als sein vierter Brief aus Frankfurt in Uetersen eintraf:

Mir ist's wieder eine Zeit her für Wohl und Weh, dass ich nicht weis ob ich auf der Welt bin, und da ist mir's doch als wär ich im Himmel. Dies liebe Schwester d. 19 Merz um eilfe. Gute Nacht!

d 23. Abends bald sieben. Ich komme von meiner Mutter herauf, noch einige Worte dir o du liebe. Heut nach Tisch kam dein Brief, eben da ich beym Braten gemurrt hatte, dass so lang keiner kam. Ich dancke dir tausendmal. um 2 Uhr musst ich zu einem verdrüslichen Geschäfft, da ging ich unter allerley Leuten herum und dacht an dich und schrieb mit Bleystifft beigehendes Zettelgen. So recht! Tritt und Schritt muss ich wissen von meinen lieben, denn ich bilde mir ein dass euch von mir das all auch so werth ist; also dancke dancke für die Schildrung dein und deines Lebens, wie wahr, wie voraus von mir gefühlt! – O könnt ich auch! – – Behalt mich lieb –

Jetzt bitt ich noch um die Silhouetten all deiner lieben, deines Ehlers der mir verzeihen soll dass ich ihm nicht schreibe, ich habe warrlich nimmer nichts zu sagen, nur ihr Mädgen kriegt mich doch wieder dran. dann die Schattenrisse deiner Brüder von denen ich auch Briefe habe, meiner Brüder, und deiner innigen Freundin. NB alle wie sie auf der Wand gezeichnet worden ohn ausgeschnitten.

Jetzt gute Nacht und weg mit dem Fieber! – doch wenn du leidest, schreib mir – ich will alles theilen – o dann lass mich auch nicht stecken edle Seele zur Zeit der Trübsaal, die kommen könnte, wo ich dich flöhe und alle Lieben! Verfolge mich ich bitte dich, verfolge mich mit deinen Briefen dann, und rette mich vor mir selbst.

Auf beyliegendem Blättgen ist abgeschrieben das Bleystifft Zettelgen wovon ich vorhin sprach. Liebe! liebe! und so leb wohl. d. 25. Merz. 1775.

Nicht doch du musst das Original haben! – Was wär ein Kuss in Copia! –

Metta von Oberg, die „innige Freundin"

Zu jener Zeit, als die Kunst der umherziehenden Silhouetteurs die Städte belebte und man bei Bürger, Bauer und Edelmann und ganz gewiß auch im Kloster zu Uetersen das Herstellen von Schattenrissen als abendliches Gesellschaftsspiel betrieb, war es für Gustchen ein leichtes, dem Wunsch des jungen Goethe nach einer Silhouette ihrer *innigen Freundin* nachzukommen. Bei dem Vorhaben, dem heutigen Leser ihre *Seelenschwester* im Bilde vorzustellen, blieb jedoch alles Suchen vergeblich. So zahlreich auch die Schattenrisse von Personen des Stolbergschen Freundes- und Familienkreises die Archive, Museen und Bücher füllen – ein Bild von Gustchens liebster Freundin ist nicht darunter. *Sie lebte leidend in einer weisen Verborgenheit*, schrieb Klosterpediger Christian Wilhelm Alers am Tage ihrer Beerdigung ins Uetersener Kirchenbuch, und in eben dieser Verborgenheit bleibt Mettas äußere Gestalt. Eingereiht in die Schar der vielen hundert Klosterfrauen – Nonnen wie Conventualinnen –, deren Andenken durch kein Portrait bewahrt ist und deren Namen niemand mehr nennt, obwohl sie für viele Jahre ihres Lebens am Ueterst End eine Heimat und daselbst nach vollbrachtem irdischen Lauf einen Ruheplatz in geweihter Erde fanden, tritt Metta von Oberg dennoch aus der Verborgenheit heraus. Denn genauer, als es die Tusche eines Silhouetteurs oder der Pinsel eines Malers vermocht hätte, hat Gustchens Feder das Bild ihrer Freundin gezeichnet.

Ins Kloster heimgekommen, nachdem sie sich in den Osterferien des Jahres 1773 mit den Brüdern bei der Mutter in Altona getroffen hatte, schrieb Augusta nach Göttingen: *Izt bin ich also hier, bey unserer charmanten allerliebsten Schwester Oberg, und voll Freude daß ich hier bin, die Scene des Wiedersehens könnt Ihr Euch wohl vorstellen. Daß sind so rechte Scenen für unsere Herzen – wir beyde fühlten sie ganz, noch immer muß ich es mir sagen, daß ich wieder hier bin, denn oft ist es mir so, als wäre es nur ein angenehmer Traum, recht*

Schloß Jersbek heute

151

lange hatten wir uns nicht gesehen, recht sehr viel haben wir uns zu sagen, o wie würdet Ihr das himmlische Mädchen lieben wenn Ihr sie sähet! Immer liebe ich sie mehr ... Sie umarmt Euch sehr zärtlich ... (21)

Schwester Oberg ist in fast jedem ihrer Briefe gegenwärtig, und als vorerst letzter hatte nun auch Goethe von der *innigen Freundin* erfahren. Das Hohelied der Freundschaft mit der Schwester des Besitzers von Gut Jersbek, Baron Bendix Wilhelm von Oberg, sang Gustchen bereits nach Ablauf der ersten sechs Wochen ihres Klosteraufenthaltes im Brief an Sophie von Bernstorff, die Nichte des Staatsministers: *... Sie fragen mich ... nach der Oberg, und indem Sie den Namen nennen, nennen Sie eine sehr liebenswürdige und ganz charmante Person. Sie ist die Bescheidenheit und Sanftmuth selbst, hat das beste Hertz, die Edelsten Gesinnungen, ist ganz Gefühl und ganz Empfindung ... Ach liebste Freundin, wie glücklich bin ich, daß ich hier eine Person gefunden habe, der ich diesen süßen Namen geben kann ... Sie liebt die lecture so sehr als man sie nur lieben kann, sie ließt den Meßias der sie entzückt, und es geht ihr wie fast allen Lesern ... daß sie nicht nur das Himmlische Buch bewundert und ganz ungemein liebt, sondern auch den göttlichen Verfaßer davon ohne ihn zu kennen schon sehr respectiert und recht sehr liebt ...* (2)

In jedem ihrer folgenden Briefe fügte sie eine weitere Strophe hinzu: *... und wie glücklich bin ich daß der gütige Himmel mein Schicksal in der Oberg ihrem geflochten hat ...* (3)

Den Nachmittag gehe ich zu meiner lieben Oberg, da ich meine 2te Freundin, die Zöge, auch sehe, die ich beyde, insonderheit die Oberg, unaussprechlich liebe ... (4)

... die Oberg und Zögen machen izt mein Glück, insonderheit die erste, von der ich schon recht viel sagen will. Sie ist aber sehr schwächlich dabey und leidet viel ... (5)

Um doch ja wieder von meiner geliebten Oberg zu sagen, muß ich Dir sagen, daß ich Dir diesen Brief in ihrem Garten und an ihrer Seite schreibe, ich weiß, Du hörst gerne von ihr ... ich lese die Predigten des Clark und Ossian und beydes mit vielem Vergnügen, doch mit beständiger Hülfe, entweder von meiner Oberg oder eines dictionairs ... (8)

Als Gustchen im November 1782 an der Wegscheide ihres Lebens stand, gedachte sie mit Sorge dieser ihrer Freundin, die im Kloster zurückbleiben sollte: *Könnte ich nur erst ruhig über meine Oberg seyn! ...* (142). Wer war dieses Mädchen, um dessen Schicksal sie bangte, als die Wende ihres eigenen Lebens das Ende ihrer beider Gemeinschaft herbeiführte?

Ein Verzeichnis des Klosters von 1776 stellt Metta als *auswärtig* vor, die *durch Beliebung des Convents* einen Klosterplatz erhielt und am 26. März 1743 eingeschrieben wurde. Daß sie, deren Vater nicht der einheimischen Ritterschaft angehörte, dermaleinst Gustchens *Seelenschwester* werden konnte, hing allerdings nicht so sehr am seidenen Faden, wie es die Formulierung *Beliebung* vermuten läßt. Der Charme des damaligen Klosterprobsten Se. Excell. Benedikt Graf von Ahlefeldt, Herr auf Jersbek und Steegen und großer Kunstmäzen, zeigte sich der sehr selbstherrlichen Priörin Anna Emerentia von Reventlow ein weiteres Mal gewachsen, als er für die sechsjährige Metta die Einschreibtaler

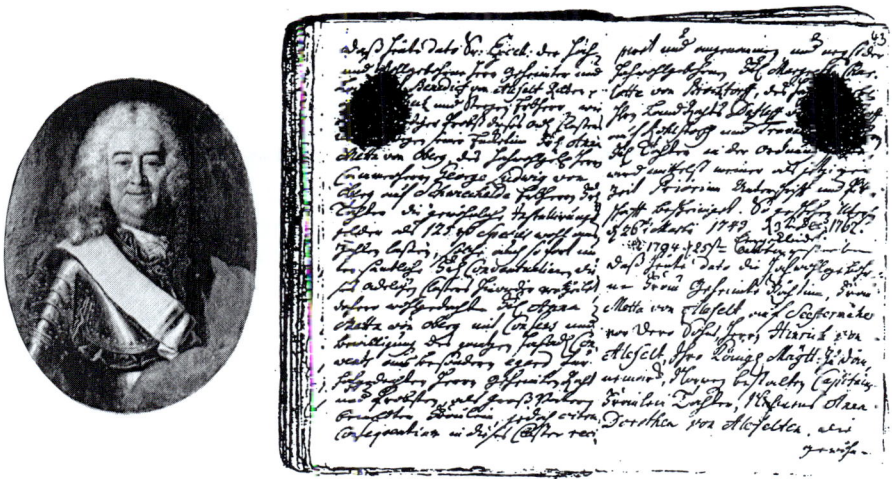

Benedikt Graf von Ahlefeldt, Herr auf Jersbek und Steegen, sowie Probst des Adeligen Klosters Uetersen von 1732–1757, kaufte seine ‚Enkelin' Metta am 26. März 1743 in ‚sein' Kloster ein.

zahlte. War deren Bruder, Baron Bendix Wilhelm, zwar nur sein Großneffe, so war er immerhin sein Erbe. Dieser Umstand genügte, um aus der kleinen Metta durch einen Federstrich des Klosterschreibers die *Enkelin S. Excell.* zu machen, und der *Beliebung* stand nichts mehr im Wege; am 3. Dezember 1762 wurde Metta eingekleidet.

Die klösterliche Wohnungsnot – Gustchen sagte *der gütige Himmel* – hatte sie beide unter e i n Dach gebracht. Daß allzu enges Zusammenleben auf Dauer zu Spannungen führen und den Alltag vergiften kann, ist bekannt. Bei Metta und Gustchen jedoch geriet das gemeinsame Wohnen trotz eines Altersunterschiedes von sechzehn Jahren zu eitel Freude und Sonnenschein: *Ütersen, den 29. April 1771 An meinen lieben ältesten Bruder ... Von Pfingsten an den ganzen Sommer verläßt mich meine Oberg, sie geht nach Jersbek, dem Gut ihres Bruders. Wir entdecken in der anderen Augen zuweilen einige Thränen ... Es wird mir schwer werden, ohne sie zu leben, da ich gewohnt bin, mit ihr zu leben ... ich habe sie doch täglich, seitdem ich in Uetersen bin, gesehen ...* Bald darauf hörte Christian, wie sehr sie litt: *Ich hatte Dir schon mit der letzten Post antworten wollen, aber meine liebe Oberg verließ mich an dem Tage, und da war ich so traurig, daß Du einen zu klagenden Brief erhalten hättest, und um Dein zärtliches Herz nicht zu erweichen, schwieg ich lieber ganz stille, wir waren beyde sehr gerührt und ich ausnehmend traurig und bins noch sehr, oh meine Beste zärtliche Oberg die habe ich nicht mehr –.* Noch nach sechs Jahren des Wohnens unter einem gemeinsmen Dach hieß es: *... jeder Morgen bringt uns froh zusammen und jeden Abend gehn wir ungerne auseinander, o bitte Gott mit mir, daß er mir die Freundin erhalte ...* (79).

Beide Damen hatte die gleichen Interessen. Als Gustchen den Brüdern nacheiferte und mit Hilfe der englischen Bibel die Sprache Shakespeares erlernte, traf es sich, daß die Hausgenossin *2 Folianten le grand dictionaire de Johnson* (18) besaß. Als Verehrerin Klopstocks hatte Metta, genau wie Gustchen, Klopstocks *Gelehrtenrepublik* subskribiert. In Krankheit und Wohlbefinden lösten die Freundinnen einander ab. Litt die eine an Augenbeschwerden, so hatte die andere die ihren gerade überstanden und vermochte der Freundin beizustehen: *... ich lese viel, unter anderem meiner Oberg den Shakespeare vor, ich hatte ihn noch nicht geleßen...* (80) In einem anderen Brief heißt es sodann: *... sie ließt mir viel vor, iezt eines unser beyder Lieblingsbücher, nemlich les memoires de Sully...* (107) Sehr bald besaß Metta bei Augustas Brüdern die Rechte einer Schwester, und fortan lauteten Gustchens Grußformeln am Ende der Briefe: – *ich küße dich mit der feurigsten Zärtlichkeit* – *Schwester Oberg küßt Dich!* – (59) oder *... liebt und umarmt dich sehr zärtlich...* (62) und *... ich und Schwester Oberg, die die Freude meines Lebens ist, wir umarmen Dich...* (24)

Auch später trennte die sommerliche Reisezeit die beiden Freundinnen alljährlich für viele Wochen. Aber Abschiedsschmerz hier war Wiedersehensfreude dort. Schied Gustchen in Dänemark von den Geschwistern – mitunter überraschend plötzlich, weil der Wind günstig wurde – so wußte sie sich in Uetersen sehnlichst erwartet. Dies nannte sie *Balsam für mein izt blutendes Herz* (30). Ihrer Freundin Emilie Schimmelmann erzählte sie am 3. Oktober 1776: *... ich konnte von niemand Abschied nehmen, stärkte meine Seele aber mit dem Gedanken, daß ... ich ... zu meiner Oberg käme ... Sonnabend war der glückliche Tag, der mich wieder mit my bosom friend vereinigte ... die lezten 4 Meilen schlug mir das Herz immer stärker, so wie ich näher kam, und so das ich recht dabey litt. In Ütersen selbst konnte ich's nicht länger aushalten, der Postillion fuhr für meine Ungeduld viel zu langsam, ich sprang aus dem Wagen, flog, und warf mich in die Arme meiner Oberg. Das liebe Kind weinte, das kannte ich nicht – aber so blieben wir aneinander lange, ohne ein Wort reden zu können ... o danken Sie Gott mit mir, der mir eine Freundin gab, bey der ich mich über alles andere trösten kann ...*

Als Gustchen das Kloster für immer verlassen hatte, folgte Metta ihr nach Ablauf von sechzehn Monaten nach. Zwar behielt sie ihre Uetersener Wohnung, doch in den klösterlichen Listen wurde sie seit dem Weihnachtsfest des Jahres 1784 zumeist als abwesend geführt. In den Familienkreis der Freundin aufgenommen, teilte sie deren Freude über die Geburt des Sohnes Karl und stand ihr vier Jahre später in der Trauer über den Tod dieses ihres geliebten Kindes bei.

Der Abschied, den die beiden Freundinnen im Spätsommer des Jahres 1794 voneinander nahmen, wurde zum letzten in diesem Leben. Zum 28. September, dem wichtigsten Zahltag des Klosters, nach Uetersen gekommen, um die ihr zustehenden Gelder abzuholen, wurde Metta einen Monat später auf dem dortigen Klosterfriedhof zu Grabe getragen. Das Kirchenbuch erzählt: *Von ihren Blutsverwandten lebt niemand mehr, als ein leiblicher Bruder, der Grosbritannische Kammerherr, Bendix Wilhelm Georg, Baron von Oberg, vormals auf Jersbek,*

izt im Hannöverschen. Sie lebte leidend in einer weisen Verborgenheit und starb
in Gottes Frieden. Ihre Grabschrift lautet:

Hier wartet
auf die alles durchdringende
Stimme des Fürsten des Lebens was
verweslich war an der
Weiland Hochwohlgeborenen Baroneße
ANNA METTA von Oberg
Stifts Dame des Hochadlichen
Klosters Uetersen
Sie war geboren den 10. November 1737
und starb den 25. October 1794

Der mit dem Obergschen Wappen gezierte
guterhaltene Grabstein auf Uetersens *Jung-*
fernfriedhof erzählt es nur dem Kundigen, daß
Gustchen Stolbergs innige Freundin hier ihre
letzte Ruhe gefunden hat.

Zwei handkolorierte Bleistiftzeichnungen aus dem Besitz des Klosters Uetersen führen den heutigen Betrachter in eine Zeit hinein, die der von Gustchen
und Metta noch recht nahe war. Während das eine der Bildchen das Conventua-
linnenhaus Klosterhof 7 darstellt, zeigt das andere eine Ansicht des Jungfern-
friedhofes. Mehr noch als die in Biedermeier-Mode über den Gottesacker spa-

Der *Jungfernfriedhof* des Klosters Uetersen um 1830
Die beiden aufrechten Grabsteine bezeichnen die Ruhestätten der Conventualinnen
Adelheid Dorothea von Rumohr, † 10. 9. 1814, und Anna Metta von Oberg, † 25. 10.
1794. Im Vordergrund befinden sich die Gräber von vier Priörinnen: Ida Hedwig von
Brocktorff, † 18. 8. 1713; darunter: Dorothea Catharina von Ahlefeldt, † 6. 7. 1814;
Amalia Dorothea von Gollowin, † 23. 5. 1831; Emilia von Buchwaldt, † 28. 1. 1833.

zierenden beiden Damen im Vordergrund weist die rechte der drei nebeneinan-
derliegenden Grabstellen die Entstehungszeit der offensichtlich zusammenge-
hörenden, aber undatierten kleinen Kostbarkeiten aus: Im Januar des Jahres
1833 wurde hier die Priörin Emilia von Buchwaldt begraben, die nach nur zweijähriger Amtszeit gestorben war. Als trauerten auch sie um ihren viel zu frühen
Tod, neigen sich Zweige und Wipfel der neben ihrem Grabe frischgepflanzten
Bäumchen der Erde entgegen. Dieses Bildchen – und somit auch das andere –
wird nicht viel später als im Sommer des Todesjahres 1833 entstanden sein.

Beide Blätter sind unsigniert und tragen keinen Besitznachweis. Die Umstände ihrer Aufbewahrung deuten darauf hin, daß sie einst von einer Uetersener
Conventualin gemalt wurden und über ihren Nachlaß im Kloster verblieben
sind. Was mag die Unbekannte dazu bewogen haben, gerade d i e s e Friedhofs-
ansicht, die außer den Grabstellen von vier Priörinnen nur noch die der beiden
Fräulein von Rumohr und von Oberg zeigt – beide gehörten dem Jahrgang 1737
an –, im Bilde festzuhalten? War sie der jüngst verstorbenen Priörin Emilia
Buchwaldt und den beiden Mitschwestern Metta und Adelheid Dorothea – letztere hatte ihre Ruhestätte in der Nähe von der Mettas erbeten – in besonderer
Weise verbunden? Was hat die Malerin dazu getrieben, von allen Klostergebäuden ausgerechnet dasjenige Haus mit Stift und Farbe festzuhalten, in dem Metta
von Oberg bis zu ihrem Tode ihre Wohnung hatte? War sie nach Gustchens
Abschied aus Uetersen vielleicht hier eingezogen und Mettas Hausgenossin geworden?

Uetersen, Klosterhof 7, um 1830

Alle diese Fragen können nicht beantwortet werden. Genauso wie die Herkunft der beiden kleinen Kunstwerke bleibt auch der Beweggrund der Motiv-
wahl im dunkeln. Doch dieses ist sicher: Als die Bildchen entstanden, waren nur
etwa vierzig Jahre seit dem Tage vergangen, der das dargestellte Gebäude zum
Sterbehaus der wohlsel. Fräulein von Oberg hat werden lassen. Zuvor aber hatte
Gustchen darin dreizehn zufriedene Jahre mit ihrer *innigen Freundin* verbracht:
*. . . hier bin ich also wieder bey meiner Oberg, wie glücklich, habe ich wohl nicht
nöthig Ihnen zu sagen . . . (31).*

156

Gustchen und die Musik

In der Frühlingszeit des Jahres 1775, in der sich Johann Wolfgang Goethe die Silhouetten *deines Ehlers* – den die Stolbergs *Bon et cher* nannten – *deiner Brüder* und *deiner innigen Freundin* erbat, um Gustchen Stolberg *näherzurücken*, sollte es nicht mehr lange dauern, bis der Kontakt zwischen ihr und ihm noch enger wurde: Christian und Friedrich Leopold kündigten ihm ihren Besuch an.

Schattenrisse ... alle wie sie auf der Wand gezeichnet ohn ausgeschnitten hatte sich der Werther-Dichter Ende März bestellt – die papierene Sendung, die daraufhin im April 1775 nach Frankfurt ging, wird Sonderformat gehabt haben! Als Goethe dann wieder nach Uetersen schrieb, stand dieser sein 5. Brief dem unlängst nach Frankfurt abgeschickten an Umfang nicht nach, neben Silhouetten, *alle mit fühlender Hand geschnitten*, enthielt er noch eine andere Beigabe:

Hier Beste, ein Liedgen von mir darauf ich hab eine Melodie von Gretri umbilden lassen! Ach Gott Ihre Brüder kommen, unsre Brüder, zu mir! – Liebe Schwester, das liebe Ding, das sie Gott heissen, oder wie's heisst, sorgt doch sehr für mich. Ich bin in wunderbarer Spannung, und es wird mir so wohl thun sie zu haben.

Ihren Schattenriss kriegen Sie, ich muß aber einen neuen von Ihnen haben, gros.

Thun Sie doch einen Blick in den zweyten Band der Iris wenn Ihnen der aufstösst, es sind allerley Lieder von mir drinn.

Ich halte mich offt in Gedancken an Sie.

Wenn ich wieder munter werde sollen Sie auch Ihr Theil davon haben, lassen Sie nur meine Briefe sich nicht fatal werden, wie ich mir selbst bin da ich schreibe. Ich meyne alle Falten des Gesichts drückten sich drinn ab.
d. 15. Apr.   *Ade! Ade! Beste.*

Wie erwart ich unsre Brüder! Welch ein lieber Brief von Euch dreyen! Hier die Schattenrisse. Sie sind nicht alle gleichgut, doch alle mit fühlender Hand geschnitten. Diesmal kein Wort weiter. Behalten Sie mich am Herzen!
d. 26. Apr. 1775   *G.*

Unter Verwendung einer bekannten und beliebten Opernmelodie des Italieners André Ernest Grétry hatte Goethes Jugendfreund Philipp Christoph Kayser, Sohn des Organisten an der Frankfurter Katharinenkirche und vielversprechendes Talent, das Gedicht *Ihr verblühet, süße Rosen*, das später in Goethes Singspiel *Erwin und Elmire* einging, in Musik gesetzt. Im Gewande dieser reizenden Komposition reiste das *Liedgen von mir* nach Uetersen.

Auf den Spuren beinahe vergessener Volkslieder hatte der Straßburger Student Goethe vier Jahre zuvor das Elsaß durchstreift. Nach getaner Arbeit schrieb er im September des Jahres 1771 an seinen Auftraggeber Johann Gottfried Herder: *Dass ich Ihnen geben kann was Sie wünschen, und mehr als Sie vielleicht*

Arie aus Erwin und Elmire.

Nach dem Hauptthema einer französischen Melodie ausgeführt.

Gedichtet 1773.

Philipp Christoph Kayser, 1775. (1755-1823.)

Ihr ver-blü-het, sü-sse Ro-sen, mei-ne Lie-be trug euch nicht. Ihr ver-blü-het, sü-sse Ro-sen, mei-ne Lie-be trug euch nicht. Blüh-tet, ach! dem Hoff-nungs-lo-sen, dem der Gram die See-le bricht, dem der Gram die See-le bricht. Ihr ver-blü-het, sü-sse

Hier Beste, ein Liedgen von mir ...

hoffen, macht mir eine Freude ... ich habe noch aus Elsas zwölf Lieder mitge-bracht, die ich auf meinen Streiffereyen aus denen Kehlen der ältesten Mütter-gens aufgehascht habe ... Aber ich habe sie bissher als einen Schatz an meinem

Herzen getragen, alle Mädgen die Gnade vor meinen Augen finden wollen, müssen sie lernen und singen ... Damals lernte Goethe die Sesenheimer Pfarrerstochter Friederike Brion kennen.

Das Sesenheimer Pfarrhaus
Bleistiftzeichnung von
Auguste Hartwig um 1875

Herders Volksliedsammlung ließ noch lange auf sich warten – Gustchens Freund Matthias Claudius indessen stellte bereits im Jahre 1773 einige der von Goethe aufgefundenen Elsässer Lieder in seiner Zeitschrift *Der Wandsbecker Bothe* vor.

Gustchens Kloster liegt leider nicht im Elsaß, sondern in Holstein, und so konnten sich Goethe und Augusta zu jener Zeit nicht begegnen. Wie sehr das liederfrohe Gustchen seinen damals formulierten Ansprüchen genügte, hatte der Volksliedsammler inzwischen aber längst erfahren, zeigte er sich doch bereits im März 1775 darüber erfreut, um *Schritt und Tritt* des Uetersener Klosterfräuleins zu wissen. Sie war nicht nur dazu imstande, die Melodie des *Liedgen von mir* zu singen, sondern auch dazu, die Komposition auf dem *Clavier* wiederzugeben: *... die liebe Musik nimmt und giebt mir seelige Augenblicke,* (108) schrieb sie später einmal an Boie.

Wie die einundsiebzigjährige Gräfin Katharina Stolberg erzählt, war es die alte Kinderfrau Klara, die für einen der Ecksteine in Gustchens Lebensgebäude sorgte: *Ich sehe nie einen Champignon ohne an das Lied zu denken ‚Die Seele Christi heilige mich . . .', das sie so heldenmütig uns mit heller Stimme in Helleholm vorsang, wie ein geistlicher Tyrtaeus seinen Spartanern, wenn er sie zum Sieg führte, und wir Kinder, jedes seinen Korb in der Hand die Schwämme darin zu sammeln, es ihr mit lauter Stimme nachsingend, und mit einer so wahren Andacht, daß ich es beym Anblick eines jeden Champignon immer noch im Herzen anstimme. So seltsam es scheint, so bin ich doch überzeugt, daß wenn alle unsere herrlichen Lieder so mit den Kindern zum erstenmal gesungen würden, sie ganz anderen Eindruck davon haben würden . . .*

Das Pilzlied der Klara, das die Stolbergsche Kinderschar beim Champignonsammeln über Seelands sanftgrüne Auen und Triften schmetterte und das durch die ihm beigegebene Melodie *Vom Himmel hoch, da komm ich her* bereits im September und Oktober bei den kleinen Sängern die Vorfreude auf Weihnachten weckte, hat den in pietistischen Häusern hochangesehenen Angelus Silesius zum Dichter:

160

Die Seele Christi heil'ge mich,
Sein Geist versetze mich in sich.
Sein Leichnam, der für uns verwundt,
Der mach' mir Leib und Seel' gesund.

O Jesu Christ, erhöre mich,
Nimm, und verbirg mich ganz in dich;
Schließ mich in dein Erbarmen ein,
Daß ich vor'm Feind kann sicher seyn.

Hilf mir in meiner letzten Not,
Und nimm mich auf zu dir, mein Gott!
Daß ich mit allen Heil'gen dir
Dort einst lobsinge für und für.

Neben der Musik war es die Poesie, sowohl im geistlichen als im weltlichen Kleide, die Gustchens Leben trug. Nach dem Tode des Vaters gab es für die jüngeren Schwestern Julchen und Magdalena keinen Hauslehrer mehr. Wie Katharina und Gustchen an seine Stelle traten, erzählte Julia später: *Der Unterricht, den meine Schwestern, die erst vierzehn und fünfzehn Jahre alt waren, uns geben sollten, bestand darin, dass sie uns viele Lieder und Sprüche auswendig lernen ließen ...*

Dieses früherworbene, weitergegebene und ständig vermehrte Gedankengut half Gustchen, ihre schweren Krankheitszeiten durchzustehn: *Uetersen, d. 6. May 79 ... Ich konnte sehr wenig sprechen, mochte es auch nicht weil ich nur vom Tode hätte reden mögen, und Catrinchen und die Oberg nicht betrüben wollte, aber gerne mochte ich, daß man mir Lieder und Sprüche vorlas ...*

Ein solches Mädchen, das in seiner Kindheit bei inbrünstigem Sang eines frommen Chorals vergnügt auf Pilzausflug gezogen war und dessen Gedächtnis, trainiert in frommem Elternhaus, von geistlicher Posie und Prosa überquoll, war so recht geschaffen für die holsteinischen Klöster, die in ihren liturgischen Ordnungen jahrhundertealte Traditionen bewahrt hatten.

... dancke dancke für die Schildrung dein und deines Lebens, ... hatte Goethe am 19. März 1775 nach Uetersen geschrieben. Vertraut geworden mit *Tritt und Schritt* der fernen Freundin, fühlte er sich ihr zugesellt und fand – zunächst nur für diesen einen Brief – vom förmlichen *Sie* ins vertraute *Du*. Wenn Gustchen von ihrem Kloster-Alltag erzählte, wird der Briefempfänger in Frankfurt nicht nur von den *Sing Stunden* gelesen haben, sondern auch davon, daß man zum Gelingen derselben eines *Sang Fräuleins* bedurfte, auch *Sang Meisterin* oder *Sangfrollein* geheißen. Ja, vielleicht hatte Gustchen ihm sogar geschrieben, daß diese wichtige Person auf gut holsteinisch *die Sangmeestersche* genannt wurde.

Aus der Cisterciensischen Klosterregel *Siebenmal des Tages singe ich Dein Lob* hatte die nachreformatorische Klosterordnung, in Tradition der alten *Horas* die beiden morgens und nachmittags stattfindenden *Sing Stunden* gemacht, früher auch *Cohr Stunden* genannt, von deren gewissenhafter Durchführung die Existenz des Klosters abhing: *Vor des Landes Wohlfahrt zu beten,* war die oberste Pflicht der Stiftsdamen. Kamen sie ihr nicht nach, hatte der König das Recht, ihr Kloster einzuziehen. Manche Priörin der vergangenen Zeiten hatte nicht wenig Mühe, ihre Herde zweimal des Tages auf das Chor der Klosterkirche zu treiben. Bei der oft nur sehr kleinen Zahl der Ortsanwesenden kam es auf eine jede Stimme an. So steht es in einer Klageschrift gegen die sehr resolute Priörin von Reventlow, die im Jahre 1713 mit einer Stimme Mehrheit – und das war ihre

eigene – gewählt worden war: *Die Priörin ... kamen ... um 9 Uhr ... mit gro-*
ßem Ungestüm sagend: Sie solte zu Cohr gehen, oder Sie wollte ihr Ihre Hebun-
gen abziehn! Sie sagte, Sie hätte sich einige Zeit nicht wohl befunden, wenn Sie
gesund wäre, wollte Sie ihrer Schuldigkeit nachkommen, zu Cohr zu gehen ...
Die Priörin sagte: Wann Sie nicht gehen könnte, wollte Sie ihr mit dem Stuhl
hintragen laßen, Sie sollte zu Cohr! ...

Eines der ganz wenigen Zeugnisse
des Uetersener Klosters aus vorre-
formatorischer Zeit ist diese Noten-
Handschrift auf Pergament. Das
einzige heute noch vorhandene Blatt
aus einem *Missale* trägt liturgische
Gesänge zur Osternachtfeier.

Dieses Geplänkel lag fünfzig Jahre zurück, als Gustchen das Kloster bezog.
Zu ihrer Zeit trieb das liturgische Leben eine letzte Spätblüte, wie es mancherlei
Nachrichten sowie zwei Büchlein, altklösterlichen Lektionaren vergleichbar
und offenkundig für die Hand einer *Sang Meisterin* bestimmt, zeigen. Wie die
zwei folgenden Abschnitte aus einer der beiden Handschriften beweisen, war
das Amt der *Sangmeesterschen* von allergrößter Bedeutung. Mit dem Vorhan-
densein einer stimmbegabten Dame stand oder fiel die Singstunde:
Wann des Morgens Cohrstunde ist, wird Sie zuerst angefangen mit dem Ge-
sange 'Herr, der du hülfst und Raht verheißt'. Darauf werden die drey Psalter
gesungen. Dann singet die Sangmeisterin einen Morgen Gesang, und dann noch
einen anderen Gesang, welchen Sie nehmen will. Hierauf folget ,Christe du
Lamm Gottes der du trägest die Sünde der Weldt'. ,Herr Gott dich loben wir'.
,Erhalt uns Herr bey deinem Wort'. Sodann wird die Collecte gesungen und zum
Schluß ,Laßet uns den Herren preißen, Halleluja'.
Des Nachmittags wird allezeyt angefangen mit dem Liede ,Herr Jesu Christ
dich zu uns wend', dem folgen 3 Psalmen. Darauf der Gesang ,Herr Christ, der

*einige Gottes Sohn', welcher aber in den verschiedenen Zeiten des Jahres verän-
dert wird. Nach diesem wird ein fremder Gesang gesungen, den die Sangmeisterin wählen kann, dann kommt ,Christe du Lamm Gottes', , Meine Seel erhebt den
Herren'. Hierauf folget die Collecte, ,Laßet uns den Herren preißen Halleluja'.
Zum Beschluß zwey Verse aus einem Gesang.*

Sämtliche Lieder wurden von den Damen ,choraliter', nämlich von der Orgel
unbegleitet, gesungen, denn der Organist hielt werktags Schule.

Die hohe Wertigkeit der Sangmeisterin zeigt ein Conventsbeschluß aus dem
Jahre 1720. Nicht nur, daß eine jede Dame, die abwesenden eingeschlossen, wie
bisher alljährlich drei Mark an die *Sang Fräulein* zu zahlen hatte, nein, man war
sogar bereit, diese Arbeit mit 50 bis 60 Reichstalern aus der Klosterkasse zu vergüten und dafür nötigenfalls einen *Cantor* einzustellen, wenn sich in den eigenen Reihen keine Dame fand, bei der sich Frömmigkeit und Musikalität paarten
und die zudem noch bereit war, Verantwortung zu übernehmen. In einem so
kleinen Convent wie dem Uetersener war die Zahl der Antwärterinnen für dieses Amt von vornherein sehr begrenzt.

Die beiden wiedergegebenen Abschnitte des handschriftlichen Lektionars
machen deutlich, welch umfassenden Sachverstandes die *Sangmeestersche* bedurfte. Keiner adligen Tochter war die Kenntnis der Psalmtöne angeboren, und
auch das frömmste Elternhaus war nicht imstande, den Töchtern sämtliche
Choralmelodien zu vermitteln, deren Fülle bis zum heutigen Tage in eine Vielzahl von Gesangbüchern eingebunden ist. Welches der holsteinischen Ritterschaft angehörende junge Mädchen hatte, bevor sie ihren Klosterplatz bezog,
jemals vorher eine *Collecte*, ein die Sinne zu Lobpreis und Fürbitte sammelndes
Gebet, gesungen? Solches zu tun war Sache des Ortsgeistlichen, über den ihr
Vater meist das Patronatsrecht ausübte! Diejenige Conventualin, die als Sangfräulein ausersehen wurde, bedurfte darum der umfassenden Anleitung und
des Unterrichts. So waren denn die drei Mark, die ihre Mitschwestern an sie
zahlten, sowie die Gelder, die sie aus der Klosterkasse dafür erhielt, kein Lohn,
sondern lediglich eine Entschädigung für aufgewandte Kosten bei der Ausbil-
dung zu diesem Amt.

Bei ihren *Sing Stunden* saßen sich die Conventualinnen zum Wechselgesang,
dem *Alternatim-Singen*, gegenüber. Weil dabei jede Stimme zählte, erhielt die
ungeübte Novizin bei dem Organisten, dem Angestellten des Klosters, Unterricht im Singen. Oft genug hatte er Anlaß, die Vergeblichkeit seines Tuns zu
beklagen. Denn hatte er mit vieler Mühe eine Sängerin herangebildet, dann
konnte es geschehen, daß diese, mit einem Ehering am Finger, das Kloster für
immer verließ, noch ehe sie ihm nützlich geworden war.

Nicht ohne Grund hatten die Klöster eine *Schulzeit* vorgesehen, die drei Jahre
währte. Auch wenn die jungen Damen im Trällern von mancherlei Liedchen
geübt waren, dauerte es seine Zeit, bis sie den *antiphonalen* und den *responso-
rialen* Gesang begriffen hatten. Bis aus einem *Schulfräulein* eine *Sangmeestersche* geworden war, zogen mehrere Monate ins Land.

Gustchen hatte ihre *Schulzeit* zu Hause verbracht und mußte als Conventualin nachholen, was sie damals nicht hatte lernen können. Sehr bald wird Organist Otto Heydorn, der seine Kunst beim Hamburgischen Kirchenmusikdirektor

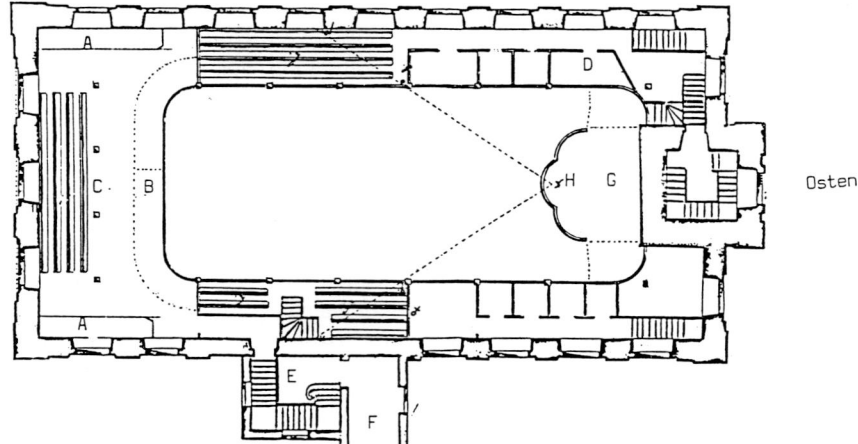

Schnittzeichnung der Uetersener Klosterkirche aus dem Jahre 1754 in Emporenhöhe. Über das heute nicht mehr vorhandene Treppenhaus (E) gelangten die Conventualinnen, von dem mit dem Kloster verbundenen Gang (F) herkommend, auf ihr Chor, wo sie sich bei den *Singstunden* in zwei Gruppen gegenübersaßen (A). Wohnten sie dem öffentlichen Gottesdienst bei, nahmen sie entweder ihre im Halbrund der Empore gelegenen Plätze (B) ein oder die im Altarraum befindlichen Logen, die sie durch Kauf erworben hatten. Die Bänke (C) waren für ihre *Domestiken* bestimmt. Auf der Nordempore hatten die Lateinschüler ihren Platz (D), Altar, Kanzel und Orgel (G, H.) befinden sich gegenüber dem Fräuleinchor, der eine Tiefe von 8 Metern hat.

Telemann erlernt hatte und dem Kloster dreiundvierzig Jahre hindurch in treuen Diensten verblieb, bemerkt haben, daß ihm ein Talent gegenübersaß.

Jede gute Gesangsausbildung schloß seit jeher die Fertigkeit auf einem Tasteninstrument mit ein. Erst recht war diese Kunst einer *Sang Meisterin* vonnöten, mußte sie doch fähig sein, sich einen *fremden Gesang* anzueignen. Als Elementarwissen gehörte die Lehre vom Generalbaßspiel zur Pflichtübung eines jeden Musikanten, obwohl das eigentliche ,Generalbaß-Zeitalter', von dem die riesige, alle Instrumente beherrschende Baßgeige auf dem Plafond der Uetersener Kirche unübersehbar Zeugnis ablegt, seit etwa dreißig Jahren der Vergangenheit angehörte. Sogar *Die Mara*, das Gesangswunder Europas zu Gustchens Zeit, von der gleich noch mehr erzählt werden wird, mühte sich unter Anleitung des Berliner Hofkapellmeisters Kirnberger ab, dieses notwendige ABC der Musik zu erlernen. Nunmehr ist wohl verständlich, warum das *Sangfrollein* einer Aufwandsentschädigung bedurfte.

Nicht, um das Singen der Fräulein zu begleiten, saß Otto Heydorn sonn- und feiertags am Spieltisch der prachtvollen Barockorgel, sondern um den Gesängen kunstvolle Vor-, Zwischen- und Nachspiele einzufügen, wie es der damaligen organistischen Praxis entsprach. Kannte sich die Sangmeisterin nun nicht mit den Kadenzen und Trugschlüssen der Orgelverse aus, so konnte es geschehen, daß sie in der Tonhöhe danebengriff und die Stimmen ihrer respondierenden Mitschwestern in die Irre führte, so daß Psalm oder Magnificat in einem der Heiligkeit des Ortes völlig unangemessenen Gekichere erstarben.

In der ‚guten alten Zeit' trat Jahr für Jahr ein neues Sangfräulein an. Als sich der Nachwuchs rar machte, übertrug man einer der älteren Damen ein für allemal die Oberaufsicht für dieses Amt. Wie eines der klösterlichen Abrechnungsbücher zeigt, empfing die Baronesse Reichenbach bis 1778 Jahr für Jahr den für dieses Amt ausgesetzten Geldbetrag aus der Klosterkasse *Für die Führung des Gesanges*. Indem sie einen Jahresplan aufstellte und jeder der dafür geeigneten Damen ihre Zeiten zuwies und die dafür vorgesehenen Gelder verwaltete, tat sie dem Kloster einen unschätzbaren Dienst. Oft genug wird sie selbst zweimal des Tages die *Sangmeestersche* des Klosters gewesen sein, denn unvorhergesehene Reisen und Krankheitszeiten der Damen schufen ihr ein Puzzlespiel, bei dem manche Teile fehlten.

Das Fräuleinchor. Den 17 Fenstern entspricht jeweils ein Logenplatz für insgesamt 16 Damen, die Priörin hatte Anspruch auf 2 Plätze.

Auch die liederfrohe Conventualin Stolberg muß zu manchen Zeiten als Sangfrollein fungiert haben. Im November des Jahres 1774 erzählte sie ihrem Freunde Boie von einem neuen Studium, das sie mit dem gleichen Eifer betrieb, mit dem sie vorher Englisch gelernt hatte: *Was aber izt den größten Teil meiner Zeit nimmt, mein guter Boie, ist die Musik, ich habe angefangen auf dem Clavier zu spielen und nun will ich nicht eher ruhen bis ich recht gut spiele, vielleicht gelange ich nie dazu, je nun, so will ich auch nie müde werden immer zu suchen, weiter zu kommen . . .* Vier Monate später meldete sie ihre Fortschritte: *Mit meiner Musik geht es gut, und doch sehr langsam, ich habe izt alle horreurs des General Basses, das ist ein gar zu trockenes Studium, und doch ist es so nothwendig zur Musik, und schwer finde ich ihn nicht . . .* (32).

In welchen Jahren und eine wie lange Zeit hindurch Gustchens Stimme den Kirchenraum füllte, läßt sich nicht sagen. Mit oder ohne Amt – sie beschäftigte Otto Heydorn weiter, anhaltend und zielbewußt. Ihrer künftigen Schwägerin Luise schrieb sie am 4. November 1776: *. . . ich spiele alle Tage ein paar Stunden,* *o hätte ich doch Talent zur Musik, so wie ich sie liebe, alle Tage nehme ich eine Stunde, und alle Tage habe ich wenigstens eine zur Übung. Lache mich nicht aus, aber komm ich auch nicht sehr weit, so amusirt es mich doch sehr* . . . Auch ihre Freundin Emilie Schimmelmann las davon, wie Gustchen dem trüben Novembermonat begegnete: . . . *was ich aber am meisten thue, ist, daß ich am Clavier singe, und lerne, daß mir der Kopf raucht und zur Erholung mir leichte Stücke vorklimpere* . . . Weit entfernt davon, ihr Können an der Perfektion zu messen, mit der der Kopenhagener Hofkapellmeister Guiseppe Sarti die Tasten schlug, zog sie dennoch eine Parallele: . . . *und an meinem eigenen Spiele wahrlich so viel Freude habe, als Sarti mit seinen feinen Ohren an seinem eigenen, so kann ein jeder doch nach seinen Fähigkeiten so viel Freude machen als er will – ich nehme alle Tage eine Stunde und übe mich viel –* . . . (80). Fünf Jahre später hatte sich ihr Fleiß ausgezahlt, – Freund Boie las nichts mehr von angestrengtem Üben: . . . *oft verklimpere ich mir ein Stündchen am Clavier* . . . (137).

Um soviel Zeit verklimpern zu können, bedurfte es eines gut ausgestatteten Notenschrankes. Weil sich dieser nicht nur durch Kompositionen ihres Lehrers Heydorn oder durch die *Liedgen* des Freundes in Frankfurt füllen ließ, nahm Augusta auch ihre Brüder in die Pflicht. Kaum bereisten sie das südliche Deutschland, holte sie Gustchens Auftrag ein: *Hört lieben Junges! Wenn euch leichte Musik . . . vor den Schnabel kommt, so denkt an mich, und bringt mir kleine Stücke mit . . .* (37).

Kompositionen, die noch nicht im Druck erschienen waren, gab man sich gegenseitig durch Abschreiben weiter. Gustchen wußte recht gut, daß Freund Boie an der Quelle des sprudelnden Liederfrühlings saß: *Denken Sie wohl noch dar-*

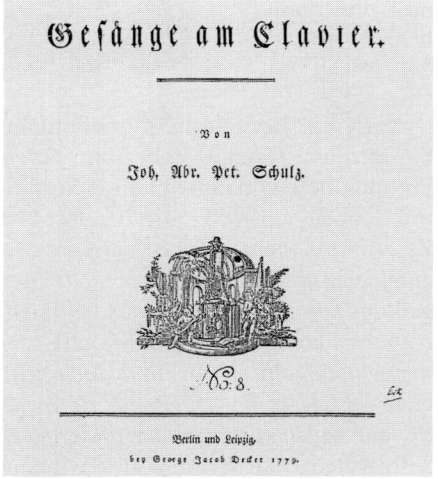

Der Liederfrühling ließ eine Fülle neuer Hausmusik entstehen. Die hier vorgestellten Titel erschienen – neben vielen anderen – innerhalb des Zeitraumes, den Gustchen in Uetersen verbracht hat.

an, daß Sie mir eine kleine Sammlung Liederchens, deutsche und englische, ver-sprochen haben? O schicken Sie mir doch bald etwaß, Sie glauben es nicht, was Sie mir dadurch vor eine Freude machen ... (31).

Mittlerweile ging auch ihr das Notenabschreiben flott von der Hand und sie vermochte sich zu revanchieren. Sie hatte kürzlich Boies Braut Luise Mejer ken-nengelernt: *Hier die versprochenen Lieder, die Sie von meiner Hand haben woll-ten ... Wären Sie oder Ihre Freundin Musicalisch, so schickte ich Ihnen die süße Composition dieser Liederchen, von Reichardt, dazu, sind sie nicht holdselig? ...* (107). Der Begriff ‚Musikalisch' ist schwankend und vieldeutig. Für Gustchen galt offenbar: Wer Musik zwar liebte, aber kein Instrument spielte, dem stand es nicht zu, mit dieser Vokabel geschmückt zu werden!

Sie selbst tat der Bedeutung dieses Wortes in jeder Hinsicht Genüge. Nicht nur, daß sie sang, Clavier spielte und Noten abschrieb – nein, sie kannte sich auch im Konzertleben ihrer Zeit gut aus. Denn obwohl sie ihnen noch niemals vorher persönlich begegnet war, entdeckte sie die beiden in ganz Europa be-rühmten Künstler sofort, die ihr plötzlich über den Weg liefen, als sie sich im Mai des Jahres 1778 für wenige Tage in Hamburg aufhielt. Daß, von der Presse völlig unbemerkt, der Hansestadt ein Musikereignis ersten Ranges bevorstand, war Augusta sofort bewußt. Sie, das Klosterfräulein aus dem kleinen Flecken – nicht ein Reporter einer der in der Elbmetropole anässigen Zeitungen – hatte sie erkannt und griff sofort zum Schreibzeug, um das bevorstehende Spectaculum nach Lübeck zu melden. Gerstenbergs schuldeten ihr zwar noch einen Brief – aber sie war nicht kleinlich: *Ich will nicht böses mit bösem vergelten sondern nur melden, daß ich eben Mara und d i e M a r a gesehen habe, und daß sie künftige Woche ein Concert geben, ich lauf gleich auf Ebelings Stube es Ihnen zu melden, damit Sie und Sophie hübsch herkommen ... Ich freu mich unendlich, diese erste Sängerin zu hören, und weil ich mich so freue, muß ichs Ihnen gleich mittheilen* ... (93). Wieder einmal hatte es sich gefügt, daß sie mit ihren Brüdern Christian und Fritz gleichziehn konnte, die das Stimmwunder Gertrud Elisabeth Mara im Dezember des Jahres 1775 in Berlin gehört hatten. *Die Maras bleiben kurz sehr kurz und gehen nicht nach Lübeck* ... setzte sie als Postscriptum dazu, als es ihr gelungen war, Näheres in Erfahrung zu bringen.

Gertrud Elisabeth Mara geb. Schmehling
Kupferstich von F. W. Nettling 1803

Drei Tage später wußte sie um den genauen Konzerttermin und ersetzte wiederum die verschlafene Presse: *Auf Klopstocks Stube Sonntag morgen. Es dient dem geneigten Leser und der geneigten Leserin zur Nachricht, daß der Mara Concert am Mittwoch schon ist, und daß sie am Freytag, spätestens Sonnabend schon verreißt – wer also kommen will, der komme bald, und wer daß nicht will, der schicke sein Ohr doch wenigstens her – es dünkt mich wohl der Mühe werth dafür künftig sich nur mit einem Ohr zu behelffen . . .* (94).

Die Mara, epochemachende Sängerin und erste nicht-italienische Primadonna Deutschlands, besaß – glaubt man ihrem Biographen Grosheim – einen Stimmumfang *vom g bis zum dreymal gestrichen e . . . im Laufen wie im Springen.* Sie behauptete ihre *kräftige, volltönende Stimme* selbst *unter dem Stärcksten Chor mit Trompeten und Pauken* und war gleich danach wieder imstande, das zarteste piano hervorzubringen. Unter ihrem Mädchennamen *Die Schmehling* hatte sie mit dieser ihrer Stimme den sechzehnjährigen Leipziger Studenten Johann Wolfgang Goethe bezaubert. Er blieb ihr in lebenslanger Bewunderung ergeben und war mit seinem für sie geschriebenen Gedicht *Klarster Stimme, froh an Sinn . . .* unter denen, die der völlig verarmten Sängerin zum 82. Geburtstag, *zum frohen Jahresfeste,* gratulierten.

Als Primadonna der Berliner Hofoper mit einem Jahresgehalt von 3000 Reichstalern bedacht, war Gertrud Mara seit 1771 bei Friedrich II. von Preußen angestellt, der sie eifersüchtig hütete. In der ständigen Furcht lebend, sie würde ihm *desertieren,* gestattete er ihr keine auswärtigen Konzertreisen. Unternahm sie diese trotzdem, mußte sie damit rechnen, verfolgt und nach Berlin zurückgebracht zu werden.

Gustchens zwei Briefe an das Ehepaar Gerstenberg erhellen als einzige Lichtquelle das Dunkel, das die damalige Reiseroute der umjubelten Künstlerin umgibt. Sie wird in Hamburg in einem der zu jener Zeit üblichen *Privatkonzerte* aufgetreten sein, die im Saal der Büschschen Handelsakademie vor geladenen Gästen stattfanden – es schweigen darüber sowohl ihre Biographien als auch sämtliche Zeitungen. Des sensationslüsternen Publikums wegen oder auf der Flucht vor ihren preußischen Verfolgern hielt die Diva ihren Reiseweg stets geheim. Von Berlin herkommend, hatte er diesmal über Hamburg geführt – doch wo sollte er enden?

Gustchen, die Conventualin aus dem stillen Klosterflecken, und der ferne Freund Goethe, den der junge Herzog Carl-August von Sachsen-Weimar-Eisenach im Herbst 1775 an seinen Hof gezogen hatte, wurden im Abstand von nur acht bis zehn Wochen beide eines Kunstgenusses teilhaftig, nach dem die allermeisten Zeitgenossen der bewunderten Sängerin lebenslang vergeblich Ausschau hielten: Als *die Mara* im Mai 1778 ihre Koloraturen in Hamburg sang, befand sie sich auf dem Wege nach Weimar; im Frühsommer des gleichen Jahres brillierte sie in den dortigen Hofkonzerten.

Dieses Kapitel begann damit, daß Gustchen *ein Liedgen* von Goethe erhielt. Die Betrachtung, die damit ihren Anfang nahm und zeigte, wie die Musik Augustas Leben erfüllte, endet in Weimar. Damit schließt sich der Kreis: Denn etliche Wochen, bevor sich *Mara und d i e Mara* auf dem Umweg über Hamburg im

Sommer 1778 in der Residenz Carl Augusts einfanden, hatte Goethe, wie noch ausführlich erzählt werden wird, von dort wiederum *ein paar Lieder* nach Uetersen gesandt.

Goethe hat mir niedliche Liederchens geschickt ... (37), erzählte Gustchen ihren Brüdern im Sommer 1775, nachdem sie Kaysers Komposition *Ihr verblühet, süße Rosen* erhalten hatte. Glücklich darüber, in solcher Weise am Schaffen des Dichters beteiligt zu sein, wird sie sich *den zweyten Band der Iris,* auf den er sie hingewiesen hatte, zu verschaffen gewußt haben. Dort fand sie, neben anderen Gedichten Goethes, dessen Lieder *Willkommen und Abschied, Neue Liebe, neues Leben* und das *Mailied.*

Reisen

Als Goethe im April des Jahres 1775 das bezaubernde *Liedgen* von den ver-
blühenden Rosen in seinen Brief nach Uetersen einschloß, sah er in Ungeduld
der Ankunft von Gustchens Brüdern entgegen. Junge Männer ihres Standes
pflegten die Zeit der Studien mit einer großen Bildungsreise, der ‚Kavalierstour',
zu beenden, die üblicherweise durch Frankreich und Italien führte und zwei
Jahre währte. Der Reiseplan der Grafen Stolberg – von Gustchen *design* genannt und in eigener Schreibweise aufs Papier gebracht – sah bescheidener aus:
Nach längerem Aufenthalt in Hamburg, wo sie sich mit einigen Göttinger
Freunden verabredet hatten, sollte die Fahrt nach Frankfurt gehen, wo Goethe
sie erwartete. Dort gedachten sie auch ihren Hallenser Studienfreund Curt von
Haugwitz zu treffen – den späteren glücklosen preußischen Außenminister –,
und mit ihm wollten sie dann weiter nach Süden ziehen. Doch nicht Italien war
das Ziel, sondern die Schweiz.

Curt von Haugwitz   Johann Kaspar Lavater

Aus den *Physiognomischen Fragmenten*

Wo stiegen die Brüder wohl ab, in Hamburg oder in Altona? Kaum waren die
Wege aufgetaut, begehrte Gustchen den Verlauf der Reise zu erfahren: . . . *sage
mir nun bald recht, wie euer dessein ist, wann ihr kommt, und wo zuerst, so bald
als möglich mögte ich mich euch in die Arme werffen. . .* (33). Der Klosterbauer,
der sie am Palmsonntag, am 9. April 1775, nach Altona kutschierte, wird seine
Pferde tüchtig angetrieben haben, denn die Gemütsverfassung, in der die kleine
Comtesse Stolberg ihrem Reiseziel entgegenstrebte, kann ihm nicht entgangen
sein: *O kommt kommt doch in meine offenen Arme, ich verzweifele vor Ungeduld, bis ich euch habe – izt ist mir alles fatal, alles zuwider, biß ihr mit mir
seyd . . .* (34). Die Grafen Stolberg, die am 8. April an Bord gegangen waren, legten den gesamten Weg von Kopenhagen nach Altona dank günstiger Winde in
nur vier Tagen zurück. Als Augusta ihren Sehnsuchts-Seufzer niederschrieb,
war sie von den Brüdern, ohne daß sie davon wußte, nur noch eine Tagesreise
entfernt.

Nach für alle Beteiligten unvergeßlichen drei Frühlingswochen nahmen Christian und Fritz – so schwer es letzterem auch fiel, es wird noch davon zu sprechen sein – am 1. Mai Abschied von der Elbe. Doch zuvor griffen sie im Verein mit Gustchen zum Federhalter – sie waren Stolbergs! – und veranlaßten Goethe zu einem Post-Scriptum. Seinen am 15. April geschriebenen Brief, der das *Liedgen* enthielt, hatte er am 26. noch nicht zur Post gegeben: *Wie erwart ich unsre Brüder! Welch ein lieber Brief von Euch dreyen!* ...

Als auch Gustchen ihren Aufenthalt in Hamburg beendete, durchzogen die Brüder bereits das Hessenland: *Eine Station vor Marburg war besonders schön. Unser Postillion verließ die Landstraße, um uns einen Fußpfad durch den Wald zu führen. Da ging's über Berg und Thal ... durch so dichtes Gebüsch, daß einer den anderen kaum sehen konnte* ...

Gustchen, die das *dessein* der Reise aufs genaueste kannte, hatte keine Schwierigkeiten, mit ihnen in Verbindung zu bleiben. Heimgekehrt an die Pinnau, griff sie tags drauf sofort zum Tintenfaß: *Seit gestern bin ich wieder hier, meine besten! Fühlt ihr es denn nicht, daß fast immer die Rede von euch ist? Schwester Oberg und ich sprechen fast von nichts sonst. Ich habe das liebe Mädchen viel beßer als damals gefunden, da wir hier waren, roht und blaß noch sehr, aber Gottlob! ohne Fieber ... Ihr liegt mir immer am Herzen ... Lebt wohl ihr besten! Und denkt an mich wo ihr seyd – heute dencke ich bey Goethe . .* (35).

O, wie recht sie hatte! Kaum in Frankfurt angekommen, waren Christian und Friedrich Leopold schon mit ihm zusammengetroffen: *... er aß mit uns und wir waren, als hätten wir uns Jahre gekannt. Es ist ein gar herrlicher Mann ... Er ist bis zum Ungestüm lebhaft ... Wir sind immer beysammen und genießen zusammen alles Glück und Wohl, das die Freundschaft geben kann. Er kann sich nicht von uns trennen und will zu unserer größten Freude einen Theil der Reise mit uns machen. O möchte es doch die ganze sein!* ... Friedrich Leopolds Wunsch ging in Erfüllung, Goethe zog mit ihnen in die Schweiz. Über die gegenseitige Sympathie war Gustchen nicht erstaunt: *Daß dachte ich wohl, daß ihr und Goethe gleich bekannt seyn würdet, und euch gleich lieben, ...* (36).

In welch aufsehenerregender Gewandung die vier jungen Männer Stolberg, Haugwitz und Goethe südwärts reisten, erzählte Christian in einem der vielen Briefe, mit denen er und Friedrich Leopold die mit jedem Tage größer werdende Entfernung zu den Geschwistern überbrückten: *Heidelberg, 17. Mai ... Das macht uns herrliche Freuden, daß wir mit Göthe reisen. Es ist ein wilder, unbändiger, aber sehr guter Junge. Voll Geist, voll Flamme. Und wir lieben uns schon so sehr. S c h o n , sag' ich. Seit der ersten Stunde waren wir Herzensfreunde. Wir Viere sind bei Gott eine Gesellschaft, wie man sie von Peru bis Indostan umsonst suchen könnte. Und so herrlich schicken wir uns zusammen. In Frankfurt haben wir uns alle Werthers Uniform machen lassen, einen blauen Rock mit gelber Weste und Hosen; runde graue Hüte haben wir dazu ... Diesen Abend kommen wir nach Carlsruhe* ...

Inzwischen hatte auch Gustchen ihr *dessein* für diesen Sommer entworfen, der sie zunächst als große Schwester in die Pflicht nahm. Das sechzehnjährige Julchen, am 27. April 1775 in Altona konfirmiert, war von Prinzessin Louise, der Schwester des Dänischen Königs, zu einer ihrer Hofdamen berufen worden.

Julchens künftige Herrin war mit dem Landgrafen von Hessen vermählt, der, Statthalter seines Schwagers, in Schleswig residierte und sich sommers auf seinen in der Nähe gelegenen Landsitz Louisenlund zurückzog. In dieses ihr neues Zuhause gedachte Gustchen die kleine Schwester zu geleiten, wenn sie Uetersen demnächst in Richtung Seeland verlassen würde. Auch den Sommer zuvor hatte sie auf dem Landsitz der Bernstorffs verbracht, wo nicht nur sie die Brüder diesmal schmerzlich vermissen würde. Henriette hatte alle ihre Geschwister gerne um sich, Gustchen schrieb an Christian: ... *wohl thut mir aber der Gedanke, daß ich unserer Schwester, unserer liebsten Schwester, eure Abwesenheit ersetzen soll, wollte Gott, ich könnte es* ... (33).

Die für die nächsten Monate zu treffenden Vorbereitungen hielten sie jedoch nicht davon ab, ihre Gedanken den übermütigen Reisenden zuzuwenden, und Christian las: *Du bist doch izt recht glücklich, mein bester! daß du die Reise, auf die Art, und in der Gesellschaft machst, ... Sag mir doch ..., wer unter euch vieren ist der Klügste? ich denke fast Hauchwitz. Du mein Liebster bester Junge! du machst ja wohl gar keinen Anspruch drauf und Goethe denke ich, ambitionirt es auch nicht. Ich denke, Hauchwiz mentorisirt euch alle. Gute Jungens seyd ihr alle, aber ich mögte doch so eigentlich nicht unter euch seyn ... Sweet Oberg gives you both a sisterly kiß. Grüßt euren Mentor, und den wilden Jungen* ... (37). Als sie diesen Brief abschickte, weilten die vier Gefährten in Emmendingen, wo der *wilde Junge* Goethe seine dort verheiratete, aber sehr vereinsamte Schwester Cornelia besuchte.

Am Freitag nach Pfingsten, am 9. Juni 1775, sagten sich die beiden Freundinnen Metta Oberg und Gustchen Stolberg in Uetersen Lebewohl. Niemals mehr sollte die Trennung so lange währen wie in diesem Jahre.

Auf ihrem Weg in den Norden des Cimberlandes mußte Gustchen die Pferde mindestens zweimal wechseln lassen. Der erste Reisetag ging, wie stets, auf der Breitenburg zu Ende.

Franz Joachim und Johanne von Dewitz geb. von Rumohr

Wenn die jungen Stolbergs, unterwegs zwischen Holstein und Dänemark, regelmäßig im Gutshause Loitmark bei Kappeln an der Schlei einkehrten, dann pflegten sie eine Freundschaft, die schon zwischen ihren Eltern und den Besitzern des Gutes, dem Ehepaar Joachim und Johanne von Dewitz, bestanden hatte. Als Gustchen viel viel später, im Februar 1781, Freund Boie den Tod des Gutsherrn mitteilte, nannte sie ihn zunächst *unser aller guter lieber alter Freund.* Dann aber ging sie im nächsten Satz ins Detail und hieß ihn *meinen ältesten Freund.* Es drängt sich die Vermutung auf, daß er es war, der ein verzagtes dreizehnjähriges Mädchen, im Sommer des Jahres 1766 zur Einkleidung nach Uetersen gerufen und vom Schwager über die Ostsee mitgenommen, von Loitmark aus in einer geruhsamen Kutschfahrt zu Tante Amoene nach Breitenburg brachte. Gustchen mag es damals ein Trost gewesen sein, daß Christina Ulrica, die älteste Schwester ihres Beschützers, als Conventualin in Uetersen lebte.

Herrenhaus des Adeligen Gutes Loitmark
Gouache aus dem
18. Jahrhundert

Das gastfreundliche Haus der Dewitzens stand den Geschwistern Stolberg und allen ihren Freunden zu jeder Jahreszeit weit offen. Als Gustchen ihrem Freunde Boie ein Jahr zuvor, im September 1774, dieses Stückchen Erde vorgestellt hatte, war sie ins Schwärmen geraten: *Sagen Sie mir doch, ob Sie Loitmark kennen und wenn Sie es gesehen haben, ob Sie jemals einen hübschern, angenehmern Ort gesehn haben – Der Herr von Dewiz ist ein Mann, der erstaunend viel Verstand hat, viel Großes und Edles im Charakter, und vom angenehmsten Umgang ist – Seine Frau ist mehr Engel als Frau, nie habe ich eine Frau von so sanftem, göttlichen Herzen gesehn, . . . Die Lebensart, die dort herrscht, ist himmlisch, frey und ungenirt, und ungefragt thut man da waß man will – . . .* (30).
Nicht nur Gustchen rühmte Hausfrau und Hausherrn! Magnus, der jüngste der Stolbergbrüder, stellte Klopstock die beiden vor, um ihn an die Schlei zu locken: *Dewitz und seine Frau sind so gut und interessant, daß Bon et cher eben sagte, wenn Lavater von ihnen wüßte, er wälzte sich in Purzelbäumen von Zürich nach Loitmark . . .* Für Joachim von Dewitz wurde der Besuch des Messias-Dichters zum Ereignis: *Nun so werden 2 Wünsche meines Lebens erfüllt, . . . Den Prinzen Eugen sah ich als Jüngling und Klopstock werde ich endlich nun sehen . . .*

Das geliebte Reiseziel vor Augen, ertrugen die beiden Schwestern Gustchen und Julia die Strapazen einer achtzehnstündigen Wagenfahrt: *Loitmark, den 11. Juni 1775 Hier bin ich meine Liebsten Jungens seit heute Nacht um 2 Uhr – ob ich froh war Loitmark zu sehn, das magst du liebster Christel entscheiden, du kennst den lieben würdigen Herrn von Dewiz, seine vortreffliche Frau und diesen Paradiesischen Ort – ich muß euch doch meine Reise erzählen, aber kurz, denn ich habe wenig Zeit, da die Briefe heute schon weg sollen – Freytag Morgen gieng's nach dem fatalen Breitenburg. Früh um 6 wollten wir Sonnabend weiter reisen, die Pferde kamen aber erst um 8 – um 2 gestern Abend warn wir hier alles schlief. Loitmark zeigte sich mir schöner als jemals, ich sah es im Mondschein. Ein so schöner Ort wie Loitmark ist doch wohl in der Welt nicht mehr –.*

Nach dieser fröhlichen Dur-Melodie wechselte sie unvermittelt ins schwermütige Moll. Doch nicht nur die Trennung veränderte ihre Tonart: *... aber Lieben Brüder, wäret Ihr doch auch hier. Der Gedanke allein könnte mich traurig machen, wenn ich es nicht schon wäre ...* Das schöne Loitmark rief schmerzhafte Erinnerungen wach. Mit wieviel heimlicher Freude hatte Gustchen den Septembertagen des letzten Jahres entgegengesehen, die sie hier mit Christian und dessen Freund Cai von Reventlow aus Altenhof zubringen sollte! Sie wußte, daß auch Boie den Göttinger Kommilitonen beider Brüder kannte, dem sie kürzlich begegnet war, und hatte ihn kurz vor dem Zusammentreffen ausgefragt: *Sagen Sie mir, wißen Sie gar nicht, wie es dem ältesten Grafen jetzt geht? Als Freund von meinen Brüdern und als Ihr Freund interessire ich mich sehr für Ihn, und würde es auch ohnedem thun, denn obgleich ich Ihn nur wenig gesehn habe, schien er mir ein junger Mensch zu seyn, der verdiente glücklich zu seyn und der ein sehr fühlbares Herz hat ...* (30). Wenn sie sich auch sehr bemühte, ihre wahren Gefühle für Cai zu verbergen – Boie wird dennoch bemerkt haben, daß ihr der Sohn des Oberkammerherrn nicht gleichgültig war.

Cai Friedrich Graf von Reventlow

Die Septembertage des Jahres 1774 waren in herber Enttäuschung zu Ende gegangen, *da ich hörte, daß Reventlow mich nicht liebte ...* (36). Die kaum vernarbte Wunde war jetzt wieder aufgebrochen und Gustchen sehnte sich nach vertrauter Zwiesprache. Sie wußte, wie schwer auch Friedrich Leopold an seiner unerwiderten Liebe zu Sophie Hanbury trug, einer jungen Engländerin, die er im Frühling in Hamburg kennengelernt hatte: *Lieben Brüder! Dieß sind vortrefflliche Leute, . . . und Loitmark ein Paradieß, aber ich bin hier nicht vergnügt, mein Herz sehnt sich alle Augenblicke nach jemand, mit dem ich offen, und von Herz zu Herz reden kann . . .* (39).

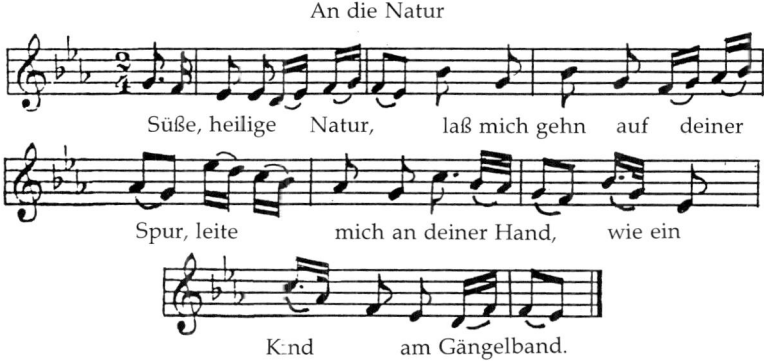

An die Natur

Süße, heilige Natur, laß mich gehn auf deiner Spur, leite mich an deiner Hand, wie ein Kind am Gängelband.

Wenn ich dann ermüdet bin,	Ach, wie wohl ist mir bei dir!
Sink' ich dir am Busen hin,	Will dich lieben für und für;
Atme süße Himmelslust,	Laß mich gehn auf deiner Spur,
Hangend an der Mutterbrust.	Süße, heilige Natur.

Text: Friedrich Leopold Graf zu Stolberg, Juni 1775. Weise: J. A. P. Schulz

Über die Entstehung dieses Gedichtes schrieb Friedrich Leopold Stolberg später: *Als ich den Rheinfall sah, überwältigte mich die staunende Freude. Meine Seele wogte hin und her. Nach und nach kam die Ebbe. In den letzten Aufwallungen der abwechselnden Fluth und Ebbe ward meine Empfindung zum Liede.*

Gustchen weilte noch immer in Loitmark, als die Schweizreisenden nach Zürich kamen und Pfarrer Lavater besuchten. Der Gelehrte war von ihnen aufs höchste angetan und teilte Johann Gottfried Herder mit: *Die Stolbergs sind unbeschreibliche Menschen. So viel poetisches Gefühl, Genie, Geschmack und so viel simple Menschlichkeit.*

Die Gebirgler dachten freilich anders. Sie liefen entsetzt von dannen, weil sich die also Gerühmten und ihre beiden Gefährten, die sich über die wildesten Gletscher führen ließen, in fast jedem der am Wege liegenden Gewässer abkühlten – und zwar bei Tage! Am Bodensee hatte man die jungen Männer dieses ihres ungenierten Badens wegen sogar festnehmen wollen. Nur der Umstand, daß Pfarrer Lavater am Ufer saß, bewahrte sie vor der Wut der aufgebrachten Bauern. Diese ließen von ihrem Eifer ab, als sie den heiligen Mann neben den verlassenen Kleiderhäufchen erblickten: Was da geschah, war offenbar kein unmoralisches Tun, sondern ein – wenn auch unbekannter – Taufritus.

Die Kühnheit, mit der die vier Reisegenossen die Felsen und Klüfte der Schweiz erkundeten, erregte Aufsehen. *Heldenseelen ... die Grafen Stolberg, habe ich den 22. und 23. August in Genf gesehen,* berichtete Dr. Johann Georg Zimmermann, der berühmte Arzt, den Gustchen so gerne kennen lernen wollte, seinem Kollegen Hensler nach Altona. *Kein Schweizer hat nie die Schweiz bereißt wie diese Männer und Hauchwiz: Keiner hat alle geistige Wollüste auf den Alpen beßer getrunken als sie, keiner sich so dreiste in halb zerschmolzenem Eise gebadet als sie und Goethe – das sind Männer, diese Stolbergs, Aldersseelen ..."*

Der Rheinfall bei Schaffhausen in einem Kupferstich von 1783

Gustchen, die auch ohne Zimmermanns Lobeshymne, die ihr Hensler natürlich zuschickte, genau über Tun und Treiben der vier Freunde im Bilde war, gaben die brieflichen Nachrichten von Sonnenhitze und Gletscherwasser Anlaß zu allergrößter Besorgnis: *Eine Bitte habe ich an euch – nehmt euch doch ja mit dem Baden in acht, denkt, daß nichts gefährlicher ist, als sich, wenn man heiß ist, zu baden, insonderheit in so eißkaltem Waßer, wie leicht könntet ihr einen Krampf im Fuß oder gar im Leibe kriegen, und denkt wie unglücklich wir würden wenn – – – o die Idee ist gar zu abscheulich! Liebste beste Jungs, so ihr uns liebt, so seyd recht vorsichtig, badt euch ja nie, wenn ihr heiß seyd, geht nie an unbekannte Stellen, laßt euch die besten zeigen, und trinkt ja nie in der Hitze – ...*(42).

Der Arzt und Freund Toby Mumssen aus Hamburg gehörte zu dem Kreis der Auserwählten, bei denen die Reiseberichte der Brüder die Runde machten. Aus seiner ärztlichen Sicht bedurfte der von Gustchen aufgezählte Gefahrenkatalog keiner Ergänzung, war er doch sicher, daß seine Logenbrüder die Baderegeln beherzigten, die Klopstock ihnen beigebracht hatte. Er, der Städter, der sich zu Pferde auf sicheren Straßen zu seinen Patienten begab, fürchtete weit Schlimmeres: *Liebster Christian, um Gotteswillen verirrt euch nicht in den Alpen – ... Ihr werdet ungern die besten Herzen betrüben und uns trauernd machen ...* Als er sich um die Bergsteiger sorgte, war er just am Sonntag zuvor achtunddreißig Jahre alt geworden. Er stand der Hamburger Freimaurerloge *Zu den drei Rosen* vor, zu deren prominenten Mitgliedern Gotthold Ephraim Lessing und

176

Matthias Claudius gehörten. Beide Grafen Stolberg waren unlängst eingetreten. Für Gustchen bedeutete dies, daß sie fortan von einem Teil ihres Lebens ausgeschlossen blieb – bis zum heutigen Tage haben Frauen keinen Zutritt zur Loge. Sich damit abzufinden, war sie nicht gewillt! Da sie wußte, wer den Schlüssel zu den Geheimnissen der *Maurer* besaß, war es für sie nur eine Frage der Zeit, wann auch sie an ihnen teilhaben würde.

Gar zu gerne sattelte Toby sein Pferd und ritt die Wegstrecke von Hamburg nach Uetersen, heutige dreißig Kilometer, um die Schwester seiner *Brüder* zu besuchen. Wer aber zu Gustchen kam, besuchte auch Metta. Wie der *Meister vom Stuhl der Loge zu den drei Rosen* dem Charme der beiden jungen Damen erlag, davon lasen Christian und Fritz, als sie sich in den Schweizer Bergen tummelten: *Warum ist Goethe kein Frei-Maurer? daß muß er werden. Ihr, glaube ich, dürft nach e u r e n G e s e z e n nicht werben, ich will ihn also für euch werben – schade wärs doch, wenn der Junge nicht unter euch wäre, und viel wär's, wenn euch dreyen es nicht einmal in seiner Gegenwart in der P a u s c h S t u n d e échapirte. Sag Goethen von mir, daß er es werden muß. O Bruder, warum bin ich kein Junge! Ich bin so n e u g i e r i g. Glaubt aber nur nicht, daß euer Herr und Meister, einen ganzen Tag, hier umsonst unter 2 Mädchen geweßen ist – er hat beichten müßen, und nachdem Er unvermerkt zu viel gesagt hatte, blieb ihm nichts übrig, als uns aufzunehmen – denk einmal welch Glück! Aber ich weiß noch enzelich wenig. Und der Eid, der Eid! Die Haare stehen einem Toby zu Berge, wer nur schweigen könnte! . . . (37).*

Was Gustchen sich vorgenommen hatte, wird sie auch ausgeführt haben. Der Kalender zeigte den 1. Juni, als sie den Brüdern sich und Metta als ‚Logenschwestern' präsentierte. Einen Tag später schrieb sie einen Brief an Goethe, wie er am 3. August bestätigte. Ihre Begeisterung für die Freimaurerei wird nach Verlauf von vierundzwanzig Stunden um nichts geringer gewesen sein. Doch war ihre Mühe damals vergeblich. Erst fünf Jahre später trat der Umworbene der Loge *Amalia* in Weimar bei.

Eine gemeinsam unternommene Kahnfahrt auf dem Zürichsee wurde den vier Freunden Stolberg, Goethe und Haugwitz zum Höhepunkt ihrer Reise, die sich dem Ende näherte. Das Gedicht, das Johann Wolfgang Goethe an jenem 15. Juni in sein Tagebuch niederschrieb, findet sich in jeder Anthologie:

Auf dem See

Und frische Nahrung, neues Blut
Saug ich aus freier Welt;
Wie ist Natur so hold und gut,
Die mich am Busen hält!
Die Welle wieget unsern Kahn
Im Rudertakt hinauf,
Und Berge, wolkig himmelan,
Begegnen unserm Lauf.

177

Aug, mein Aug, was sinkst du nieder?
Goldne Träume, kommt ihr wieder?
Weg, du Traum! so gold du bist;
Hier auch Lieb und Leben ist.

Auf der Welle blinken
Tausend schwebende Sterne,
Weiche Nebel trinken
Rings die türmende Ferne;
Morgenwind umflügelt
Die beschattete Bucht,
Und im See bespiegelt
Sich die reifende Frucht.

Goldne Träume zogen Goethe zu seiner Braut nach Frankfurt zurück; etwa drei Wochen, bevor ihn die Grafen Stolberg besuchten, hatte er sich verlobt. Doch wollte er nicht die Schweiz verlassen, ohne den St. Gotthard bezwungen zu haben. Als er sich aufmachte, dieses Gebirgsmassiv zu erklimmen, schloß sich ihm sein Frankfurter Jugendfreund Jakob Ludwig Passavant an, Kandidat der Theologie, der zu jener Zeit ein enger Mitarbeiter Lavaters war.

Auf dem St. Gotthard
Lavierte Bleistiftzeich-
nung von Johann
Wolfgang Goethe
Juni 1775

Während Gustchens Brüder, zusammen mit Haugwitz, am Züricher See *Freundschaft, schöne große Natur, Landleben, Gefühl der Freiheit* ... genossen und Goethe zurückerwarteten, der am 18. Juni sein Ziel erreicht und *in Wolcken und Nebel rings die Herrlichkeit der Welt* geschaut hatte, neigte sich Gustchens Holstein-Aufenthalt seinem Ende entgegen: *Loitmark, den 19. Juni 1775 Abends halb 1. So spät es ist, so sehr mein Schiffer auch droht, mich Morgen früh wecken zu laßen und so eine corvée ich heute ausgestanden habe, so muß ich euch meine besten! doch noch aus Holstein ein paar zärtliche Worte sagen. – Heute habe ich Julchen nach Louisenlund gebracht, wie es da gieng, wie sehr mir der Prinz, die Prinzessin und die ganze Lebensart mir dort gefallen, daß sage ich euch nächstens. Heute ist's zu spät und ich bin zu fatigirt. Um 5 Uhr mußte ich aufstehn, mich frisiren und puzen, so in der ärgsten Hize und in einer Wolke Staub 5 Stunden fahren, den Hof machen und wieder 5 Meilen, daß greift an* – (40).

Der nächste *Morgen früh* sah ein friedlich schlafendes Gustchen, das sich von der *corvée*, der ausgestandenen Reisemühsal des vorangegangenen Tages, erholte – denn ... *mein Schiff stak in einem fatalen Sand. Lag 9 Tage, ich mußte also so lang in Loitmark bleiben* ... (41). In täglichem Umgang mit anderen Gästen des Hauses, der jungen Gräfin Holck und deren Familie, war ihre anfängliche Betrübnis gewichen. Aus dem Wartezustand heraus, der sich von Tag zu Tag verlängerte, schrieb sie in die Schweiz: ... *wie wohl thät's mir sonst so lange hier zu bleiben, wenn nicht unsere Schwester auf mich wartete und ich dahin will* ... (40).

Kappeln an der Schlei. Von hier trat Gustchen 1775 ihre Seereise nach Bernstorff an
Gestochen von J. Poppel um 1840

Am Freitag, dem 30. Juni, demselben Tage, an dem Gustchen nach einer vierundachtzig Stunden dauernden Überfahrt in Kopenhagen angekommen war, beklagte Friedrich Leopold das Scheiden des Freundes Goethe: ... *Uebermorgen reist er nach Frankfurt; es geht mir sein Verlust herzlich nahe. Er macht sc sehr eins mit uns aus, wir sind nicht mehr ein Ganzes, nur drei Viertel* ... Der Abschiednehmende hinterließ jedoch ein Erbe, das über die gemeinsamen Tage hinaus fortwirkte und bei den Geschwistern Stolberg lebenslang erhalten blieb: Vornehmlich Gustchen bediente sich seit dem Sommer 1775 nur allzu gerne des von Goethe für ihren ältesten Bruder geprägten Namens *Christel*.

179

Die drei folgenden Briefe Goethes fanden Augusta auf Seeland, *zweyhundert Meil von mir*, wie der Absender die Entfernung einschätzte. Am Ziel ihrer Reise, dem Landsitz von Schwester und Schwager, endlich angekommen, jauchzte sie am 1. Juli: *In Bernstorff! In Bernstorff! Meine besten Jungen, seit gestern Mittag. Mondtag Abend ging ich ab, ich habe viel Sturm, Langeweile und Windstille gehabt, war wohl, aber von übelster Laune – gestern Mittag kam ich an, und lief in die Stube so voll Ungestüm in der aeltesten Ihre Arme, daß . . . wir beinahe beyde fielen . . . (41).*

Ehe der Leser jedoch eingeladen wird, diesen Landsitz zu betreten, um Gustchens Jubelruf zu verstehen, muß von Frankfurt erzählt werden, wo Goethe am 22. Juli angekommen war. Drei Tage später schickte er den ersten Brief über die Ostsee:

Den 25. Jul. 75

Ich will Ihnen schreiben Gustgen liebe Schwester, ob ich gleich, wäre ich iezt bey Ihnen schwerlich reden würde. Ich muss anfangen! Wie weit ists nun von mir zu Ihnen. Gut denn, wir werden uns doch sehn.

Bin wieder in Franckfurt, habe mich von unsern Brüdern in Zürch getrennt, schweer ward's uns doch. – . . . Gute Nacht Schwester Engel. Einen herzlichen Grus der Gräfin Bernsdorf.

Den 31. Juli. Wenn mirs so recht weh ist, kehr ich mich nach Norden, wo sie dahinten is zweyhundert Meil von mir meine geliebte Schwester. Gestern Abend Engel hatt' ich so viel Sehnen zu ihren Füssen zu liegen, ihre Hände zu halten, und schlief drüber ein, und heute früh ist wieder frisch mit dem Morgen. Beste theilnehmende Seele, immer den Himmel im Herzen und nur unglücklich durch die Deinigen! – Aber wie du auch geliebt wirst!

Ich muss noch viel herumgetrieben werden, und dann einen Augenblick an Ihrem Herzen! – Das ist immer so mein Traum, meine Aussicht durch viel Leiden. – Ich habe mich so oft am Weiblichen Geschlecht betrogen – O Gustgen wenn ich nur einen Blick in Ihr Aug thun könnte! – Ich will schweigen – Hören Sie nicht auf, auch für mich zu seyn. Ade.

Hier Gustgen ein altes verlohrnes Zettelgen das ich wiederfinde.

Lili

Unterwegs zum Gipfel des St. Gotthard, genoß Goethe einen einzigartigen Blick hinunter auf den Zürichsee. Was er angesichts der Schönheit, mit der ihn die Natur umgab, empfand, vertraute er seinem Tagebuch an:

> *Wenn ich, liebe Lili, dich nicht liebte,*
> *Welche Wonne gäb mir dieser Blick!*
> *Und doch, wenn ich, Lili, dich nicht liebte,*
> *Wär' was wär mein Glück.*

Um Klarheit über sein Leben und Lieben zu erlangen, war er im Mai aus Frankfurt geflüchtet und mit Haugwitz und Gustchens Brüdern auf Reisen gegangen, doch schon nach wenigen Wochen trieb ihn die Sehnsucht nach Frankfurt zurück. Anfang des Jahres hatte er hier die siebzehnjährige Anna Elisabeth

Anna Elisabeth von Türckheim geb. Schönemann
Miniatur, Deckfarben auf Elfenbein

Schönemann kennengelernt. *Von ein Paar schönen Augen am Spieltische gehalten*, hatte er Gustchen bereits in seinem 2. Brief den Liebreiz dieses jungen Mädchens spüren lassen, das bald darauf seine Braut wurde und das er in den *Lili-Liedern* besang. Das erste dieser Gedichte war im Januar entstanden:

Herz, mein Herz, was soll das geben?
Was bedränget dich so sehr?
Welch ein fremdes, neues Leben!
Ich erkenne dich nicht mehr.
Weg ist alles, was du liebtest,
Weg, warum du dich betrübtest,
Weg dein Fleiß und deine Ruh –
Ach, wie kamst du nur dazu!

Fesselt dich die Jugendblüte,
Diese liebliche Gestalt,
Dieser Blick voll Treu und Güte
Mit unendlicher Gewalt?
Will ich rasch mich ihr entziehen,
Mich ermannen, ihr entfliehen,
Führet mich im Augenblick,
Ach, mein Weg zu ihr zurück.

Und an diesem Zauberfädchen,
Das sich nicht zerreißen läßt,
Hält das liebe, lose Mädchen
Mich so wider Willen fest;
Muß in ihrem Zauberkreise
Leben nun auf ihre Weise.
Die Verändrung, ach, wie groß!
Liebe! Liebe! laß mich los!

Seine Liebe zu Lili stürzte den jungen Dichter in Verwirrung und Konflikte. Seine Freunde standen in Amt und Verantwortung, doch er saß mit sechsundzwanzig Jahren noch immer im Vaterhause. Sein abgeschlossenes Jurastudium brachte ihm, dem jungen Rechtsanwalt, ab und an ein *verdrüsliches Geschäft*, wie er es Gustchen gegenüber formuliert hatte. *Ich bin wieder scheissig gestrandet und möchte mir tausend Ohrfeigen geben, daß ich nicht zum Teufel gieng, da ich flott war*, schrieb er seinem Freunde Merck nach der Rückkehr aus der Schweiz. Er sehnte sich aus Frankfurt heraus. In der Enge der Vaterstadt, das spürte er nur allzu deutlich, würde er seine Kräfte niemals entfalten können. *O wenn ich iezt nicht dramas schriebe ich gieng zu Grund . . .* hatte Gustchen im März gelesen. Dem Helden seines zu jener Zeit geschriebenen Singspiels *Claudine von Villa Bella* legte er in den Mund: *Eure bürgerliche Gesellschaft ist mir unerträglich! Wo habt Ihr einen Schauplatz des Lebens für mich?*

Doch wie sollte ihm die so notwendige Freiheit werden, wenn er sich mit Lili verband? Sie zu heiraten bedeutete, mit ihr zusammen im Hause seines Vaters zu leben, dessen tyrannisches Wesen ihm mit jedem Tage unerträglicher wurde. Die Liebe zu Lili hatte ihn in einen Strudel hineingezogen, aus den ihn auch seine fluchtartige Schweizreise mit dem sich in ähnlichen Nöten verzehrenden Friedrich Leopold Stolberg nicht hatte befreien können. Im Mai ohne Abschied davongegangen, hatte er seine Braut in eine peinliche Situation gebracht. Ihre Familie stand ihm, einem jungen Dichter mit ungewisser beruflicher Zukunft, noch skeptischer gegenüber als vordem. Als Bräutigam eines Mädchens, das, namentlich zur Messezeit, von wohlhabenden Geschäftsfreunden des elterlichen Handelshauses umschwärmt wurde, fühlte er sich äußerst unwohl. In dieser Zeit der inneren Kämpfe, seiner Zerrissenheit und Selbstzweifel war Gustchen seine Vertraute. Nach Frankfurt zurückgekehrt, bedurfte er ihrer wie in keinem der Monate zuvor:

Gustgen! Gustgen! Ein Wort dass mir das Herz frey werde, nur einen Händedruck. Ich kann Ihnen nichts sagen. Hier! – Wie soll ich Ihnen nennen das h i e r! Vor dem Stroheingelegten bunten Schreibzeug – da sollten feine Briefgen aus geschrieben werden und diese Trähnen und dieser Drang! Welche Verstimmung. O dass ich Alles sagen könnte. Hier in dem Zimmer des Mädgens das mich unglücklich macht, ohne ihre Schuld, mit der Seele eines Engels, dessen heitre Tage i c h trübe, i c h ! Gustgen! Ich nehme vor einer Viertelstunde Ihren Brief aus der Tasche, ich les ihn! – Vom 2. Jun! und sie b i t t e n , b i t t e n , um Antwort, um ein Wort aus meinem Herzen. Und heut der 3. Aug. Gustgen und ich habe noch nicht geschrieben. – Ich habe geschrieben, der Brief liegt in der Stadt angefangen. O mein Herz – Soll ich's denn anzapfen, auch dir Gustgen, von dem Hefetrüben Wein schencken! – Und wie kann ich von Frizzen reden, vor dir, da ich in seinem Unglück, gar offt das meine beweint habe. Lass Gustgen. Ihm ist wohler wie mir – Vergebens dass ich drey Monate, in freyer Lufft herumfuhr, tausend Gegenstände in alle Sinnen sog. Engel, und ich sizze wieder in Offenbach, so vereinfacht wie ein Kind, so beschränkt als ein Papagey auf der Stange, Gustgen und sie so weit. Ich habe mich so offt nach Norden gewandt. Nachts auf der Terresse am Mayn, ich seh hinüber, und denck an dich! So weit! So weit! – Und dann du und Friz, und ich! und alles wirrt sich in einen Schlangenknoten! Und ich finde nicht Lufft zu schreiben. – Aber iezt will ich nicht aufhören biss iemand an die Thüre kommt und mich wegrufft. – Und doch Engel manchmal wenn die Noth in meinem Herzen der grösst ist, ruf ich aus, ruf ich dir zu: Getrost! Getrost! Ausgeduldet und es wird werden. Du wirst Freude an deinen Brüdern haben, und wir an uns selbst. Diese Leidenschafft ists die uns aufblasen wird zum Brand, in dieser Noth werden wir um uns greifen, und brav seyn, und handeln, und gut seyn, und getrieben werden, dahin wo Ruhe Sinn nicht reicht. – Leide nicht vor uns! – duld uns! – Gieb uns eine Trähne, einen Händedruck, einen Augenblick an deinen Knieen. Wische mit deiner Lieben Hand diese Stirn ab. Und ein Krafftwort, und wir sind auf unsern Füssen.

Hundertmal wechselts mit mir den Tag! O wie war mir so wohl mit deinen Brüdern. Ich schien gelassen, mir war's weh für Frizzen der elender war als ich, und mein Leiden war leidlicher. Jezt wieder allein. – In ihnen hatte ich s i e bestes Gustgen, denn ihr seyd eins in Liebe und Wesen. Gustgen war bey uns und wir bey ihr! – Iezt – nur ihre Briefe! – Ihre Briefe! – und N u r dazu – Und doch brennen sie mich in der Tasche – doch fassen sie mich wie die Gegenwart wenn ich sie in Glücklichem Augenblick aufschlage – aber manchmal – offt sind mir selbst die Züge der liebsten Freundschafft todte Buchstaben, wenn mein Herz blind ist und taub – Engel es ist ein Schröcklicher Zustand die Sinnlosigkeit. In der Nacht tappen ist Himmel gegen Blindheit – Verzeihen Sie mir denn diese Verworrenheit und das all – Wie wohl ist mir's dass ich so mit Ihnen reden kann, wie wohl bey dem Gedanken, Sie wird dies Blat in der Hand halten! S i e ! d i e s B l a t ! das ich berühre das iezt hier auf dieser Stäte noch weis ist. Goldnes Kind. Ich kann doch nie ganz unglücklich seyn. Jezt noch einige Worte – Lang halt ich's hier nicht aus ich muss wieder fort – Wohin! –

. . . NB. heut reiten wir aus. hier liegt ein Kleid, eine Uhr hangt da, viel Schachteln, und Pappedeckel, zu Hauben und Hüten – Ich hör ihre Stimme – – Ich darf bleiben, sie will sich drinne anziehen. – Gut Gustgen ich hab ihnen beschrieben wie's um mich herum aussieht, um die Geister durch den sinnlichen Blick zu vertreiben – – Lili war verwundert mich da zu finden, man hatte mich vermisst.

Sie fragte an wen ich schriebe. Ich sagts ihr. Adieu Gustgen. Grüssen Sie die Gräfin Bernsdorf Schreiben Sie mir ...

Der unruhige

Lassen Sie um Gottes willen meine Briefe niemand sehn.

Einen Tag, nachdem Gustchen diesen Brief empfangen hatte, schrieb sie ihren Brüdern: *Bernstorff, 19. August 1775. Von Goethe kriegte ich gestern einen Brief von 4 quart Seiten, enthousiastisch freundschaftlich, er duzt mich, nennt mich Engel und goldenes Kind – ein ganz vortrefflicher Brief aber ganz a la Werther – er schreibt ihn bey seiner Lili – der arme Goethe – bringt ihn doch diesen Herbst mit nach Hamburg ... euch liebt er wie er soll – sagt mir aber – ‚in den Brüdern hatte ich Sie bestes Gustchen ihr seid eines in Liebe und Wesen. Gustchen war bey uns und wir bey ihr' – das müßt ihr mir doch noch schreiben, ob er oft von mir sprach ...*

Dies sind einige der wenigen Worte aus den vorhandenen Briefen Gustchens, die ahnen lassen, in welch starkem Maße der in seiner Liebe so hilflose junge Mann durch seine betörende Sprache von ihren Gedanken Besitz ergriffen hatte. Er, der berühmte Dichter, dessen faszinierender Persönlichkeit sich niemand zu entziehen vermochte, der ihn kennenlernte, hatte sie, s i e ganz allein vor allen anderen Mädchen, die er kannte – und dies waren nach seinen eigenen Worten *ihrer Viele* –, zur Vertrauten erkoren. Für die Zeitgenossen war er *ein Genie, groß und schrecklich wie's Riesengebirg*, einer der *außerordentlichsten Männer, der furchtbarste und liebenswürdigste Mensch, eine der außerordentlichsten Erscheinungen*. Von ihm, ihnen als Freund *so herzlich zugethan*, hatten die Brüder geschrieben: *... sein Herz ist nicht unter seinem Geist ...* Der aber sprühte Funken, wenn er an s i e, Gustchen, schrieb. Und waren die Geständnisse, mit denen der von Zweifeln umgetriebene junge Mann ihr, der fernen Vertrauten, sein Gewissen und seine Leidenschaft für Lili offenlegte, ihm unter den Fingern nicht schon längst zu Liebesbriefen geraten? Konnte aber eine Dreiundzwanzigjährige gegen solche Sprache unempfindlich sein? *... das müßt ihr mir doch noch schreiben, ob er oft von mir sprach ...* Gustchens Herzensangelegenheiten gingen stets nur andeutungsweise in ihre Briefe ein. Man muß ihre Worte wägen, aber nicht zählen.

Den *Schlangenknoten*, der sich um Goethe zugezogen hatte, konnte auch Augusta nicht lösen. Aber seiner hin- und herlodernden Gefühlswelt nur allzu verwandt, vermochte sie ihr Herz weit zu öffnen für die Nöte des ihr nur von Angesicht noch unbekannten Freundes. Den Empfängern ihrer Briefe offenbarte sie sich als ein außerordentlich zartfühlendes Menschenkind mit einem vielbeweglichen Herzen: *... ich bin durch mein Empfindungs-volles Herz nicht glücklich, und doch wollte ich es nicht mißen. Gott segne mir mein gutes warmes, zur Freude und zum Schmerz so sensibles Herz –* (32). Sie, die Gottes Verzeihung stellvertretend für den Bruder erflehte, als dieser sich in seiner Leidenschaft für Sophie Hanbury in Anklagen gegen den Himmel verstieg, der ihm das Herz des Mädchens versagte; sie, die in der Teilnahme am Kummer des Bruders den ihren beiseiteschob und wünschte: *... könnte ich doch euer Glück mit meinem Unglück erkauffen ...* (35) und ihn tröstete: *Die Sache eines so lieben Bruders ist wahrlich trauriger als meine eigne ...* (36), sie, Gustchen, fand auch ganz bestimmt die richtige Sprache, wenn sie sich dem an seiner unglücklichen Liebe verzweifelnden jungen Dichter zuwandte! Was sie ihm schrieb, wenn sie seine Briefe beantwortete, diese sich steigernden Hilferufe, die sich durch das Auf und Ab der Gefühle wie Fieberkurven darstellten, war ihm *Gut Wort* und klang ihm *in die Ohren* wie eine Trompete – in der Sprache des zu jener Zeit noch gebräuchlichen Luther-Deutsch dem jungen Goethe als *Trompte* geläufig und darum in dieser Form in seinen Brief an Gustchen eingegangen –, deren unüberhörbare helle Klänge den *eingeschlafnen Krieger* aufweckten.

Seine verzweifelt ausgestoßene Frage . . . *ich muss wieder fort – Wohin!* wurde bald darauf, ohne sein Zutun, beantwortet. Um davon zu erzählen, muß der Zeit etwas vorgegriffen werden.

Der achtzehnjährige Herzog Carl August von Sachsen-Weimar-Eisenach, soeben an die Regierung gekommen, nahm seinen Weg über Frankfurt, als er im September dieses Jahres 1775 zu seiner Hochzeit mit Prinzessin Luise von Hessen-Darmstadt nach Karlsruhe fuhr. Goethe war ihm kein Unbekannter mehr, denn als er anläßlich seiner Verlobung im Jahr zuvor ebenfalls durch die alte Reichsstadt gekommen war, hatte ihm sein Erzieher Karl Ludwig von Knebel den Verfasser des *Götz* vorgestellt. Carl August und der Dichter verstanden sich außerordentlich gut, Goethe wurde aufgefordert, nach Weimar zu kommen. Im Spätherbst 1775 folgte er dieser Einladung. Die Bildungsreise seiner Freunde, der Reichsgrafen Stolberg, schloß auch den Besuch der sächsischen Höfe ein. So wußten denn die ehemaligen Reisegefährten, daß sie in nicht allzu ferner Zukunft wieder zusammentreffen würden. Von Weimar aus wollten sie gemeinsam nach Hamburg reisen.

*

In den letzten Tagen dieses Jahres, das für ihn ganz anders schloß, als es der Januar verheißen hatte, war Goethe zu Pferde im Ländchen des Herzogs unterwegs: *Wie ich so in der Nacht gegen das Fichtengebürg ritt, kam das Gefühl der Vergangenheit, meines Schicksaals, und meiner Liebe über mich, und sang so bey mir selber:*

> *Holde Lili, warst so lang*
> *All mein Lust und all mein Sang!*
> *Bist, ach, nur all mein Schmerz, und doch*
> *all mein Sang bist du noch.*

Schloß Bernstorff auf Seeland

So weit! So weit war Goethes Brief gereist. Hier in Bernstorff, im Hause von Schwester und Schwager, wo Gustchen am 30. Juni endlich angekommen war und sich bald darauf auch Katharina einstellte, hatten seit dem Tode der Mutter auch die Brüder Christian und Friedrich Leopold ihr Zuhause, die beide noch ohne Amt waren. Ihre regelmäßig aus der Schweiz einteffenden Reiseberichte milderten Gustchen den Schmerz, dieses Jahr nicht mit ihnen zusammen zu sein: *Nichts ist uns Schwestern unangenehmer, als wenn Posttag kommt, der uns von den Geliebten Brüdern keine Briefe bringt . . . Wie oft in meinem Leben habe ich schon den Erfinder des Briefschreibens gesegnet, nie aber so, so von ganzem Herzen als auf dieser eurer Reise . . . Der Erfinder des Briefschreibens, denke ich oft, muß ein guter Mann gewesen seyn . . . Erfand er doch eine Sache, die fast alle Menschen froh . . . macht – den besten Seegen wünsche ich ihm; . . . daß er einmal unsre ganze Freude sähe und hörte, wenn Briefe aus der Schweiz kommen . . .* (44).

Der bescheidene Landsitz, den sich der große Staatsmann Johann Hartwig Ernst Graf von Bernstorff zu *ehrenvoller Ruhe nach gethaner Arbeit* unweit Kopenhagens hatte errichten lassen und dem er den Familiennamen gab, wurde durch die jetzige Herrin des Hauses, Gustchens älteste Schwester Henriette, zum familiären Zentrum. Waren es jetzt die Stolberg-Geschwister, die sich möglichst zahlreich Sommer für Sommer dort trafen, so hielten später die Bern-

Vom französischen Baumeister Nicolas-Henri Jardin 1764/65 erbaut, hat Schloß Bernstorff seitdem nur geringe bauliche Veränderungen erfahren. Der Speisesaal, im Halbrund des Hauses zum Garten gelegen, war der Schauplatz des *sehr langweiligen diners* vom 11. September 1775. Das Bild zeigt die heutige Gartenansicht.

storffschen Nachkommen an dieser Tradition fest und machten das Schloß zum Schauplatz ihrer Familientage.

Treffpunkt zu sein blieb auch die Bestimmung dieses Schlosses, als sich die Bernstorffs Mitte des neunzehnten Jahrhunderts von dem Besitz zu trennen gezwungen sahen. Verkauft und zur Lieblingsresidenz des dänischen Königs Christian IX. a. d. H. Glücksburg geworden, öffnete das Schloß seine Pforten den berühmten Familientreffen des Königlichen Paares, Eltern der Gemahlinnen sowohl König Edwards VII. von England als des Russischen Zaren Alexander III., Eltern auch König Frederiks VIII. von Dänemark sowie Georgs I. von Griechenland. Die ganze Tragik der in den letzten hundert Jahren verflossenen Geschichte wird dem heutigen Besucher, dem Bernstorff zur Besichtigung offensteht, hier in ganz besonderer Weise bewußt. Er weiß um das furchtbare Geschehen zweier Weltkriege und erfährt, daß sich in diesem Schlosse die Kaiser- und Königskinder Europas kennenlernten, die künftigen Erben der Throne, allesamt Enkel des Königs von Dänemark und einige von ihnen wiederum mit dem deutschen Kaiserhause verwandt. Schloß Bernstorffs späteres Geschick schlummerte noch verborgen im Schoße der Zukunft, als seine Ruhe und seine edle Schönheit zum Rahmen und Schauplatz eines Briefes an Goethe wurde, den er Gustchen mit den Worten *Dancke zuerst für Ihre lebendige Beschreibung alles was Sie umgiebt . . .* Mitte September bestätigte.

Mehr noch als durch das Haus wurde der Sommer durch Bernstorffs Park und Gärten zur Festzeit des Jahres, die für die Familie im Mai begann und sie manchmal erst im Oktober in ihr Kopenhagener Palais zurückkehren ließ. Nicht als Edelmann, der Gefallen an den üblichen Lustgärten fand, sondern als Ökonom war der Minister zu Werke gegangen, als er sein Schloß mit Gärten umgab, wie man sie vorher in Dänemark noch nirgends gesehen hatte. Die harmonische Gesamtanlage des unter dem lichtblauen Himmel Seelands auf einer kleinen Anhöhe gelegenen und in einen Park gebetteten weiß-gelben Schlosses, umgeben von waldbekränzten riesigen Kornfeldern, bot dem Ankommenden schon von weither einen herzerfreuenden Anblick. Näherte er sich dem Hause, wurden seine Sinne vom Anblick eines Blumenflors überwältigt, dessen Duft und Blütenpracht unter dänischem Himmel vorher nicht für möglich gehalten wurde. Der sich in die Landschaft hineinschmiegende Park stand jedem offen. Sein mit Wiesenblumen durchsprenkelter Rasen wurde von Hecken und Gebüsch unterschiedlichsten Blattwerks eingefaßt, hier und da unterbrochen von in Gruppen zusammengepflanzten Blumen, die vom Frühling bis zum späten Herbst einander im Blühen ablösten. Der Park ging in üppige Rosengärten über, denen sich ein großer Nutzgarten anschloß, der in Treibhäusern und Freilandkulturen Gemüse und Obst hervorbrachte in einer Fülle, Qualität und Vielfalt, wie man es vorher entweder aus dem Süden bezogen oder überhaupt nicht gekannt hatte. Von Bernstorffs Gartenbau lernten sowohl die königlichen Gärtner als auch die Bauern, die alsbald mit selbstgezogenen Melonen, Erbsen, Spargel, Artischocken und Pfirsichen auf die Märkte zogen und ganz Seeland zu einem einzigen prächtigen Garten machten. Der große Staatsmann Johann Hartwig Ernst Graf von Bernstorff leistete dem Lande Dänemark durch seinen beispielhaften Gartenbau einen weiteren herausragenden Dienst. Nach seinem Tode pflegte sein Neffe und Nachfolger Graf Andreas Peter, Gustchens Schwager, das Erbe in seinem Geiste weiter. Hier nun war es, wo Gustchen ihre Sommermonate zubrachte, denen sie alljährlich mit Beginn des Frühjahrs entgegenfieberte.

Wer auf Bernstorff weilte, hatte Pflichten in den Gärten zu übernehmen. Den Damen oblag die Blumenpflege, der Küchengarten war die Domäne des Hausherrn. Seine Kinder lernten auf eigenem Stückchen Scholle Segen und Beschwernis der Arbeit kennen. Zuweilen wurden alle Familienmitglieder und Besucher auf einmal hinausbefohlen, um Unkraut zu jäten oder die Wege zu harken. Nun wird verständlich, warum der *kleine Garten am Hause* für Gustchen so wichtig war, daß er als Detail der Uetersener Wohnung, die ansonsten nicht näher beschrieben wird, in ihren für Sophie Bernstorff bestimmten ersten Brief aus dem Kloster Eingang fand.

Indes, waren Haus, Garten und Park, von denen Gustchens Sommer verklärt wurden, auch noch so paradiesisch – die Wirklichkeit des politischen Alltags machte vor Bernstorff nicht halt. *... Schreibt mir nach Denemark von nichts, als waß man sehen kann. Ihr versteht mich ...* (40) hatte Gustchen die Brüder noch aus Loitmark gebeten. Graf Andreas Peter, in höchsten Staatsämtern tätig, war seinen Schwägern herzlich gut. Aber um seinen politischen Widersachern begegnen zu können, die ihrerseits alle ein- und ausgehenden Briefe seines Hauses zu kontrollieren versuchten, ja, oft genug erbrachen, mußte auch er die Niederschriften der für Freiheit und Vaterland schwärmenden Stürmer und Dränger kennen. Als es Gustchen gelungen war, Goethes Briefe unbemerkt in Empfang zu nehmen, bat sie die Brüder um diesbezügliche Verschwiegenheit: *... antwortet auf daß, daß ich einen Brief erhalten habe, nicht, mein Schwager weiß es nicht und mögte ihn sehn wollen –* (45), und *... schreibe von dem Brief nicht hierher, ich habe ihn nicht gezeigt, weil Goethe selbst es nicht haben wollte* – (53). Kehrte der Schwager abends vom Dienst aus Kopenhagen heim, brachte er stets die dort angekommene für Bernstorff bestimmte Post mit. Gewöhnlich reichte die Zeit vor dem Abendessen noch aus, um die Absender der an Gustchen adressierten Briefe auszumachen. Las er *Metta von Oberg, Uetersen,* so barg der Inhalt keinerlei Zündstoff, und Gustchen erhielt die Sendung sofort. Von ihrer Kriegslist, Briefe an die Freundin schicken zu lassen, damit sie diese in die ihren einschloß – *... es genirt mich doch wohl, daß mein Schwager alle Briefe sieht* (47) –, ahnte er nichts. Doch Gustchen fand auch noch andere Mittel und Wege, um sich ihr Briefgeheimnis zu bewahren: *Wie es mit eurem gestrigen Brief ging, muß ich doch erzählen – mein Schwager kam spät von der Stadt und brachte ihn mit, er konnte aber nicht vor Tische gelesen werden, die Fremden kamen zu früh – wie alle Conferencen aus sind, und nur noch Schimmelmann* – der Sohn des dänischen Schatzmeisters, der zum Stolbergschen Freundeskreis gehörte – *und ein paar andre da waren, hatte mein Schwager die Grausamkeit, mir das dicke Paquet zu zeigen und nicht geben zu wollen. Drauf schlich ich mich hinter ihn, und nahm es ihm aus der Tasche – meine Schwester erbrach es gleich, und Schimmelmann, der so eben sein Theil kriegen konnte, dankte mir die kleine List sehr ...* (42). Christian und Friedrich Leopold hatten Porto gespart und alle Briefe zusammengepackt.

188

Graf Bernstorff, der übrigens am gleichen Tage wie Goethe Geburtstag hatte, wird die hinter seinem Rücken hantierende Schwägerin sehr wohl bemerkt haben. Aber er war nicht nur ihren Brüdern, sondern auch ihr von Herzen gut – und sie ihm auch: *Wie kann ich Ihnen, mein Liebster Schwager, meine ganze Dankbarkeit bezeigen! erlauben Sie, daß ich Sie zärtlich umarme, für den charmanten allerliebsten Stoff den Sie die Güte gehabt haben, mir zu geben; so schön, so charmant ich ihn auch finde, so versichere ich Ihnen doch, daß dies für mich sein geringster Werth ist, Sie mein Liebster Freund! haben Ihn mir gegeben! Dies giebt Ihm einen wahren, einen sehr großen Werth für mich –* ... (16). Dies hatte sie dem Schwager vor vier Jahren beteuert, und jetzt, im Sommer 1775, zerstach sie sich die Finger für ihn: *Ich bordire izt mit unserer Schwester eine Weste für ihren Mann, charmante Arbeit!* ...(44).

Das Denkmal für den Staatsmann Andreas Peter Graf von Bernstorff im Park seines Anwesens zeigt den Schloßherrn, der mit rüstigen Schritten seinem Hause zustrebt, zu *ehrenvoller Ruhe nach gethaner Arbeit,* wie es der Bauherr einst formuliert hatte.

Der politische Alltag, der nach Bernstorff griff, beschränkte sich nicht auf die Briefzensur – die übrigens nicht nur Gustchen zu umgehen sich bemühte. Auch während der Sommermonate lud der Staatsminister zu großen Diners in sein Haus. An diesen Essen teilnehmen zu müssen, war Gustchen besonders an Posttagen eine lästige Pflicht: *Ganz leise habe ich mich von den Fremden weggeschlichen, um mit dir, du mein Geliebtester! zu schwatzen ... o du mein Christel, sey ... für jedes Wort deines Briefes fest an mein Herz gedrückt – ich war heute, eines sehr langweiligen diners wegen, sehr übler Laune, da kam aber dein Brief, den Schwester Bernstorff heimlich erbrach und mir mein Theil gab – husch, ich nach meinem Zimmer. Waß kümmert mir die ganze Welt, wenn ich einen Brief von dir in der Hand habe ... dieser Sommer ist viel angenehmer als der vorige, stell dir vor, wir haben den ganzen Sommer nur einmal auswärts gegessen, ... das Mondtags direr ist auch nur alle 14 Tage, und 3 mahl sind die Fremden abgesagt worden –* (49). Doch Bernstorff sah nicht nur dienstliche Gäste: *Die Clara, die seit 3 Tagen hier ist grüßt euch aufs herzlichste. Die gute Clara ist uns allen so attachirt –* ... Auch die alte Kinderfrau wird sich die Erinnerung an die Pilzausflüge bewahrt haben.

Die lebendige Beschreibung alles waß Sie umgiebt wird Bernstorffs kleine Schatten nicht verschwiegen, aber erst recht seine Lichtseiten geschildert haben, wie sie Boie ein Jahr zuvor erfahren hatte: *Den aller angenehmsten Sommer habe ich hier, in Bernstorff, das ein kleiner Himmel ist, im Schoos meiner Familie zugebracht* ... (30).

Park, Schloß und Gärten bildeten nur den äußeren Rahmen für Gustchens Sommerglück. Erst die Menschen, die sich in ihm bewegten, ließen Bernstorff für Augusta zum *Himmel* werden, dem die liebenswerte Persönlichkeit der Hausfrau Henriette seinen warmen Glanz verlieh und für ihren Mann, ihre Kinder und Geschwister zum Leuchten brachte. Von ihrem Schöpfer mit außerordentlicher Schönheit begabt, leitete *Schwester Bernsdorf*, wie Goethe ihren Namen schrieb, bei ständig wachsender Kinderzahl ein riesiges Hauswesen. Als souveräne Gastgeberin stand sie ihrem Mann helfend zur Seite. Diplomaten und Regierende, von deren Wirken das Schicksal ihrer Länder abhing, gingen in Bernstorff ein und aus und versammelten sich um den Speisetisch der Hausfrau, an dem zu besonderen Anlässen auch die königliche Familie Platz nahm. Neben der Verantwortung, die sie an der Seite ihres Mannes trug, schuf Henriette ihren im Lande verstreut lebenden Schwestern und Brüdern, samt deren immer größer werdendem Freundeskreis, für etliche Monate des Jahres ein ungestörtes und glückliches Miteinandersein. Für die Geschwister, die sie herzlich liebten, blieb *Schwester Bernsdorf* das *Puletchen* der gemeinsamen Kindheit; ihren Kosenamen behielt sie lebenslang.

Gustchen, nach Bernstorff gekommen, um sich *im Schoos meiner Familie* zu kuscheln, kam trotz manchen *langweiligen diners* voll auf ihre Kosten, denn Bernstorffs *kleiner Himmel* schloß, wie sie Boie erzählte, ihre Nichten und Neffen mit ein: *Ich lebe hier so vergnügt und wohl, als man mit 2 geliebten Schwestern, einem lieben Schwager und unter dem Gewimmel 7 allerliebster kleiner Kinderchens, und auf dem Lande, leben kann* ... (50).

Das *Gewimmel* hatte große Ähnlichkeit mit einer Reihe von Orgelpfeifen. Angeführt vom damals achtjährigen Hans, wurde sie, die auf noch mehr als eine Oktave anwachsen sollte, von der erst neun Monate alten kleinen Emilie beschlossen. Nur Fritzchen, geboren am 24. Juli 1773, hatte zwei Jahre auf sich warten lassen, alle anderen Kinder waren im Abstand von jeweils nur einem Jahre aufeinander gefolgt. Das *erste Lottchen* war 1769 am *Keichhusten* gestorben. Als Bernstorffs ein Jahr später wiederum ein Mädchen geschenkt wurde, erhielt es, als *zweites Lottchen*, die Namen Sophie Magdalene Charlotte.

Jeder Sonnenuntergang an Bernstorffs *Himmel* ließ den Tag des Abschieds näherrücken. Weil Gustchen wußte, wie sehr *Schwester Oberg* auf sie wartete, der von ihrem Sommeraufenthalt Jersbek nur mehr die Erinnerung geblieben war – der Bruder hatte das vom Onkel hochverschuldet übernommene Gut verkaufen müssen –, nahm sie die Trennung dennoch wohlgemut hin. Zudem lebte sie in der frohen Gewißheit, als erste von allen Geschwistern die von ihrer ,Kavalierstour' über Hamburg heimkehrenden Brüder wiederzusehen. Sie würden dort nicht alleine ankommen. *Gut denn, wir werden uns doch sehn,* hatte Johann Wolfgang Goethe im Juli geschrieben.

In den letzten Tagen des Bernstorffer Sommers 1775 erhielt Augusta noch einmal einen Brief aus Frankfurt. Sowohl an Umfang als an Intensität übertraf er alle vorherigen:

Ja lieb Gustgen gleich fang ich an d. 14. Sept. im Moment da ich ihren Brief endige, sehen Sie wie hoch und klein, wie viel ich zu schreiben dencke. Heut bin ich ruhig, da liegt zwar meist eine Schlang im Grase. Hören Sie, ich hab immer

Goethes Elternhaus zu Frankfurt
Kupferstich nach Friedrich Wilhelm
Delkeskamp 1824

eine Ahndung, sie werden mich retten, aus tiefer Noth, kanns auch kein Weiblich Geschöpf als Sie. Dancke zuerst für Ihre lebendige Beschreibung alles was sie umgiebt, hätt ich nur iezt noch einen Schattenriss von Ihrer ganzen Figur! Könnt ich kommen. Neulich reisst ich zu Ihnen! Durchzog in trauriger Gestalt Deutschland, sah mich weder rechts noch lincks um, nach Coppenhagen, und kam und trat in ihr Zimmer, und fiel mit Trähnen zu ihren Füssen, und rief Gustgen bist dus! – Es war eine seelige Stunde, da mir das lebendig im Kopf und Herzen war. Was Sie von Lili sagen ist ganz wahr. Unglücklicher Weise macht der Abstand von mir das Band nur fester das mich an sie zaubert . . . Engel! Ihr Brief hat mir wieder in die Ohren geklungen wie die Trompte dem eingeschlafnen Krieger . . . Ja Gustgen wir wollen das lassen – über des Menschen Herz lässt sich nichts sagen, als mit dem Feuerblick des Moments. Nun soll ich zu Tische

---

. . .

Gute Nacht Gustgen! Heut einen guten Nachmittag, der selten ist – . . . Gute Nacht. Will dir so ein Tagbuch schreiben, ist das beste. Thu mir's auch so. ich

191

hasse die Briefe und die Erörterungen, und die Meynungen. Gute Nacht! So! – ich sehe zurück, schon dreymal, ists doch als wenn ich verliebt in dich wäre! und den Hut immer nähme und wieder niederlegte. Wie wollt ich du könntest nur acht Tage mein Herz an deinem, meinen Blick in deinem fühlen. Bey Gott was hier vorgeht ist unaussprechlich fein und schnell und nur dir vernehmbar

Gute Nacht.

d. 15. Guten Morgen. Ich hab eine gute Nacht gehabt. Und bin iezt recht wie ein Mädgen. Sie rathen nicht was mich beschäfftigt, eine Maske, auf kommenden Dienstag wo wir Ball haben.

//Nach Tisch! – Ich komme geschwind gelaufen, dir zu sagen was mir drüben in der andern Stube durch den Kopf fuhr: Es hat mich doch kein Weiblich Geschöpf so lieb wie Gustgen.

//Und meine Masque wird eine altdeutsche Tracht, schwarz und Gelb, Pumphose, Wämslein, Mantel und Federstuzhut . . .

halb viere. In Brunnen gefallen wie ichs ahndete. Meine Masque wird nicht gemacht. Lili kommt nicht auf den Ball. Aber dürft ich, könnt ich alles sagen! – Ich thats sie zu e h r e n weil ich declarirt für sie bin, . . . – Also Gustgen! – Ich taths auch halb aus Truz, weil wir nicht sonderlich stehn die acht Tage her. Und nun! – Sieh Gustgen! so kanns allein werden wenn ich dir so von Moment zu Moment schreibe. – – halb 5. ich wollt ich könnt mich dir darstellen wie ich bin, du solltest doch dein Wunder sehn. Gott! so in dem ewigen Wechsel, immer eben derselbe.

d. 16ten. Heut Nacht necksten mich halb fatale Träume. Heut früh beym Erwachen klangen sie nach. Doch wie ich die Sonne sah sprang ich mit beyden Füssen aus dem Bette, lief in der Stube auf und ab, bat mein Herz so freundlich freundlich, und mir wards leicht, und eine Zusicherung war mir dass ich gerettet werden, dass noch was aus mir werden sollte: Gutes muths denn Gustgen. Wir wollen einander nicht auf's ewige Leben vertrösten! Hier noch müssen wir glücklich seyn, hier noch muss ich Gustgen sehn. das einzige Mädgen deren Herz ganz in meinem Busen schlägt. – Nach Mittage halb vier. Offen und gut der Morgen, ich that was, Lili eine kleine Freude zu machen, hatte Fremde. Trieb mich am Tische spasend närrisch unter Bekannten und Unbekannten herum. Gehe iezt nach Offenbach, um Lili heute Abend nicht in der Comödie morgen nicht im Concert zu sehen. Ich stecke das Blat ein und schreibe draus fort.

Offenbach. Abends sieben. In einem Kreise von Menschen die mich recht lieb haben, offt mit mir leiden! Es ist nun so! ich sizze wieder an dem Schreibtischgen von dem ich Ihnen schrieb eh ich in die Schweiz ging . . .

Offenbach. Sonntag d. 17ten Nachts zehen. – Ist der Tag leidlich u. stumpf herumgegangen, da ich aufstund war mirs gut, ich machte eine Scene an meinem Faust. Vergängelte ein paar Stunden. Verliebelte ein paar mit einem Mädgen davon dir die Brüder erzählen mögen, das ein seltsames Geschöpf ist. Ass in einer Gesellschaft ein Duzzend guter Jungens, so grad wie sie Gott erschaffen hat. Fuhr auf dem Wasser selbst auf und nieder, ich hab die Grille selbst fahren zu lernen. Spielte ein Paar Stunden Pharao und verträumte ein Paar mit guten Menschen. Und nun sizz ich dir gute Nacht zu sagen. Mir wars in all dem wie einer Ratte die

Gift gefressen hat, sie läuft in alle Löcher, schlurpft alle Feuchtigkeit, verschlingt alles Essbaare das ihr in Weeg kommt und ihr innerstes glüht von unauslöschlich verderblichem Feuer. Heut vor acht Tagen war Lili hier. Und in dieser Stunde war ich in der grausamst feyerlichst süsesten Lage meines ganzen Lebens /:mögt ich sagen:/ O Gustgen warum kann ich nichts davon sagen! Warum! . . .

Gute Nacht Engel. Einzigstes Einzigstes Mädgen – und ich kenne ihrer Viele --
---

Montag d. 18. Mein Schiffgen steht bereit, ich werds gleich hinunter lencken. Ein herrlicher Morgen, der Nebel ist gefallen alles frisch und herrlich umher! – . . . Beste ich bitte Dich schreib mir auch so ein Tagbuch. Das ist das einzige was die ewige ferne bezwingt. --- --- --- --- --- --- ---
Montag Nacht halb zwölf. Franckf. an meinem Tisch. komme noch dir gute Nacht zu sagen. . . .

Lili heut nach Tisch gesehn – in der Comödie gesehn. Hab kein Wort mit ihr zu reden gehabt – auch nichts geredt! – Wär ich das los. O Gustgen – und doch zittr' ich vor dem Augenblick da sie mir gleichgültig, ich hoffnungslos werden könnte . . . – . . .

Dienstag sieben Morgens. – Im Schwarm! Gustgen! ich lasse mich treiben und halte nur das Steuer, dass ich nicht strande. Doch bin ich gestrandet ich kann von dem Mädgen nicht ab – heut früh regt sichs wieder zu ihrem Vortheil in meinem Herzen. – Eine grose schweere Lecktion! – Ich geh doch auf den Ball einem süsen Geschöpfe zu lieb, aber nur im leichten Domino, wenn ich noch einen kriege. Lili geht nicht.

Nach Tisch. halb vier. Geht das immer so fort, zwischen kleinen Geschäfften durch immer Müssiggang getrieben, nach Dominos und Lappenwaare. Hab ich doch mancherley noch zu sagen. Adieu. ich bin ein Armer verirrter verloarner -- Nachts Achte, aus der Comödie und nun die Toilette zum Ball! O Gustgen wenn ich das Blat zurücksehe! Welch ein Leben. Soll ich fortfahren? oder mit diesem auf ewig endigen. Und doch Liebste, wenn ich wieder so fühle dass mitten in all dem Nichts, sich doch wieder so viel Häute von meinem Herzen lösen, . . . mein Blick heitrer über Welt, mein Umgang mit den Menschen sicher, fester, weiter wird, und doch mein innerstes immer ewig allein der heiligen Liebe gewiedmet bleibt, die nach und nach das Fremde durch den Geist der reinheit der sie selbst ist ausstöst und so endlich lauter werden wird wie gesponnen Gold. – da lass ich's denn so gehn – Betrüge mich vielleicht selbst. – Und dancke Gott. Gute Nacht. Addio. – Amen: 1775.

Im Frühsommer hatte Augusta den Freund, der mit seinen heftigen, den Rahmen eines Briefes sprengenden Gefühlsausbrüchen zeigte, wie wenig er seine Natur zu zügeln fähig und willens war, einen *wilden Jungen* genannt (37). Das *Feuer* des jetzigen Schreibers übertraf alles, was er vorher für sie zu Papier gebracht hatte. Aus Bernstorff schrieb sie am 10. Oktober an Christian:

. . . ich habe eine Epistel von 7 quart Seiten von Goethe, klein und eng geschrieben, an der er aber alle Tage oft 3 bis 4 mahl, jedesmahl aber nur 5 bis 6 Zeilen geschrieben hat, ein trefflicher Brief! Der arme Goethe! Er klagt sehr viel.

floh seine Lili, und hatte in 8 Tagen nicht mit ihr gesprochen, obgleich viel gese-
hen. Aber welch Feuer ... Aus eigenem – gewiß schmerzlichem! – Erleben wird
ihr die Vokabel gut vertraut gewesen sein, mit der unbeherrschtes Wesen beim
Namen genannt und getadelt wurde: *... das muß ein abscheulicher Junge seyn –*
gegen ihn bin ich eine Schlafmütze ...

Gustchen – eine „Schlafmütze"?

Wie schwer es ist, ein angeborenes lebhaftes Temperament unter Kontrolle zu halten, wußte Augusta aus eigener Erfahrung nur allzu gut. Drei Beispiele sollen dies verdeutlichen.

Auf Loitmark mit einer jungen Mutter bekannt geworden, bewunderte sie deren ausgeglichenes Wesen: *... so eine douce freundliche Miene als die Ihre habe ich noch nie gesehen, und Sie ist in ihrem 18. Jahr so solide als – vieleicht bin ich's selbst in meinem 22. nicht so –*. Ihrer Sache völlig sicher, erstickte sie den eventuellen Einwand des liebenden Bruders im Keim und fügte hinzu: *doch, daß glaube ich ...* (38).

Nachher in Bernstorff diagnostizierte der Kopenhagener Hofarzt ihr all-abendlich auftretendes Fieber als eine Folge ihres exzentrischen Temperamentes: *Berger, dem ich es neulich sagte, versicherte, es sey nichts als Echauffement, mein Blut sey in so starker Bewegung, daß ich fast beständig fieberhaft wäre, daß würde sich aber von selbst geben, nur müßte ich mich nie erhizen, insonderheit mein Gemüth, immer ruhig seyn – wie sind mir aber die letzten 2 Sachen mög-lich, du weißt, wie mich alles erhizt, ich versichere dir, daß es die reinste Wahr-heit ist wenn ich dir sage, daß jede lecture, die mir gefällt, und jeder discours, der mich intereßirt, den effect auf mich hat – und immer ruhig – ja das könnte, und sollte ich wohl seyn – aber mein Gott ich bin es nun einmal nicht, alles rürt und afficirt mich zu leicht, jede Kleinigkeit kann mich erfreuen, und jede Kleinigkeit mich betrüben wenn es jemand den ich liebe angeht ...* (52).

Beunruhigt darüber, woran es ihr, der Fünfundzwanzigjährigen, noch immer mangelte, seufzte sie am 1. April 1778: *Lieber Klopstock könnten Sie mir doch ein Sandkorn von Ihrer Ruhe und Gleichmüthigkeit geben ...*, und ein Jahr vorher hatte sie ihm bekannt: *Sie kennen meine Z i p p e l - z a p p e l - H e r z i g k e i t ...* (84)

Comtesse Augusta Louise entspricht ganz und gar nicht der Vorstellung, die man sich von einem Mädchen ihrer Zeit und ihres Standes macht. Sie verhielt sich zu ihresgleichen wie ein üppiger Bauerngarten zum damals noch immer beliebten abgezirkelten und gestutzten Barockpark. Jene kurze Zeitspanne, in der Goethe in seinem *Götz von Berlichingen* mit siebenundfünfzig Szenen-wechseln die damalige Theaterpraxis aus den Angeln hob; in der sich junge Studenten mit hehren Zielen recht stürmisch zu einem Freundschafts- und Dichterbund zusammenschlossen; in der die junge Generation tränenselig am Wertherfieber litt und vier junge Männer ‚aus gutem Hause' mit ungepuderten Haaren in der Verkleidung ihres Helden mit revolutionärer Gebärde auf Reisen gingen, wird im nachhinein als die Epoche des *Sturm und Drang* bezeichnet. Dr. Zimmermann, der diesen genialen jungen Leuten ein Loblied sang, war die Ausnahme. Die noch immer bezopfte Gesellschaft empfand die Stürmer und Dränger als Bürgerschreck. Will man verstehen, warum Gustchen den sich ihr rückhaltlos anvertrauenden Freund – das Vokabular der entsetzten Zeitgenos-sen aufgreifend – *abscheulicher Junge* nennt, sich selbst aber, durch Verhalten und Interessen jenen doch zugehörig, eine *Schlafmütze*, muß man die oben angeführten Bilder von den zweierlei Gärten noch um das der ungehemmt sprießenden Wildnis vermehren. Während die dem barocken Ideal verhafteten Mitmenschen zwischen Bauerngarten und Wildnis keinen Unterschied sahen und darum beides gleichermaßen verabscheuten, erkannte Gustchen – in der Unbeherrschtheit ihres Gefühlslebens ihrem Dichter so wesensverwandt und darum vielleicht für ihn so anziehend –, daß sich ihr überschäumendes ‚Bauerngarten-Temperament‘ mit demjenigen des *wilden Jungen* schwerlich messen konnte. Aber war sie deswegen eine Schlafmütze?

So konzentriert wie kein anderes Kapitel wird das eben begonnene von Augustas Briefen leben. Diese vergilbten Papiere blättern sich auf wie an dem Tage, an dem sie geschrieben wurden, denn sie haben nach zweihundert Jahren nichts von ihrer Urtümlichkeit, ihrem Schwung und ihrer Lebendigkeit verloren, womit sie zu ihrer Zeit Freunde und Verwandte bezaubert, verblüfft, getröstet, erheitert, unterhalten, gerührt – auf jeden Fall aber immer erfreut haben. Gustchens köstliche Episteln werfen bis zum heutigen Tage das Bild der Schreiberin lebensecht zurück. Nein, eine blinzelnde Schlafmütze ist in diesem originellen Spiegel wirklich nicht zu erkennen!

Matthias Claudius, dem nacheinander sechs Töchter geboren wurden, seufzte bereits bei der Geburt der ersten. Das einundzwanzigjährige Uetersener Klosterfräulein Stolberg war jedoch die falsche Adresse für seinen Jammerlaut: *. . . apropos von Claudius, er ist izt in der Freude seines Herzens, er hat eine Tochter, zwar schreibt er, ‚es ist aber n u r ein Mädchen‘. Ich hätte ihn wohl schlagen mögen . .* (24) Keiner der beiden war jedoch nachtragend: Bei der vierten Tochter, im September des Jahres 1779, wurde Gustchen als erste der Stolbergschwestern *Gevatterin.*

Dr. Johann Georg Zimmermann
Kupferstich von Conti

Wie sie über ihren Freund Boie die Bekanntschaft des Arztes Dr. Zimmermann suchte, wurde schon erzählt. Ihre Neugierde ist nur allzu verständlich, denn nicht nur den die Schweizer Berge erforschenden und sich *dreiste in halbzerschmolzenem Eise* badenden jungen Männern in Werther-Uniform hatte sein Preislied gegolten, das er im Sommer 1775 anstimmte! Nein, in die Hymne, die er den *Adlersseelen*, den Grafen Stolberg, damals sang, hatte er das Uetersener Klosterfräulein, von dem ihm die Brüder erzählt hatten, miteinbezogen: *. . . wenn diese Männer eine Schwester haben, die ihnen ähnlich ist, so will ich lieber sterben, als diese G ö t t i n n sehen!* Entgegen seiner Befürchtung hat der berühmte Mann das vier Jahre später eintretende Ereignis überlebt, und der geduldige Freund Boie erhielt von der *Göttinn* einen neuen Auftrag: *Sager Sie mir ja recht viel von Zimmermann und ob er noch an mich, und mit Freundschaft denkt? ...* (107)

Gustchens Bedürfnis, sich bei jeder sich bietenden Gelegenheit der fortbestehenden Sympathie ihrer Freunde und Bekannten zu versichern, setzte sie, wie sie einmal taufrisch nach Lübeck meldete, der Spottlust ihres Bruders Friedrich Leopold aus: *Gleich nach der ersten Freude fragte ich, waß macht Gerstenberg und seine Frau? – denken sie noch an mich? – O sie haben dich sehr lieb, haben aber auch Amseln und Droßein lieb, und einen Hund lieb, der ins Haus gelauffen ist – daß sollte mich demüthigen, thats aber gar nicht ...* (101)

Augusta, in der Sprache ihres Freundes Claudius *nur ein Mädchen,* durchbrach dieses Stigma, wo immer es damals möglich war. Hatte der spottlustige Bruder es gelernt, seinen Wagen selbst zu führen, dann sollten seine Pferde ihr, der siebenundzwanzigjährigen Stiftsdame, wohl auch gehorchen! Furchtlos und beharrlich das Ziel verfolgend, künftig ohne Kutscher auszukommen, nutzte sie die Sommerwochen auf Seeland. Weder aufgeweichte Wege noch tiefste Finsternis schreckten sie davon ab, ihren Freund Boie, im Juli und August des Jahres 1780 auf Bernstorff zu Gast, eigenhändig über die Insel zu kutschieren. *... und denk mal, Gustchen führte einen Wagen,* erzählte der Verblüffte seiner Braut. *Leider regnete es und war überhaupt auch schon zu dunkel, um der ganzen Aussicht zu genießen ..* Um Ausreden für miserable Handschrift war Augusta niemals verlegen; wie der heimgekehrte Freund las, war diesmal das Verkehrsgetümmel Kopenhagens daran schuld: *... iezt eben komme ich aus der Stadt, und schreibe dieß mit zitternder Hand, weil ich Friz seine Hengste die ganze Zeit gefahren bin ...* (121)

Augusta, die trotz aller Bemühungen von der Männergesellschaft der *Maurer* ausgeschlossen blieb, vergalt nicht Gleiches mit Gleichem! Ob und wie sich eine Dame viel, wenig oder überhaupt nicht schnürte, war ohnehin ein Generalthema sämtlicher Modejournale, und warum sollte Klopstock darum nicht zuhören dürfen, wenn sie sich mit seiner Nichte über dieses Problem unterhielt? In einem Brief, der für beide bestimmt war, legte das Klosterfräulein völlig ungeniert dar: *Liebes Hannchen ... hör du sprachst mir einmal von einer Art Corset, daß wie mich dünkt gehackt oder geknöpft wurde – könntest du mir nicht noch so eins nehen laßen? Aber ja sehr wenig steif. Daß waß ich trage ist ein von Leinen, mit ein paar Fischbein, aber muß geschnürt werden. Antworte mir bald darauf, und ob ich dir meins zum Maas schicken soll. Lieber Klopstock ...* (84)

Genausowenig, wie sie es unschicklich fand, den berühmten Dichter mit der Beschaffenheit ihrer Dessous zu unterhalten, ließ Gustchen sich daran hindern, den Gefeierten von den Höhen des Parnaß in die profanen Niederungen des Küchenalltags hinabzuziehen. Im Frühling des Jahres 1778 hielt sie sich, zusammen mit Schwester Katharina, zu Besuch bei Christian auf, der in Tremsbüttel bei Hamburg die Stellung eines Amtmannes bekleidete. Johanna von Winthems Hausfrauentalent war die Ursache dafür, daß der Milchproduktenhandel zwischen Stadt und Land in umgekehrter Richtung als gemeinhin üblich verlief: Im Stadthaushalt der Winthems labte man sich nicht am Käse, der aus Tremsbüttel kam, sondern im Hause des Amtmanns verzehrte man mit Genuß den *weißen Schweizer Käse*, den Hannchen zu bereiten wußte. Bevor sich in jenem Frühjahr die Speisekammer des Schlosses gänzlich leerte, tat man gut daran, bei der Freundin eine Neubestellung von *4 Pfund von der lezten Art* aufzugeben. Katharina hielt für Klopstock fest, wie die beiden Stolbergschwestern dieses Geschäft besorgten: *Hier ein Gespräch zwischen mir und Gustgen, daß zwar nur ganz platt ist, wie man im gemeinen Leben spricht, doch auch sein Verdienst hat, und daß ich bitte der von Winthem zu Gehör kommen zu laßen. Gustgen: ,Schreibst du heute an Klopstock?' ich: ,Ja.' Gustgen: ,So laß die von Winthem bitten, Käse zu schicken.' Ich: ,Und das soll ich an Klopstock schreiben?' Gustgen: ,Warum nicht?' Ich: ,Nun ja so will ich an Klopstock eine Käsecommission geben.' Gustgen: ,o ja, an Klopstock, es ist doch gar zu hübsch, bey dem Verfaßer des Meßias Käse zu bestellen'* ...

Daß Bruder und Schwägerin ein so wohleingerichtetes Hauswesen besaßen, in dem sich im Kreise lieber Gäste Hannchens berühmte Delikatesse verzehren ließ, war Augustas Verdienst. Mit bemerkenswerter Umsicht, überhaupt nicht schlafmützig, hatte die Vierundzwanzigjährige ein Jahr zuvor den Jungverheirateten, die sich währenddessen von Seeland verabschiedeten, das *künftige home of conjugal and domestic happiness* eingerichtet (87):

Tremsbüttel, 6. 11. 1777 Donnerstagmorgen ... gestern um 5 kam ich an ... der Maurer arbeitet am Dach, ich hatte dem Amtsschreiber Deine Aufträge wegem Dach und Stall ... geschrieben, ... sobald ich Thee getrunken hatte, eilte ich zur Arbeit, habe gestern noch den großen Kasten ausgepackt, und alles in ein Schrank verwahrt, und der Amtsschreiberin den Schlüßel gegeben ... Dann ließ ich die Betten auspacken, denn ich hatte ... Tischler und Schmidt hinbestellt – ersterer war da, der 2te aber ist in Hamburg und kommt erst morgen ... Dann ließ ich auch Stühle und Tische auspacken. Die Matten hab ich rein machen laßen und in ein andern Schrank verwahrt. Der eine Tisch, aber der schlechtere, ist an ein Fuß etwaß beschädigt, und der eine Stuhl sehr – beydes macht der Tischler, sonst ist alles gut ...

Bruder und Schwägerin hatten auch Eingemachtes auf die Reise geschickt, der Winter stand ja bevor: *... eine Kruke Saft war zerbrochen und der Saft lief heraus. Da ließ ich den Kasten aufmachen, und es war Zeit, der herausgeloffne Saft hatte alles Papier von den anderen naß und weich gemacht – ich habe über alle neu Papier binden laßen, und alle Kruken und Gläser in Keller setzen laßen und der Amtsschreiberin den Schlüßel gegeben ... Als ich heute Morgen um halb 8 hinkam, fand ich eure 2 Betten schon aufgeschlagen ...*

Die junge Hausbeschickerin hatte das Anwesen genau erkundet: *... der Garten ist recht artig, das Haus sollte freylich beßer seyn, aber ein paar Stuben und der Saal sind doch recht artig – am meisten liebe ich die Eß-Stube. Warum Du sie nicht zur täglichen Stube nimmst, begreif ich nicht, sie ist viel hübscher ... nun sollen die Fenster noch verkleistert werden, und die 2 andern Betten und der Leute ihre aufgeschlagen werden. ... Wüßte ich doch Tag und Stunde, wann Ihr kommt! ... Ich habe den Amtsschreiber gebeten, ... ja recht rein machen zu laßen, ... auch die Ofens heizen zu laßen ...*

Es wurde allerhöchste Zeit, daß hier eine Hausfrau einzog – der Martinstag stand vor der Tür: *Die Gänse werden wieder mager und wollen nicht mehr fressen, denn es ist Schlachtzeit und die Kühe können nicht in Stall, weil die Gänse drin sind* ... Stellvertretend für den abwesenden Gutsherrn traf Augusta tags darauf dann wichtige Entscheidungen: *Freytag. Noch etwaß ehe ich davon gehe. Die eine Kuh hat heute noch gekalbt und ein Töchterlein gekriegt – Der Amtsschreiber sagte, die Kühe könnten ohne Schaden nicht wenns kälter würde draußen seyn, ich habe also gesagt, die Kühe einzutun, und die Gänse entweder an einen andern Orth zu thun, im Stall oder so, und nun werden die Kühe heute eingenommen – nun hoffe ich, daß alles besorgt ist* ... Doch einige Stunden später griff Augusta zu einem neuen Blatt: *Noch eins. – Luise, wegen der Leute Betten hab ich nichts ausrichten können, als ich sie wollte heraufsezen laßen, waren keine, es sind nur 2 hier, in einem schlief die Magd, im andern der Knecht. Das eine ist für 2 Personen, ich habe dem Amtsschreiber gesagt, um die Zeit daß ihr kommt soll er daß in der Mädchen Stube setzen laßen, dann muß der Knecht im Stall schlafen. Nun hat er im Hause geschlafen weil er die Sachen bewachen muß – die Hausthüre hatte keinen Schlüßel und konnte nicht verschloßen werden. Nun macht der Schmidt einen* ...

Begabt mit außerordentlichem Organisationstalent, verschaffte sich Augusta inmitten des Umzugsdurcheinanders Muße und Erholung: ... *ich bin gestern mittag und Nachmittag viel spatziert und es war ein himmlisches Wetter* ...

Dort in Tremsbüttel zwei Jahre später zu Gast, pflegte Augusta mit Gerstenbergs in Lübeck eine besonders rege Korrespondenz. Ihre Feder unterrichtete die Freunde davon, daß sich Hausfrau und Hausherr auf eine kurze Reise begeben und sie und Katharina, die beiden ‚Nonnen' der Familie, das Anwesen derweilen hüten wollten. Nachdem sie ihr hochinteressantes Schreiben beschlossen hatte, griff auch Christian zur Tinte und setzte einen kurzen Gruß darunter.

Mit großer Ungeduld sahen die Daheimgebliebenen nun den Posttagen entgegen. Daß der Adressat, der Legationsrat Gerstenberg, ihr *Lieber guter couleur de Chair* (97), dessen allzeit rote Bäckchen sie also poetisch zu einem Namen verklärt hatte, umgehend wiederschreiben würde, dessen durfte Augusta mittlerweile sicher sein! Vor einem Jahr noch ein *abscheulicher Mann*, der sich erfrecht hatte, ihr allererstes Schreiben nicht zu beachten, war er inzwischen durch ihre Schule gegangen: *Einen Brief nicht zu beantworten, er möge nun von einem Bekannten oder Unbekannten, von einem Greise oder von einem Säugling seyn, ist und bleibt in meinen Augen ein unverzeihlicher Fehler, aber einer Nonne nicht zu antworten – ich weiß keine Worte, die die Abscheulichkeit und Schwärze des Verbrechens ausdrücken könnten* ... *und weil ich nicht glaubte, daß sie ein so verstockter Sünder* ... *wären, so verfuhr ich sehr glimpflich mit Ihnen, und nannte Sie n u r abscheulicher Mann* ... (89).

Das Bewachen des Hauses schloß den Postempfang mit ein, und hochbeglückt erspähte Augusta unter den Zugängen alsbald das vertraute Gerstenbergsche Siegel. Als sie sich den Brief herausgriff, nahm sie jedoch mit Empörung zur Kenntnis, daß der Freund sein Schreiben an den abwesenden Hausherrn, den Amtmann, adressiert hatte. Nicht zimperlich, erbrach Gustchen es dennoch, und mit nächster Post ging eine Strafpredigt nach Lübeck ab:

Daß Amt Tremsbüttel ist zum Kloster verwandelt, seit die heiligen Nonnen allein darin sind, aber ich will zancken mit Ihnen, ich schreibe an Sie, der Amtmann schreibt, glaube ich, hinein, und Sie antworten ihm allein und speisen mich mit ein paar Worten ab, die ich darin suchen muß – Sie haben sich dadurch 2er unverzeihlicher Sünden schuldig gemacht, vors erste, wenn eine Person meines Geschlechts, sich so tief herabzulaßen beliebt, an eine Mannsperson zu schreiben, so ist das wenigste, waß ihre Diener thun können, sogleich zu antworten – 2tens wußten Sie recht gut, daß der Amtmann seine theure Ribbe – einer der beiden biblischen Schöpfungsmythen berichtet, daß die Frau aus der Rippe des Mannes geschaffen wurde – *begleiten, und der Brief ihn also nicht treffen würde – Sie schrieben also an eine Mannsperson, die nicht da war, und nicht an eine DAME und an eine NONNE, die da war . . .* (97). Zwölf Tage später durfte der also Getadelte lesen: *Lieber Gerstenberg, ich hab Sie und Ihre Sophie eigentlich enzelich lieb, und denke so oft, so oft an Sie beyde, und betrübe mich, daß ich Sie so wenig sehe . . .* (101).

Vom Bruder damit betraut, Gerstenbergs um Hilfe beim Ausfindigmachen einer neuen Kopenhagen-Passage für ihre Schwägerin Luise zu bitten, die aus Unentschlossenheit ihr Schiff verpaßt hatte, tat Gustchen bei dieser Gelegenheit kund, wie sie über die eheliche Unterwerfung des Weibes dachte: *Die Unmündigen brauchen einen Vormund und die Thoren bedürfen des Raths – Meine Schwägerin beweißt das – denn nun ist vielleicht ihr Schiff in Copenhagen . . . Gott gab ihr einen Mann, der in S o l c h e n Fällen H e r r seyn sollte, dieser Mann entscheidet für sie . . .* (98). Die Worte *Solchen* und *Herr* unterstrich sie dick und deutlich.

Rühmte Gerstenberg von Klopstock, daß dieser zwölf Sprachen verstand, so wurde es allerhöchste Zeit, daß er und seine liebe Sophie davon erfuhren, wie dicht Gustchen diesem großen Gelehrten auf den Fersen war. So mischte sie denn fünf Sprachen durcheinander, als sie sich am 24. März 1779, noch immer in Tremsbüttel, niedersetzte, um das Ehepaar mit einem Handschreiben ganz eigener Art zu erquicken. In unnachahmlichem Kauderwelsch beteiligte sie Gerstenbergs an der soeben ablaufenden Familienidylle: Ohne Rücksicht auf ihre geistsprühende Tätigkeit begrüßten Brüder und Schwägerin, die *rohen Menschenkinder*, mit frohem Gejauchze eine aufgetragene Mahlzeit. Während sich die Schreiberin, unter Mißachtung fast jeglicher Grammatik, aus den sie umgebenden *Lexicorum* geduldig ein Wort nach dem anderen zusammenklaubte und diese fremden Sprachbrocken zu schwungvollen Sätzen komponierte, labten sich die gierig Schlingenden, die *voraces*, an Butterbroten und ließen ihr nur die Krümel übrig.

Auf dem Heimweg von Tremsbüttel nach Uetersen kehrte sie bei ihrem Vorbild Klopstock ein und legte ihm dieses ihr Opus zur Korrektur vor – was die einzelnen Worte nicht lesbarer machte. Im Kloster angekommen, versah Augusta die kostbare Epistel mit einem Nachschreiben und schickte sie auf die Reise:

Ütersen, den 8. April. Dieser Brief soll nicht umsonst geschrieben und noch weniger nicht umsonst von Klopstock corrigirt seyn. Also da haben Sie ihn Liebster Gerstenberg: Ihre gute liebe Sophie umarme ich. Bleiben Sie mein Freund! A. Stolberg.

Der Übermut der *Schlafmütze* schäumt sodann aus jeder Zeile:
Tremsboureau the 24th März 1779
An Gerstenberg und seine Frau
Eigentlich bin ich pas as well heute, caro hordeo-Mons, um an so ein üpperlig
genie as you are zu schreiben aber – Omnia vincit Amor, et nos cedamus Amori –
Damit Sie mich verstehen, o großer Berg, bin ich herablaßend genug, um nicht
ganz lateinisch oder griegisch zu schreiben, ich fürchte aber Ihre Geduld durch's
Nachschlagen in den Lexicorum zu ermüden, und da die arme Geduld sich nicht
im Schlafrock hüllen, und keine Müze auf dem Capiti sezen kann und sich nicht
im Lehnstuhl ausruhen kann, so muß ich säuberlich mit dem puero Absalon
verfahren.
Aber da kommen apereisioi Butterpanes für die Ugolino Stomachi Fratrum,
und die exclamations der gaudii darüber stört mich – so oft wird man gestört, so
oft rufe ich den Müßiggängern und rohen Menschenkindern zu Ora et Labora.
Nun will ich armer gaddo auch mein hänfling Ey verzehren, denn mehr lafsen
die voraces doch nicht übrig, deren Magen a Fathomless abyss is – wenn Sie das
nicht glauben, so erchu kai idu. Da kommt meine bouillon mitte me ut etiam –
Nu Friz sey zahm! Noli me targere –

Heinrich Wilhelm und Sophie von Gerstenberg
Silhouetten von Friedrich Bernhard von Wickede

Jux und Tollerei führten Gustchen öfter die Hand, wenn sie ihr Briefpapier
ergriffen hatte: *Sie haben also in meinem letzten Brief Verstand gesucht und*
einen Sinn finden wollen, o lieber Boie, wenn Sie den gefunden haben, so
theilen Sie ihn doch mir mit, denn ich habe keinen darin haben wollen . . . (107).
Nur auserwählten Freunden, zu denen auch Legationsrat Gerstenberg gehörte,
ließ Gustchen ihre Briefchen voller *non sens* zukommen, in denen sie sich, zwischen fröhlichem Geplauder, in seltsamen, aber wohlklingenden Sätzen erging:
. . . daß war eben an dem Tag als der Prisnia Puls des versteinerten Schachtel
Barts auf Violen Krämpfe tanzte, und darum verliebte sich das Grübchen des
gebratenen Eißzapfens im Mondschein Spiritus, die Flanell Rüben sangen Nieß-
wurz Komma, und der schwarzmigte Sonnenstrahl aß gefidelte Triller. Leben Sie
wohl. Wir alle in der heiligen Zahl 3 und einer drüber grüßen Sie und Ihre Frau
oder vielmehr Ihre Frau und Sie – Augusta Stolberg. P.S. den 26. Noch lebt und

*webt dieser Brief in meiner Tasche, und soll das Glück auch bis morgen haben,
s o l l weil er m u ß; denn nun ist die Post lange weg – adieu, als ich den Ugolino
las, kriegte ich Sie sehr lieb, und als ich den non sens im Hipoiondristen las,
ahndete ich simpathir mit Ihnen, und doch sind Sie mir als Verfaßer des ersten
lieber als des lezten. Aber freylich sind Sie ein abscheulicher Mann so ein ab-
scheuliches Stück zu machen, dabey einem die Haare zu Berge stehn und man
3 Tage krank wird. Der Tugend Berg des Limonaden Hauschuhs war mit Kraz-
füßen gespickt, und darum verwunderten sich die Sturmschützen des grauen
coleur de rose, und die Kaldaunen des flußigen Mandel Stiers waren schuld, das
Semiramis mit Simsons Esels Kinnbacken frankirt war, und darum schließe ich
nun, denn alles ist analogisch. Ich schrieb einmal so, da kam ein weiser Mann
darüber her, rümpfte die Nase und sagte, darin ist kein Sinn! Lieber Mann daß
solls auch nicht, und Gottlob daß ich für die w e i s e n   M ä n n e r keinen Sinn
habe, und sie mich nicht verstehn – Man sagt Sie – oh waß wollte ich sagen, habs
schon vergeßen . . . nun, leben Sie wohl! P.S. des P.S. und also Enkel des Briefes,
und Urenkel meines hohen Verstands . . . und darum hat der Eidecks einen hohen
Kamm, mit Drüsen Großmuth Elektrisirt. Aber nun ist Zeit zu schließen, sonst
mögte aus dieser schönen kräftigen Fleischbrühe ein Waßer-Süppchen werden,
und dazu bin ich ein viel zu guter Koch.*

Solche Sprache, wie sie Augusta hier führte, hatte ihre Angehörigen einst
sehr erschreckt: *Als ich kaum zu lallen anfieng, fieng ich an, non sens zu reden,
man glaubte, ich sey nicht klug, aber ich verstand mich . . .* (89). Mittlerweile
hatten die Geschwister Gustchens Vorliebe für Unsinn als deren Spezialbega-
bung erkannt: *Sie wißen oder Sie wißen nicht, daß ihr der immer sehr natürlich
von der Feder fließt . . .,* schrieb Katharina an Klopstock. Uetersens Klosterfräulein behauptete übrigens, daß es Shakespeare nicht anders machte: – *o wie voll
Schönheiten ist er, wie erhaben erst – aber auch wie viel non sens zwischen
durch und oft verstehe ich ihn eben so wenig als mich selbst, wenn ich von
Kartoffeln Würfel mit ausgebrüteten Zungen Filz rede –. . .* (80).

Die Feder der *Schlafmütze,* die sowohl durch kluge Gedanken über die zeitgenössische Literatur als durch originellen Blödsinn zu unterhalten verstand, war
auch spitz genug, um Portraits zu zeichnen – anders ausgedrückt: Augustas
Witz und Beobachtungsgabe nährten den Familienklatsch.

Bei Christian nahm sie *Zuflucht, meine Noth zu klagen,* als ihr bei einem Zwi-
schenaufenthalt in Breitenburg bis dato unbekannte Verwandtschaft aus Süddeutschland begegnete: *O Gott die neue Tante. Wie unangenehm, wie steiff, wie
häßlich! Nie habe ich noch so waß gesehn . . . o ließ sie mich doch zum Handkuß
gelangen. Da aber küßt sie mich . . .* Die feuchten Spuren unerwünschter Zärtlichkeit einer ungeliebten Tante waren Augusta zutiefst zuwider und darum
wasch ich mich alle Augenblick. Wie die Domestiken- und Kofferfülle ihre
Spottlust anregte, wurde schon erzählt. *So bester, daß wird dich . . . ein wenig
lachen machen,* hub sie an, als sie die Vorstellung der Söhne ankündigte. *Der
älteste Vetter! scheuslich dumm und heslich und dummdreist, sperrt den Mund
auf und macht die dümmsten Fragen, ist enzelich groß, sehr mager, hat dabey
einen dicken Bauch und . . . galonirte Kleider.* Der also geschilderte junge Mann
befand sich auf Brautschau, Rantzaus Magdalena und er waren gleichaltrig. *Die*

Schloß Breitenburg in Holstein heute

Absicht ist, daß der älteste, der 14 Jahr alt ist, unsere jüngste Cousine heyrathen soll, die ganz laut sagt: ,waß soll ich mit dem dummen Jungen!' Der dumme Junge sagt: ,Studiren will ich nicht . . .' Wie sollte er das auch anfangen – Augusta war entsetzt:. . . *ich glaube im Ernst nicht, daß er lesen kann. Beyde sprechen von nichts als von ihrer Reichs Gräflichkeit und ihren Unterthanen, und die beyden Brüder zancken sich über ihre Güther . . .*

Die Vettern waren, wie die *galonirte* Kleidung vermuten ließ, das Landleben nicht gewohnt: *Der Kleine fürchtet sich für Hunde und Pferden, ich lachte ihn aus, da sagte der älteste, er fürchtete sich noch mehr als sein Bruder, ,ja Gnädige Baase, die beißen ja . . .' ich . . . hielt mich enzelich über sie auf, aber er blieb dabey, die beißen ja.* Ihrer beider Gesundheit galt weitblickende Vorsorge: *Sie sind wohl, müßen aber alle Tage einnehmen. Aber warum? ,Damit wir nicht sterben, ehe wir Kinder haben und die Grafschaft zurück fällt . . .'*

Nicht nur der Dummheit, auch ihrem schlechten Benehmen suchte die *gnädige Baase* zu wehren: *Der Kleine hat immer das Maul ganz offen, ich habe ihm schon 2 mahl seine eigene Hand hineingesteckt . . .* Der also Gemaßregelte erwies sich jedoch als recht pfiffig, hatte er doch längst bemerkt, welch kluge Leute die Schneider waren, die ihrer beiden *galonirte* Röcke fertigten. Nachdem sich der Vierzehnjährige kräftig blamiert hatte, gab er ihm den Rat: *,Machs wie ich, Bruder, wenn ich nicht weiß, welches die rechte Hand ist, so seh ich nach meinen Knöpfen . . .'*

Beide Jungen hingen wie die Kletten an Gustchen: *Alle Augenblick kommen sie, morgens und abends, zu mir, und ich muß sie recht böse wegschicken, ehe ich sie weg kriege . . .* Eine solche Behandlung zeigte freilich dann doch Wirkung:

Als man vom Kleinen zu wissen begehrte, welche der drei Cousinen *er am liebsten hätte*, entschied er sich, obwohl sie in puncto Herkunft seinen Erwartungen voll entsprach, dennoch nicht für Gustchen: ... *er fragte: ‚welch Hauß ist älter, das Stolbergsche oder das Ranzausche'. ‚Das Stolbergsche', hieß es, ‚ja aber ich habe doch Frize lieber'* ... Friederike war die älteste Tochter auf Breitenburg.

Nein, die beiden Vettern wußten wirklich nicht, was sich schickte: *Gestern waren Fremde hier, der Große hackt gleich alle ohne Unterschied an die Hand, und fragt ‚wie heißen Sie'. Gestern war ein Docktor hier. Er antwortete ‚von Bergen'. ‚Was? sind Sie denn von Familie?' ‚Nein', ‚nun, daß macht nichts', und nahm ihn untern Arm – mich fragte er übern Tisch ‚machen Sie Gedichte?'* ...

Mit den also Plappernden mußte Augusta, zusammen mit den Rantzau-Kindern, auf *Visiten* ziehen: *Erst schämte ich mich nur, ward roth und blaß für sie* ... Sie, die Älteste, respektvoll mit *gnädige Baase* angeredet, hat aber dann peinlicherweise *meine unglücklichen Laugh-fits* – nämlich Lachanfälle – *gekriegt, sobald sie waß Dummes thun, und ich Frize und Lenchen vor Lachen sticken, und Detlev, der treffliche contenance hält, sich auf die Lippen beißen sehe* ... Wie sie Christian eingestand, wären *Weep-fits* freilich angebrachter gewesen!

Noch am gleichen Tage empfand Augusta bittere Reue über ihr skandalöses und ganz und gar liebloses Verhalten: ... *ich lache nie wieder über die Cousins, n i e. Ich war eben allein bey meiner Tante, die sprach recht vernünftig über sie, und weinte über sie. Wie könnte ich über Kinder lachen, da ich die Thränen einer Mutter über sie habe fließen sehn.* Am darauffolgenden Abend setzte Augusta ihrem Briefe sechs Worte hinzu: *Viele Visiten gemacht, nicht einmal g e l ä c h e l t* (117).

Augusta – eine Schlafmütze? Von Anfang an bewies sie dem Kloster das Gegenteil. Als die Paragraphen der damals Siebzehnjährigen ihr Brotgetreide vorenthielten, weil sie sich erst nach dem 29. September, dem Stichtag zur Bemessung aller Einkünfte, in Uetersen eingestellt hatte, erhob sie Widerspruch. *Die Comtesse Stolberg*, so formulierte ihn der Klosterschreiber, ... *ist ... wegen Wind und Wetter ... behindert worden, hierselbst so zeitig eintreffen zu können* ... In der am 18. Oktober des Jahres 1770 deswegen anberaumten Conventsitzung erstritt sich Augusta, die *durch eine Höhere Gewalt behindert* war, pünktlich anzukommen, ihren Anteil *von der diesjährigen Korn-Hebung.*

War eine Dame verhindert, am Convent teilzunehmen, wurde sie vorher um ihre Meinung zu allen Punkten befragt. Am 28. April 1778 ging es unter anderem um die Frage, ob die Anzahl der Kühe für jedes Klosterfräulein auf zwei Stück begrenzt werden sollte, um der ausufernden Milchwirtschaft einiger weniger Conventualinnen zu begegnen. Die beiden Freundinnen Stolberg und Oberg hatten sich entschuldigen lassen. Als der Syndicus sie deswegen in ihrem Hause aufsuchte, gaben sie bereitwillig Auskunft, bis er ihnen besagte Angelegenheit vortrug. Diesem nichtigen Problem, geboren aus Krämergeist und Futterneid, gedachten sie nicht eine Sekunde ihrer Zeit zu widmen und ließen daher protokollieren: ... *haben sich die Einhohlung ihrer Voti verbeten.*

Gustchen – eine Schlafmütze? Nein! Das fünfte Kind in einer elfköpfigen Geschwisterreihe war, trotz zarter gesundheitlicher Konstitution, zu einem außerordentlich lebenstüchtigen Menschenkind, aber auf keinen Fall zu einer *Schlaf-müütze* herangewachsen!

Als Augusta in ihrem Brief an Christian dies Wort zu Papier brachte, gab der Kalender den 10. Oktober des Jahres 1775 an, und der prachtvolle Sommer, der die Brüder Stolberg noch immer die Schweiz bereisen ließ, fand jetzt auf der hoch im *Norden, ... zweyhundert Meil von mir* gelegenen Insel Seeland sein Ende. So spät wie in diesem Jahre begab sich Gustchen niemals wieder auf die

Christian Graf zu Stolberg-Stolberg
Aus Lavaters *Physiognomischen Fragmenten*

tückische See. Als sie diesmal von Bernstorff schied, führte sie ein winziges Stückchen *Himmel* mit sich nach Uetersen. Von seinen Eltern aus dem *Gewimmel* herausgenommen und ihrer Pflege und Liebe für ein Jahr anvertraut, ging der jüngste der Bernstorffschen Söhne, das zweijährige Fritzchen, das seine Pockenschutzimpfung soeben überstanden hatte, mit Tante Augusta am 16. Oktober in Kopenhagen an Bord. Ihrer beider Ankunft sah nicht nur Metta von Oberg voller Freude entgegen! Auch Dr. Mumssen in Hamburg war glücklich, die Schwester seiner *Brüder* bald wieder in seiner Nähe zu wissen:
... Gustgen ist wohl und wird bald wiederkommen, und einen kleinen Neveu mitbringen, welchen sie sehr lieb hat ...

„Wann kommst du nach Hamburg?"

Kaum hatte Johann Wolfgang Goethe den letzten seiner drei nach Seeland adressierten Briefe beschlossen und der Post übergeben, als es ihn am folgenden Tage zu einer Fortsetzung drängte. Doch es sollten mehr als zweieinhalb Monate vergehen, bis Gustchen las, was er am 20. September 1775 und in den nachfolgenden, für ihn so schicksalsschweren Wochen für sie niederschrieb:
Wieder angefangen Mittwoch d. 20. ob zum Zerreißen oder wie! Genug ich fange an. Auf dem Ball bis sechs heut früh, nur zwey Menuets getanzt, Gesellschafft gehalten einem süsen Mädgen, die einen Husten hatte – Wenn ich dir mein gegenwärtig Verhältniss zu mehr recht lieben und edlen weiblichen Seelen sagen könnte! wenn ich dir lebhafft! – Nein wenn ichs könnte ich dürfts nicht, du hieltests nicht aus. Ich auch nicht, wenn alles auf einmal stürmte, und wenn Natur nicht in ihrer täglichen Einrichtung uns einige Körner Vergessenheit schlucken lies. Jezt ists bald achte Nachts. hab geschlafen bis 1. gegessen, etwas besorgt, mich angezogen, den Prinzen von Meiningen mich dargestellt, ums Thor gegangen, in die Comödie. Lili sieben Worte gesagt. Und nun hier. Addio.
Donnerst. d. 21. Ich habe mir in Kopf gesetzt mich heut wohl anzuziehen. Ich erwarte einen neuen Rock vom Schneider, den ich mir hab in Lion sticken lassen, grau mit blauer Bordüre, mit mehr Ungedult als die Bekanntschafft eines Manns von Geist der sich auf eben die Stunde bey mir melden lies. Schon ist was missglückt. Mein Perückenm(acher) hat eine Stunde an mir frisirt und wie er fort war riss ich's ein, und schickte nach einem andern, auf den ich auch passe. ---
Samstag d. 23. Es hat tolles Zeug gesezt. Ich hab nicht zum schreiben kommen können ...
Sonntag den 8. Bisher eine grose Pause ich in wunderbaaren Kälten und Wärmen. Bald noch eine grössere Pause. Ich erwarte den Herzog v. Weimar der von Karlsruhe mit seiner herrlichen neuen Gemahlinn Louisen von Darmstadt kommt. Ich geh mit ihm nach Weimar. Deine Brüder kommen auch hin, und von da schreib ich gewiss liebste Schwester. Mein Herz ist übel dran. Es ist auch Herbstwetter drinn, nicht warm nicht kalt. Wann kommst du nach Hamburg?
Als Goethe sich für ihre Ankunft in der Hansestadt interessierte, genoß Gustchen zwar noch immer Bernstorffs Familiensommer, doch die Plätze auf dem Schiff, das sie und Fritzchen sowie sicherlich auch Zofe und Kinderfrau an die Küste Holsteins, nach Kappeln, bringen sollte, waren schon bestellt.
Wann kommst du nach Hamburg? Nur jemand, der, wie Goethe, noch niemals zur See gefahren war, konnte eine solche nach präziser Antwort heischende Frage stellen. Er, der im Herzen Deutschlands aufgewachsene Bürgersohn, dem das nasse Element eine *Grille* befriedigte, wie er Gustchen am 17. September erzählt hatte, und dessen *Schiffgen* je nach Wunsch und Geschicklichkeit seines Führers den friedlichen Main *auf und nieder* oder *hinunter* glitt, wußte nichts von der Heimtücke der Ostsee. Hatte diese mit von sanfter Brise bewegtem Wasser einen Kapitän dazu verlockt, den sicheren Hafen zu verlassen, dann machte sie, wenn es ihr gefiel, den stolzesten Segler zu ihrem Spielball, indem sie ihre soeben noch leicht gekräuselte Wasserfläche in ständigem Pakt mit den

Winden zu einem glatten Spiegel zusammenzog oder vom Sturm zu haushohen Wellen auseinanderpeitschen ließ. Als Opfer ihrer Launen ergriff sich die Ostsee mit Vorliebe dasjenige Schiff, auf dem Augusta eine Kajüte gemietet hatte. *Wir sind zehn Tage auf dem Waßer geweßen . . .* hatte sie am 4. Oktober 1770 niedergeschrieben – diesmal sollte es noch schlimmer kommen.

Weil alle Zeichen auf günstigen Wind deuteten, wurden die Passagiere des Schiffes, auf dem Augusta ihre Plätze bestellt hatte, am 16. Oktober 1775 an Bord geholt. Doch kaum hatte der Segler den Hafen von Kopenhagen verlassen, erwies es sich, daß sein Kapitän der Tücke der Ostsee erlegen war: Nach dem Verlauf von sechs Tagen und sechs Nächten hatte Gustchens Schiff noch nicht einmal die der dänischen Hauptstadt vorgelagerte Insel Amager passiert, sondern lag bei Kastrup – heute befindet sich dort der Flughafen – fest. Bordgerechte Tintenzeuge waren längst ersonnen, Gustchens Odyssee ging in ihre Briefe ein:

Castrup an Bord d. 22. Okt. 1775

An Dich mein bester Christel will ich schreiben und all mein Verdruß und alle meine Ungeduld die mich fast zerreißt, vergießen. Beklagen wirst Du mich mein Bester! wenn ich Dir sage, daß ich seit dem 16. – heute ist der 22. – seit dem 16. hier an derselben Stelle liege. Immer habe ich Coppenhagen vor mir, und immer ist der Sturm zu heftig, daß ich, keine 200 Schritte fast nur davon, an Land kommen kann, obgleich man mir von Bernstorff alle Tage ein Wagen hat schicken wollen. Höre meine ganze Geschichte – Am Montag also am 16. mittags ließ mein Schiffer mir sagen ich müßte um 2 Uhr aufs Schiff seyn – so lange ich die Nachricht schon erwartet hatte, so neu schien sie mir izt da's zum Trennen gieng ich schlich mich weg, Catharine aber begleitete mich aufs Schiff – gleich giengen wir mit halbem Wind unter Seegel, und kamen hierher – die erste Nacht und den ganzen Dienstag war der Wind so heftig daß ich nicht auf seyn konnte. Den Mittwoch wars beßer, ich ließ mich in ein Boot nach Castrup bringen um von dort den Tag in Bernstorff zuzubringen, aber es waren eines fatalen Markts wegen keine Pferde zu kriegen – da ward das Mädel recht traurig, und gieng wieder zu Schiff – Donnerstag, Freytag, gestern und bis heute morgen haben wir einen heftigen Sturm gehabt, so daß ein paar mahl der Ancker los gieng und das Schiff weggetrieben ward – ein Glück, daß wir in einem sicheren Hafen liegen. Das gute Puletchen daß hat mich alle Tage besuchen oder holen laßen wollen aber beydes ist nicht möglich gewesen, doch hat sie mir fast alle Tage jemand mit einem Zettel geschickt. Ich vergehe fast vor Ungedult, und mir blutet das Herz daß ich Coppenhagen immer vor mir sehe, und so nahe bin, daß ich die Klocken der Stadt höre und doch kann ich nicht hinkommen. Ich habe nicht viel auf seyn können, nicht daß ich eben krank gewesen bin, gar nicht, aber die Bewegung war so stark daß ich es nicht hätte seyn können ohne krank zu werden, ich habe aber, so viel die Ungedult es mir erlaubte, gelesen, und Puletgen hat mir mehr Bücher geschickt – Ist daß nicht abscheulich nun bin ich morgen 8 Tage hier und noch an derselben Stelle, und habe die fatale Reise noch vor mir. Das beste dabey ist, . . . daß ich kein Kappler sondern ein Schiff aus Eckernförde habe, das ist größer sogar als das Paquet Boot und ich habe eine recht artige geräumige Cajüte für mich. – Heute habe ich zum erstenmal ein paar Stunden aufs Verdeck seyn kön-

nen, weil der Wind still aber noch nicht gut ist. – Den letzten Brief an mich, in
Puletgen ihrem, kriegte ich den Augenblick als ich in den Wagen stieg, um weg
zu fahren. – Dank bester Christel für den lieben Brief – ... Deinen Geburtstag
habe ich aufs beste gefeyert, ich habe viel an Dich gedacht und von 9 des Morgens bis 8 des Abends an Deiner Weste gearbeitet und Dir ein Bouquet Roßen
und einen Kranz von Vergiß mein nicht gewunden – die eine Tasche ist fertig –
hier hast Du eine sehr schlechte Zeichnung vom dessein, daß charmant ist ...

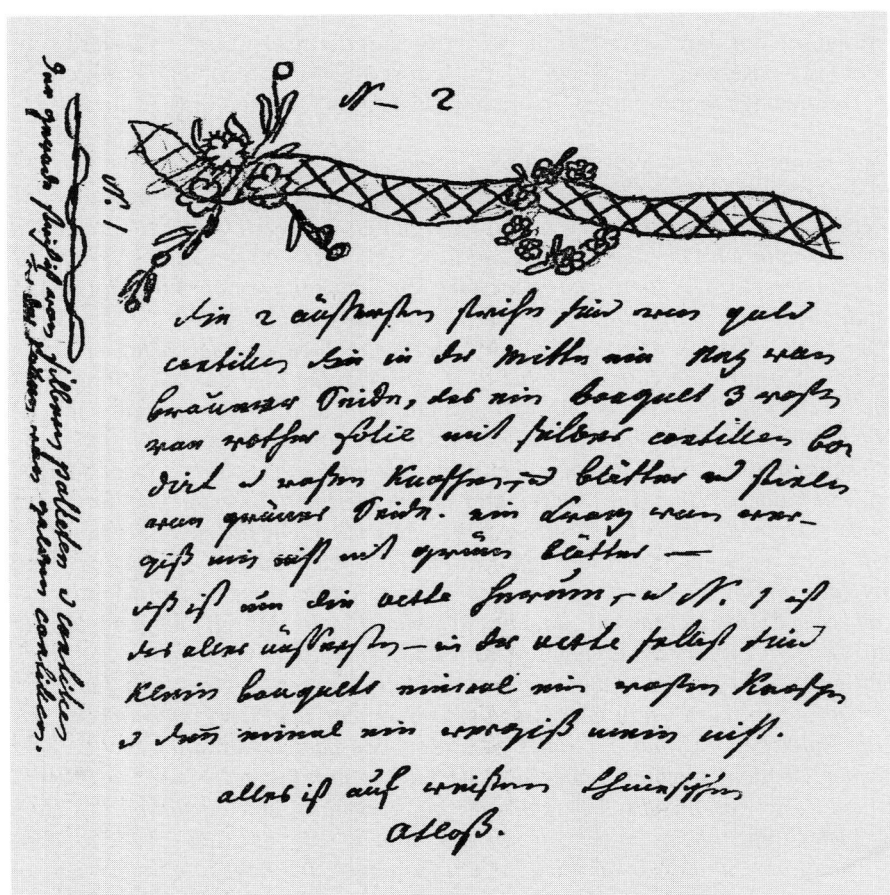

Diese Zeichnung legte Gustchen ihrem Briefe aus Kastrup bei

wie gefällt es dir, bester Christel? Auf jeden Knopf soll ein kleines Bouquet seyn
von einer Roßen Knospe und einem Vergiß mein nicht und einer braun und
goldenen Schleife – glaube nur nicht, daß es so steif ist, aber du weißt, ich kann
nicht zeichnen und habe das dessein nicht vor mir. Natürlich ruhte die angefan-

gene Handarbeit wohlverwahrt in einem der Gepäckstücke, die im Schiffs-
bauch untergebracht waren.

Daß Christian aus der etwas unbeholfenen Zeichnung den Schluß zog auf
eine ebenso verunglückte Stickerei, brauchte sie nicht zu befürchten. Bereits im
August hatte sie dem Bruder ihr und Henriettes umfangreiches Westenpro-
gramm für die männlichen Repräsentanten der Familie vorgestellt und keinerlei
Zweifel an der Qualität ihrer Arbeit aufkommen lassen:

*. . . ich bordire mit der Bernstorff eine Weste für ihren Mann, daß ich es gut
mache, räthst du daraus, daß die Bernstorff es mir anvertraut, mit ihr an einem
Stück zu arbeiten. Hernach mache ich eine Winterweste für dich und eine Som-
merweste für unsern Friz, und die Bernstorff auch für jeden von euch eine, so daß
jeder eine von jeder Jahreszeit kriegt. In der Farbe bin ich nicht einig, ich glaube
deine wird von weißem Atlaß mit Gold und Silber . . .* (47).

In die von ihr aus dem Gedächtnis gefertigte Skizze des *desseins* trug Gustchen für den Bruder die genaue Arbeitsbeschreibung ein, damit er sich das mittels Nadel und Faden hergestellte Kunstwerk so recht vorzustellen vermochte:
*Die 2 äußersten Striche sind von gold cantillen, die in der Mitte ein Netz von
brauner Seide, das ein boquet 3 Roßen von rother Folie mit Silber cantillen bor-
dirt und Roßen Knospen, und Blätter und Stielen von grüner Seide. Ein Kranz
von Vergiß mein nicht mit grünen Blättern. – Das ist um die Weste herum, und
Nr. 1 ist das alleräußerste – in der Weste selbst sind kleine bouquets, einmal eine
Roßen Knospe und dann einmal ein Vergiß mein nicht. Alles ist auf weißem
Chinesischen Atlaß.* An der linken Seite des Blattes brachte sie ergänzend an:
*Nr. 1 Der gerade Strich ist von silbernen Pailetten und cantillen und der herum
von goldenen cantillen.* Das Prachtstück, dafür bestimmt, den königlichen Kam-
merjunker Christian Graf zu Stolberg-Stolberg am 29. Januar, dem Geburtstag
Seiner Majestät, zu schmücken, sollte fertig sein, wenn die Brüder auf ihrem
Rückweg nach Kopenhagen etwa um die Jahreswende in Hamburg Station ma-
chen würden.

Mit der Beschreibung der Handarbeit endet der erste Teil von Gustchens Rei-
sebericht. Weil für den Bruder abgefaßt, ist auch auf keiner der noch folgenden
Seiten davon zu lesen, in welcher Verfassung denn das zweijährige Fritzchen
Bernstorff diese fürchterliche Überfahrt bestand. Gustchen bezwang die trostlo-
sen Stunden an Bord mit Schreiben und Lesen und Lesen und Schreiben. In
gleicher Ausführlichkeit, wie sie den Brüdern Christian und Fritz in diesem
Briefe ihr diesjähriges Seeabenteuer erzählte, wird sie – dessen darf man sicher
sein, nicht alle ihre Schreiben haben die Zeiten überdauert – Mutter Henriette
über Fritzchens Ergehen berichtet haben.

Nach dem Verlauf von vier weiteren Tagen und Nächten hatte Augustas
Schiff die Nachbarinsel Seelands erreicht:
Falster, den 26. Donnerstag Nachmittag.
*Nun meine besten Brüder! bin ich endlich hierher gekommen, und Gott weiß,
wenn ich weg kommen werde. Meine Ungedult, merke ich, ist unerschöpflich,
sonst hätte sie Zeit gehabt, sich zu erschöpfen, aber sie ist immer dieselbe. Daß sie
nicht mehr zunimmt ist mir unbegreiflich, aber je länger es währt, je wahrschein-
licher finde ich, daß es ein Ende kriegt, und die nahe Hoffnung erhält mich von*

einer Stunde zur anderen und von einem Tag zum anderen – hört wie es mir seit
Sonntag gegangen ist –

Montag war es den ganzen Tag das schönste Wetter von der Welt, und ganz
stille, ohne den fatalen Montag hätte Puletgen mich besucht, ich durfte das Schiff
nicht verlassen, weil der Wind gut zu werden schien. Des Abends um 8 ward er
gut, gleich gingen wir unter Seegel, er war heftig, und bald nur halb so gut, doch
seegelten wir in 7 Stunden 10 Meilen und kamen an Kreitberg, und mußten da

Der Kreidefelsen –
Kreitberg – der Insel
Møn

liegen bleiben, ich war die Nacht und den ganzen folgenden Tag herzlich krank,
obleich wir am Tage stille lagen, aber die Bewegung war entzezlich. Die Nacht
um 1 Uhr wurde der Wind wieder gut, nach 2 Stunden aber ganz contrair und so
stark, daß man die Seegel einnehmen mußte, und wir uns dem Wind preisgeben
mußten, wohin er uns brächte, so lavierten wir von 1 Uhr des Nachts bis halb
eins Mittags herum, kamen oft weiter zurück oft auch schon weiter als wo wir
jetzt sind – es hagelte und regnete entzezlich, und mir im Bett hinein – der Schif-
fer sagte, für uns sey keine Gefahr, aber für sein Schiff wohl – die Bewegung war
stärker als da wir vor 5 Jahren zusammen reißten – ich hatte Mühe mich im Bett
zu halten – glaubt Ihr es wohl, meine Liebsten! Wenn ich es Euch sage, daß ich
mich nicht einen Augenblick fürchtete, mir kam aber der Gedanke von Gefahr
nicht, ich freute mich, einmal von der Stelle zu kommen, für das übrige ließ ich
Gott und den Schiffer sorgen – da bin ich also seit gestern bey Falster – 3 Meilen
vom Kreitberg nur – ich kann euch nicht sagen, wie wohl es mir that, den Ort zu
erblicken, wo wir vor 5 Jahren 2 Tage so vergnügt zusammen zubrachten – auch
darum war es mir lieb, hierher zu kommen, weil ich hoffte, nun hier an unsere
Schwestern schreiben zu können, die, das weiß ich, meinetwegen sehr besorgt
seyn werden. –

Ich ging auf ein paar Stunden an Land – Ihr kennt das vortreffliche Land, den
dicken Wald der weit im Waßer hinein geht, und daß Ufer daß an vielen Stellen
kein Sand und keine Steine hat – ich ging nach dem selben Hauße, in dieselben
Stuben, und fand dieselben Leute, die mich gleich wiedererkannten. Wie wohl
that mir das alles wiederzusehen, ich ging immer und dachte an Euch und an die
glücklichen Tage, die ich hier mit Euch war –

Heute liegen wir den ganzen Tag stille, und es ist so schlecht Wetter, daß man nicht einmal an Land kommen kann – alle Augenblicke sage ich mir, daß ich in ein Land gehe, wo die Freundschaft der edelsten und besten Leute meiner wartet, und wo ich meine geliebten Brüder wieder umarmen werde, ohne diese himmlische Aussicht – wie hielt ich's wohl aus, wie theuer erkaufte ich nicht wohl die Freuden, wenn ich sie erkaufen müßte, und waß wäre dann all dieses dagegen – seht, daß sage ich mir, und so tröste ich mich – zu meinem größten chagrin war die Post eben aus Falster weggegangen, als ich an Land kam, und sie geht erst in 8 Tagen wieder von hier – ich hoffe zu Gott, daß ich euch alsdann nicht mehr von hier werde schreiben können, wie verlangt mir nach Nachricht von euch!

Die Frau in Falster frug mich gleich, ob ich nicht die Schwester der 2 hübschen muntren jungen Leute wäre, die vor 5 Jahren da waren – Tinte und Feder sind abscheulich.

Fehmarn Sonnabend Nacht.

Nun meine Besten haben wir geseegelt von der Nacht zwischen Donnerstag und Freytag bis izt, in ein'weg lavirt und sind nur bis hierher 11 Meilen von Falster gekommen – o meine Liebsten! Daß ist abscheulich, ich bin recht krank geweßen. (izt ist der Wind ganz contrair. –)

Mondtag Abend den 30.

Ach meine Allerliebsten, noch immer an der selben Stelle bey Fehmarn – o daß ist zum Vergehen – und die lieben Abwesenden, die sich meinetwegen ängstigen. Heute bin ich 14 Tage an Bord – nun auch werde ich halb krank vor Kälte – ...

Zu den *lieben Abwesenden,* die sich ihretwegen ängstigten, gehörte auch Toby Mumssen in Hamburg, der mit ihren Brüdern in regem Briefwechsel stand. Noch am 1. November war er auf Vermutungen angewiesen: *Ach unser armes Gustgen hat eine dumme Seereise gemacht und ist durch widrige Winde von uns allen lange getrennt. Ich habe noch keine Nachricht von ihrer Ankunft. Sie muß aber jetzo in Holstein seyn. Gott ist mit ihr und dem Knaben. Ich habe nichts gefürchtet, aber unruhig bin ich doch gewesen, weil sie so lange auf dem Meere hat seyn müssen. Sie hat mir noch vom 20. vom Schiff geschrieben und grüßt euch herzlich ...*

Drei Tage später setzte er sich wieder zum Schreiben nieder: *Gott sey tausendmal Dank, das Mädel ist wieder da! Gestern hab ich zuerst von ihr Nachricht aus Schleswig erhalten ... Das arme Mädel hat viel ausgestanden bey dem widrigen Winde und ist 16 Tage unterwegs gewesen. Sie hat von der nassen Kälte viel erlitten, nun aber ist sie wieder geborgen und wohl. Ich hoffe sie auch bald zu sehen, und einmal hinüber zu reiten ...*

Damit hatte es jedoch noch gute Weile, blieb Gustchen doch zunächst in Schlewig. Sie überzeugte sich davon, daß es der kleinen Schwester Julia am dortigen Hofe recht wohl erging und erzählte Christian am 4. November: *Julchen sehe ich viel ... Sie ist viel beßer . . und sehr viel hübscher ... – gestern aß ich bey Hofe, und war wohl 1½ Stunden hernach in der Prinzeß ihre Stube, niemand war da als Sie, der Prinz, und die 3 Kinder ...* Bei diesem Besuch ward ihr das Erlebnis zuteil, wie sich eine *Prinzeß* höchstpersönlich um ihre Kinder kümmerte und sich sogar von ihnen dutzen ließ: *Sie geht charmant mit ihnen um, ganz wie unsre Schwester ...* Gustchens Herz schlug dieser jungen Frau entgegen, mit der sie sich so sehr gut verstand: *Die Prinzeß ist charmant, man vergißt ganz, daß sie Prinzeß ist, ich war ganz à mon aise mit ihr, es ist wahrlich ein Fehler, daß sie ist waß sie ist . . . ich könnte sie recht lieb kriegen . . .* Ihre Königliche Hoheit Prinzessin Luise gehörte einem regierenden königlichen Hause an, und dieser *Fehler* war die Ursache, daß Augusta Louise Gräfin zu Stolberg-Stolberg aus reichsunmittelbarer Familie von Schleswig schied, ohne eine neue Freunschaft geschlossen zu haben: *. . . denn wie könnte man es wohl anfangen, sich recht an eine Prinzeß zu attachiren, kann man es ihr doch nie sagen . . .*

Prinzessin Luise von Hessen
Schwester des dänischen Königs Christian VII.
Gemahlin des Prinzen Carl von Hessen

Gustchen, die es gewohnt war, an jedem Posttage, also wöchentlich zweimal, *einen Brief von meinen besten Jungens* (51) zu erhalten, war während der sechzehn Tage, die sie auf dem Wasser zubringen mußte, zum Fasten verurteilt. In Schleswig angekommen, konnte sie endlich ihren Hunger stillen, denn Freunde und Verwandte wußten um ihren Reiseweg. Ihr Herz schlug höher, als sie zwischen der zahlreichen Post, die sich bei Julia für sie angesammelt hatte, eine Sendung aus der Schweiz erblickte. Es tat einen weiteren Freudensprung, als ihr beim Öffnen dieses Briefes nicht nur ein Blättchen Christians entgegenfiel, sondern auch eines, datiert vom 4. Oktober 1775, das die Schriftzüge Johann Wolfgangs trug: *Mir ist wie mir's seyn kann . . .*, las sie, und wurde dann gewahr, daß der Absender nicht s i e, sondern Christian und Friedrich Leopold anredete: *Danck euch Ungeheuern für eure Briefe . . .* Warum wohl ließen ihr die Brüder dieses Schreiben zukommen? Am 19. August hatte sie die beiden bestürmt, ihr mitzuteilen, *ob er oft von mir sprach . . .* – gab dies Papier die Antwort?

Fürs erste machte es sie jedoch mit den wilden Badesitten der vier Freunde bekannt und verriet, daß der Gefährte Curt von Haugwitz schreibfaul war und eine recht merkwürdige Figur abgab, wenn er dem Wasser entstieg: *. . . so daß Meerweib nicht schreibt, so haut's, wenn es aus dem Bade steigt, mit Nesseln . . .* Gustchen las weiter: *Ich hab euch drey dramatisirt . . . ich hab einen Pick auf die ganze Welt. Ich gönn euch eure Reise, die ist eurer Werth! Und darf sich kein Hund ihrer rühmen, und werdet begafft werden darob wie sich ziemt. Zimmermann hat euch weidlich gepriesen . . .* Weiter überflog Augusta Zeile um Zeile der ihr so vertrauten Handschrift: *So lebt wohl lieben Brüder. Was ich treibe, ist nicht der Rede werth, geschweige einen Federstrich . . .* Soweit war sie gekommen, als ihr der letzte Satz in die Augen sprang: *Gustgen ist ein Engel. Hohls der Teufel, daß sie Reichsgräfin ist – –*

Ungestüm und mit Leidenschaft hatte der Schreiber dieses Satzes in seiner *Epistel von 7 quart Seiten*, die sie noch in Bernstorff erhalten hatte, Freundschaft und Sehnsucht beschworen: *Hier noch müssen wir glücklich seyn, hier noch muss ich Gustgen sehn, das einzige Mädgen deren Herz ganz in meinem Busen schlägt . . .* Er hatte ihr gestanden: *ists doch als wenn ich verliebt in dich wäre!*, sie *Einzigstes Einzigstes Mädgen* genannt und aus ihren Briefen herausgelesen: *Es hat mich doch kein Weiblich Geschöpf so lieb wie Gustgen . . .* Sein Vertrauen zu ihr war grenzenlos: *Bey Gott was hier vorgeht ist unaussprechlich fein und schnell und nur dir vernehmbar.* Alles Beteuern seiner Zuneigung, die er für sie empfand, aber gipfelte in dem Ausruf, mit dem er seinen Brief an ihre Brüder beschloß. Was ging in dem empfindsamen Herzen des zweiundzwanzigjährigen Mädchens Gustchen Stolberg vor, als sie las, was da über sie geschrieben stand: *Hohls der Teufel, daß sie Reichsgräfin ist – –?*

Die Botschaft dieser Worte war ihr gewiß nur allzugut *vernehmbar*. Hatte sie nicht gerade eben selbst – wenn auch nicht so unbeherrscht wie Goethe – bedauert, einen Menschen nicht an sich binden zu können, dem ihre Liebe galt? Ihre wahren Gefühle für die *Prinzeß* hatte sie, weil es die Umstände geboten, im Herzen einschließen müssen, und es wurde ihr jetzt schmerzlich bewußt, daß der *Fehler, daß sie ist waß sie ist* ja auch der ihre war! Einst hatte sie ihren Brüdern geschrieben: *. . . o wie dancke ich Gott, daß er mich hat eure Schwester werden lassen! Der Name macht mich stolz – . . .* (11). Nun aber, diesen Namen als Last fühlend, der, wie Christian es damals formuliert hatte, zu jenen *Edlen Häusern* zählte, *aus denen zu Kriegszeiten Herzöge und Könige erwählt wurden, ehe Karl der Große Sachsen eroberte*, geriet sie in arge Bedrängnis; die Worte, mit denen sie jetzt dem temperamentvollen Ausspruch Goethes begegnete, legen Zeugnis davon ab, daß sie Ende des Jahres 1775 sehr schwer daran trug, Stolberg zu heißen. Was sie einst den Brüdern geschrieben hatte, verkehrte sie nun, um eine schmerzliche Erfahrung reicher, im Brief an Christian ins Gegenteil: – *ja wohl schlimm daß ich Stolbergs Schwester bin, bester Christel, daß denke ich oft, und dann werde ich traurig. Wollte, so lieb ich dich habe, daß du nicht mein Bruder wärst –* (56).

*

Am 7. November 1775, dem Geburtstag Friedrich Leopolds, verabschiedete sich Augusta in Schleswig von Julia und trat die weite Reise nach Uetersen an: – *ich brachte den Tag im Wagen zu, von des Morgens um 9 Uhr bis um Mitternacht fuhr ich von Schleswig bis Breitenburg und hatte Zeit, recht viel an dich zu denken und thats auch . . .* (57), erzählte sie dem Geburtstagskind, das sein Wiegenfest in Zürich beging. Just an demselben Tage, an dem ihre Reise begann, fand eine andere, ohne daß sie davon wußte, ihr Ende: Am 7. November frühmorgens um fünf Uhr kam Johann Wolfgang Goethe in der thüringischen Residenzstadt Weimar an. Er war der Einladung des achtzehnjährigen Herzogs Carl August von Sachsen-Weimar-Eisenach gefolgt. In seinem Gepäck führte er ein angefangenes Briefchen mit sich, dessen letzte Worte lauteten: *Wann kommst du nach Hamburg?*

Schloß Gottorf bei Schleswig, Residenz des Statthalters
Gestochen von M. Kurz um 1840

Nach mehr als fünf Monaten Abwesenheit kehrte die Conventualin Stolberg am Donnerstag, dem 9. November 1775, in ihr Kloster heim und genoß *das unaussprechliche Vergnügen, meine beste, Geliebteste Oberg wiederzusehn, und zu umarmen* (56).

Von nun an sah Gustchen mit Ungeduld der Ankunft ihrer Brüder entgegen: *. . . o Gott, wie schlägt mir das Herz vor Freude . . . Aber . . . bleibt nicht zu kurz, denkt das jeder Tag mich unaussprechlich glücklich macht, den ich mit euch zubringe, und etwaß früher oder später nach Copenhagen, daß ist ja fast eins, und Puletgen gönnt mir die Freude gerne, und sie hat euch ja den ganzen Winter . .* (57). Ihre Wünsche waren recht präzise: *. . . an meinem Geburtstag sind wir doch gewiß zusammen? Das Glück habe ich seit Rondstedt nicht mehr gehabt, den Tag mit meinen Geliebten Brüdern zu seyn . . .* (59).

Hervorgeholt aus Korb oder Truhe, worin sie den weiten Weg zwischen Seeland und Holstein unbeschadet überstanden hatte, füllte die kostbare Handarbeit von *Roßen und Vergiß mein nicht . . . auf weißem Chinesischen Atlaß* jetzt Gustchens Tage aus und verwies den Federhalter auf den zweiten Platz: *Wenn ich dir, mein bester Christel, nicht mit letzter Post schon schrieb, so ist nichts als mein großer Fleiß schuld daran . . . ob ich aber an dich gedacht habe, daß sage dir selbst, da ich f ü r d i c h arbeite – aber Lieber, du irrst dich, wenn du glaubst, daß deine Weste schon so weit ist – 8 Tage vor meiner Abreise fing ich an und arbeitete mit dem größesten Fleiß, und konnte doch nicht einmal die eine Tasche fertig kriegen – . . . meine lange Reise hat mich gewaltig aufgehalten, doch soll sie noch mit Hülffe meiner Oberg zu der Zeit fertig werden – ... aber glaube es mir, sie wird charmant – auch arbeite ich von des Morgens bis es dunkel wird fast unaufhörlich daran ...* (57). Mit der nächsten Post hörte Christian das gleiche: *... ohne Ende arbeite ich an deiner Weste, und mit der treuen Hülffe unserer Oberg hoffe ich noch, sie vor eurer Ankunft fertig zu kriegen ...* (58). Die Tage, die ihr dann ins Haus standen würden zu kostbar sein, um sie über den Stickrahmen gebeugt zuzubringen, denn nicht nur die heißgeliebten Brüder würde sie demnächst begrüßen können: *Gut denn, wir werden uns doch sehn ...* hatte der Schreiber betörender Briefe kundgetan, als er aus der Schweiz zurückgekehrt war. Selbst Katharina in Vallø wußte von dem Reiseplan und vergewisserte sich bei den Brüdern: *Wird Göthe nach Hamburg kommen? ...*

Kurz vor ihrem Abschied aus Bernstorff hatte Gustchen für die Onkel in der Schweiz ein Bild ihres kleinen Reisebegleiters gezeichnet, der jetzt ihr und Mettas Hausgenosse war: *Friz wird charmant, ist ... sehr munter, und hat eine große Antipathie gegen die Kinderstube, will immer nur bey Mama – und am liebsten bey Tante Gustchen seyn – ich habe ihn oft Stunden lang bey mir, er stört mich nie wenn ich es nicht haben will – er krabbelt hier eben bey mir herum – er ist gar nicht blöde mehr, er war vor einiger Zeit den Mondtag unten, und lief unter allen Fremden herum, und spielte und sprach mit jedem ...* (53). Ihrem kleinen Gast die *Antipathie gegen die Kinderstube* auszutreiben, sah Tante Gustchen in Uetersen gewiß keinen Anlaß. *Munter* und *gar nicht blöde mehr*, verschaffte Fritzchen den beiden stichelnden Freundinnen mit kindlichem Geplapper und fröhlichem Agieren zwischen Nähtisch, Fußschemel und Garnknäueln sicherlich die angenehmste Kurzweil.

Nicht das zu ihren Füßen spielende Kleinkind, das, wie es nur natürlich ist, die Aufmerksamkeit der Stickenden sehr oft gefangennahm, sondern die sechzehntägige Seereise war die Ursache, daß Gustchens Zeitplan jetzt durcheinandergeriet: *Da habe ich mich ... so erkältet, daß ich in Falster eine heftige Colick kriegte, ... ich mußte noch 8 Tage die strengste Kälte ausstehen, hatte fast nie, und zuletzt gar keine warmen Füße mehr, schlief fast nie, alles daß hat gemacht, daß ich seitdem alle Tage Colick habe, der Schmerz ist heftig, aber hält höchstens jedesmahl nur eine viertel Stunde an, Hensler glaubt, daß es Krämpfe sind ..* Die verlorene Zeit ließ sich nur aufholen, wenn sie während des Besuches der sehnlichst Erwarteten weiterstickte: *... ich hoffe noch gewiß, daß deine Weste vor deiner Abreise aus Hamburg fertig wird. An Fleiß fehlt es nicht – ... morgen gehts wieder frisch an die Arbeit – ...* (59).

Doch dazu kam es nicht. *Colick* und und *Krämpfe* weiteten sich zur ernsthaften Erkrankung aus, und vierzehn Tage später, am Vorabend des dritten Advent, wußte Gustchen, daß sie der Bruder mit leeren Händen würde begrüßen müssen: *Deine Weste bester, kann mit allem Fleiß nun doch unmöglich ganz fertig werden bis du kommst. Das betrübt mich nicht wenig, aber ich könnte es, ohne daß es mir schaden könnte, nicht thun ...*(62).

Dem Bruder nicht geben zu können, was tätige Liebe und unermüdlicher Fleiß ihm zugedacht hatten, war aber nur e i n e von zwei Enttäuschungen, mit denen das so bewegte Jahr 1775 für Gustchen zu Ende gehen sollte – die andere zu erleiden, stand ihr unmittelbar bevor.

Um die Mitte des Monats November erfuhr sie von Christian, daß Goethe sich von Lili getrennt hatte. In ihrer Teilnahme am Schicksal des Freundes deutete sie die Nachricht falsch: *Lili verheirathet! o mein armer Goethe! ich habe seit 6 Wochen keine Zeile von ihm* ... Ihre lange Reise hatte nicht nur die Handarbeit verzögert: *... ich muß aber sagen, ich habe seinen letzten Brief erst nach 5 Wochen beantwortet. Daß war aber auch ein Brief, der seine! eine enzezliche Epistel, und oft war er außer sich, wenn er von Lili sprach, dann wieder so zärtlich für mich – unter anderm sagt er, er könne es sich nicht denken, daß jemals die Zeit kommen könnte, da er die Hoffnung, Lili zu besizen, aufgeben müßte – und izt ist die Zeit da – o der arme Goethe!* ... (57). Ihre *erst nach 5 Wochen* geschriebenen Zeilen hatte sie ganz gewiß noch nach Frankfurt adressiert – sie konnte nicht wissen, daß sich der junge Mann, dem ihre mitfühlenden Worte galten, seit vierzehn Tagen in der Residenz Carl Augusts aufhielt. Dort holte er am 22. November seinen noch in Frankfurt an sie begonnenen Brief hervor, der mit der Frage schloß: *Wann kommst du nach Hamburg?*, und ergänzte ihn um eine Nachschrift:

Weimar, d. 22. Nov. Ich erwarte deine Brüder, o Gustgen! was ist die Zeit alles mit mir vorgangen. Schon fast vierzehn Tage hier, im Treiben und Weben des Hofs. Adieu – bald mehr. Vereint mit unsern Brüdern! Dies Blättel sollst indess haben.   G.

*

Mit der Geschwindigkeit, mit der Christian und Friedrich Leopold, am 8. November in Zürich abgereist, die Städte Ulm und Nürnberg passierten, die mütterliche Heimat Franken erreichten und von dort über Gotha, wo sie sich bei Hofe vorstellten, wenig später in Weimar ankamen, hielt die Postbeförderung nicht Schritt, ja, eine ihrer für Gustchen bestimmten Sendungen traf gar niemals in Uetersen ein: *Daß der Brief aus Würzburg verlohren ist, darüber kann ich mich gar nicht trösten, ich hatte mich so dazu gefreut, etwaß von Remlingen und Castell zu hören* ... (62). Es half wenig, daß Christian und Fritz stets ihre Reiseziele angaben – hielt Gustchen eine solche Nachricht in Händen, dann war die darin genannte Adresse fast immer überholt. Eines nur war ihr gewiß: *Daß Ihr den Guten Goethe in Weimar wieder sehn werdet, daß ist herrlich* ... (56).

Doch wann würde dies geschehen? Zumindest die Brüder glaubte sie in Herzog Carl Augusts Residenzstadt, als sie am Vorabend des 1. Advent Sticknadel, Seide, Perlen und Garn beiseitelegte und statt dessen Papier und Schreibfeder zur Hand nahm. Zeitig am Morgen, sie schlief noch, hatte ihr Frau Reese einen Brief Christians zustellen lassen. *Seit dem Augenblick* fühlte sie nicht nur *eine Nothdurft*, mit dem Bruder *zu schwatzen*, sondern sie hatte auch ein ganz konkretes Anliegen: *Sag mir doch ob, und waß du von Goethe gehört hast – mir ist er stumm* ... (59).

Am 2. Dezember 1775, als Gustchen nach ihm fragte, hatte der von ihr Gesuchte bereits fünf vergnügte Tage mit ihren Brüdern am Hofe des Herzogs zugebracht, und die Abreise nach Norden stand unmittelbar bevor – der Brief, den sie jetzt nach Weimar adressierte, sollte nicht der einzige sein, der in die Irre

Weimar
Kol. Radierung von
C. Müller

ging. Curt von Haugwitz, der vierte Reisegefährte, hatte sich übrigens aus familiären Gründen in Nürnberg vorzeitig verabschieden müssen.

Eine Woche war vergangen, und der Kalender zeigte den 9. Dezember 1775,
als die Uetersener Posthalterin Gustchen einen Brief aus derjenigen Stadt aus-
händigen ließ, wohin der am 2. Dezember in Uetersen geschriebene auf die Reise gegangen war. Als die Empfängerin das Siegel erbrochen und das Papier
entfaltet hatte, wußte sie, daß die Freunde zusammengetroffen waren, denn sie
erblickte a u c h die Handschrift Christians: *Da ist ein Briefgen von Göthgen, und
zwey Zeilen von mir, mein Gustchen . . . Hier wirds uns recht wohl. Wir leben
mit lauter guten Leuten, mit unsern Wolf und den hiesigen Fürstlichkeiten, die
sehr gut sind. Gehn auf die Jagt, reiten und fahren aus, und gehen auf die Maske-
rade . . .* Goethe, vor einer Woche noch stumm, hatte endlich seinen noch in
Frankfurt begonnenen Brief der Post übergeben. Wie groß muß die Freude für
Gustchen gewesen sein, als sie las: *Wann kommst du nach Hamburg?* Die letzten
Worte, die er aus seiner Vaterstadt an sie richtete, lauteten nicht: *Wann gehst
du . . .?* sondern: *Wann kommst du . . ?* Gustchen erspürte sehr wohl den Unterschied: Wer sich für ihr Kommen interessierte, gedachte sie zu erwarten. Sofort,
wenn Brüder und Freund ihr Reiseziel erreicht hatten, würde auch sie, das stand
seit Monaten fest, nach Hamburg k o m m e n !

Das Tageslicht war längst vergangen und Fritzchen sicherlich seit mehreren
Stunden im Traumland, als Augusta den Stickrahmen beiseite legte und sich an
ihren Schreibtisch zurückzog:

Ütersen, den 9. 12. 1775 Abends 10 Uhr

*Dank mein lieber Goethe für Ihr Blätgen, daß mir sehr lieb war, aber auch
herzlich mußte ich lachen, da Sie sagen ein neues Kleid mache Ihnen so viel
Freude, und eine mislungene Frisur Verdruß – bin ich doch ein Mädchen Goethe,
und kaum geht's so weit bey mir – ein niedliches Kleid von süßer Farbe macht
mir zwar izt Freude, und die Besetzung daran beschäftigt mich des Abends, wenn
ich nicht mehr an Christels Weste arbeiten kann; aber – mit einem Wort Goethe
Sie sind vielleicht in dem Stück mehr Mädchen als ich – Hören Sie Goethe, Sie
könnten wohl mit nach Hamburg kommen, und es ahndet mir halb, daß Sie mich
überraschen werden, daß ist so Ahndung, daß es ein dissapointment seyn wird,*

wenn Sie nicht kommen. Aber Sie sagen mir ja nicht ein Wort, ob Sie meine *Epistel* erhalten haben – eine rechte *Epistel* war's, denn ich hatte wenigstens 3 Wochen dran geschrieben – mir gehts gut, ich lebe mit einer süssen Freundin und Lebe und webe in den Gedanken, daß ich meinen Christel, und meinen Friz bald wiedersehn und umarmen werde – Sind's doch gar zu Liebe Jungens! Ich bin aber recht krank geweßen. Adieu mein guter *Wolf* – bleiben Sie mein Freund, und glauben Sie daß ich lebhaftesten Antheil an allem nehme, waß Ihnen Freude oder Schmerz macht – wollte Gott daß sie einmal recht glücklich wären!

Gustchen

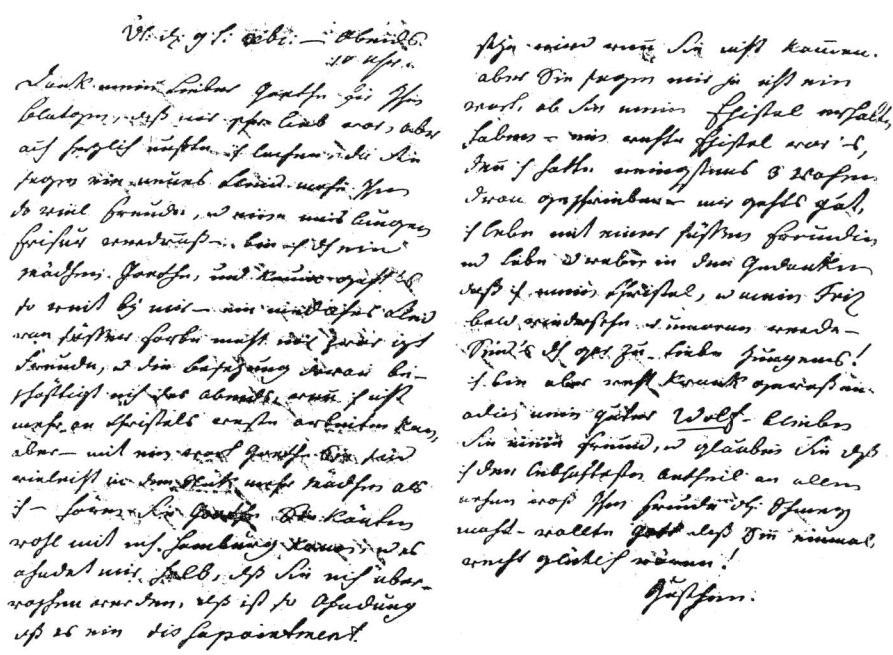

Ü. d. 9. Xbr - Abends 10 Uhr
Dank mein Lieber Goethe für Ihr Blätgen, daß mir sehr lieb war ...

Durch die noch in Frankfurt gestellte Frage zunächst in ihrer *Ahndung* bestärkt, der Freund werde mit den Brüdern gen Norden ziehen, hatte Gustchen im Weiterlesen erkannt, daß die Wirklichkeit ganz anders aussehen könnte. In den sechs Wochen, die über die so verheißungsvolle Frage hinweggegangen waren, hatten sich die äußeren Lebensumstände des jungen Mannes, der mit ihrer Hilfe seine Krise bestanden hatte, völlig gewandelt: ... *o Gustgen! was ist die Zeit alles mit mir vorgangen* ... Jetzt waren, das spürte sie sehr deutlich, nicht nur die Reise an Elbe und Alster und das in so greifbare Nähe gerückte persönliche Kennenlernen in Frage gestellt, sondern *Treiben und Weben des Hofs* konnten dazu führen, daß er sich ihr entfremdete, ja, brachten vielleicht sogar das Ende des Briefwechsels. Rechnete Gustchen damit, daß er sich von ihr zurückzog? Die Grußformel, mit der sie ihren Brief beschloß, mutet an wie ein ‚Reisesegen‘, den man einem Abschiednehmenden spendet: *Adieu mein guter Wolf – bleiben Sie mein Freund . . . wollte Gott daß Sie einmal recht glücklich wären!*

Doch nachdem Goethe seinen Brief am 22. November in Weimar geendigt hatte, waren die Brüder dort eingetroffen. Solange sie mit *unserm Wolf* zusammen waren, durfte Gustchen hoffen, daß ihre *Ahndung* doch noch in Erfüllung ging. Hatte sie der gespannten Erwartung, mit der sie der Ankunft der Hamburg-Reisenden entgegensah, im Brief an den Freund nur sehr verhalten Ausdruck gegeben, so wurde sie im Begleitschreiben an Christian – sie kannte Goethes Anschrift nicht und adressierte darum an den Bruder – um so deutlicher: *Bester Christel, hier sind ein paar Worte an unsern Wolf, den ihr mitbringen sollt – daß es dir so wohl geht, und ihr so in Freuden lebt, freut mich, aber ich wollte ich hätte euch schon . . . ist Goethe weg, so schick ihm mein Blättgen nach – möcht doch den Goethe vor mein Leben gerne sehn . . .* (61).

Für das Schicksal, das diesem Brief widerfuhr, war die Art und Weise seiner Beförderung ohne Belang. Ob die Absenderin, um seine Laufzeit zu verkürzen, ihn gleich am nächsten Morgen einem der nach Hamburg pendelnden postschmuggelnden Fuhrleute übergab oder ob sie ihn zwei Tage später bei Frau Reese einlieferte und er durch den *Bothen zu Fuß* den Umweg über Pinneberg machte – in jedem Fall war ihm ein Irrweg ohne Beispiel bestimmt; *mein Blättgen* aber kam gar niemals an: Augusta sandte diesen am Sonnabend geschriebenen Brief nach Weimar, Christian und Friedrich Leopold aber hatten diese Stadt bereits am Sonntag zuvor verlassen.

Schwerfällig und langsam – letzteres besonders im Winter – rumpelten die Briefposten durchs Land. Augustas Zeilen vom Vorabend des 2. Advent werden wenige Tage vor Weihnachten in Weimar angekommen sein. Von hier aus werden sie – in den Posthäusern lagerten die Unterwegs-Adressen der Passagiere – die gesamte Reiseroute der Brüder Stolberg nachvollzogen und den Empfänger via Dessau–Berlin–Gartow–Hamburg etwa Ende Januar – oder noch später – in Kopenhagen erreicht haben.

Bei der ihm bekannten Briefproduktion seiner Schwester hielt Christian es vielleicht für nicht der Mühe wert, diese inzwischen ‚altbacken‘ gewordene Sendung erneut auf große Reise zu schicken. Vielleicht aber fiel Gustchens Auftrag auch einfach nur seiner Vergeßlichkeit zum Opfer – kurz, der Bruder führte Gustchens Bitte, ihr *Blättgen* weiterzuleiten, nicht aus.

Die literarisch interessierte Nachwelt hat allen Grund, ihm für diese Unterlassung dankbar zu sein. Dadurch, daß dieser Brief niemals in Goethes Hände gelangte, blieb er als einziger von allen, die Gustgen an den Dichter schrieb, erhalten. Doch erst Anfang der fünfziger Jahre dieses Jahrhunderts geschah der aufsehenerregende Fund: Seitdem Goethes Briefe an Gustchen Stolberg im Jahre 1839 bei Brockhaus in Leipzig zum ersten Male im Druck erschienen waren, beklagte man das Fehlen der ihren – da entdeckte Professor Detlev Schumann von der Brown University zu Providence auf Rhode Island im Reichsarchiv zu Kopenhagen bei der Durchsicht Stolbergscher Papiere im Jahre 1955 *mein Blätt-*

gen: Christian hatte den Brief, den seine Schwester am 9. Dezember 1775 in Uetersen für *Wolf* nach Weimar schrieb, säuberlich zwischen seinen eigenen Schriftsachen abgelegt.

Am frühen Morgen des dritten Samstags im Dezember, am 16. des Monats, wußte Gustchen um die andere Enttäuschung, die ihr dieses zu Ende gehende Jahr 1775 bereitete:... *ich hatte immer noch gehofft, ihr würdet Goethe mitbringen, aber auch die Hoffnung ist zu schanden worden – brächtest du mir doch seinen Faust, oder Liederchens mit, er hat es mir immer versprochen...* (62).

Nein, Goethe war nicht *weg*, als ihr Brief vom Vorabend des 2. Advent die erste Etappe seiner Irrfahrt erreichte – ganz im Gegenteil: Die Brüder hatten Weimar verlassen, er hingegen war, auf Drängen des Herzogs, in Weimar geblieben. Die Bitte des achtzehnjährigen Herzogs Carl August verursachte Gustchen das *dissapointment..., wenn Sie nicht kommen.* In einem Brief an Gerstenberg legte sie einmal dar, wie sie einer Enttäuschung begegnete:... *ich kann mich wie die Kinder über jede Kleinigkeit freuen, aber auch wie die, mich über jedes dissapointment betrüben...* (90).

Über diesem allem kam die Weihnachtszeit heran. Frühmorgens am 23. Dezember 1775 – es war wieder ein Samstag – muß Gustchen durch einen Brief der Brüder erfahren haben, daß ihrer beider Ankunft in Hamburg unmittelbar bevorstand. Sie bat ihre Freundin Metta Oberg, das im Laufe dieses Tages ausgezahlte *Weihnachten-Geld,* das zu den regelmäßigen Einkünften der Conventualinnen gehörte, für sie sowohl in Empfang zu nehmen als auch zu quittieren, und begab sich, vermutlich nach der morgendlichen Chorstunde, zu Ihro Hochwürden, um sich die Erlaubnis zu holen, das Kloster noch heute für mehrere Wochen verlassen zu dürfen. Frau Priörin Catharina von Reventlow war ihr

Carl August Herzog von
Sachsen-Weimar-Eisenach
Joh. E. Heinsius 1780

Die Orgel der Klosterkirche zu
Uetersen wurde 1749 von Orgel-
baumeister Johann Dietrich
Busch aus Itzehoe erbaut.

220

offenbar sehr wohlgesonnen, gewährte sie ihr doch Urlaub zu einer Zeit, da die Anwesenheit sämtlicher Damen nicht nur dringend erforderlich, sondern von der Klosterordnung auch vorgeschrieben war. Es ist allerdings auch denkbar, daß die Vorsteherin in diesem Entgegenkommen einen klug berechneten Schachzug tat, denn das Tauziehen um Archiv und Conventsaal war ja noch nicht beendet! Seit Juli 1773 hatte sich die Bernstorffsche Regierung in dieser Angelegenheit abwartend gezeigt. Aber würde die kleine Stolberg in einem ihrer zahlreichen Briefchen nach Kopenhagen erzählen, daß ihr kostbare Tage des geschwisterlichen Beisammenseins entgangen seien, dann konnte die Aufmerksamkeit der Deutschen Kanzlei ganz unnötigerweise nach Uetersen gelenkt werden. Das Sprichwort „Schlafende Hunde soll man nicht wecken" wird Ihro Hochwürden nicht unbekannt gewesen sein.

Der *Weynachtsabend*, wie er von den Conventualinnen von alters her auf ihrer Empore der Klosterkirche begangen wurde, zog, wie Friedrich Camerer berichtet, durch seine *Feyerlichkeit Uetersens neugierige Mägdchens* an, *welche sich häufig in der Kirche mit den Kindern ihrer Herren einfinden*. Ein öffentlicher Gottesdienst fand erst am nächsten Morgen statt, *Weynachtsabend* und Christnacht wurden zu jener Zeit nur vom Kloster, sogar ohne Pastor, gefeiert.

Während der Kirchenraum, bis auf den von zwei Wachslichtern erhellten Orgelspieltisch, dunkel blieb, erstrahlte das Chor der Fräulein im Scheine vieler Kerzen, die Wärme, Licht und den feinen Duft des Wachses verbreiteten. Die Conventualinnen nahmen ihre Singstunden-Plätze ein, ihre Jungfern folgten und stellten ihnen mit Glut gefüllte Eisenbecken zu Füßen. Auf diese Weise pflegte man in früheren Zeiten der winterlichen Kälte in den Kirchen zu begegnen.

Bei der nun folgenden Musica Sacra von etwa neunzig Minuten Dauer wechselten, untermalt von den unvermeidlichen Geräuschen des Kohlenschürens – Frau Priörin hatten ein wachsames Auge darauf, daß selbiges nicht die Andacht störte –, Otto Heydorns kunstreiches Orgelspiel und das Chorsingen der Damen miteinander ab; die *Sangmeestersche* hatte das Tedeum, das Kyrie, drei Psalmen und acht Choräle anzustimmen. Unter der Leitung ihres Kantors übten Knaben der Lateinschule das Lektorenamt aus. Den *neugierigen Mägdchens* des Jahres 1775 möchte man wünschen, daß der Weihnachtsgesang der zehn im Kloster zurückgebliebenen Mitschwestern auch ohne Gustchen zur *Feyerlichkeit* geriet!

Wann kommst Du nach Hamburg? Nein, Gustchen wurde in dieser Stadt nicht von Goethe erwartet, der vor beinahe einem Vierteljahr ihre dortige Ankunft erfragt hatte. Dennoch wird sie die mehrstündige Wagen- oder Schlittenfahrt am 23. Dezember 1775 mit jubelndem Herzen zurückgelegt haben: Spätestens am Abend dieses Tages, so hatten die inniggeliebten Brüder angekündigt, würden sie in der Hansestadt eintreffen.

„. . . sonst wäre er mit nach Hamburg gekommen . . ."

Inmitten der großen Stadt Berlin, wohin die Grafen Stolberg gereist waren, um auch am preußischen Hofe Visite zu machen, trafen sie zu ihrer großen Überraschung einen lieben Bekannten: *Claudius, unser Claudius ist hier und reist mit uns zurück . . .*

Gustchen, vermutlich am frühen Nachmittag des 23. Dezember 1775 in Hamburg angekommen, kehrte bei der Freundin Johanna von Winthem ein, in deren Hausgemeinschaft auch Klopstock lebte. Dort wird sie mit stündlich wachsender Spannung auf die Geräusche, die von draußen kamen, gelauscht haben – wann endlich ließen sich die vertrauten Schritte vernehmen?

Doch ihre Geduld wurde auf eine harte Probe gestellt: Im Winter verkehrten die Postkutschen höchst unpünktlich, auch wenn sie aus Preußen kamen! Der Wagen, der ihre Brüder und Claudius aus dem Lande Friedrichs des Großen brachte, erreichte die Hansestadt mit erheblicher Verspätung: *Den 21. verließen wir Berlin . . . Den 23. Abends kamen wir vor Hamburg an, aber die Thore waren schon zu; die Nacht verbrachten wir in Wandsbeck . . .* Zum Abendessen wurde der Freund Johann Heinrich Voß herbeigeholt, der sich in Claudius' Nachbarschaft niedergelassen hatte und von dort aus seinen Musenalmanach herausgab.

Über das Wiedersehen der drei Geschwister Gustchen, Christian und Friedrich Leopold am Morgen des 24. Dezember sind leider nur recht dürftige Worte, an Katharina in Schloß Vallø, erhalten: *Früh waren wir hier; gleich hörten wir, alle Unsrigen wären wohl . . . Gustchen fand ich etwas mager und blaß, das liebe Ding ist sehr guter Dinge, weil wir hier sind . . .*

*

Alles, was seine Freunde, die Grafen Stolberg, von ihrer Reise, insbesondere aus Weimar, zu erzählen hatten, interessierte Johann Heinrich Voß in höchstem Maße. Er eilte vom stillen Wandsbek in die laute Hansestadt und hatte teil an den glücklichen Tagen, die Gustchen und ihre Brüder im Hamburger Freundeskreis genossen. In ausführlichen Briefen ließ er seine Braut Ernestine Boie an allem, was er hörte und erlebte, teilnehmen; seine Epistel vom 28. Dezember 1775 schloß er mit den Worten: *Der Herzog von Weimar ist ein vortrefflicher Mann. Er hat Goethe . . . nicht so bald weglassen wollen, sonst wäre er mit nach Hamburg gekommen . . .*

Nicht nur Gustchen glaubte, daß die gemeinsame Schweizreise ihre Fortsetzung in einer Fahrt gen Norden finden und in Hamburg enden würde. Dem deutsch-dänischen Kulturkreis, dessen Mittelpunkt der im Zenith seines Ruhmes stehende Klopstock war und zu dem, über die Grafen Stolberg, die Dichter des *Göttinger Hain* gehörten, stand Johann Wolfgang Goethe längst nahe, Boies Musenalmanach und Claudius' *Wandsbecker Bothe* druckten seine Gedichte.

Vater Klopstock, wie der Werther-Dichter den berühmten Mann voller Verehrung anredete, war im Oktober 1774 in seinem Elternhaus zu Gast gewesen, und man rechnete in der Stadt an der Elbe allgemein damit, daß Goethe diesen Besuch jetzt erwidern würde. Vor seinem damaligen Reisevorhaben, das ihn zu der Frage *Wann kommst Du nach Hamburg?* veranlaßt hatte, sagte der damals Erwartete Jahrzehnte später in *Dichtung und Wahrheit: Nun kam aber noch hinzu, daß ich vor Lili flüchten mußte, es sei nun nach Süden ... oder nach Norden, wo mich ein so bedeutender Kreis vorzüglicher Menschen einlud.* Sein zu ihnen eingeschlagener Weg endete – für immer – in Weimar.

Zwischen den Zeilen, aber unüberhörbar, schwingt in Vossens Feststellung *... sonst wäre er mit nach Hamburg gekommen* das Bedauern darüber, daß es zwischen dem im gesamten deutschsprachigen Raum anerkannten, ja gefeierten Dichter und dem geistreichen Zirkel der Elbmetropole zu keinem Zusammentreffen kam. Voß mußte es als Zeitzeuge beim Bedauern bewenden lassen. Nach zweihundert Jahren jedoch gibt es über diese unterlassene Nordelbienfahrt mehr zu sagen, und wer angesichts der unübersehbaren Fülle der Goethe-Literatur meint, das Thema sei schon behandelt worden, der irrt: Noch nirgends ist davon geschrieben worden, was dem Dichter, weil er nicht kam, in Hamburg und Holstein entging. In diesem Zusammenhang gibt es, so unglaublich es klingt, von Uetersen mehr zu erzählen als von der Hansestadt.

Vorigen Sonntag fuhr ich mit Claudius nach Hamburg, um Händels Messias anzuhören ... o Himmel! welche Musik ... erzählte Voß seiner Ernestine am 5. Januar des soeben angebrochenen Jahres 1776. *Klopstock hat dem englischen Text einen deutschen untergeschoben, doch mit Rücksicht auf Luthers Übersetzung. Gleich das erste ... Recitativ: Tröstet, tröstet mein Volk! war bis zu Thränen rührend, und die Winthem sang's auch wie ein Engel ... Mir schlug das Herz ... und ich hätte durch Wolken fliegen mögen ...* Von der vierstimmigen Chorfuge *Uns ist ein Kind zum Heil geboren* war er besonders ergriffen: *Ich hätte 24 Stunden ohne Essen und Trinken dastehn, und mir bloß den Chor vorspielen lassen mögen ...*

Das epochale Ereignis, das Goethe damals verpaßte, war die deutsche Erstaufführung eines Oratoriums, das noch heute zu den beliebtesten Stücken sei-

Klosterkirche Uetersen um 1900

ner Gattung zählt. 1742 in London komponiert, war dieses Händelsche Werk in Deutschland gänzlich unbekannt. In Hamburg begann es seinen Siegeszug und kam im Mai 1780 endlich auch in Weimar an. Die dortige Aufführung unter dem Hofkapellmeister Ernst Wilhelm Wolf wies jedoch erhebliche Mängel auf und war nur ein blasser Schatten von derjenigen, die der *Kreis vorzüglicher Menschen* am Sylvestertage des Jahres 1775 in Hamburg erlebte.

Immer, wenn Augusta und ihre Brüder sich in der Hansestadt trafen, gehörte eine Reise zu *unserer lieben Oberg* in das Besuchsprogramm. Diese Tatsache räumt jeden Zweifel daran aus, ob der Gast aus Frankfurt, an der Elbe angekommen, zur Pinnau weitergereist wäre, um in dem an ihrem Ufer gelegenen Klosterflecken Gustchens Zuhause und die *innige Freundin* kennenzulernen. Zudem: Wie sollte ihn, der dem frommen Frankfurter Stiftsfräulein Susanna Catharina von Klettenberg in großer Verehrung und Liebe zugetan war, nicht interessieren, wie und wo holsteinische Stiftsdamen, unter ihnen sein *Gustchen*, ihr Leben zubrachten? Hatte der unfertige Bau des Kölner Doms und der gewaltige des Straßburger Münsters den jungen Mann gefesselt und dazu veranlaßt, sich mit der Baukunst vergangener Zeiten zu beschäftigen – wie hätte eine Barockkirche, vor dreißig Jahren an ein altersgebeugtes Cistercienserinnen-Kloster angebaut, nicht sein Interesse gefunden? Eine Kirche von den Ausmaßen 18 mal 40 Meter, deren Fundamentsteine allesamt aus einem einzigen Findling, dem *Glinder Riesenstein*, geschlagen waren? Und warum sollte er nicht neugierig gewesen sein, wie es um das Innere dieses Kirchenraumes beschaffen war, in dem seine *Schwester* zweimal des Tages Psalmen und Choräle zu singen hatte?

Die Kaisertreppe im Römer zu Frankfurt. Aus dem Krönungsdiarium Karls VII. 1742

224

Die Verherrlichung der Dreieinigkeit Fresko in der Klosterkirche zu Uetersen von Giovanni Battista Innocenco Colombo, 1749

Die Verherrlichung der Tugend und der Sturz der Untugenden
Allegorie über der Kaisertreppe im Römer zu Frankfurt. Als Fresko ausgeführt von
Giovanni Battista Innocenco Colombo 1741/42 (Im Zweiten Weltkrieg zerstört)

War schon der Weg, der die Conventualinnen sowie alle ihre Besucher in diese Kirche hineinführte, vorbei an uralten Grabsteinen und an zugemauerten Türen, der Geheimnisse voll – der junge Frankfurter, zusammen mit Augusta durch die düstere *Klosterhalle* und den *verdeckten Gang* im Gotteshause angekommen und seinen Blick, von der Helligkeit angezogen, nach oben lenkend – er hätte seinen Augen nicht getraut!

Aufgewachsen in der Freien Reichsstadt, in der die deutschen Fürsten ihren Kaiser kürten, hatte er als Fünfzehnjähriger eine Kaiserwahl miterlebt. Tief beeindruckt von diesem großartigen Spectaculum, hielt er dieses wichtige Ereignis seiner Jugend, die Wahl Josephs II. zum Deutschen Kaiser, in großer Ausführlichkeit in *Dichtung und Wahrheit* fest. Ihm, dem Sohn eines Kaiserlichen Rats, war die Örtlichkeit der mittelalterlichen Zeremonie nur allzu gut vertraut: *Waren wir einmal im Römer, so mischten wir uns auch wohl in das Gedränge vor den burgemeisterlichen Audienzen. Aber größeren Reiz hatte alles, was sich auf die Wahl und Krönung der Kaiser bezog. Wir wußten uns die Gunst der Schließer zu verschaffen, um die neue, heitre, in Fresco gemalte, sonst durch ein Gitter verschlossene Kaisertreppe hinaufsteigen zu dürfen ...*

Die *neue ...in Fresco gemalte ... Kaisertreppe* war das Werk des italienischen Malers Giovanni Battista Innocenco Colombo, das 1741/42 zur Wahl Kaiser Karls VII. entstanden war. Durch die Großartigkeit seiner Anlage das Treppenhaus nach allen Seiten hin optisch erweiternd, zeigte das figurenreiche Gemälde eine von Colombo für den Kaiser des Heiligen Römischen Reiches Deutscher Nation sehr sinnvoll ausgewählte Allegorie: *Die Verherrlichung der Tugend und der Sturz der Untugenden.* Nachdem der fünfundzwanzigjährige Künstler diese Arbeit in nur vier Monaten zur großen Zufriedenheit des Rates der Stadt Frankfurt ausgeführt hatte, zog er als begehrter Theaterdekorateur von einer deutschen Stadt zur anderen, bis er im Jahre 1748 nach Hamburg berufen wurde. Diese Tatsache sollte für Gustchens späteren Wohnort nicht ohne Folgen bleiben, baute Uetersen doch zu jener Zeit unter der maßgeblichen Leitung des kunstverständigen Klosterprobsten Benedikt von Ahlefeldt, Großonkel Metta von Obergs und für etliche Jahre Hamburgischer Theaterdirektor, seine Kirche neu.

Diese Begebenheiten und Umstände drehten sich zu einem Faden voller Spannung zusammen, der, ein Vierteljahrhundert später aufgenommen und mit demjenigen verknüpft, den die Briefe schreibende Conventualin Stolberg in Händen hielt, zu einem höchst interessant verschlungenen Knoten hätte werden können ...

Als Goethe der Spur des Künstlers, dessen *neue, heitre ... gemalte* Treppe er als Kind mit wachen Sinnen bewundernd geschaut und in sich aufgenommen hatte, nach etwa vier Jahrzehnten wiederbegegnete, erachtete er dieses Ereignis für so bemerkenswert, daß er es in seinem Tagebuch niederschrieb. Auf seiner dritten Reise in die Schweiz unterwegs, rastete er in Stuttgart und fand im dortigen Großen Theater Dekorationen vor, ... *welche sich noch von Colombo herschreiben* ... Er erinnerte sich der Kaisertreppe im Römer und verglich die zu unterschiedlichen Zeiten und Anlässen entstandenen Kunstwerke miteinander. Das Ergebnis hielt er fest: *Stuttgart, 5. 9. 1797 ... Die Frankfurter Dekorationen haben aber doch darin den Vorzug, daß ihnen eine solidere Baukunst zum Grunde liegt, und daß sie weicher sind ohne überladen zu sein; dahingegen die hiesigen in einem gewissen Sinne leer genannt werden können ...*

Nach dieser notwendigen Excursion in die Städte Frankfurt und Stuttgart ist es an der Zeit, in die Uetersener Klosterkirche zurückzukehren. Warum denn hätte der Besucher, der Gast der Conventualin Stolberg, der aus Frankfurt kam und die Kaisertreppe kannte, seinen Augen nicht getraut?

Vom beidseitig hereinflutenden Tagesschein in helles Licht getaucht, spannt sich zu Häupten des Beschauers ein Spiegelgewölbe, dessen farben- und figurenreiches Fresco, indem es sich in seiner Thematik dem sacralen Raum unterwirft, die menschlichen Sinne einem geöffneten Himmel entgegenlenkt und den Gläubigen in die *Verherrlichung der Dreieinigkeit* miteinbezieht. Schöpfer dieser Allegorie vom Himmlischen Gottesdienst ist derselbe Maler, dessen künstlerisches Schaffen dem Dichter zweimal im Verlaufe seines langen Lebens zu einer Betrachtung Anlaß gab und, weil die Reise in den Norden unterblieb, ihm nicht schon 1775, sondern erst knappe zwanzig Jahre später wiederbegegnete.

... ich hatte immer noch gehofft, ihr würdet Goethe mitbringen, aber auch diese Hoffnung ist zu schanden worden ... hatte Gustchen am 16. Dezember 1775 an Christian geschrieben. Der Ort, aus dem ihr Brieflein nach Berlin reiste, hat allen Grund, sich dem *dissapointment* seiner prominenten Conventualin anzuschließen und bis zum heutigen Tag bitter zu beklagen, daß es damals zu keiner Begegnung zwischen ihr und Johann Wolfgang Goethe kam, der, wie man weiß, auch sehr gerne Zeichenstift und Farben gebrauchte. Es ist leider Tatsache, daß sich zu Gustchens Zeit und weit darüber hinaus weder ein Maler noch ein Kupferstecher in den Flecken Uetersen verirrte, um den Ortsprospekt oder die Ansicht des Klosters festzuhalten. Weil nun auf Wunsch eines sehr jungen Herzogs eine Reise unterblieb, wurden die beiden bereitgehaltenen Fäden nicht zum Knoten verknüpft. Infolgedessen blieb Uetersens Deckenfresco, Colombos nördlichstes Meisterwerk, ohne Goethesche Betrachtung, und Gustchens Zuhause ging in das Skizzenbuch des Dichters nicht ein.

Nun soll aber nicht verschwiegen werden, daß jenes Deckengewölbe, wie es seit einem knappen Vierteljahrtausend den Kirchenraum überspannt, wenn auch nicht aus der Feder Goethes, so doch immerhin zweimal literarische Würdigung gefunden hat.

Der Dichter Detlev von Liliencron, durch verwandtschaftliche Beziehungen mit Augustas Kloster gut vertraut, holte den Stoff zum 20. Cantus seines Epos *Poggfred*, an dem er von 1896 bis 1908 schrieb, aus dem Deckenfresco der Uetersener Klosterkirche. Er verlegte deren Erbauung kurzerhand in die vorreformatorische Zeit, als noch nicht adelige Damen Luthers Choräle, sondern cisterciensische Nonnen lateinische cantica sangen, um die Kulisse für die Geschichte von einer unglücklichen Liebe zu gewinnen. Er erzählt in seinem Cantus von der jungen Nonne Heilwig Wohnsfleth – den Nachnamen entlieh er sich von einer Conventualin, die zur Zeit des Kirchbaus tatsächlich in Uetersen lebte und Magdalena hieß –, die sich, wie kann es anders sein, in den Maler Battista verliebt, dessen Herz gleichfalls *wie Zunder* brennt. Weil er zu jeder Stunde der

Geliebten gedenkt, nimmt einer der vielen Engel, mit denen er die Decke der Klosterkirche schmückt, ihre Züge an. Dieser Frevel und erst recht seine Ursache bleiben der *Abatissa* nicht verborgen – was sowohl für die Nonne Heilwig, die aus dem Kloster gejagt wird, als für das Gemälde – aber natürlich nicht für den ungetreuen Maler, der sich längst aus dem Staub gemacht hat – die allerschlimmsten Folgen hat:

> Ein Tüncher aus dem Dorf, so solls geschehen,
> Beklext den Engelskopf mit roher Faust:
> Seitdem ist dort das Teufelsmaul zu sehen.
>
> . . .
>
> Mit aufgelöstem Haar, vom Wind zerzaust,
> Lief Heilwig irre durch Gestrüpp und Dorn,
> Von Sturm und schwerem Regenguß umgraust.
>
> . . .
>
> Wo sie geblieben ist auf Erden hier?
> Verdorben irgendwo im Pferdestall?
> Gestorben wo? Das sagt kein Amtspapier.
> Es war im Mai, es schlug die Nachtigall.

Fernab aller dichterischen Fantasie hatte Uetersens Fresco schon zu Gustchens Lebzeiten Beachtung gefunden. Johann Friedrich Camerer beschrieb es in seinem dem Staatsmann Johann Hartwig Ernst Grafen von Bernstorff gewidmeten Buche *Vermischte historisch-politische Nachrichten*. Leserinnen oder Leser, die an des Verfassers barock-gedrechselter Sprache kein Gefallen finden, können die folgende Betrachtung getrost überschlagen. Nur geringfügig gekürzt, wird sie deswegen hier wiedergegeben, weil das genannte Werk, eine Rarität großer Bibliotheken, anders als damals für Gustchen, heutzutage kaum zugänglich ist:

Das schönste Stück, welches einem malerischen Auge ein besonderes Vergnügen erwecken wird, und welches ich einem jeden Fremden anpreisen will, ist wohl ohnfehlbar der Plafond des obren Theiles der Kirche. Sennor Colombo, dessen künstlicher Pinsel im Anfange den Schauplatz des Herrn Nicolini prächtig gemacht hat, hat ihn gemalt, und 800 Mrk. ist seine Belohnung gewesen. Ich will dieses vortreffliche Stück, in Kalk gemalt, so gut ich immer kann, beschreiben. Ob ich schon begreife, daß meine Worte ohnmöglich die Schönheiten dieser Malerey meinen Lesern werden vollkommen machen. Im Vordergrunde schwebet unter dunklen Wolken ein großer Engel mit einer Heerpauke. Über ihn tragen zwey große Engel eine große Paßgeige ... Ein Engel von diesen zweyen, macht ein böses Gesicht, und seine ganze Gestalt ist verwegen gezeichnet. Neben diesem sitzt ein andrer Engel, welcher wirklich schon auf der Violine spielt, auf der linken Seite fällt ein kleinerer Bacchus Engel, über die Einfassung des Plafonds, welche ganz erhaben ist, in einer dunklen Wolke mit vieler Kunst herunter. Er reitet auf seinem großen Waldhorne und bläßt anbey mit vollen Backen. Ob nun dieses Reiten ein Fehler oder eine Kunst des Malers sey, will ich meinen Lesern überlassen. Ueber diesem Engel bringen zwey andere fliegend Noten. Hier sitzt ein fast nackender Engel, oder nach der Sage der Einwohner, müßte es wohl eine

Engelin seyn, denn, sie sagen Sennor Colombo hätte das Angedenken der damals ihrer Schönheit wegen, berühmten Donna Nicolini, auch im Norden verewigen wollen. Daß ein Maler einer solchen Erfindung vermögend sey, beweisen tausend solche Geschichten, welche in Italien geschehen. Unterdessen muß ich von diesem schönen Engel meinen Lesern nur dieses sagen, daß Donna Nicolini weit schöner auf der Erde als im Himmel, wenigstens ausgesehen hat. Ich habe diese Sage der Einwohner nicht vorbey gehen wollen. Vor die Wahrheit derselben stehe ich aber nicht, Sennor Colombo wird es wissen, was an dieser Geschichte wahr sey.

Daß unter den Händen des fleißigen Malers ein Porträt entstand, ist also nicht unbedingt eine Erfindung Liliencrons. *Donna Nicolini* war eine berühmte Schauspielerin der damaligen Zeit.

Ich will also in der Beschreibung unsers Plafonds fortfahren. Hinter diesem schönen Engel bläst ein kleiner Liebesengel auf der Flöte, und ein anderer und größerer Engel accompagnirt auf einer Theorbe. Neben diesem fliegen vier kleine Engel, diese halten mit Noten Cantate Domino Canticum Novum.

Ueber diesen Engeln, liegen auf beyden Seiten andere Engel auf den Knien, welche anbethen. Auf der linken Seite fällt wieder ein Engel aus der Einfassung kunstreich herunter; zwey Engel tragen als eine Innschrift, Gloria Patri, Filio et Spiritui Sancto.

Nunmehro sieht man in einem weitern Perspective die Weltkugel, ... Aus der Höhe oder am Rande der Weltkugel sind zwey Engelsköpfe angebracht, welche mir wenigstens bey aller übrigen Kunst übel angebracht scheinen. Sie machen gar keinen Effect, denn sie erscheinen ohne alle Handlung, und ein jeder Kenner wird es mir zugeben, daß ein Gemälde ohnmöglich schön seyn kann, wenn es keine Handlung hat, und der, welches es betrachtet, etwas sieht, welches ihm keinen Endzweck zeiget.

Auf einer Seite der Weltkugel sitzt nun ein alter Mann, auf der andern ein etwas jüngerer; die Einfalt weiß es, daß hier Gott der Vater, und dort Gott der Sohn sitzt, ob aber mit solchen kleinen Vorstellungen der Religion viel geholfen wird, will ich meinen Lesern überlassen. So viel kann ich sehen, daß der große jüdische Gesetzgeber ungemein wider alles, was Bild war, geeifert hat, und der Begriff von Gott, den mir die Natur lehret, ist ungemein größer, als den mir der Maler in seinen Vorstellungen macht. Ich will es nicht Abgötterey nennen, aber eine Schwächung des Begriffs von Gott, der nie majestätisch genug seyn kann, ist es offenbar.

Ueber diesen beyden göttlichen Personen nun, schwebet in einer hellen Mitte und Sonnenstrahlen, die Taube, womit der Maler den heiligen Geist bezeichnet. An der Seite von Christo tragen kleinere Engel das Kreuz, Nagel, Krone, Peitsche, Ruthe, Spieß, Kelch, Hammer. An der Nebenseite rechter Hand schwebet ein starker Engel, sein Fuß ist ungemein stark gemalt, er führet in der Hand, Gloria in excelsis Deo. Ueber diesem schwebet ein anderer Engel, der so furchtsam seine Blicke auf das Weltgebäude wendet, als der gefallene Seraph Abadona bey dem Herrn Klopstock ... Unter der übrigen Menge von kleinen und spielenden Engeln, hat ein einziger Engel Flügel der Nachtgeister, voll wie die Flügel eines Schmetterlings und mit runden Punkten bunt. Alle anderen Engel haben Flügel

 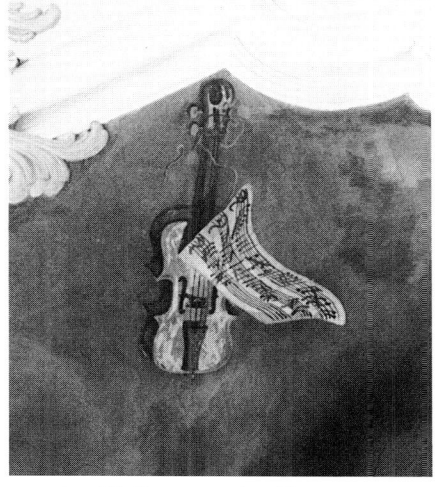

Er reitet auf seinem großen Waldhorne . . .   *. . . seine Violine samt den Noten . . .*

wie ordentlicher Weise. Um die Taube schweben hundert und mehr Engelsköpf-
gen im Prospecte. Die Einwohner berichteten mir, daß dieser Prospect von Ken-
nern wäre bewundert worden. Ich weiß nicht, warum ich die größern Figuren
höher schätze, als aus dem Grunde, welchen ich oben schon angegeben, mir
scheint da mehr Vollkommenheit zu seyn, wo viel Handlung ist, als wo ich alles
einerley und einfach finde.

Sonst hat der Maler vorn im Vordergrunde einen Gedanken angebracht, wel-
cher wirklich etwas sagen will, ob es schon zu verwegen wäre, wirklich zu urthei-
len, daß er diesen oder jenen Gedanken gehabt hätte. Ich will den Gedanken
erzählen, und den Lesern das Urtheil überlassen. An der Heerpauke verliert ein
armer Engel seine Violine mit samt den Noten, die noch an ihr hängen. Die
größte Furcht liegt dem kleinen Dickbacken in dem Gesichte, er flieget heftig
nach ihr, und die Violine fällt gerade nach der Canzel hin. Man könnte vielleicht
denken, daß Sennor Colombo einen kleinen schelmischen Gedanken von unserer
Kirche hätte anbringen wollen. Andere mögen glauben was sie wollen, und ERIS
MIHI MAGNUS APOLLO, wer es errathen kann.

Die Schönheit der Wolken, besonders im Vorgrunde, ist wundernswürdig
schön. In der Mitte sind meiner Meinung nach, die Wolken zu matt, und in dem
Äußersten Prospecte wieder zu stark, und der Zuschauer verliert auf einmal we-
gen der Leichtfertigkeit der Farben sein Vergnügen, und die Schönheit des Gan-
zen. Wo die größte Handlung ist, verliert der Zuschauer auf einmal und plötzlich,
sich in den Wolken, und so schön der Contrast im Anfange ist, so leicht wird er in
der Ausführung, und ich glaube der Maler hat an der Zeit verloren, seinen Vor-
wurf so auszuführen, als ihn die erste Einbildung schön gemacht hatte. Ich wollte
meine Meynung fast daher beweisen, daß ich sogar zwey Engel gefunden, welche

229

keine Flügel haben, und nach unserer itzigen Fantasie läßt sich kaum ein Engel ohne Flügel gedenken. Die Flügel sollen vermuthlich die Geschwindigkeit dieser bessern Wesen anzeigen, und folglich hat der Maler an ihrer Vollkommenheit etwas ausgelassen. Uebrigens ist es höchst bedaurenswürdig, daß dieser schöne Plafond schon den Wechsel der Zeit erfährt. Er fängt an die Vergänglichkeit zu zeigen; der Engel welcher die Pauke schlägt, ist halb weggefallen, und wenn diesem Schaden nicht bald geholfen wird, so sind noch wenige Jahre bis zu seinem völligen Untergange nöthig. Die übrige Koppel der Kirche ist weiß mit güldenen Sternen besämet, und an der Seite mit Fenstern verhellet, ihr Umfang ist mit Gypsarbeit, gelb und weiß, und inwendig bläulich künstlich bearbeitet und gezieret.

Sehr bald nach der Fertigstellung der Uetersener Kirche hatte das Gewicht ihres riesigen Dachstuhles die Seitenmauern des Gebäudes auseinandergedrückt, so daß Colombos Fresco bereits zu Camerers Zeiten sehr gelitten hatte. Doch noch vor seinem *völligen Untergange* wurden die Schäden behoben. Liliencrons *Teufelsmaul* hat in der mit wenig künstlerischer Fertigkeit durchgeführten ‚Reparatur' mancher Engelsgesichter seinen historischen Kern.

Johann Wolfgang Goethes Reise nach Hamburg und Holstein ist unterblieben. Händels Oratorium, das ihm damals entging, lernte er vier Jahre später in Weimar kennen. Doch das nördlichste Meisterwerk des ihm so wohlbekannten Malers Colombo bekam er niemals zu Gesicht.

∗

Die beiden Grafen Stolberg erfüllten den Wunsch ihrer Schwester und dehnten ihren Hamburgaufenthalt bis weit über deren Geburtstag aus. Gustchen selbst bestellte sich für den 20. Januar ihre erste Klosterfuhre des Jahres 1776 und kehrte nach Uetersen zurück. Ihr und den Brüdern wird nicht entgangen sein, daß Hamburgs Schauspielhaus für den 8. Februar die Aufführung von Goethes *Stella* anzeigte.

Weimars ‚lustige Zeit'

Acht Tage hatten die Grafen Stolberg am Weimarer Hofe zugebracht, Christian schrieb seiner Schwester Katharina am 6. Dezember 1775: *Die ganze herzogliche Familie ist, wie keine fürstliche Familie ist. Man geht mit ihnen allen um, als wären's Menschen wie unsereiner ... Nach Tische ward blinde Kuh gespielt, da küßten wir die Oberstallmeisterin, die neben der Herzogin stand. – Wo läßt sich das sonst bey Hofe thun? ...* Herzog Carl August verstand sich gut mit Gustchens Brüdern. Als die beiden Abschied nahmen, bat er Friedrich Leopold bald wiederzukommen und als Kammerherr in seine Dienste zu treten.

Etwa sechs Wochen, nachdem die beiden Stolbergs die thüringische Residenz verlassen hatten, hielt Friedrich Hildebrand von Einsiedel, ein Weimarischer Regierungsbeamter, dem Herzog und seinen Kumpanen eine scherzhafte Moralpredigt. Für Goethe waren folgende Worte bestimmt:

> Dem Ausbund Aller, dort von Weiten,
> Möcht' ich auch ein Süpplein zubereiten!
> Fürcht' nur sein ungeschliffnes Reiten;
> Denn sein verfluchter Galgenwitz
> Fährt aus ihm wie Geschoß und Blitz
> 'S ist ein Genie von Geist und Kraft
> (Wie eben unser Herr Gott Kurzweil schafft),
> Meint, er könnt uns alle übersehen,
> Täten für ihn rum auf Vieren gehen.
> Wenn der Fratz so mit einem spricht,
> Schaut er einem stier ins Angesicht,
> Glaubt, er könn's fein riechen an,
> Was wäre hinter Jedermann.
> Mit seinen Schriften unsinnsvoll,
> Macht er die halbe Welt itzt toll,
> Schreibt ein Buch von einem albernen Tropf,
> Der heiler Haut sich schießt vor'n Kopf!
> Meint Wunder, was er ausgedacht,
> Wenn er einem Mädel Herzweh macht!
> Paradiert sich darauf als Doktor Faust,
> Daß dem Teufel selber vor ihm graust! –
> Mir könnt' er all gut sein im Ganzen
> (Tät mich hinter meinen Damm verschanzen) –
> Aber wär ich der Herr im Land,
> Würd er und all sein Zeug verbannt.

Karl Ludwig von Knebel, Erzieher des Prinzen Constantin, jüngeren Bruders des regierenden Herzogs, erzählte, Jahrzehnte später, von jener Zeit:
Im Herbst des Jahres brachte der Herzog seine Gemahlin nach Weimar; in demselben Jahr kam auch Goethe zu uns, den sie in Frankfurt zu einem Besuche eingeladen hatten. Wie ein Stern, der sich eine Zeitlang in Wolken und Nebel verborgen hat, ging er auf. Jedermann hing an ihm, sonderlich die Damen. Er hatte noch die Werthersche Montierung an, und viele kleideten sich darnach. Er

hatte noch von dem Geist und den Sitten seines Romans an sich, und dieses zog an. Sonderlich den jungen Herzog, der sich dadurch in die Geistesverwandtschaft seines jungen Helden zu setzen glaubte. Manche Excentricitäten gingen zur selbigen Zeit vor, die uns auswärts nicht in den besten Ruf setzten. Goethes Geist wußte indessen ihnen einen Schimmer von Genie zu geben.

Über die *Excentricitäten* am Hofe zu Weimar waren in ganz Deutschland bald die übelsten Gerüchte in Umlauf. Dr. Johann Georg Zimmermann, vor einem halben Jahre von der wilden Kühnheit begeistert, mit der die jungen Alpenreisenden die Schweizer Berge bezwangen, wünschte dem Wahrheitsgehalt dessen, was man ihm über Goethe und den Herzog berichtete, auf den Grund zu kommen. Charlotte von Stein, die *Oberstallmeisterin, die neben der Herzogin stand*, Goethes Vertraute in der für ihn neuen Umgebung, zählte zu seinen Patientinnen. Somit erfuhr er aus erster Quelle, wie es um das mutwillige Treiben des Gastes aus Frankfurt beschaffen war:

... ich wünschte selbst, er mögte etwas von seinem wilden Wesen darum ihn die Leute hier schief beurtheilen, ablegen, daß im Grunde zwar nichts ist als daß er jagd, scharf reit, mit der großen Peitsche klatscht, alles in Gesellschaft des Herzogs ... Wie zur Bestätigung ihrer Worte schrieb Goethe etwa zur gleichen Zeit an Johann Gottfried Herder: *Ich habe mir bey der Schlittenfahrt mit der Peitsche höllisch übers Aug gehauen drum schreib ich so quir ...*

Bis jene Epoche in die Geschichte einging als ‚Weimars lustige Zeit‘ oder, noch sanfter umschrieben, als ‚Weimarer Genietreiben‘, sollten noch etliche Jahrzehnte verstreichen. Einstweilen kochte die Gerüchteküche und stieß ihre Dämpfe bis nach Hamburg aus. Klopstock, der davon hörte, daß man sich in Weimar *bis zum Krankwerden betrinkt*, riet Friedrich Leopold Stolberg dringend davon ab, die angebotene Kammerherrenstelle anzunehmen, und überwarf sich mit Goethe, als er diesem seine Verantwortung für den so viel jüngeren Herzog ins Gewissen rief. *Verschonen Sie uns künftig mit solchen Briefen, liebster Klopstock*, antwortete der Getadelte. *Glauben Sie mir, daß mir kein Augenblick meiner Existenz über bliebe, wenn ich auf alle solche Briefe, auf alle solche Anmahnungen antworten sollte ... Stolberg soll immer kommen. Wir sind nicht schlimmer und will es Gott besser, als er uns selbst gesehen hat ...*

Friedrich Leopold, aus eigener Anschauung sehr wohl in der Lage, Wahrheit und Gerücht zu unterscheiden, ließ sich – wie Jürgen Behrens in seiner 1964 erschienenen Dissertation nachweist – von Klopstock nicht beeinflussen. Er hatte dem Herzog sein Wort gegeben, ihn jedoch gebeten, die Berufung erst zum Herbst auszusprechen. Der Sommer sollte, so war es abgesprochen, alle Geschwister noch einmal auf Bernstorff vereinigen.

Goethe, der vielleicht von Gustchen erfahren hatte, daß seine *Stella* in Hamburg aufgeführt werden sollte, schickte ihr Anfang des Jahres ein Exemplar dieses seines Schauspieles zu. Sie lag sterbenskrank darnieder, als er sie, zur Zeit der wilden Gerüchte, im Februar mit einem weiteren kurzen Lebenszeichen bedachte:

Könntest du mein Schweigen verstehen! Liebstes Gustgen! – Ich kann, ich kann nichts sagen! G.
Weimar, d. 11. Febr. 76

„Kranck Gustgen! dem Todte nah!"

Gräfin Charitas Emilie von Bernstorff tat Gustchen ganz bestimmt unrecht, als sie am 7. März 1775 an Boie schrieb: *Die Stolbergen befindet sich nun wohl, sie ist aber oft unpäßlich und klaget sehr über den Spleen: wie es denn gemeiniglich die Krankheit der müßigen Leute ist.*

Gustchens nicht enden wollende Krankheitsmühsal holte die drei renommiertesten Ärzte des Nordens, Hensler, Berger und Zimmermann, an ihre Krankenlager und brachte sie sowohl 1776 als drei Jahre später an den Rand des Grabes: *Ich möchte Euch sagen können, waß mein Herz für Euch empfindet, daß kann ich aber nicht, dazu ist mein Herz zu voll . . . wer wie ich, dem Tode so nahe geweßen ist, wer wie ich, das nahe Glück des Himmels so gehofft hat und wer wie ich in ein Leben zurückgekommen ist, an daß ich durch die Bande der zärtlichsten Liebe gebunden bin, nur der kann mir nachempfinden. Nur das kann ich sagen, Gott war mir sehr gnädig . . .* (103). Ihre Genesung machte nur langsame Fortschritte: *Der wärmste Dank Bester Klopstock für Ihren Brief . . . Dank für Ihre schönen Blumen, sie leben noch, aber wie ich, sie hängen den Kopf . . .* (104). Auch 1776 dauerte es lange, bis sie sich erholt hatte: *Bester Liebster Klopstock . . . – ich bin seit heute morgen ohne Schmerzen, aber todtenmatt – Gott hat viel an mir gethan, und nächst Gott unser Hensler – danken Sie Gott mit mir für die Geduld, die nur er geben konnte . . .* (64).

Vielfältig waren die Erscheinungsbilder ihrer Leiden, von denen ihre schwache Gesundheit jahraus, jahrein erschüttert wurde: *Uetersen, den 11. April 1780 Ich bin seit einigen Tagen gar nicht wohl: Besonders leide ich so unaussprechlich an Säure. Der Hunger ist fast nicht auszuhalten, der mir weder Tag noch Nacht Ruhe läßt, und dabey so starke Übelkeit so bald ich eße, daß ich immer gleich von Tische aufstehn muß und der Hunger nimmt dann gleich zu. Dabey leiden Kopf und Augen fast mehr als je, ich konnte schon alle Tage nur weniges lesen, izt kann ich wenig hören, und wenn ich waß nur scharf ansehe, so wird mir, als sollte ich ohnmächtig werden. Heute habe ich ein Brechmittel genommen, ich hoffe, es wird danach beßer . . . verzeih mein Geschmiere, meine Augen sind schuld daran . . .*

Nein, Gustchen litt nicht am *Spleen*. Die Krankheit, von der sie Anfang Februar des Jahres 1776 überfallen wurde und die sie bis in den April hinein in ihren Krallen behielt, hatte schon vor Wochen nach ihr gegriffen. Doch die Vorfreude auf das Wiedersehen mit Christian und Fritz sowie auf das Kennenlernen von *Wolf* lockte ihre letzten Kraftreserven hervor, so daß sie, wenn auch *mager und blaß*, die Brüder in Hamburg hatte begrüßen können.

Ihre gefährliche Erkrankung vom Frühjahr 1776 stürzte ihre Angehörigen auf Seeland in furchtbare Angst. Dr. Hensler, der ihretwegen fast täglich nach Uetersen hinausritt, gab ihnen alle Posttage Bericht. Doch jede seiner Nachrichten hinkte der Wirklichkeit hinterher. Denn während die Familie noch von einem günstigen Verlauf der Krankheit las, konnte längst das Gegenteil eingetreten sein. Aus dieser unerträglichen Spannung heraus schrieb Friedrich Leopold am 28. März an seinen Freund: *Liebster Voß Ihr Herz hat gewiß mit den unsri-*

gen gelitten über die Todesgefahr unsers geliebten Gustchen! Gott sey gepriesen, daß er uns das süsse Kind wiedergeschenkt hat... Wir haben schreckliche Tage ihrentwegen gehabt! Ich habe nie so erfahren was es sey zwischen Furcht und Hoffnung zu schweben, und ohne Unruhe kann ich noch nicht seyn... Noch am Dienstag, dem 9. April, waren seine Worte an Klopstock von Sorge erfüllt: *Die letzten Nachrichten waren gar nicht so gut, aber Berger und Hensler hoffen alles*

Phil. Gabriel Hensler
Kupferstich von Andreas Stöttrup um 1790

Gute und sprechen uns Muth ein... Das liebe Mädchen ist schwach und hat so viel gelitten!... In gleicher Weise wird die Nachricht von Gustchens lebensgefährlicher Krankheit auch nach Weimar gedrungen sein, wo Goethe seit langem auf ein Echo auf *Stella* wartete:

Kranck Gustgen! dem Todte nah! Gerettet liebster Engel, und das mir alles auf einmal – zu einer Zeit wo ich immer dachte warum schreibt Gustgen nicht? Ist sie nicht mehr wie sonst, hat ihr Stella nicht gezeugt dass ich ihr Alter bin, obschon ich nicht schreibe, ... Mein Herz mein Kopf – ich weis nicht wo ich anfangen soll so tausendfach sind meine Verhältnisse und neu, und wechselnd aber gut – Gustgen nur Eine Zeile von deiner Hand, nur Ein Wort dass du auch m i r wieder lebst. Adieu Liebe! Liebe –
Mittwoch nach Ostern 76   G.

Wer sich in ganz besonderer Weise um Gustchen kümmerte, war Dr. Mumssen, Henslers Kollege aus Hamburg. Er war einer von denen, die Verbindung mit Seeland hielten, solange es die Patientin noch nicht selbst vermochte: *Hamburg, den 27. Febr. 1776 Wo soll ich anfangen, mein Bester? Ich habe viel gelitten und ich bin noch mürbe und schwer, obleich die Sonne wieder scheinet und Hoffnung unsere Herzen belebet. Unser Gustchen hat zwischen Tod und Leben geschwebet – und ich habe sie schon als eine Todte beweinet...*

Hatte Gustchen sich zuviel zugemutet, indem sie am vorletzten Tage des Monats Februar zusammen mit Frau Priörin und ihrer Freundin Metta in der kalten Kirche die kleine Anna Catharina Augusta Bourmeister aus der Klostergasse über die Taufe hielt? Fest steht, sie erlitt einen Rückfall, der zu größter Besorgnis Anlaß gab. Obgleich Toby Mumssen zu ihren allerengsten Freunden zählte, gestattete ihm Dr. Hensler erst Mitte März einen Besuch in Uetersen, er schrieb am 19. März: *Am Sonnabend bin ich hinübergeritten und habe das Mädel gesehen: meinem Herzen eine große Beruhigung... Ich fand das Mädchen heiter und*

234

war, in Ansehung ihrer Gefahr, wohl zufrieden: sie lag auf dem Ruhebette; war aber doch sehr matt und krank von den Nachwehen des Übels. Ihr edler Geist hatte sie während der Krankheit nie verlaßen: sie ist jetzt sehr ruhig und schonet sich sehr ... Das Mädel hat zu wenig auf sich Acht gegeben, wird es aber inskünftige mit mehrerer Sorgfalt .. Hensler hat aber jetzo das Übel in der Macht ... Sie hat mir versprochen, sich nicht durch Schreiben zu erschöpfen. Aber sie kann nun die Briefe ihrer Geliebten ... lesen und bittet euch, ja nicht zu kurz zu seyn in euren Briefen ... Ich blieb bis Sonntag bey ihr und ritt munter nach Hamburg. Die Lerchen sangen und die Sonne schien hell ... Die dreizehn Worte, mit denen Toby seinen Heimweg beschrieb, werden für die Geschwister die aufschlußreichsten des ganzen Briefes gewesen sein: Wer seine Straße so fröhlich zog, hatte sich nicht von einer Schwerkranken verabschiedet!

Ihrer Lieblingsbeschäftigung nachzugehen, fiel Gustchen noch am 10. März sehr schwer, ihre Freundin Luise Gramm las: *Nach einer sehr guten Nacht habe ich einen guten Morgen, ganz ohne Schmerz, aber doch bin ich heute sehr schwach – ich schreibe noch alles liegend ... denken Sie ja nicht, daß ich das alles auf einmal geschrieben habe – o nein, daß kann mein armer Kopf nicht, ich lege oft die Feder nieder – von meinem Befinden schreibe ich an meine 4 Geschwister zusammen, und also an Sie nichts davon ...* Nicht nur dieser von ihr genannte Brief nach Seeland läßt sich nicht auffinden, in der gesamten Gustchen-Korrespondenz mit Freunden und Geschwistern klafft jetzt ein Lücke von fünf Wochen Dauer. Hatte sich ihr Zustand abermals verschlimmert?

Am 16. April nahm Cecilia Reese eine für Kopenhagen bestimmte Sendung in Empfang: *Welch liebe Post von euch allen! o daß mir heute Kopf und Augen so schwach sind, daß ich nicht schreiben kann – ich könnte wohl, aber man sagt es würde mich angreifen ... und euch bin ichs schuldig nichts zu thun daß mir schaden könnte. Die Augen thun mir wirklich so weh, daß ich sie kaum aufhalten kann – sonst geht alles gut – hätte ich nur erst die Kräfte wieder, sie wollen noch gar nicht recht kommen ...* Nach dieser bedenklich stimmenden Einleitung ist man versucht, die folgenden Seiten des Briefes als Diktat anzusehen – hatte sie doch Dr. Mumssen versprochen, sich *nicht durch Schreiben zu erschöpfen!* Doch es besteht kein Zweifel, daß es Gustchen selber war, die hier die Feder führte. Von ihren wiedergewonnenen Fähigkeiten wohl selbst überrascht, brachte sie einen Satz nach dem anderen zu Papier und hatte im Handumdrehen, sich allen Geschwistern einzeln zuwendend, zwei Blätter im Quartformat beidseitig dicht beschrieben. *Fürchte nichts,* versicherte sie ihrem fürsorglichen Bruder Fritz, *ich schon mich gewiß, wie ich soll, das kann ich dir heilig versichern – ich weiß wie du sagst, daß mir euer Gustchen anvertraut ist, und e u e r Gustchen muß mir ja lieb seyn, euch hege und pflege ichs wie ein rohes Ey – ich leße wenig und schon mich in allem – erkälten kann ich mich nicht, denn an Ausgehen soll ich noch gar nicht denken, und ehe ich dazu Henslers Erlaubniß habe, thue ich's gewiß nicht, ob es mir gleich das schwerste wird. Nichts ungesundes eßen sagst du – ich habe einen Küchen Zettel, und an dem halte ich mich, und das wird mir gewiß nicht schwer ...*

Wie man sich erinnern wird, hatte Gustchen im November vorigen Jahres den zweijährigen Fritz Bernstorff mit nach Uetersen nehmen dürfen. So oblag ihren

Mädchen nicht nur die Krankenpflege, sondern auch die Versorgung eines Kleinkindes samt dessen Kinderfrau. Anna Mollern und Maria Arhuß müssen sehr tüchtig gewesen sein, denn im gleichen Brief meldete Gustchen der besorgten Mutter Henriette: *Frizchen ist sehr wohl und wird immer munterer und kekker! . . .*

Ihr nächster Gruß, eine Woche später geschrieben, wird den Geschwistern die letzten Sorgen genommen haben. Obwohl sie verkündete: *. . . ich bin so enzezlich müde und schläfrig, und will also lieber schließen . . .*, legte Augusta die Feder dennoch nicht beiseite, sondern brachte es wiederum auf die ihr gemäßen vier Seiten. Was hatte sie nicht alles zu erzählen! Da war ihr erster Ausflug: *. . . – gestern Nachmittag sind wir zusammen ein Stündchen ausgefahren – o wie war es schön und wie wohl that es mir! . . . Schöne Marschgegenden sahen wir, ob ich gleich die Marsch nicht liebe, und da nicht wohnen mögte, so ist doch ihr Anblick vortrefflich. Daß Frizchen mit war, o mein Puletgen, habe ich nöthig dir das zu sagen? wie hätte Tante Oberg und Tante Gustchen eine Freude haben können, die sie mit Frizchen hätten theilen können und es nicht thun – er war holdselig, alles sah er, bemerkte alles, und war so sehr vergnügt . . .* Auch heute hatte sie schon die frische Luft genossen: *Eben bin ich mit Friz zur Zögen gegangen, zum ersten mahl – das war eine Reise! . . .* (66). Ihre Mitconventualin Zoege von Manteuffel wohnte außerhalb des engen Klosterbereiches, zwischen Klostergasse und Klosterhof. An jenem Frühlingstag wird Gustchen, ein purzeliges Kleinkind an der Hand, nicht die kürzeste Strecke gewählt haben, die an Läden und Handwerksbetrieben entlang über die mit holperigem Kopfsteinpflaster versehene Klostergasse führte, sondern sie wird, an der Kirche vorbei, durch das junge Grün des Klosterhofes gegangen und so zur Gartenseite des *Wördemannschen Hauses*, das *Zöge* bewohnte, gekommen sein.

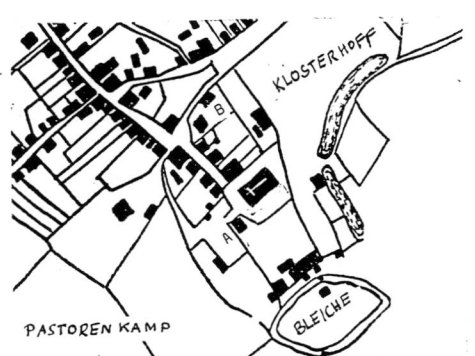

Augustas erster Spaziergang nach langer Krankheitszeit führte von ihrem Hause (A) zu dem der Conventualin Zoege von Manteuffel (B). Ausschnitt aus einem Plan von 1820

War sie schon ausgegangen, so traute sie es sich auch zu, Besuch zu empfangen, und lud Johanna von Winthem und Klopstock zu sich ein. Tiefbewegt von dem ausführlichen Schreiben der Rekonvaleszentin, überwand der Dichter seine Aversion, die er gegen das Briefeschreiben hegte, und antwortete prompt: *Wenigstens müssen Sie erst ungeführt gehen können, eh wir zu Ihnen kommen dürfen. Denn, nach Ihrer Lebhaftigkeit, und Ihrer Freundschaft gegen uns,*

236

würde Sie ein früherer Besuch wieder zurücksezen ... Wie herzlich wünsch ich Ihnen viel, viel Gesundheit, meine liebste Gräfin, und so lange mein Wunsch noch nicht erfüllt ist, viel Fürsorge für das bischen Gesundheit, das Sie jetzt haben ...

Klopstocks kurzes Briefchen löste bei Augusta größte Freude aus: *Dank Dank für Ihren lieben allerliebsten kleinen Brief ... wenn sehe ich Sie nun wohl? bald – nun bin ich ganz gut Lieber Klopstock heute kann ich schon die Luft recht gut vertragen, und 2 mahl bin ich schon spatzieren gefahren, und das lezte mahl ohne Schmerzen – nun habe ich nur eine Furcht, ich habe zwey mal einen kleinen Anstoß von Fieber gehabt, ich trinke aber seit gestern so viel China daß es weichen soll und muß ...* (67). Im Überschwang ihrer Freude über die wiedergeschenkte Gesundheit zählte sie alle zu grüßenden Freunde einzeln auf. Und so erfährt man denn von einer neuen Verbindung zu Johann Wolfgang Goethe: Zum Hamburger Klopstockkreis – und damit zu Augustas Freunden und Bekannten – gehörte seit dem November des vergangenen Jahres der jetzt bei der deutsch-holländischen Gemeinde zu Hamburg als Prediger tätige Jakob Ludwig Passavant, vormals Mitarbeiter Lavaters, der mit Goethe zum St. Gotthard gewandert war. Nicht nur die Brüder werden Augusta um die Jahreswende 1775/76 von *Wolf* erzählt haben!

Wie das klösterliche Fuhrenregister zeigt, durfte Augusta am 5. Mai ihre erste Fahrt nach Hamburg wagen. Doch bevor die Bauern die Pferde für sie anspannten, sorgte sie dafür, daß die frohe Kunde ihrer Genesung nach Weimar drang. *Eine Zeile..., nur ein Wort...* hatte Goethe erbeten. Seine Überraschung war groß: *Ach Gustgen! Welcher Anblick! so viel von deiner Hand! – der ersehnten erflehten – noch heut Abend! – du Liebe nur dies! eh ich anfange zu lesen. ----- Und da ich gelesen habe eine solche gute Nacht wie sie der Himmel der Erde bietet! – Engel – Ja Gustgen Morgen fang ich dir ein Journal an! – das ist alles was ich thun kann – denn d e r D i r n i c h t s c h r i e b b i s h e r ist immer derselbe. ---- Nachts eilf den 16. May 76. G.*

Die Zeiten, in denen Quacksalber auf den Jahrmärkten ihre Zaubermittel vertrieben, waren in den dänischen Staaten lange vorbei. In Uetersen sorgte Friedrich Ernst Roxner, *Königlich privilegirter Apotheker*, dafür, daß die Conventualin Stolberg die ihr verordneten Medikamente ohne weitere Umstände erhielt. Es besteht kein Anlaß, an der Qualität seiner Pillen, Salben und Tröpfchen zu zweifeln, die er Gustchens Jungfern verkaufte, denn wie aus dem Taufregister der Klosterkirche hervorgeht, erfreute er sich bester Beziehungen zur Hamburger Ratsapotheke. Er holte Paten seiner Kinder aus diesem angesehenen Hause; hatte er dort vielleicht gelernt?

Im Mai des Jahres 1779, nach Gustchens zweiter lebensbedrohender Erkrankung, rieten die Ärzte Hensler und Berger dringend zu einer Kur in Bad Pyrmont, Gustchen trat sie, von Geschwistern umsorgt, vier Wochen später an. Ihr seit drei Jahren gehegter Wunsch, Dr. Zimmermann kennenzulernen, ging jetzt in Erfüllung, denn sie wurde dort seine Patientin.

Als sie nach Uetersen heimgekehrt war, hatte nicht nur Roxner zu tun, sondern auch Freund Boie erhielt einen neuen Auftrag: *Sagen Sie an Zimmermann, daß ich seit ich ihn gesehn habe, gewiß nicht über 6 mahl seine Tropfen die ich tags 3 mahl nehme, versäumt hätte, und das Pulver noch nie, meine Geschwister lachen mich immer aus, das meine Tropfen mich, wo ich bin, verfolgen . . .* (107). Bereits im Frühjahr hatte der Apotheker ihretwegen unentwegt Pillen gedreht und Medizinen gemischt: *Ja lieber Gerstenberg . . . seit gestern habe ich . . . wieder a teazing Kolick – daß ist allein Schuld daß Sie heute keinen Lateinischen Brief von mir haben . . . all mein kecker Muth ist damp'd, daß ich nicht gesund werde, ist Bergers und Henslers . . . schuld nicht, ihr Segen liegt hundertfältig auf mich, der erste giebt mir stärkende China mit unwohlriechendem Oele, der andre täglich eine Menge versilberte Klümpe. Hilft daß nicht ganz, so stärkt's und lindert's doch – Sie sehen ich denke doch nicht völlig so, wie jener, der von der Tauffe sagt, hilfts nichts, so schadts doch auch nicht –* . . . (98).

✳

Keinem der Brüder war es im Mai 1776 möglich, nach Uetersen zu kommen, um Gustchen nach Seeland abzuholen. Somit blieb Fritzchen Bernstorff die einzige männliche Begleitung, als sie sich am Sonnabend vor Pfingsten, am 25. Mai, auf den weiten Weg nach Dänemark begab. *Wie gut ist's, wenn der Arzt Freund und der Freund Arzt ist!* (63), hatte sie ihrer Freundin Luise Gramm im März geschrieben, und als Dr. Hensler ihr jetzt eine *Reiseverordnung* (69) erstellte, hielt sie sich vertrauensvoll und gewissenhaft daran. Als ihre erste Etappe wie vorgesehen auf der Breitenburg endete, überzeugte er sich persönlich von ihrem Wohlbefinden, den weiten Weg von Altona hatte er nicht gescheut.

Während der beiden Pfingstfeiertage hielt Augusta bei den Verwandten Rast und meldete sich dann, am nächsten Morgen weitergefahren, aus Eckernförde: *Dienstag Abend 8 Uhr. So gut als möglich habe ich heute 1 Tagemeile zurückgelegt, und habe nicht einmal meine Arzeney versäumt, ginge vor mein Leben gerne noch die drei Meilen nach dem allerliebsten Loitmark, wo mein Bruder heute gewiß ist, aber ich bin zu müde . . .* (70). Daß Friedrich Leopold dort auf sie wartete, hatte sie unterwegs erfahren.

In Loitmark glaubte man, daß die Reise der Rekonvaleszentin Gustchen, die den kleinen Fritz Bernstorff im Schlepp hatte, nicht anders als im Schneckentempo verlaufen würde. Ihre Ankunft bereits am dritten Reisetag war für den Bruder darum eine große Überraschung: *Mittwoch Vormittag da ich eben mit Dewiz, seiner Frau . . . an der Schley spatzieren gegangen, und nun in der Gartenstube stand . . . fliegt die Thür nach dem Hof so rasch auf daß ich mich umsah, und sieh da Gustchen in meinem Arm. Meine Tasse mit Schokolade fiel mir aus der Hand, das süsse Kind in meinem Arm zu halten, die den Armen des Todes durch ein Wunder entrissen war, sie so frisch und blühend zu sehen wie sie seit einige Jahren nicht war, das überwältigte mich mit zu viel Freude um es ganz zu genießen . . .*

Dasselbe Schokoladentassen-Malheur liest sich, von Gustchen für Christian aufgeschrieben, so: *. . . voll ungestüm kam ich in der Stube, er sah mich nicht, ich fiel auf ihn, er umfaßte mich, und eine Tasse Chocolade die er in der Hand hatte fiel in tausend Stücken, und die Hüte wurden damit befleckt. aber freylich griff die Freude mich sehr an, ich konnte nicht stehen, so zitterte ich . . .* (71).

Der Aufenthalt im geliebten Loitmark ließ sie vollends gesunden. Auch Goethe hat vielleicht von ihr erfahren, was sie am 1. Juni nach Hamburg schrieb: ... *rathen Sie Klopstock waß ich heute gethan habe? zum ersten mahl in meinem Leben nach der Scheibe geschoßen und zwar 3 mahl mit allem möglichen Muth* ...

Gustchen und der Mai

Herzog Carl August schenkte seinem Freunde Johann Wolfgang Goethe zum Zeichen seiner Dankbarkeit am 22. April des Jahres 1776 ein Haus mit Garten und machte ihn dadurch in seiner Residenz ansässig. Bis dahin nur Gast, erwarb der Dichter vier Tage später das Weimarer Bürgerrecht.

Morgen fange ich dir ein Journal an, hatte er Gustchen am 16. Mai geschrieben – und er hielt Wort:

d. 17. May. Morgens 8. Guten Morgen Gustgen. Nichts als die's zur Grundlage eines Tagbuchs für dich. Ach du nimmst an dem unsteten Menschen noch Theil, der seit er dir nichts von sich schrieb, seltsame Schicksaale gehabt hat . . .

In meinem Garten Gustgen gegen 10. hab ein liebes Gärtgen vorm Thore an der Ilm schönen Wiesen in einem Thale. ist ein altes Häusgen drinne, das ich mir repariren lasse. Alles blüht alle Vögel singen. Gustgen und Du bist kranck! –

d. 18. May. Gestern konnt ich dir nichts mehr sagen . . . Ich ass mit dem Herzog, nach Tisch ging ich zur Frau v. Stein einem Engel von einem Weibe, frag die Brüder, der ich so offt die Beruhigung meines Herzens und manche der reinsten Glückseeligkeiten zu verdancken habe. der ich noch nichts von dir erzählt habe, das mir viel Gewalt gekostet hat, heut aber will ich's thun will ich tausend Sachen von Gustgen sagen. Wir gingen in meinen Garten spaziren. Ihr Mann, ihre Kinder, ihr Bruder, ein paar Fräul. Ilten . . . Wir waren ganz vergnügt . . . 12 Uhr in meinem Garten. da lass ich mir von den Vögeln was vorsingen, und zeichne Rasenbänke die ich will anlegen lassen, damit Ruhe über meine Seele komme . . .

Sonnabends Nachts 10 in meinem Garten. Ich habe meinen Philipp nach Hause geschickt und will allein hir zum erstenmal schlafen. Und so meinen Schlaf einweihen dass ich dir schreibe . . . Gute Nacht! beste. – Es geht gegen eilf ich hab noch gesessen und einen englischen Garten gezeichnet. Es ist eine herrliche Empfindung dahausen im Feld allein zu sizzen. Morgen frühe wie schön. Alles ist so still. Ich höre nur meine Uhr dakken, und den Wind und das Wehr von ferne gute Nacht. –

Sonntag früh d. 19. Guten Morgen! ein trüber aber herrlicher Tag. Ich habe lang geschlafen wachte aber gegen vier auf, wie schön war das grün dem Auge das sich halbtruncken auf that. da schlief ich wieder ein. Nachts 10. Im Garten versteht sich iezt von selbst. ging um eilf heut früh in die Stadt steckte mich in erbaare Kleider, machte eine Visite, ging zum Herzog, einen Augenblick zur Herzoginn Mutter, . . . dann bey Fr. v. St. zu Tisch, wir hatten Lust uns zu necken, um vier zu Wieland in Garten wo der Mahler Krause dazu kam. Beyde mit mir in meinen Garten. Sie verließen mich ich las Guiberts Tacktick, da kam der Herzog und der Prinz mit noch zween Guten Geistern. Wir schwazzten und trieben allerley. Fr. von Stein mit ihrer Mutter kam von Oberweimar herunter spaziren wir begleiteten sie, kehrten um, der Prinz verlies uns auch, ich erzählte dem Herzog eine Geschichte eines meiner Freunde der sich wunderlich durch die Welt schlagen musste, begleitet ihn nach der Stadt, und kam allein zurück. Hir treu mein Tag. lieb Gustgen. Ich hab so viel gedacht! dass ich's doch nur nicht so hinsagen kann.

Montag d. 20. Süsser Morgen. Arbeiter in meinem Garten. Allerley beschäffti-
gungen! ----
   ... Und nun bin ich im Garten hab eine Viertelstunde nach dem Feuerzeug
getappt und mich geärgert und bin so froh dass ich iezt Licht habe Dir das zu
schreiben. dadrüben auf auf dem Schlosse sah ich viel Licht indess ich nach
Einem Funcken schnappte, und wusste doch dass der Herzog gern mit mir ge-
tauscht hätte, wenn er's in dem Augenblick hätte wissen können. Es ist ein treffli-
cher Junge und wird wills Gott auch ausgähren. Friz wird gute Tage mit uns
haben, so wenig ich ihm ein Paradies verspreche. Gute Nacht. Eine grose Bitte
hab ich – Meine Schwester der ich so lang geschwiegen habe als dir, plagt mich
wieder heute um Nachrichten oder so was von mir. Schick ihr diesen Brief. und
schreib ihr! O dass ihr verbunden wärt! dass in ihrer Einsamkeit ein Lichtstrahl
von dir auf sie hin leuchtete, und wieder von ihr ein Trostwort zur Stunde der
Noth herüber zu dir käme. Lernt euch kennen. Seyd einander was ich euch nicht
seyn kann. Was rechte Weiber sind sollten keine Männer lieben, wir sinds nicht
werth. Gute Nacht halb eilfe ...
   Freytag d. 24 Morgen eilf in der Stadt. Habe viel ausgestanden die Zeit. Mittw
Nachmittag brach ein Feuer aus im Hazfeldischen 5 Stunden von hier der Her-
zog ritt hinaus biss wir hin kamen lag das ganze Dorf nieder, es war nur noch um
Trümmern zu retten und die Schul und die Kirche. Es war ein groser Anblick ich
stand auf einem Hause wo das Dach herunter war und wo unsre Schlauchspritze
nur das untre noch erhalten sollte, und sieh Gustgen und hinter und vor und
neben mir feine Glut, ... Wir kamen erst Nachts zwey wieder nach Hause ...
Adieu. Nun hörst du wieder eine Weile nichts von mir. Schreib mir aber wann
dichs freut. Friz soll kommen wann er gerne mag der Herzog hat ihn lieb wünscht
ihn ie eher ie lieber, will ihn aber nicht engen. Adieu. Ich bin ewig derselbe.
                                                                                    G.

An meine Schwester die Adresse.
   Frau Hofrath Schlosser
   fr. Rheinhausen nach Emmedingen im Breisgau.
   Die poetischen Worte, die Goethe als junger Gartenbesitzer am 17. Mai des
Jahres 1776 für Gustchen fand, als er ihr sein neues Zuhause schilderte, gingen
um die Welt; fast jede Beschreibung des nachmals so berühmt gewordenen *Gar-*
ten am Stern macht von ihnen Gebrauch: *... hab ein liebes Gärtgen vorm Thore*
an der Ilm schönen Wiesen in einem Thale. ist ein altes Häusgen drinne, das ich
mir repariren lasse. Alles blüht alle Vögel singen ... Eigner Hände Werk und
Arbeiter in meinem Garten gestalteten dieses Anwesen. Beinahe sechzigmal erlebte Goethe hier den Wechsel der Jahreszeiten, bis er, hochbetagt, die Augen
schloß. Was er in jenem Frühling in sein Tagebuch geschrieben hatte, war in
Erfüllung gegangen:

                    Hoffnung
              Gib das tagwerck meiner Hände
              Gutes Glück das ichs vollende
              sei ein bild der Garten hier

                                                                                  241

Pflanzt ich ahndungsvolle träume
Jetzt noch Stangen diese Bäume
Geben einst noch Schatten mir.

Im *Journal* des Maienmonats 1776, das Goethe für das aus schwerer Krankheit errettete Gustchen niederschrieb, erfuhr die Adressatin, wie dieses sein *altes Häusgen drinne* für den Ruhelosen bereits zur Heimat geworden war und wie sein *liebes Gärtgen* die Hofgesellschaft anzog. Seitdem ist der Besucherstrom nicht abgerissen, der sich *an der Ilm schönen Wiesen in einem Thale* ergeht. Durch vieltausendfache Abbildung ist Goethes Gartenhaus mit dem dazugehörigen Park in aller Welt bekanntgeworden. Doch Gustchens *kleinen Garten am Hause* kennt heutzutage niemand mehr.

Die beiden Freundinnen betraten ihn durch die im Winter geschlossene zweiflügelige ‚Sommertür‘ des ‚Gartensaales‘. Als die Conventualin Stolberg im Herbst 1770 nach Uetersen kam, wurde das Haus, in dem sie dann einige Räume in Besitz nahm, schon seit einem Jahre von der Baronesse aus Jersbek bewohnt. Auch das Zimmer, durch dessen Türe man in den Garten trat, hatte Fräulein von Oberg bezogen. Es verblüfft darum nicht, daß Gustchen in ihren Briefen niemals von *meinem,* sondern entweder von *ihrem* oder *dem* Garten spricht. Durch das Wohnhaus und die nebenan liegenden Klostergebäude war er vor den kalten Ost- und Nordwinden geschützt und öffnete sich nach Süden den linden Lüften entgegen, die im Jahre 1780 die Blumen bereits im März hatten erblühen lassen: *Hier ist der Frühling da, seit gestern haben wir Veilchen im Garten, und die ersten Auriceln. O wie sind die zu beklagen, die die Wonne der ersten Blumen nicht kennen! Gott sey Dank für mein Herz, deßen Sinn und Gefühl noch stärker dafür ist, als meine Nase, und daß will viel sagen!* ...(113).

Gleich den heutigen Bewohnern nördlicher Breiten wird auch Gustchen so manches Mal um Pracht und Lieblichkeit des Wonnemonds betrogen worden sein. Als ihr das so seltene Glück eines Maies mit Wärme, Blütenflor und spielendem Sonnenlicht in ihrem ersten Uetersener Jahre beschieden war, genoß sie es in vollen Zügen und ließ Bruder Christian an ihrem Glücke teilhaben: *Ütersen 17. 5. 71 ... Wir haben hier seit 14 Tagen das schönste Wetter von der Welt ... Die Pfirsiche, Erdbeeren, Apricosen, Birnen, Äpfel und Kirschen blühen hier und die Wiesen sind seit 8 Tagen schon grün u. die Linden fangen auch schon an. Die Hecken in den Gärten sind ganz voll Blüthen, ich bin fast beständig mit meiner Oberg in ihrem Garten, der sehr artig ist ...*

Als Gustchen im April des Jahres 1776 nach bangen Wochen das Krankenzimmer verlassen durfte, war auch draußen die Starre des Winters gebrochen, und der Lenz hieß sie willkommen: *Der Garten ist charmant, wir haben seit 13 Tagen vortreffliche Hiacinthen und Auriceln ... und bald ist alles grün ...* Warum sollte in Uetersen nicht gedeihen, was Bernstorffs Blütensommer zur Zierde gereichte? Jetzt, als ihre Kräfte wiederkehrten, holte sie ihre Schätze hervor, die sie im letzten Jahr von den Blumenbeeten des Schwagers eingesammelt

Goethes Gartenhaus heute

Nur im Winter oder, wie hier, im Vorfrühling, solange Bäume und Sträucher noch nicht belaubt sind, ist Gustchens einstiges Gärtchen einzusehen.

hatte, und werkelte dann, wie der Weimarer Gärtner, eigenhändig im frühlingswarmen Erdreich: *Der Samen von Bernstorff ist lange gesät, ich selbst habe noch den lezten gesät, dem guten Toby gaben wir auch davon als er hier war, zu seinem kleinen Garten . . .(66).*

Wann immer es das Wetter gestattete, bezogen die beiden Bewohnerinnen die vom Baumhof des Klosters begrenzte Oase hinter dem Haus in ihr Alltagsleben mit ein: *Ja im Garten, liebster Klopstock! Ich ging eben herum, es war so schön, die Vögelchen sangen, die Veilchen und die Blumen dufteten mir entgegen . . .* (67). Frühlingssonnenschein und Himmelsblau lockten auch Fritzchen Bernstorff, ihr kleines Pflegekind, nach draußen: *Das schöne Wetter und das viele im Garten seyn macht ihn viel munterer und gesprächiger, er plaudert nun in eins weg . . .* (66).

Nicht nur in Uetersen breitete die Maienzeit Fröhlichkeit aus, wie es im alten Liede von Neidhart von Reuenthal heißt, *über Feld und Wald und grüne Auen,* und erweckte *Auf dem Rain Blümelein groß und klein . . . weiße, rote, gelbe samt den blauen,* auch in Hamburg und Altona ergötzten sich die Menschen am *frohen Sang und süßen Klingen* der wiedererwachenden Natur. Welch strahlenden Einzug der liebliche Maienmond im Jahre 1774 in der alten Hansestadt gehalten hatte, erfuhren die Leser der Claudius'schen Zeitschrift *Der Wandsbecker Bothe* geraume Zeit danach:

Der Frühling. Am ersten Maimorgen.
Der Gr. A.L. – – – – – – –g

Heute will ich fröhlich, fröhlich sein,
Keine Weis' und keine Sitte hören;
Will mich wälzen und vor Freude schrein,
Und der König soll mir das nicht wehren;

Denn er kommt mit seiner Freuden Schar
Heute aus der Morgenröte Hallen,
Einen Blumenkranz um Brust und Haar
Und auf seiner Schulter Nachtigallen;

Und sein Antlitz ist ihm rot und weiß,
und er träuft von Tau und Duft und Segen –
Ha! mein Thyrsus sei ein Knospenreis,
Und so tauml' ich meinem Freund entgegen.

Was hatte sich zugetragen?

Beinahe vier Jahre hatte Gräfin Augusta Louise Stolberg ausschließlich in Holstein und Hamburg zugebracht, als sie ihrem Freunde Boie am 28. März 1774 von der Freude erzählte, die ihr bevorstand: *Nun im May gehe ich nach Coppenhagen, wie sehr ich mich freue daß kann ich Ihnen gar nicht sagen, fast an nichts sonst wird gedacht als an die Reise, von nichts sonst geträumt – ich habe immer den Frühling mit Passion geliebt, aber nie hat er so auf mich gewirkt als izt, jedes Blätgen, jedes Knöspgen, sogar jedes Unkraut freut mich, als wenn es mich näher nach Dennemark brächte . . .* Und als ihr nach weiteren Zeilen niedergeschriebener Vorfreude die eignen Worte ausgingen, brach sich ihr Jubel über das bevorstehende Sommerglück, obwohl schon Ostern vor der Türe stand, mit der letzten Zeile des Weihnachtsliedes ‚In dulci jubilo‘ Bahn: *Eya! wären wir doch schon da! . . .*

Einer ihre Brüder wollte ihr bis Hamburg entgegenkommen. Um nur ja keinen einzigen der so kostbaren Tage zu verlieren, reiste sie so zeitig in Uetersen ab, daß sie den Wonnemonat jenes Jahres bei Klopstock in Hamburg begrüßte.

Wo Gustchen einkehrte, ließ Matthias Claudius niemals lange auf sich warten, bei prächtigem Frühlingswetter stellte er sich auch diesmal in der Königstraße ein. Über das Zusammentreffen ausgerechnet an diesem Datum, von dem sie später einmal schrieb: *Der erste May war mir immer ein lieber Tag . . .* (104), war Augusta hocherfreut und bestürmte den Dichter: *Lieber Claudius, Sie müssen uns heute noch den Mai besingen!* Der Poet zierte sich ein wenig: *Ja wer das könnte!* Dann aber zog er sich zurück und kam bald darauf mit dem Gedicht wieder. Leser des *Bothen*, die um Claudius' Freundschaften wußten oder sich in der Hamburger Gesellschaft auskannten, waren sicherlich in der Lage, die fehlenden Buchstaben der Widmung zu ergänzen.

Hatte Claudius das kühle Leuchten eines in frischem Grün prangenden Maimorgens besungen, so hielt ein anderer Dichter des Stolbergschen Freundeskreises die trunkene Glückseligkeit einer Maiennacht fest, die er im Jahre 1775 auf der Elbe erlebte. Auch als dieses Gedicht entstand, war Gustchen zugegen.

244

Als sie am Anfang des genannten Jahres die Ereignisse des kommenden Frühjahrs überschaute und die Hamburger Maienzeit mit der Uetersener verglich, senkte sich die Waagschale sehr zugunsten der Hansestadt: Julchen, die kleine Schwester, in Altona in Pension, sollte von *Ahlemännchen* konfirmiert werden, und die Brüder, auf dem Wege in die Schweiz, hatten sich an Elbe und Alster mit einigen Göttinger Dichterfreunden verabredet. Wiederum sagte Augusta dem lustigen Maien darum in der Elbmetropole ‚Grüß Gott'. Wo immer dann die Hainbündler im Frühling 1775 zusammenkamen, stets war auch die Uetersener Conventualin anwesend. Bei den ansässigen Freunden war der ganze Kreis abwechselnd zu Tische, und weil es die Frühlingssonne des Jahres 1775 so besonders gut meinte, sah man sich fast täglich entweder im idyllischen Wandsbek oder in den vor den Toren der Stadt am Elbefluß gelegenen Gärten der Hamburger. *Wir haben in diesem Frühling unzählige Lustbarkeiten gehabt,* erzählte Johann Heinrich Voß seinem Freunde Brückner am Himmelfahrtstag,

Die Lindenterrasse von
Jacobsens Wirthschaft
zu Nienstedten

am 12. Mai. *Für mich war aber keine schöner, als eine Elbfahrt ... nach Nienstädten, einem Dorfe eine Meile hinter Altona ... Wir waren den ganzen Nachmittag in einem Garten, der aus lauter Lindenalleen und Lauben besteht, wo ganze Banden Nachtigallen sangen, und übersahen die Elbe, so weit das Auge reichen konnte, mit fliegenden Schiffen bedeckt. Des Abends fuhren wir auf der Elbe zurück ... Der Mond schien so hell am Himmel ... Die Winde seufzten leis' im Segel, als wenn sie sagten: ‚Ach, ist das schön'. Und wir Leute, wir sangen alles, was wir wußten, daß es von beiden Ufern erhallte und alle Najaden lüstern wurden...*

Was Poeten erleben, pflegt nicht nur in ihre Briefe, sondern nicht selten auch in ihre Werke einzugehen. Es liegt jedoch in der Natur der Sache, daß erstere schneller geschrieben sind als letztere gedruckt und womöglich vertont werden können – erst recht dann, wenn ein Dichter wie Voß immer wieder feilte und glättete und strich und ergänzte, was seine Freunde lästernd *verschlimmbessern* nannten. So kam es, daß die Leser seines Almanaches erst zwei Jahre später von seinem *Rundgesang* entzückt wurden, mit dem er die nächtliche Elbfahrt des

6. Mai 1775 festhielt, die *gegen 10 ... wegen der Ebbe* von Nienstedten aus begann:

Die Elbfahrt,   D. Weiß 1777

Die Ruder weg! Das Segel ab!   Sanft gleite unser Boot den

spiegelhellen Strom hinab und schwimm auf Abendroth! Sagt

an: Blinkt dies Gewässer,   blinkt dieser Rheinwein

besser, den Schönen   uns krönen,   den Schönen uns

krönen. Ertöne stolz,   o Rundgesang, zum Kußgeräusch und

Gläserklang! Der Wein, der Wein blinkt   besser! Der

Wein, der Wein blinkt besser!

Mädchen:

Die Regel, daß man nippen muß,
Gilt nicht vom Weine nur,
Sie gilt, ihr Herren, auch vom Kuß;
Sonst bleibt die böse Spur.
Als mir der Mund einst brannte,
Hilf Gott, wie schalt die Tante,
Seyd weiser!
Küßt leiser

Alle:

Ertöne stolz, o Rundgesang,
Zum Kußgeräusch und Gläserklang!
Was kümmert uns die Tante!

Mädchen:

Vom Eiland weht uns Blüthenduft
Auf leisen Winden zu:
Doch milder würzest du die Luft,
Bekränzter Becher, du!
Was unkt im Schilf, ihr Rufer?

Was seufzt die Eich' am Ufer?
Was heulen
Die Eulen?

Alle:
Ertöne stolz, o Rundgesang,
Zum Kußgeräusch und Gläserklang!
Sie wittern Wein am Ufer!

Jüngling:

Ha! Brüder, seht! der Lachs und Stöhr,
Der Schellfisch mit den Schleyn,
Ja selbst der Mond schwimmt hinterher,
Und lechzt nach unserm Wein!
Theilt ihnen mit! Sie springen
Euch traun empor, und singen
Euch Lieder,
Wie Brüder!

Alle:

Ertöne stolz, o Rundgesang,
Zum Kußgeräusch und Gläserklang!
Ja, Mond und Fische springen!

In der Voßschen Originalfassung wechseln sich vier Mädchen und vier Jünglinge beim Singen der einzelnen Strophen miteinander ab, bis sie sich bei der
neunten mit ihren Stimmen zusammenfinden. Zu den jungen Männern zählte
der Dichter selbst sowie Gustchens Nonnen-Lieder-Macher Miller; eines der
vier Mädchen war Augusta.
Eine jede Zeile dieses höchst fröhlichen Liedes zeigt, daß Amor seine Pfeile in
jenem Frühling, aufs beste gespitzt, bereithielt. Doch um sie abzuschießen, bedurfte er nicht dieser Elbfahrt: Friedrich Leopold Stolberg, der mit Christian
zusammen Hamburg bereits am 1. Mai in Richtung Süden verließ, hatte er
schon vorher getroffen. In der gemeinsamen Sorge um das Glück des Bruders
waren sich Gustchen und Toby Mumssen, der von Fritz beauftragt worden war,
zwischen ihm und Sophie Hanbury's Eltern zu vermitteln, sehr nahe gekommen, und Amor war wieder zur Stelle.
Augusta sah im Verhalten des Hamburger Arztes nichts als Freundschaft. Als
sie, drei Tage nach der Maiennacht auf der Elbe, wieder nach Uetersen zurückgekehrt war, rühmte sie in einem Brief an die Brüder seine Ritterlichkeit: *Den
guten Toby habe ich bis in den letzten Augenblick gesehen, und er führte mich
noch im Wagen – o wir haben an Ihm einen treuen, warmen und vortrefflichen
Freund...* (35). Freilich erfuhr sie bald darauf von seinen wahren Gefühlen –
die sie aber nicht erwidern konnte: *Freunde wollen wir seyn, aber nichts mehr
kann und muß seyn – er schreibt mir oft, sehr artig, munter, vertraut, aber nie
davon, ich tue eben so...* (40).
Toby hielt die glühende Liebe und Verehrung, die er für Gustchen empfand,
vor ihren Brüdern nicht verborgen: *20. Mai 1775... Hier ist ein Brief vom lieben*

Mädel ... Das Mädel nimmt so herzlichen Antheil an ... eurem Glück und Un-glück, daß sie deshalb viel gelitten hat. Ich thue, was ich kann, sie zu trösten ... Gustgen ist meine Freundin, die ich über alles liebe und verehre. Ich wollte mein Leben für Sie lassen, wenn es seyn muß, und werde es mit Freude thun, wenn es sie in der Folge glücklich macht ...

Toby Mumssen
Radierung von H. Hesterich 1814

Seit diesem Briefe war ein Jahr vergangen. Toby hatte sich während Gust-chens Krankheit als ein treuer und echter Freund erwiesen. Über den Frühling des Jahres 1776 schrieb er den Brüdern Stolberg: *Wir haben hier kalte Winde gehabt, die über uns walteten und bis aufs Mark bliesen ... Der May hatte nichts von der Lieblichkeit des vorigen Jahres – aber auch nichts von seinem bitteren Schmerze ...* Als dieser Monat gerade eben begonnen hatte und sich die fröhli-che Elbfahrt zum ersten Male jährte, war Gustchen, nach überstandener Krank-heit, tags zuvor per Klosterfuhre nach Hamburg gereist. Drei Wochen später, als sich der Mai verabschiedete, war sie bereits im *Paradieß* Loitmark angekom-men.

Das Mädel muß nie wieder eine solche Seereise vornehmen ... Laß sie zu Lande reisen, das ist beßer ..., war das Fazit, das Toby Mumssen aus den bösen Folgen der entsetzlichen Überfahrt des Vorjahres gezogen hatte. Vorsichtig und behutsam geleitet von Friedrich Leopold, kam Gustchen auf der Route Jütland – Fünen – Seeland, die man als Landweg bezeichnete, am 6. Juni 1776 in Bern-storff an. Nun war die Zeit gekommen, der sie in einem ihrer nach überstande-ner Krankheit an die Geschwister abgesandten Briefe entgegengejubelt hatte: *Der Sommer wird schön seyn, n i c h t s soll und wird die Freude stören ...* (66).

Nein, Herzog Carl August von Sachsen-Weimar-Eisenach, der Gustchens Bruder gerne sofort an seinen Hof gezogen hätte, störte die Freude nicht. Er war auf Friedrich Leopolds Wünsche eingegangen und hatte ihm die erbetene Frist zugestanden. Im geliebten Bernstorff, *das ein kleiner Himmel ist,* verlebten die Stolbergs jetzt ihren letzten Geschwister-Sommer. Hier empfing Gustchen das *Journal* aus dem *Gärtgen vorm Thore an der Ilm schönen Wiesen in einem Thale.*

Vom Landweg nach Uetersen
und von allerhand Ämtern und Diensten
zu Uetersen, Eutin und Weimar

Sei es, daß der junge Herzog glaubte, seine im Winter mit Graf Stolberg mündlich getroffene Vereinbarung sowie die in seinem Namen an die Schwester seines künftigen Kammerherrn von seinem Freunde Goethe in dessen Journal niedergeschriebene Aufforderung, *Friz soll kommen wann er gerne mag . . . .* ersetzten ein Berufungsschreiben, oder sei es, daß dieses auf dem langen Weg zwischen Thüringen und Dänemark verlorenging – fest steht, daß ein Sommertag nach dem anderen verstrich, ohne daß Friedrich Leopold einen Brief aus Weimar empfing.

Die Freude der Geschwister, die den Bruder nur ungerne aus ihrer Nähe ziehen ließen, war ungeheuer, als sich dessen Zukunft plötzlich ganz anders gestaltete: Der Fürstbischof von Lübeck rief Graf Stolberg im Juli des Jahres 1776 an seinen Hof zu Eutin, ernannte ihn zu seinem *Oberschenk* und wenig später zum Gesandten am dänischen Hofe.

Am 20. August in sein Amt eingeführt, teilte Friedrich Leopold sowohl Goethe als dem Herzog sofort die eingetretene Veränderung mit. Seine beiden Briefe waren in Weimar noch nicht angekommen, als sich Goethe frühmorgens an seinem Geburtstag niedersetzte, um Gustchen zu grüßen:

d. 28. Aug. Guten Morgen Gustgen! Wie ich aus dem Bette steige guten Morgen. Ein herrlich schöner Tag aber kühl. Die Sonne liegt schon auf meinen Wiesen! Der Thau schwebt noch über dem Fluss. Lieber Engel warum müssen wir so fern einander seyn. Ich will hinüber ans Wasser gehn und sehn ob ich ein paar Enten schiessen kann.

Gegen 12. Ich verspätete mich auf der Jagt. Erwischte eine Ente. Kam drauf gleich in das Getreibe des Tags und bin nun ganz zerstreut. Adieu indess.

Nachmittag 4. Ich erwarte Wielands Frau und Kinder. Habe heut viel an dich gedacht.

Abends 7. Sie gehn eben von mir weg! – Und nun nichts mehr. – Gott sey Danck ein Tag an dem ich gar nicht gedacht, an dem ich mich blos den sinnlichen Eindrücken überlassen habe. Nun Adieu für heut bestes.

Gustchen, die spätestens bei ihrem letzten Besuch in Hamburg mit den über Weimar kursierenden Gerüchten konfrontiert worden war, muß *Wolf* in einem ihrer folgenden Briefe darauf angesprochen haben – nur so ist der erste Satz zu verstehen, mit dem Goethe zwei Tage später sein Schreiben fortsetzte:

Es geht mir wie dir Gustgen, ich hab auch was auf dem Herzen, also heraus damit.

Von Friz hab ich noch keinen Brief. Der Herzog glaubt noch er komme, und fragt nach ihm und ich kann nichts sagen. Als Eutin sich für ihren Bruder zu interessieren begann, wird Augusta davon nach Weimar erzählt haben. Lieb Gustgen mir ist lieber für Frizzen dass er in ein wurckendes Leben kommt, als dass er sich hier in Cammerherrlichkeit abgetrieben hätte. Aber Gustgen – er nimmt im Frühjahr den Antrag des Herzogs an, wird öffentlich erklärt, in allen unsern Etats steht sein Nahme, er bittet sich noch aus den Sommer bey seinen Geschwistern zu seyn, man läßt ihm alles, und nun kommt er nicht. Ich weis auch dass Dinge ein Geheimnis bleiben müssen – Aber – Gustgen ich habe noch was auf dem Herzen das ich nicht sagen kann --- und die, die man so behandelt, ist Carl-August Herzog zu Sachsen und dein Goethe Gustgen. In unerhört großzügiger Weise ging der Freund, der durch die ganze Angelegenheit stark kompromittiert wurde, über sie hinweg: *Lass mich dass jetzt begraben, wir wollen dran wegstreichen. Adieu Engel ich muss den Brief schliessen. Ich mach eine kleine Reise sonst kriegst du ihn wieder lang nicht. G.*

Auch Gustchen trat jetzt eine Reise an. Am 14. September 1776 machte sie sich, wiederum auf dem Landwege, in Begleitung ihres Bruders Christian, zur Rückkehr nach Uetersen auf. Eine ihrer Freundinnen, die sehr jung verwitwete Luise von Gramm, eine Tochter Reventlow aus Brahe-Trolleburg auf Fünen, schloß sich ihnen für den ersten Teil des Weges an.

Zweihundert Jahre, bevor die dänischen Inseln untereinander mit Brücken verbunden wurden und die Strecke Uetersen-Kopenhagen, je nach gewähltem Weg, auf fünf bis sechs Autostunden zusammenschrumpfte, führte auch die Route *Landweg* übers Wasser. In kleinen Küstenfahrzeugen, *Schmacke* genannt, wurden die Reisenden über den Belt gesetzt. Auf diese Weise auf der Insel Fünen und in Luises Elternhaus angekommen, eilte Augusta sehr bald zum Tintenfaß. Ihrem Arzt und Freund Dr. Hensler gegenüber vor Mitteilungsbedürfnis überquellend, reihte sie die überstandenen Abenteuer, unter Verwendung von unzähligen Gedankenstrichen, schier atemlos zu einem Briefe auf:

Schloß Brahe-Trolleburg auf Fünen. Tuschzeichnung von 1759 aus dem *Danske Atlas* König Friedrichs V.

Brahe-Trolleburg, 17. 9. 1776
Ihnen, mein liebster Freund, will ich eine weitläuftige Erzählung unsrer Reise machen, die die Oberg lesen muß, und die Sie Klopstock, seiner Nièce und Toby mittheilen müßen, ich weiß, sie nehmen alle lebhaften Anteil daran, und es ist mir unmöglich, so viel zu schreiben, muß ich doch unsern Schwestern und Friz

auch alle détails schreiben, denn ich habe das Erzählen mir allein zugeeignet und
Schwester Louise und Bruder Christian frey davon gesprochen – nun mein guter
Hensler seyn Sie ganz Ohr –
Sonnabend etwaß vor 11 verließen wir das liebe Bernstorff, ich sehr a regret und
mit vieler Rührung, und ohne von irgend jemand, weder groß noch klein, Ab-
schied zu nehmen. Um halb 3 waren wir in Roskilde, aßen da ein wenig und
fuhren weiter – das Wetter war sehr schön, und uns dreyen war so wohl, zusam-
men zu seyn, obwohl mein Herz lebhaft das Trennen von Bernstorff fühlte – die
verschiedenen Empfindungen stimmten mein Herz to a tender soft Melancolie,
die ich, wie Sie wißen, sehr liebe – um 8 waren wir in Ringstedt, wir nahmen uns
vor, uns früh zu legen, um den andern Morgen wieder früh zu fahren, zogen uns
aus, tranken Thee und aßen ein wenig, aber siehe da, wir plauderten bis halb 12,
und dachten, es wäre erst 10 – da legten wir uns, Louise und ich, auf ein Bett,
ohne uns ganz auszuziehen, um desto früher aufstehn zu können – ich schlief
aber keine Stunde, weil ich zu agitirt war – um 6 Morgens fuhren wir weg – um
10 warn wir in Slagelse, und um halb 3 in Corsör – um 4 giengen wir auf die
Schmacke, mit schwachem und halbem Wind. Wir setzten uns in der Chaise, waß
ich gesagt hatte, geschah – die Gramm ist immer so glücklich zu Wasser und ich,
wie Sie wißen, immer so unglücklich, ich hatte ihr gesagt, ihr Glück und mein
Unglück würden streiten und daraus würde völlige Windstille werden. In einer
halben Stunde war der Belt wie ein Spiegel, waß ich aber nicht begreiffe ist, daß,
obgleich nicht die allermindeste Bewegung war, ich doch bald mal a mon aise,
und in kurzem übel und recht krank war – ich schlug vor uns in ein Boot über
rudern zu laßen, den glücklichen Einfall kriegte ich aber erst um 6, nachdem wir
2 Stunden da waren, und keine halbe Meile von Corsör waren – der Einfall ward
gebilligt und die Schiffs Leute versprachen, uns in 3 Stunden bis eine halbe Meile
von Nyborg zu rudern, und von dort aus einen Wagen zu schaffen – nach einer
Stunde ward's etwas windiger, aber wir hatten leider den Wind, und noch mehr
den Strohm, so gegen uns, daß die Leute sagten, sie ständen nicht dafür, daß es
nicht viel windiger würde, und wir nicht bis ganz im Dunkeln rudern müßten –
das erschrak uns sehr, um desto mehr, da ich sehr krank nun war, stark brach.
und von den Efforts anfieng. schon sehr starke Schmerzen zu kriegen – wir be-
rathschlagten und waren alle der Meynung, nach der Insel Sprogö zu gehen, die
vor uns lag, 5/4 Meilen von unserm Schiff – das thaten wir denn auch – die Nacht
auf dem Schiff hätte ich wirklich nicht bleiben können, in der Cajüte wäre ich zu
krank geworden, in der Chaise weniger, aber da hätte ich sehr gefroren. Gehört
aber nicht Unglück dazu, wie das meine, mein bester Hensler, um in dieser Jahres
Zeit durch Windstille nach Sprogö verschlagen zu werden, diese Elende Zuflucht
der Winterreisenden, die der Sturm und das Eiß hinwirft – das Hauß war ab-
scheulich, wir kamen in ein enges Loch – ich war nun recht krank, und bat nur
um ein Bett, die gute Louise half mir eins zu machen, und da warf ich mich drauf
mit allen meinen Kleidern, die Schmerzen, insonderheit die alten in der Seite,
wurden sehr stark, und ich war enzelich agitirt, und ward noch mehr in allen
Reisekleidern in dem Loch, es war mir aber unmöglich, mich auszuziehen, ich
war so übel, daß ich mich nicht bewegen konnte – ich lag sehr schlecht, und
schlief erst nach 3 Uhr ein – um halb 5 weckten uns die Schiffs Leute, weil unsre

Schmacke nun auch ankam, im Aufstehn war ich so schwindlich und so übel, daß ich wieder brechen mußte – im Schiff sezten wir uns in der Chaise, und um 9, also 4 Stunden danach, waren wir nur auf der andern Seite der Insel, wir waren um nichts weiter gekommen, als daß unser Schiff sich einmal gedreht hatte – wir sezten uns wieder ins Boot, und um 11 waren wir in Nyborg, ich war wieder übel, weiter kams doch nicht, ich half mich damit, daß ich nicht saß, sondern mit dem Kopf in Louisen ihrem Schoß lag – in Nyborg aßen wir, und ich legte mich auf's Bett, und um 2 sezten wir uns auf einen Postwagen, um her zu fahren, denn die Chaise war aufs Schiff, das ist erst gestern Abend um 9 angekommen, also 29 Stunden zwischen Corsör und Nyborg . . . ich sitze hier in Louisens Cabinet, dicht bey mir plaudern die andern in einem schönen Saal – das Hauß könnte für die Gegend beßer liegen, aber ist sonst charmant, groß und hübsch, und mit Geschmack eingerichtet – und die Gegend herum allerliebst, viele Seen, und viel Holz, und das Land ganz hügligt – und ich finde Trollburg eins der hübschten angenehmsten Orte und liebe es sehr.
– Adieu für heute.

Einige weitere Zwischenaufenthalte sorgten dafür, daß die Geschwister nur langsam vorankamen. . . . *waß denken Sie wohl von mir, daß ich so lange nicht an Sie geschrieben habe?* . . . las die Freundin Emilie Schimmelmann in Schloß

Emilie Gräfin von Schimmelmann geb. Gräfin
zu Rantzau. Silhouette aus dem Album der Friederike Brun

Ahrensburg bei Hamburg drei Wochen später. . . . *aber so immer entweder reisend, oder auf keiner bleibenden Städte wollte ich warten, bis ich dir von hier aus, bey meiner geliebten Oberg, schreiben könnte* . . . (77).

*

Eine jede Conventualin hatte sich nach dem Sommerurlaub spätestens am Mittag des 28. September im Kloster einzufinden. Anläßlich des folgenden Tages St. Michael, seit altersher ein wichtiger Finanztermin, wurden die Klosterpflichten neu verteilt, auch die Fräulein führten ein *wurckendes Leben!* Die klösterliche Buchführung zeigt, daß Christian und Gustchen sich, vielleicht nur um wenige Stunden, verspäteten: Augusta Gräfin zu Stolberg erhielt, nach zwölf Wochen Sommerurlaub nicht pünktlich zurück, am 28. September 1776 weder das fällige Michaelis-Geld, noch wurde ihr eines der vacant gewordenen Ämter übertragen.

Um das Zusammenleben in den Klöstern zu gestalten, wurden die einzelnen Conventsmitglieder seit ältesten Zeiten mit Pflichten betraut, die entweder der eigenen Gemeinschaft dienten oder segensreich nach außen wirkten. Die nachreformatorischen holsteinischen Damenstifte hatten diese Praxis beibehalten. Weil jede Conventualin jedoch inzwischen ihren eigenen Haushalt führte, so waren nach und nach alle diejenigen Ämter verschwunden, die für die Klostergemeinschaft einst unerläßlich waren. Einer *Küchenmeisterin* bedurfte der Convent längst nicht mehr! Anstatt der *Krankenmeisterschen* wurde Dr. Hensler gerufen, und seitdem es der Nachwuchs vorzog, zu Hause zu bleiben, hatte auch die *Schulmeestersche* ihren Wirkungskreis verloren. Geblieben waren lediglich die Ämter, die, wie das des Sangfräuleins, das geistliche Leben des Convents betreuten oder der Gemeinde Uetersen von Nutzen waren.

Liebster Boie ... ein Fräulein Ahlefeldt ... liest mir den National Stolz vor ... *Sie können leicht denken, daß alles in Kloster dahir abgetheilt ist, und daß oft* *Tage kommen, wo ich wenig oder nichts hören kann ...* (108). Hatte der Freund ihr Klosterdasein etwa als eine einzige Muße aus Spazieren und Vorlesen angesehen, so wurde er jetzt, wenn auch spät, eines besseren belehrt.

Anna Emerentia Gräfin von Reventlow
a. d. H. Altenhof, Priörin des Adeligen Klosters
Uetersen 1713–1753

Außer dem *Armenamt* standen alle anderen Ehrenpflichten Jahr für Jahr neu zur Disposition. Die Verantwortung für die Armenstiftung der Priörin Anna Emerentia von Reventlow – einer Großtante des jungen Cai, an den Augusta im Jahre 1774 ihr Herz verloren hatte – oblag stets den beiden ältesten Damen, die deswegen von jeder anderen Pflicht frei waren. Hedwig Albertina von Rumohr und Ulrica von Dewitz, Armenmeisterinnen seit 1773, verwalteten Kapital und Zinsen, trugen dafür Sorge, daß die Insassen des Armenhauses *Gehalt* und Deputate erhielten und führten die *Armenkasse*, zu deren Besten die klösterliche Obrigkeit mancherlei kleine Vergehen ahndete. So schwoll sie zum Beispiel immer dann um fünf Reichstaler an, wenn einer der in der dunklen Jahreszeit *Haus bei Haus* bestimmten Wächter dabei erwischt wurde, wie er sich, anstatt die Straßen und Gassen nach Diebs- und Mordgesindel abzusuchen, in einer der zahlreichen Kneipen bei Bier und Korn vergnügte.

War das Amt des *Sangfrolleins* wegen der vom Schöpfer höchst unterschiedlich ausgeteilten Gaben manchmal nur sehr schwer zu besetzen, so bereitete der

Schloß Altenhof heute
Die klösterliche Buchführung des Uetersener Reventlowschen Armenkapitals wurde
hier alljährlich durch die Grafen Reventlow nachgeprüft.

alljährliche Wechsel des *Kirchenfräuleins,* das keinerlei angeborener Fähigkeiten bedurfte, weniger Schwierigkeiten. Vielleicht, weil der 20. Oktober in alten Zeiten als Uetersener Kirchweih begangen wurde, löste die am 28. September bestimmte *Kerckenmeestersche* an diesem Tage ihre Vorgängerin ab. Die Klosterkasse bedachte auch dieses Amt mit einer Unkostenpauschale, deren Empfang quittiert wurde. Da sich die Conventualin Stolberg sehr oft mit Verspätung in Uetersen einstellte und am Zahltag weder das Geld in Empfang nehmen noch ihre Unterschrift leisten konnte, läßt die klösterliche Buchführung die Jahre, in denen sie das Kirchenamt wahrnahm, leider nicht erkennen.

Hatte sie sich endlich aus Bernstorff losgerissen, so führte ihr Weg, schlug sie nicht die 1776 gewählte Route ein, sehr oft über eine wildgewordene Ostsee, von deren Schrecken sie sich in Loitmark zu erholen wußte. War sie dann spätabends auf Breitenburg angekommen, so ließ sich die Reise unmöglich am nächsten Morgen fortsetzen, denn nun galt es, Familiennachrichten auszutauschen. Pünktlich am 28. September trat unterdessen in Uetersen der Convent zusammen. Indem sie den dafür ausgesetzten Geldbetrag quittierte, bejahte eine neue Amtsinhaberin die ihr aufgetragene Verantwortung. Wie aber sollten die Versammlung beendet und die Bücher geschlossen werden, wenn die Conventualin, die für das Kirchenamt an der Reihe war, durch Abwesenheit glänzte? Für diese immer wieder auftretende Schwierigkeit hatte die Weisheit des Alters längst den Ausweg gefunden. Eingedenk des Christuswortes aus dem Matthäusevangelium: *Ein jegliches Reich, so es mit sich selbst uneins wird, das wird wüst . . .,* gab der Convent, zumal im Beisein der *Officialen,* des Hofmeisters und des Schreibers, kein Schauspiel der Selbstzerfleischung. Er enthielt sich, die uralte Klosterordnung beherzigend, *alles Gezänckes, Scheltens, Schmähens, Schimpfierens . . . Bereimens, Oekelnamengebens,* und Ulrica von Dewitz, eine der beiden Armenfräuleins, quittierte *wegen des Kirchen-Ambts.* So tat sie der Ordnung des Tages Genüge – alles Weitere ließ sich unter vier Augen regeln, sobald die säumige Conventualin eingetroffen war. Gustchen wird sich dem Spruch Ulricas, deren Heimat Loitmark hieß, schwerlich widersetzt haben. Für Amtszeiten Augustas stehen nach dieser Überlegung vier Jahre zur Auswahl: 1774, 1175, 1776 und 1780, und gleich ihren Mitschwestern wird auch sie das Amt des Kirchenfräuleins mehrmals innegehabt haben.

Der *Kerckenmeesterschen* oblagen Pflege und Wartung nicht nur des Kirchenraumes, sondern auch die des gottesdienstlichen Gerätes. Außer den noch heute gefeierten großen Christusfesten des Kirchenjahres wurden zu Gustchens Zeiten, bis Ende der siebziger Jahre der Eisregen des Rationalismus niederging, noch die altkirchlichen Feiertage *Aller Heiligen, Mariä Verkündigung, Mariä Heimsuchung, Mariä Reinigung und Johanni Taufe* begangen, das Kirchenfräulein hatte dafür Sorge zu tragen, daß sich alle Feste durch besonderes Glockengeläut, durch Kerzenschimmer und Blumenschmuck über die Sonntage erhoben. Das *Kirchen-Ambt* ist durch mancherlei im Kloster noch vorhandene Notizen recht gut belegt; das *Kirchenfrollein* Stolberg auf ihrem Weg durchs Jahr zu begleiten, wird darum zum Vergnügen.

... 8 Tage vor Weihnachtsabend muß mit den beiden großen Glocken und den Chorglocken geläutet werden. Die kleinen Glocken fangen an, wann wir im Chor anfangen zu singen ‚Nun kommt der Heiden Heiland'. Und wenn der Gesang aus ist, hören sie auf, wonach sich die äußeren Glocken richten ... Weihnachten Abend wird den Nachmittag zu Chor geläutet mit allen 4 Glocken. Die äußeren Glocken fangen erst an, und wenn die geläutet, so fangen die kleinen an, dann hören die äußeren Glocken nachgerade wieder auf, so müssen die kleinen Glocken so lange läuten ... Weihnachten Abend wird den Abend um 9 Uhr mit beiden kleinen Glocken 2 Schichten zum Chor geläutet ... Die *kleinen Glocken* hängen noch heute im Dachreiter; sie wurden damals vom Chor aus geläutet, ihre Stränge waren durch die Kirchendecke geführt.

Schmückt das Fest mit Maien, heißt es in einem evangelischen Choral, und diese Aufforderung wurde im Kloster wörtlich befolgt: *Am Pfingst Morgen, ehe die Chorstunde angehet, müssen Blumen gelegt werden, da die Fräulein ihre Bücher legen ...* Gustchen wird keinen der Glockenstränge selbst bewegt, sondern sich darauf beschränkt haben, ihren Jungfern und dem *Kirchenknecht* diese Arbeit in Mark und Schillingen, nach Vorschrift, zu vergüten. Doch daß sie selbst auszog, um die Blumenpracht einzuholen, deren sie als *Kerckenmeestersche* zum Heiligen Pfingstfeste bedurfte, darf, nach allem, was man von ihr weiß, als sicher angenommen werden.

Nach Gustchens Anweisung hatte der Klosterkutscher das Gras am Parric zu mähen und die Empore damit zu bestreuen. Auch hatte er frisches Birkengrün zu besorgen, denn am Sonnabend vor dem genannten Fest ... *wird der Chor mit Mayen ausgestecket. Die Fräulein muß durch den Klosterkutscher May bestellen lassen. Er muß so viel bringen, daß die ganze Kirche damit bestücket wird ..* Auch außerhalb der Kirche ging es pfingstlich zu: *Die Frau Priörin kriegt 2 Bäume ... Die Predigers einen Baum. Für allen diesen May kriegt der Mann, der es bringt, 4 Schilling, welche die Fräulein ihm geben muß ...* Das Schmücken der Kirche wurde vom Geläut der Glocken begleitet, für das eine ähnlich umfangreiche Zeremonie wie diejenige des Weihnachtsfestes vorgesehen war. Auch wenn ihre beiden Mädchen sehr flink waren – ohne *angehäuerte* Hilfskräfte kam Gustchen weder unmittelbar v o r noch erst recht n a c h einer solchen Festzeit aus, wenn alles wieder beiseitegeräumt werden mußte.

Das *Erleuchten der Kirche mit Wachslichten* hielt sich ebenfalls an eine feste Ordnung. An Weihnachten hatte Gustchen zu bedenken: *Unter der Nachmittags Chor Stunde wie auch der Abend Chor Stunde brennen ... die beiden Altar Lichter, wie auch die Lichter auf der Eisernen Kron und messingnen Kron ... auch müssen etliche Lampen mit Lichten die Weihnachten Nacht da sein, daß es auf unserm Chor prachthelle ist, es muß auch, da der Cantor mit den Jungens stehet, 2 Paar Leuchters mit Licht hingesetzt werden. Die Eiserne Kron muß Weihnachten wieder in die Höhe gezogen werden, denn darauf brennen keine Lichter als am Advent und Weihnacht Abend ...*

Die *kleine* oder *Eiserne Kron* ist eine Stiftung der Priörin Margaretha von Ahlefeldt aus dem Jahre 1663.

Beim Kerzeneinkauf, der auf ihre Kosten erfolgte, zehrte Gustchen von den Erfahrungen sämtlicher Vorgängerinnen: *... wieviele Lichter dazugehören, nämlich 4 Pfd gelbe Wachslichte zu 4 aufs Pfund, 1½ dito zu der kleinen Kron, 8 aufs Pfund, 2 Pfd dito zu den Lampen, 6 aufs Pfund ...* Ergänzend las sie auf einem Extrablatt: *Der Organist bekommt Weihnachten Abend 2 gelbe Wachslichte zur Spielung auf der Orgel ..*

Im durch die Jahrhunderte stets gleichbleibenden Rhythmus des Kirchenjahres füllten sich die Weinkeller der Prediger, des Organisten und des Küsters zu Lasten des Kirchenfräuleins stets zu Weihnachten, Neujahr, Ostern und Pfingsten. Für seine Mehrarbeit an den Festzeiten des Jahres wurde der *Kirchenknecht* nicht minder reichlich bedacht. Eine ganze Mark erhielt er von Gustchen *vor jedes Mal, wenn er die Lichte unten auf dem Altar entzündet ...*, und ein Weihnachtsfest nach dem anderen schmauste er sich durch die Backstuben seiner klösterlichen Obrigkeit: *Der Kirchenknecht bekommt von der Kirchenfräulein am Weihnachtsabend eine Beuteille weißen Wein und einen großen Honig-*

kuchen; ursprünglich daß er Acht auf die Lichter habe und bei der Erleuchtung helfe. Damit war sein Dienst aber noch immer nicht abgegolten: *Einen Himpten Rogken und einen Reichsthaler für das Anzünden der Kirchenlichter; dasselbe für das Bringen der Gesänge-Zettel* ... Noch hundert Jahre nach Gustchen erhielt der Kirchenknecht zum Christfest seinen Honigkuchen.

Das ganze Jahr hindurch trug Augusta die Verantwortung für Abendmahlswein und Oblaten. *Man rechnet auf 30 Personen eine Flasche Wein, giebt aber immer reichlich, damit keine Verlegenheit entsteht.* Sie füllte den Wein in silberne Kannen und ließ diese auf einem eigens dafür vorhandenen Tragbrett aus ihrem Hause in die Kirche bringen. Bis zum heutigen Tage sorgt das Kloster für den Abendmahlswein der Gemeinde, indem es – vergangen sind die Zeremonien mit Silberkannen und Tablett – die Rechnungen dafür bezahlt.

Natürlich unterstand der *Kerckenmeesterschen* auch der jeweils zu Pfingsten und zum Reformationsfest durchzuführende Kirchenputz. Auch hier sind die vorhandenen Anweisungen außerordentlich detailliert.

Zur Pflege der Kirche gehörte auch die der Altargeräte. Das Kloster Uetersen besaß einen der beiden im Lande vorhandenen Abendmahlskelche aus purem Gold. Das aus dem Amt scheidende Fräulein übergab ihrer Nachfolgerin eine Liste, die auch sie schon von ihrer Vorgängerin erhalten hatte und auf der alle

Der Goldene Kelch von Uetersen, heute im Besitz des Landesmuseums Schleswig, ist eine Hamburger Goldschmiedearbeit aus dem Jahre 1504. Er trägt an seinem Fuße das Wappenbild des Klostergründers Heinrich von Barmstede, das drei Bärenköpfe zeigt. Auch die silberne Abendmahlskanne von 1679 befindet sich heute im Landesmuseum.

zu wahrenden Kleinodien, zu denen auch sehr kostbare Altardecken gehörten, aufgeschrieben waren. Auf diese Weise ist der Klosterschatz durch die Jahrhunderte bewahrt geblieben. Niemals zuvor hatte Holstein eine so lange Friedenszeit erlebt wie in jenem Jahrhundert, in dem Gustchen dreizehn Jahre ihres Lebens, und davon mindestens zwei als Kirchenfräulein, in Uetersens Kloster zubrachte. Von den Sorgen einer ihrer Vorgängerinnen aus der Zeit des 30jährigen Krieges, die den gesamten Schatz ... *auffs neue Jahr Ao 1636 wegen eines besorglichen Einfalß der Reuterey nach Krempe geschickt* ... und vier Wochen später, nach seiner Rückkehr aus der Festung, auf seine Vollständigkeit überprüft hatte, wird sie nichts gewußt haben. Im Jahre 1711 waren die Kostbarkeiten zuletzt auf Reisen gegangen und wieder heimgekehrt, und seitdem beschränkte sich die Verantwortung der Kerckenmeesterschen auf die Pflege und Bereitstellung der Geräte, die im Gottesdienst gebraucht wurden. Die übrigen Teile des vorreformatorischen Klosterschatzes, zu dem mehrere kostbare Monstranzen, kleine und große Kreuze sowie Heiligen- und Marienbilder aus Gold, Silber, *Krystall* und Elfenbein gehörten – ein *ferguldet Marienbild im Kranze* hatte bis zum Jahre 1716 seinen Platz auf dem Altar des Conventualinnen-Chores –, ruhten sicher verwahrt in einer Lade, deren Schlüssel nur die Frau Priörin besaß. Gustchen wird diese Kleinodien niemals zu Gesicht bekommen haben. Vier Jahre nachdem sie das Kloster verlassen hatte, wurden die Kostbarkeiten als *Katholische Kirchengeräte* nach Silbergewicht verkauft.

7 Mark, 3 Schillinge und 6 Pfennige betrug der jährliche Zuschuß, den die *Kerckenmeestersche* wegen der *nicht unbedeutenden pecuniären Last* ihres Amtes aus der Klosterkasse erhielt. Hundert Pfund Wachskerzen wurden damals mit 69 Mark gehandelt – hatte Gustchen die weihnachtliche Lichterpracht eingekauft, dann war der Zuschuß so gut wie aufgebraucht. Um die *Läuters*, die Kirchen-Putzfrauen und den Kirchenknecht, zu entlohnen sowie den *May*, den Abendmahlswein, die Altarkerzen und die Weihnachtsgeschenke einzukaufen, tat das Kirchenfräulein ihre eigene Geldbörse auf. Daß ihr Amt im Convent reihum ging, war eine gerechte Lösung.

Mit Honigkuchenbacken, Kirchenpflege und Vorsingen waren aber die Ehrenpflichten der Damen noch immer nicht erschöpft. Als Angehörige der klösterlichen Obrigkeit saßen sie, sich dabei abwechselnd, sowohl dem unter Vorsitz der Frau Priörin zweimal wöchentlich stattfindenden *Niedergericht* bei als dem halbjährlich tagenden *Landgericht*, dem der Klosterprobst vorstand. Beide Einrichtungen ahndeten jedoch nur kleine Vergehen und befanden daher niemals über Leib und Leben. Wie Friedrich Camerer, um die Mitte des Jahrhunderts Uetersens Chronist, erzählte, hielten Frau Priörin *in ihrer Wohnung* Gericht: ... *der Klostersyndicus macht den Vortrag, und wenn denselben die Frau Priörin mit ihrem Beyfall begünstigt, fasset er das Urtheil ab, und publiciret dasselbe. Nehmen die Partheyen dasselbe an, so ist es gut, und die Streitigkeiten haben ein Ende. Sind sie aber, ihrer Meynung nach, gefährdet, so können sie ... an das ... Landgericht appelieren ...*

Siebzig Jahre später machte der Erfolgsautor Theodor von Kobbe, Zögling der *Rector-Schule*, die klösterliche Rechtspflege *in Civil- und Criminalsachen* in ganz Deutschland bekannt: Der *Syndicus, eigentlich nur der Actuar, muß frei-lich das Beste thun, und als Rechtskundiger den Damen die Gesetze vorlegen, welche ihm auf den vorliegenden Fall zu passen scheinen. Er wird indessen nicht selten überstimmt, und eine gewisse Routine, so wie der natürliche feinere weib-liche Tact, führen manchmal Entscheidungen herbei ... gewöhnlich aber werden die Processe schon in der Geburt durch einen Vergleich erstickt ...*

Bereits im ersten Jahr ihrer beider Freundschaft, am 2. März 1774, erfuhr der Jurist Boie, von Gustchen, daß sich ihr Klosterdasein von seinem künftigen Be-rufsleben unterschied: ... *wir Nonnen können auch einen gerichtlichen Aus-spruch sprechen, obgleich wir das Recht nicht studirt haben* ... Und hochbefrie-digt darüber, die Wahrheitsfindung mit *Routine* und *Tact* anstatt mit Paragra-phen betreiben zu dürfen, schmähte sie die Facultas des Freundes: *Gottlob, daß wir mit so dürren Strohhalmen nichts zu thun haben* .. Wie das *Clösterlich Üterser Gerichtsprotocoll* zeigt, hatte das Klostergericht unter Vorsitz der Frau Priörin in den ersten beiden Monaten des Jahres 1774, zwischen Jahresbeginn und Gustchens genanntem Briefschreibetermin, allwöchentlich zweimal getagt.

Leider war es nicht üblich, die Namen der beisitzenden Damen zu protokol-lieren, und so läßt sich nicht sagen, bei welcher der insgesamt neunundzwanzig beigelegten Streitfälle die *Nonne* Stolberg *einen gerichtlichen Ausspruch tat.* Doch fand ihre Rechtspraxis vielleicht deswegen Eingang in den Brief an Boie, weil die Schreiberin diese ihre Ehrenpflicht soeben absolviert hatte und noch ganz unter dem frischen Eindruck des Geschehens stand:

Am 25. Februar hatten sich Ihro Gnaden der *gewesenen Dienstmagd* Engel Wohlenberg angenommen, die ganz alleine, ohne den üblichen männlichen Rechtsbeistand, *in puncto iniuriarum verbalium* – wegen ehrenrühriger Be-schimpfungen –, gegen die Ehefrau ihres *vorigen Wirtes* aus dem Elmshorner Klostersande klagte. Der *natürliche feinere weibliche Tact* söhnte beide Parteien miteinander aus, denn das Gericht hatte erkannt, daß der Vorname des Mäd-chens nicht trog! *Beklagter Bertold Thormählen hat mittels Handschlags declari-ret, daß er und seine Frau auf Klägerin nichts als Gutes zu sagen wissen* ... Die flinke und unbedachte Zunge seiner Frau kam den Elmshorner teuer zu stehn, denn er hatte die *dieser Sache halber verursachten Kosten* zu tragen.

Als die Dienstmagd Engel zufrieden und erhobenen Hauptes von dannen ge-zogen war, erhielt Gustchen – falls sie dem Gericht an diesem Tage beiwohnte – Einblick in den Feierabendzeitvertreib ihrer Untertanen: Zu fröhlichem Um-trunk war man jüngst im Hause des Einwohners Johann Gottfried Haster zu-sammengekommen, als plötzlich zwei Streithähne eine *Schlägerey* anfingen, in deren Verlauf der Tisch des Gastgebers zu Bruche ging. Claus Trede, einer der beiden Übeltäter, weigerte sich seitdem hartnäckig, die anteiligen Reparaturko-sten von drei Mark zu bezahlen – weshalb der Hausherr zum Kläger geworden war. Die *gewisse Routine* der Damen schätzte das Inventar des geschädigten Hausherrn weniger kostbar ein als er selbst und billigte ihm deshalb nur zwei Mark zu. Der *gerichtliche Ausspruch* befriedigte dennoch, zumal der Beklagte die Kosten des Verfahrens zu tragen hatte. Inwieweit die Recht sprechenden Damen durch eine Aufwandsentschädigung an diesen Geldern partizipierten, ist nicht bekannt.

Das *Clösterlich Üterser Gerichtsprotocoll* war schon seit mehreren Jahren vom *Adjunkten* des betagten Kanzleirates Grube geführt worden, den Gustchen nicht mehr unter den Lebenden fand, als sie, von Christian begleitet, Ende September 1776 in Uetersen eintraf. In ihrer Abwesenheit hatte der Convent den bisherigen Gehilfen Heinrich Wilhelm Lawätz zum Nachfolger gewählt.

Einer der ersten Briefe, die Gustchen nach ihrer Heimkehr der Uetersener Post übergab, ging nach Brahe-Trolleburg; Luise, mit der sie die gefahrvolle Überfahrt von Korsör nach Nyborg bestanden hatte und die sich seitdem um Augustas Gesundheit sorgte, wurde auf das angenehmste enttäuscht: ... *ich bin seit vielen Jahren nicht so wohl als nun geweßen ... ich brauche seit 4 Wochen kein Bitterwaßer mehr ... mein Schlaf ist gut, und der appetit sehr gut, etwaß, waß mir nicht lieb ist, daß ich fetter werde ...* (79). Zur weiteren Erläuterung dieses lästigen Zustandes diente ihr die Klage eines schwangeren Mädchens aus der englischen Literatur:

My girdle how was too loose before
Is now become too straight...

Der Vers haftete ihr nur sehr ungenau im Gedächtnis. Bereits beim Niederschreiben des dritten Wörtchens im Zweifel, wie es denn lauten müsse, ob *which, that* oder *who,* umging sie diese schwierige Entscheidung und wählte stattdessen *how.*

Im Vollbesitz ihrer Gesundheit, genoß sie zwei Monate später Uetersener Winterfreuden: ... *heute bin ich bey dem schönen Wetter in der Mittags Stunde eine gute Stunde mit der kleinen Zöge spatziert – o wie war's schön, ich ward recht warm, und es that mir so gut –* ... Nein, Christian hatte nichts zu fürchten, sie gab auf sich acht: ... *ich war g e s t i e f e l t und in Pelz gehüllt ...* (81).

*

Was hatte sich unterdessen in Weimar ereignet? Seit dem Juni des Jahres 1776 besaß Goethe im *Geheimen Conseil* Sitz und Stimme und nahm damit an der Regierungsverantwortung teil. Mithin gehörte auch er einer *Obrigkeit* an. Die *kleine Reise,* die anzutreten er beabsichtigte, als er den letzten Brief an Gustchen schloß, führte ihn nach Ilmenau und Berka, wo er sich tatkräftig um die Wiederaufnahme des dortigen Bergbaus bemühte.

Eingedenk seiner im Mai ausgesprochenen Bitte, seine Schwester Cornelia in den Kreis derer aufzunehmen, denen sie durch ihre Briefe Freundschaft und Liebe entgegenbrachte, hatte Gustchen bereits mehrfach nach Emmendingen geschrieben. Cornelia und Johann Wolfgang waren in engster geschwisterlicher Gemeinschaft aufgewachsen. Nach behüteter Kindheit und Jugend hatte die Schwester einen Freund des Bruders, Johann Georg Schlosser, geheiratet. Doch Cornelia war nicht für die Ehe geschaffen. Auch die Geburt ihres ersten Kindes, der Tochter Lulu, vermochte es nicht, sie der Schwermut zu entreißen, in die sie die Trennung von jeglicher Freund- und Verwandtschaft hatte versinken lassen; Augustas Briefe waren unbeantwortet geblieben. Gustchen, außerordentlich sensibel für die Empfindungen anderer, wird Goethes Bitte, sein für sie geschriebenes *Journal* vom Mai dieses Jahres an die Schwester weiterzugeben,

Christian Graf zu Stolberg-Stolberg und seine Frau Luise geb. Gräfin von Reventlow ließen sich 1784 von Anton Graff malen.

nicht nachgekommen sein. Wie sollte die sich in Sehnsucht nach brüderlicher Zuwendung verzehrende Cornelia sich an einem Briefe erfreuen, den Wolfgang, der geliebte Bruder, zwar geschrieben, aber nicht für sie bestimmt hatte?

In den vorweihnachtlichen Wochen dieses nun zu Ende gehenden Jahres 1776 sah Gustchen noch ungeduldiger als sonst den Posttagen entgegen: Christian und Luise von Gramm waren seit Jahren miteinander befreundet – sie erwartete eine ganz bestimmte Nachricht. Am 7. Dezember wurde sie ihr endlich zuteil:

... Seyd beyde fest ... an mein Herz gedrückt – o ich bin außer mir vor Freuden. Eine Stunde nach dem Erwachen kam der Brief der Freude ... o du mein Christel wie ich dich liebe! ... und du beste Louise Schwester! o Gottlob daß ich dir nun ganz den Namen geben kann, den mein Herz dir schon so lange gegeben hat! ... (82). Als sie mit täglich immer wieder neuer Freude des Glücks der Brautleute gedachte, kam eines Tages, kurz vor Weihnachten, endlich ein Echo aus dem fernen Baden zu ihr zurück:

Emedingen den 10. Dec. 1776.

Ganz unverzeihlich ist's, bestes Gustgen, daß ich Ihnen noch nie geantwortet habe, ich will mich auch gar nicht entschuldigen, denn was sollte, was könnte ich sagen. Ihre häusliche Glückseeligkeit ahnde ich und wünschte als Schwester unter Ihnen aufgenommen zu seyn, das ist der eine von den Wünschen, der nie erfüllt werden wird, denn unsere gegenseitige Entfernung ist so gros, daß ich nicht einmal hoffen darf, sie jemals in diesem Leben zu sehen.

Cornelia Goethe
Rötelzeichnung von Johann Ludwig
Ernst Morgenstern, um 1770

Wir sind hier ganz allein, auf 30—40 Meilen weit ist kein Mensch zu finden; – meines Mannes Geschäfte erlauben ihm nur sehr wenige Zeit bey mir zuzubringen, und da schleiche ich denn ziemlich langsam durch die Welt, mit einem Körper der nirgend hin als ins Grab taugt.

Der Winter ist mir immer unangenehm und beschwehrlich, hier macht die schöne Natur unsere einzige Freude aus, und wenn die schläft, schläft alles.

Leben Sie wohl, bestes Gustgen, ich umarme Sie im Geist, kann Ihnen aber nichts mehr sagen weil ich zu entfernt von Ihnen binn.

Cornelia

Goethes Schwester starb am 8. Juni des folgenden Jahres.

Gustchens „Revenüen"

Von allen Bedingungen, die man an Pensionen für Fremde knüpft, scheint mir keine natürlicher zu sein als die, daß sich die Fremden . . . verpflichten, sich dort aufzuhalten, wo ihr Brot wächst. Kosmopolitismus ist eine schöne Sache, aber er hat seine Grenzen . . .

Diese Feststellung des zur Zeit Goethes und der Stolbergs lebenden dänischen Schriftstellers Jens Baggesen sagt klar und deutlich, wie man im Gesamtstaat Dänemark bei der Auszahlung jeglicher Renten verfuhr. Nach diesem Grundmuster hatten sich auch die Klöster in alten Zeiten ihre Paragraphen für das Bemessen der *Revenüen* geschneidert.

Jens Baggesen

Diese bestanden für die Uetersener Conventualinnen sowohl in Naturalien als in barem Gelde. Um das durch mannigfache Zins-, Pacht- und Abgabeverpflichtung der ansässigen Bürger und Bauern in das Kloster hineinfließende Geld als Kaufkraft für den Ort zu erhalten, richtete sich die Höhe der an die einzelnen Damen ausgezahlten Gelder nach deren Klosteranwesenheit. Die Baronesse Schack traf es am härtesten. Als Gesellschafterin der Oberhofmeisterin von Plessen seit Jahren am Kopenhagener Königshof zu Hause, verließ sie ihren Platz auch dann nicht, als ihre Herrin, zusammen mit der des Ehebruches mit Struensee schuldig befundenen jungen Königin Caroline Mathilde, nach Celle verbannt wurde. Nicht *in des Königs Landen lebend* – wie das Kloster nicht müde wurde zu betonen –, erhielt Fräulein Schack trotz regelmäßig eintreffender Bittschriften darum nur den Mindestsatz der klösterlichen Rente. Ihre *Revenüen* an barem Gelde wurden auf die eines abwesenden Schulfräuleins zurückgestutzt; die Baronesse darbte mit einem Jahreseinkommen von etwa hundert Mark. Diejenigen Damen, die in Uetersen weder *Haus noch Hof* besaßen, sich also am Orte nicht etabliert hatten, büßten nicht nur einen großen Teil ihrer Gelder ein, sondern sie gingen bei den Naturallieferungen völlig leer aus.

Über die hier geschilderte grundsätzliche Regelung hinaus wurden die Bareinkünfte in einem komplizierten Verfahren berechnet, das die jeweiligen An- und Abwesenheitszeiten der Damen, insbesondere an den großen kirchlichen Festen, berücksichtigte. Das allerwichtigste Datum im Kalender des Klosters war der 29. September, der Michaelistag. Nicht nur die Ämter wurden an seinem Vorabend verteilt, sondern auch ein Teil der Einkünfte. Insgesamt umfaßte das Finanzjahr des Klosters zwanzig regelmäßig wiederkehrende Zahltage.

Die Conventualin Elisabeth Benedicta von Brocktorff hielt in ihren *Nachrichten* auch ihre Einnahmen fest. Als 6. Position des Jahres 1766 notierte das damalige Schulfräulein das von König Christian VII. an das Kloster gezahlte und am 19. Juli an die Damen verteilte *Immatrikulations Geld wegen der Gräfin Stolberg* in Höhe von 28 Mark Courant.

Die Summe der bei jeder *Theilung* den säumigen Damen abgezogenen Markstücke, Schillinge und Pfennige bildete, wiederum gleichmäßig verteilt, ein zusätzliches Einkommen für alle; nur die Schulfräulein wurden hierbei nicht berücksichtigt.

Die klösterliche Buchführung dokumentiert es bis zum heutigen Tage, daß Augusta Gräfin zu Stolberg, über die Vettern Stolberg-Wernigerode weitläufig mit dem dänischen Königshaus verwandt und Schwägerin eines der ersten Männer im Staate, zu keiner Zeit irgendeinen Vorteil aus dieser ihrer Stellung gezogen hat. Anders als bei der ständig abwesenden Conventualin Anna Susanna von der Osten, Hofmeisterin in Kopenhagen, die seit ihrer Einkleidung im Jahre 1756 noch keinen einzigen Tag im Kloster zugebracht hatte, jedoch auf königlichen Befehl trotzdem ungeschmälerte Einnahmen bezog, schlug sich Gustchens häufige Nichtanwesenheit voll auf ihren Geldbeutel nieder. Weil sie, um nur ja keine Minute des ihr so kostbaren Zusammenseins mit den aus der Schweiz zurückgekehrten Brüdern zu versäumen, im Jahre 1775 *den Weinacht-Abend nicht gegenwärtig geweßen*, erhielt sie am ersten Zahltag des folgenden Jahres, an Fastnacht 1776, anstatt dreizehn Mark nur acht. Auch das Osterfest des Jahres 1775 brachte sie nicht im Kloster, sondern ihrer Brüder und derer Freunde wegen in Hamburg zu: Fünf Mark Abzug waren ihr gewiß. Und in jenem Jahr, als Matthias Claudius für sie den 1. Mai besang, fuhr sie schon vor Pfingsten nach Bernstorff ab. Bei der Verteilung der *Pfingst-Abend-Rente* ging sie darum völlig leer aus.

Während der dreizehn Jahre, die sie im Kloster zubrachte, ist es Augusta nur siebenmal gelungen, nach den ausgedehnten Sommerferien, die sie je nach politischer Lage in Dreilützow, Borstel, Altona oder Bernstorff verlebte, rechtzeitig in Uetersen anzukommen. Mit dem besten Vorsatz, endlich wieder einmal pünktlich zu sein, plante sie im September des Jahres 1777 ihre Rückreise von Dänemark nach Uetersen und gedachte den Sommer genauso zu beschließen, wie er im Mai begonnen hatte: Mit Klopstock war sie nach Loitmark gereist, und dort an der Schlei wollte sie jetzt im Herbst wieder mit ihm zusammentreffen. Der vorgeschriebene Klostertermin brachte sie jedoch in arge zeitliche Bedrängnis: *Lieber bester Klopstock wie enzelich ich mich freute als ich Ihre Hand sah, und einen so langen Brief von I h r e n , daß kann ich Ihnen gar nicht sagen . . . Lieber wir können nicht vor dem 20st auf Loitmark seyn, bis den 27st dépendire ich von Ihnen, denn den 28. Mittags muß ich – ich glaube auf Halseisen oder Pranger Straffe – in Uetersen seyn – laßen Sie uns zusammen reisen . . . (86)*

Wie das *Quitungs-Buch* zeigt, hatte sich Augusta zuletzt vor vier Jahren pünktlich im Kloster eingefunden, und darum hatte Klopstock für ihre Lage vollstes Verständnis: *Sie müssen ja einmal vor Michael in Uetersen seyn . . .*

In diesem Jahre erlebte Gustchen eine weitere Variante der Überfahrt, als sie, in Gesellschaft Katharinas, am 16. September ihren *Himmel* verließ und sich den Wellen anvertraute: *Die Nachtreise, da es so strömte und so kalt war, hat mich sehr für Euch beunruhiget . . .*, schrieb Henriette den Schwestern nach Uetersen. *Wie unendlich geschwind ist der glückliche Sommer entflohn! . . .*

Nachdem die beiden Stiftsdamen in Loitmark angekommen waren, wo Klopstock und Hannchen Winthem sie erwarteten, hatte Augusta Gelegenheit, nachzuholen, was ihr die Brüder seit der Kindheit voraus hatten: *. . . ich weiß es noch gar zu gut wie wir uns freuten, wenn es hieß Klopstock kommt! Wir steckten gleich die Köpfe zusammen, und sagten es uns recht oft, aber wir Mädchens ärgerten uns, da wir Sie immer so wenig sahen . . . (67)*

Auf daß Augusta der *Halseisen oder Pranger Straffe* entging, plante die Reisegesellschaft für den Weg nach Uetersen zwei Tage ein. Fuhr man am 26. September in Loitmark ab, war die Strecke bequem zu schaffen, und es blieb auch noch genügend Zeit für eine Visite in Breitenburg.

Wie aber nun kam es, daß Gustchen, obwohl sie sich, pünktlich wie selten und wie das Gesetz es befahl, am Sonntag, dem 28. September 1777 zwar zur vorgeschriebenen Uhrzeit im Kloster einstellte, aber dennoch nicht einen einzigen Pfennig der *Michaelis October Hebung* erhielt? Nun, als gottesfürchtiges Klosterfräulein hätte sie bedenken müssen, daß in diesem Jahre das klösterliche Gesetz durch ein höheres aufgehoben wurde: *Du sollst den Feiertag heiligen!* heißt das dritte der Zehn Gebote. Dies bedeutete: Fiel der 28. September, wie diesmal, auf einen Sonntag, dann fand die *Theilung* bereits einen Tag früher statt!

Auf die Zuteilung der Naturalien wirkten sich lange Reisen sowie Unpünktlichkeit nicht nachteilig aus, alle ortsansässigen Damen erhielten sie ungekürzt. Da Gustchens Kuhstall jedoch stets leer blieb, schlug ihrer Geldbörse immer dann die große Stunde, wenn die hochbeladenen Heuwagen in den Klosterhof schwankten und wenn das Stroh angeliefert wurde. Für beide Erzeugnisse der Landwirtschaft fanden sich immer Käufer, und falls Gustchen die Produkte des ihr benachbart wohnenden Weißbäckers Voigt ihrem selbstgebackenen Roggenbrot vorzog und ihr Getreide ganz oder teilweise verkaufte, schwoll ihre Barschaft abermals an – um freilich um so geschwinder wieder abzunehmen, je öfter sie ihre Jungfern die aus Weizenmehl gebackenen ‚Rundstücke' einkaufen hieß.

Am Modell des Jahres 1777 – desjenigen, in dem Gustchen mit Klopstock reiste und sich so sehr bemühte, *einmal vor Michael* in Uetersen anzukommen – werden im folgenden ihre regelmäßigen Einkünfte aufgezeigt und denen der fast immer vorbildlich anwesenden Metta von Oberg gegenübergestellt; sämtlichen Angaben liegt die *Lübsche* Währung zugrunde:

Einnahmen der Conventualinnen Gräfin Stolberg und Baroneß Oberg
im Jahre 1777

	Stolberg			Oberg		
	Mk	Sch	Pf	Mk	Sch	Pf
8. 2. *Königliches Holzgeld*	-	-	-	60	-	-
10. 2. *Fastnachts Hebung*	12	12	9	12	12	9
29. 3. *Eylersche Zinsen*	7	2	3	7	2	3
29. 3. *Ostern-Hebung*	14	12	3	14	12	3
5. 4. *Mühlen-Hauer*	70	5	-	70	5	-
17. 5. *Horst Mohrs Grund*	18	6	-	18	6	-
17. 5. *Pfingst Abend Rente*	10	2	9	10	2	9
19. 6. *Pfingst Tages Rente*	13	-	9	13	15	6
24. 6. *Rantzauisches Holz Geld*	33	-	-	33	-	-
24. 6. *Johannis Hebung*	11	10	3	16	7	9
21. 7. *Graß Geld*	135	-	-	135	-	-
27. 9. *Michaelis October Hebung*	-	-	-	30	14	6
4.10. *Michaelis Mühlen Hauer*	65	3	9	81	15	3
1.11. *Michaelis Weiden Hauer*	15	2	9	17	-	6
5.12. *Land Hauer*	232	12	6	314	13	-

5.12. *Horster Holz Geld*	16	10	6	16	10	6
5.12. *Martini Renten*	7	10	3	8	9	-
18.12. *Neu-Hoffs Geld*	18	4	9	20	8	6
18.12. *Kämmerey Geld*	20	5	3	22	13	-
24.12. *Weihnachts Hebung*	23	7	3	23	7	3
	719	102	84	919	150	69
	725	13	00	928	11	9

1 Reichstaler = 3 Mark Courant
1 Mark Courant = 16 Schillinge
1 Schilling = 12 Pfennige

Jede Dame erhielt folgende Naturalien:

Stroh	6 *Fuder 20 Klappen*	in 5 Teillieferungen
Heu	16 *Fuder*	in 4 Teillieferungen
Hühner	2	zu Michaelis
Gänse	1	zu Michaelis
Buchweizen	1 *Tonne neues Seeländisches Maß*	
Roggen	12 *Tonnen 4 Scheffel neues Seeländisches Maß*	in 5 Teillieferungen

Zu den durch alle Jahre gleichbleibenden Zahlungen, deren Höhe wegen unterschiedlicher Zinssätze und Erträge geringfügigen Schwankungen unterlag, gesellten sich unregelmäßige Einnahmen. Wenn ein Vater seine Tochter für 450 Mark Lübsch ins Kloster *einkaufte* oder der Landesherr ein Fräulein *immatrikulirte*, dann vermehrte sich das Einkommen einer jeden Dame um 27 Mark *Kindergeld*. In den durch die Zahl 5 teilbaren Jahren wurde die *Fünfjährige Bede* in Höhe von etwa 80 Mark fällig, und als Gustchen ab 1778 zu den neun ältesten Damen gehörte, bezog auch sie das *Königliche Holzgeld*. Ihro Hochwürden Gnaden die Frau Priörin erhielten stets das Doppelte der Einnahmen einer Conventualin, gerechterweise hatte sie ihre Zahlungen im gleichen Verhältnis zu leisten.

Wenn Gustchen ihre Landprodukte verkaufte, dann verbuchte sie den gleichen Erlös, wie ihn ihre Mitschwester Brocktorff in ihren *Nachrichten,* dieser in ihrer Bedeutung gar nicht hoch genug zu schätzenden Quelle der damaligen Uetersener Klosterzeit, aufschrieb und in ihre Bilanz des Jahres 1777 einbrachte: *Vor Heu 100 Mark 8 Schillinge; vor Rogken 40 Mark; vor Stroh 12 Mark.*

Alle Damen, auch die abwesenden, hatten Jahr für Jahr bestimmte Zahlungen zu leisten:

1. *An den Haubt Pastor Wiese*   *12 Mark*
2. *An den Diaconus Balhorn*   *6 Mark*
3. *An die Sang Fräulein*   *3 Mark*

Ein Blick in die klösterlichen Auktions-Akten jener Jahre zeigt den Wert des damaligen Geldes. Den Commerzrat von der Willigs überbietend, hatte Klostersyndicus Jürgen Grube im Jahre 1763 für 2850 Mark das in der *Reichenstraße* in einem großen Obstgarten gelegene Haus der verstorbenen Conventualin Anna Catharina von Ahlefeldt ersteigert – für etwa ein Viertel der von ihm gezahlten Summe wechselten die baufälligen Partic-Häuser die Besitzerin. Als der Uetersener Advokat Matthias Mohrdieck, Sohn eines am Klosterdeich ansässigen Schmiedes, einen neuen Wagen suchte, traf es sich, daß der Nachlaß der Priörin Marie Antoinette Gräfin von Ahlefeldt unter den Hammer kam. Er zahlte den Erben 100 Mark und fuhr fortan in einer gräflichen Karosse spazieren. Am gleichen Tage trug Klosterprediger Wiese die vierundzwanzigbändige Gesamtausgabe *Luthers Schriften* nach Hause, für die er 42 Mark, 15 Schillinge und sechs Pfennige geboten hatte, und *ein Brauner, mit Bildhauer Arbeit verzierter* Kleiderschrank ging für 33 Mark in den Besitz eines Ueterseners namens Thies Mohr über. Das Gartenhaus der verstorbenen Priörin samt den dazugehörigen Bänken erbrachte 64 Mark und war somit nur um 14 Mark teurer als die *Schlacht-Ochsen,* die das Kloster Jahrzehnte hindurch für 50 Mark je Stück verkaufte.

Wohnhaus Mühlenstraße – früher *Reichenstraße* – Nr. 5. Im Jahre 1756 zahlte die damalige Eigentümerin Anna Catharina Ahlefeldt, Conventualin des Klosters, an dieses 12 Schillinge *Grundhauer* und 3 Mark *Hofdienstgeld.*

Wie viele Mark, Schillinge und Pfennige aber waren fürs ‚täglich Brot' aufzuwenden? Was Gustchens Mutter ihren Söhnen erzählte, als sie 1771 nach Altona übergesiedelt war, ist in diesem Zusammenhang außerordentlich aufschlußreich. Sie hielt keine eigene Köchin, sondern ließ sich das Mittagessen von einem *Traiteur* ins Haus liefern: *... ich finde es aber sehr theuer und will noch einmal mit ihm reden, ich habe ihm bisher vor 8 Personen vor jede Person 1 Schilling gegeben, da waren aber die portions so groß, daß meine 3 Weiberleute noch genug hatten, und wir noch vom rest des Bratens auf den Abend, für meine Weiberleute kaufe ich abends Butter und Käse, ich finde es aber doch sehr theuer und hoffe zum wenigsten noch zu erhalten, daß ich das Brodt von ihm kriege ...*

Nun bestand zwar Gräfin Stolbergs Tafelrunde nur aus Frauen und Heranwachsenden. Dennoch soll festgehalten werden, daß sich vom Gegenwert einer halben Mark zu damaligen Zeiten nicht nur 8 Personen ‚von Stand' und 3 *Weiberleute* – nämlich Mägde – mit einer warmen Mahlzeit beköstigen ließen, sondern daß die ‚Brosamen' des Mahles noch ausreichten, um den Abendbrotstisch der Familie mit kaltem Braten zu decken.

Mit Hilfe alter Aufzeichnungen von Kirche und Kloster lassen sich auch Angaben über die damals gezahlten Arbeitslöhne machen. Während das Dienstmädchen einer Conventualin mit der Jahreshauer von 12 Talern zufrieden sein mußte, schlug sich die Vertrauensstellung, die eine langgediente Zofe besaß, in einem Lohn nieder, der das Vierfache vom Einkommen der Dienstmagd betrug. Hatte sie ihrer Herrin *mit Treue und Rechtschaffenheit* ein Leben lang gedient, dann war auch ihr Alter gesichert: Die Conventualin Baronesse Reichenbach bedachte ihre Jungfer Anna Elisabeth Thomsen mit einem Kapital von 620 Reichstalern.

Ging die Herrin auf Reisen, dann stand jedem der daheimgebliebenen Dienstboten für Nahrung, Licht, Feuerung und Wäschepflege ein wöchentliches Kostgeld von 1 Taler zu. Legt man Mutter Stolbergs Angaben für die Kosten einer Mahlzeit zugrunde, dann zeigt es sich, daß der vom Landesherrn in der Gesindeordnung festgesetzte Geldbetrag ausreichend war.

Das Uetersener
Kloster-Pastorat wurde
1781/82 erbaut

In den Jahren 1781/82 wurde in Uetersen ein *neues Pastoratshaus* errichtet. Mit acht Zimmern, zwei großen Dielen, viel Nebengelaß, drei Außentüren und vierunddreißig Fenstern kostete der ganze Bau, der sich noch heute sehr stattlich ausnimmt, 6225 Mark. Meister Carl Friedrich Burchardt, der es aus 158 400 Steinen zusammenmauerte, erhielt für seine Arbeit 250 Mark und 13½ Schillinge. Peter Schnoor, ein *Arbeitsmann*, der den Lebensunterhalt für sich und die Seinen als *Bothe, Handlanger* und *Wächter* – Baumaterial war teuer und mußte des Nachts bewacht werden – verdiente und von dessen nimmermüdem Fleiße die Baurechnungen vieler Jahre zu erzählen wissen, verdingte sich auch beim Bau des neuen Pastorats. Bei einem Tagelohn von 14 Schillingen brachte er am Sonnabend 5 Mark und 4 Schillinge nach Hause. Fand er ein ganzes Jahr hindurch, nämlich fünfzig Wochen lang, Beschäftigung, durfte er sich eines Jahreseinkommens von etwa 260 Mark erfreuen.

Vergleicht man dieses Einkommen eines Tagelöhners mit den Bezügen einer Conventualin, so zeigt es sich, daß ein Klosterfräulein, sofern es ohne finanzielle Zuwendung seitens ihrer Familie ausschließlich von diesen Einnahmen leben mußte, nicht eben ‚reich' gewesen ist. Gustchen, deren Klostergelder ihrer häufigen Abwesenheit wegen in jedem Jahre erheblich gekürzt wurden und die nur, genau wie ihre Geschwister, eine kleine und höchst unregelmäßig eintreffende Apanage – Abfindung für den seinerzeitigen Verzicht des Vaters – aus der Grafschaft Stolberg-Stolberg erhielt, mußte ganz besonders sparsam haushalten. Trugen die Freunde dazu bei, daß sie ihr literarisches Interesse befriedigen konnte, ohne ihre Geldbörse anzugreifen, so war sie darüber hocherfreut: *Ich will mich nicht entschuldigen mein guter Boie! ich will meinen Fehler gestehn, ich bereue ihn, und Ihnen gebe ich dadurch Gelegenheit zur schönsten Sache auf der Welt – zum V e r g e b e n. Es ist wahr, mein langes Stillschweigen ist unverantwortlich, aber nicht Kälte, nicht Mangel an Freundschaft ist Schuld daran, sondern nur unerträgliche Faulheit, die den, der sie hat, selbst genug leiden macht – ... nun aber spät abends 11 Uhr fällt es mir ein, und ich nehme gleich die Feder in die Hand. Nehmen Sie den besten Dank mein lieber Boie! für Ihren lezten Brief, und den allerliebsten Musenalmanach, beydes hat mir viele Freude gemacht ...* (32). Ihrer beider Freundschaft hatte eben erst begonnen, als Gustchen an Boie schrieb: *Izt muß ich Sie noch an Ihre vielen Versprechen erinnern. Den s c h ö n e n K n a b e n von Ramler, eine Copie von Klopstocks Schattenbild, Klopstocks Ode, die so anfängt, du frägst ob ich dich so wie Meta liebe – und andre kleine Stücke von Ihren Freunden und von meinem Freund Boie ...* (23) Schon einen Monat später hatte sie Anlaß, *Tausend und Tausend Dank* nach Göttingen zu schicken: *... o ja, denken Sie an mich wenn Sie was artiges und niedliches schönes lesen und sammeln Sie für mich ...* (25) Als Boie später sein *Museum* herausgab, ließ sich – wenn auch mit schlechtem Gewissen – selbst dieses Abonnement umgehen: *Lieber Boie, da ich – verzeihen Sie – das Museum nicht halte, wie fang ich's an, um ‚Linchens Briefe' doch zu haben? Bitte um Rath und T h a t.* (139) Der Freund wird sie verstanden haben.

Aber nicht nur Boie genoß den Vorzug, ihren Bücherschrank füllen zu dürfen: *Lieber Gerstenberg ... – Hören Sie, Sie müßen mir etwaß von Ihren Werken geben, entweder das Hungerstück oder die unplatonischen Tändeleyen, oder waß Sie sonst wollen, aber Ihren Namen müßen Sie mir hineinschreiben ...* (90)

Es geht über allen Menschen-Sinn und Verstand, wie viele Dinge unser neumodischer modernisirter Mensch bedarf ..., stellte Christian Stolberg am 19. Oktober 1780 fest und ermahnte dann den Bruder: *Um Gottes willen sei sparsam. Es ist der einzige Weg zur Freiheit!* Die Wahrheit dieses seines Satzes hatte die fünf Jahre jüngere Schwester Gustchen längst bewiesen. Das *Kleid von süsser Farbe,* von dem sie Goethe am 9. Dezember 1775 schrieb, wird nicht das einzige gewesen sein, dessen *Besezung* sie fertigte, und bei der täglich anfallenden Arbeit kam sie mit wenig Hilfe aus: *... ich bin täglich schon ein paar Stunden im Garten ...,* hatte sie den Brüdern am 22. Februar 1774 erzählt. Damals war der Lenz früher als sonst in Holstein angekommen, und Gustchen legte beim Säen und Pflanzen und Bodenlockern, wie sie es aus Bernstorff kannte, selbst Hand an. Indem sie ihren kleinen Haushalt wenig standesgemäß führte, schuf sie sich größtmögliche Freiheit von den Finanztagen des Klosters. Sie wußte die Prioritäten zu setzen – das Zusammensein mit den Geschwistern war ihr wertvoller als der Mammon.

✳

Trotz aller Betriebsamkeit, die die Zahltage, das Entgegennehmen der Naturallieferungen, die Teilnahme an Conventsitzungen sowie die Wahrnehmung der Klosterämter verursachten, verlief der klösterliche Alltag ohne Hast und Hektik: *Du kannst es Dir nicht vorstellen, wie sanft wie stille und wie ruhig unsere Tage verfließen . . .* schrieb Gustchen im November des Jahres 1776 ihrer zukünftigen Schwägerin Luise. Hier, in der Abgeschiedenheit des Klosters, fühlte sie sich geborgen: *Milchen, ich möchte oft zu euch fliegen können, aber nicht alle eure Zerstreuungen mitmachen – wie ist mir hier so wohl im Schoose der Freundschaft und in der Stille! Wahrlich, meine Liebste, ein Tag und jeder Tag vergeht, ich weiss selbst nicht wie . . .* (80)

Uetersens Kloster ist bis zum heutigen Tage eine Oase der Stille geblieben, die Gustchen in ihre Briefe, auch in die nach Weimar, einzufangen verstand. Goethe, seit einem Jahr als Legationsrat im Weimarischen Staatsdienst und vom Herzog mit der Verantwortung für sämtliche Bergwerksangelegenheiten betraut, war empfänglich für diesen *Laut* aus einer anderen Welt.

Gustchen befand sich noch in Bernstorff und hatte die Rückreise nach Uetersen, die sie so pünktlich zu beenden beabsichtigte, um *Halseisen oder Pranger Straffe* zu entgehen, noch gar nicht angetreten, als sie, nach einer Pause von mehr als zwölf Monaten, im Sommer des Jahres 1777 Post aus Weimar erhielt:

Danck Gustgen dass du aus deiner Ruhe mir in die Unruhe des Lebens einen Laut herüber gegeben hast.

> *Alles gaben Götter die unendlichen*
> *Ihren Lieblingen ganz*
> *Alle Freuden die unendlichen*
> *Alle Schmerzen die unendlichen ganz.*

So sang ich neulich als ich tief in einer herrlichen Mondnacht aus dem Flusse stieg der vor meinem Garten durch die Wiesen fliest; und das bewahrheitet sich täglich an mir. Ich muß das Glück für meine Liebste erkennen, dafür schiert sie mich auch wieder wie ein geliebtes Weib. Den Todt meiner Schwester wirst du wissen. Mir geht in allem alles erwünscht, und leide allein um andre. Leb wohl grüse Henrietten! Ist das noch eine eurer Schwestern? oder Christels Frau? zwar sie hat der Brüder Handschrifft! Wenn ich einmal wieder ans Schreiben komme, will ich ia wohl sehn ob ich über dadrüber was sagen kan was sie will. Grüse die Brüder, und behaltet mich lieb.
Weimar, d. 17 Juli 77   *Goethe.*

Gustchens Geschwister

Aus dem Sommerkonzert des Jahres 1776, als Friedrich Leopold als Gesandter Eutins in ein *wurckendes Leben* trat und deswegen in Weimar absagte, waren keine Disharmonien zurückgeblieben, alle in Bernstorff anwesenden Geschwister empfingen Goethes Gruß: *Leb wohl grüse Henrietten! . . . Grüse die Brüder, und behaltet mich lieb.*

Wer sich für die Familiengeschichte der Stolbergs und Bernstorffs interessiert, muß zu einer Literatur greifen, die zum größten Teil aus Briefbänden besteht. Ohne eifriges Nachschlagen im jedem dieser Bücher beigegebenen Register sind die freund- und verwandtschaftlichen Beziehungen der vielen genannten Personen nicht zu ergründen, zumal sich in den Texten die Fülle der Namen durch die damals gebrauchten Koseformen noch zusätzlich vergrößert. Zur eigenen Orientierung hatte die junge Generation der Schimmelmanns, Baudissins, Reventlows und Stolbergs, alle im heiratsfähigen Alter und darum den Freundeskreis ständig erweiternd, die beiden *Julchen* der Familien schon durch den Zusatz *blond* oder *braun* unterschieden. So gereicht es Goethe wirklich nicht zur Schande, wenn es ihm, inmitten eines eigenen Freundeskreises und belastet von mancherlei Regierungsgeschäften, nicht gelang, den Vornamen *Henriette* richtig einzuordnen. Vermutlich hatte Gustchen ihn in ihrem letzten Brief nach Weimar ihm gegenüber zum ersten Male gebraucht. Im allgemeinen pflegte sie von *Schwester Bernstorff* oder nur *der Bernstorff* zu sprechen, wenn sie von Henriette erzählte.

Nicht nur für Augusta hatte das Zusammensein mit der Familie höchste Priorität: *Es war mir so wohl bei der Hoffnung, in Weimar mein Leben zuzubringen, und wenn nicht meine Geschwister mich zurückgehalten hätten, würde nichts in der Welt es haben thun können . . .* Ein gütiges Schicksal hatte Friedrich Leopold ein Amt beschert, das ihm, Eutins Gesandtem am dänischen Hofe, gestattete, so wie bisher im Hause des Schwagers zu wohnen. Auf diese Weise traf er in jedem Sommer, wenn auch nicht mit allen, dann doch mit einem Teil der Geschwister auf Bernstorff zusammen, wo Henriette so empfand wie er: *Mich deucht, wir gehören Alle so sehr zueinander, sind so ein Ganzes, daß man uns nicht trennen kann, ohne uns zu zerreißen . . .* Auch die Außenstehenden erfuhren von dem starken Familiensinn, der sie alle miteinander verband: *Wenn ich einen Freund habe . . .*, schrieb Friedrich Leopold aus der Schweiz, *so erzähle ich ihm gleich von Euch Schwestern und da wird mir so innig wohl . . . O Gott, wie oft täglich denk ich an mein Glück! Solche Eltern gehabt, solche Geschwister noch habend! . . .*

Von sieben Brüdern und Schwestern hatte Gustchen Abschied nehmen müssen, als sie 1770 nach Uetersen abreiste. Ihrer aller Lebensschicksale gingen seitdem weiter, das des seit einem Unfall gehbehinderten Schwesterchens Magdalena erfüllte sich früh: Sie war fünfzehn Jahre alt, als sie am 24. Juli 1773 in Altona starb. Katharina, die das langsam verlöschende Leben der Kranken bis zum letzten Atemzug behütete, erzählte den in Göttingen studierenden Brüdern damals: *Kurz vor ihrem Ende sagte sie einmal zu mir, als sie eben unausstehliche*

An meine Geschwister

Wir wollen unser Leben lang
Uns süssen Freuden weihen!
Der Wiese Duft, der Waldgesang
Soll immer uns erfreuen!
Uns grünen Saaten, Trift und Hain,
Uns rauschen Wasserfälle,
Uns malt des Himmels Wiederschein
Roth, weiß und blau die Quelle.

Aus Blumenkelchen lächelt uns
Der süsse Blick der Freude!
Wir sehen ihn, und freuen uns
Wie Lämmer auf der Weide!
Es danket unser frohe Blick
Dem Gott, der uns ins Leben
Gerufen, und so manches Glück
Aus Vaterhuld gegeben!

So wallen wir auf sanfter Bahn
Der Freude stets entgegen!
Uns lächelt mancher gute Mann
Und giebt uns seinen Segen!
Auch ist der Freunde Zahl nicht klein,
Die gern sich an uns schließen!
Wie selig ist's, ein Mensch zu seyn
Und Freundschaft zu genießen!

O daß wir alle Hand in Hand
Durchs Leben könnten gehen,
Und unser liebes Vaterland
Mit Thränen wiedersehen!
Und an dem Ziele noch zugleich
(So wolle Gott es lenken!)
Mit Ruhe, reifen Früchten gleich,
Das Haupt zur Erde senken!

Friedrich Leopold Graf zu Stolberg, 1774

Schmerzen hatte: *,Ich kann nicht mit dir reden, aber bleibe bei mir, daß wir uns ansehen, bald werden wirs nicht mehr können'*, und da lächelte sie wie ein Engel . . . Altona sollte für die Familie Stolberg nicht zur bleibenden Stätte werden, die Rückkehr nach Rungstedt war nur eine Frage der Zeit. Dankbar dafür, in der fremden Stadt keinen Grabplatz erwerben zu müssen, nahm Gräfin Christiane die Hilfe ihrer Schwester Amoene an: *Meine seelige Tochter ist nach Itzehoe in das Rantzauische Erbbegräbnis gekommen, und der älteste von ihren verstorbenen Brüdern steht auf ihrem Sarg . . .* Mutter Stolberg drückte sich etwas ungeschickt aus. Ihre Söhne aber, denen sie dies erzählte, werden gewußt haben, daß sie von dem winzigen Kindersarg ihres Söhnchens Carl Friedrich sprach, das im zarten Alter von neun Monaten, noch in Bramstedt, aus dem Leben geschieden war und gleichfalls im Erbbegräbnis der Verwandten – dieses blieb bis zum Ende des 19. Jahrhunderts bestehen – seine letzte Ruhe gefunden hatte.

Nachdem die Mutter im Dezember 1773 gestorben und, nach ihrem Wunsche, ohne Gepränge *mitten unter den Bauern* auf dem Friedhof zu Birkerö, unweit Hirschholms, beigesetzt war, mußten die beiden jüngsten Geschwister, Magnus und Julchen, Abschied von Rungstedt nehmen. Die damals dreizehn Jahre alte Julia erzählte später: *Der Rest des Winters verging mir traurig. Im Frühling zog Kätchen nach Vallø und ich mit ihr. Die Trennung von Magnus ward mir unaussprechlich schwer, ihm auch, er kam nach Altona zum Professor Ehlers . . . Zu* geregeltem Schulbesuch bei *Bon et cher* in Pension, mußte der Bruder aber nur wenige Monate ohne die Schwester sein. Madame Speth, Apothekersfrau aus Altona und Freundin der Familie Stolberg, nahm Julia *in die Kost,* die beiden Geschwister besuchten Ahlemanns Konfirmandenunterricht: *Mit Magnus an einem Orte zu sein, machte mich wie ihn sehr glücklich und wir sahen uns oft.*

Juliane von Witzleben
geb. Gräfin zu Stolberg-Stolberg
Zeichnung von Jens Juel

Julchen besaß weder eine hohe Mitgift noch einen Platz in einem der Stifte, doch auch bei ihr fügte sich alles zum besten: *Den 27. April wurde ich mit mehreren hundert Kindern in der Kirche confirmirt. Einige Tage nachher erfuhr ich, daß die Landgräfin in Schleswig eine Hofdame ernennen wolle, ich müsse dahin, da sie mich sehen und unter mehreren eine wählen wolle. Mein Bruder Magnus und ich waren sehr dagegen. Kenntnisse aller Art fehlten mir, ... ich schrieb meinen Geschwistern und bat, sie möchten abwehren, da kam aber die Antwort, sie habe mich gewählt, auch ohne mich zu sehen, es sei nicht abzuschlagen. Nun ward eilig ein Tanzmeister, ein französischer Sprachmeister usw. angenommen, der Schneider mußte mir Kleider machen, und sechs Wochen darauf war ich schon in Louisenlund. Mit Thränen riß ich mich von der Spethen, von meinem Magnus los ... Gustchen, die mich hinbringen wollte, reiste erst mit mir nach Loitmark ... Der Empfang der lieben Landgräfin und des Prinzen Carl von Hessen war unbeschreiblich, so dass ich gleich Herz zu ihnen fasste und mich bald dort heimisch fühlte. Die Nachsicht und Liebe, die sie mir fortwährend bewiesen, werde ich nie vergessen ...* Durch ihre Anstellung bei Hofe war es Julchen nur selten vergönnt, an den Bernstorffer Sommern teilzunehmen. Wann immer es ihnen möglich war, richteten darum die Geschwister ihre Reisen so ein, daß sie über Schleswig führten.

Als *Bon et cher* 1776 als Professor nach Kiel berufen wurde, ging Magnus mit ihm und bezog, sechzehn Jahre alt, die dortige Universität. Von nun an hatte Gustchen des öfteren das Vergnügen, den jungen Studenten bei sich im Kloster zu sehen, denn für einen geschickten Reiter schmolz die Strecke von Kiel nach Uetersen zu einem Nachmittagsausflug von wenigen Stunden Dauer zusam-

Kiel. Gestochen von M. Kurz um 1840

men – die es freilich abzuwarten galt: *Magnus ist nicht gekommen, ob er sich gleich angemeldet hat . . .,* klagte die ungeduldige Schwester am letzten Märztag des Jahres 1780 ihrem Bruder Christian, als die vom Kieler Studenten genannte Ankunftszeit verstrichen war und sich noch immer kein Hufschlag vernehmen ließ. Doch nicht nur Magnus' Ausbleiben bedrückte sie: *Heute habe ich eine große Freude gehabt, nemlich einen Brief vom alten Cramer . . . Er kommt heute nach Hamburg und bittet mich, dahin zu kommen. Und ich – armes Kind – muß es i h m abschlagen. Daß thut mir so leid . . .* Das Wiedersehen mit dem einstigen Kopenhagener Hofprediger und jetzigen Kieler Theologieprofessor Cramer, einem langjährigen Freund der Familie, kam nicht zustande, weil Augusta sich nach soeben überstandener Krankheit noch nicht zutraute, alleine auf Reisen zu gehen.

Nach einem weiteren Satz hielt sie in ihrem Briefe inne – hatte es nicht an die Türe gepocht? Sie setzte einen langen Gedankenstrich – viele Stunden später erst schrieb sie weiter: *Da trat Magnus herein, ist viel gewachsen, aber schlank und sehr froh, er ist von Kiel hergeritten, und bleibt bis Donnerstag, und nun ist beschlossen, daß ich mit ihm am Montag nach Hamburg gehe und Dienstag wiederkomme . . .* Seinem Schutze vertraute sie sich auch an, als sie im September dieses Jahres 1780 von Seeland nach Holstein zurückkehrte. Bruder und Schwester trennten sich auf der Breitenburg – daß Gustchen heuer wiederum zu spät in Uetersen ankam, war vorauszusehen!

Das folgende Weihnachtsfest fand alle Geschwister in tiefster Trauer. Julchen erzählt: *. . . Den andern Morgen ward mir die Trauerbotschaft, dass mein Liebstes auf Erden, mein Bruder Magnus, im Duell in Kiel gefallen sei. Mein Schmerz war zu gross, als dass ich ihn mit Worten schildern könnte . . .* Um die Beleidigung eines Freundes zu tilgen, hatte Magnus, von seinem hitzigen Temperament getrieben, am 14. Dezember 1780 spontan den Degen gezogen. Die Trauer um den Bruder verdunkelte Gustchens nächsten Brief an Boie: ... *wie ist mein Herz zerrißen worden – wie unerwartet der Schlag! wie groß der Verlust, wie schrecklich die Art! Doch ich bete Gott an, deßen Wege immer die besten sind und der ein Gott der Liebe ist, selbst da wo er uns verwundet. Der gute Magnus war von seiner Kindheit an mein kleiner Liebling, ich kannte ganz sein offenes, redliches treues Herz, hatte so ganz seine Liebe* ... (129). Auch Magnus Stolberg wird sein Grab in dem der Familie Rantzau zu Itzehoe gefunden haben. Als im Juli des folgenden Jahres Henriettes zwölftes Kind geboren wurde, gaben ihm seine Eltern den ihnen allen so vertrauten Namen: ... *bestes Boielchen* ... *Die Wöchnerin befindet sich trefflich, auch der Kleine. Sie wißen doch, daß er Magnus heißt? Gott wie der Name endears him to me. Ich sage Ihnen aber nicht, wie er mich oft rührt, auch kann ich ihn noch so nicht nennen* ... (135).

Sich zu duellieren war in Dänemark bei Todesstrafe verboten. Um neuem Leid zu wehren, legten die Stolbergs bei König Christian VII. für den Kontrahenten ihres Bruders Fürbitte ein. Johann Ludwig Eichstätt, Student aus Livland, wurde zu lebenslanger Festungshaft verurteilt und nach zwei Jahren begnadigt.

✳

In ganz besonderer Liebe war Gustchen ihrem ältesten Bruder zugetan, der im Familienkreis *Lebeus* genannt wurde – nach einem Jünger Jesu in Klopstocks *Messias: O Christel, wenn wir immer zusammen leben könnten! Wahrlich, unsre Seelen sind ganz füreinander geschaffen, davon bin ich immer mehr überzeugt* ... (61) Weil sich ihr Wunsch nicht verwirklichen ließ, war sie auf seine Briefe angewiesen: *Lebe wohl und schreibe mir bald und speise mich nicht immer so kurz ab – man kostet nicht gerne nur ein Gericht, welches man sehr liebt* ... (33) Nach diesem ihr so notwendigen Lebenselixier schaute Augusta Posttag um Posttag vergeblich aus, als Christian mit Mutter und Geschwistern im Herbst 1773 nach Seeland zurückgekehrt war.

Sein tadelnswertes Verhalten, das spürte der Bruder genau, konnte er nur durch ein auserlesenes und festlich zubereitetes *Gericht* wiedergutmachen, und eines Tages, spät im Jahr, ließ er es durch Frau Reese auftragen:

An meine Schwester
Augusta Luise

Beste, du klagst nicht; doch entschleicht, ich weiß es,
Mancher sehnende Seufzer deinem Busen,
Trübt dein blaues Aug' ein Schleier
Schweigender Wehmuth.

Dir, die so zärtlich meine Seele liebet,
Dir, ach zürne nicht! schwieg ich seit dem bangen
Abschiedskuße! Sage mir, bestes Mädchen,
Sage, wie konnt' ich?

276

Acht Monate nach dem *bangen Abschiedskuße*, im Frühsommer 1774, sah Gust-chen ihren Lieblingsbruder wieder. Friedrich Leopold hatte sie – es war das Jahr, als Claudius ihr sein Mai-Gedicht widmete – am 18. Mai nach Bernstorff abge-holt: *... mein guter Boie ... ich wollte nicht eher an Sie schreiben, bis ich die Freude gehabt hätte, alle meine Geschwister zu sehen, damit ich Ihnen alles auf einmal sagen könnte – recht viel will ich heute schwatzen ... kurz ehe mein Bruder kam, war die von Winthem mit ihrer kleinen Meta 8 Tage bey der Oberg und mir zu Besuch, das waren charmante 8 Tage ... Klopstock begleitete uns nach Lübeck ... unsre Reise war so glücklich als möglich, in 29 Stunden hatten wir die fatale See passirt ... wie groß aber war mein Schrecken, als ich hörte, daß mein ältester Bruder uns bis Lübeck entgegen gegangen wäre. Der Gedanke, daß wir ihn verfehlt hatten, und der daß wir ihn vielleicht izt in langer Zeit nicht sehen würden, machte mich sehr traurig. Er war aber wegen contrairen Winds nach Falster gegangen und kam mit der fahrenden Post zurück, er kam also den-selben Abend als ich aber leider so spät daß ich schon schlief – man hatte im Hauße verboten es mir zu sagen, weil ich den folgenden Morgen die angenehme surprise haben sollte. – Ich wache auf mit dem traurigen Gedanken daß er weg ist, gehe hin zu meinem jüngeren Bruder, stelle mich ... vor des ältesten Bette, seufze und denke an ihn – stellen Sie sich meinen Schrecken, meine surprise, und meine Freude vor, als sein Kopf auf einmal hervorkömt, ... und ich mich auf einmal in den Armen des Bruders sehe, den ich weit weg glaubte ...* (29)

Christian, der Älteste, hatte Gut Rungstedt geerbt. Nachdem er sich mit Luise von Gramm verlobt hatte, hielt auch er Ausschau nach einem Amt, denn der bescheidene Witwensitz der Mutter brachte wenig Ertrag. Als Goethe am 17. Juli 1777 nach Bernstorff schrieb, wußte er schon von der Hochzeit, die dort einen Monat zuvor, am 15. Juni, gefeiert worden war, fragte er Gustchen doch nach *Christels Frau*. Im Sommer dieses Jahres wurde Christian zum Amtmann von Tremsbüttel ernannt, einem kleinen Ort im Nordosten Hamburgs, etwa vier Wagenstunden von der Hansestadt entfernt. Fortan besaß der zahlreiche Familien- und Freundeskreis auch in Holstein einen Treffpunkt.

Kaum hatte das junge Paar im Spätherbst des Jahres 1777 sein neues Domizil bezogen, als sich Gustchen, die es mit so viel Umsicht eingerichtet hatte, mit Katharina zu Besuch einstellte. Sollte Klopstock bis dahin geglaubt haben, das kleine Landschloß zu Tremsbüttel sei ein beschaulicher Feriensitz, so wurde er jetzt eines besseren belehrt: *Mein Bruder trageselt den ganzen Tag*, befand Ka-tharina und führte ein andermal aus: *Der HErr Amtmann, sizt in Acten, und protocollen ... biß über die Ohren ... und ich muß selbst sagen, daß er sich dabey mit sehr großer Geduld verhält. Des Morgens und Vormittags hat er große war, und da entsteht oft ein gewaltiger Lerm, die HErren Bauern kriegen sich bey den Ohren, und des gestrengen HErrn Amtmanns Stimme, donnert sie wieder zum Frieden zusammen ...* Hier in Tremsbüttel lernte Augusta im November 1780 den anderen Gefährten der damals fünf Jahre zurückliegenden Schweiz-reise kennen: *Seit 4 Wochen bin ich hier, glücklich wie Sie dencken können, nichts hier stört unsre Ruhe, und unser Glück. Die Beyden Hauchwitze gefallen mir unendlich, er, der sanfte, fromme, frohe, liebe Mann, und Sie, das Weibchen, daß Gott selbst ihm zur Gehülfinn ausgesucht hat, wie's scheint ...* (125).

Auch als jeder von ihnen sein Amt angetreten hatte, blieben Gustchens Brüder, deren Schriften sich durch Gefühlslauterkeit und große sprachliche Sicherheit auszeichnen, den Musen treu. Von Boie herausgegeben, erschien im Jahre 1779 in Leipzig die erste Sammlung *Gedichte der Brüder Christian und Friedrich Leopold Grafen zu Stolberg*. Der jüngere der beiden war es, der als erster deutscher Dichter das Motiv des Meeres in die deutsche Literatur einführte, indem er

Friedrich Leopold Graf zu Stolberg-Stolberg

dieses gewaltige Naturschauspiel in seinen Gedichten *Badelied zu singen am Sunde*, *An das Meer* und *Die Meere* besang. Friedrich Leopold schrieb sie im Jahre 1777, das früheste sei hier wiedergegeben:

Badelied
zu singen am Sunde

Es lockten mich nimmer
Die milderen Schimmer
   Der Sonne so sehr!
Die Abendluft hauchet;
Auf, Jünglinge, tauchet
   Die Glieder in's Meer!

Hier, wo sich zwei Meere
Begegnen wie Heere,
   Stürz' ich mich hinab!
Mich Sterblichen grüßen
Die Nymphen; sie küssen
   Die Hitze mir ab!

Seht Titan, er sinket
In's Weltmeer, und winket
   Noch flammend uns her!
Schamröthend erhebet
Sich Luna, und bebet
   Auf östlichem Meer!

O rühmliche Wonne,
Mit Mond und mit Sonne
   zu baden im Meer!
Die wallenden Gluthen
Der purpurnen Fluthen
   So rund um uns her!

Friedrich Leopold, der sechs Fremdsprachen beherrschte, war auch der erste, der Homers *Ilias* in Hexametern übersetzte. Das Manuskript übereignete er seinem gänzlich unbemittelten Freunde Johann Heinrich Voß. Der Erlös des Stolbergschen Werkes ermöglichte es dem Beschenkten, seine Braut Ernestine Boie heimzuführen und einen Hausstand zu gründen.

∗

Für die hochintelligente und vitale Katharina, *ein treffliches Mädchen an Geist und Herzen*, wie Boie von ihr sagte, war Stift Vallø der denkbar ungeeignetste Ort. Der Umgang mit ihren Mitschwestern tat ihren intellektuellen Ansprüchen in keiner Weise Genüge. Sie schriftstellerte, Boie nahm ihr Erstlingswerk, den Roman *Rosalie*, in sein *Museum* auf. Ständig ohne einen eigenen Wirkungskreis, der ihre reichen Talente gefordert hätte, entwickelte sich Käthchen, wie sie im Familienkreis genannt wurde, zu einem unruhestiftenden Original. Königin-Witwe Sophie Magdalene selbst wird die zweitälteste Tochter ihres verstorbenen Hofmarschalls durch einen Platz in dem von ihr gegründeten Stift versorgt haben. Nachdem Katharina ihn im Mai 1774 bezogen hatte, entfloh sie ihm, wann immer es ihr möglich war. *Eine gewiße Art von Umgang, den wahren, interessanten, ... muß ich ganz entbehren ...,* klagte sie Klopstock: *... als ich erst her kam, sprach ich oft, ohne verstanden zu werden, izt bin ich klüger geworden und schweige; . . aber oft wird mir aus großen Löffeln, Langeweile vorgetischt, ich verschlucke sie ...* Während Gustchen vom klösterlichen Gemeinschaftsleben niemals auch nur ein einziges Wörtchen offenlegte, ließ Käthchen Freunde und Geschwister kräftig daran teilhaben: *Vallø, den 1. Januar 1777 Mein bester Friz ... Diesen Morgen ists hier sehr klösterlich zugegangen. Man ging in Prozession zur Prinzes* – ihrem Stift stand eine Äbtissin vor, die fürstlichen Geblütes war –, *um zum neuen Jahr zu gratuliren ... Drauf gings in die Kirche, die der Wünsche wegen, einmal so lange dauerte als sonst ...* Unlängst hatte sie sich wieder einmal unerlaubt vom Stift entfernt: *Ich bin hier ganz freundlich aufgenommen worden und habe nur einen sanften Verweiß für mein langes Ausbleiben gekriegt ...* Doch der Bruder sollte nicht denken, daß sie

Katharina Gräfin zu Stolberg-Stolberg
Silhouette aus dem Album der Friederike Brun

nun sorglos lebte – was man ihr seit einer Woche zu ertragen zumutete, war nahezu unglaublich und machte ihr Blut kochen: *... die ... Post ... blieb letzt ganz aus, ich hatte an Gustchen und noch einige andere Briefe geschrieben, da aber derselbe Mensch die Briefe wieder wegbringt, konnten sie nicht fortkommen, und sie liegen noch hier, ist das nicht abscheulich? Waß würdest Du eifern, wenn Du hier wärst, ich eifere nicht weniger, dawider, doch in der Stille, denn die Indolenz eines gnädigen Oberhaupts, und aller meiner Mitschwestern ärgert mich nicht wenig, aber was kann meine schwache Stimme dagegen, doch damit Du keine zu nachtheilige Idee von meinem Kloster bekommen mögest, so muß ich Dir noch sagen, daß wir uns bisweilen herrlich amusiren. Gestern zum*

Exempel ist blinde Kuh gespielt worden, und ich versichere Dir, daß recht viel gelacht worden ist und da es gottlob eines von den Spielen ist, darzu nicht Verstand, sondern nur Bonhomie gehört, so kann es hier recht gut gespielt werden . . .

Stift Vallø heute

Schloß Vallø auf Seeland, als Versorgungsstätte für unverheiratete Damen des Adels im Jahre 1738 von der Gemahlin König Christians VI. eingerichtet, steht auch noch jetzt unter der Protektion Ihrer Majestät der Königin von Dänemark. Die Ländereien der alten, von Anfang an sehr großzügig bemessenen Stiftung ermöglichen noch heute nicht nur das problemlose Bewohnen des Schlosses, sondern auch die Erhaltung seines kostbaren Inventares. Im Jahre 1893 teilweise niedergebrannt, wurde das Schloß im alten Stile wieder aufgebaut. Zehn Damen haben hier ihren Wohnsitz. Als bei den Nachforschungen über Gustchens Leben auch in Katharinas einstigem Domizil ein Besuch notwendig war, wurde er zum unvergeßlichen Erlebnis. Uetersens ‚Schwesterstift‘ blickte im Jahre 1988 auf ein 250jähriges Bestehen zurück.

Als Goethe am 17. Juli 1777 nach ihr fragte, stand Gustchens älteste Schwester Henriette im 31. Lebensjahr, hatte zehn Kinder geboren und sollte im November mit dem elften niederkommen. Gott gab und Gott nahm, einen Sohn und zwei Töchter hatten Bernstorffs bereits begraben müssen.

Die Gräfin Bernstorff würd' ich nach Deiner Beschreibung mehr lieben wie Luise Stolberg. Sie muß eine herrliche Seele sein. Und ihr Mann, und die Kinder – Boie, Du hast im Paradiese gelebt . . ., meinte Luise Mejer, als der Bräutigam ihr den Sommer des Jahres 1780 geschildert hatte.

Henriettes Leben wurde vom Staatsamt ihres Mannes bestimmt. Nur kurze Zeit hatte das jungverheiratete Paar im *Lindencronschen Palais*, dem Gebäude, in dem heute die Englische Botschaft untergebracht ist, einen eigenen Haushalt geführt. Um zu sparen, waren Andreas Peter und Henriette bereits ein Jahr nach der Hochzeit in das Haus des Oheims Johann Hartwig Ernst übergesiedelt, sehr

Andreas Peter Graf von Bernstorff
Gemälde von Jens Juel

Henriette Gräfin von Bernstorff
geb. Gräfin zu Stolberg-Stolberg
Gemälde von Jens Juel

bald war auch dessen Landsitz ihr gemeinsames Zuhause. Das ungetrübte Zusammenleben von alt und jung wirft ein helles Licht auf das sanfte, liebevolle
und ausgeglichene Wesen der ältesten Stolbergtochter, von Bruder Fritz voller
Poesie *die zarteste Himmelsblume der ganzen Familie* genannt. In frühester Jugend hatte Henriette ihr Herz an Andreas Peter gebunden und war schon im
Alter von vierzehn Jahren seine Braut. Ihrer beider Hochzeit am 3. Dezember
1762 fand am Kopenhagener Königshofe statt. Zu Beginn der glänzenden Zeremonie wurde die Fünfzehnjährige von Königin Sophie Magdalene, zu deren
Hofdamen sie gehört hatte, mit einer edelsteinbesetzten Krone geschmückt.
Friedrich V. von Dänemark war Brautführer, Hofprediger Johann Andreas Cramer vollzog die Trauung. Am ersten Jahrestag ihrer Hochzeit schrieb Graf
Andreas Peter nieder: *Unsere Ehe ist bisher eine Kette von Glück und Segen
gewesen. Uns haben zärtlichste Liebe und Achtung vereint ... Gott sei gelobt,
daß eine solche Verbindung möglich ist, und daß dieses Glück m i r geschenkt
wurde ...*

Als Henriette heiratete, war Julcher., ihre jüngste Schwester, noch ein Kleinkind. Im Alter von 21 Jahren konnte auch sie endlich einmal einen Sommer in
Bernstorff verleben: *... nun lernte ich eigentlich erst meine Schwester ... kennen; sie hatte ein sehr angenehmes Äussere, mit vieler Würde gepaart. Fremden
schien sie kalt, aber ihr Herz war voll Liebe und Einfalt, und sie war die glücklichste Ehefrau und Mutter. Mein Schwager Andreas Petrus war auch im täglichen Leben höchst interessant und liebenswürdig und ein ebenso grosser Land-*

281

mann als Gelehrter und Staatsmann ... Die Kinder waren holdselig, schön, klug und voller Leben ... Von dem glücklichen Familienleben, das die Bernstoffs führten, hörte König Christian VII. von Dänemark sicherlich nicht zum erstenmal, als er etliche Tage vor dem 28. August 1776 von den fünf ältesten Kindern seines Außenministers und Direktors der Deutschen Kanzlei folgende Briefchen erhielt:

Ihro Königliche Majestät geruhen es nicht ungnädig aufzunehmen, wenn ich unterthänigst bitte, daß unser lieber Papa den künftigen Mittwochen hierbleibe, weil es sein Geburtstag ist, und wir ihn gerne bey uns haben wollten. J. H. E. von Bernstorff.

Erlauben Ihro Königliche Majestät allergnädigst, daß unser lieber Papa am 28sten August hier bleiben möge, denn es ist sein Geburtstag, und ich habe ihn so lieb, weil er ein guter Papa ist. Ich wünsche Ihnen viel Glück und empfehle mich ganz unterthänigst A. G. J. von Bernstorff.

Ew. Majestät erlauben Sie, daß Papa Mittwochen hier bleibe, weil es denn sein Geburtstag ist, und denn wollte ich, daß Papa hier bliebe, weil ich ihn lieb habe; denn er ist ein guter Papa. Wenn Ew. Majestät es erlauben, so wollen wir Ihnen auch Nelken und Früchte schicken. Adieu Ew. Majestät. Christian Günther von Bernstorff.

Majestät wollen Sie erlauben, daß Papa den 28. August hier seyn dürfe, weil sein Geburtstag ist, und er so gut ist, und wir ihn lieb haben. Ich bitte um Verzeihung, Ew. Majestät, daß ich an Sie schreibe, da ich ein so kleines Ding bin; aber ich wünschte so sehr, meinen Papa an seinem Geburtstage zu sehen. Ew. Majestät, ich wünsche Ihnen viel Glück. Adieu! Lottchen Bernstorff.

Ew. Königliche Majestät, ich bitte Sie, daß Papa den 28. August hier bleiben dürfe, weil es sein Geburtstag ist, und Mama möchte es auch so gern. Adieu Ew. Majestät. Joachim Bernstorff.

Hans, Andreas, Christian Günther, Lottchen und Joachim, *holdselig, klug und voller Leben*, zählten damals neun, acht, sieben, sechs und fünf Jahre. Mit den Worten ... *ihre little Babes sind alle very Angels ...* (30), hatte Gustchen ihrem Freunde Boie diese Kinder im Jahre 1774 vorgestellt. Die kleinen Bernstorffs und Tante Augusta hingen einander in zärtlicher Liebe an, Fritzchen wurde für ein Jahr zu ihrem Pflegekind. Mit dem Dreijährigen zusammen im Mai 1776 von Uetersen nach Dänemark unterwegs, gab sie den ihren Liebling erwartenden Eltern von jeder Station Bericht: *Breitenburg, 27. 5. ... Frizchen ist wohl und lustig, hat hier gewaselt und getobt ... Eckernförde. Dienstag Abend 8 Uhr ... Friz hat waß rechtes heute im Wagen getobt, er war so ausgelassen, und plauderte in eins weg – bey jedem Hauß fragte er ‚ist das Papa und Mama sein Hauß?' Einmals sagte er ‚Papa und Mama werden sich freuen, wenn Friz kommt'* ... Viele Stunden des Tages auf engstem Raum mit einem höchst munteren Kleinkind verbringend, war das soeben erst von schwerer Krankheit genesene Gustchen einer nicht geringen Belastung ausgesetzt. Aber gedachte sie des glücklichen Augenblicks, der ihr in Bernstorff bevorstand, waren alle Mühen vergessen: *... o es ist ein allerliebster Junge, wie unaussprechlich freue ich mich auch dazu, ihn seinen Eltern wieder zu übergeben ...* (70).

Auf diese Freude fiel ein jäher Rauhreif: *Loitmark, 1. Juni 1776 ... o Lieber Klopstock ... Liebsten Freunde waß sagt ihr zu unser aller Schmerz? o meine arme Schwester! ... iezt muß ich den Augenblick fürchten, meine Schwester zu sehen, auf den sich meine ganze Seele freute ...* In Loitmark erfuhr Gustchen davon, daß Bernstorffs am Sonnabend vor Pfingsten, eben an dem Tage, an dem sie mit Fritzchen zur großen Reise aufgebrochen war, ihr jüngstes Kind begraben hatten. Das eineinhalbjährige Milchen war am *Kinderhusten* gestorben. Doch damit nicht genug! Just zur gleichen Zeit, als Gustchen diese Trauerbotschaft vernahm, hatte sich das Befinden ihres quicklebendigen Reisegefährten ins Gegenteil verkehrt: *... nun noch eins .. waß ich euch ihr Lieben klagen muß – der kleine Friz ist seit vorgestern gar nicht wohl und hat mir tausend Sorgen gemacht, er ist fieberhaft, hat einen fatalen Husten, und ist so matt daß er immer liegt, und fast immer schläft – seit heute Nachmittag ist er aber merklich beßer ... wir wollen ihm ein Lager in der Chaise machen, daß er da wie im Bett liegt ...* (72). Aber als Gustchen und Friedrich Leopold am 6. Juni 1776 in Bernstorff ankamen, durften sie Henriette und Andreas Peter ein gesundes Kind in die Arme legen.

*

Nachdem die Familie Bernstorff Struensees wegen im Spätherbst 1770 Dänemark hatte verlassen und sich nach Dreilützow zurückziehen müssen, war ihnen allen das Leben auf dem Lande sehr lieb geworden. Dennoch versagte sich Andreas Peter damals nicht dem Rufe seines Königs, der ihn im Dezember 1772 erneut in die politische Verantwortung führte, und kehrte nach Seeland zurück.

Von den sechs Geschwistern seiner Frau fehlte nur Christian, als sich die Stolbergs im Sommer 1780 auf Bernstorff trafen. Nach für sie alle unvergeßlichen Ferienwochen – auch Boie erlebte sie mit –, die sich in dieser Runde dort niemals mehr wiederholen sollten, schlüpfte Andreas Peter bald darauf wieder in die Rolle des feldbestellenden Landmanns: Politische Intrigen hatten ihn abermals zu Fall gebracht.

So sehr Gustchen das Land Dänemark bedauerte – den Vorteil, den die ganze Familie aus des Schwagers Rückzug ins Privatleben und aus seiner Übersiedlung nach Dreilützow zog, übersah sie nicht: *Lieber Boie ... ich überlaße mich den süßen Vorstellungen, daß iezt unsre schönen Träume von beysammen leben auf'm Lande, zur wachenden Gewißheit geworden sind, ich, lieber Boie gewinne unendlich dabei, kann viel öfter im Familien Circel seyn, und ohne mich von den andern, die ich liebe, so weit zu entfernen. Und wieviel glücklicher und ruhiger wird unser Beysammenseyn seyn! Der gute Bernstorff wird die Früchte seiner Bemühungen einernten, jede Wonne eines guten Gewißens, Vater Pflichten, und Vater Freuden, Ruhe, Land-Genuß, und Freyheit warten sein! Für die er alle ein Herz, daß dazu gestimmt ist, hat, und welches er alles aufopferte! ...* (125). Doch vier Jahre später wurde der Staatsmann in seine Ämter zurückberufen.

*

Graf und Gräfin Bernstorff und ihre fünf Söhne Hans, Andreas – genannt Drees –, Christian, Joachim und Fritz. Nachdem er die Familie kennengelernt hatte, schrieb Boie seiner Braut Luise Mejer: *Schöner und besser erzogene Kinder als die fünf Söhne hab ich in meinem Leben nicht gesehen.* Warum silhouettierte Friedrich Bernhard von Wickede am 25. Feburar 1781 nicht auch die Bernstorffschen Töchter? Luise und Emilie, vier und fünf Jahre alt, hätten wohl schwerlich stillegehalten; Lottchen, die Älteste, weilte zu jener Zeit in Tremsbüttel.

Denken die Kinderchens auch an Tante Gustchen? . . . (66), lautete eine der vielen Fragen, mit denen sich die Conventualin Stolberg im April 1776 des bevorstehenden Sommerglücks vergewisserte. Das hier angesprochene, von ihr so geliebte *Gewimmel* hatte alle Ursache, nicht nur an Tante Gustchen zu denken, sondern sich auch, in jedem Jahr wieder neu, auf ihr Kommen zu freuen. Denn solche Vergnügen standen den *Kinderchen* dann bevor: *Gestern um neun Uhr kamen Gustchen und Katrinchen mit zweien von den kleinen Bernstorffen, um mit uns zu frühstücken,* erzählte Boie seiner Braut Luise Mejer. *Wir fuhren nach dem Thiergarten . . . Bei einer schönen Quelle unter hohen Bäumen frühstückten wir. Nachher gingen wir spazieren. Ich sah eine sonderbar gewachsene Buche und sagte im Scherz, daß wir alle hinaufsteigen und uns da Märchen erzählen müßten. Daraus ward Ernst. Wir saßen bald alle acht im Baume. Katrinchen war so hoch geklettert, daß sie hernach nicht wieder hinunter konnte. Das gab einen neuen Spaß . . .*
Die Damenmode der damaligen Zeit diktierte weite und knöchellange Röcke, die mit üppiger *Besetzung* von Schleifen, Rüschen und Spitzen verziert waren. Die Tanten Katharina und Augusta, die hier, also angetan, mit Neffen und Freunden eine *sonderbar gewachsene Buche* erklommen, hatten Jean Jacques Rousseaus Bücher nicht nur gelesen, sondern seine freiheitlichen Ideen und den Ruf *Zurück zur Natur!* begeistert aufgenommen. Kehrten sie, widerwillig die eine, glücklich und zufrieden die andere, nach vielen Wochen auf Bernstorff wieder in ihre Klöster zurück, dann hatten sie sich dort in ein Gemeinschaftsleben einzufügen, das sich von dem, wie sie es allsommerlich im *Schoose* ihrer Familie zubrachten, sehr, sehr unterschied.

Die Klosterordnung

Tradition bedeutet nicht, die Asche vergangener Zeiten zu hüten, sondern eine brennende Flamme am Leben zu halten. In dieser Erkenntnis hatten die holsteinischen Klöster nicht wenige Riten und Bräuche aus altkirchlicher Zeit, soweit sie der evangelischen Lehre nicht entgegenstanden, über die Reformation hinaus beibehalten, die Singstunden gehörten dazu. In diesen Gottesdiensten, die die Wohlfahrt des Landes erflehten und in Gebet, Hymnus, lutherischem Choral und Psalmodie dem Lobpeis Gottes dienten und dabei den Segen für den Menschen in sich trugen, lebten die *Horas*, die Stundengebete des vorreformatorischen Klosters, fort.

Die Theologen der ‚Aufklärung‘, bei denen die Vernunft über Glauben und Frömmigkeit triumphierte, schlugen dem geistlichen Leben Wunden, deren Narben bis heute spürbar sind. Sie gewannen im letzten Drittel des 18. Jahrhunderts im ganzen Lande an Einfluß und gingen alsbald daran, die Klöster zu reformieren, die, wie sie meinten, in manchen religiösen Bräuchen noch immer dem *Pabsttum* huldigten. Die Singstunden waren für die *kurzsichtigen Vernünftler*, wie Friedrich Leopold Stolberg jene Theologen nannte, völlig nutzlose Zusammenkünfte, denn sie ermangelten gänzlich der Pflege des Verstandes. In einer der Verordnungen zur Klosterreform wurden sie durch eine vormittags von 10—11 Uhr abzuhaltende *Betstunde* ersetzt, in welcher der Organist den Gesang führen und der Klosterprediger aus einem der neuen Predigt- oder Andachtsbücher vorlesen sollte. *Schade, daß diese Predigten nicht christlich sind*, ließ sich der Stolberg-Freund und Pfarrer Johann Martin Miller aus Ulm vernehmen, als er eines dieser damals die Buchläden überschwemmenden Erzeugnisse des Rationalismus betrachtete. *Man fängt jetzt an, sich des Christentums zu schämen. Wahrlich, unsere Enkel werden rechte Leute werden, lauter Menschenfreunde, Philosophen usw....*

Jahrhundertelang hatte der Frauenkonvent seine internen Gottesdienste in eigener Verantwortung gehalten, das Hinzuziehen von Pastor und Organist kam einer Bevormundung gleich. Das Kloster Uetersen wehrte sich: *Über die Abwartung der Chorstunden ist niemalen von der einen oder anderen aus unserer Mitte Klage geführt...* Für Pastor und Organist würde die *Betstunde* den Vormittag zerstückeln, und beide protestierten, vom Kloster kräftig unterstützt: *Unsere Prediger sind mit Amtsgeschäften zu sehr überhäuft, als daß wir es ihnen zumuten könnten, unsere Betstunden anzunehmen...* Organist Heydorn war ratlos, denn er war doch auch Lehrer der Lateinschule. Er sah seine Klasse *bald von Kindern leer, dagegen des Rectorius seine... übervoll werden... Wenn ich aber von 10 bis 11 Uhr des Morgens die Orgel rühren soll, so wird... meine Schule, ob sie gleich die älteste Stiftsschule ist, bald aufhören...*

Alle Eingaben, Kompromißvorschläge und Beschwerden blieben indessen erfolglos, die *Betstunde* wurde eingeführt, und ab Michaelis des Jahres 1778 bedurfte die klösterliche Gemeinschaft niemals mehr des Sangfräuleins.

Doch vor einseitiger Betrachtungsweise sollte man sich hüten. Mit der neuen Verordnung, die sowohl Pastor als Organist in die tägliche Zusammenkunft auf der Chorempore der Kirche einband, begegnete die Regierung der gelockerten Klosterdisziplin. Die Conventualinnen waren schließlich auch nur Menschen, und es war ein offenes Geheimnis, daß die Singstunden, namentlich an den Sommernachmittagen, an Regelmäßigkeit zu wünschen übrig ließen. Wenn Gustchen verreist war, Metta von Oberg und Elisabeth von Brocktorff kränkelten, Gräfin von Dernath, wie noch zu hören sein wird, die Klosterordnung auf den Kopf stellte, etliche andere Damen entweder, wie Gustchen, beurlaubt oder zu einem Tagesbesuch in die Umgebung ausgefahren waren und ein weiteres Fräulein unentschuldigt fehlte, dann trafen Frau Priörin mit einer einzigen Conventualin auf der Empore nur zusammen, um wieder auseinanderzugehen. Eine Singstunde in der hergebrachten Form ließ sich dann nicht durchführen – wohl aber eine Andacht, in der die Orgel *gerührt* und ein Kapitel *aus der Tübingischen Bibel mit Auslegungen* und ein Abschnitt aus einem *geistreichen Tage-Buch* verlesen wurde, wie es die neue Ordnung vorsah.

Nun war es keinesfalls so, daß sich die Klöster gegen jegliche Neuerung sperrten: Eine Reform der beinahe einhundertfünfzig Jahre alten Klosterordnung sehnten sie längst herbei! Mit deren in Schweinsleder eingebundenem altertümlich formulierten Paragraphenschwulst von Amts wegen immer wieder konfrontiert, hatte sich ein Probst des 18. Jahrhunderts zu eigenem Gebrauch eine Kurzfassung der langatmigen Gesetzestexte erstellt. Den von der Klosterordnung geforderten Lebenswandel einer Conventualin brachte er wie folgt zu Papier: *Sollen der Priörin schwören. – Ohne Pracht leben. – Vor des Landes Wohlfahrt beten. – Die Horas fleißig abwarten. – Wohl sich beym Gottesdienst verhalten. – Urlaub bitten, wenn sie verreißen. – Der neuen Moden enthalten. – Des Nachts im Kloster bleiben. – Alles Gezänkes sich enthalten. – Anzeigen, wenn eine andre delinquiret. – Sich in Justitz-Sachen nicht einmischen. – Den Probst nicht absetzen. – Priörin respectiren. –*

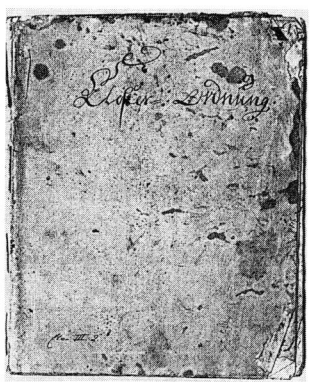

Ein für den praktischen Gebrauch im Uetersener Kloster abgeschriebenes Exemplar der Klosterordnung von 1636 im Format ca. 18×23 cm. Das gedruckte Original war nicht nur unhandlich, sondern auch teuer.

Ob langatmig oder in Kurzfassung – die alte Klosterordnung Christians IV. von 1636 hatte sich überlebt. Trotzdem aber war sie noch gültig. Unter solchen Umständen ihres Amtes walten zu müssen und *über gute disciplin und Erbarkeit ... zu halten,* waren die Vorsteherinnen wahrhaftig nicht zu beneiden! Ihnen oblag die Verantwortung, daß die Klöster im Sommer des Abends um neun und im Winter um acht Uhr *verriegelt und zugemacht* und am Morgen *zu rechter Zeit wieder eröffnet* wurden. Doch hatten sie dabei Sorge zu tragen, daß *keiner von Adel, ... auch ... von anderen Personen niemand ... nach angezogenem Glockenschlag darinnen gelassen werden.* Lediglich die Krankheit einer Conventualin ließ für die Angehörigen eine Ausnahme von dieser Regel zu. Um der Ausrede vorzubeugen, man habe die Gesetze nicht gekannt, wurde die gesamte Klosterordnung ... *alle Jahr in dem dritten Feyertag der heiligen Ostern in öffentlicher Versammlung des Klosters* verlesen.

Die Praxis hatte längst den goldenen Mittelweg gefunden, denn wie hätte Gustchen ansonsten ihren zahlreichen Besuch beherbergen können, ohne in eine Skandalakte einzugehen? Bis zum Februar des Jahres 1771 war kein Monat vergangen, in dem Schwester Henriette nicht nach Uetersen kam, und sämtliche Geschwister sowie manche der auswärtigen Freunde dehnten ihre Visiten über mehrere Tage aus, indem sie, sowohl *von Adel* als *von anderen Personen ... nach angezogenem Glockenschlag* in ihrem Hause logierten. Dennoch, auch bei sehr großzügig ausgelegten Paragraphen blieben der Stolpersteine genug, um eine Conventualin zu Fall zu bringen. Aber Gustchen, *Stolbergs Schwester* (56) und Schwägerin des Mannes, der an der Spitze der Regierung stand, belastete den Namen ihrer Familie mit keinerlei rügenswerten Vorkommnissen; dehnte sie ihren Sommerurlaub bis über Michaelis aus, verlor der Klosterschreiber darüber weiter keine Worte, denn sie büßte dieses Delikt ja, wie man gesehen hat, am eigenen Geldbeutel ab.

Wer nach zweihundert Jahren ihre Briefe an Geschwister und Freunde zur Hand nimmt, in der Hoffnung, er erführe darin etwas vom Klosterleben ihrer Zeit, wird gewahr, wie sehr sie sich sogar der ungeschriebenen Regel jeglichen Gemeinschaftslebens unterwarf, die da gebot, Kloster-Interna nicht nach außen dringen zu lassen. Sogar den Brüdern gegenüber übte sie Verschwiegenheit und ließ es bei Andeutungen bewenden, wenn ihr nach außen so geruhsam erscheinendes Leben seine Störungen erfuhr: ... *Hier mein Bester ... schickt dir die Oberg ... den versprochenen Beutel. Sie ... würde schreiben, wenn uns nicht unangenehme Besuche bevorstünden ...* (21). Daß Wahlen und Gerichtssitzungen sowie die Themen und Abstimmungsergebnisse der Convente nicht in ihre Briefe eingingen, mag selbstverständlich erscheinen, denn wen sollte dies interessieren? Gustchen plauderte aber selbst dann nicht, wenn ihre Klostergemeinschaft von Ereignissen erschüttert wurde, die, ob tragisch oder amüsant, nichtig oder folgenreich, sehr wohl geeignet gewesen wären, Außenstehende aufs trefflichste zu unterhalten.

Nicht, um den versäumten Klatsch von damals nachzuholen, sondern um das gänzlich falsche Bild vom Kloster als einem Hort unauffällig dahinlebender, tugendreicher und fügsamer Jungfrauen zurechtzurücken, soll jetzt ein wenig aus dem Schatz der Uetersener Klosterskandälchen erzählt werden, die Gustchens

Leben aus nächster Nähe begleiteten. Nicht jede ihrer Mitschwestern verstand es, sich so wie sie in das verordnete Dasein zu schicken und vorhandene Schlupflöcher zu nutzen.

Der *Sturm und Drang*, der Brüder und Freunde in der verwegenen Tracht, die der Autor Goethe seinem Werther angemessen hatte, auf Reisen gehen ließ, machte vor Uetersens Klosterpforte nicht halt. Er prallte mit der antiquierten Klosterordnung zusammen, als die zwanzigjährige Comtesse Sophie Magdalena, Tochter des Vizekanzlers und Landrates Gerhard Graf von Dernath, Herrn auf Hasselburg, Kniphagen und Wahrendorf, nach Uetersen kam. In der Vorstellung, wie sie ihr Leben einzurichten gedachte, war sie ihrem Zeitalter um rund zweihundert Jahre voraus.

Schloß Hasselburg in Ostholstein heute

Anders als ihre sehr viel ältere Schwester Christina Charlotta, die, von ihrem Großvater Friedrich von Bassewitz am 27. Januar 1735 eingeschrieben und sodann im Mai des Jahres 1761 auch eingekleidet, niemals nach Uetersen gekommen war, bezog Sophie Magdalena, der häuslichen Enge ihrer verwitweten Mutter überdrüssig, das Kloster mit dem Tage der Einkleidung, die am 14. September 1767 stattfand. Sie hatte den Platz nach Gustchen inne.

Ihre erste Wohnung im Flecken vertauschte sie, wie bereits im Kapitel über Gustchens Wohnung kurz erwähnt, mit einer der Bruchbuden am Partic, wobei sie mit sehr viel eignem Geld nicht nur höchst erfolgreich ,Denkmalschutz' betrieb, sondern ihr Haus auch mit allerlei Anbauten versah, die ihren landwirtschaftlichen Bemühungen galten. Sie hielt sich nicht nur Kühe, sondern für kurze Zeit, als einzige aller Conventualinnen, ein Pferd. Ihre Wohnungsnachbarin, die dreißig Jahre ältere Ulrica von Dewitz, war von diesen An- und Umbaumaßnahmen allerdings überhaupt nicht angetan. Nicht nur, daß das Tageslicht jetzt spärlicher in ihre Stuben fiel, nein, weit schlimmer war die Tatsache, daß die platzversperrenden Gebäude der Comtesse Dernath im Ernstfall die freie Durchfahrt der Feuerspritze behindern würden. Die so viel jüngere, unerfahrene Mitschwester hatte dies bestimmt nicht bedacht – weshalb Ulrica zu Papier und Feder griff und ihre Nachbarin, die *Hochgebohrne Höchstgeehrteste Comtesse, Hochwohlwürdige Coventualien* mit wohlgesetzten Worten zu bewegen suchte, den alten Zustand wieder herzustellen.

Hatte Fräulein von Dewitz geglaubt, mit einer solch formvollendet gedrechselten Anrede den Boden zu bereiten für eine günstige Aufnahme ihrer sodann vorgebrachten Anliegen, dann irrte sie sich sehr. Kaum hatte die junge Comtesse ihren Brief erhalten und gelesen, tauchte sie die Feder ins Tintenfaß und spottete: *Können wir Deutschen nicht mehr weitläufige Titulaturen machen, damit im Schreiben die Zeit vergeht und die Bogen voll werden? Jedoch, wenn es seyn soll, kann ich alles dieses mitmachen.* In den von ihr gewählten Formeln der Anrede gelang es ihr, die Mitconventualin noch um etliches zu übertreffen, und alsdann wies sie sämtliche Einsprüche der Nachbarin als völlig unbegründet zurück.

Gräfin Dernaths Haus war alsbald so gemütlich, daß ihre Freundin Winterfeld, Conventualin zu Schleswig, bei ihr einzog. Klösterübergreifende Freundschaften aber sah die Klosterordnung nicht vor, Fräulein von Winterfeld wurde barsch zurückbefohlen. Da ließ Gräfin von Dernath ihre Koffer packen und reiste ebenfalls an die Schlei. Die beiden mochten nicht mehr voneinander lassen und dehnten, wie die Leitung beider Klöster behauptete, ihre gegenseitigen unerlaubten Besuche – die eine in Uetersen, die andre in Schleswig das Spielchen weitertreibend – über Wochen und Monate aus, und Ihro Hochwürden registrierten: *Sie haben sich geschlagen und gleich darauf wieder innig liebkost.* Allen Aufstandes ungeachtet, beherbergten die Freundinnen in der Uetersener Klosterwohnung einen *Chirurgus aus Heist.* Die Sündhaftigkeit ihres Betragens bestand aber merkwürdigerweise nicht darin, daß die beiden Damen einen Mann bei sich aufnahmen, mit dem sie sich zu nachtschlafender Zeit lauthals rauften, sondern für die Priörin war es ein Delikt, daß dieser Mann – nach ihrer Meinung – ein Quacksalber war. Das Trio wurde alsbald sozialpädagogisch tätig, indem es sich elternloser Kinder erbarmte. Diesen armen Würmern erging es, laut Aussage der Wand an Wand wohnenden Mitschwestern, die des nächtlichen Geschreis und Gelärmes längst müde waren, hier schlechter als in allen vorherigen Pflegestellen, weshalb die *Polizey* die Kinder wieder abholte und ihnen einen anderen Aufenthalt im Flecken zuwies. ,Ihrer' Kinder beraubt, begab sich die Conventualin dorthin und machte bei offener Haustür eine Szene. Halb Uetersen lief zusammen und weidete sich daran, wie sich die Gräfin ... *aufs Bette warf vor lauter Wuth.*

Als nach solcherlei *ungeziemenden Aufzügen* der Chirurgus gestorben war, bekam es das Kloster mit seiner Witwe zu tun, die Entschädigungsansprüche stellte. Comtesse Sophie Magdalena begab sich derweilen, mit und ohne Freundin, *zehnmal auf kostbahre Reisen nach Dänemark,* und die Klöster schickten sich gegenseitig Suchmeldungen zu. Die verzweifelte Mutter, die ihre Tochter im Kloster sicher verwahrt gehofft hatte, wandte sich hilfeflehend an Ihro Hochwürden, die *nach dieses Landes Gesetzen die Macht habe, solches ungebührliches Betragen Ziel und Maßen zu setzen.*

Die Drohung des Klosters, bei Fortdauer dieser Lebensführung sämtliche Einnahmen nicht nur zu kürzen, sondern gänzlich zu sperren, erreichte bei Comtesse Dernath das Gegenteil. Um zu zeigen, wie sie auch ohne diese Revenuen ihr Leben zu fristen fähig war, kaufte sie sich einen *kostbahren Bauerhof* für 12 000 Mark Lübsch. *Kostbahr* war der Besitz deswegen, weil sie das Gebäude für noch mehr Geld restaurieren ließ. Sie arrondierte ihr Vermögen mit zwei Häusern in Barmstedt, und beide Freundinnen zogen aus ihren Klöstern aus. Der *Bauerhof*, in Kistorf gelegen, bedurfte jedoch eines Verwalters, sollte er Geld abwerfen, denn allzuviel verstand die Comtesse nicht von der Landwirtschaft. Der in Uetersen gedingte Hinrich Hupfeld bedachte sich klug, als er in seinen Kontrakt nicht nur eine Probezeit einbaute: Sollte ihm sein Dienst bei der wunderlichen Conventualin nicht zusagen, dann war die Dame verpflichtet, sämtliche Kosten der Rückreise einschließlich des Transportes seiner Siebensachen zu tragen.

Wie zu erwarten, strebte Hupfeld nach kurzer Zeit in seine Heimat zurück. Gar nicht erbaut davon, in Erfüllung des Kontraktes einen Tag lang ihrer Pferde beraubt zu sein, schickte die Comtesse den Herrn Verwalter in einer mondlosen Nacht auf die Heimfahrt. So konnte es dazu kommen, daß, unbemerkt von Kutscher und Passagier, der Koffer vom Wagen purzelte. Eine Suchaktion am nächsten Tage blieb erfolglos. Selbstverständlich forderte der Mann Schadenersatz. Daß dieses sein Hab und Gut den Wert von 24 Reichstalern gehabt haben sollte, nahm Gräfin Sophie Magdalena nicht widerspruchslos hin. So war denn Hinrich Hupfeld gezwungen, die Entschädigung für seinen Kofferverlust umständlich einzuklagen.

Der Geldbeutel der jungen Comtesse war ihren Eskapaden nicht lange gewachsen. Mehrmals reiste ihr Bruder, Friedrich Otto Graf von Dernath, von Hasselburg an, um Ruf und Kreditfähigkeit seines Hauses zu retten; der *Bauerhof* in Kistorf war bald sein Eigentum.

Auf Bitten der in Lübeck wohnenden Mutter griff das Kloster endlich hart durch. Am 7. Februar des Jahres 1774 verfaßten Ihro Hochwürden einen Brief, in dem die Abtrünnige aufgefordert wurde, sich *binnen drey mahl 24 Stunden* in ihrem klösterlichen Partic-Haus einzufinden.

Völlig unbeeindruckt von den gestrengen Worten ihrer Priörin Catharina von Reventlow, deren Brief ihr, mit beinahe noch feuchtem Streusand, von einem Kurier überbracht wurde, setzte sich die Comtesse am folgenden Tag an ihren Schreibtisch und zahlte das ihr gestellte Ultimatum in großzügiger Münze zurück: *binnen n e u n m a l vierundzwanzig Stunden* wünschte sie in ihrem Barmstedter Domizil den gesamten Briefwechsel zur Einsicht zu erhalten, den die Verwandten, also Mutter und Bruder, ihretwegen mit dem Kloster geführt hatten. Im übrigen zeigte sie sich höchst befremdet darüber, daß eine Mutter dem Stift Vorschriften machen durfte!

Darüber empört, daß man aus ihrer ständigen Abwesenheit die Konsequenzen gezogen hatte und ihre Einnahmen kürzte und daß man alle diesbezüglichen Einsprüche unberücksichtigt ließ, beschwerte sich die Conventualin kurze Zeit später des ihr angetanen himmelschreienden Unrechtes wegen – schließlich erhielt ihre Mitschwester Anna Susanna von der Osten bis zu ihrem Tode trotz andauernder Abwesenheit volle Bezüge – bei König Christian VII., dem obersten Schutzherrn aller unverstandenen und leidgeprüften Klosterdamen.

Im Unterschied zu ihrem Probst und ihrer Priörin, die stets des Schreibers bedurften, wenn sie ihre Korrespondenz erledigten, faßte sie ihren Brief eigenhändig ab.

Dieser ging den Dienstweg und landete darum auf dem Schreibtisch von Gustchens Schwager, Direktor der Deutschen Kanzlei. Nachdem Graf Bernstorff beide Seiten gehört hatte, entschied er – gegen die aufsässige Conventualin. Es blieb ihm gar nichts anderes übrig, denn welch verheerende Folgen waren für die Klöster zu befürchten, wenn dieses Beispiel Schule machte! Doch zeigte ihm der Vorgang unmißverständlich an, daß die Götterdämmerung der alten Klosterordnung längst angebrochen war.

Graf Bernstorff teilte der Comtesse aus Hasselburg – ihr Bruder sollte dreizehn Jahre später der Schwiegervater seiner Tochter Charlotte werden – mit, daß sie sich den noch gültigen Regeln aus dem Jahre 1636 zu unterwerfen habe. Weil sie ihre Finanzen völlig zerrüttet hatte, bestimmte er ihr einen *Curator*, der ihre Gelder sowohl einnehmen als verwalten sollte. Gustchens *oncle* jedoch, Reichsgraf Friedrich Rantzau von der Breitenburg, den er dafür ausersah, sagte wegen Ämterhäufung ab. Somit fiel diese undankbare Aufgabe dem Uetersener Klosterprobsten Henning von Qualen zu, dem der § 3 der zu reformierenden Ordnung ohnehin derlei Tätigkeiten vorschrieb: *Die Closter Jungfrawen lieben, bescheidentlich tractieren, vertreten . . .*

Über die ihr zuteil gewordene Maßregelung empört, trug Sophie Magdalena Gräfin von Dernath noch einmal das Ihre zum *Jahrhundert des Briefes* bei, indem sie, in fabelhafter Handschrift und tadellosem Deutsch, ihrer Priörin vorwarf, sie zu Unrecht bei Bernstorff *verklaget* zu haben. Sie wies sämtliche Anschuldigungen als frei erfunden zurück, denn niemals habe sie sich ohne Erlaubnis aus dem Stift entfernt. Sie begehrte von Hochwürden zu wissen, ob sie in Zukunft auch Bescheid geben müsse, *wenn ich nach dem Garten gehe oder von einem Zimmer ins andere?*

Erst zu Michaelis 1781 wurde die Comtesse vom Curator befreit und durfte ihre Gelder wieder selbst in Empfang nehmen. Ihre Mutter hatte Frau Priörin mit zu Herzen gehenden Worten gebeten, der Tochter, die im Jahre 1780 noch einmal ausgebrochen war, alles zu verzeihen und der reumütig Heimgekehrten die Möglichkeit zu einem Neuanfang zu geben.

Am 23. Juni 1797 setzte Gräfin Sophie Magdalena ihre Unterschrift zum letzten Male ins klösterliche *Quitungs-Buch*. Indem sie jetzt, im Alter von fünfzig Jahren, das Kloster verließ, fiel sie nicht etwa in den Sturm und Drang ihrer Jugendzeit zurück – nein: Als Gemahlin des Freiherrn von Dillenburg war sie nun wirklich und endlich eine Frei-Frau!

✻

Aufruhr und Eskapaden ihrer Mitschwester Dernath können Gustchen nicht verborgen geblieben sein. Dennoch tat sie dieser Vorkommnisse in ihren Briefen niemals auch nur mit einem Sterbenswörtchen Erwähnung.

Weilte sie in den Sommermonaten auf Bernstorff, dann mag es vorgekommen sein, daß ihr Schwager die Gelegenheit nutzte, um die Meinung einer Betroffenen zu hören. Die Reform der Klosterordnung war längst überfällig, und im Namen König Christians VII. rückte er diesem Problem am 18. November 1779 zu Leibe: *Wir haben . . . die Entschließung gefaßt, die . . . Klöster in Unseren Herzogthümern statt der alten Klosterordnung vom Jahr 1636 mit einer neuen, den seit der Zeit veränderten Umständen mehr angemessenen, zu versehen und . . . den sich äußernden Mengeln abzuhelfen . . .* Mit Bernstorffs Unterschrift versehen, wurde allen vier Klöstern ein erster Vorentwurf der neuen Klosterordnung zugestellt.

Mit diesem aus eigenen Mitteln errichteten Giebelanbau schloß Priörin Margaretha von Ahlefeldt 1664 die Wunde, die die Schwedenkriege dem Uetersener Priörinhaus geschlagen hatte. Ihro Hochwürden Catharina von Reventlow studierten hier mehr als 100 Jahre später den Entwurf der neuen Klosterordnung.

Ein Uetersener Ausflugsziel im Wandel
von zweihundert Jahren

Seit 1774 hatte Gustchen jeden Sommer, den Gott werden ließ, in Bernstorff zugebracht. Im Juni des Jahres 1779 ließ sie ihre Koffer jedoch nicht für eine Reise nach Dänemark packen: Ihre Ärzte Berger und Hensler bestanden darauf, daß sie sich zunächst in Bad Meinberg einer Kur unterzog und sodann in Pyrmont *den Brunnen* trank.

Daß die Geschwister ihr Gustchen nicht unbegleitet einen solch weiten und beschwerlichen Weg ziehen ließen, verstand sich von selbst. Schwägerin Luise, Friedrich Leopold und Katharina planten darum ebenfalls einen Badeaufenthalt ein, Mitte Juni begaben sie sich vor Hamburg aus zu viert auf die Reise. Nach einigen einsamen Wochen in Tremsbüttel machte sich Christian auf, um die Gesellschaft abzuholen, und so brachte Augusta auch den Sommer des Jahres 1779 *im Schoose der Familie* zu (30).

Unter den Augen des berühmten Dr. Zimmermann trank sie das ihr verordnete Pyrmonter Wasser, und noch vor dem 10. August 1779 traten Geschwister und Schwägerin über Hannover, wo sie mit Boie zusammentrafen – und einen Silhouetteur aufsuchten –, den Heimweg nach Hamburg an. Dort am 20. August angekommen, statteten sie Klopstock einen ausgiebigen Besuch ab. Am nächsten Tag sagten Christian und Luise Lebewohl, die anderen drei Geschwister aber fuhren weiter nach Altona. Hier traf Augusta bei einem *Schmaus*, den Dr. Hensler ausrichtete, mit Matthias Claudius zusammen. Auf beiden Seiten wird die Wiedersehensfreude groß gewesen sein, und an Gesprächsstoff wird es nicht gefehlt haben: Frau Rebecka sollte demnächst niederkommen – sicherlich wieder mit einem Mädchen! Als Claudius nach beendetem Mahle nach Hause aufbrach, war er der Sorge um zwei der drei in Wandsbek geforderten Gevattern ledig: Nicht nur der Hausherr hatte zugesagt, auch eine Patentante war bereits gewonnen. Kaum von der Badereise zurück, setzte sich Augusta darum gleich wieder in ihre Chaise und fuhr nach Wandsbek. *Mein Mädgen heißt Augusta Ernestine Wilhelmine, die Gräfin Augusta Stolberg hat sie selbst über die Taufe gehalten*, schrieb Vater Claudius an Johann Heinrich Voß über dieses ihm sehr wichtige Ereignis vom 8. September 1779.

Früher als jemals zuvor nach der sommerlichen Trennung warf sich Gustchen am Mittwoch, dem 25. August 1779, in die Arme ihrer *Obergsister*. Obwohl sie seit neun Jahren in Uetersen wohnte, hatte sie, weil alljährlich stets erst um Michaelis heimgekehrt, hier noch niemals einen Spätsommer erlebt – und es sollte auch der einzige bleiben. Als wüßte er um diese seine Einmaligkeit, zeigte er sich in diesem Jahre von seiner allerbesten Seite!

Die tagelangen Wagenfahrten auf staubig-holprigen Heidewegen und glutheißen Straßen hatten Gustchen arg zugesetzt; Katharina, die sie bis nach Uetersen begleitete, fand somit einen triftigen Grund, um ihrem ungeliebten Stift weiterhin fernzubleiben. Frische Luft und Spazierengehen hatten das Brunnentrinken im für die vornehme Welt zurechtgestutzten Pyrmont begleitet, nicht anders hielten es die beiden Schwestern, im Verein mit der Freundin Metta, jetzt in der ungekünstelten Natur des Ueterst End. Am 30. August wanderten sie *übers Feld nach einem kleinen Garten, der zwey armen alten Leuten gehört, da saßen wir in einer Laube, tranken Thee . . .* (106). Der Ort, zu dem dieser Spaziergang führte, ist durch das erzählfreudige Gustchen leider nicht überliefert, den kleinen Ausflug indessen, den sie und Katharina vierundzwanzig Stunden später unternahmen, beschrieb sie aufs genaueste. Just an dem Tage, als zu Wandsbek ihr Patenkind geboren wurde, erzählte sie Christian: *Ütersen, den 2. September 1779 Morgens und abends wenns kühl ist, sind wir im Garten. Gestern Nachmittag ging ich mit Kätchen nach einem Mühlenteich, der dicht hierbey ist. Wir lagerten uns im Grase beym Waßer. Für Kätchen ließ ich dicke Milch, und für mich Selzerwaßer, und Zwieback, hinbringen. Hernach sezten wir uns in ein Boot und ließen uns auf dem Teich herum rudern nach einem Hügel jenseits, der mit Eichengebüsch bedeckt ist, hernach gingen wir über Wiesen, wo gemäht ward, wieder zu Hause. Sanfte und stille Freude und Natur Genuß ging in meine Seele über . . .*

Vom *Klosterhoff* herkommend, spazierten die Schwestern den noch heute vorhandenen Weg am *Burggraben* entlang, der sich über die *Kleine Brücke* fortsetzte und sodann zu der an einem Teich gelegenen klösterlichen Wassermühle führte. Vom Dichter Klopstock, dem begeisterten Schwimmer, ging die Legende, daß er sich, um auf Reisen nicht lange suchen zu müssen, ein Verzeichnis aller badetauglichen Gewässer des Landes erstellt habe. Nun, vielleicht hatte er anläßlich eines Besuches bei Gustchen auch den Uetersener Mühlenteich erprobt und in seine Liste aufgenommen.

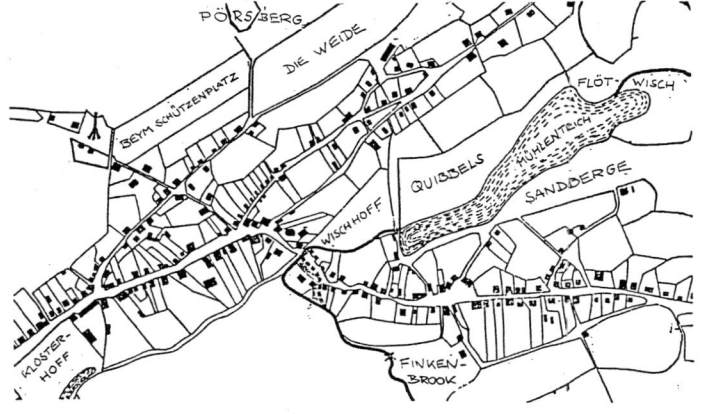

Gestern Nachmittag ging ich mit Kätchen nach einem Mühlenteich, der dicht hierbey ist . . . Ausschnitt aus einem Plan von 1820

Ebenso wie die versteckt in den Wäldern gelegenen Forsthäuser waren auch die stets in eine liebliche Landschaft gebetteten Wassermühlen in früheren Zeiten Stätten der Einkehr für alle jene, die eine ‚Landpartie' unternahmen. An

Gästen wird es dem klösterlichen Pächter an strahlenden Sommertagen niemals gemangelt haben: Sicherlich führte nicht nur die Conventualin Stolberg ihren Besuch zu dem Plätzchen, das *dicht hierbey ist*, und für die Hamburger wird Uetersen nicht nur eine beliebte Sommerfrische, sondern auch bevorzugtes Ziel manch eines Tagesausfluges gewesen sein. So waren denn Küche und Keller des Hauses am Mühlenteich gerüstet und boten den beiden Stiftsdamen Stolberg ein Picknick nach Wunsch: Während sich die eine mit einer kühlen Satte Dickmilch die Hitze des Tages vertrieb, hielt die andere ihren ärztlich verordneten Diätplan ein.

Die Wassermühle am Mühlenteich zu Uetersen um 1900

So verschieden die aufgetragenen Erfrischungen waren – beide *Nonnen* wurden gleichermaßen unternehmungslustig, und der Geldbeutel des Mühlenpächters schwoll an um Bootsmiete und Ruderlohn.

Als *molendinum aquarium* auf Heinrich von Barmstedes Schenkungsurkunde mehr als ein halbes Jahrtausend, bevor Gustchen und Käthchen sich dort vergnügten, aus dem Dunkel der Vorzeit in das helle Licht der Geschichte eingetreten, ist der Mühlenteich die einzige Örtlichkeit des Klosterfleckens Uetersen, die in Gustchens Briefen beim Namen genannt wird. Das Ausflugsziel der Schwestern Stolberg, eine historische Stätte, soll darum noch ein wenig genauer betrachtet werden.

Gustchen und Käthchen genossen ihre Kahnfahrt in einer Landschaft, die, so unglaublich es klingt, derjenigen nicht unähnlich war, in der sich die vier Schweizreisenden des Jahres 1775 am 15. Juni auf dem Züricher See der gleichen Lustbarkeit hingaben. Denn so beschreibt Theodor von Kobbe – einst Uetersener Scholar, später angesehener Schriftsteller – dieses Plätzchen, das er fünfundzwanzig Jahre nach Gustchens und Katharinas Kahnpartie kennenlernte: *Wer auch nicht selbst die Rosenzeit seines Lebens, die göttliche Jugend, in der Nähe des reizenden Fleckens verlebt hat, dem wird es doch mit einiger Phantasie gelingen, sich an den Ufern des Uetersener Mühlenteiches in eine Schweizer-Gegend zu versetzen. Aus den hüglichten, bewachsenen Gebreiten des blühenden Landstriches Bashorn stürzen muthwillige Quellen in lustigen Krümmungen, bald einen verzweifelten Sprung des sich verirrenden Jägers verlangend, in die schönen, grünenden, von kräftigen Pferden und Ochsen beweideten Auen, bis sie sich, des langen, muthwilligen Laufens müde, zu den Füßen des lieblichen Mojeberges, ... zu einem ruhigen Zusammenleben in einem Teiche, vereinen, und in stiller Fluth, am freundlichen Ufer heiliger Eichen vorbeirauschend, unter denen die alten Deutschen Gericht hielten, sich zu jener Stelle drängen, von wo sie plötzlich mit Cataractenkraft sich auf das ewig bewegte Mühlrad stürzen ...*

Theodor von Kobbe, der ehemalige Zögling des Rectors Andresen, der Augustas Ausflugsziel zu einem der Schauplätze seines Buches *Die Schweden im Kloster zu Uetersen* machte, wurde 1833 von der Kaiserin von Österreich für diesen seinen historischen Roman mit einem silbernen Pokal ausgezeichnet.

Der Schriftsteller, der die *Rosenzeit seines Lebens* im Klosterflecken zugebracht hatte, war lange tot, und über Gustchens Brief vom 2. September 1779 waren genau einhundertundsechzig Jahre hingegangen, als jene historische Stätte abermals beschrieben wurde. Doch um zu verstehen, was Curt Schuppe, damaliger Direktor der Uetersener Papierfabrik Feldmühle und Vorsitzender des Vereins Deutscher Rosenfreunde, am 3. Juni des Jahres 1939 zu Papier brachte, muß man wissen, daß Uetersen, unter Preußen 1871 zur Stadt erhoben, im Jahre 1934 anläßlich seiner 700-Jahr-Feier einen der schönsten Rosengärten Europas eingeweiht hatte. Curt Schuppe erzählt:

Wo sich heute das Rosarium befindet, war früher ein versumpftes Mühlenteichgelände, ein ehemaliges Staubecken der Wassermühle, das im Laufe der Jahrhunderte vollkommen versandete und mit Unkraut, Schilf und wilder Iris verwachsen war: eine Lebensgefahr für jeden, der es betrat. Schon der Gedanke, hier ein Rosarium erstehen zu lassen, rief mitleidiges Lächeln hervor ... Trotzdem gelang das Werk, wenn auch unter erheblichen Schwierigkeiten. Fast zwölf Monate mußten Arbeiter, auf Brettern schwankend stehend, das Staubecken, das heute inmitten des Rosariums als lieblicher See erscheint, ausheben. Der hierbei gewonnene Boden wurde dazu benutzt, das umliegende Gelände wasserfrei zu machen ... Mit Sand vermischt – man holte diesen aus der *Schweizer-Gegend,* den *hüglichten, bewachsenen Gebreiten,* von denen Kobbe spricht – *erwies sich der ausgeschachtete Boden für die Rosen als hervorragend geeignet ... Jahrelang wurde so an dem etwa 5 Hektar großen Gelände gearbeitet ... Schon wenn man das Rosarium betritt, ... ist jeder überrascht und entzückt zugleich. Getreu dem Leitgedanken, der Rose ein Heim zu bieten, ... daß sie das Ganze beherrscht, ist die Anordnung der ... Anlage getroffen ... Viele Bänke laden zum Verweilen ein und geben den Blick frei auf die Anlage, deren Herzstück der 1 Hektar große See bildet, belebt mit Schwänen und Wildenten, und der außerdem Gelegenheit zum Rudern bietet. In der Mitte des Sees befindet sich eine rosenumstandene Insel, die mit den Ufern durch zwei Brücken verbunden ist. Sämtliche Rosenbeete sind von grünem Rasen umgeben, die die farbenprächtige Wirkung noch erhöhen ...*

Als *versumpftes Mühlenteichgelände* für den Menschen des 20. Jahrhunderts unwirtlich geworden, erfuhr dieses urtümliche Stückchen holsteinischer Landschaft, Lebensraum ungezählter Tiere und Pflanzen, eine Umgestaltung, wie sie größer nicht sein kann. Verschwunden ist Heinrich von Barmstedes *molendinum aquarium*; nichts mehr ist zu sehen von der *hüglichten, bewachsenen Gebreiten* der *Schweizer Gegend*, die Theodor von Kobbe in der *Rosenzeit seines Lebens* entzückte. Doch Gustchens *Mühlenteich, der dicht hierbey ist ...*, ist geblieben, was er zu ihrer Zeit war: Heute wie vor zweihundert Jahren ein Ausflugsziel, lockt er wie an jenem Spätsommertag des Jahres 1779 Gäste aus nah und fern herbei, die sich an seinen Ufern ergehen. Zwar lagern sie sich, verspüren sie Hunger und Durst, nicht mehr *im Grase beym Waßer*, sondern lenken die Schritte zum Restaurant, dessen vielfältiges Angebot auch den Speisezettel der Schwestern Stolberg möglich machen würde. Aber heimgekehrt aus dem Park

Der Mühlenteich im
Uetersener Rosarium
heute

am Mühlenteich, Uetersens *Rosarium*, in dem mehr als achthundert verschiedene Rosenzüchtungen zu bewundern sind, kann ein jeder auch noch heute mit Gutschen sprechen: *Sanfte und stille Freude und Natur Genuß ging in meine Seele über ...*

Nachlese eines Jahrzehnts

In jenen Septembertagen des Jahres 1779, als Augusta sich aus dem spätsommerlichen Uetersen nach Wandsbek zur Kindtaufe begab, wurden auch in Weimar Koffer gepackt. Herzog Carl August und sein Freund und Staatsminister Johann Wolfgang Goethe setzten sich am 12. des Monats in eine Reisekutsche und begaben sich auf den Weg in die Schweiz. Im Herbst 1775 in Ungewißheit über seine Zukunft aus Frankfurt geflüchtet, sah Goethe seine Vaterstadt zum ersten Male wieder, als er jetzt, soeben zum Geheimen Rat ernannt, zusammen mit dem Herzog im Elternhause einkehrte. . . . *es kommt mir wunderbar vor dass ich so wie im Traum mit dem 30. Jahre die höchste Ehrenstufe, die ein Bürger in Teutschland erreichen kann, betrete,* hatte er Charlotte von Stein am 7. September geschrieben, nachdem ihm der *Geheimdenraths Titel* verliehen worden war.

Die Rast am Hirschgraben blieb nicht die einzige Berührung mit der Vergangenheit. Die Route in den Süden führte durchs Elsaß, und Goethe besuchte Lili, die seit einem Jahr als Baronin von Türckheim in Straßburg lebte. Er stellte sich auch im Sesenheimer Pfarrhaus ein, suchte den Schwager in Emmendingen auf, verweilte am Grab Cornelias und logierte, im November in Zürich angekommen, wie im Jahre 1775 bei Lavater. Gleichsam einen Schlußpunkt setzend, führte das zu Ende gehende Jahrzehnt den nun dreißigjährigen Dichter auf dieser Reise zu Stätten und Menschen zurück, die ihm in seiner Jugend teuer gewesen waren.

Ähnlich wie im Sommer 1778, als Augusta Stolberg und Johann Wolfgang Goethe durch die von Hamburg nach Weimar reisende Primadonna Gertrud Mara innerhalb eines Sommers den gleichen musikalischen Kunstgenuß erlebten, sollten sie beide durch eine Begegnung, die dem Dichter im Herbst 1779 in Genf widerfuhr, wiederum durch eine Künstlerpersönlichkeit über Raum und Zeit miteinander verbunden werden: Es besteht kein Zweifel daran, daß sowohl der Geheime Rat als das Klosterfräulein im Abstand von nur wenigen Monaten demselben Maler Portrait saßen.

Im Begriff, nach siebenjährigem Auslandsaufenthalt nach Kopenhagen heimzukehren, ließ sich Jens Juel, der bedeutendste dänische Bildnismaler des 18. Jahrhunderts, die Gelegenheit in Genf nicht entgehen, den berühmten Goethe zu zeichnen, als er Ende Oktober 1779 dort mit ihm zusammentraf. Das Bild fand Gefallen, er packte seine Mal- und Zeichenutensilien zusammen und reiste weiter gen Norden. Anfang des Jahres 1780 erreichte er Hamburg, wo er für etwa drei Monate Wohnung nahm. Zu den Persönlichkeiten, die er bis April portraitierte, gehörte auch Friedrich Gottlieb Klopstock. Entweder hier in der Hansestadt, wohin sie im März 1780 für vierzehn Tage gekommen war, oder im Sommer des gleichen Jahres auf Bernstorff wurde Augusta Gräfin zu Stolberg von Jens Juel gemalt. Es war das Jahr, in dem sie mit Boie und ihren kleinen Neffen eine *sonderbar gewachsene Buche* erkletterte. Ob der Künstler ihr während des Malens von seiner Begegnung in Genf erzählte? Sein Portrait zeigt eine junge Frau, die nicht durch strahlende Schönheit, wohl aber durch natürlichen Liebreiz gefangennimmt. Wie hatte Johann Heinrich Voß vor fünf Jahren über sie geschrieben? *Die Gräfin ist ein gar herrliches Mädchen . . . Sie* ist *nicht schön, aber ich begreife recht gut, daß man ihretwegen ein Narr werden könnte . . .* Augustas Charme muß unwiderstehlich gewesen sein.

Mit den Worten: *Grüse die Brüder und behaltet mich lieb,* hatte Goethe im Sommer 1777 seinen vorerst letzten Brief nach Uetersen beschlossen. Daß er selbst so tat, wie er von den Stolbergs erbeten hatte, zeigte die Sendung, mit der er Augusta ein dreiviertel Jahr später beglückte: *Beste! heute nur ein Wort, und ein paar Lieder von mir, komponirt von einem lieben Jungen, dem Fülle im Herzen ist . . . Die Lieder lassen Sie nicht abschreiben auch nicht die Melodien. Nächstens kriegen Sie mehr . . . d. 17. Merz 78*   G.

Johann Wolfgang Goethe   Friedrich Gottlieb Klopstock   Augusta Louise Gräfin
Jens Juel 1779   Jens Juel 1780   zu Stolberg-Stolberg
                                                        Jens Juel 1780

Zwar griff er, belastet von verantwortungsvollen Geschäften, nur noch selten zum Schreibzeug, um Gustchens Briefe zu beantworten. Zwar war er vom freundschaftlichen *Du* wieder ins förmliche *Sie* zurückgefallen und Charlotte von Stein, die Gemahlin des herzoglichen Oberstallmeisters, nahm als seine vertraute Freundin längst den Platz ein, den Gustchen während der stürmischen Jahre 1775 und 1776 eingenommen hatte. Doch was das Uetersener Klosterfräulein ihm in einer entscheidenden Phase seines Lebens gewesen war, hatte Goethe nicht vergessen und zeichnete sie jetzt vor anderen aus: Er bereicherte ihren Notenschrank mit Liedkompositionen, die soeben entstanden und darum noch nirgends zu haben waren. Erst von 1779 an lagen die in mehreren Folgen erscheinenden *Volks- und andere Lieder mit Begleitung des Fortepiano, in Musik gesetzt von Siegmund Freyherrn von Seckendorff* in den Schaufenstern der Buchläden aus. Viel früher als alle anderen der landauf, landab in Dörfern und Städten lebenden Musikfreunde sang und spielte Gustchen Stolberg im Uetersener Kloster die gefälligen Kompositionen des in Weimarischen Diensten stehenden fränkischen Edelmannes Seckendorff. Zu den Goetheschen Texten, die der *liebe Junge, dem Fülle im Herzen ist,* damals vertonte, gehörten die zwei Balladen *Der Fischer* und *Der König von Thule.* Beide Gedichte fanden – das eine 1779, das andere 1782 – im Gewande des Seckendorffschen Klaviersatzes ihre erste Veröffentlichung. Gustchen Stolberg in Uetersen mag *Das Wasser rauscht, das Wasser schwoll, ein Fischer saß daran* ... bereits auswendig gesungen und deklamiert haben, als man diese Verse im übrigen Deutschland zum ersten Male las.

Es war allgemein geübte Praxis, Kompositionen abzuschreiben und weiterzugeben. Goethe, der sich später sehr für Autorenschutz einsetzte, erwies Augusta allergrößtes Vertrauen, als er ihr die zum Druck vorgesehenen *paar Lieder* übergab und von ihr, die einem großen Freundeskreis angehörte, erwartete, dieselben für sich zu behalten.

Im März 1778, als Gustchen nach langer Pause eine so umfangreiche Sendung aus der thüringischen Residenzstadt erhielt, war die Zeit der wilden Gerüchte lange vorbei, in Deutschland sprach man voller Achtung vom *Weimarer Musenhof*. Vom Ruf der geselligen Stadt angezogen, reiste Gräfin Charitas Emilie von Bernstorff, begleitet von ihrer Pflegetochter Sophie sowie dem ehemaligen Hamburger Verleger Bode, der ihr Gesellschafter und Sophies Lehrer geworden war, im Frühling des gleichen Jahres an die Ilm. Die dreiundzwanzigjährige Sophie lernte in Weimar den Geheimen Regierungsrat Carl Constantin von Schardt kennen, noch im gleichen Jahre wurde auf Borstel Hochzeit gefeiert. Die Braut war durch ihre Heirat die Schwägerin Charlotte von Steins geworden, die über diese Verbindung ihres Bruders sehr glücklich war.

Charlotte von Stein
Selbstbildnis

Sophie von Schardt geb. von Bernstorff
Farbige Kreidezeichnung von H. P. Sturz

Es dauerte nur kurze Zeit, bis die kluge, vielseitig gebildete junge Frau, die mühelos englische, französische und italienische Literatur ins Deutsche übersetzte, zu Goethes engstem Kreise gehörte. Er nannte sie *die kleine Schardt* und *die liebe Unschuld*, lobte ihren Geist und ihren Witz und ihre munteren Einfälle.

Sophie spielte mit ihm Schach, und befand er sich später auf Reisen, durften sie und ihr Mann in seinem Gartenhause logieren. Mit der ihr eigenen Mischung aus natürlicher Anmut und Koketterie wirkte das zierliche Persönchen sehr anziehend, der Theologe Johann Gottfried Herder, bei dem sie Griechisch lernte, blieb nicht der einzige, dem sie den Kopf verdrehte. Sophie von Schardt, Adressatin des allerersten Stolbergschen Kloster-Briefes aus Uetersen und Gustchens Freundin aus beider Jungmädchentagen, eroberte sich im Handumdrehen die Weimarer Gesellschaft. Als Sechzehnjährige hatte sie Augusta Anlaß zu der Frage gegeben: *sage mir doch, ob Du ... seit Deiner Confirmation weniger genirt bist ...* (8).

Sophies rühmende Schilderungen der thüringischen Residenz veranlaßten Gräfin Charitas Emilie von Bernstorff, ihre Zelte in Holstein abzubrechen. Sie hatte sich schon vorher von Hamburg nach Borstel zurückgezogen, überließ diesen Besitz jetzt völlig den jungen Bernstorffs und siedelte mit Bode für immer nach Weimar über. Wie sie es überall getan hatte, versammelte sie auch hier kluge und bedeutende Frauen und Männer, an denen in dieser Stadt kein Mangel war, zu einem geistreichen Zirkel, auch Goethe ging in ihrem Hause ein und aus. Johann Joachim Bode, den sie zu ihrem Vermögensverwalter und ‚Hausminister' ernannte – man sollte sich bei dieser Gelegenheit daran erinnern, daß er bis zu seinem 15. Lebensjahr Schafe gehütet hatte –, waltete hervorragend seines Amtes. Die Dame von Welt aus dem wenig bekannten Norden erregte in Weimar zunächst einiges Aufsehen. Sie stellte eine große Dienerschaft ein, hielt eigene Musiker und führte, in der Pflege der Musen wetteifernd mit Herzogin-Witwe Anna Amalia, der Mutter Carl Augusts, ein großes Haus.

Über die von Holstein nach Weimar geschlagene Brücke, nämlich über Gräfin Charitas, Sophie Schardt und Johann Joachim Bode, alle drei seit Jahren mit Augusta Stolberg und nun auch mit Goethe verbunden, wird so mancher Gruß aus dem im *Gärtgen vorm Thore an der Ilm schönen Wiesen* gelegenen *Häusgen* nach Uetersen gewandert sein, so daß Augusta über das Ergehen des Dichters sicherlich allzeit gut unterrichtet war. Daß aber im ganzen Jahr 1779 kein einziges Brieflein im Kloster eintraf, das seine Handschrift trug, betrübte sie doch sehr. Ihm selbst und auch ihrer Freundin wird sie dies nicht verhehlt haben. Hatte Sophie vielleicht ihre Hand im Spiele, als Augusta im Juni 1780 endlich wieder einmal ein kurzes Lebenszeichen von Goethe erhielt? Ein *Zettelgen* war es, das die treue Freundin ihrem eigenen Briefe nach Uetersen beilegte:

Für ihr Andencken liebes Gustgen danck ich Ihnen recht herzlich. Die kleine gute Schardt will ein Zettelgen von mir, sie ist in meinem Garten mit mehr Gesellschaft an einem schönen schwülen Abend. Lange hab ich mir vorgesetzt Ihnen etwas zu schicken und zu sagen, es ist aber kein stockigerer Mensch als ich wenn ich einmal ins stocken gerathe. Grüsen Sie die Brüder, schreiben mir wieder einmal von sich, und knüpfen Sie wenn Sie mögen den alten Faden wieder an, es ist ja dies sonst ein weiblich Geschäfft. Adieu. d. 3. Juny 1780. G.

Den Dichter muß es sehr bewegt haben, daß er sich jetzt nach so langer Pause endlich wieder einmal Gustchen zugewandt und sie mit einem *Zettelgen* bedacht hatte. Fast täglich sandte er Frau von Stein ein Billett; das vom 3. Juni, geschrieben, als der Tag zu Ende und die Gesellschaft gegangen war, war kurz:

Gustgen ist ein sehr gut Wesen, und kann sich nicht drin finden dass sie gar nichts von mir hört. Guten Abend aus der Finsterniss.

Augusta war jetzt siebenundzwanzig Jahre alt und wohnte seit 1770 im Kloster. Hatten sich vor zehn Jahren zehn Damen in Uetersen niedergelassen, so waren es, neben Frau Priörin, deren jetzt elf, die am Ort etabliert waren. Ebensowenig wie in Hamburg, Borstel, Frankfurt und Weimar war auch in Uetersen die Zeit stehen geblieben, innerhalb des verflossenen Jahrzehnts hatte sich der Convent merklich gewandelt. Die Fluktuation unter den Schulfräulein war besonders groß, denn sie alle standen im heiratsfähigen Alter. Zu Michaelis des Jahres 1780 präsentierte sich der Convent wie folgt:

Catharina von Reventlow a. d. H. Schmool, Priörin

Christina Ulrica von Dewitz a. d. H. Loitmark
Anna Sophia Baronesse von Reichenbach
Adelheid Dorothea von Ruhmohr a. d. H. Segalendorf
Sophie Magdalena von Thienen a. d. H. Kühren
Anna Metta Baronesse von Oberg, auswärtig
Charlotta Amalia Baronesse von Schack, aus Dänemark
Elisabeth Benedicta Baronesse von Brocktorff a. d. H. Rohlstorff
Augusta Louise Gräfin zu Stolberg, auswärtig
Sophie Magdalena Gräfin von Dernath a. d. H. Hasselburg
Dorothea Catharina von Ahlefeldt a. d. H. Lehmkuhlen
Anna Magdalena Lucia von Rantzau a. d. H. Segalendorf
Christina Maria von Reventlow, Schwester der Priörin
Elisabeth Louise Philippine von Schrautenbach, aus Darmstadt
Agneta Sophia von Rumohr a. d. H. Rundhoff
Johanna Wilhelmina Friederica von Rumohr a. d. H. Rundhoff, Schwester der vorigen

Gustchen, die 1770 den 12. Platz innehatte, war auf den 8. vorgerückt: Ihre Mitschwestern von Osten, von Wedderkop und Hedwig Albertina von Rumohr waren verstorben, Elisabeth Zoege von Manteuffel aber hatte geheiratet. Ihre Eltern waren lange tot, die Hochzeit fand darum in Uetersen statt; *die kleine Zöge* und ihr Vetter *Peter Zoege von Manteuffel aus Liefland 6 Meilen von Reval* wurden am 26. Mai 1777 im Hause der Braut – nicht in der Kirche – von Hauptprediger Schröder getraut. Die anschließende Hochzeitsfeier im Uetersener Kloster muß ein rauschendes Fest gewesen sein, dessen Jubel bis nach Loitmark schallte. Dort sah man damals nicht nur Gustchens Besuch entgegen, auch Klopstock hatte sein Kommen angekündigt. Beider Reise geriet in Verzug, denn die Freundschaft mit Augusta hatte dem Brautpaar einen illustren Gast zugebracht. Friedrich Leopold, der Schwester und Dichter an der Schlei erwartete, wurde ungeduldig und schrieb dem in Uetersen feiernden Klopstock: *Kommen Sie ja und bald, entreissen Sie sich und Gustchen dem Hochzeit-Gelage! Kommen Sie! Kommen Sie!!!!!!!!!!!!!!!!!!!!! . . .* Manteuffels verließen Uetersen nicht sofort, denn *Die gewesene Fräulein nunmehro verheirathete Frau Zöge von Manteuffel* quittierte am 17. Juni eine Nachzahlung der *Pfingst-Abend-Rente, weil selbige damals ausgereiset war, aber doch zu rechter Zeit wieder zu Hause kam.* Ernestine Friderica von Ahlefeldt, Pflegetochter des Pinneberger Drostes, trat vier Wochen später *Zöges* Nachfolge an. Auch sie wurde gut Freund mit Gustchen. Nach acht Monaten *Schulzeit* stand ihr Klosterplatz zur Disposition, denn Ernestine heiratete den dänischen Kammerherrn Friedrich Joseph Schimmelmann, einen der drei Söhne des dänischen Schatzmeisters.

✳

Boie, mit beiden Stiftsdamen Stolberg eng befreundet, sagte von Katharina, sie sei *zu sonderbar und zu launicht* für die Ehe, Augusta dagegen *gemacht, einen Mann glücklich zu machen.* Im Herbst des Jahres 1778 hörten Bruder Christian und Schwägerin Luise davon, daß sich Gustchen wie ihren Freundinnen Manteuffel und Ahlefeldt die Möglichkeit bot, das Kloster zu verlassen. Obwohl beide schier vor Neugierde platzten, nannte Augusta den Namen des Mannes nicht, der damals um sie warb: *Mein Bruder sein ‚bitte bitte sags uns bald' macht micht beynahe so weichherzig, es zu thun, aber das Vergnügen euch rathen zu laßen, siegt doch bey mir – Ja ich habe ihn eher gesehen – un homme de qualité? – ja – ich hab ihn vor 4–5 Wochen noch gesehen, aber nicht hier, nicht in Hamburg, nicht in Altona, nicht in Breitenburg. – Keiner von denen, die ihr rathet. Ihr kennt ihn auch – alles waß ich euch sagen kann, ist, daß es ein Herr von S e e l e n h a u c h ist – er wär der glücklichste Sterbliche, wenn ich ihm mein Jawort geben wollte, wagts aber nicht zu hoffen, bittet die Erlaubniß zu haben, mich zu sehen, damit ich ihn kennen lerne – . . . es ist alles nur durch eine dritte Person gegangen – aber liebe, ich mag das nicht, das man es weiß, mögte nicht, daß er glaubt, daß ich davon spräche – discretion ist man so einem Menschen doch schuldig . . .* (96). Weil Augusta damals sehr an ihren Augen litt, als sie diesen für Tremsbüttel bestimmten Rätselbrief verfaßte, läßt sich ihre Schrift gegen Ende der vierten Seite nur mit großer Mühe oder auch gar nicht entziffern. Hatte vorher schon jemand um ihre Hand angehalten, der den Geschwistern bekannt war? *Meines Bruders Ernst wegen Blücher, daß ich ihn genommen hätte, kann doch wohl nicht seyn. Dafür fast noch lieber diesen, der doch nur ein Narr, jener aber der leichtsinnigste Mensch auf Gottes Erdboden ist . . .* Augusta erhörte weder den einen, noch den anderen. Sie zog es vor, Stiftsfräulein zu bleiben.

Auch im Sommer des Jahres 1780 tat sich für Gustchen die Chance auf, ihr Leben im Kloster mit dem Leben draußen zu tauschen. In Breitenburg eingekehrt und mit den bisher unbekannten Verwandten aus Süddeutschland zusammengetroffen, den plappernden Vettern, die jeden ausfragten: *„. . . sind sie vermählt? warum? warum nicht? waß bedienen sie? . . .'* (117), die sich vor Pferden fürchteten und *gnädige Base* zu ihr sagten, erzählte sie Christian: *Mir wird proponirt mit der Tante nach Franken zu ziehn, und mich dort zu etablieren. Waß meynst du? Mir ist auch eben ein Ring an Finger gesteckt mit dem Lamm* *mit der Siegesfahne. So lange ich hier bin, muß ich ihn tragen* ... Auch jetzt entschied sich Augusta dafür, Klosterdame zu bleiben.

Allzeit auf sich allein gestellt, hatte Gustchen im Laufe der Jahre eine beträchtliche Portion Lebensklugheit erworben, und man darf annehmen, daß sie gewonnene Erkenntnisse nicht nur niederschrieb: *Leute, die nie sprechen, als höchstens Ja und Nein sagen, kommen mir vor wie eine lebendige Pauke.* (145 e) Für die neun Jahre jüngere Friederike Rantzau von der Breitenburg war es von nicht zu unterschätzendem Wert, eine junge Verwandte in der Nähe zu haben, die sich kritisches Denken bewahrt hatte und die, mit großem Einfühlungsvermögen ausgestattet, nicht nur Ratschläge erteilte, sondern auch zuzuhören verstand, als sie gegen den ihr von den Eltern verordneten Lebensplan rebellierte. *Frize* weigerte sich, die ihr befohlene ‚gute Partie‘ zu machen, und verspürte ebenfalls keine Lust, sich im Itzehoer Kloster zur Einkleidung einzustellen, zu der sie aufgerufen worden war: *Meine Cousine, bester, ist gar nicht pressirt, eingeführt zu werden, sagte mir, als ich sie in Hamburg sah* ... *sie würde es so bald noch nicht, und unter uns, ich denke, sie wirds nie. Es sind viele Projekte, davon wird ja wohl eines ausgeheckt, unter uns, sie hat Carl Ahlefeldt, der sterblich verliebt in sie ist, einen Korb gegeben, gegen den Wunsch und die persuassions der Eltern* ... *sie hat mir alle ihre Herzens Angelegenheiten anvertraut* ... (113) – diese aber verriet Augusta nicht.

Ihr Bekanntenkreis – und damit das Ausmaß ihrer Korrespondenz – hatte sich in den zurückliegenden Jahren ständig vergrößert. Eine ihrer engsten Freundschaften war 1780 zwar erst zwei Jahre alt – doch welche Schätze hatte sie in dieser kurzen Zeit schon hervorgebracht! So hatte es begonnen: *Ütersen den 25. März 1778 Dank Lieber Gerstenberg* ... *Ja wohl schön daß wir uns kennen, mir gab gewiß mein Schuz Engel den Gedanken, mit nach Lübeck zu gehn, in einer Stunde ein, da er mir recht wohl wollte, – kein größeres Glück kann mir auf der Welt begegnen, als die Freundschaft guter Menschen zu erhalten, und hab ich nun nicht die Ihre und Sophiens auf immer? Gewiß, so gewiß als Sie die meine haben, und behalten* ... *Meine Freunde sind mir alles, mein Stolz und meine Welt, ich suche und finde im Herzen meiner Lieben den Himmel auf Erden – Sehen Sie, so ein Geschöpf bin ich, können Sie mich so leiden?* ... Wen Gustchen ins Herz geschlossen hatte, der blieb darin. Darum entließ sie auch den so schweigsam gewordenen Goethe nicht.

Auch der Dichter des noch heute beliebten Frühlingsliedes *Komm, Lieber Mai, und mache* ..., der kleine Kompositionen für den Musenalmanach verfaßte, später Bürgermeister von Lübeck und Vater eines berühmten Malers wurde, war mit Augusta bekannt. Weil er seinen Wohnort mit ihm teilte, empfing Gerstenberg am 10. Oktober 1778 den Auftrag: *Grüßen Sie Overbeck, der so schön die Lieder und die Musik wiedergibt* ...

Im genannten Jahre lernte Augusta auch Sophie von La Roche kennen. Die in ganz Deutschland hochgeachtete Schriftstellerin, in deren Hause zu Ehrenbreitstein der junge Goethe verkehrt hatte, reiste mit ihrer Tochter Maximiliane von Brentano nach Hamburg, um Klopstock zu besuchen. Auch dieser neue Kontakt wirkte sich für die Uetersener Posthalterin Reese segensreich aus: *Von der la Roche habe ich nur einen Brief aus Cassel, von der kleinen Frau aus Frankfurt gleich nach Ankunft ...* (107). Gustchen sprach hier von Maximiliane, die in Frankfurt verheiratet war.

Weil das Klosterfräulein mit Sophie von La Roche korrespondierte, hatte es der Messiasdichter nicht nötig, *selber das Briefpapier hervorzusuchen und seinen Drachen (so nennt er seinen Fehler, nicht zu schreiben) zu überwinden ...,*

Sophie de La Roche geb. Guttermann
Kupferstich von C. Schule 1787

als er im Januar 1780 Genaueres hören wollte über die *ärgerliche Anekdokte* aus Weimar, von der er gerüchtweise vernommen hatte. *Klopstock hat mir aufgetragen,* schrieb Gustchen an die Schriftstellerin, *Sie im Vertrauen zu fragen, ob Sie eine gewiße Correspondence von Jacobi, über Woldemar und Goethe, besäßen? In dem Fall hätte er sie gerne, sonst aber nicht ...* (110) Fritz Jacobis Briefroman *Woldemar* enthielt so deutliche Anspielungen auf Goethes Leben, daß der Betroffene das Buch vor versammelter Weimarer Hofgesellschaft an den Stamm einer Buche – gleichsam an den Pranger – nagelte, ins Geäst stieg und dort eine Strafpredigt hielt. Wieder einmal zeigt es sich, wie die *vom Morgen bis in Abend* einlaufenden *Depeschen* die Abgeschiedenheit des Klosters kompensierten. Auch jetzt wieder erfuhr Gustchen aus *Correspondence* vom aktuellen Zeitgeschehen, das sich außerhalb Uetersens ereignete. Diesmal waren es zwei berühmte Literaten, die sich befehdeten. Mit *aufgemachten Munde, Augen, Nase und Ohren* hatte das *damals noch winsig kleine Gustchen* den *Erzählungen der Reisen und Ebentheuern* (139) des Orientforschers Carsten Niebuhr, Gast ihres Elternhauses, zugehört. Ihr Wissensdurst – er kann nicht besser beschrieben werden als durch ihre eigenen für Bcie bestimmten Worte von den weit geöffneten Sinnen – war durch die Jahre der gleiche geblieben, mit allzeit schreibbereiter Feder suchte sie ihn auf allen Gebieten zu befriedigen. Ließen die empfangenen Briefe Fragen offen, so besorgte Augusta sich die das Thema behandelnde Literatur. Über die Struensee-Affäre unterrichtete sie sich als junges Mädchen so umfassend, daß sie sich als siebenundsiebzigjährige Dame zutraute, einen jungen Historiker, der mangels zuverlässiger Quellen seiner Fantasie freien Lauf gelassen hatte, über dieses Kapitel dänischer Geschichte mit wohlfundiertem Wissen zu belehren und seine *Irrthümer* zu berichten, sofern er sich an sie wenden würde.

*

Im zurückliegenden Jahrzehnt 1770 bis 1780 hatte Augusta zwei größere Reisen gemacht: Zusammen mit Katharina, Friedrich Leopold, Christian und Luise sowie den beiden befreundeten Ehepaaren Schimmelmann und Baudissin hatte sie im Sommer 1777 von Bernstorff aus einen Abstecher über den Sund ins *Schwedische Gebürge* unternommen, zwei Jahre später war sie zur Kur gefahren. Diese beiden Reisen sollten die einzigen ihres Lebens bleiben. Abgesehen von den Ausflügen in die Freie Reichsstadt Hamburg und den Aufenthalten auf den außerhalb des dänischen Hoheitsgebietes liegenden Bernstorffschen Gütern Dreilützow und Gartow kam sie niemals mehr über die Grenzen des Gesamtstaates Dänemark hinaus. Als Christian und Friedrich Leopold im Mai 1784 erneut anspannen ließen, hatte Gustchens Leben eine Wendung genommen, die es ihr versagte, sich wie vordem anzuschließen. Brüder und Schwägerinnen fuhren nach Karlsbad. Für fünf Tage stiegen sie in Weimar ab: *Den 27. kamen wir hier an. Der kleine Schardt ... kam und brachte uns zur Bernstorffen ... Als wir bei Tische saßen, kam Goethe, blaß wie die Wand vor Freude und Rührung, war unser alter Goethe von dem Augenblick an ...*

Die anstrengende Kur in Meinberg und Pyrmont hatte übrigens nicht den erwarteten Erfolg. Immer wieder aufs Krankenlager geworfen, durchlitt Gustchen nach wie vor *fatale Tage* und genoß um so dankbarer die kurzen Phasen völligen Wohlbefindens: *Gottlob meine Freuden, und all mein Gutes, sind wie meine Seele unsterblich, aber die Leiden, so bald sie vorüber, sind vergeßen. Doch red ich hier nur von körperlichen Leiden, und Gottlob der anderen sind doch weniger als die Freuden, die ich genieße ...* (96).

Ernst Graf von Schimmelmann   Emilie Gräfin von Schimmelmann
Gemälde von Erik Pauelsen   geb. Gräfin zu Rantzau

Das Jahr 1780 hielt solche *anderen* für sie bereit. Zu Seelust auf Seeland starb am 6. Februar Emilie Schimmelmann, Schwiegertochter des dänischen Schatzmeisters und Empfängerin so manchen Briefes, der aus Uetersens Kloster kam. *Gott gieße die Fülle seiner Gnade und seines Trostes über den armen Ernst! Wie Klopstock und Meta sich liebten, so liebten sich die ...* (109), schrieb Gustchen damals an Boie. Im schriftlichen Gedankenaustausch, auch mit Sophie von La

Roche, über alle Fragen, die sie jetzt bewegten, suchte Augusta ihre Trauer zu bewältigen: *Ach Gott mein Herz litt durch die Leiden unserer geliebten Emilia, ich wartete, biß ich mich mit Ihnen ihrer Erlösung, ihrer Seeligkeit freuen könnte . . . Nur der Gedanke ihrer Wonne, und daß ich ihr nachkomme, kann mich trösten . . . Eine liebe süße Freundin haben wir verlohren, aber ein Engel lebt! . . . Es ist wahrlich zu selfish, abgeschiedene Freunde lange zu beweinen, da wir ihnen ihren seeligen Tausch gönnen sollten, und uns ihrer Wonne freuen. Aber sagen Sie, beste Freundin, wie können die, die keine Religion haben, den Verlust ihrer Lieben ertragen? Nur sie giebt Trost dem verwundeten Herzen . . .* (110). Die Religion, ihrer aller unerschütterlicher Glaube an den auferstandenen Christus, gab den Geschwistern und ihr die Kraft, auch das zweite große Leid dieses Jahres, den Tod des Bruders Magnus, aus Gottes Hand entgegenzunehmen: *Über die Art seines Todes bin ich ruhig und danke Gott daß er so vielen Gefahren entgangen ist. Gott wird ihn nicht nach sein letztes Vergehen richten, sondern auf die Redlichkeit und Güte seines Herzens . . . Und was konnte er im letzten Augenblick mehr thun, als seinem Mörder vergeben –* . . . Die Wunde, die Magnus' Tod gerissen hatte, war noch frisch, als sich das Abschiednehmenmüssen fortsetzte: *Dank bester Boie für Ihren warmen Antheil . . . bald also seh ich Sie, deß freue ich mich, von ganzer Seele. Die sey Ihnen Bürge, daß mein frohes heitres Gesicht Sie empfangen soll. Ich bin sehr krank geweßen, und als ich daß erst recht ward, ward meine Seele ruhiger . . . Sie werden wohl wißen, daß unser aller guter lieber alter Freund Dewiz gestorben ist! Diesen Herbst sah ich also zum letzten mahle meinen aeltesten Freund und jüngsten Bruder, und sah sie zusammen! Welchen von meinen Lieben verliere ich nun zuerst? O mein Herz ist so zaghaft geworden, mir ist als hienge alles waß ich liebe an einem Haar und drüber ein Schwerdt . . .* (129). Dewitz und Magnus waren *zusammen*, als Augusta mit dem Bruder im Herbst des Jahres 1780 auf Loitmark Rast hielt. Sie kamen von einem Bernstorffer Geschwistersommer zurück, der zu den *Freuden, die ich genieße*, zählte. Auch Freund Boie war zu Gast gewesen, und Augusta hatte sich glückliche Erinnnerungen bewahrt: *Liebster bester kleiner Oberon . . . hab ich nicht so oft das Vergnügen gehabt, und immer, wenn Sie da waren, I h n e n Thee einzuschenken? Hab ich doch nicht vergeßen, daß wenn alles im Grase lag, und ich stand, und einschenkte, ein kleiner lieber Oberon mir half . . .* (125). Dieser Sommer sollte der letzte sein, den sie in so froher Runde auf Bernstorff zubrachten. Als einige von ihnen vier Jahre später dort wieder zusammenkamen, hatten sie nicht nur Magnus zu Grabe getragen.

An einem der lieblichen Maiertage des Jahres 1780, von denen die Briefe jener Zeit erfüllt sind, ergriff Gustchen ihr geliebtes Handwerkszeug, nämlich Tinte, Feder und Papier, und ließ sich – vermutlich im Garten – zum Schreiben nieder. Von Blattwerk und Gesträuch verdeckt, war sie den Blicken der im *Baumhof* Spazierenden ganz gewiß entzogen. Genoß jedoch eine ihrer am Partie wohnenden Mitschwestern Dernath, Rumohr, Thienen oder Dewitz zur selber Zeit die von Johann Friedrich Camerer gerühmte Aussicht nach Stade oder kam eine von ihnen auf die Idee, ihre Blumen am Fenster zu gießen, dann blieb ihr die Idylle im *kleinen Garten am Hause* nicht verborgen. „Die Stolbergen versorgt mal wieder die Reese!", mag sie dann vielleicht gedacht haben, als sie das schreibende Gustchen erblickte.

Die – fiktive – Vermutung dieser *Soeur en Dieu*, die Gustchens damalige ‚Brief'-Seiten wahrscheinlich niemals zu Gesicht bekam, war genauso falsch wie die der Nachkommen und Archivare, die sie viele Jahre später in Händen hielten und in die Familienpapiere einordneten. Weil Gustchen bis heute nur als die große Briefschreiberin bekannt ist, deswegen ruht das damals entstandene Manuskript, das niemals dafür bestimmt war, vom *Bothen zu Fuß* für einen Schilling Gebühr *in einem Sacke* nach Pinneberg geschafft zu werden, noch immer unter den Schriftstücken, die das Reichsarchiv zu Kopenhagen unter dem Namen der schriftstellernden Schwester Katharina verwahrt. Gleichsam Bilanz ziehend, hielt Gustchen in jenem Monat fest, was sich im Verlaufe eines zehnjährigen Reifungsprozesses in ihr ausgebildet hatte:

Einzelne Gedanken und Empfindungen
Im May 1780
Fast nie hab ich einen Frühling so empfunden, so genossen, wie diesen. Ziemlich wohl, vergaß ich, daß ichs nicht immer war. – Bey meiner Oberg, im Genuß des ersten Frühlings und aller seiner Freuden, sah ich die Morgendämmerung seiner Auferstehung, sah sie zunehmen, und mit ihr bildeten sich süße Freuden in meinem Herzen – in der Erwartung, einen Geliebten Bruder wiederzusehen, und sein gutes Weib ... und ... mich der süßen Land- und Frühlings Freuden zu erfreuen – in etwaß weiterer Entfernung das Wiedersehen aller meiner Geschwister, und mit ihnen einen frohen Sommer und Land Genuß!

Trennung bleibt meinem Herzen ewig ein fremdes Klima. Wiedersehen ist die süßeste Freude meines Herzens! Ein Bild, schwaches Bild jenes Großen Wiedersehens! Beysammenseyn, ein Vorschmack einer Ewigkeit ohne Trennung, aber nur Schatten von Vorschmack, da man hier immer Trennung fürchten muß ...

Warum ist die Erinnerung vergangener Freuden mit Wehmuth vermischt? Ich glaube, es kommt daher, weil wir an sie, wie an liebe Abgeschiedene denken.

Warum denkt man mehr an zukünftige Freuden, als an Gegenwärtige? Warum lebt man mehr in der Zukunft als in dem Gegenwärtigen? Ist daß nicht Ahndung, inneres Gefühl von einem Leben ohne Ende? Durst nach Unsterblichkeit?
...

In der längsten Abwesenheit seine Freunde vergeßen zu können, sie weniger lieben, weil ich sie nicht von Angesicht zu Angesicht sehe, ist und bleibt meinem Herzen ewig fremd, und unmöglich.
...

To enjoy is to Obey

Sehr angenehm ists, einer Person, die man liebt, eine unerwartete Freude zu machen, sie mag noch so klein seyn. Kann ich den Weg derer, die ich liebe, nicht mit Rosen bestreuen, so ists doch schön, ihnen ein Vergißmeinnicht unerwartet im Wege aufblühen zu laßen.

Die Simpathie zweyer Seelen denke ich mir, wie wenn zwey Instrumente gleich gestimmt sind, die Saite des einen bebt, wenn die andere berührt wird.

Auch glaube ich, daß zwey solche Seelen in der Abwesenheit aufeinander würcken können, und wollen wir es darum nicht glauben, weil wir nicht begreifen können, wie und wodurch?

. . .

Ich glaube auch, daß mehr Sinne in uns liegen, als wir jetzt haben. Sollten Ideen wie die, die ich von jeher gehabt habe, daß man den Leuten ihre Namen ansieht, nicht Ahndung von Gefühlen seyn, die in uns unentwickelt liegen?

Ich danke Gott, daß er mir ein Herz gab, daß die Natur so liebt, so fähig der unschuldigen, besten Freuden, und es so liebend machte! Meine Lieben sind meine Welt; in meinem Herzen ist das D a h e i m meiner Freunde.

. . .

Warum wirken die Blumen so besonders stark auf mich? Könnte ich je einen Entschluß fassen, böse handeln zu wollen, so halte mir einer derer, die mich lieben, eine Blume vor, die schön und sanft riecht, und ich bin gewiß, ich thu es nicht.

. . .

Den 11. May

Gestern Abend saß ich mit meiner Oberg im Garten. Der Himmel war heiter, der Abend stille und sanft, das erste Viertel des Mondes über uns, einzelne Sterne am Himmel, vor uns Wolken, die meine Phantasie zu allerhand Figuren und Tieren bildete, um uns duftende Aurikel, Jonquillen, Hiacinthen und Bäume voll Blüthe, davon ein sanftes Lüftchen uns Wohlgeruch zuhauchte. Mir war stille, sanft und wehmütig wohl. Heute Morgen ging ich um sieben in Garten. Ein schöner Morgen! Alles voll Leben und Bewegung, ich saß in einer einsamen Laube, und las in meiner Brüder Gedichte, freute mich des Glücks, daß ich Brüder habe, deren Gedichte fähig sind, das Herz in der ersten Morgenstunde zu erheben und zu jeder guten und süßen Empfindung zu stimmen! Und die ich so liebe! Die mich so lieben! O Liebe meiner Schwestern und Brüder! Was bist du mir! – Warum lieb ich einen schönen Abend noch mehr als einen schönen Morgen? Dieser erhebt mein Herz mehr zur Anbetung Gottes, jener mehr zum Vertrauen und zur kindlichen Liebe – wenigstens sympathisirt ein sanfter stiller Abend mehr mit meinem Herzen, flößt mir mehr Ruhe und Liebe ein, stimmt mein Herz sanfter, entlockt meinem Auge eher und öfter die Thränen der sanften Wonne der Wehmuth. –

Wie kann ein Freigeist die Natur empfinden, und Freigeist bleiben?

. . .

Man muß nie mehr von einem Freunde fordern, als er geben kann. Hab ich denn darum das Recht, von einem Freund alles zu fordern, weil ich ihm alles gebe?

Wärs nicht ungerecht, ihn darum weniger zu lieben, weil ich weniger in ihm fand, als ich suchte, als ich ihm lieh? . . .

Nichts ist freyer, muß freyer seyn, als die Freundschaft, aber auch nichts deli-
cater – was ist aber fester, als die Bande des Herzens?
Ich kann nicht v i e l e n viel seyn, weil ich w e n i g e n a l l e s bin.
. . .
Die meisten Menschen lieben es mehr, Verbindlichkeiten zu erzeigen, als andern
welche schuldig zu seyn, und davon ist die Quelle Stolz. O die kennen das seelige
Gefühl der Dankbarkeit nicht!
. . .

den 20sten May

Der Enthusiasmus ist die Quelle fast aller edlen Empfindungen und großen
Handlungen, aber man muß sich sehr hüten, daß er nicht in Schwärmerey ausar-
tet, denn jede Schwärmerey, ihr Grund mag noch so edel, die Folgen noch so
erhaben seyn, ist Abweichung von der Wahrheit, die uns immer das erste bleyben
muß. Die Wahrheit ist ein Heilichthum, ihr etwaß zu rauben ist sündlicher, als
der ärgste Kirchenraub. Ich denke ganz anders über Leiden und Unglück als die
meisten Menschen, und doch habe ich ein Herz, daß sie lebhafter empfindet als
viele unter ihnen.

Ich glaube, es giebt mehrere, die körperliche Leiden zu ertragen haben, als die
das Glück der Gesundheit genießen, mehrere durch Leiden der Seele niederge-
drückte, als frohe Glückliche. Das Alles kann mich nicht irre machen, und wenn
alle Menschen es wären, so könnte ich darum keinen Augenblick an der unendli-
chen Liebe Gottes zweifeln; im Gegentheil, es befestigt meinen Glauben darum,
weil es mich am stärksten von der Unsterblichkeit der Seele überzeugt, und weil
ich mir die seeligsten Folgen für diejenigen denke, die ihre Leiden mit Geduld,
Unterwerfung, und dem kindlichen Vertrauen zu ihrem lieben himmlischen Va-
ter ertragen haben.

Gustchen setzte ihre *Gedanken und Empfindungen* später noch um einige
Sentenzen fort:
den 15. Feb. 82 . . . Ich glaube an kein Ungefähr, in nichts, über alles, was
existiert, glaube ich, daß eine Vorsehung waltet, und was die erwaltet, kann kein
Ungefähr seyn (145).
. . .

Der weitverzweigten Familie müssen diese Texte einst sehr teuer gewesen
sein, sind sie doch in verschiedenen Abschriften vorhanden. Als, vielleicht in
der nächsten Generation, einige der Originalblätter verlorengegangen waren,
konnten die fehlenden durch vorhandene Kopien ohne weiteres ersetzt werden.

Gustchens Priörinnen

Seitdem Augusta im November 1777 Christians und Luises *einsame Hütte* eingerichtet hatte, kehrte sie Jahr für Jahr sowohl im Frühling als im Herbst jeweils für zwei oder mehr Wochen dort ein. Hatte sie dann Abschied genommen und ihr Kloster-Zuhause wieder erreicht, gingen die Briefchen bis zum nächsten Besuch recht zahlreich hin und her. Der Schwägerin zuliebe faßte Gustchen diese *lettres* meist in französischer Sprache ab, denn die Conversation mit Luise bewegte sich auf hohem geistigen Niveau. Doch die Blätter wären keine Gustchen-Briefe, würden sie nicht unterbrochen oder ergänzt von spontanen Mitteilungen, bei denen die Verfasserin in die von ihr so geliebte Muttersprache zurückfiel. Am Ende von vier Seiten schönstparliertem Französisch krakelte die Feder dann Banalitäten wie diese: *Bitte schreibe mir nach Altona so bald du kannst, ob und wo Du mich kannst abholen laßen, ich habe keine Zofe . . .* (130).

Ganz anders geartet war hingegen die Nachricht, mit der Augusta ihren literarischen Erguß vom 18. November 1781 abrupt unterbrach: *Adieu Liebe, nun muß ich zur Priörin – Gestern wollte sie, daß ich Hensler kommen laßen sollte, da ich ihr aber nicht versprechen konnte, daß seine Medicin süß schmecken würde, und sie mir nicht versprechen wollte, einzunehmen, ließ ich's bleiben, iezt will sie's auch nicht mehr . . .*

Es ist anzunehmen, daß der berühmte Doktor im Verlaufe der folgenden vier Wochen dennoch gerufen wurde und sowohl süße als bittre *Medicin* gebrauchte, um die Krankheit zu bekämpfen, die sich der Uetersener Priörin bemächtigt hatte. Zu jener Zeit fand in der Klosterkirche kein Gottesdienst statt, in dem Hauptprediger und Diaconus nicht fürbittend der kranken Dame gedachten. So traf denn das Glockenläuten, das am Montag, dem 17. Dezember 1781 morgens um acht Uhr das Aufdämmern des Wintertages begleitete, die Uetersener nicht unvorbereitet: Genau wie zuletzt vor zwölf Jahren, mischte sich unter die tiefen, ernsten Schläge der zwei größten Glocken im Kirchturm das eifrige Gebimmel der beiden Glöckchen im Dachreiter. Die erzenen Klänge verkündeten es bis in den letzten Winkel des Fleckens und weit in die Marsch hinein, daß Ihro Hochwürden Catharina von Reventlow, Priörin des Adeligen Klosters seit 1773, verstorben waren. Sechs Tage hintereinander läutete es nun in dieser Weise morgens, mittags und abends je eine Stunde lang, auch im Dorfe Seester, wo das Kloster das Patronatsrecht besaß

Es war nicht der einzige Todesfall, den Gustchen im Stift miterlebte, wohl aber der einzige einer Priörin. Die zitierte Briefstelle, die eine engere Beziehung zwischen ihr und der Verstorbenen aufzeigt, läßt den Schluß zu, daß sie zu den Damen gehörte, die Frau Priörin in den Sarg betteten. Die Glocken riefen es aus, als die Conventualinnen ihrer toten Vorsteherin diesen letzten Liebesdienst erwiesen. Für die Dauer dieses Geläutes, das die *Unterthanen* zur Fürbitte aufrief, kehrte im Ort eine feiertägliche Stille ein: Alles laute Getöse verstummte, die Fuhrleute brachten die Wagen zum Stehen und nahmen ihre Mützen ab, die Handwerker unterbrachen ihre Arbeit, und auch in den Schenken, Stuben und

Küchen wurde es still. Doch war im Sterbehaus das Werk vollbracht und setzten sich die Conventualinnen nieder, um von den Jungfern und Mägden der Verstorbenen mit *Coffee, Thee, Wein und Confect* bewirtet zu werden, dann hielten die *Läuters* die Glockenseile an und das Leben im Flecken lief seinen gewohnten Gang.

Es dauerte geraume Zeit, bis die Todesnachricht zu den Angehörigen gedrungen war und diese sich auf einen Begräbnistermin geeinigt hatten. Doch als Gustchen sich um die Jahreswende 1781/82 auf eine Reise nach Tremsbüttel machte, muß sie gewußt haben, daß Ihro Hochwürden von Reventlow am 4. Januar beerdigt werden sollten. Es ist völlig ausgeschlossen, daß eine Conventualin Urlaub erhielt, wenn ihre Priörin zu Grabe getragen wurde. Ulrica von Dewitz, die älteste der Damen, die für die Dauer der Vakanz die Geschäfte führte, kann Gustchen nicht gestattet haben, was sie anderen verwehren mußte.

Auch Katharina Stolberg hatte sich damals zu Besuch bei Bruder und Schwägerin eingestellt. Wie aus einem ihrer Briefe an Klopstock hervorgeht, hielt Gustchen sich noch am 3. Januar in Tremsbüttel auf. Früh am anderen Tag muß sie aufgebrochen sein, um ihrer Pflicht als Conventualin nachzukommen. Der Weg von Tremsbüttel nach Uetersen ist nicht ganz doppelt so weit wie der vom Kloster nach Breitenburg. Fuhr sie diese Strecke an einem Tag hin und zurück – und dies tat sie öfters –, dann machte ihr auch die Entfernung Tremsbüttel–Uetersen nichts aus. Zwar schrieb Katharina: *Die Witterung ist auch izt so schlimm und die Wege so arg . . .*, aber im Hamburger Raum müssen die Verhältnisse besser gewesen sein: Selten wurden im Monat Januar so viele Klosterfuhren ausgewiesen wie in jenem Jahre. Gustchen legte ihre Fahrt sicherlich im Pferdeschlitten zurück. War auch der Anlaß ein trauriger, wird die Reise somit weniger eine Anstrengung als vielmehr ein Vergnügen gewesen sein.

Jedes Stiftsfräulein war gut beraten, wenn sie das in regelmäßigen Abständen immer wieder neugefaßte *Verzeichniß von dem was bey dem Begräbniß einer Conventualin erfordert wird* nicht nur beizeiten studierte, sondern auch, ihr letztes Stündlein bedenkend, diesbezügliche finanzielle Vorsorge traf. Nur der Grabplatz auf dem *Jungfernfriedhof* war gebührenfrei, alle anderen Dienste hatten auch im Kloster ihren Preis, und zuvörderst hieß es da: *Probst und Priörin zahlen alles doppelt.* Die entstehenden Kosten waren beträchtlich: Die *Läuters bey den Großen Glocken* erhielten nach Abschluß der Trauerfeierlichkeiten jeder zwei *Straußthaler*. Lastete das Kirchenamt in jenem Jahre auf Gustchen, dann wurden ihre beiden Jungfern für ihr unentwegtes Glockenseilziehen mit acht Reichsthalern *Trinkgeld* bedacht. Die Gebühren der *12 Trägers* in Höhe von je *einen Species Thaler* lagen genau so fest wie der Botenlohn, den die Tischlergesellen empfingen, wenn sie den Sarg anlieferten. Auf Kosten der Verstorbenen labten sich alle, die an ihrer Beerdigung beteiligt waren, *Läuters*, Tischler, Jungfern und Sargträger, an Wein, *Confect* und Zwieback. Keiner der klösterlichen Angestellten ging leer aus, auch die Geistlichen, die eine umfangreiche Leichenpredigt abzufassen hatten, nahmen ihr Teil entgegen: *Der Hauptprediger bekommt 24 Rthl, Confect, Marzipan, eine Bauth. Süd und Rheinwein, der 2te Prediger 12 Rthl. das übrige mit dem anderen gleich, alles wird ihnen am Beerdigungstage zugeschickt.*

Die Beerdigungsfeierlichkeiten waren an keine Tageszeit gebunden und fanden nicht selten abends bei Fackelschein statt. In jedem Fall wird Gustchen noch rechtzeitig genug in Uetersen angekommen sein, um an der vorher stattfindenden gemeinsamen Mahlzeit teilzunehmen, die im Sterbehause für alle Conventualinnen, den Rektor und den Organisten sowie die beiden Geistlichen ausgerichtet wurde. War der Sarg zwar längst geschlossen, ließ man dennoch eine wichtige Vorsichtsmaßnahme nicht außer acht: ... *und auf jedem Teller muß eine Citrone liegen* ... Der saure Saft dieser Frucht diente in früheren Zeiten als Desinfektionsmittel.

Während sich die Tafelnden bei Wein, Gebäck und Zuckerbäckereien über den herben Verlust hinwegtrösteten, den sie erlitten hatten, strömten draußen die Schaulustigen herbei. Dicht bei dicht standen die *Unterthanen*, knufften und pufften um die besten Plätze und reckten die Hälse, denn wie sich der Trauerzug einer Priörin formierte und alsdann, mitunter von *Sängers* und *Musicanten* des Hamburger Theaters angeführt, in Bewegung setzte, war ein Schauspiel, das sich nicht allzuoft wiederholte. Das Verhalten des neugierigen Volkes war durch Generationen das gleiche geblieben, und darum bedachte die klösterliche Gebührenordnung auch die Bedienten der Verstorbenen: *An Engelbrecht und dem Klosterkutscher, die vor und hinter der Leiche gehen um Platz zu machen, jeder 1 Mark.* Der Beerdigungszug der Priörin Catharina von Reventlow führte vom *Amtshaus* aus nicht zum nahegelegenen *Jungfernfriedhof*, sondern in die Kirche: *Vor ungefehr 2 Jahren kaufte die Wohlseelige ein Begräbniß hinter dem Altare, in welchem sie nun auch zu ihrer Auferstehung ruhet,* trug Pastor Schröder ins Sterberegister ein.

✳

Seit fünfzehn Jahren Conventualin, sah Gustchen nun im Januar 1782 der Wahl ihrer vierten Priörin entgegen. Margarethe Hedwig von Buchwaldt aus Borstel, Tante der Gräfin Charitas Emilie von Bernstorff, hatte ihr, der damals Dreizehnjährigen, das *alte Closter Habit* um die Schultern gelegt, sie mit einer Rede begrüßt, ihr das Versprechen des Gehorsams abgenommen und sie sodann aus der klösterlichen Gemeinschaft, in der sie sich neunzehn Tage aufgehalten hatte, bis auf weiteres entlassen. Als sie sich vier Jahre später etablierte, weilten Ihro Hochwürden von Buchwaldt nicht mehr unter den Lebenden, Augusta wurde von ihrer Nachfolgerin begrüßt. Sie, die wegen ihres – angeblich – unentschuldigten Ausbleibens bei der Wahl vom 20. November 1769 eine Rüge erhalten hatte, war somit an der Fehlentscheidung des Conventes nicht beteiligt, der damals Hedwig Albertina von Rumohr, die Älteste, *per majora* zur Priörin wählte. Unfähig, Finanztermine durchzusetzen, brachte diese die klösterlichen Zahltage aus dem Lot. Unangenehme Dinge vor sich herschiebend, enthielt sie dem Convent wichtige Informationen vor, Elisabeth Benedicta Brocktorff empörte sich: *Anno 1772 den 28. September ist ein Rescript von der Gemeinschaftlichen Regierung ein gegangen, das das klösterliche Argive in Ordnung gebracht, und der Convent Saal und das alte Priörin Haus gebauet werden soll, dieses Rescript aber hat die Frau Piörin aller erst den 11. Januar produciret.*

Aus den vielen Beschwerden die Konsequenzen ziehend, trat Hedwig Albertina von Rumohr zum frühestmöglichen Zeitpunkt, den die Klosterordnung zuließ, zurück; Gustchen, seit drei Jahren in Uetersen, erlebte am 14. Dezember 1773 ihre erste Priörin-Wahl. Auch sie gab damals ihre Stimme der jetzt verstorbenen Catharina von Reventlow.

Warum Augusta am 9. und 14. Januar 1782 den Sitzungen fernblieb, in denen der Convent die Neuwahl der Priörin im Probstenhaus – *weil der Priörin Amtshaus, wo sonst alle Convente gehalten werden müssen, während der Vacanz nicht zu öffentlichen Handlungen gebraucht werden darf* – vorbereitete, läßt sich nicht enträtseln: Augusta-Briefe stehen aus jener Zeit nicht zur Verfügung, und andere Familienpapiere sagen darüber nichts aus. Friedrich Leopold, in dienstlichen Geschäften unterwegs, hielt sich damals in Hamburg auf. Um dort mit ihm an ihrem Geburtstag zusammen zu sein, wird Gustchen vielleicht sehr bald nach Catharina von Reventlows Beerdigung an die Elbe gefahren sein: Durch Eintrag im *Fuhrenregister* ist belegt, daß sie sich am 18. Januar von der ersten der beiden ihr in diesem Jahre zustehenden Klosterfuhren aus Altona abholen ließ.

Ihre Mitschwestern hatten unterdessen nicht nur den Wahltermin festgelegt, sondern sich bei dieser Gelegenheit erneut mit den Vorschriften der uralten Klosterordnung befaßt, deren Reformwerk zwar im Gange, aber noch längst nicht abgeschlossen war. Bereits 1773 hatten sie sich widersetzt, *vor der Priörin-Wahl einen körperlichen Eid mit aufgereckten Fingern abzulegen* und statt dessen durch eigenhändige Unterschrift gelobt, was das Gesetz von ihnen forderte. Hatte der König damals diesem Verfahren zugestimmt, würde er auch diesmal nichts dagegen einzuwenden haben.

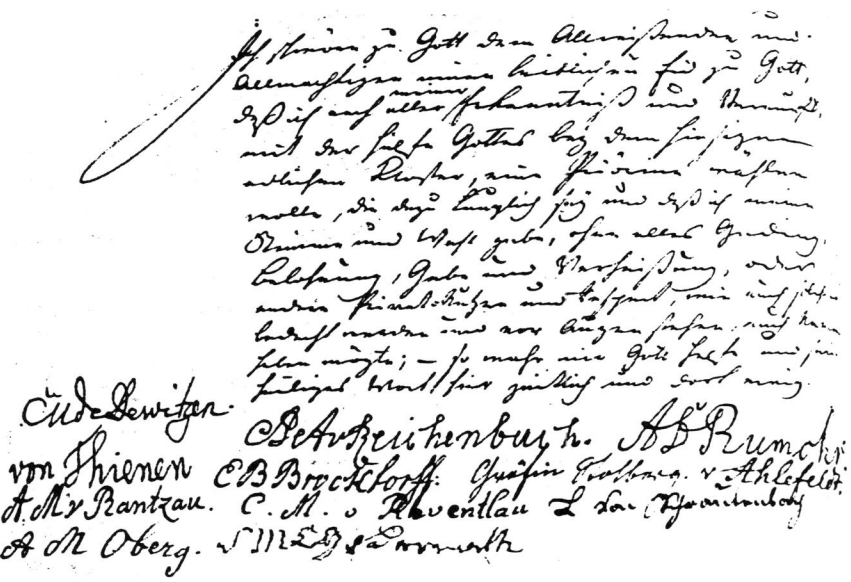

Der unterschriebene Wahleid vom 29. 1. 1782

Am Dienstag, dem 29. Januar 1782 – am Geburtstage Seiner Majestät – versammelten sich alle anwesenden Conventualinnen zur Wahl einer neuen Priörin. Einer jeden von ihnen, auch Gustchen, stand dieses Amt offen. Die älteste Dame damit zu betrauen, entsprach zwar der Tradition, war aber nicht Vorschrift. Durch den Wahl-Eid suchte die Klosterordnung zu verhindern, daß sich Freundinnen das sehr lukrative Amt gegenseitig zuschanzten. Sobald Seine Excellenz Henning von Qualen die Eidesformel vorgelesen hatten, setzten die Damen der Reihe nach ihre Unterschriften unter die soeben gehörten Worte. Auch Gustchen Stolberg gelobte: *Ich schwöre zu Gott dem Allwissenden und Allmächtigen meinen leiblichen Eid zu Gott, daß ich nach aller meiner Erkenntniß und Vernunft, mit der Hülfe Gottes bey dem hiesigen adlichen Kloster, eine Priörin wählen wolle, die dazu tauglich sey und daß ich meine Stimme und Wahl gebe, ohne alles Geding, Belohnung, Gabe und Verheißung, oder anderem Privatnutzen und Respect, wie auch solche bedacht werden und vor Augen stehen und Namen haben mögten; – so wahr mir Gott helfe und sein Heiliges Wort, hier zeitlich und dort ewig.*

Als alle elf Unterschriften geleistet waren, schritt man zur Wahl. Jede Dame schrieb den Namen der Mitschwester, für die sie sich entschieden hatte, auf einen zuvor von Kosterschreiber Lawätz erhaltenen Stimmzettel. Sie bekräftigte ihr Votum durch ihre Unterschrift, faltete das Papier, verschloß es mit ihrem Siegel und gab es dem Sekretär zurück. Heinrich Wilhelm Lawätz, der, wie es seines Amtes war, *die Wahlbriefchen eröffnet, der Reihe nach im Conventsprotocoll einträgt, die Stimmen aufzählt und dem Convent anzeigt, welche unter ihnen die Mehrheit für sich habe und die erwählte Priörin sey . . .*, gab folgendes Ergebnis bekannt:

Christina Ulrica von Dewitz, die älteste Dame	5 Stimmen
Sophie Magdalena von Thienen	3 Stimmen
Elisabeth Benedicta von Brocktorff	2 Stimmen
Dorothea Catharina von Ahlefeldt	1 Stimme

Wie man sieht, hielten sich längst nicht alle Damen an den Brauch, die Älteste zu wählen: Fräulein von Ahlefeldt a.d.H. Lehmkuhlen war zwei ‚Stellen‘ jünger als Gustchen, und Fräulein von Brocktorff, die eifrige Nachrichtenschreiberin, hatte den siebten Platz inne. Doch Ulrica von Dewitz a.d.H. Loitmark war im Besitz einer deutlichen Mehrheit und erhielt die Glückwünsche der Versammelten. Auch sie erhob die Hand nicht mehr zum Schwur, um buchstabengetreu ihren Amtseid abzulegen, sondern gelobte durch ihre Unterschrift: . . . *dem Kloster getreulich vorzustehen, über gute Disciplin, Zucht und Ehrbarkeit ohne Ansehen der Person zu halten, . . recht zu richten, . . . die Conventualinnen und des Klosters Untersassen bey dem ihrigen zu lassen, nicht auf Privat-Nuzzen . . . mein Absehen zu haben, sondern des Klosters und ganzen Conventes gemeine Wohlfahrt in Obacht zu nehmen . . . über die Klosterordnung mit Ernst zu halten und mich in allem so zu bezeigen, wie es einem geistlichen Haupte wohl anstehet . . .*

Der feierliche Akt war erst beendet, als jede Coventualin ihrer neugewählten Vorsteherin *das Handgelöbnis über die Befolgung der ihnen vorgelegten Oblie-*

genheiten gegeben hatte. Gustchen und alle anwesenden Damen versprachen, *... unserer Priörin in billigen Sachen gehorsam zu seyn, uns derselben nicht zu widersetzen, sondern was wir von derselben zu guter Zucht erinnert werden, solches gern anzunehmen ... und uns dermaßen zu bezeigen, wie das adelichen Kloster-Jungfrauen gebühret ...*

Ulrica von Dewitz stand im 65. Lebensjahr und hatte einunddreißig Jahre im Kloster Uetersen verbracht, als sie am 29. Januar 1782 zur Priörin gewählt wurde. Sie, die Schwester des Gutsherrn von Loitmark, besaß das Vertrauen der Familie Stolberg und nahm während der vier Jahre, in denen die Conventualin Gustchen noch zu Hause lebte, deren Gelder an den Zahltagen entgegen. Dies wird aus dem klösterlichen *Quitungs-Buch* ersichtlich. Das dreizehnjährige Töchterchen aus Rungstedt, das sich vor ihrer Einkleidung im September 1766 etwa drei Wochen im Kloster aufhielt, wird während dieser Zeit bei Ulrica von Dewitz Aufnahme gefunden haben.

In der Frage, welche ihrer Mitschwestern sie für das Amt der Priörin am geeignetsten hielten, stimmten die beiden Freundinnen Oberg und Stolberg ein weiteres Mal miteinander überein, denn beide gaben ihre *Vota* der Conventualin aus Loitmark. Daß sie sich für die Richtige entschieden hatten, zeigt der Nachruf, mit dem Hauptprediger Alers der am 14. Mai 1792 verstorbenen Klostervorsteherin Ulrica von Dewitz im Kirchenbuch gedachte:

Sanft ruhe unter Gottes Auge Ihr Körper, und seine belohnende Seeligkeit ... erquicke ewig die Seele dieser frommen Christin, dieser Zierde des Klosters, ... meiner und des ganzen Fleckens unvergeslichen Wohlthäterin!

316

Gustchen verläßt das Kloster Uetersen

Der dänische Außenminister Andreas Peter Graf von Bernstorff befolgte sehr konsequent eine Politik des Gleichgewichts und führte, gegen mancherlei Widerstände, nach Bündnisverträgen mit Rußland und Preußen im Sommer 1780 auch eine Absprache mit England herbei. Die beiden ersten Verbündeten zeigten sich darüber sehr verärgert. Den Zorn der Großen Katharina und Friedrichs II. von Preußen nahmen Bernstorffs Gegenspieler, nämlich Kabinettsminister Guldberg, Königin Juliane Marie – Stiefmutter des regierenden Königs und Schwägerin Friedrichs II. – sowie deren Sohn Erbprinz Friedrich zum Anlaß, den verdienten Staatsmann aus dem Amt zu drängen. Christian schilderte Klopstock das politische Ränkespiel, das den Schwager am 13. November 1780 zu Fall brachte, und beschloß seinen Bericht: *Der König hat eigenhändig einen langen Brief an Bernstorff schreiben müssen, um ihm zu sagen, daß er um seinen Abschied anhalten möchte . . . Die ganze Stadt soll außer sich seyn für Betrübniß und Furcht. Auf der Börse hat in den ersten Tagen kein Geschäft ausgemacht werden können. Und Bernstorffs Haus ist voll zu allen Stunden . . .* Auf Bitten König Christians VII. blieb Graf Andreas Peter zunächst noch in Kopenhagen. Doch Anfang des neuen Jahres verließ er Dänemark und zog sich, wie schon einmal in den Jahren 1770 bis 1772, mit seiner Familie auf sein mecklenburgisches Gut Dreilützow zurück. Von hier aus bewirtschaftete er auch seine holsteinischen Güter Wotersen, Borstel und Stintenburg.

Noch am selben Tage, als Graf Bernstorff entlassen wurde, stellte Friedrich Leopold Graf zu Stolberg, Gesandter des Fürstbischofs von Lübeck am dänischen Hof, sein Amt zur Verfügung. Seinem Gesuch wurde stattgegeben, im Frühling 1781 ging er nach Eutin zurück. Im Unterschied zu Herzog Carl August von Sachsen-Weimar-Eisenach besaß Fürstbischof Friedrich August von Oldenburg nicht die Gabe, seine Residenz zu einem geistigen Zentrum zu machen; den Ruf ,Weimar des Nordens' zu sein, erlangte Eutin erst unter seinem Nachfolger. Betraut mit einem Amte, das keinerlei verantwortliche Tätigkeit forderte, und gefesselt an einen Hof, wo man sich mit Pfänderspielen, Diners und Exkursionen die Langeweile vertrieb, nutzte der Eutinische Oberschenk Graf Stolberg jede sich bietende Gelegenheit, diesem Dasein zu entkommen; er hielt sich oft zu Besuch in Hamburg, Tremsbüttel, Dreilützow oder Uetersen auf.

Auch Katharina Stolberg kehrte Dänemark den Rücken und ging nach Holstein. Ständig bei Geschwistern und Freunden zu Gast, führte sie von jetzt an ein Nomadenleben; nicht jeder, bei dem sie sich für mehrere Wochen einquartierte, war davon sehr erbaut. Als alle Familienangehörigen Seeland verlassen hatten und es so aussah, als sollten sie niemals wieder dorthin zurückkehren können, verkaufte Christian 1781 das Landgut Rungstedt an den dänischen Maler Vigilius Erichsen. Als hätten sie dieses alles vorausgeahnt, waren Katharina und Friedrich Leopold im Oktober 1780 zu einem kurzen Besuch in ihrer aller Kinder- und Jugendheimat eingekehrt, letzterer schrieb an Christian: *Ich . . . habe . . . alles in guter Ordnung gefunden. Das Wetter war schön, wir gingen . . . überall in den Gärten und im Hause herum, gingen dann durchs Hölzchen . . .*

nach Helleholm, von da über Ungens Haus und über den Bach zurück. Ich fühle mich immer jung, alle Hefen, die mir seitdem den Wein des Lebens oft getrübt haben und trüben, senken sich zu Boden ... wenn ich in Rondstedt bin ... Laß die Stürme des Lebens über uns wehen, sie können uns früh das Laub nehmen, das ein schönerer ewiger Lenz uns wieder bringt, aber krumm biegen sollen sie, so Gott will, uns nicht ...

Boie hatte sich im Sommer 1780 bei der Regierung um ein Amt bemüht, jetzt im November bangte Gustchen um die berufliche Zukunft des Freundes: *Lieber Boie, sie waren bey uns einer der ersten Gedanken, die in Menge auf uns losstürmten, als die Nachricht aus Kopenhagen kam. Gott gebe, daß Sie nur nicht darunter leiden mögen, das heißt: daß Sie mit mindern agrément, und also mit mindern Glück eine neue Laufbahn betreten mögen! Doch bey klein Boyelchen kann man sich ja jede Ausnahme denken, der bisher, so ganz l'Enfant gaté aller Menschen, und des Schicksals geweßen ist. Das beruhigt mich für Sie ...*

Sagen Sie uns ja, so bald Sie etwaß erfahren, aber Lieber, nehmen Sie sich in Ihren Briefen nach Kopenhagen in acht, alle Briefe von Bernstorff und von seinen Freunden, und alles an ihn, und ihnen wird erbrochen. Unsre, die wir erhalten, sinds iezt immer, und wir erhalten sie leider daher immer 3 Tage später. Lieber Boie, ... ich bin voll Indignation gegen die die es gemacht haben, gegen den schwarzen Undanck, und die schändliche Schwäche, mein Herz blutet für das arme Land ...

Mein guter Schwager! Für ihn ist dieß der brillanteste Augenblick seines Lebens, da er mit dem Lorbeer in der Hand ein Land verläßt, dem er sich aufgeopfert hatte, daß er nicht mehr retten kann, deßen Seufzer, Thränen und Liebe ihm aber folgen. Es ist unbeschreiblich, wie er die Liebe der Nation besizt, und wie sie laut spricht. Aber h a n d e l n s o l l t e *sie. Wenn alle diese Empfindungen mich lange beschäftigt haben, so denke ich: Ist, und bleibt doch immer Gott, der alte Gott, und kann doch ohne seinen Willen, kein Haar vom Haupte fallen, das beruhigt mich ...* (125).

In Dreilützow hatte sich, zum Juli des Jahres 1781, Familienzuwachs angekündigt. Als Gustchen am Anfang dieses Monats von Metta Oberg Abschied nahm, um zunächst nach Tremsbüttel und sodann über die mecklenburgische Grenze zu reisen, winkten ihr keine gemütlichen Ferien. Sie und Katharina stellten sich bei Bernstorffs ein, um die Hausfrau zu vertreten. Acht Kinder mußten versorgt, ein großes Hauswesen wollte regiert, und lieber Besuch, nämlich Friedrich Gottlieb Klopstock, sollte empfangen werden, wenn Henriette demnächst ‚in die Wochen' kommen würde. Der Schwager wurde seit Jahren von der Gicht geplagt und hatte gerade besonders starke Beschwerden: *Sein Podagra hat nur ein Tag gewährt, und es fieng so sehr stark an, daß er nicht ohne die größte Mühe und enzeliches Hinken von einer Stube nach der andern gehen konnte. Gottlob, daß es so vergangen ist ...* (133).

Die beiden zu Hilfe geeilten *Nonnen* der Familie waren dennoch guten Mutes, und als das Kindchen geboren war, hätte Gustchen der lieben Menschen gerne noch mehr um sich versammelt und versorgt: *... bestes Boielchen ... Ist gar nicht dran zu denken, daß Sie hierherkommen? o bitte bitte, wir alle, ein ganzes Chor, sagen, bitte bitte, kleiner Oberon kommen Sie. Ich verspreche Ihnen*

auch, in meinem strahlenden Cherubs Gewande, für Sie, zu erscheinen ... adis
guter kleiner Oberon, warum schwingen Sie nie Ihren Lilienstab, und erscheinen
in unserer Mitte, oder spannen Ihre Schwäne an? adis adis klein Gustchen hat Sie
sehr lieb, und bittet daß Sie sie nicht vergeßen mögen ... (135). Auch Schwägerin Luise hätte eigentlich nach Dreilützow kommen sollen: *Das Erzählen über-*
laß ich meinem Bruder, Du wirst Dich wundern, wie gut hier alles geht. Es ist
enzezlich eisch, daß Du nicht kommen kannst ... (133). Seit elf Jahren im Holsteinischen, hatte Augusta das Vokabular der Einheimischen längst angenommen, die auch noch heute einen unschönen Zustand mit dem Worte *eisch* zu
bezeichnen pflegen. Starker Augenbeschwerden wegen überließ Gustchen es
heute, am 28. Juli 1781, dem auch in Dreilützow anwesenden Friedrich Leopold,
zu erzehlen, wie alles geht, nämlich wie vorzüglich die beiden Stiftsdamen Haus
und Hof bestellten; erst vor acht Tagen hatte sie selbst durch einen achtseitigen
Brief die neusten Nachrichten nach Tremsbüttel übermittelt und Henriettes
Jüngstes vorgestellt, das am 17. Juli 1782 geboren worden war: *... ich soll Dir*
erzehlen, daß will ich gerne, aber auch wiederum nicht gerne, denn ich wollte
viel lieber, Du sähest alles mit Deinen eignen Augen, wie wohl die Mutter, wie
groß das Kind ist, und hörtest mit Deinen eignen Ohren, welche excellente Lunge
dieser Junge hat. Ich will von vorne anfangen Dir zu erzählen: Sehr glücklich war
meine Reise; ³/₄ Meile von hier, begegnete ich der Bernstorffen, Kätchen und den
beyden Kleinen. Die Bernstorff setzte sich zu mir und Drees, als wir etwaß weiter
kamen, begegneten wir allen Jungens ... zuletzt kamen Bernstorff und Friz.
Dienstag Nachmittag ward meine Schwester nicht wohl, sagte aber nichts, wir
merkten noch nichts, als wir sie um ¹/₂ 11 verließen; da ists aber gleich darauf
ernsthaft geworden, doch alles sehr erträglich, bis die letzten 10 minuten, die
sollen horrible gewesen seyn, meine Schwester selbst hat geglaubt, nicht gebäh-
ren zu können. Der Kleine ist dem Ersticken sehr nahe gewesen, und hat die
ersten Minuten gar kein Zeichen des Lebens von sich gegeben, darüber hat meine
arme Schwester einen enzezlichen Schrecken gehabt, und hat sehr heftig geweint,
weil die Hebamme selbst das Kind todt glaubte, auf einmahl fing der Kleine an zu
schreyen, da war dann die Freude eben so groß als die Angst und der Schmerz
gewesen war. Gottlob daß diese verschiedenen heftigen Empfindungen ihr nicht
geschadet haben, es ist nicht möglich, sich beßer zu befinden, als sie es seitdem
gethan hat ... Der Kleine ist enzezlich groß, und sein Kopf so, daß er keine Mütze
aufhaben kann, als die die andern nach 6 Wochen getragen haben, und doch sind
sie ihm zu klein. Die 4 ältesten Jungens freuen sich sehr, daß es ein Brüderchen
und keine Schwester ist, der kleine Friz springt, daß er nicht mehr der jüngste ist.
Louisgen freut sich sehr des neuen Bruders, den der liebe Gott geschickt hat, wie
sie sagt, und Mimi wundert sich wechselweise, daß der neue Bruder nicht gehen
kann, Füße hat, und frägt, ob er nicht schon bey Tische mitäße? Wärst Du und
mein Bruder doch hier, ich kann Dir nicht sagen, wie unendlich wir Euch ver-
missen ... Groß und Klein, alt- und neugeboren, sagen bitte bitte, wir glauben
alle, daß mein Bruder ehe wirs uns versehn, in unsrer Mitte ist, man rechnet
darauf, daß er kommt, und den Kleinen selbst über die Taufe hält ... Du glaubst
nicht, welch eine ungeheure Menge Briefe morgen weggehn, Bernstorff, Friz
Kätchen und ich haben uns darinnen getheilt ... Mein Schwager weiß nicht ge-

nau, wie viel er mit dem Schiff verlohren hat, er sagt aber gewiß, wenigstens 4 bis 5000 Rthl. Bernstorff ist enzezlich wohl und glücklich, macht alle zwey Tage große Touren zu Pferde und alle Tage große zu Fuß, wenn der Regen ihn nicht abhält ... Ich logiere in der Stube am rothen Saal ... Der Kleine soll Magnus heißen, ich kann dir nicht sagen, wie sehr jedes mal es mir wie ein Dolch durchs Herz ist, wenn ich ihn so nennen höre, aber es wird mir den Kleinen unendlich – endear him to me ...

Anderntags war den Mecklenburgern ein Feiertag verordnet. Graf Andreas Peter hatte zwar Verständnis dafür, daß sich sein Hausbesuch aus Holstein von dem herzoglichen Erlaß nicht getroffen fühlte, saß aber ungern allein in seinem Kirchenstuhl. Als Diplomat löste er das Problem jedoch auf elegante Art, Gustchen fügte ihrem Brief eine Nachschrift hinzu: *Komme eben aus der Kirche mit Bernstorff. (hier ist Buß- und Bettag) D a f ü r aber fährt er mich auch heute aus ... (131).*

In Schloß Gartow sind die Grafen Bernstorff auch heute noch zu Hause.

Von Gustchen und Katharina versorgt und gepflegt, erholte sich Henriette schnell. Im November fuhr sie *mit 6 von ihren Kindern, während ihr Mann eine kleine Reise in Holstein machte ...* (137) nach Tremsbüttel und traf dort schon wieder mit Augusta zusammen, die sich zwischendurch, zu Michaelis, kurz in Uetersen hatte blicken lassen. Das Weihnachtsfest 1781 verbrachte die Familie Bernstorff in Gartow bei Joachim Bechtold, dem Bruder Andreas Peters.

Als sich Gustchen, rechtzeitig genug zur Priörinwahl, Mitte Januar 1782 endlich wieder einmal, für etwas mehr als fünf Wochen, bei der Freundin Metta in Uetersen einstellte, blickte sie auf ein bewegtes Jahr zurück. Auch das soeben begonnene verhieß bereits ein besonderes Ereignis, denn im vergangenen November hatte sich Friedrich Leopold mit Agnes von Witzleben, Hofdame zu Eutin, verlobt: *Es ist ein sehr hübsches, naives, lebhaftes, unschuldiges Mädchen. Mit zehn Geschwistern ... auf dem Lande erzogen, hat der Hof sie noch nicht*

320

von den Milchideen der Unschuld und Freude entwöhnen können ... Sie brachte Friedrich Leopold zwar kein Vermögen zu, aber ein Herz voller Liebe, und diese Mitgift wog für ihn schwerer: *Agnes ist ein süßes Mädchen ... Sie ist so sehr Natur, daß die meisten Männer sie würden bilden wollen. Ich aber ehre und liebe die Spuren meines Gottes im Walde, im Strom und im Mädchen; und werde da keine Schneiderschere ansetzen, um Hecken zu schneiden, wo der freundliche Busch mir Schatten und Kühlung und Nachtigallentöne anbietet* ...

Von ausbleibenden Antworten ließ Gustchen sich nicht entmutigen, sie hielt die Verbindung mit Weimar aufrecht. Um die Jahreswende 1781/82 wird Goethe, entweder durch sie oder den glücklichen Bräutigam selbst, vom *neuen Paare*, von der Verlobung seines Freundes Stolberg und dessen bevorstehender Hochzeit erfahren haben, er schrieb zu dieser Zeit am *Egmont*. Über seine aufreibende Tätigkeit im Dienste des Herzogs von Weimar hatte sein Freund Johann Heinrich Merck im Sommer 1781 an Boie geschrieben: *Seine Gesundheit ist nicht die beste. Ich wollte überhaupt, daß er aus dieser Galeere wäre.* Obwohl sich der Geheime Rat Goethe in den ersten Tagen des neuen Jahres 1782 fest vorgenommen hatte, Gustchens Geburtstag zu bedenken, von dem er glaubte, daß es der 15. Januar sei, so wurde dennoch nichts daraus: Das, was er ihr zugedacht hatte, traf in Uetersen ein, als im kleinen Garten am Hause der Frühling eingezogen war:

Ihr Brief meine beste hat mich beschämt, und mich meine Nachlässigkeit verwünschen gemacht.

Zu Anfang des Jahrs redete ich mit der kleinen Schardt ab, Ihnen ein Portefeuille zu mahlen und es zum Geburtstag zu schicken. Es stand lange gestickt in meiner Stube und ich konnte nicht dazu kommen, daß, endlich, der 15te verstrich. Wäre es fertig geworden so hätten Sie es den Tag drauf als Ihr Brief abgegangen war erhalten. Nun hat es Frau von Stein gemahlt, ist aber auch nicht glücklich gewesen der Atlas floss, er war zu dünne, es ist eben kein Glück und Segen dabey. Behalten Sie mich lieb, grüsen Sie die Brüder! alles Glück dem neuen Paare! Ich bin wohl und noch immer in meinem Thale. Geniesen Sie des Lebens.
Weimar, d. 4. März 82   *Goethe*

Diesen Brief fand Gustchen in Uetersen vor, als sie von einem Frühlingsaufenthalt in Borstel zurückgekehrt war Dort hatte sie Agnes kennengelernt und sehr liebgewonnen.

Nicht nur eine Hochzeit stand den Geschwistern Stolberg ins Haus, im Oktober sollte bei Bernstorffs wieder ein Kind geboren werden. Weil Henriettes Gesundheit seit Anfang des Jahres zu wünschen übrig ließ, wollte sich Gustchen beizeiten in Dreilützow einfinden. Der diesjährige Sommer würde sie also wieder an denselben Platz stellen, den sie auch im vorigen innegehabt hatte. Wann und wo sich die Geschwister vorher hin und her im Lande treffen würden, hatten sie schon miteinander ausgemacht, und als Gustchen den Brief aus Weimar empfing, lag der Kalender bis zum Juli aufgeblättert vor ihr. Die zweite Hälfte des Jahres aber hielt sich vor ihr – hielt sich vor ihnen allen – gnädig verborgen.

Der Maler, der Friedrich Leopold Graf zu Stolberg-Stolberg portraitierte, ist unbekannt. Seine Frau Agnes geb. von Witzleben, von Goethe in den *Annalen* des Jahres 1820 *Engel Grazioso* genannt, wurde von ihrer Schwester Vincentina gemalt.

Am 19. April 1782 setzte sich Gustchen in Uetersen an ihren Schreibtisch, um ein wenig mit *Oberon* zu plaudern: *Schwingen Sie nur hübsch bald Ihren Lilienstab, damit Sie auch einmal in unserer Mitte in Borstel seyn mögen, wo wir biß den 1. Juni, wo die Berstorffs nach 3 Lützow gehn, versammelt seyn werden – Ich gehe am Dienstag hin . . . Endlich endlich ist denn unser aller sehnlicher Wunsch erfüllt, daß wir Bruder Friz mit so ein liebes Mädchen verbunden sehen. Gott wird ja das liebe Paar, mit seinem besten Seegen, seegnen! Die Hochzeit ist im May . . .*

Brautpaar wie Geschwister hatten sich darauf gefreut, das Fest in vertrauter Runde zu feiern. Doch wenn der Oberschenk des Fürstbischofs von Lübeck und Herzogs von Oldenburg heiraten wollte, dann bestimmte der Eutiner Hof, wann und wo dieses geschah. *Dienstag, als den 11. . . . soll unsre Hochzeit sein,* schrieb Agnes ihrer Schwägerin Katharina am 3. Juni 1782. *Jetzt wünsch ich mir mehr wie jemals, daß es in Borstel oder Tremsbüttel hätte sein können; denn je näher ich dem Tage komme, je mehr sind mir die Hof-Alfanzereien eklig und widerstehend. Ihr werdet den Tag gewiß Alle viel bei uns sein. Schade daß es nur in Gedanken sein kann! Es ist doch sehr traurig, so nach Menschensatzungen durch's Leben zu steigen . . .*

Agnes von Witzleben und Friedrich Leopold Graf zu Stolberg wurden in der Schloßkapelle zu Eutin getraut. Die Hochzeitsreise führte nach Tremsbüttel zu Bruder und Schwägerin, nach Schloß Ahrensburg zu Schimmelmanns und über Wandsbek, wo Agnes aufs herzlichste mit Rebecka und Matthias Claudius Freundschaft schloß, weiter nach Hamburg zu Klopstock. Hier, an Elbe und Alster, schrieb Friedrich Leopold sein *Lied auf dem Wasser zu singen, für meine Agnes,* jenes Gedicht, das ein Bewohner des Seniorenstiftes Schloß Vemmetofte auf Seeland zweihundert Jahre später, wie im 3. Kapitel erzählt, auswendig vortragen konnte. Der letzte Vers des Liedes lautet:

322

Ach es entschwindet mit tauigem Flügel
Mir auf den wiegenden Wellen die Zeit.
Morgen entschwinde mit schimmerndem Flügel
Wieder wie gestern und heute die Zeit,
Bis ich auf höherem strahlenden Flügel
Selber entschwinde der wechselnden Zeit.

Am 22. April dieses Jahres hatte Augusta von Metta in Uetersen Abschied genommen. Aus *gestern* und *heute* der entschwindenden Zeit war Hochsommer geworden, als sich die Freundinnen endlich wiedersahen. Doch die nächste Trennung stand unmittelbar bevor. Am 7. August wollte sich Gustchen in Dreilützow einstellen. Daß der Aufenthalt dort weit über Michaelis hinausgehen würde, schien gewiß.

Gustchen fuhr im Sommer 1782 nicht nach Mecklenburg. Ihre Koffer müssen schon gepackt gewesen sein, als sie – ebenso wie die vier anderen Stolbergs, jeder an seinem Platz – die fürchterliche Nachricht aus Dreilützow empfing: *Wenn ich nicht an die Geliebtesten Geschwister der zärtlichsten Schwester schriebe, so würde mir alle Stärke fehlen, es zu thun. Mich deucht, bloß die Empfindung, daß ich Pflichten zu erfüllen habe, hält mich noch in dieser Welt, und ich danke Gott, daß ich diese gegenwärtig habe. Wie hat sich der Schauplatz meines Daseins für mich verändert, vom höchsten Gipfel des Glücks herabgestürzt, von aller Freude getrennt. Bitterkeit auf mein ganzes Leben gebreitet. Ach wie fließt mein Herz von gewaltigen Empfindungen über, aber nicht gegen Sie, meine geliebten Schwestern, will ich es ausschütten: Sie werden genug mit Ihrer Wehmut zu kämpfen haben: Es vermehrt die meinige, wenn ich daran denke. Gott stärke Sie an Seele und Leib. Möchte doch die Religion bey uns allen ihre ganze Macht beweisen: Ein Christ kann ja nicht ganz unglücklich seyn, und da haben wir gewiß Ursache, im Triumphgesange der Engel einzustimmen, die ihre Gespielin empfangen. Wie selich, wie ruhig war ihr Tod, ohne alle Angst; lauter heitere Ruhe, gewiß der Vorgeschmack des Himmels. Ich segne auch meine lieben Geschwister, dieses waren ihre eigenen Worte ... Sie hat kaum mit dem Tode gekämpft, es war lauter Sieg, auf Gottes Gnade und ein unschuldiges Herz gegründet ... Mein Verlust drückt mich zu sehr: Was war, was ist die Welt mir ohne sie. Ich bin von meiner besten Hälfte getrennt, aber doch soll mich Glaube und Hoffnung nicht verlassen. Gott schenke sie Ihnen und mir ...* Zwei Monate zu früh und mit einem toten Kind niedergekommen, war Henriette tags darauf, am 4. August, einem Sonntag, gestorben. Die Botschaft des Schwagers erreichte Uetersen binnen vierundzwanzig Stunden.

Nach der ersten schrecklichen Betäubung war Gustchen eine Woche lang unfähig, ihr Leid in Worte zu fassen und es sich vom Herzen zu klagen. Es drängte sie dann zum Lieblingsbruder, doch sie kam nur bis Altona: ... *o ich mögte weinen biß mir die Seele ausgieng ...* – *o unser süßes bestes Puletchen! ... Seelig sind, die reinen Herzens sind, denn sie werden Gott schauen ... Sie war das reinste Herz, sie schaut nun Gott, ist mit unsern besten Eltern, der Hälfte ihrer*

Geschwister und einigen ihrer Kinder ... o Gott, welches Band zerrißen! ists möglich, daß wir sie entbehren können? Ewig, ja Ewig mit ihr, aber o Gott das ganze Leben ohne sie ... So unerwartet! einige Tage später, und ich hätte sie noch gesehn! Hätte ihren Seegen noch genommen, ... ihr Worte der Liebe gesagt, und ihr alles für ihre Kinder, in unser aller Nahmen, versprochen ... Vom schrecklichen Mondtag biß Sonnabend ward ich ganz stille bey meiner Oberg ... sie ... nahm mein Herz so sanft in ihre Hände ... bey Hensler finde ich alles was ein Freund mir seyn kann ... o unser armer unglücklicher Schwager. Mein Herz weint blutige Thränen für ihn – ach Gott die Kinder, die Kinder! ... o Gott welche Mutter haben sie verlohren ... ich habe gleich Bernstorff gebeten mir gleich the darlings of her heart zu schicken ... ich sehe das Bild meiner geliebten Schwester nie ohne die beyden Kleinen ... (141).

Henriette Gräfin von Bernstorff ist am 7. August in der Kirche hierselbst vor dem Altare in einem neuaufgebauten Gewölbe begraben worden. Sie hat ihr ruhmwerthes Leben gebracht auf 36 Jahre. Das Geläut geschahe auf 8 Tage, von dem Tage des Dankens in dieser Kirche bis auf den darauffolgenden Sonntag, und zwar des Mittags von 12 bis 1 Uhr. So steht es im Kirchenbuch der Gemeinde zu Dreilützow geschrieben. Von Friedrich Leopold stammt die Grabschrift:

> *Hier liegt der Mütter beste neben*
> *Dem Sohne, der ihr gab den Tod,*
> *Ein sanfter Mondschein war ihr Leben,*
> *Ihr Ende war ein Morgenroth.*

Obgleich Gräfin Henriette von Bernstorff seit dem Frühling des Jahres 1771 nicht mehr in Uetersen gewesen und darum den allermeisten Fleckenbewohnern, Klosterbauern und Kätnern persönlich unbekannt war, so wird sich in der Gemeinde dennoch wie ein Lauffeuer herumgesprochen haben, daß die Conventualin Stolberg Trauer trug, weil ihre Schwester, die Gemahlin des vor zwei Jahren verabschiedeten Außenministers und Direktors der Deutschen Kanzlei, bei der Geburt ihres dreizehnten Kindes gestorben war. Von Ausnahmen abgesehen, lebten Untertanen und Obrigkeit ja nicht neben-, sondern miteinander und teilten Freude und Schmerz; der Beileidsbezeigungen für Gustchen werden darum nicht wenige gewesen sein. Als Zeichen ganz besonderer Verbundenheit ist zu sehen, was sich die Bauersleute Elsabe und Peter Meyn aus Klevendeich ausdachten, um die kleine Comtesse Stolberg zu trösten: Das Kindlein, das sie ihr am 28. Januar des Jahres 1783 in die Arme legten, damit sie es als Gevatterin über die Taufe hielt, trug den Namen, der ihr teuer war.

Als die kleine Henriette Christina Louise Meyn in der Klosterkirche getauft wurde, war es Gustchen schon bekannt, daß sie das Leben dieses Patenkindes nicht mehr lange aus nächster Nähe würde begleiten können. Außer ihren Geschwistern und der liebsten Uetersener Freundin, deren Leben unmittelbar davon betroffen wurde, wußte niemand von dem Versprechen, das sie ihrem Schwager Anfang November 1782 gegeben hatte. Nicht ohne Absicht wurde in dem Kapitel *Gustchens Geschwister* der Kinder Henriettes so ausführlich gedacht: Noch vor Ablauf eines Jahres sollte Gustchen ihre Mutter sein.

*

Metta von Oberg war mitgefahren, als sich Gustchen Mitte November 1782 in Tremsbüttel einfand, wo Lotte und Fritz Bernstorff, zwölf und zehn Jahre alt, seit der Mutter Tod bei Onkel und Tante lebten. Christian und Luise unternahmen eine kleine Reise, Metta und Augusta besorgten das Hauswesen und betreuten die Kinder. Die Freundinnen hatten vieles miteinander besprochen, Gustchens Herz war übervoll Es tat so gut, sich dem Lieblingsbruder anzuvertrauen: *Dank Bester Innig Geliebter für Deine wenigen, aber liebevollen Worte! ... Kätchen wird Euch meinen gestrigen Brief senden, ich berufe mich darauf. Ihr seht daraus, daß meine Oberg mir versprach, waß ich wünschte, und dadurch mich vollkommen glücklich machte ... seyd Ihr nicht überzeugt, daß es zu meinem Glück unentbehrlich ist, daß sie oft bey mir ist? ... Gott im Himmel weiß es, wie oft ich daß meinem Bernstorff in Augenblicken der Wonne, der Liebe, und des Gefühls meines Glückes gesagt habe – ... Nun ist Bernstorff auch von Euch getrennt! Sagt mir ja Worte der Liebe von ihm ... Werd ich ihn glücklich machen können? So sehr als es nach 20 Jahren Glück möglich ist? O mir ist immer, als beschiene mich der Glanz unseres Engels, und göße Seegen auf mich, für ihn, herab. O der süßen Empfindung, in deßen Herz Ruhe und Freude wieder bringen zu können, den sie geliebt, und so glücklich gemacht hat, und der sie so glücklich gemacht hat! Mit mehr Wonne daß weiß Gott, trockne ich ihm die Thränen, als die erste starke Liebe eines andern, mir gewähren könnte. Sie, sie allein knüpfte das Band unserer Herzen! Ach, und Mutter ihrer und seiner Kinder werden! O ich mögte immer alle, die ich liebe, bitten, mit mir auf die Knie zu fallen, und Gott um Seegen für mich zu erflehen, dem Mann und den Kindern alles seyn zu können! Und Gott aus der Fülle meines Herzens zu danken. – ... O Ihr Lieben schreibt mir! Ich fühle mehr als je das Bedürfnis Eurer Briefe! ... O ich habe so viel in meinem Herzen für Euch, und kann so wenig sagen. Ich umarme Lotte und Friz mit unbeschreiblichen Empfindungen. Wenn ich sie so sehe, denke ich an Joseph, der hinausgieng um zu weinen, so schwer wird's mir, mich ihnen nicht erkennen zu geben ...* (142). Die bevorstehende Veränderung den Kindern mitzuteilen, hatte der Vater sich vorbehalten.

*

Am 23. Juni des Jahres 1783 trug Schreiber Lawätz die letzte Klosterfuhre *für die Comtesse von Stolberg* ins Register ein, Gustchen fuhr nach Altona. Sicherlich wollte sie von den Freunden Abschied nehmen und wird nicht lange ausgeblieben sein.

Der Tag, an dem sie das Uetersener Kloster für immer verließ, war Friedrich Leopold bekannt, am 14. Juli schrieb er seinem Schwager Bernstorff: *Den 19. werde ich viel in Gedanken in Uetersen seyn. Die Scheidung wird beyden Freundinnen viele Thränen kosten. Bey dieser Scheidung trifft es im höchsten Grade zu, daß die weggehende viel glücklicher ist als die zurückbleibende ...* An dem von Friedrich Leopold genannten Tage ist eine Klosterfuhre *nach Altona für Fräulein von Oberg* ausgewiesen. Gab die Freundin der Scheidenden das Geleit?

Gustchens und Andreas Peters Hochzeit sollte am 8. August in Dreilützow stattfinden. Vielleicht hielt sich die Braut noch zwei Tage in Hamburg auf, denn erst am 22. Juli kam sie in Tremsbüttel an, wo ihre Schwägerin Agnes der Geburt ihres ersten Kindes entgegensah. Als sich der neue Erdenbürger am 30. Juli einstellte, war Friedrich Leopolds Reise nach Dreilützow nicht länger in Frage gestellt. Zunächst hatte es so ausgesehen, als könnte von allen vier Geschwistern nur Christian an der Hochzeit teilnehmen: Julia mußte in Louisenlund sein, Katharina aber befand sich mit Friedrich und Julia Reventlow aus Emkendorf auf Reisen – unterwegs nach Bad Ems, hatte sie im Juni Goethes Mutter in Frankfurt besucht.

Schloß Dreilützow heute

Gustchen und Christian fuhren einige Tage früher nach Dreilützow, Friedrich Leopold blieb zunächst zurück: *Ich erliege dem Unvermögen, Ihnen zu sagen, mit welchen Empfindungen ich unser Gustchen abreisen sah, mit welchen Empfindungen ich dem feyerlichen Tag entgegensehe. Sie wissen, was in meinem Herzen vorgeht. Liebster Schwager, Sie wissen, wie es Ihnen für die herzliche, überwallende Liebe dankt, mit welcher Sie meine Himmlische Schwester liebten und immer lieben werden, mit welcher Sie mein Gustchen lieben und immer lieben werden. Und mit welcher Gegenliebe werden Sie geliebt!*

Auch Joachim Bechtold Bernstorff aus Gartow hatte sich in Dreilützow eingefunden, als am Tage vor der kirchlichen Trauung, die am 8. August abends um 6 Uhr stattfinden sollte, der Ehekontrakt unterzeichnet wurde. Der Vertrag *zwischen Seiner Hochgräflichen Excellentz dem Hochgebohrnen Grafen und Herrn Herrn Andreas Peter Grafen von Bernstorff, Sr. Königlichen Majestaet zu Dänemark und Norwegen Geheimen Staatsminister, Cammerherrn, Rittern des Elephanten Ordens ppp Herrn auf Wotersen-Lanken-Borstel-Dreylützow-Harste-Stintenburg ppp einer – der Hochgebohrnen Reichs Gräfin Auguste Louise zu Stollberg-Stollberg anderer Seits* regelte alle Fragen *wegen der zeitlichen Güter und Sterbefälle.*

Am 8. August 1783 trat für die am 4. Juli 1763 ins Uetersener Kloster eingeschriebene Comtesse Maria Elisabeth von Ahlefeldt a. d. H. Langeland-Rixingen *der Fall* ein, denn so steht es im Kirchenbuch der Gemeinde zu Dreilützow:

8. August ist Se. Hochgräfl Exzellenz, der Herr Staatsminister Herr Andreas Peter, Graf von Bernstorff, mein gnädiger Herr Patron, mit der Hochgebohrenen Reichsgräfin Auguste Louise zu Stollberg, Conventualin des Stiftes Uetersen im Hollsteinischen, hierselbst zu Dreilützow copuliret.

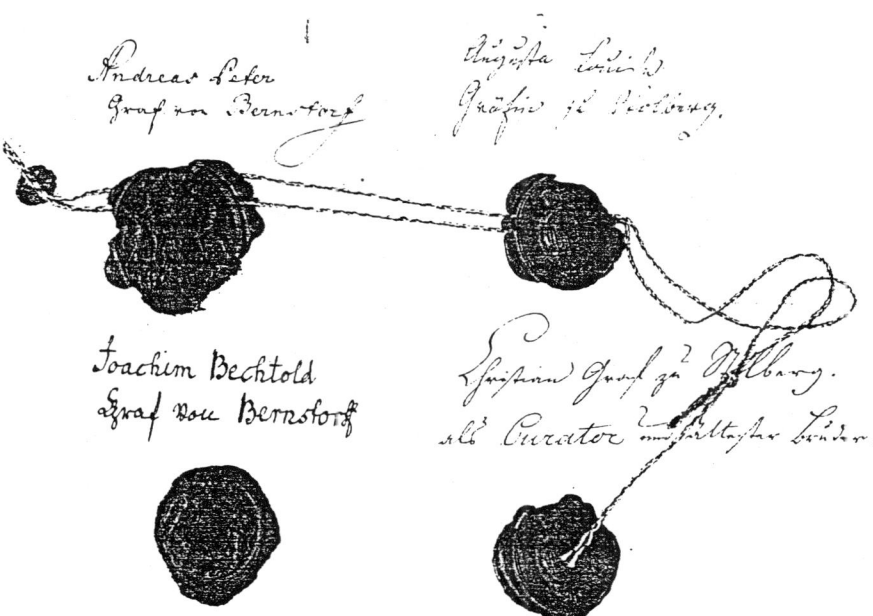

Der Ehevertrag zwischen Gräfin Augusta und Graf Andreas Peter wurde auch vor. deren älteren Brüdern unterzeichnet.

Augusta Louise Gräfin von Bernstorff

Dreylützow den 17. August 1783 Sonntag Mittag
Tausend Dank liebe Luise für Deine lieben Zeilen ... Gestern Abend konnten
wir zum ersten mal spatzieren gehen; die anderen Tage hat es unaufhörlich
geregnet, es war ein sehr hübscher Spatziergang, das Wetter war ganz angenehm,
und ich machte ihn mit meinem Mann und allen Kindern, sogar der kleine
Magnus war mit: es machte ihm sehr viel Freude, er konnte viel selbst gehen, und
wurde selten getragen, es ist ein allerliebstes Kind voll Leben, das aber unaufhör-
lich beschäftigt seyn will; er weckt mich alle Morgen, er ruft so lange n a M a m a
bis man mir ihn bringt: er ist schon ganz so verzogen nach mir als die zärtlichste
Mutter es nur wünschen kann, wenn er nicht schläft oder aus ist, so ist er fast
beständig bey mir ... Die beyden kleinen Mädchen kommen ehe ich aufgestan-
den bin schon zu mir und sind, ausgenommen wenn sie bey ihrer Wärterin strik-
ken, fast beständig bey mir. Deutsch leßen sie schon sehr gut, französisch auch
*recht niedlich – ...*Die beiden Töchterchen Louise und Milchen, sieben und
sechs Jahre alt, erfreuten ihren Vater am 28. August, an seinem Geburtstage,
jedes mit einem selbstgestrickten Strumpfband sowie einem von Mutter Augusta zwar geschriebenen, aber selbst unterzeichneten Briefchen. ... *o beste Luise*
könnte ichs Dir doch nur halb ausdrücken, waß d i e Kinder, in aller Absicht, mir
sind, und wie es mich glücklich macht, daß sie sich so an mich attachiren – ...
mir ist immer, als umschwebte die liebe Seelige mich, wenn ich so mit meinem
Mann sitze, und unsere Kinder um uns herum sich versammeln, o wie es mich
rührt, daß alles, was mich umringt an lebendigen und lebloßen Dingen, daß alles
ihr war, und sie umringte. Sehr oft ist das Gefühl fast zu stark für mich – so wie in
diesem Augenblick. – Nachmittag. ... Heute ists charmantes Wetter, ich bin ein
wenig mit meinem Mann und den Kleinen im Garten geweßen ... Dienstag ...
Gestern und heute hat mein Mann mich nach dem Frühstück ausgefahren. Ge-
stern Nachmittag haben wir uns ... auf ein Korn Feld etablirt, und sahen binden
und einfahren. Wir hatten die 3 Kleinen mit, die ganz holdselig waren: Die Mä-
dels so glücklich, so sanft, so dankbar ... und der kleine Magnus so froh, so
munter, so ruhig und so freundlich, oft lag er in meinem Schooß und die 2 Klei-
nen saßen neben mir auf Garben oder auf der Erde, und hatten ihre Köpfe in
meinem Schooß. O beste Luise, waß empfinde ich alles dabey! Und bey mir
Bernstorff, ruhig heitrer Miene, den das so rührte ... Mimi hat sich gleich sehr an
mich attachirt, Luise erst seit 2 Tagen, und daß sie difficult ist, und die ersten
Tage beym Wort MAMA roth ward, und sagte, ich kanns noch nicht sagen, hat
endeared her to me – nun ist sie unaussprechlich liebend ... o die kleinen Engel
... Meine Kleinen lernen enzelich gut Französisch seit das Magazin des Enfant
da ist ... I am indead the happiest Mother ... and my charming little boy! ... Da
kommt der Kleine krähend, und der Papa schmähend, denn ich schreibe im Dun-
keln – hör auf, hör auf, heißt's ...
Das geruhsame Landleben währte nur noch wenige Monate. Der erst sechzehnjährige Kronprinz Friedrich von Dänemark, Sohn des als geisteskrank gel-

tenden regierenden Königs, machte sich am 14. April 1784 durch einen Staats-
streich zum Regenten und setzte die Machthaber ab, die Bernstorff vor vier Jahren den Abschied gegeben hatten. Er berief den erfahrenen Staatsmann in seine
einflußreiche Stellung zurück, deren Bedeutung nun außerordentlich zunahm.
Wie vordem bewohnte die Familie Bernstorff ihr Kopenhagener Stadtpalais und
bezog alljährlich im Mai ihr vor den Toren der Hauptstadt gelegenes Landschloß.

✻

*Bernstorff, den 12. Juny 1789 Wie herzlich habe ich mich beym Empfang Ihres
lieben Briefes gefreut, mein lieber guter Boie ... ach es ist ein Augenblick himmli-
scher Wonne, wenn nun alle Leiden überstanden sind und das Kindlein nun da
ist – Ich kam nicht so leicht ab, 18 Stunden schrecklicher Leiden, ohne eine Stunde Erleichterung, und doch freute ich mich immer, nun am Ziele zu seyn, und das
geliebte Kind an mein Herz drücken zu können. Möge Ihr Friedrich Ihnen ... die
Freude geben, die meinem Manne und mir unser holdseeliger Karl giebt! Ich
kann Ihnen nichts mehr würschen, und dieser Wunsch kommt aus der Fülle
Mütterlicher ... Glückseeligkeit ...*

———

*Copenhagen, den 2. April 1791 ..Dank für die lieben Moos Rosen ... die Rose
gehört zu meinen Lieblingen ... Könnte ich Ihnen doch auch meinen holden
Knaben zeigen! Daß ist ein Junge, so lieblich, so blühend, und so kühn – was er
vor Dinge thut! Dabey so geschickt, so leicht, daß man mit ihm auch mehr wagen
kann – Doch zittert oft mein Herz, wenn auch seine kühnen Streiche mich entzücken ... – meine beyden Töchter haben so leicht, so glücklich die Masern über-*

Karl Andreas Christian
Gräfin Augustas Sohn
Jens Juel 1789

Augusta Louise Gräfin von Bernstorff
geb. Gräfin zu Stolberg-Stolberg
Jens Juel, etwa 1795

*standen ... – o mögte mein Magnus, mein Karl auch so davonkommen, wenn sie
sie haben sollen – ... Adi guter lieber Boie – Könnten Sie sich doch einmal mit
Ihrem Lilien Stengel zu uns herüber versezen – ich sähe Sie so gern wieder einmal – Mein Mann empfiehlt sich Ihnen recht herzlich ... Augusta Bernstorff.*

Karl Andreas Christian, der Sohn, dem Gräfin Augusta am 15. Mai 1788 das
Leben geschenkt hatte, wurde den Eltern im Alter von vier Jahren durch den
Tod entrissen. Zu dieser Zeit, im Juni 1792, waren von den sechs Söhnen Henriettes nur noch vier am Leben. Der achtzehnjährige Andreas, *Drees*, Rittmeister
und königlicher Kammerherr, war im April 1786 in Altona gestorben. Die Nachricht vom Tode ihres Ältesten, Hans, der das Gut Wotersen bewirtschaftete,
hielten Graf und Gräfin Bernstorff im Mai des Jahres 1791 in Händen. Seine
junge Frau erwartete damals ihr erstes Kind.

Mit siebzehn Jahren wurde Lottchen, die älteste der drei Töchter, die Frau des
Reichsgrafen Magnus von Dernath. Er war der Neffe der Uetersener Conventualin Sophie Magdalena, die sich nicht in die Klosterordnung hatte schicken
wollen. Milchen, die Jüngste, feierte 1794 Hochzeit mit Carl Emil Graf zu Rantzau auf Rastorf. Als ihre wenig ältere Schwester Luise am 24. April 1797 den vor
zehn Jahren verwitweten Cai Graf von Reventlow, Herr auf Altenhof, heiratete
– seine erste Frau, Graf Andreas Peters Nichte Wilhelmine aus Gartow, war
nach nur zweijähriger Ehe gestorben –, wurde Gräfin Augusta die Schwiegermutter des Mannes, den sie als junges Mädchen geliebt hatte.

✳

*Copenhagen, den 13. Januar 1795 Dank für Deinen lieben Brief, Beste Luise –
wie rührt mich der Nachhall Eurer Empfindungen von den meinigen am
schrecklichen Tage, da mein Mann so litt – Gott sey Lob und Dank, er ist ganz
wohl wieder – ... Er war den Morgen ganz wohl, so daß ich nichtsahnend in die
Kirche gieng – als ich wiederkam, trank er Kaffee mit mir, und dann las er mir vor
... da er etwas länger wegblieb, und die Töchter, wie gewöhnlich, zur Shakespeare Lecture kamen, gieng ich zu ihm ... er sagte mir nur ‚Schick die Kinder
weg und komm du etwaß zu mir herüber‘ ... obgleich mich nie die hoffnungsvol-
le Zuversicht verließ, daß die schwarze Wolke in Gnade vorübergehen würde, so
war's doch schrecklich, ihn so leiden zu sehen – und ich gestehe, es hat einen
tiefen Stachel im Herzen zurückgelaßen – Ich hoffe immer, und Callissen glaubt
es auch, daß es aus dem Magen kam. Wir hatten des Abends beim Spanischen
Gesandten gegeßen – mein Mann hatte die kleine Unvorsichtigkeit, von 2 verschiedenen Arten von Eiß, von einem mit Rahm, und einem von Früchten, zu
eßen. Es war der kälteste Abend, den wir gehabt haben – auch hatte er wohl eine
kleine Erkältung vorher ... ach ich suche so gern die Ursache in äußeren Veran-
laßungen, und ja nicht in seinem Inneren, nicht in der schrecklichen Gicht, und
Podagra ...*

Gräfin Augusta durfte das Leben und Wirken ihres Mannes vierzehn Jahre
hindurch begleiten. Als Andreas Peter Graf von Bernstorff am 21. Juni 1797
starb, kam sein Tod für niemanden überraschend, am allerwenigsten für ihn
selbst. Kronprinz Friedrich, der Regent, reihte sich an der Seite der Bernstorff-

Das Bernstorffsche Palais zu Kopenhagen heute. Von allen Seiten in die dichte Bebauung der modernen Großstadt einbezogen, ist das Haus, in dem Gräfin Augusta lebte, heute nur sehr unvollkommen auf ein Bild zu bannen.

schen Kinder in den Trauerzug ein, der dem Sarg folgte, er hatte den Verstorbenen wie einen Vater geliebt. Die dritte Medaille, die zu Ehren Graf Bernstorffs geprägt wurde, war ein Goldstück zu drei Talern. Es zeigt auf der Rückseite einen Altar mit lodernder Flamme, das Zeichen des Dankes. Im Vordergrunde liegen die Waage der Gerechtigkeit, die Leier der Musen, der Palmzweig der Religion, der Ölzweig des Friedens und ein aufgeschlagenes Buch als Symbol der Pressefreiheit. Die Umschrift lautet: *Seltene Vereinigung.*

*

Gräfin Augusta bewahrte sich ihre geistige Regsamkeit bis ins hohe Alter. Hineingestellt in eine Zeit politischen und kulturellen Umbruchs, wich sie den gestellten Fragen niemals aus. Ihr tiefreligiöser Bruder Friedrich Leopold zog aus dem ‚Aufkläricht' der von vernunftgläubigen Konsistorialräten gegängelten lutherischen Kirche, der die biblische Botschaft zur Fabel geworden war und die die göttliche Offenbarung leugnete, die Konsequenz und trat am 1. Juni des Jahres 1800 zur römisch-katholischen Kirche über. Damals zerbrach die Freundschaft mit dem Rationalisten Johann Heinrich Voß, den Stolberg einst als Rektor nach Eutin geholt hatte und der ihn später, 1819/20, mit Schmähschriften verfolgte. In Weimar ergriff Johann Wolfgang von Goethe – Kaiser Joseph II. hatte ihn am 10. April 1782 in den Adelsstand erhoben – Partei für den Jugendfreund: *Ärgern wir uns doch nicht über das Pamphlet von Voß. Lassen wir das Ding auf seinem Unwert beruhen und halten wir Stolberg in Ehren, wie er es verdient . . .*
Gräfin Bernstorff ging einen anderen Weg. Sie schloß sich den – zunächst nur wenigen – Menschen an, die das ausgehöhlte Luthertum wieder zu füllen trachteten mit dem, was ihm abhanden gekommen war. Sie gehörte dem pietistisch geprägten *Emkendorfer Kreis* um Julia und Fritz von Reventlow an, der für das politische und religiöse Leben Schleswig-Holsteins von großer Bedeutung war. Der sich dem Spiritismus und Okkultismus hingebende Landgraf Carl von Hessen fand hier sowohl Echo als Ablehnung. Eine tiefe Freundschaft verband Gräfin Augusta mit dem Schweizer Theologen Lavater, der im Jahre 1793 einer Ein-

ladung ihres Mannes gefolgt und nach Dänemark gekommen war. Er widmete ihr sein Buch über das Leben des Joseph von Arimethia, von dem das Matthäus-Evangelium erzählt, daß er Jesus in sein eigenes neues Grab legen ließ.

Ein Brief hatte die Gräfin als junges Mädchen in den Sturm und Drang einer neuen literarischen Blütezeit hineingezogen; als sechzigjährige Dame geriet sie durch den – ebenfalls von ihr begonnenen – Briefwechsel mit dem Theologen

Pastor Claus Harms
Stich von Friedr. Wilh. Bollinger
nach einem Gemälde von Ludwig Hansen

Claus Harms, dem Erneuerer des Protestantismus in Schleswig-Holstein, in den bahnbrechenden Strom eines neuen Glaubenslebens.

Glauben Sie's mir nur zu, ich bin meinen Freunden immer, was ich ihnen einmal war ... (78) hatte das vierundzwanzigjährige Gustchen Stolberg einst in einem Brief an Boie beteuert. Gräfin Augusta Bernstorff, getrieben von der Sorge um das Seelenheil dessen, der seit nunmehr vierzig Jahren schwieg, nahm am 18. Oktober 1822 *die Feder in die Hand:*

Würden Sie, wenn ich mich nicht nennte, die Züge der Vorzeit, die Stimme die Ihnen sonst willkommen war, wieder erkennen? nun ja ich bins – Auguste – die Schwester der so geliebten, so heiß beweinten, so vermißten Brüder Stolberg. Könnten doch diese aus der Wohnung ihrer Seligkeit, von d o r t wo sie den s c h a u e n, an den sie h i e r g l a u b t e n – ... Sie bitten: ,Lieber Lieber Goethe, suchen Sie den, der sich so gerne finden läßt, glauben Sie auch an den, an den wir unser Leben lang glaubten' ... Sie bitten mich einmal in Ihrem Briefe, ,Sie zu retten' – nun maaße ich mir wahrlich nichts an, aber so ganz Einfältigen Sinns bitte ich Sie, retten Sie sich selbst. Nicht wahr, Ihre Bitte giebt mir dazu einiges Recht? – und ich bitte Sie immer, hören Sie in meinen Worten, die Stimme meiner Brüder, die Sie so herzlich liebten ... o ich bitte, ich flehe Sie Lieber Goethe! abzulaßen, von allem waß die Welt, Kleines, eitles, Irrdisches, und nicht gutes hat – Ihren Blick, und Ihr Herz zum Ewigen zu wenden – Ihnen ward viel gegeben, viel anvertraut. Wie hat es mich oft geschmerzt, wenn ich in Ihren Schriften fand, wodurch Sie so leicht andern Schaden zufügen ... Ich dachte oft, ich könnte nicht ruhig sterben, wenn ich nicht mein Herz so gegen den Freund meiner Jugend ausgeschüttet hätte ... die Jahre nicht nur, sondern viel früher haben un-

sägliche Leiden meine Haare schnee weiß gebleicht – aber nie wankte das feste Vertrauen zu Gott, und die Liebe zu meinem Erlöser … Als wir uns schrieben, war ich eins der glücklichsten Geschöpfe auf Erden … Geliebt von den besten Geschwistern – später, das Geliebte Weib des Mannes meines Herzens – Mutter der besten Kinder – aber welche Trübsale wurden mir zu Theil – der einzig von mir gebohrne Knabe – ein Kind von 4 Jahren … ich sage nicht, daß ich ihn verlohr – waß für ihn Gewinn ist, sah mein Mutter-Herz nie als Verlust an – er gewann den Himmel, und nur mir ward der unsägliche Schmerz zu Theil – … und später – verlohr ich den Angebeteten Gatten – O dieß war noch ein ganz neuer, eigener, mit nichts zu vergleichender Schmerz … aber dennoch preise ich Gott – Ich finde sie ja alle wieder – Eltern, Geschwister, Freunde, Kinder, und den Geliebten Gatten – So gerne nähme ich auch die Hoffnung mit mir hinüber, Sie Lieber Goethe, auch einst da kennen zu lernen … schlagen Sie es der nicht ab, die Sie einst Freundin Schwester nannten …

Karl Andreas Christian Graf von Bernstorff
Pastell von Jens Juel 22. 6. 1792
Über den Tod des kleinen Karl und die Entstehung des Bildes schrieb die damals 16 Jahre alte Luise Bernstorff ihrem Bruder Christian Günther *Donnerstag Nachmittag hat Gott seinen Leiden ein Ende gemacht … Denk welch unbeschreiblich Glück, noch denselben Abend schickt Mama zum Mahler Juel, so dass er früh den anderen Morgen ihn abmahle, theils nach der Leiche und theils nach dem was ihm gesagt wurde, und es ist sehr, sehr ähnlich geworden, das ist ein unendlicher Trost für meine Mutter und uns allen … es ist wahrlich, als hätte eine höhere Hand ihn geleitet ..*

… wollen Sie mir antworten? Ich mögte wißen wo Sie sind, waß Sie treiben … Ihr Andenken ist nie in mir erloschen … Ich will so lange ich lebe, noch recht für Sie beten …

den 23. Sie bitten mich in einem Ihrer Briefe, nachdem Sie lange geschwiegen hatten: ‚den alten Faden wieder anzuspinnen …' Da ist er denn nun wieder angesponnen, und o! möge er sich denn nun biß in die Ewigkeit hineinspinnen! – So leben Sie denn wohl, und verkennen Sie meine Absicht nicht – Laßen Sie, ich bitte Sie, dieß ganz unter uns bleiben –

Wieviel mußte Gustchen Stolberg dem jungen Dichter einst bedeutet haben! Denn Goethe, der Abgeschlossenes liegenzulassen – oder zu vernichten – und Stimmen aus vergangenen Zeiten abzuschütteln und Bekehrungsversuchen recht schroff zu begegnen pflegte, anwortete mit einem seiner schönsten Briefe:

Von der frühsten, im Herzen wohlgekannten, mit Augen nie gesehenen theuren Freundin endlich wieder einmal Schriftzüge des traulichsten Andenckens zu erhalten war mir höchst erfreulich-rührend …

Lange leben heisst gar vieles überleben, … Alles dieses Vorübergehende lassen wir uns gefallen; bleibt uns nur das Ewige jeden Augenblick gegenwärtig, so leiden wir nicht an der vergänglichen Zeit. Redlich habe ich es mein Lebelang mit mir und andern gemeint und bey allem irdischen Treiben immer aufs höchste hingeblickt; Sie und die Ihrigen haben es auch gethan .. Und so bleiben wir wegen der Zukunft unbekümmert! In unseres Vaters Reiche sind viel Provinzen und, da er uns hier zu lande ein so fröhliches Ansiedeln bereitete, so wird drüben gewiss auch für beyde gesorgt seyn; vielleicht gelingt alsdann was uns bis jetzo abging uns angesichtlich kennen zu lernen und uns desto gründlicher zu lieben. Gedenken Sie mein in beruhigter Treue.

Vorstehendes war bald nach der Ankunft Ihres lieben Briefes geschrieben, allein ich wagte nicht es wegzuschicken, denn mit einer ähnlichen Äusserung hatte ich schon früher Ihren edlen, wackern Bruder wider Wissen und Willen verletzt. Nun aber, da ich von einer tödlichen Krankheit ins Leben wieder zurückkehre, soll das Blatt dennoch zu Ihnen, unmittelbar zu melden: daß der Allwaltende mir noch gönnt das Licht seiner Sonne zu schauen; möge der Tag Ihnen gleichfalls freundlich erscheinen und Sie meiner im Guten und Lieben gedenken, wie ich nicht aufhöre mich jener Zeiten zu erinnern wo das noch vereint wirkte was nachher sich trennte.
Möge sich in den Armen des alliebenden Vaters alles wieder zusammenfinden.

Weimar	
den 17. April	*wahrhaft anhänglich*
1823	*Goethe*

*

Geliebt und geachtet von Kindern und Kindeskindern, verbrachte Gräfin Augusta die Jahre ihrer Witwenschaft zunächst in Bordesholm – von dort reiste der Brief nach Weimar – und später in Kiel. Häufig hielt sie sich auch bei Freunden und Verwandten auf, so wie im Mai 1830 auf Gut Knoop. Emilie von Binzer, eine Freundin der Familie, schrieb am 28. dieses Monats an ihren Mann:
Noch heute Morgen ging ich am Kanal spazieren. Als ich nach Hause kam, begegnete mir die alte Gräfin Bernstorff vor ihrem Blumengarten; die kleine Augusta Baudissin war bei ihr und weinte, weil das Kindermädchen sie abholen kam: Es hat mich immer gerührt, wie sehr diese alte Dame die Kinder liebt. Sie hat mir immer etwas Rührendes, diese, Frau, mit ihren kurzgeschnittenen, silberweißen Löckchen, die noch in großer Fülle aus der eingekniffenen fleckenlosen Haube hervorquellen und ohne Scheitel ihre ganze Stirn umgeben. Sie ist ein Überbleibsel so vieler verstorbener Größe; und wenn man die Schrift eines großen Mannes sorgsam aufbewahrt, und das Kleid, das er getragen hat, wie viel mehr Verehrung ist man nicht denen schuldig, die er geliebt hat, und die noch auf der Welt sind, um von ihm zu erzählen. – Welche Erinnerungen reihen sich nicht an Ihre beiden Namen ... Die ganze Familie zieht mich an wie die Sage der Vorzeit; ... Die alte Gräfin ist nun zwar klein, ... aber doch so würdevoll und edel. Auch gefällt mir das Wesen solcher tieffrommen Frauen, die kindlich Alles glauben, was andern nicht immer so fest in der Seele steht; die so sicher sind, daß

334

Schloß Knoop in Ostholstein. Gestochen von J. Poppel um 1840

ihre Gebeine am jüngsten Tage auferstehen werden wie die Blumen im Frühling;
denen eine Predigt von Harms … wie ein Tropfen Manna in der Wüste ist; …
für die es nur e i n Gut oder Schlimm, nur e i n Fromm oder Gottlos gibt, …
Dennoch sind solche Frauen milde, und anstatt zu verunglimpfen, suchen sie zu
bekehren, weil es ihnen eine Angelegenheit des Herzens ist, Anderen zu dem
Frieden zu verhelfen, den sie selbst genießen. Auch kann sie kein Unglück beu-
gen … Die alte Gräfin hat eine etwas pedantische Redeweise, aber eben das
Gehaltene ihres Tones, das sichtliche Abwehren einer zu stark hervortretenden
Lebhaftigkeit sind wesentliche Züge in ihrem Bilde …; – vor Allem sehe ich ihr
silbernes Haar und ihr faltenreiches weißes Gesicht, das wenig irdische Affecte
mehr zu beherbergen scheint, so gern an …

Nach dem Thee sollte ich ihr etwas vorlesen; ich hatte den Struensee von
Michael Beer mitgebracht … auch reut mich die Wahl nicht, denn ihre ganze
frühere Lebhaftigkeit erwachte bei dem Heer von Unrichtigkeiten und Ungenau-
igkeiten, wovon das Stück wimmelt … Die gute Gräfin konnte sich übrigens gar
nicht in die Licencen des Poeten finden; jeden Augenblick unterbrach sie mich:
‚das ist nicht so‘ – oder ‚wo hat er das hergenommen?‘ – oder ‚ich weiß das so
genau wie kein Andrer, es verhielt sich ganz anders‘.

… es war spät geworden und die Wagen von Kiel waren schon zurück. So
mußte ich denn meinen Wunsch, von ihr selbst etwas über ihren Briefwechsel
mit Goethe zu hören, aufgeben. Auch wußte ich es nicht recht anzufangen, das
Gespräch darauf zu bringen, da Hegewisch sagt, daß sie dieselben wie ein Hei-
ligthum aufbewahre und nur ihren vertrautesten Freunden zeige … Diese Briefe

sollen so glühend, leidenschaftlich sein, wie sie ein Jüngling einem geliebten Mädchen nur schreiben kann, und dennoch haben die beiden sich in einem langen fast achtzigjährigen Leben nie gesehen und sind doch fast auf derselben Scholle geboren; denn was ist die Entfernung zwischen Weimar und Holstein? ... und diese beiden, die sich kannten und werth hielten, haben sich nie treffen können, sind Greise geworden und werden wohl in das Grab gehen, ohne sich zu erblicken ...

✳

Wie Gräfin Augusta in Bordesholm lebte, schildert ihre Enkelin Elise Bernstorff so: *Ihr kleiner Haushalt bestand aus einem alten Bedienten, der zugleich alter Kutscher der alten Pferde war, einem alten Hausmädchen Ingeborg, ... und aus einer alten Kammerjungfer Björn ... Eine später angenommene Köchin war zwischen allen diesen Alten über ihre eigene Jugend verwundert und wußte nicht, ob sie sich deren Überheben oder schämen sollte ...*

✳

Gräfin Bernstorff vollendete am 7. Januar 1835 ihr zweiundachtzigstes Lebensjahr. Ihr Seelsorger Harms war unter den Gratulanten: *In der Abendstunde von mir geschrieben, in der Morgenstunde von Ihnen, meine theure Gräfin, gelesen ...*

Augusta Gräfin von Bernstorff,
Zeichnung von Louise von Witzleben
April 1835

Der Herr giebt Ihnen ein Wissen, warum er Ihr Leben erhält, wieder ein Jahr erhalten hat. Denn das ist die Wahrheit, es sind ... nicht nur ein oder zwey sondern es sind Mehrere, die an diesem Tage dafür danken, daß er Sie noch hat bey uns bleiben lassen. Andere von Ihren Jahren sind eine Last Vieler, wogegen Sie doch sagen können: dem, der, denen werde das Leben durch Sie leichter gemacht ...

Ach, und das achte ich noch das Beste ...: Dem Ölkrug des Glaubens mangelt nichts und der Docht der Liebe hält noch vor ... Dafür sey Gott gepriesen ...

... Es sind diese Worte nicht allein durch die Feder gegangen sondern durch meine Seele ... Ihnen zugethan von Herzen
Harms.

Von all ihren Geschwistern lebte nur noch Julia, als Gräfin Bernstorff sich zum Sterben rüstete. An ihrem Sarge sollten nicht Worte der Klage laut werden, in ihrem langen Leben hatte sie Gottes Güte reichlich erfahren: *Für alle diese Wohlthaten und Seegen bitte ich meinen lieben Pastor Harms, daß er für mich danke, auch meiner noch lebenden Schwester und Kindern für alle ihre Liebe danke und für sie alle bete ...*

Ich bitte, daß mit meinem Leichnam gar nichts vorgenommen werde, als ihn in ein Laken einschlagen. Wenn wir ausziehen das Sterbliche und anziehen das Unsterbliche, muß daran nicht gedacht werden, die irdische Hülle zu schmükken, höchstens nur ein einfaches weißes Leichenkleid ... Dann wünsche ich, nach dem Wunsche meines geliebten seeligen Mannes und meines eigenen, und nach dem mir von meinem lieben Sohn Christian gegebenen Versprechen, nach Dreilützow gebracht und an der Seite meines seeligen Mannes gesetzet zu werden. Meine längst gewählte Grabschrift von meiner Kindheit an, – soll seyn: ,Das Blut Jesu Christi, des Sohnes Gottes, macht uns rein von allen Sünden', und die Worte: ,Ich weiß, daß mein Erlöser lebt'.

Gräfin Augusta Bernstorff starb am 30. Juni 1835 in Kiel. Nach ihrem Wunsche wurde sie am 7. Juli in Dreilützow begraben.

Graf Andreas Peter
und Gräfin Augusta
wurden zu Dreilützow
in einer Grabkapelle
beigesetzt. Als diese
wegen Baufälligkeit
abgerissen wurde, hat
man die Särge dort,
wo früher die Kapelle
gestanden hatte, in die
Erde versenkt. Dabei
geschah es, daß der
Steinmetz auf Gräfin
Augustas Grabplatte
den falschen Todestag
einmeißelte:
30. Januar 1830.

Berichtigungen und Ergänzungen

Die Autorin bedauert, daß der Druckfehlerteufel in Gustchen Stolbergs Biographie ein so munteres Wesen hat treiben können, und bittet ihre Leserinnen und Leser, folgende Berichtigungen zur Kenntnis nehmen zu wollen:

S. 11   19. Zeile v. unten: Dr. Rolf Siebke anstatt Wolfgang S.;
S. 62   19. Z. v. u. hatten / hatte;
S. 66   11. Z. v. u. Magdalene / Magdalena;
S. 90   18. Z. v. u. Zahl / Zeit;
S. 117   7. Z. v. o. Wiedersehens / Widersehens;
S. 153   2. Z. v. u. hatten / hatte;
S. 196   18. Z. v. o. fünf / sechs;
S. 235   21. Z. v. o. eine / ein;
S. 241   5. Z. v. o. auf / auf auf;
S. 244   14. Z. v. o. ihrer / ihre;
S. 244   Gedicht 4. Strophe 2. Z. Und / und;
S. 255   4. Z. v. o. 1775 / 1175;
S. 349   13. Z. v. o. Leopold / Lepold;
S. 358   7. Z. v. u. 8. 4. / 1. 4.;
S. 360   5. Z. v. o. Ludw. Wilh. / Joh. Friedr.;
S. 259   9. R. v. o. muß heißen: (Be)rufsleben gar nicht so sehr unterschied:;
Der Umbruchfehler auf Seite 261 der 1. Auflage wurde beseitigt.

Wie Dr. Helmut Riege von der Klopstockarbeitsstelle der Staats- und Universitätsbibliothek Hamburg auf Grund von der Autorin seinerzeit nicht zugänglich gewesenem Material recherchierte, ergeben sich im auf Seite 354 beginnenden Tabellarischen Verzeichnis der Briefe folgende Veränderungen:
1. Die Adressaten von Brief Nr. 106 sind Christian und Luise Stolberg in Tremsbüttel, da sich zu jener Zeit niemand von den Geschwistern bei Henriette Bernstorff auf Seeland aufhielt.
2. Die Briefe Nr. 101 und Nr. 102 wurden nicht im März, sondern im Oktober 1779 geschrieben und sind entsprechend einzuordnen.

Bei der im Vorwort erwähnten Autographenauktion kam auch ein Brief aus Gustchens Feder zum Aufruf und gehört nun auch zum auf S. 349 unter M angegebenen Privatarchiv. Am 19. 10. 1779 in Tremsbüttel geschrieben, ist er auf S. 357 vor Nr. 107 einzuordnen. An den Nonnenlieder-Dichter Miller gerichtet, sei er hier auszugsweise mitgeteilt: ... *Vielen Dank für Ihren lieben Brief. Ihr Andenken ist mir schätzbar, weil Sie ein so guter lieber Mann sind – recht oft denke ich, und mit vielem Vergnügen, an die Tage, die wir zusammen in dem Cirkel der Freunde zubrachten, und nie ohne den Wunsch, Sie wieder zu sehen ... Adieu lieber Miller ... Hier meine Silhouette die Sie wünschen, die ich aber verfeinert, verschönert, und idealisiert finde. Sagen Sie mir, ob Sie mich wiedererkennen?*

Augusta Stolberg

ANHANG
Chronik

Die Übersicht zeigt Ereignisse, die für das Leben der Conventualin Stolberg, späteren Gräfin Bernstorff, bestimmend waren. Neben wenigen allgemein interessanten Daten werden hierbei sowohl solche des Uetersener Klosters als auch des Familien- und Freundeskreises erfaßt. Die Geburtstage der Geschwister Stolberg werden nicht aufgeführt, sie sind aus den Stammtafeln ersichtlich, Adelsprädikate werden weggelassen. Aus den Eintragungen im Register der Klosterfuhren – im folgenden KF genannt – läßt sich nicht ersehen, ob sich Augusta von den spannpflichtigen Bauern, deren Namen genannt werden, anläßlich der ihr zustehenden beiden jährlichen Fahrten aus Uetersen fortbringen oder dorthin holen ließ. Konnte aus anderen Fakten ihr jeweiliger Aufenthaltsort und damit Hin- oder Rückfahrt erschlossen werden, so steht das Ergebnis in eckiger Klammer. Alle Conventsitzungen, die sich feststellen ließen, wurden aufgenommen; der Vermerk [–] macht darauf aufmerksam, daß Augusta Stolberg entschuldigt oder unentschuldigt fehlte.

1234/35		Heinrich von Barmstede gründet das Cistercienserinnenkloster Uetersen
um 1555		Christian III. von Dänemark greift persönlich ein und setzt in Uetersen die Reformation durch, das Kloster wird in ein Adeliges Damenstift umgewandelt

*

1735	28. 8.	* Andreas Peter Bernstorff zu Gartow
1749	28. 8.	* Johann Wolfgang Goethe zu Frankfurt am Main
	7. 12.	Einweihung der neuen Klosterkirche zu Uetersen
1750	30. 5.	Von Friedrich V. von Dänemark nach Kopenhagen berufen, trifft Johann Hartwig Ernst Bernstorff dort ein
1751		Friedrich V. von Dänemark zieht F. G. Klopstock nach Kopenhagen und setzt ihm eine Staatsrente aus
1753	7. 1.	* Augusta Louise Stolberg zu Bramstedt
1756	Herbst	Königin Sophie Magdalene von Dänemark ernennt Christian Günther Stolberg zu ihrem Hofmarschall, die Familie siedelt von Bramstedt nach Kopenhagen über
1758	Mai	Andreas Peter Bernstorff, von seinem Oheim gerufen, tritt in den dänischen Staatsdienst
1762	3. 12.	⚭ Henriette Stolberg und Andreas Peter Bernstorff zu Kopenhagen
1764	12. 3.	† Uetersener Priörin Marie Antoinette Ahlefeldt a. d. H. Langeland-Rixingen
	8. 5.	Wahl der Priörin Margarethe Hedwig Buchwaldt a. d. H. Borstel zu Uetersen
1765	22. 6.	† Hofmarschall Christian Günther Stolberg, Augustas Vater, zu Aachen
	29. 6.	† Andreas Stolberg, Augustas Bruder, zu Kopenhagen
	19. 10.	Johann Wolfgang Goethe immatrikuliert sich in Leipzig

1766	14. 1.	† Friedrich V. von Dänemark zu Kopenhagen
		Christian VII. von Dänemark besteigt den Thron und übt das ihm zustehende Jus Primariarum Precum aus; Augusta Stolberg erhält dadurch einen Platz im Uetersener Kloster
	29. 1.	Krönung Christians VII. zum König von Dänemark
	Frühling	Christiane Stolberg, Augustas Mutter, bezieht mit ihren Kindern Gut Rungstedt
	18. 4.	Kloster Uetersen sagt die Aufnahme der Comtesse Stolberg zu
	April/Mai	⚭ Charlotte Ernestine Brocktorff a. d. H. Aschau, Uetersener Conventualin, und Georg Heinrich Warnstedt; ein Klosterplatz wird frei
	10. 9.	KF Friedrich Kelting, Peter Knoop, Michael Kelting nach Horst [Comtesse Stolberg, auf der Breitenburg zu Gast, wird nach Uetersen geholt]
	29. 9.	Einkleidung Augusta Louise Stolberg im Kloster Uetersen [abends Rückkehr zur Breitenburg]
1767	18. 4.	Augusta Stolberg wird konfirmiert [zu Blausträd auf Seeland?]
	14. 12.	Christian VII. von Dänemark erhebt Johann Hartwig Ernst Bernstorff in den erblichen Grafenstand
1768	1. 9.	Johann Wolfgang Goethe kehrt aus Leipzig nach Frankfurt zurück
1769		Christian VII. von Dänemark beruft den Altonaer Physicus Johann Friedrich Struensee als seinen Leibarzt nach Kopenhagen
	7. 10.	† Priörin Margarethe Hedwig von Buchwaldt a. d. H. Borstel zu Uetersen
	20. 11.	Wahl der Priörin Hedwig Albertina Rumohr a. d. H. Olpenitz zu Uetersen
1770	März	Johann Wolfgang Goethe reist zum Studium nach Straßburg
	27. 5.	† Königin Sophie Magdalene von Dänemark
	15. 9.	Johann Friedrich Struensee übernimmt in Kopenhagen die Regierung und entläßt Staatsminister Johann Hartwig Ernst Bernstorff
		Augusta, Chr. und F. L. Stolberg gehen in Kopenhagen an Bord, Ziele: Kloster Uetersen und Universität Halle
	4. 10.	Sie kommen in Uetersen an
	18. 10.	Convent
	Oktober	Johann Hartwig Ernst und Andreas Peter Bernstorff sowie F. G. Klopstock verlassen Dänemark und siedeln nach Hamburg über
	31. 10.	KF Otto Früchtenicht nach Horst [Augusta reist zur Breitenburg]
1771	4. 3.	KF Paul Hell und Johann Engelbrecht nach Hamburg [Hinfahrt]
	26. 3.	KF Peter Klüver und Peter Knoop nach Hamburg [Rückfahrt]
	18. 6.	Zusammen mit Priörin Rumohr sowie der Gemahlin des Klosterprobsten Qualen ist Augusta Taufpatin bei Albertina Henningia Augusta Rapen, Tochter eines „Arbeitsmannes" aus dem Katzhagen zu Uetersen

	20. 6.	Christiane Stolberg und ihre Kinder Katharina, Magdalena, Julia und Magnus gehen in Kopenhagen an Bord.
8. oder 9. 7.		Auf dem Umweg über Dreilützow kommen sie in Altona an
9. oder 10. 7.		Augusta sieht ihre Angehörigen wieder
	Juli	Struensee läßt sich zu Kopenhagen in den Grafenstand erheben und befindet sich auf der Höhe seiner Macht
		Der Straßburger Student Goethe sammelt im Auftrage Herders im Elsaß Volkslieder
	14. 8.	Er kehrt nach Frankfurt zurück und erhält bald darauf die Zulassung zum Advokaten
	22. 8.	Convent [–]
	Herbst	In den Semesterferien der Brüder Stolberg trifft sich die Familie auf Dreilützow
1772	17. 1.	Palastrevolution zu Kopenhagen, Struensee wird gestürzt
	16. 2.	Convent [–]
	18. 2.	† Staatsminister Johann Hartwig Ernst Bernstorff zu Hamburg
	23. 4.	KF Harm Früchtenicht und Claus Högemann nach Altona [Rückfahrt Augustas nach mit den Brüdern dort verbrachten Osterferien]
	Mai	Goethe geht ans Reichskammergericht in Wetzlar
	21. 7.	KF Matthias und Jürgen Hell nach Altona [Hinfahrt]
	20. 8.	Einkleidung Anna Margaretha Rantzau a. d. H. Segalendorf im Kloster Uetersen
	11. 9.	Goethe verläßt Wetzlar und kehrt nach Frankfurt zurück
	12. 9.	Junge Dichter schließen sich zum „Göttinger Hain" zusammen
	15. 10.	Nach in Altona verbrachten Semesterferien brechen die Brüder Stolberg zum Studium nach Göttingen auf
	3. 12.	Andreas Peter Bernstorff, in seine Ämter zurückgerufen, kommt in Kopenhagen an
	19. 12.	Chr. und F. L. Stolberg werden in den „Göttinger Hain" aufgenommen
1773	28. 1.	Convent
	5. 4.	KF Peter Klüver und Peter Knoop nach Altona [Hinfahrt]
		Die Brüder Stolberg verbringen ihre Osterferien in Altona und überreichen Klopstock den Gedichtband der Göttinger Dichter „Für Klopstock"
	1. 5.	† Uetersener Conventualin Anna Susanna von der Osten zu Kopenhagen
	Juni	Goethes „Götz von Berlichingen" liegt gedruckt vor
	17. 6.	Convent
	25. 6.	KF Jürgen und Marquardt Hell nach Altona [Hinfahrt]
	1. 7.	Einkleidung Christiane Maria Reventlow a. d. H. Schmool im Kloster Uetersen
	24. 7.	† Magdalena Stolberg, Augustas Schwester, zu Altona
	13. 9.	Nach emphatischer Abschiedsfeier reisen die Brüder Stolberg morgens um 3 Uhr aus Göttingen nach Altona ab
	16. 10.	Christiane Stolberg und alle ihre Kinder – außer Augusta – kehren nach Rungstedt heim
	1. 11.	⚭ Cornelia Goethe und Johann Georg Schlosser zu Frankfurt

3. 11.	Convent, Rücktritt der Priörin Rumohr [–]
25. 11.	Convent [–]
14. 12.	Wahl der Priörin Catharina von Reventlow a. d. H. Schmool zu Uetersen
20. 12.	† Christiane Stolberg, Augustas Mutter, zu Rungstedt

1774

Januar	Augusta lernt in Hamburg Heinrich Christian Boie kennen
1. 2.	Convent [–]
2. 2.	KF Claus Hell und Peter Siemsen nach Hamburg [Rückfahrt]
10. 3.	Convent
5. 4.	KF Claus Högemann und Franz Koopmann nach Altona [Hinfahrt]
	Augusta lernt in Hamburg die beiden Hainbrüder Voß und Hahn kennen
1. 5.	Claudius widmet Augusta sein Gedicht „Am ersten Maimorgen"
6. 5.	Katharina Stolberg bezieht Stift Vallø auf Seeland
18. 5.	Augusta und F. L. Stolberg gehen zur Reise nach Kopenhagen in Travemünde an Bord
21. 7.	† Uetersener Conventualin Margaretha Elisabeth Wedderkop zu Altona
28. 8.	Goethes „Clavigo" im Hamburger Schauspielhaus
Mitte September	Auf dem Rückweg nach Uetersen lernt Augusta in Loitmark Cai Reventlow kennen
22. 9.	Convent [–]
27.–29. 9.	Klopstock, auf der Reise nach Baden, besucht Goethe in Frankfurt
	Zur Zeit der Frankfurter Herbstmesse erscheint „Die Leiden des jungen Werthers"
Oktober	Augusta hält sich für 14 Tage bei Martin Ehlers in Altona auf
24. 10.	Goethes „Götz von Berlichingen" im Hamburger Schauspielhaus
11. 12.	Die Weimarischen Prinzen Carl August und Constantin reisen durch Frankfurt und lassen sich Goethe vorstellen
Dezember	Vom „Werther" hingerissen, schreibt Augusta ihren 1. Brief an Goethe

1775

Januar	Goethe lernt Anna Elisabeth Schönemann, Lili, kennen
23. 1.	Convent [–]
16. 1.	GOETHES 1. BRIEF AN AUGUSTA „Der theuern Ungenandten"
13. 2.	GOETHES 2. BRIEF AN AUGUSTA „Der teuern Ungenannten"
7.–10. 3.	GOETHES 3. BRIEF AN AUGUSTA
19.–25. 3.	GOETHES 4. BRIEF AN AUGUSTA
27. 3.	Convent [–]
28. 3.	KF Hinrich Koopmann und Peter Meinert nach Altona [Rückfahrt]
30. 3.	Klopstock, auf der Rückreise von Baden nach Hamburg, besucht Goethe in Frankfurt
3. 4.	Convent
8. 4.	Chr. und F. L. Stolberg brechen zu ihrer Kavalierstour auf und gehen in Kopenhagen an Bord

9. 4.	KF Ladewig Mein und Claus Hell nach Altona [Hinfahrt]
11. 4.	Chr. und F. L. Stolberg kommen in Hamburg an und treffen dort mit Augusta zusammen
13. 4.	Klopstock, begleitet von Johann Martin Miller, trifft in Hamburg ein
14. 4.	Zu einem Treffen mit den Grafen Stolberg kommt auch Johann Heinrich Voß in Hamburg an
15. 4.	GOETHES 5. BRIEF AN AUGUSTA
	Um Ostern, 16./17. 4., verlobt sich Goethe mit Anna Elisabeth Schönemann
26. 4.	Goethe beendet seinen 5. Brief an Augusta und erwartet ihre Brüder
1. 5.	Chr. und F. L. verlassen Hamburg, Miller und Claudius geleiten sie über die Elbe
6. 5.	Im Kreise der Freunde nimmt Augusta an einer Segelpartie auf der Elbe teil
um den 8. 5.	Unterwegs in die Schweiz, treffen Chr. und F. L. Stolberg in Frankfurt ein. (Häufige Besuche in Goethes Elternhaus.)
14. 5.	Chr. und F. L. Stolberg, Curt Haugwitz und Goethe brechen in Frankfurt zur Reise in die Schweiz auf, alle tragen sie Werther-Tracht
23. 5.	Convent
9. 6.	Augusta und Julia Stolberg brechen in Uetersen zur Reise nach Loitmark auf
15. 6.	Kahnfahrt der vier Schweizreisenden auf dem Züricher See
19. 6.	Augusta bringt Julia nach Louisenlund
26. 6.	Augusta geht in Kappeln an Bord
30. 6.	Sie kommt in Bernstorff an
22. 7.	Goethe, der seine Reise abgebrochen hat, kommt in Frankfurt an
25./31. 7.	GOETHES 6. BRIEF AN AUGUSTA
3. 8.	GOETHES 7. BRIEF AN AUGUSTA
3. 9.	Herzog Carl August von Sachsen-Weimar-Eisenach übernimmt die Regierung
4.−19. 9.	GOETHES 8. BRIEF AN AUGUSTA
20. 9.	GOETHE beginnt seinen 9. BRIEF AN AUGUSTA
22. 9.	Auf dem Wege zu seiner Vermählung reist Herzog Carl August durch Frankfurt und lädt Goethe nach Weimar ein
	Um die Zeit der Herbstmesse löst Goethe sein Verlöbnis mit Lili Schönemann
16. 10.	Zur Rückkehr nach Uetersen geht Augusta in Kopenhagen an Bord
20. 10.	Convent [−]
1. 11.	Augusta kommt in Schleswig an
7. 11.	Goethe trifft morgens um 5 Uhr in Weimar ein
	Augusta bricht um 9 Uhr in Schleswig auf und erreicht Breitenburg um Mitternacht
9. 11.	Sie kommt in Uetersen an
15. 11.	Einkleidung Elisabeth Luise Philippine Schrautenbach aus Darmstadt im Kloster Uetersen

1775 (steht am linken Rand auf Höhe von 22. 7.)

22. 11. GOETHE beendet seinen 9. BRIEF AN AUGUSTA und erwartet ihre Brüder

26. 11. Chr. und F. L. Stolberg kommen in Weimar an

3. 12. Sie brechen zur Heimreise auf

23. 12. Sie kommen vor Hamburg an

24. 12. Sie treffen mit Augusta in Hamburg zusammen

31. 12. Deutsche Erstaufführung von Händels „Messias" in Hamburg

1776

12. 1. Chr. und F. L. Stolberg reisen von Hamburg nach Kopenhagen ab

20. 1. KF Peter Dierck und Carsten Piening nach Altona [Rückfahrt]

8. 2. Goethes „Stella" im Hamburger Schauspielhaus

11. 2. GOETHES 10. BRIEF AN AUGUSTA, die lebensbedrohlich erkrankt ist

28. 2. Zusammen mit Priörin Reventlow und der Conventualin Metta Oberg ist Augusta Taufpatin bei Anna Catharina Augusta Bourmeister aus der Klostergasse zu Uetersen

10. 4. GOETHES 11. BRIEF AN AUGUSTA

22. 4. Herzog Carl August schenkt Goethe Haus und Garten

26. 4. Goethe erwirbt das Weimarer Bürgerrecht

5. 5. KF Harm Seemann und Harm Eiler nach Altona [Hinfahrt]

16. 5. GOETHES 12. BRIEF AN AUGUSTA: „Morgen fang ich dir ein Journal an . . ."

17. 6. GOETHE beginnt das JOURNAL

18. 5. Er bezieht sein Gartenhaus und setzt, als ersten Brief aus seinem neuen Zuhause, das JOURNAL für Augusta fort

19.—24. 5. Fortsetzung und Schluß des JOURNALS, dieses ist GOETHES 13. BRIEF AN AUGUSTA

21. 5. Schroffe Antwort Goethes auf Klopstocks Tadelbrief, es kommt zum Bruch

25. 5. Augusta bricht in Uetersen zur Reise nach Bernstorff auf

6. 6. Sie kommt in Bernstorff an

11. 6. Zum Geheimen Legationsrat mit 1200 Talern Jahresgehalt ernannt, tritt Goethe in den Weimarischen Staatsdienst

9. 7. † Kanzleirat Jürgen Grube, Klosterschreiber, zu Uetersen

15. 7. Goethes „Erwin und Elmire" in der Vertonung Johann Andrés im Hamburger Musiktheater

17. 8. Fürstbischof Friedrich August von Oldenburg ernennt F. L. Stolberg zum Oberschenk und am

26. 8. zum Gesandten Eutins am dänischen Hof

20. 8. Convent [–] Heinrich Wilhelm Lawätz wird Nachfolger des Klosterschreibers Grube

28.—30. 8. GOETHES 14. BRIEF AN AUGUSTA

14. 9. Augusta bricht in Bernstorff auf zur Heimreise nach Uetersen

20. 9. 1. Shakespeare-Aufführung im Hamburger Schauspielhaus mit „Hamlet"

1. 10. † Hauptpastor und Klosterprediger Johann Christoph Wiese zu Uetersen

12. 11. Convent

14. 11. Herzog Carl August überträgt Goethe sämtliche Bergwerksangelegenheiten

21.	3.	Convent
10.	4.	KF Heinrich Kelting und Johann Früchtenicht nach Altona [Hinfahrt]
20.	4.	KF Peter von Draten und Jürgen Hell nach Altona [Rückfahrt]
26.	5.	⚭ Uetersener Conventualin Elisabeth Zoege von Manteuffel und Peter Zoege von Manteuffel zu Uetersen; die Hochzeitsgäste Klopstock und Augusta Stolberg reisen anschließend nach Loitmark, wo sie am
29.	5.	„unvermutet" ankommen, Augusta reist bald darauf nach Bernstorff weiter
8.	6.	† Cornelia Schlosser, Goethes Schwester
15.	6.	⚭ Christian Stolberg und Luise verw. Gramm geb. Reventlow zu Bernstorff
19.	6	Chr. Stolberg wird Amtmann von Tremsbüttel
23.	6	Einkleidung Ernestine Friderica Ahlefeldt a. d. H. Seestermühe im Kloster Uetersen
2.	7	Convent [–], Aufstellung der Kandidaten zur Neubesetzung des Hauptpastorates Priörin: P. Hoyer aus Süderau, Conventualinnen: P. Theodor Anton Schröder [aus?], Probst: P. Rist aus Niendorf
6.	7.	Kirchengemeinde Uetersen wählt den Kandidaten der Conventualinnen, Th. A. Schröder
17.	7.	GOEHTES 15. BRIEF AN AUGUSTA
24.	7.	Convent [–]
6.	8.	Convent [–]
August		Augusta reist mit Freunden und Geschwistern ins schwedische Gebirge
20.	9.	Etwa an diesem Tage macht sich Augusta in Bernstorff zur Rückreise nach Uetersen auf und trifft auf Loitmark mit Klopstock zusammen
26.	9.	Augusta und Klopstock reisen von Loitmark nach Uetersen und Hamburg ab
5./6.	11.	Augusta weilt in Tremsbüttel und richtet das Haus ihres Bruders Christian ein
13.	11.	Convent
November		Goethe unternimmt eine Reise in den Harz
9.	12.	Convent [–]
12.	12.	Goethe besteigt den Brocken

Januar		Augusta hält sich in Altona auf
20.	1.	† Hermann Martin Büsch aus Hamburg, Pensionär des Klosterpredigers, zu Uetersen
7.	2.	† Uetersener Diaconus Johann Friedrich Ballhorn zu Uetersen
18.	2.	KF Harm Piening und Heinrich Timm [Augusta reist nach Tremsbüttel]
20.	2.	⚭ Uetersener Conventualin Ernestina Friderica Ahlefeldt und Kammerherr Friedrich Joseph Schimmelmann
17.	3.	GOETHES 16. BRIEF AN AUGUSTA
28.	3.	Convent [–]
28.	4.	Convent [–]
13.	5.	Gertrud Mara konzertiert in Hamburg

25.	5.	KF Marquardt Dierck und Claus Piening nach Altona [Rückfahrt]
25.	6.	Einkleidung Agneta Sophia Rumohr a. d. H. Rundhof im Kloster Uetersen
11.	7.	Convent [–]
Sommer		Augusta hält sich in Bernstorff auf
2.	8.	Wahl des Diaconus Ludwig Christian Hasse zu Uetersen
25.	8.	⚭ Anna Elisabeth Schönemann [Lili] und Bernhard Friedrich Baron von Türckheim
9.	12.	† Uetersener Conventualin Hedwig Albertina Rumohr a. d. H. Olpenitz zu Uetersen

Am Ende des Jahres 1778 schrieb der Uetersener Hauptpastor Schröder ins Kirchenbuch: „Von Michaelis 1777 bis spät im Sommer 1778 wütete in der hiesigen Gemeine ... ein heftiges ... Fleckfieber, an welchem sehr viele Menschen ... 5 Paar Eheleute, mein ... Herr Kollege ... der Rector ... beide junge Männer ... in die Ewigkeit gingen ... ich selbst lag 9 Wochen daran nieder ...“

1779	13.	1.	KF Harm Früchtenicht und Johann Stockfleth nach Altona [Hinfahrt]
	13.	2.	KF Franz Koopmann und Lütje Mohr nach Altona [Rückfahrt]
	8.	3.	Convent [–]
	28.	4.	Zusammen mit der Conventualin Metta Oberg und Diaconus Hasse ist Augusta Taufpatin bei August Ludwig Friedrichsen, Sohn eines Schustermeisters in der Kuhlenstraße zu Uetersen
	April/Mai		Augusta ist wieder lebensbedrohlich erkrankt
	Juni bis August		Augustas Kur in Meinberg und Pyrmont
	24.	6.	Einkleidung der Schwestern Charlotte Amalie und Johanna Wilhelmina Friderica Rumohr a. d. H. Rundhof im Kloster Uetersen
	25.	8.	Augusta kehrt nach Uetersen zurück
	2.	9.	Katharina und Augusta Stolberg wandern zum Uetersener Mühlenteich
	5.	9.	Goethe wird zum Geheimen Rat ernannt
	8.	9.	Augusta ist Taufpatin bei Augusta Ernestina Wilhelmine Claudius zu Wandsbek
	12.	9.	Herzog Carl August und Goethe treten ihre Schweizreise an
	15.	10.	Convent [–]
1780	15.	1.	KF Marquardt Hell und Harm Früchtenicht nach Hamburg [Rückfahrt?]
	6.	2.	† Augustas Freundin Emilie Schimmelmann zu Seelust auf Seeland
	14.	3.	Convent [–]
	18.	3.	KF Peter Hell und Hinrich Koopmann nach Altona [Rückfahrt]
	26.	4.	Convent
	3.	6.	GOETHES 17. BRIEF AN AUGUSTA
	Sommer		Augusta weilt in Bernstorff
	22.	9.	Zur Heimreise nach Uetersen geht Augusta in Kopenhagen an Bord
	2.	10.	Convent

	13. 11.	Staatsminister Andreas Peter Bernstorff wird entlassen
	14. 12.	† Magnus Stolberg, Augustas Bruder, im Duell zu Kiel
1781	3. 2.	KF Paul Hell und Johann Engelbrecht nach Altona [Augusta reist nach Tremsbüttel]
	27. 2.	Andreas Peter Bernstorff und seine Familie verlassen Kopenhagen
	10. 3.	KF Heinrich Kelting und Matthias Mein nach Altona [Rückfahrt von Tremsbüttel]
	Sommer	Augusta hält sich in Dreilützow auf
	17. 12.	† Priörin Catharina Reventlow a. d. H. Schmool zu Uetersen
	20. 12.	Convent [–]
1782	9. 1.	Convent [–]
	14. 1.	Convent [–]
	18. 1.	KF Franz Koopmann und Lütje Mohr nach Altona [Rückfahrt]
	22. 1.	Einkleidung Georgina Buchwaldt a. d. H. Seedorf
	29. 1.	Wahl der Priörin Ulrica von Dewitz a. d. H. Loitmark
	20. 2.	KF Claus Hauschildt und Paul Hell nach Altona [Augusta reist nach Borstel]
	4. 3.	GOETHES 18. BRIEF AN AUGUSTA
	10. 4.	Goethe wird von Kaiser Joseph II. in den Adelsstand erhoben
	12. 4.	Convent [–]
	11. 6.	∞ F. L. Stolberg und Agnes Witzleben zu Eutin
	22. 6.	Einkleidung Ida Brigitte Ahlefeldt a. d. H. Langeland-Rixingen im Kloster Uetersen
	4. 8.	† Henriette Bernstorff geb. Stolberg zu Dreilützow
1783	28. 1.	Zusammen mit Frau Elisabeth Pechlin und Priörin Dewitz ist Augusta Taufpatin bei Henriette Christina Louise Meyn, Tochter eines Bauern aus Klevendeich
	1. 2.	KF Harm Kelting und Matthias Schüder nach Altona [Augusta reist nach Tremsbüttel]
	12. 4.	Augusta reist nach Uetersen zurück und wird von Andreas Peter Bernstorff bis Hamburg begleitet
	23. 6.	KF Cornelius Kelting und Claus Koopmann nach Altona [Hinfahrt]
	19. 7.	Augusta verläßt das Kloster Uetersen
	22. 7.	Augusta kommt in Tremsbüttel an
	8. 8.	∞ Uetersener Conventualin Augusta Stolberg und Staatsminister Andreas Peter Bernstorff zu Dreilützow
1784	14. 4.	Staatsstreich des sechzehnjährigen Kronprinzen Friedrich von Dänemark, Andreas Peter Bernstorff wird bald darauf nach Kopenhagen zurückgerufen
	20. 4.	† Henriette Christina Louise Meyn, Augustas letztes Uetersener Patenkind, zu Klevendeich
	27. 5.	Chr. und F. L. Stolberg besuchen Goethe in Weimar
1788	15. 5.	* Karl Andreas Christian Bernstorff, Augustas Sohn
	15. 11.	† Agnes Stolberg geb. Witzleben zu Neuenburg in Oldenburg
1789	14. 7.	Beginn der französischen Revolution
1790	15. 2.	∞ F. L. Stolberg und Sophie Redern
1792	21. 6.	† Karl Andreas Christian Bernstorff
1794	25. 10.	† Metta von Oberg, Augustas Freundin, zu Uetersen
1797	21. 6.	† Andreas Peter Bernstorff zu Kopenhagen

1800	1. 6.	F. L. Stolberg und seine Familie treten zur römisch-katholischen Kirche über
1813/15		Befreiungskriege, Ende der 100jährigen Friedenszeit in Schleswig-Holstein
1816		Augusta beginnt ihren Briefwechsel mit dem Theologen Claus Harms
1822/23		Augusta und Goethe korrespondieren noch einmal miteinander
1832	22. 3.	† Johann Wolfgang Goethe zu Weimar
1835	30. 6.	† Augusta Bernstorff zu Kiel
	7. 7.	Augusta Bernstorff wird in Dreilützow beigesetzt

Archivverzeichnis

Aufgeführt sind nur die Archive, aus deren Beständen in der vorliegenden Arbeit zitiert wurde.

A – BERLIN; Staatsbibliothek Stiftung Preußischer Kulturbesitz
B – SCHLOSS BREITENBURG; Gräflich Rantzauisches Archiv
C – DÜSSELDORF; Goethe-Museum, Anton- und Katharina-Kippenberg-Stiftung
D – FRANKFURT; Freies Deutsches Hochstift Frankfurter Goethe-Museum
E – SCHLOSS GARTOW; Gräflich Bernstorffsches Archiv
F – HAMBURG; Staats- und Universitätsbibliothek, Klopstock-Nachlaß
G – KIEL; Schleswig-Holsteinische Landesbibliothek, Bestand Joh. Heinrich Voß und Kasten Stolberg
H – KOPENHAGEN; Reichsarchiv
   1. Gräflich Reventlowsches Archiv Altenhof im Reichsarchiv:
      Briefe von Augusta Stolberg an die Brüder Christian und Friedrich Lepold (Nr. 15)
      Briefe von Augusta Stolberg an Luise Stolberg (Nr. 16)
      Briefe von Katharina Stolberg (Nr. 37)
      Briefe von Friedrich Leopold Stolberg (Nr. 38)
      Briefe der Gräfin Christiane Stolberg geb. Castell-Remlingen und anderer (Nr. 39)
      Briefe an Christian und Friedrich Leopold Stolberg (Nr. 41)
      Papiere von Katharina Stolberg (Nr. 54)
      Briefe an Friedrich Leopold Stolberg (Nr. 55)
   2. Archiv von Ober Ellguth im Reichsarchiv, Privatarchiv Christian Günther Bernstorff: Briefe der Gräfin Christiane Stolberg (Nr. 2)
   3. Gräflich Bernstorffsches Archiv Stintenburg im Reichsarchiv:
      Privatarchiv, Briefe an Andreas Peter Bernstorff (Nr. 35, Nr. 36, Nr. 43)
   4. Gräflich Bernstorffsches Archiv Wotersen im Reichsarchiv:
      Briefe der Gräfin Christiane Stolberg an J. H. E. Bernstorff (Nr. 38)
   5. Gräflich Reventlowsches Archiv Holsteinborg im Reichsarchiv:
      Briefe an Ludwig und Sybille Reventlow (Nr. 6)
J – MÜNSTER; Universitäts-Bibliothek
K – UETERSEN;
   1. Adeliges Kloster
   2. Evgl.-luth. Kirchengemeinde am Kloster, Turm- und Pastoratsarchiv
L – WEIMAR; Nationale Forschungs- und Gedenkstätten der klassischen deutschen Literatur

M – Privatbesitz

Gedruckte Quellen und Forschungsliteratur

Ein (Z) am Ende der jeweiligen Angabe weist darauf hin, daß aus dem Werk zitiert wurde.

Die Familien Bernstorff und Stolberg

1. Bernstorffsche Papiere. Ausgewählte Briefe und Aufzeichnungen die Familie Bernstorff betreffend aus der Zeit 1732 bis 1835, 3 Bde, hrsg. von Aage Friis, Kopenhagen 1904–1913. (Z)
2. Gräfin Elise von Bernstorff, Ein Bild aus der Zeit von 1789 bis 1835, 2 Bde, Berlin 1897. (Z)
3. Werner Graf von Bernstorff, Die Herren und Grafen von Bernstorff, Eine Familiengeschichte, Privatdruck, o. O. 1982.
4. Jürgen Behrens, Über ein vermeintliches Portrait der Gräfin Auguste zu Stolberg, Nordelbingen Bd. 36, Heide 1967.
5. Aage Friis, Die Bernstorffs, Erster Band Leipzig 1905; II. Band unter dem Titel: „Die Bernstorffs und Dänemark" Bentheim 1970.
6. J. Lorentzen, Gräfin Augusta Bernstorff geb. Gräfin Stolberg, eine Freundin von Goethe und Claus Harms, in: Schriften des Vereins für Schleswig-Holsteinische Kirchengeschichte, 2. Reihe, Bd. 8, Heft 4, 1928. (Z)
7. Ellen Poulsen, Großonkel Carl Bernstorff, Et barneportraet af Jens Juel, in: Pa Klassik Grund, Meddelser fra Thorvaldsens Museum 1989. (Z)
8. Briefe aus Auguste Stolbergs Jugend, hrsg. von Detlev W. Schumann, in: Neue Folge des Jahrbuchs der Goethe-Gesellschaft, Bd. 19, Weimar 1957. (Z)
9. Gedichte der Brüder Christian und Friedrich Leopold Grafen zu Stolberg, hrsg. von Heinrich Christian Boie, Leipzig 1779. (Z)
10. Friedrich Leopold Graf zu Stolberg, Über die Fülle des Herzens, Frühe Prosa, hrsg. von Jürgen Behrens, Stuttgart 1970. (Z)
11. Friedrich Leopold Graf zu Stolberg, Briefe hrsg. von Jürgen Behrens, Kieler Studien zur Deutschen Literaturgeschichte Bd. 5, Neumünster 1966. (Z)
12. Briefwechsel zwischen Klopstock und den Grafen Christian und Friedrich Leopold zu Stolberg, hrsg. von Jürgen Behrens, Kieler Studien zur . . . Bd. 3, Neumünster 1964. (Z)
13. Briefe Friedrich Leopolds Grafen zu Stolberg und der Seinigen an Johann Heinrich Voß, hrsg. von Otto Hellinghaus, Münster 1891. (Z)
14. Katharina Gräfin zu Stolberg, Aufzeichnungen, in: Louis Bobé, Efterladte Papirer fra den Reventlowske Familiekreds i Tidsrummet 1770 bis 1828, 10 Bde, Kopenhagen 1895 bis 1931, Band 7. (Z)
15. Julia von Witzleben geb. Gräfin zu Stolberg, Aufzeichnungen, a. a. O. (Z)
16. Briefe von und an die Grafen Christian und Fritz Stolberg, a. a. O. Bd. 8 (Z)
17. Ingeborg und Jürgen Behrens, Friedrich Leopold Graf zu Stolberg-Stolberg, Verzeichnis sämtlicher Briefe, Bad Homburg v. d. H., Berlin, Zürich 1968.
18. J. H. Hennes, Aus Friedrich Leopold von Stolberg's Jugendjahren, Frankgurt a. M. 1876. (Z)
19. Johannes Janssen, Friedrich Leopold Graf zu Stolberg, 2 Bde, Freiburg 1877. (Z)

20. Goethes sämtliche Werke, Jubiläums-Ausgabe in 40 Bänden, hrsg. v. Eduard von der Hellen, Stuttgart/Berlin 1902–1907. (Z)
21. Goethe in vertraulichen Briefen seiner Zeitgenossen, zusammengestellt von Wilhelm Bode, neu hrsg. von Regine Otto und Paul-Gerhardt Wenzlaff, 3 Bde, Berlin und Weimar 1979, München 1982. (Z)
22. Goethe's Briefe an die Gräfin Auguste zu Stolberg, verwitwete Gräfin von Bernstorff, hrsg. von August von Binzer, Leipzig 1839.
23. Goethes Briefe an die Gräfin Auguste zu Stolberg, verwitwete Gräfin von Bernstorff, zweite Auflage, hrsg. von Wilhelm Arndt, Leipzig 1881. (Z)
24. Johann Wolfgang Goethe, Briefe an Auguste Gräfin zu Stolberg, hrsg. von Jürgen Behrens, Insel-Bücherei 1015, Frankfurt 1983. (Z)
25. Goethes Briefe an Charlotte von Stein, 2 Bde, hrsg. von Hans Heinrich Borcherdt, Berlin o. J. (Z)
26. Goethes Tagebuch 1775, Von Zürich nach Weimar, hrsg. NFG Weimar, 1985. (Z)
27. Volkslieder, gesammelt von Johann Wolfgang Goethe, hrsg. von Hermann Strobach, Schriften der Goethe-Gesellschaft. 62. Band, Weimar 1982. (Z)
28. Goethes Gedichte in Kompositionen, hrsg. von Max Friedländer, 2 Bände in 1 Band, Reprint von 1896 und 1916, Hildesheim und New York 1975.
29. Max Friedländer, Goethes Gedichte in der Musik, in: Jahrbuch der Goethe-Gesellschaft, 17. Band, Weimar 1896.
30. Goethes Leben und Werk in Daten und Bildern, hrsg. von Bernhard Gajek, Franz Götting u. Jörn Göres, Frankfurt 1966.
31. Ernst Beutler, Lili. Wiederholte Spiegelungen, in: Ders., Essays um Goethe, Bremen 1957. (Z)
32. Alexander von Gleichen-Rußwurm, Goethe – Lebensaufriß aus Tagebüchern, Briefen, Zeitstimmen, Berlin o. J. (Z)
33. Helga Haberland und Wolfgang Pehnt, Frauen der Goethezeit in Briefen, Dokumenten und Bildern, eine Anthologie, Stuttgart 1960. (Z)
34. Detlev W. Schumann, Goethes Beziehungen zu Nordelbingen und zu Nordelbiern, in: Nordelbingen, Beiträge zur Kunst- und Kulturgeschichte, Band 42, Heide i. Holst. 1973.

Dichter und Dichtung des 18. Jahrhunderts

35. Briefe an H. C. Boie, Mitteilungen aus dem Literaturarchive in Berlin, Bd. 3, Berlin 1903. (Z)
36. Ich war wohl klug, daß ich dich fand. Heinrich Christian Boies Briefwechsel mit Luise Mejer 1777–1785, hrsg. von Ilse Schreiber, München 1961.
37. Fünf Briefe aus dem Boie-Kreis, hrsg. von Adolf von Grolmann, in: Euphorion, XXIV 1922/23. (Z)
38. Briefe von und an Gottfried August Bürger. Ein Beitrag zur Literaturgeschichte seiner Zeit, hrsg. von Adolf von Strodtmann, 1. Bd., Berlin 1874. (Z)
39. Matthias Claudius, Sämtliche Werke, hrsg. von Hannsludwig Geiger, Tempel-Klassiker, Wiesbaden o. J. (Z)
40. Briefe von Matthias und Rebekka Claudius an Johann Heinrich und Ernestine Voß, 1774–1814, hrsg. von Paul Eickhoff, Hamburg 1915. (Z)
41. Wilhelm Herbst, Matthias Claudius, der Wandsbecker Bote, Gotha 1878. (Z)
42. Agnes Perthes, Vom Wandsbeker Boten und seinem Haus, Erinnerungen, Hamburg 1911.

43. C. E. Sommer, Studien zu den Gedichten des Wandsbecker Bothen, Frankfurt a. M. 1935.
44. Ungedruckte Dichtungen und Briefe aus dem Nachlaß H. W. von Gerstenbergs, hrsg. von A. M. Wagner in: Archiv für das Studium der neueren Sprachen und Literatur, Band 141, Braunschweig 1921. (Z)
45. Elf Briefe aus dem Kreise Gerstenbergs, hrsg. von G. Koenig-Warthausen, in: Archiv für das Studium der neueren Sprachen . . . Bd. 166, Braunschweig 1935. (Z)
45a. Robert Hering, Heinrich Wilhelm von Gerstenberg und sein Freundeskreis, in: Jahrbuch des Freien Deutschen Hochstifts, Frankfurt a. M. 1909.
46. Göttinger Musenalmanach auf das Jahr 1774, Reprint Darmstadt 1978. (Z)
47. Alfred Kelletat, Der Göttinger Hain, Stuttgart 1967/1984. (Z)
48. Adolf Langguth, Christian Hieronymus Esmarch und der Göttinger Dichterbund, Berlin 1903.
49. Friedrich Gottlieb Klopstock, Hamburger Klopstock-Ausgabe, Abtlg. Briefe VII Bde 1–3. Berlin und New York 1982. (Z)
50. Briefe von und an Klopstock, hrsg. von J. M. Lappenberg, Braunschweig 1857. (Z)
51. Carl Friedrich Cramer, Klopstock. In Fragmenten aus Briefen von Tellow an Elisa, Hamburg 1777/78. (Z)
52. Heinrich Lüdke, Klopstock und unsere niederelbische Heimat, Altona 1923. (Z)
53. Sophie de La Roche, Ich bin mehr Herz als Kopf. Ein Lebensbild in Briefen, hrsg. von Michael Maurer, Bibliothek des 18. Jahrhunderts, München 1983.
54. Johann Martin Miller, Gedichte, Ulm 1783. (Z)
55. Johann Martin Miller, Geschichte Karls von Burgheim und Emiliens von Rosenau, 4 Bde, Frankfurt – Leipzig 1779 bis 1780. (Z)
56. Briefe von Johann Heinrich Voß, hrsg. von Abraham Voß, 3 Bde, Halberstadt 1828–1833. (Z)
57. Musen-Almanach für 1777, hrsg. von Joh. Heinr. Voß, Hamburg 1776. (Z)
58. Christian Friedrich Daniel Schubart, Briefe, hrsg. von Ursula Wertheim und Hans Böhme, Leipzig 1984. (Z)

Hamburg, Dänemark und Schleswig-Holstein

59. H. M. Schletterer, Johann Friedrich Reichardt, sein Leben und seine musikalische Thätigkeit, Augsburg 1865. (Z)
60. Joachim E. Wenzel, Geschichte der Hamburger Oper 1678–1978.
61. Jens Baggesen, Das Labyrinth oder Reise durch Deutschland in die Schweiz 1789, München 1986. (Z)
62. Otto Brandt, Geschichte Schleswig-Holsteins, 8. Auflage, Kiel 1981. (Z)
63. Otto Brandt, Geistesleben und Politik in Schleswig-Holstein um die Wende des 18. Jahrhunderts, Stuttgart 1925.
64. C. Christensen, Hørsholms Historie, Kopenhagen 1879.
65. Christian VII., o. Verf., Kopenhagen 1856.
66. Fragmente aus dem Tagebuche eines Fremden, Kopenhagen 1800. (Z)
67. Christian Degn, Die Schimmelmanns, Neumünster 1974.
68. Königlich Schleswig-Holsteinischer Special-Calender, Kiel, 1776 und 1778.
69. Hubertus Neuschäffer, Schlösser und Herrenhäuser in Südholstein, Würzburg 1984.
70. Henning von Rumohr und Hubertus Neuschäffer, Schlösser und Herrenhäuser in Schleswig-Holstein, Frankfurt 1983.

71. Elisabeth Gräfin zu Stolberg, Aus dem Leben der Grafen von Dernath auf Hassel-
    burg und Sierhagen, in: Jahrbuch für Heimatkunde Oldenburg-Ostholstein 1987,
    Heiligenhafen 1986.
72. Ernst Schlee, Schleswig-Holsteinische Silhouetten. Ein kleines Kapitel Kulturge-
    schichte, in: Kunst in Schleswig-Holstein 1959, Jahrbuch des Schleswig-Holsteini-
    schen Landesmuseums Schleswig/Schloß Gottorp, Flensburg o. J.

Uetersen

73. Geheimrath Detlev von Ahlefeldts Memoiren aus den Jahren 1617—1659, hrsg. von
    Louis Bobé, Kopenhagen 1895
74. H. F. Bubbe, Versuch einer Chronik der Stadt und des Klosters Uetersen, 2 Bde, Ueter-
    sen 1932—1939.
75. Johann Friedrich Camerer, Nachrichten von dem Fräuleinkloster und Flecken
    Uetersen, in: Vermischte historisch-politische Nachrichten in Briefen, Zweyter Theil,
    Flensburg und Leipzig 1759/60. (Z)
76. Charlotte Höpfner, Rückblick auf das Elternhaus, Hs. 1878, Privatbesitz.
77. Theodor von Kobbe, Die Schweden im Kloster von Uetersen, Bremen 1830. (Z)
78. Theodor von Kobbe, Erinnerungen aus meinem academischen Leben, Bremen
    1840. (Z)
79. Carl Schuppe, Das Rosarium, in: Willkommen in Uetersen, der Stadt der Rosen, hrsg.
    von C. D. C. Heydorns Buchdruckerei und dem Verkehrs- und Heimatverein Ueter-
    sen, Uetersen 1939. (Z)

Kloster

80. Die Cistercienser, Geschichte – Geist – Kunst, hrsg. von A. Wienand u. a., 3. erw.
    Auflage, Köln 1986.
81. Elsa Plath-Langheinrich, Die mittelalterliche Klosteranlage Uetersen, in: Jahrbuch für
    den Kreis Pinneberg 1988, hrsg. vom Heimatverband für den Kreis Pinneberg von
    1961 e. V., Pinneberg o. J.

Verschiedenes

82. Wilhelm Blumenhagen, Wanderungen durch den Harz, Leipzig 1838.
83. G. Chr. Grosheim, Das Leben der Künstlerin Mara, 1823, Neudruck Kassel 1972.

Tabellarisches Verzeichnis

aller zur Zeit bekannten gedruckten und ungedruckten Briefe und Schriftstücke der Uetersener Conventualin Augusta Louise Gräfin zu Stolberg-Stolberg.

Alle bis zur Verheiratung entstandenen Autographen wurden erfaßt und durchgezählt, die Numerierung wurde bei den in diesem Buche gebrauchten Augusta-Zitaten als Quellennachweis verwandt. Bei den Briefen verzeichnet Spalte 1 den vollständigen Namen des Adressaten, die Vornamen Friedrich Gottlieb Klopstocks sowie die der Brüder Christian und Friedrich Leopold Stolberg werden abgekürzt, Adelsprädikate entfallen. Spalte 2 zeigt den Entstehungsort sowie das Datum des jeweiligen Schriftstückes an, erschlossene Daten stehen in eckigen Klammern. Die Buchstaben und Ziffern der Spalte 3 beziehen sich auf das Archiv- und Quellenverzeichnis dieses Buches und weisen den Aufbewahrungsort des Autographs sowie eine – ggf. auch nur in Auszügen erfolgte – Drucklegung nach.

Briefe:

		1770			
1. Sophie Bernstorff	Uetersen	4. 10.	F	8, 254—255
2. Sophie Bernstorff	Uetersen	18. 11.	F	8, 256
3. Sophie Bernstorff	Uetersen	1. 12.	F	8, 257
		1771			
4. Sophie Bernstorff	Uetersen	7. 2.	F	8, 257
5. Sophie Bernstorff	Uetersen	25. 2.	F	8, 257—258
6. Chr. Stolberg	Uetersen	8. 4.	H 1. Nr. 15	—
7. Chr. Stolberg	Uetersen	29. 4.	H 1. Nr. 15	—
8. Sophie Bernstorff	Uetersen	6. 5.	F	8, 258
9. Chr. Stolberg	Uetersen	17 5.	H 1. Nr. 15	8, 258—259
10. Chr. Stolberg	Uetersen	7. 7.	H 1. Nr. 15	8, 260
11. F. L. Stolberg	Altona	14. 8.	H 1. Nr. 55	8, 260
12. Chr. Stolberg	Altona	26. 8.	H 1. Nr. 15	8, 261
13. Chr. Stolberg	Dreilützow	20. 10.	H 1. Nr. 15	—
14. Chr. und F. L. Stolberg	Altona	1. 11.	H 1. Nr. 15	—
15. Chr. und F. L. Stolberg	Uetersen	27. 11.	H 1. Nr. 15	8, 261
16. Andreas Peter Bernstorff	Uetersen	19. 12.	H 3. Nr. 36	—
		1772			
17. Chr. Stolberg	o. O. [Uetersen]	11. 2.	H 1. Nr. 15	—
18. Chr. und F. L. Stolberg	Uetersen	14. 2.	H 1. Nr. 15	8, 261—262
19. Chr. Stolberg	Altona	17. 8.	H 1. Nr. 15	8, 262—263
20. Chr. und F. L. Stolberg	o. O. [Uetersen oder Altona]	15. 10.	H 1. Nr. 15	—
		1773			
21. Chr. und F. L. Stolberg	Uetersen	31. 5.	H 1. Nr. 15	8, 263—264

22. Heinrich Christian Boie	Hamburg	13. 1.	—[1]	35, 321—322
23. Heinrich Christian Boie	Uetersen	7. 2.	—	35, 323—325
24. Chr. Stolberg	Uetersen	22. 2.	H 1. Nr. 15	8, 264—265
25. Heinrich Christian Boie	Uetersen	2. 3.	—	35, 325—327
26. F. L. Stolberg	Uetersen	15. 3.	H 1. Nr. 15	8, 265—266
27. Heinrich Christian Boie	Uetersen	28. 3.	—	35, 328—330
28. Johanne Dewitz	Uetersen	1. 4.	H 1. Nr. 54	—
29. Heinrich Christian Boie	Valø	6. 6.	—	37, 352—354
30. Heinrich Christian Boie	Bernstorff	4. 9.	—	35, 330—334
31. Heinrich Christian Boie	Uetersen	14. 11.	—	35, 334—337

32. Heinrich Christian Boie	Uetersen	7. 3.	—	35, 337—339
33. Chr. Stolberg	Altona	24. 3.	H 1. Nr. 15	8, 265
34. Chr. und F. L. Stolberg	Altona	10. 4.	H 1. Nr. 15	8, 265
35. Chr. und F. L. Stolberg	Uetersen	10. 5.	H 1. Nr. 15	8, 267
36. Chr. und F. L. Stolberg	Uetersen	16./17. 5.	H 1. Nr. 15	8, 267—269
37. Chr. Stolberg	Uetersen	1. 6.	H 1. Nr. 15	8, 269—270
38. Chr. und F. L. Stolberg	Loitmark	11. 6.	H 1. Nr. 15	8, 270—271
39. Chr. und F. L. Stolberg	Loitmark	12. 6.	H 1. Nr. 15	8, 271
40. Chr. und F. L. Stolberg	Loitmark	19.[20.] 6.	H 1. Nr. 15	8, 272
41. Chr. und F. L. Stolberg	Bernstorff	1. 7.	H 1. Nr. 15	—
42. Chr. und F. L. Stolberg	Bernstorff	1. 8.	H 1. Nr. 15	8, 273—275
43. Chr. und F. L. Stolberg	Bernstorff	8. 8.	H 1. Nr. 15	8, 275—276
44. Chr. und F. L. Stolberg	Bernstorff	18. 8.	H 1. Nr. 15	8, 276
45. Chr. und F. L. Stolberg	Bernstorff	19. 8.	H 1. Nr. 15	8, 277
46. Chr. und F. L. Stolberg	Bernstorff	22. 8.	H 1. Nr. 15	—
47. Chr. und F. L. Stolberg	Bernstorff	23. 8.	H 1. Nr. 15	8, 277—278
48. Chr. und F. L. Stolberg	Bernstorff	4. 9.	H 1. Nr. 15	8, 278
49. Chr. Stolberg	Bernstorff	11. 9.	H 1. Nr. 15	8, 279
50. Heinrich Christian Boie	Bernstorff	16. 9.	—	35, 340—341
51. Chr. Stolberg	Bernstorff	23. 9.	H 1. Nr. 15	—
52. F. L. Stolberg	Bernstorff	28. 9.	H 1. Nr. 15	8, 280—282
53. Chr. Stolberg	Bernstorff	10. 10.	H 1. Nr. 15	8, 282
54. Chr. Stolberg	Castrup	22. 10.	H 1. Nr. 15	8, 282—283
55. Chr. und F. L. Stolberg	Falster	26. 10.	H 1. Nr. 15	8, 283—284
56. Chr. Stolberg	Schleswig	4. 11.	H 1. Nr. 15	8, 284—285
57. Chr. und F. L. Stolberg	Uetersen	20. 11.	H 1. Nr. 15	8, 285—286
58. Chr. und F. L. Stolberg	Uetersen	25. 11.	H 1. Nr. 15	8, 286—287
59. Chr. Stolberg	Uetersen	2. 12.	H 1. Nr. 15	8, 287
60. Johann Wolfgang Goethe	Uetersen	9. 12.	H 1. Nr. 15	8, 287—288; 24, 38
61. Chr. Stolberg[2]	Uetersen	9. 12.	H 1. Nr. 15	8, 288
62. Chr. Stolberg	Uetersen	16. 12.	H 1. Nr. 15	8, 289

63. Luise Gramm	Uetersen	10./11. 3.	H 1. Nr. 16	—
64. F. G. Klopstock	o. O. [Uetersen]	o. D. [März/ April]	F	49, 16

65. Die Geschwister auf Seeland	Uetersen	16. 4.	H 1. Nr. 15	8, 289—290
66. Die Geschwister auf Seeland	Uetersen	23. 4.	H 1. Nr. 15	8, 290
67. F. G. Klopstock und Hannchen Winthem	Uetersen	25. 4.	F	49, 18
68. Chr. Stolberg	Uetersen	23. 5.	H 1. Nr. 15	—
69. Chr. Stolberg	Breitenburg	27. 5.	H 1. Nr. 15	—
70. Chr. Stolberg	Eckernförde	28. 5.	H 1. Nr. 15	—
71. Chr. Stolberg	Loitmark	31. 5.	H 1. Nr. 15	8, 290—291
72. F. G. Klopstock und Hannchen Winthem	Loitmark	1. 6.	F	8, 291; 49, 32—33
73. F. G. Klopstock[3]	Bernstorff	2. 7.	F	49, 41—42
74. F. G. Klopstock und Jacob Mumssen[4]	Bernstorff	10. 8.	F	49, 44
75. Emilie Schimmelmann	Bernstorff	30. 8.	J	8, 291—292
76. Dr. Phil. Gabriel Hensler	Brahe-Trolleburg	17. 9.	F	8, 293—295
77. Emilie Schimmelmann	Uetersen	3. 10.	G	8, 295
78. Heinrich Christian Boie	Uetersen	o. D. [22. oder 29. 10.]	—	35, 342—343
79. Luise Gramm	Uetersen	4. 11.	H 1. Nr. 16	8, 295—296
80. Emilie Schimmelmann	Uetersen	15. 11.	M[5]	
81. Chr. Stolberg	Uetersen	26. 11.	H 1. Nr. 15	8, 296
82. Chr. Stolberg und Luise Gramm	Uetersen	7. 12.	H 1. Nr. 15	297

1777

83. F. G. Klopstock	Uetersen	27. 3.	F	49, 70
84. F. G. Klopstock und Hannchen Winthem	Uetersen	o. D. [April/Mai]	F	49, 71—72
85. Johann Martin Miller[6]	Bernstorff	5. 8.	C	—
86. F. G. Klopstock und Hannchen Winthem	Bernstorff	9. 9.	F	49, 84
87. Chr. und Luise Stolberg	Tremsbüttel	6. 11.	H 1. Nr. 16	—

1778

88. Heinrich Wilhelm Gerstenberg	o. O. [Uetersen]	o. D. [Anfang Feb.]	D	44, 12
89. Heinrich Wilhelm Gerstenberg	Tremsbüttel	24. 2.	A	—
90. Heinrich Wilhelm Gerstenberg	Uetersen	25. 3.	D	44, 169—170
91. F. G. Klopstock	Uetersen	1. 4.	F	49, 99—100
92. Heinrich Wilhelm Gerstenberg	Uetersen	1. 4.	D	44, 174
93. Heinrich Wilhelm Gerstenberg	o. O. [Hamburg]	7. M[ai]	D	44, 170
94. Heinrich Wilhelm Gerstenberg	o. O. [Hamburg]	o. D. [10. 5.]	D	44, 170
95. Heinrich Wilhelm Gerstenberg	Uetersen	10. 10.	[7]	52, 117—118
96. Chr. und Luise Stolberg	Uetersen	25. 11.	H 1. Nr. 16	—

97. Heinrich Wilhelm Gerstenberg	Tremsbüttel	14. 3.	D	44, 170−171
98. Heinrich Wilhelm Gerstenberg[8]	Tremsbüttel	19. M[ärz]	D	44, 171−172
99. Heinrich Wilhelm Gerstenberg	Tremsbüttel	23. M[ärz]	M	45, 17
100. Heinrich Wilhelm u. Sophie Gerstenberg	Tremsbüttel[9]	24. 3.	D	44, 172−173
101. Heinrich Wilhelm Gerstenberg	Tremsbüttel	26. [März][10]	D	44, 173
102. Sophie Gerstenberg	o. O. [Tremsbüttel]	o. D. [März]	G	45, 17
103. Die Geschwister auf Seeland[11]	Uetersen	6. 5.	H 1. Nr. 15	−
104. F. G. Klopstock	Uetersen	23. 5.	F	49, 129
105. Heinrich Christian Boie	Altona	21. 8.	−	35, 343−344
106. Die Geschwister auf Seeland	Uetersen	2. 9.	H 1. Nr. 15	−
107. Heinrich Christian Boie	Uetersen	21. 11.	−	35, 344−346
108. Heinrich Christian Boie	Uetersen	27. 11.	−	35, 346−347[12]

109. Heinrich Christian Boie	Uetersen	19. 2.	M	−
110. Sophie de La Roche[13]	o. O. [Uetersen]	o. D. [Mitte Februar]	L	−
111. Luise Stolberg	Uetersen	25. 2.	H 1. Nr. 16	−
112. F. G. Klopstock	Uetersen	23. 3.	F	49, 158−159
113. Chr. Stolberg	Uetersen	31. 3.	H 1. Nr. 15	−
114. Chr. Stolberg	Uetersen	11. 4.	H 1. Nr. 15	−
115. Victor Klopstock	Uetersen	4. 5.	F	−
116. Chr. Stolberg	Altona	11. 6.	H 1. Nr. 15	−
117. Chr. Stolberg	Breitenburg	27. 6.	H 1. Nr. 15	−
118. F. G. Klopstock	Loitmark	2./3. 7.	F	49, 172−173
119. Chr. Stolberg	Loitmark	3. 7.	H 1. Nr. 15	−
120. Julia Reventlow	Bernstorff	o. D. [1. 8. oder 8. 8.]	C	−
121. Heinrich Christian Boie	Bernstorff	o. D. [Ende August]	−	35, 348
122. Chr. Stolberg	Loitmark	24. 9.	H 1. Nr. 15	−
123. Luise Stolberg	Uetersen	26. 10.	H 1. Nr. 16	−
124. Chr. und Luise Stolberg	Uetersen	6. 11.	H 1. Nr. 15	−
125. Heinrich Christian Boie	Tremsbüttel	7. 12.	−	35, 349−351
126. Chr. Stolberg	Uetersen	25. 12.	H 1. Nr. 15	−
127. Luise Stolberg	Uetersen	28. 12.	H 1. Nr. 16	−

128. Luise Stolberg[14]	Uetersen	31. 1.	H 1. Nr. 37	−
129. Heinrich Christian Boie	Tremsbüttel	27. 2.	−	35, 351−352
130. Luise Stolberg	Uetersen	29. 3.	H 1. Nr. 16	−
131. Chr. und Luise Stolberg	Dreilützow	19./20. 7.	H 1. Nr. 15	−
132. Sybille Reventlow	Dreilützow	20. 7.	H 5. Nr. 6	−

133. Luise Stolberg	Dreilützow	28. 7.	H 1. Nr. 16	–
134. Luise Stolberg	Dreilützow	15. 8.	H 1. Nr. 16	–
135. Heinrich Christian Boie	Dreilützow	16. 8.	–	35, 353–354
136. Luise Stolberg	Uetersen	14. 10.	H 1. Nr. 16	–
137. Heinrich Christian Boie	Uetersen	9. 11.	–	35, 354–356
138. Luise Stolberg	Uetersen	18. 11.	H 1. Nr. 16	–

1782

139. Heinrich Christian Boie	Uetersen	19. 4.	–	35, 356–358
140. Luise Stolberg[15]	Borstel	7. 6.	H 1. Nr. 37	–
141. Chr. Stolberg	Uetersen	14. 8.	H 1. Nr. 15	–
142. Chr. Stolberg	Tremsbüttel	11. 11.	H 1. Nr. 15	–

Brieffragmente:

143. [Sophie Gerstenberg]	o. O.	o. D. [1778]	D	44, 174
144. [Sophie Gerstenberg]	o. O.	o. D.	C	–

andere Autographen:

145. „Einzelne Gedanken und Empfindungen" H 1. Nr. 54 –
   a) „Im May 1780" [Uetersen]
   b) 11. 5. [1780; Uetersen]
   c) 20. 5. [1780; Uetersen]
   d) 31. 8. [1781; Tremsbüttel]
   e) 15. 2. [1782; Uetersen]
146. Eintrag in das Stammbuch des Bruders Magnus Stolberg, G
   Loitmark 1. 6. 1777 –
147. Eingabe an das Kloster Uetersen, Rondstedt 18. 11. 1769 K 1. –
148. Geburtstagsglückwunsch für Andreas Peter Bernstorff H 3. Nr. 43 –
   [Hirschholm, vor 1766]

---

[1] Die Handschriften der in den Quellen 35 und 37 gedruckten Briefe müssen als verschollen angesehen werden
[2] Nachschrift auf Brief Nr. 60
[3] Dies ist ein Brief von 5 Stolberggeschwistern, Augusta schrieb als letzte
[4] Nachschrift auf einem Brief Christian Stolbergs
[5] Im Jahrbuch der Elbmarschen von 1938 auf Seite 65 entstellt wiedergegeben
[6] Nachschrift auf einem Brief Friedrich Leopold Stolbergs
[7] Früher Stadtarchiv Altona, im Kriege verschollen
[8] Der im Hochstift unter Nr. 6753 aufgeführte undatierte Brief Augustas an Gerstenberg ist in Wirklichkeit eine Nachschrift zum Brief vom 19. M[ärz] 1779
[9] Mit Nachschrift aus Uetersen vom 1. 4. 79
[10] Abweichend von bisheriger Lesart
[11] Diktat
[12] Vermutlich falsch eingeordnet, dem Inhalt nach in das Jahr 1778 gehörig
[13] Fragment
[14] Nachschrift auf einem Brief Katharina Stolbergs
[15] Nachschrift auf einem Brief Katharina Stolbergs

Personen- und Ortsregister

Das folgende Verzeichnis erfaßt die Orts- und Personennamen des erzählenden Textes sowie die des Briefverzeichnisses. In den wenigen Fällen, in denen bei Kindern oder Dienstboten ein Nachname nicht genannt wird und sich derselbe aus dem Zusammenhang auch nicht entnehmen läßt, findet man die Personen unter ihren Vornamen. Einschreibungs- und Geburtsjahr einer Conventualin sind nicht immer identisch. Konnte letzteres nicht ermittelt werden, wurde ersteres den Klosterakten entnommen und als Lebensdatum verwandt. Personen (z. B. „Amtsschreiber"), deren Namen nirgends zu erschließen, und Namen, die um keine weitere Angabe zu ergänzen waren, sind im Register nicht erfaßt. Da die Lebensdaten der Familien Stolberg und Bernstorff aus den Stammtafeln ersichtlich werden, wurde im Register auf dieselben verzichtet. Folgende Abkürzungen werden gebraucht: a. d. H. für „aus dem Hause"; Ue. C. für „Uetersener Conventualin"; sp. B. für „spannpflichtiger Bauer".

Aachen 44

Aderstrup/Lolland, Gutsbesitz 54

Ahlefeldt, Anna Catharina von, a. d. H. ? (1682–1762), Ue. C. 268

– Benedikt Graf von, Herr auf Jersbek und Steegen (1678–1757), Ue. Kl. Probst seit 1732 26, 51, 152, 153, 190, 225

– Cai Wilhelm von (1753–1838), Kl.-Probst zu Preetz 59

– Dorothea Catharina von, a. d. H. Lehmkuhlen (1752–1814), Ue. C., Priörin seit 1792 22, 58, 79, 155, 253, 302, 314, 315

– Ernestine Friderica von, a. d H. Seestermühe, verehel. Gräfin von Schimmelmann (1753–1796), Ue. C. 303, 322

– Hans von, Landdrost v. Pinneberg (1710–1780), Onkel d. vorigen 303

– Marie Antoinette Gräfin von, a. d. H. Langeland-Rixingen (1712–1764), Ue. C., Priörin seit 1753 139, 268

– Maria Antoinette Gräfin von, a. d. H. Langeland (* um 1770), Ue. C. 58

– Maria Elisabeth Gräfin von, a. d. H. Langeland-Rixingen (* 1763) 326

– Margaretha Gräfin von, a. d. H. Wulfshagen (1613–1681), Ue. C., Priörin seit 1656 139, 256, 252

Ahlemann, Georg Ludwig (*Ahlemännchen*) (1720–1787), Propst 99, 100, 245, 274

– Cath. Gude, geb. Hojer (1731–1785), Frau des vorigen 99, 100

Ahrensburg, Schloß und Gut 252, 322

Alers, Dr. Christian Wilhelm (1737–1806), Hauptpastor 151, 316

Altenhof, Schloß und Gut 132, 133, 174, 254, 330

Altona 59, 68, 74, 79, 91, 92, 97–103, 105–107, 109, 112, 115, 120, 122, 125, 145, 151, 170, 171, 176, 238, 243, 245, 265, 268, 273, 274, 293, 303, 323, 325, 330, 354, 355, 357

Amager (dän. Insel) 207

Andresen, Andreas, cand. theol (1781–1849), Rektor und Kantor 80, 82

Anna Lienau (* 1756), Konfirmandin 81

– Petersen (* 1756), Konfirmandin 81

Arbeitsmann (s. unter Rapen)

Arhuß, Maria (* um 1750), Jungfer 146, 147, 149, 236, 237, 255, 312

Armbster, Robert Anthon (1718–1791), kgl. Amtsvogt 78

Asch/Böhmen 87

Aschau/Lolland, Gutsbesitz 54

August Ludwig Friedrichsen (* 1779), Schusterssohn 84

Bach, Carl Phil. Emanuel (1714–1788), Kirchenmusikdirektor 93, 114

Bach, Joh. Sebastian (1685–1750), Thomaskantor, Vater des vorigen 93

Baden, Karl Friedrich Markgraf von (1728–1811) 93, 146

Baggesen, Jens (1764–1826), dän. Schrift-
steller 97, 263
Ballhorn, Achaz Ludwig (1698–1766),
Hauptpastor 80
– Joh. Friedrich (1740–1778), Diaconus,
Sohn des vorigen 79, 80
Barmstede, Heinrich von (um
1211–1240), Ritter 23, 24, 36, 84, 257,
295, 297
Barmstedt 36, 290
Bassewitz, Henning Friedr. von
(1680–1749), Großvater der Ue. C.
S. M. Gr. v. Dernath 288
Baudissin, Augusta Gräfin von
(1827–1917) 334
– Friedrich Graf von, Herr auf Knoop
(1753–1818) 272, 306
– Caroline Gräfin von, geb. von Schim-
melmann (Linchen) (1760–1826), Frau
des vorigen, Tochter des dän. Schatz-
meisters 272, 306
Beer, Michael (1800–1833), Literat 335
Behrens, Dr. Jürgen (* 1935) 232
Berka/Thüringen 260
Berger, Dr. Joh. Chilian Just von
(1723–1791), Hofarzt 195, 233, 234,
237, 238, 293
Berlin 168, 219, 222, 226
Bernstorff, Andreas Gottlieb von, Herr
auf Gartow (1708–1768) 15, 30, 62
– Joh. Hartwig Ernst Graf von
(1712–1772), dän. Staatsmann, Bruder
des vorigen 30–35, 47–49, 51, 66–68,
74, 75, 88, 93–95, 97, 101, 102, 140–142,
152, 186, 187, 189, 227, 233, 280
– Charitas Emilie Gräfin von, geb. von
Buchwaldt (1733–1820), Frau des vorigen 34, 35, 47, 49, 50, 53, 63, 67, 75,
93–95, 97, 101, 102, 126, 139, 140, 141,
142, 145, 300, 301
– Joachim Bechtold von, Herr auf
Gartow (1734–1807), Sohn von Andreas Gottlieb 320, 326, 327
– Wilhelmine von, Tochter des vorigen
(s. unter Reventlow)
– Christiane Elis. Marianne von
(1739–1754), Schwester von Joachim
Bechtold 110
– Andreas Peter Graf von, dän. Staatsmann, Bruder der vorigen 15, 30, 31,
35, 41, 47, 56, 63, 66–68, 73, 75, 88, 93,

107, 110, 145, 148, 173, 180, 186,
188–190, 205, 209, 242, 264, 276,
280–284, 287, 291, 292, 301, 317–320,
322–331, 333, 337, 354, 358
– Henriette (Puletchen) Gräfin von, geb.
zu Stolberg-Stolberg, Frau des vorigen 17, 35, 37, 41, 50, 51, 60, 62, 68, 73,
75, 88, 89, 92, 93, 97, 111, 114, 122, 146,
148, 172, 179, 180, 184, 186, 188, 189,
190, 205, 207–211, 235, 236, 250, 265,
271, 272, 274–277, 280–284, 287, 301,
308, 309, 318–325, 328, 330, 356, 357
Kinder und Schwiegerkinder der vorigen:
– Sophie Magd. Charlotte Gräfin von
(das erste Lottchen) 63, 280, 324
– Joh. Hartwig Ernst Graf von
(Hans) 68, 73, 75, 88, 188, 190, 280,
282, 284, 298, 318–320, 324, 325, 328,
330, 331, 333
– Andreas Gottl. Joachim Graf von
(Drees) 68, 73, 75, 88, 188, 190, 280,
282, 284, 298, 318–320, 324, 325, 328,
330, 331, 333
– Christian Günther Graf von 31, 68,
73, 75, 88, 188, 190, 280, 282, 284,
318–320, 324, 325, 328, 330, 331, 333,
337
– Augusta Louise Elisabeth (Elise) Gräfin
von, geb. von Dernath, Frau des vorigen sowie dessen Nichte 40, 55, 58,
336
– Sophia Magdalena Charlotte Gräfin
von, verehel. von Dernath (das zweite
Lottchen), Mutter der vorigen 68, 73,
75, 88, 188, 190, 280, 282, 284, 291, 318,
320, 324, 325, 328, 330, 331, 333
– Joachim Friedrich Graf von 97, 188,
190, 280, 282, 284, 318–320, 324, 325,
328, 330, 331, 333
– Constanze Friederike Gräfin von, geb.
Knuth von Gyldensteen, Frau des vorigen 330
– Friedrich Graf von (Fritzchen) 188,
190, 205, 206, 209, 211, 215, 235, 236,
238, 243, 280, 282–284, 318–320, 324,
325, 328, 330, 333
– Emilie Hedwig Gräfin von (Milchen) 190, 280, 283, 324
– Emilie Louise Henriette Gräfin von,
zweite Frau des Cai von Revent-

low 188, 280, 284, 318, 319, 324, 325, 328, 329–331, 333
- Emilie Hedwig Caroline Gräfin von, verehel. zu Rantzau (Milchen, Mimi) 188, 280, 284, 318, 319, 324. 325, 328–331, 333.
- Magnus Graf von 188, 276 318–320, 324, 325, 328, 330, 331, 333
- Augusta Louise Gräfin von, geb. zu Stolberg-Stolberg, zweite Frau des Andreas Peter Graf von B. (s. auch unter Stolberg) 122, 328–337
- Karl Andreas Christian Graf von. Sohn von Augusta Louise und Andreas Peter 154, 329, 330, 333
- Sophie von, verehel. vor. Schardt (1755–1819), Nichte des J. H. E. Graf von B. 18, 19, 41, 60, 67, 75–77, 88, 89, 93–95, 101, 103, 105, 136, 142, 152, 188, 300, 301, 321, 354
- Schloß 76, 148, 172, 179, 180, 184, 186–191, 193, 195, 197, 205–207, 213, 215, 232, 238, 242, 243, 248, 251, 254, 265, 271, 272, 274, 277, 282–284, 293, 298, 306, 307, 329, 355–357
Binzer, August Daniel Baron von (1793–1868), Dichter 334
- Emilie Baronin von (1801–1861), Schriftstellerin, Frau des vorigen 334
Birkerö/Seeland 273
Blixen, Tanja (Karen Baronesse v. Dinesen (1885–1962), Schriftstellerin 44
Blücher, Gustav Gotthardt von (1737–1807), Amtmann 303
Bode, Joh. Joachim Christoph (1730–1793), Literat 94, 95, 96, 97, 300, 301
Boie, Joh. Friedrich (1716–1776), Propst 111
- Heinrich Christian (Oberon) (1744–1806), Landrat und Publizist, Sohn des vorigen 17, 40, 86, 94, 102–105, 108, 110–112, 114–128, 130, 133, 136, 160, 165–167, 173, 174, 190, 196, 197, 201, 222, 233, 237, 244, 253, 259, 270, 276–280, 282–284, 293, 298, 303, 305–307, 318, 319, 321, 322, 329, 330, 332, 355, 357, 358
- Friedrich (* 1789), Sohn des vorigen 329
- Ernestine, verehel. Voß (1756–1834),

Schwester des H. Christian 116, 222, 278
Bolten, Joh. Adrian (1742–1807), Kirchenhistoriker 99
Bon et cher (s. unter Ehlers)
Bordesholm bei Kiel 334, 336
Bornemann, Matthias (* um 1740), Küster 73
- Elsabe (* 1770), Tochter des vorigen 73
Borstel, Schloß und Gut 67, 68, 123, 140, 141, 145, 265, 300, 301, 302, 313, 317, 321, 322, 358
Bourmeister, Anna Catharina Augusta (* 1776), Tochter eines Schmiedes 234
Brahe-Trolleburg/Fünen 250, 252, 260, 356
Bramstedt (Bad) 36, 37, 38, 39, 40, 65, 70, 73, 273
Bratje, Marie, geb. Aubonel († 1776), Pastorenwitwe 41, 44
Brentano, Maximiliane (Maxe), geb. de La Roche (1756–1793), Tochter von Sophie de L. R. 304, 305
Breitenburg, Schloß und Gut 24, 38, 44, 53, 56, 57, 59, 60, 69, 73, 89, 147, 172, 173, 174, 202–204, 213, 238, 254, 265, 275, 282, 303, 304, 312, 356, 357
Brion, Friederike (1752–1813), Pfarrerstochter 159
Brocktorff, Ida Hedwig von, Ue. C. (1639–1713), Priörin seit 1709 30, 155
- Schack von (* 1707), Herr auf Aschau, Aderstrup u. Grimsted 54
- Charlotte Ernestine von, a. d. H. Aschau, verehel. von Warnstedt (1742–1775), Ue. C., Tochter des vorigen 54, 57
- Detlev von, Herr auf Rohlstorf(f) (1709–1790) 136, 137
- Elisabeth Benedicta von, a. d. H. Rohlstorf(f) (1743–1800), Ue. C., Tochter des vorigen 26, 27, 54, 62, 65, 78, 79, 136–139, 148, 221, 264, 267, 286, 302, 313–315
Brun, Friederike, geb. Münter (1765–1835), Schriftstellerin u. Freundin d. Stolbergs 252
Brückner, Ernst Theodor Joh. (1746–1805), Pastor 109, 121, 245

Buchwaldt, Charitas Emilie von (s. unter Bernstorff)
- Ida Hedwig von, Schwester der vorigen (s. unter Moltke)
- Friedrich von, Herr auf Borstel (1697–1761), Vater der vorigen 35, 47, 68, 140
- Margarethe Hedwig von, a. d. H. Borstel (1710–1769), Ue. C., Priörin seit 1764, Schwester des vorigen 26, 27, 35, 49, 50, 53, 54, 56–58, 62–65, 68, 139–141, 313
- Anna von, a. d. H. Gudumlund (* um 1750), Ue. C. 79
- Emilia von, a. d. H. Freesenburg (1782–1833), Ue. C., Priörin seit 1831 155, 156
Bugenhagen, Johannes (1485–1558), Reformator 81
Burchardt, Benjamin Gottlieb (etwa 1720–1780), Maurermeister 74
- Carl Friedrich (* um 1750), Sohn des vorigen 269
Busch, Johann Dietrich (1700–1753), Orgelbauer 220
Bürger, Gottfried August (1747–1794), Dichter 109, 110, 111, 112, 121
Büsch, Georg (1728–1800), National-ökonom 95, 97, 168
- Margarethe Augusta, geb. Schwalb (1739–1798), Frau des vorigen 95, 97
- Hermann Martin (1767–1778), Sohn der vorigen 97
Büsching, Anton Friedrich (1724–1793), Geograph 44

Callis(s)en, Dr. Heinrich (1740–1824), Hofarzt 330
Camerer, Johann Friedrich (1720–1792), dän. Offizier 32, 34, 51–53, 85, 140, 221, 227, 230, 258, 307
Carey, Henry (1687–1743), engl. Dichter u. Komponist 124
Castell-Remlingen, Friderica Eleonora Gräfin zu, geb. zu Castell-Rüdenhausen, Mutter v. Christiane Gr. z. Stolberg (1701–1760) 43, 44
- Friederike Louise Amoene Gräfin zu, Tochter der vorigen (s. unter Rantzau)
- (Grafschaft) 38, 216
Castell-Rüdenhausen (Grafschaft) 38

Celle 59, 263
Cidli (s. unter Klopstock, Meta)
Citeaux 23
Clarissa, Heldin aus gleichnam. Roman v. Sam. Richardson (1689–1761) 105
Clark(e), Samuel (1675–1729), engl. Theologe 152
Claudius, Matthias (1740–1815), Dichter 15, 16, 34, 94, 96, 104, 106, 114, 127, 160, 166, 177, 196, 197, 222, 223, 243, 244, 265, 277, 293, 322
- Rebekka, geb. Behn (1754–1832), Frau des vorigen 94, 293, 322
- Caroline, verehel. Perthes (1774–1821), Tochter der vorigen 106
- Augusta Ernestine Wilhelmine (* 1779), Schwester der vorigen 293
Clauswitz, Carl Christian (Witze) (1734–1795), Hofmeister 44, 66, 67, 69, 72
Colombo, Giovanni Battista Innocenco (1717–1793), Maler 225, 226, 227, 228, 229, 230
Cölpin, Titus, kaiserl. Notar (* etwa 1725) 81
- Catharina (* 1755), Tochter des vorigen 81, 82
- Dr. Alexander († 1802), Hofchirurgus 82
Corsör (Korsör)/Seeland 251, 252, 260
Cramer, Carl Friedrich (1752–1808), Professor 17, 30, 75
- Johann Andreas, (1723–1788), Hofprediger, Vater des vorigen 17, 34, 35, 75, 275, 281
Cronegk, Joh. Friedr. von (1731–1758), Dichter 105

Dänemark, Christian III. König von (1503–1559) 21
- Christian IV. König von (1577–1648), Enkel des vorigen 37, 286
- Charlotte Amalie Königin von, geb. Prinzessin v. Hessen-Kassel (1650–1715), Gemahlin Christians V. 59
- Friedrich IV. König von (1671–1730), Sohn der vorigen 19, 84, 104
- Christian VI. König von (1699–1746), Sohn des vorigen 39, 280

- Sophie Magdalene Königin von, geb. Prinzessin von Brandenburg-Kulmbach (1700–1770), Gemahlin des vorigen 24, 39, 44, 45, 61, 63, 66, 279, 280, 281
- Friedrich V. König von (1723–1766), Sohn der vorigen 30, 39, 44, 47, 48, 57, 78, 250, 281
- Christian VII. König von (1749–1808), Sohn des vorigen 29, 30, 47–50, 53, 59–62, 66, 68, 77, 78, 107, 147, 171, 172, 209, 264, 276, 282, 290, 291, 314, 315, 317, 329
- Caroline Mathilde Königin von, geb. Prinzessin von Großbritannien (1751–1775), Gemahlin des vorigen 48, 50, 59, 60, 101, 263
- Friedrich VI. König von (1768–1839), Sohn der vorigen 328, 330
- Juliane Marie Königin von, geb. Prinzessin zu Braunschweig und Lüneburg (1729–1769), zweite Gemahlin König Friedrichs V. 317
- Friedrich Erbprinz von (1753–1805), Sohn der vorigen, Stiefbruder König Christians VII. 317
- Charlotta Amalia Prinzessin von (1706–1782), Schwester Christians VI. 50
- Christian IX. König von (1818–1906) 187
- Luise Königin von, geb. Prinzessin von Hessen (1817–1898), Gemahlin des vorigen 187
- Friedrich VIII. König von (1843–1912), Sohn der vorigen 187
- Alexandra Prinzessin von (1844–1925), Gemahlin König Edwards VII. von Großbritannien Schwester des vorigen 187
- Marie (Dagmar) Prinzessin von (1847–1928), Gemahlin des russischen Zaren Alexander III., Schwester der vorigen 187
- Louise Prinzessin von (s. unter Hessen-Kassel)
Dehn, Friedrich Ludwig, Baron von (1697–1771), dän. Staatsminister 32, 33
Deutscher Kaiser Karl VII. (1697–1745) 224, 225

- Joseph II. (1741–1790) 225, 331
Dessau 219
Dessihn, Eleonora von (1674–1758), Ue. C. 147
Dernath, Gerhard Graf von, Herr auf Hasselburg (1700–1759) 288
- Sophie Louise Charlotte Gräfin von, geb. von Bassewitz (1709–1780), Frau des vorigen 288, 289, 290, 291
- Friedrich Otto Graf von, Herr auf Hasselburg (1734–1805), Sohn der vorigen 290, 291
- Sophie Magdalena Gräfin von, a. d. H. Hasselburg (1747–1800), Ue. C., verehel. von Dillenburg, Schwester des vorigen 65, 78, 79, 138, 147, 221, 286, 288, 289, 290, 291, 302, 307, 314, 315, 330
- Christina Charlotta Gräfin von (* 1731), Schwester der vorigen 288
- Magnus Graf von (1765–1828), Sohn des Friedr. Otto 330
- Augusta Louise Elisabeth (Elise) Gräfin von, verehel. von Bernstorff, Tochter des vorigen, s. unter Bernstorff
Dewitz, Franz Joachim von, Herr auf Loitmark (1710–1781) 56, 172, 173, 174, 238, 307, 316
- Anna Johanne von, geb. von Rumohr (1718–1796), Frau des vorigen 56, 172, 173, 174, 238, 355
- Christina Ulrica von, a. d. H. Loitmark (1717–1792), Ue. C., Priörin seit 1782, Schwester von Franz Joachim 65, 78, 79, 84, 173, 221, 253, 255, 288, 289, 302, 307, 312, 314–316
Diaconus (s. unter Ballhorn u. Hasse)
Dorten Mohr (* 1756), Konfirmandin 81
Dorothea Karstens (* 1756), Konfirmandin 81
Dreilützow, Schloß und Gut 67, 68, 97, 265, 283, 306, 317–319, 321–328, 337, 354, 357, 358
Dubois (* um 1710), Hauslehrer 42
Düsseldorf 127

Ebeling, Christoph Daniel (1741–1817), Professor 95, 167
Eckernförde 132, 207, 282, 356

Ehlers, Martin *(Bon et cher)* (1732—1803), Professor 98, 125, 127, 150, 157, 173, 273, 274
– Helena Margaretha, geb. Eckhoff (1738–nach 1803), Frau des vorigen 98, 125
Ehrenbreitstein 304
Eichstädt, Joh. Ludwig (* 1761), Student 276
Eiler, Harm (* um 1740), sp. B. 90
Einsiedel, Friedrich Hildebrand Freiherr von (1750—1828), Staatsbeamter 231
Elmshorn 57, 87, 259
Elsbeth Ladiges (* 1756), Konfirmandin 81
Emmendingen 172, 260, 261, 298
Ems, Bad 326
Emkendorf, Schloß u. Gut 326, 331
Engelbrecht (etwa 1750—1810), Diener der Priörin 313
England (s. unter Großbritannien)
Erichsen, Vigilius (1722—1782), Maler 317
Eutin 81, 249, 272, 317, 322, 331

Falster (dän. Insel) 76, 209, 210, 211, 355
Fehmarn 211
Flensburg 33, 122
Flottbek b. Hamburg 24
Föhr (Nordseeinsel) 83
Frankfurt/Main 46, 120, 126, 128, 130, 131, 134, 135, 142, 146, 149, 157, 161, 166, 170, 171, 178—182, 191, 193, 215—217, 224—226, 231, 232, 298, 302, 304, 305, 326
Friedrich der Große (s. unter Preußen)
Friis, Aage (1870—1949), dän. Historiker 53
Fünen (dän. Insel) 248, 250
Fürstbischof (s. unter Oldenburg u. Holstein-Gottorp)

Gainsborough, Thomas (1727—1788), engl. Maler 103
Gartow, Schloß und Gut 15, 30, 62, 110, 219, 303, 320, 326, 327
Gärtner (s. unter Stengel)
Geesche Ladiges (* 1756), Konfirmandin 81
Gellert, Christian Fürchtegott (1715—1769), Professor 105

Genf 298
Geßner, Salomon (1730—1788), schweiz. Dichter 35, 105
Gerstenberg, Heinrich Wilhelm von (1737—1823) 19, 103, 111, 148, 149, 167, 168, 197, 199, 200, 201, 220, 238, 270, 304, 356, 357
– Sophie, geb. Trockmann (1744—1785), Frau des vorigen 19, 108, 149, 167, 197, 199, 200, 304, 357, 358
Giseke, Nikolaus Dietrich (* um 1720), Theologe 105
Gleim, Joh. Wilh. Ludwig (1719—1803), Dichter 109
Glückstadt 90
Goethe, Joh. Kaspar (1710—1782), Kaiserl. Rat 33, 46, 146, 225
– Kath. Elis., geb. Textor (1731—1808), Frau des vorigen 33, 46, 146, 149, 326
– Cornelia, verehel. Schlosser (1750—1777), Tochter der vorigen 46, 142, 172, 241, 260, 261, 262, 298
– Joh. Wolfg. *(Wolf)*, seit 1782 von (1749—1832), Bruder der vorigen 15, 19, 23, 46, 69, 83, 87, 110, 111, 123, 126—131, 134—136, 142—144, 146, 149, 151, 157, 159, 160, 168—172, 175—191, 193—195, 206, 212, 213, 215—226, 230—232, 234, 237, 239—243, 249, 250, 260—263, 270—272, 280, 288, 295, 298—301, 304—306, 321, 322, 331—335, 355
Göttingen 17, 32, 109, 111, 112, 114, 116, 118, 119, 122, 123, 126, 136, 151, 272
Gollowin, Amalia Dorothea von (1765—1831), Ue. C., Priörin seit 1814 59, 78, 155
Gotha 216
Gottorf, Schloß 29, 257
Gramm, Luise von (s. unter Stolberg-Stolberg)
Grandison, Romanfigur v. Sam. Richardson 105
Gray, Margaret († 1953) 113
Grétry, André Ernest (1742—1813), Komponist 157
Greve(n), Rud. Heinrich (um 1760), Chirurg 53
Griechenland, Georg I. König von (1845 bis 1913), Sohn König Christians IX. von Dänemark 187

Grimsted/Lolland, Gutsbesitz 54
Grosheim, Georg Christoph (1764 bis 1841), Musiker 168
Großbritannien, Caroline Mathilde Prinzessin von (s. unter Dänemark)
– Georg III. König von, auch Kurfürst von Hannover (1738–1820), Bruder der vorigen 59, 103, 125
– Edward VII. König von (1841 bis 1910) 187
Grube, Jürgen (1702–1776), Klosterschreiber 23, 28, 65, 73 84, 90, 105, 145, 153, 204, 254, 267, 287
Guibert, Antoine Hippolyte Comte de (1743–1790), frz. General 240
Guldberg, Ove (1731–1808) dän. Staatsminister 317

Hagedorn, Friedrich von (1708–1754), Dichter 78
– Joh. Ernst von (1637–1676), kgl. Amtsvogt, Großvater des vorigen 78
Hahn, Joh. Friedrich (1753–1779), Dichter 111, 112, 114, 115, 116, 117, 118, 136
Halberstadt 109
Halle/Saale 66, 76, 91, 101, 104, 109, 147, 170
Haller, Albrecht von (1708–1777), Dichter 76
Hamburg 17, 24, 53, 55, 68, 80, 82, 86, 88–95, 97, 98, 102, 107, 111, 112, 114–117, 119, 120, 122, 123, 125, 126, 128, 134, 147, 163, 167, 168, 170, 171, 175–177, 184, 185, 190, 197, 198, 205, 206, 209, 211, 213, 216, 217, 219–225, 230, 232, 233, 235, 237, 239, 243–245, 248, 249, 252, 265, 275, 277, 293, 295, 298, 301–304, 306, 312–314, 322, 326, 355, 356
Hamann, Joh. Georg (1730–1788), Philosoph 15
Hanbury, Sophie Katharina, verehel. Lindegreen (* um 1755) 174, 184, 247
– John, Courtmaster, Vater der vorigen 247
Hannibal (* um 245 v. Chr.), karthag. Feldherr 45
Händel, Gg. Friedrich (1685–1759), Hofkapellmeister 223, 224, 230

Hannover, Land und Stadt 109, 125, 133, 134, 293
Harms, Claus (1778–1855), Theologe 332, 335 336, 337
Hasse, Ludwig Christian (1743–1798), Diaconus 312
Hasselburg 288, 290, 291
Haster, Joh. Gottfried († um 1785) 259
Haugwitz, Christ. Aug. Heinrich Curt von (1752–1832), preuß. Staatsmann 170, 171, 175, 176, 177, 178, 181, 195, 212, 217, 277, 295
– Johanna Katharina geb. von Tauentzien (* 1755), Frau des vorigen 277
Hegewisch, Dr. Franz Hermann (1783–1865), Arzt 335
Heidelberg 171
Heist b. Uetersen 289
Hell, Jürgen (* um 1740), sp. B. 90
– Matthias (* um 1740), sp. B. 90
Hellebek/Seeland 29
Helleholm/Öresund 318
Hensler, Dr. Philipp Gabriel (1733–1805), Arzt 75, 98–101, 107, 176, 215, 233–235, 237, 238, 250, 251, 253, 293, 311, 356
Herder, Joh. Gottfried (1744–1803), Theologe 157, 160, 175, 232
Hessen-Darmstadt, Luise Prinzessin von (s. unter Sachsen-Weimar-Eisenach)
Hessen-Kassel, Hedwig Sophie Landgräfin von, geb. Prinzessin von Brandenburg (1623–1683), Mutter der Königin Charlotte Amalie v. Dänemark 59
– Carl Landgraf von (1744–1836), Statthalter 29, 47, 172, 178, 211, 214, 274, 331
– Luise Landgräfin von, geb. Prinzessin von Dänemark (1750–1831), Gemahlin des vorigen 171, 172, 178, 211, 212, 213, 274
– Maria Sophia Friederica Prinzessin von (1767–1852), Tochter der vorigen 211
– Friedrich Prinz von (1771–1845) Bruder der vorigen 211
– Juliana Louisa Amalia Prinzessin von (1773–1860), Schwester der vorigen 211
Heydorn, Otto (1726–1800), Organist 80, 163, 164, 165, 166, 221, 285

Hinrichsen, *Jungfer* (* um 1740) 56, 66, 81

Hirschholm (Hørsholm)/Seeland 41, 42, 44−46, 48, 54, 66, 273, 358

Högemann, Claus (* um 1740), sp. B. 115

Hölty, Ludwig Heinrich (1748−1776), Dichter 110, 111, 112, 113, 117, 136, 166

Höpfner, Charlotte Amalie (1809−1884), Pastorentochter 91

Holck, Juliane Sophie Gräfin von, geb. von Danneskiöld-Laurvig (1757 bis 1790) 179, 195

− Friderica Ernestina Gräfin von, a. d.H. Eckhoff (* vor 1788), Preetzer Conventualin 58

− Louise Augusta Gräfin von, a. d. H. Eckhoff (* vor 1788), Preetzer Conventualin 58

Holstein-Gottorp, Peter Friedrich Ludwig Prinz von (1755−1829), Neffe des Fürstbischofs v. Lübeck und Herzogs von Oldenburg, dem er 1785 aufden Thron folgte 317

Homer (8. Jh. v. Chr.), grch. Dichter 278

Horst b. Elmshorn 53, 57, 89, 90

Hupfeld, Hinrich (1750−1806), Verwalter 290

Ilmenau/Thüringen 260

Ilten, Caroline von, Hofdame 240

− Sophie von, Hofdame 240

Itzehoe, Stadt und Kloster 21, 55, 68, 90, 220, 273, 276, 304

Jacobi, Friedrich Heinrich (1743−1819), Literat 305

Jardin, Nicolaus Henri (1720−1799), frz. Architekt 186

Jena 83

Jerusalem, Karl Wilhelm (1747−1772), Legationssekretär 127

Jersbek, Schloß und Gut 62, 141, 142, 151, 152, 153, 190, 242

Jesus Christus 117, 162, 307, 333, 337

Juel, Jens (1745−1802), dän. Hofmaler 298, 333

Jung-Stilling, Heinrich (1740−1817), Literat, Freund Goethes 106, 240

Juvenal, Decimus Junius (etwa 60−140), Dichter 106

Joseph v. Arimathia, Mitglied des Hohen Rates (z. Z. Jesu) 332

− Sohn des Erzvaters Jakob (etwa 1400 v. Chr.) 325

Kappeln (Cappeln)/Schlei 56, 173, 179, 206, 207

Karlsruhe 93, 171, 185

Kassel (Cassel) 304

Kastrup (Castrup) 207, 208, 355

Katharina Schrader (* 1775), Konfirmandin 81

− Ossenbrüggen (* 1756), Konfirmandin 81

Kayser, Phil. Christoph (1755−1824), Komponist 157, 158, 169

Kelting, Friedrich (* um 1740), sp. B. 57

− Michael (* um 1740), sp. B. 57

Kiel 80, 86, 274, 275, 334, 335, 337

Kirnberger, Joh. Phil. (1721−1783), Hofkapellmeister 164

Kistorf (Kisdorf) b. Barmstedt 290

Klara (Clara) (* um 1710), Kinderfrau 42, 43, 160, 190

Klettenberg, Susanna Catharina von (1723−1774), Stiftsfräulein 224

Klevendeich bei Uetersen 324

Klopstock, Friedrich Gottlieb (1724−1803), Dichter 17, 33, 35, 45, 47, 53, 67, 74, 76, 93−97, 100−102, 106, 107, 109−112, 114, 120, 122, 133, 147, 152, 154, 166, 168, 173, 176, 195, 197, 198, 200, 202, 222, 223, 228, 232−234, 236, 237, 239, 243, 244, 250, 265, 270, 276, 277, 283, 293, 294, 298, 299, 302, 304−306, 312, 322, 355, 356, 357

− Meta geb. Moller (*Cidli*) (1728−1758), Frau des vorigen 34, 76, 270, 306

− Viktor Ludwig (1744−1811), Bruder des Friedrich Gottlieb 357

Klosterprediger (s. unter Schröder, Alers, Wiese)

Klosterschreiber (s. unter Grube u. Lawätz)

Kniphagen, Gutsbesitz 288

Knebel, Karl Ludwig von (1744−1834), Prinzenerzieher 185, 231

Knoop, Schloß und Gut 334, 335

− Peter (* um 1740), sp. B. 57

Kobbe, Theodor von (1798–1845), Literat 82, 83, 258, 295, 296, 297
Königsberg/Ostpreußen 15
Koopmann, Franz (* um 1740), sp. B. 115
Kopenhagen 16, 30, 33, 34, 40, 41, 45, 46, 48, 55, 60, 62, 75, 79, 82, 84, 88, 92, 101, 114, 117, 133, 146, 156, 170, 179, 187, 188, 191, 195, 197, 200, 205, 207, 209, 214, 219, 221, 235, 244, 250, 263, 265, 298, 308, 317, 318, 329, 330
Kraus(e) Georg Melchior (1737–1806), Maler 240
Krempe 24
Krieger, Joh. Friedrich (um 1770), Lakai 84
Kruse, Jacob († vor 1800), Mühlenpächter 295
– Wiebke (1603–1648), Geliebte Christians IV. 37

Lange, Jakob (1709–1780), Mühlenbesitzer 84
Langheinrich, Joh. Gottlieb d. Ä. (1739–1782), Postmeister 87
– Marie Christiane, geb. Wolff (1741–1792), Postmeisterin, Frau des vorigen 86, 87
– Joh. Gottlieb d. J. (1777–1849), Postmeister, Sohn der vorigen 87
Lakei (s. unter Krieger)
La Roche, Sophie, geb. Gutermann (1731–1807), Schriftstellerin 304, 305, 306, 357
Lavater, Joh. Kaspar (1741–1801), Theologe 105, 131, 132, 170, 175, 178, 237, 277, 298, 331
Lawätz, Heinrich Wilhelm (1748–1825), Klosterschreiber 23, 254, 260, 315, 325
Leipzig 33, 110, 126, 127, 219, 278
Lessing, Gotthold Ephraim (1729–1781), Dichter 176
Lichtenberg, Georg Christoph (1742 bis 1799), Professor 109
Liliencron, Detlev von (1844–1909), Dichter 226, 228, 230
Loitmark 56, 173–175, 178, 179, 188, 238, 239, 254, 265, 274, 283, 302, 307, 316, 355, 356, 357, 358
Löwenburg/Seeland 17

Lolland (dän. Insel) 54, 133
London 224
Louisenlund, Schloß 172, 178, 274, 326
Lovelace, Romanfigur aus *Clarissa* 105
Lübeck 80, 103, 133, 148, 167, 197, 199, 277, 290, 304
Lulu (s. unter Nicolovius)
Luther, Dr. Martin (1483–1546), Reformator 226, 268

Mara, Johann (* um 1730), Cellist 167, 168
– Gertrud Elisabeth, geb. Schmehling (1749–1833), Sängerin, Frau des vorigen 164, 167, 168, 298
Marburg/Lahn 171
Margarethe Jungen (* 1755), Konfirmandin 81
– Muß (* 1756), Konfirmandin 81
Meiningen, August Friedrich Karl Prinz von (1754–1782) 206
– Georg Friedrich Prinz von (1761–1803), Bruder des vorigen 206
Meinberg, Bad 293, 306
Mejer, Luise verehel. Boie (1746–1786) 167, 280, 284
Meldorf 86, 103, 123
Merck, Johann Heinrich (174.–1791), Kriegsrat 182, 321
Meyer, Adolf Friedrich (1700–1775), Pastor em. 32
Meyn, Peter (* um 1760), Bauer 324
– Elsabe (* um 1760), Frau des vorigen 324
– Henriette Christina Louise (1783 bis 1784), Tochter der vorigen 324
Michaelsen, Friedr. Wilh. Hinrich (1741–1778), Rektor u. Kantor 80, 81, 99, 221, 285
Miller, Joh. Martin (1750–1814), Dichter u. Theologe 18, 111, 114, 117–120, 136, 247, 285, 356
– Anna Magdalena geb. Spranger (* um 1755?), Frau des vorigen 120
Milton, John (1608–1674), engl. Dichter 104
Mohrdieck, Matthias (1718–1775), kaiserl. Notar 268
– Matthias (* um 1680), Schmied, Vater des vorigen 268
Møn (dän. Insel) 210

Mollern (Möller), Anna Maria (* um 1750), Jungfer 146, 147, 149, 236, 237, 312
Moltke, Adam Gottlob Graf von (1710–1792), Oberhofmarschall 60
– Ida Hedwig Gräfin von, geb. von Buchwaldt (1744–1816), Schwiegertochter des vorigen 63, 141
Mozart, Wolfgang Amadeus (1756–1791), Komponist 113, 149
Mühlenpächter (s. unter Kruse)
Müller, Otto Johann († etwa 1760), dän. Ingenieur-Kapitän 137
Münchhausen, Hans Statius von (um 1650), kgl. Amtsvogt, Schwiegervater des Joh. E. v. Hagedorn 78
Mumssen, Dr. Jacob (*Toby*) (1737–1819), Arzt 99, 176, 177, 205, 211, 234, 235, 243, 247, 248, 250, 356

Neefe, Christian Gottlob (1748–1798), Komponist 118
Neumünster 24
Nicolini, Philipp (etwa 1720–1785), Theaterprinzipal 227
– Therese (etwa 1720–1785), Schauspielerin, Frau des vorigen 228
Nicolovius, Maria Anna Louise (*Lulu*) geb. Schlosser (1774–1811), Goethes Nichte 260
Niebuhr, Carsten (1733–1815), Orientforscher 305
Nienstedten 245, 246
Nürnberg 216, 217
Nyborg/Fünen 251, 252, 260

Oberg, Gg. Ludwig Baron von, Herr auf Schwiecheldt b. Peine († 1762) 152
– Bendix Wilhelm Georg Baron von (* um 1735), Herr auf Jersbek, Sohn des vorigen 141, 152, 153, 154, 190
– Anna Metta Baronesse von (1737–1794), Ue. C., Schwester des vorigen 62, 78, 79, 84, 92, 108, 125, 134, 138, 139, 141, 142, 145, 148–156, 161, 172, 177, 188, 190, 205, 214, 215, 220, 221, 224, 225, 234, 236, 242, 243, 250, 252, 266, 277, 286, 287, 293, 294, 302, 309, 314, 315, 316, 318, 320, 323, 324, 325
Oberon (s. unter Boie)

Oberstallmeisterin (s. unter Stein)
Österreich, Charlotte Kaiserin von, geb. Prinzessin von Bayern (1792 bis 1873) 296
Offenbach/Main 183, 192
Officialen (s. unter Voigt, Grube und Lawätz)
Oldenburg, Friedrich August, Herzog von, Fürstbischof von Lübeck (1711–1785) 249, 317, 322
Organist (s. unter Heydorn)
Ossian (3. Jh.), kelt. Barde 104, 108, 152
Osten, Anna Susanna von der (1704–1773), Ue. C. 50, 79, 265, 290, 302
Ottensen b. Altona 101
Overbeck, Christian Adolf (1755–1821), Lyriker 304

Paris 103, 128
Passavant, Jak. Ludwig (1751–1827), Theologe 178, 237
Paulus von Tarsus (etwa 10–60), Apostel 132
Pederstrup/Lolland 133
Peking 128
Perthes, Friedrich (1772–1843), Verleger 106
Philipp, Friedr. Seidel (1755–1820), Goethes Diener 240
Pinneberg 24, 29, 53, 87, 99, 128, 219, 303, 308
Plessen, Louise von, geb. von Berckentin (1725–1799), Oberhofmeisterin 50, 51, 141, 263
Plinius d. J., Gaius (etwa 60–112), Literat 108
Potsdam 113
Posthalterin (s. unter Reese)
Preetz, Stadt und Kloster 21, 24, 50, 55, 58, 59, 68
Preußen, Friedrich II. (der Große), König von (1712–1786) 30, 93, 168, 222, 317
Prinzes, Äbtissin von Vallø (s. unter Schleswig-Holstein-Sonderburg-Glücksburg)
Prinz u. Prinzeß in Schleswig (s. unter Hessen-Kassel)
Probst v. Preetz (s. unter Ahlefeldt)
– S. 24 (s. unter Reventlow)

Profe, Detleff (1745–1807), Rektor u. Kantor 313
Puletgen(chen) (s. unter Henriette Bernstorff)
Pyrmont, Bad 134, 237, 293, 306

Qualen, Henning von (1703–1785), Ue. Kl.-Probst seit 1757 27, 64, 65, 73, 78, 84, 90, 91, 291, 315
– Henningia, Gemahlin des vorigen 84

Ramler, Karl Wilhelm (1725–1798), Literat 270
Rantzau, Anna Magdalena Lucia von, a. d. H. Segalendorf (1754–1813), Ue. C. 302, 314, 315
– Carl Emil Graf zu, Herr auf Rastorf (1775–185)7 330
– Peter Graf zu (1734–1809), Ue. Kl.-Probst seit 1785 82
– Catharine Hedwig, a. d. H. Breitenburg, verehel. Castell-Rüdenhausen († 1743), Großmutter v. Christiane Gr. z. Stolberg u. Amoene Gr. z. Rantzau 38
– Friedrich Graf zu, Herr auf Breitenburg (1732–1802) 57, 60, 69, 70, 238, 276, 291, 304
– Friederike Louise Amoene Gräfin zu, geb. Castell-Remlingen (1737–1802), Frau des vorigen 44, 56, 57, 59, 66, 68, 69, 70, 71, 173, 238, 273, 276, 304
– Friederike Christiane (Frize) Gräfin zu (1762–1831), Tochter der vorigen 56, 204, 304
– Detlev Graf zu (* 1763), Bruder der vorigen 204
– Sophie Magdalena (Lenchen), Gräfin zu (1766–1849), Schwester des vorigen 202, 203, 204
Rapen, Johann (* etwa 1740), „Arbeitsmann" 84
– Albertina Henningia Augusta (* 1771), Tochter des vorigen 84
Reese, Jacob Diedrich (* 1700), Posthalter 77
– Cecilia Dorothea, geb. Herfort (1708 bis 1792), Posthalterin, Frau des vorigen 77, 86, 87, 89, 104, 108, 123, 130, 216, 217, 219, 235, 276, 304, 308
Reichardt, Joh. Friedrich (1752–1814), Hofkapellmeister 95, 96, 97, 100, 167
Reichenbach, Anna Sophia Baronesse von (1725–1798), Ue. C. 78, 79 165, 221, 269, 302, 314, 315
Reinbek bei Hamburg 24, 59
Rektor in Uetersen (s. unter Michaelsen u. Profe)
Reuenthal, Neidhart von (etwa 1180 bis 1237), Minnesänger 243
Reventlow, Catharina von, a. d. H. Schmool (1713–1781), Ue. C., Priörin seit 1773 27, 65, 78, 79, 84, 220, 221, 234, 258, 259, 286, 289, 290. 291, 292, 302, 311, 312, 313, 314
– Christina Maria von, a. d. H. Schmool (1750–1813), Ue. C., Schwester der vorigen 221, 302, 314, 315
– Hinrich Graf von, Herr auf Rantzau, Colmar, Cronshagen († 1732), Ue. Kl. Probst seit 1725 24
– Luise Gräfin von, a. d. H. Brahe-Trolleburg (s. unter Stolberg-Stolberg)
– Anna Sybille Gräfin von, geb. von Schubart (1753–1801), Schwägerin der vorigen 357
– Anna Emerentia Gräfin von, a. d. H. Altenhof (1680–1753), Ue. C., Priörin seit 1713 38, 90, 152, 161, 162, 253
– Detlev Graf von (1712–1783), Oberkammerherr, Herr auf Altenhof, Neffe der vorigen 132, 133, 174
– Cai Friedrich Graf von, Herr auf Altenhof (1753–1834), Sohn des vorigen 174, 253, 330
– Wilhelmine Gräfin von, geb. von Bernstorff, a. d. H. Gartow (1766 bis 1787), erste Frau des vorigen 330
– Friedrich Graf von, Herr auf Emkendorf (1755–1828), Bruder von Cai Friedrich 326, 331
– Juliane Gräfin von, geb. von Schimmelmann, Tochter des Schatzmeisters und Frau des vorigen (1763 bis 1816) 272, 326, 331, 357
Ringstedt/Seeland 251
Rohlstorf(f), Schloß und Gut 62, 136, 238
Römischer Kaiser Karl der Große (742 bis 814) 213
Rollin, Charles (1661–1741), frz. Historiker 108

Roskjilde (Rothschild)/Seeland 47, 251
Rousseau, Jean Jacques (1712−1778),
Philosoph 289
Roxner, Friedrich Ernst (* um 1740), Apo-
theker 237
Rungstedt (Rondstedt)/Seeland 44−46,
50, 54, 55, 60−67, 76, 92, 102, 103, 107,
146, 214, 273, 277, 317, 318, 358
Rumohr, Adelheid Dorothea von,
a. d. H. Segalendorf (1737−1814),
Ue. C. 78, 79, 80, 144, 145, 155, 156,
221, 302, 307, 314, 315
− Agneta Sophia von, a. d. H. Rundhof
(* um 1757), Ue. C. 302
− Johanna Wilhelmine Friderica von,
a. d. H. Rundhof (* um 1758), Ue. C.,
Schwester der vorigen 302
− Friederica Ulrica, a. d. H. Muggesfelde
(1773−1837), Ue. C. 22
− Hedwig Albertina, a. d. H. Olpenitz
(1706−1778), Ue. C., Priörin seit
1769 27, 64, 65, 69, 70, 74, 75, 78, 79,
84, 88, 90, 141, 221, 253, 302, 313, 314
Rußland, Alexander III. Kaiser von (1845
bis 1894) 187
− Peter III. Kaiser von (1728−1762) 29,
49
− Katharina II. *(Die Große)* Kaiserin von,
geb. Prinzessin von Anhalt-Zerbst
(1729−1796), Gemahlin des vorigen
317
− Rußland, Paul I. Kaiser von, Hzg. von
Holstein-Gottorf (1754−1801), Sohn
der vorigen 29

Sachsen-Weimar-Eisenach, Anna Ama-
lia Herzogin von, geb. Prinzessin von
Braunschweig (1739−1807) 231, 232,
240, 301, 317, 321
− Carl August Herzog von (1757−1822),
Sohn der vorigen 168, 185, 206, 213,
216, 220, 222, 226, 231, 232, 240, 241,
248, 249, 250, 298, 301
− Luise Herzogin von, geb. Prinzessin
von Hessen-Darmstadt (1757−1830),
Gemahlin des vorigen 185, 206
− Constantin Prinz von (1758−1793),
Bruder von Hzg. Carl August 240
Sachsen-Gotha, Herzog Ernst II. von
(1745−1804) 95

Säveke, Joh. Burchard (1745−1804),
Nachtwächter 76, 84
Saldern, Caspar von (1710−1786), Diplo-
mat 30
Sarti, Guiseppe (1729−1802), Hofkapell-
meister 166
Saulus v. Tarsus (s. unter Paulus)
Savoyen, Prinz Eugen von (1663 bis
1736) 173
Seckendorff, Siegmund von (1744 bis
1785), Kammerherr 299, 300
Segeberg 36, 68, 123
Seeland (dän. Insel) 40, 55, 63, 112, 148,
172, 180, 197, 205, 206, 209, 214, 233,
235, 238, 248, 275, 276, 280, 283, 306,
322, 356, 357
Seelust/Seeland 306
Seemann, Harm (* um 1740), sp. B. 90
Seester b. Elmshorn 311
Sesenheim 159, 160, 298
Shakespeare, William (1564−1616), engl.
Dichter 103, 104, 123, 126, 153, 202,
330
Silesius, Angelus (Johann Scheffler)
(1624−1677), Theologe 160
Slagelse/Seeland 251
Speth, *Madame* (* um 1725), Apothe-
kerswitwe 98, 274
Sprogö (dän. Insel) 251
Sully, Maximilian de (1560−1641), franz.
Staatsmann 154
Schack, Charlotte Amalia Baronesse von
(1742−1814), Ue. C. 50, 79, 141, 263,
302
Schardt, Ernst Carl Constantin von
(1744−1833), Regierungsrat 240, 300,
301, 306
− Konkordia, geb. von Irving (1723 bis
1802), Mutter des vorigen 240
− Sophie von, Schwiegertochter der vorigen (s. unter Bernstorff)
Schimmelmann, Heinrich Graf von
(1724−1802), dän. Schatzmeister 188,
303, 306
− Ernst Graf von (1747−1831), dän. Minister, Sohn des vorigen 188, 272,
303, 306
− Emilie Gräfin von, geb. zu Rantzau,
a. d. H. Ahrensburg (1752−1780), Frau
des vorigen 17, 104, 154, 166, 152,
271, 272, 306, 307, 356

- Friedrich Josef Graf von (1754–1800), Sohn des Schatzmeisters 303, 322
- Julia Gräfin von, Schwester des vorigen (s. unter Reventlow)
- Friedr. Traugott (1756–1778), Bruder der vorigen 303
Schleswig-Holstein-Sonderburg-Glücksburg, Louise Sophie Friederike Prinzessin von (1709–1782), Äbtissin von Stift Vallø 133, 279
Schleswig, Stadt und Kloster St. Johannis 16, 21, 29, 55, 68, 147, 172, 211, 212, 213, 214, 274, 289, 355
Schlosser, Joh. Georg (1739–1799), Hofrat 260, 298
- Cornelia, geb. Goethe, Frau des vorigen (s. unter Goethe)
Schmehling (s. unter Mara)
Schneider, Johann Kaspar (1712–1786), Kaufmann, Rat 46
Schnoor, Peter (etwa 1730–1790), Tagelöhner 269
Schönemann, Anna Elisabeth (Lili) verehel. von Türckheim (1758–1817), Goethes Braut 134, 178, 181, 182, 183, 184, 185, 191, 192, 193, 194, 206, 216, 223, 298
Schrautenbach, Elisabeth Louise Philippine von (* um 1755), Ue. C. 302, 314, 315
Schröder, Friedr. Ludwig (1744–1816), Schauspieldirektor 104
- Theodor Anton (1730–1788), Hauptpastor 97, 285, 302, 312, 313
Schubart, Christian Friedr. Daniel (1739–1761), Literat 117
Schubart, Johann Conrad (1743–1808), Bruder des vorigen 117
Schubert, Franz (1797–1828), Komponist 29
Schulz, Joh. Abraham Peter (1747–1800), Hofkapellmeister 96, 115, 166, 175
Schumann, Prof. Dr. Detlev W. (1900–1986) 219
Schuppe, Curt (1897–1948), Werksdirektor 296
Schwaben, Metta von († 1709), Ue. C., Priörin seit 1694 84, 137
Schwatzen, Jungfer (* um 1700) 147
Stade/Elbe 24, 307
Steenbock, Magnus Graf von

(1664–1717), schwed. Feldherr 97
Steegen, Gutsbesitz 152, 153
Stein, Ernst Josias Friedrich von (1735–1793), weim. Oberstallmeister 240, 299
- Charlotte von, geb. von Schardt (1742–1827), Frau des vorigen 231, 232, 240, 298, 299, 300, 301, 321
- Karl von (1765–1837), Sohn der vorigen 240
- Ernst von (1767–1787), Bruder des vorigen 240
- Gottlob Friedrich Konstantin (Fritz) (1772–1844), Bruder des vorigen 240
Stengel, Gärtner auf Rungstedt 46, 60
Stilling (s. unter Jung-Stilling)
Stintenburg 67, 317
Straßburg 157, 298
Struensee, Joh. Friedrich (Graf von) (1737–1772), Arzt 62, 66, 67, 74, 101, 102, 263, 283, 305, 335
Stuttgart 225, 226
Stolberg im Harz, Schloß, Stadt und Grafschaft 36, 39
Stolberg-Stolberg, Christoph Friedrich Graf zu (1672–1738), Regent 36
- Christoph Ludwig II. (1703–1761), Regent, Sohn des vorigen 36, 37
- Christian Günther Graf zu, dän. Hofmarschall, Bruder des vorigen 34, 36–44, 46, 55, 65, 70, 74–76, 146, 151, 173, 270, 279, 324
- Christiane Charlotte Gräfin zu geb. zu Castell-Remlingen, Frau des vorigen 16, 17, 34–38, 42–46, 50, 53–56, 60, 62–64, 66–68, 71, 74, 91, 97–99, 101–103, 105–107, 109, 122, 142, 145–147, 151, 173, 186, 268, 269, 273, 276, 324
Kinder und Schwiegerkinder der vorigen:
- Henriette Gräfin zu (s. unter Bernstorff)
- Christian (Christel) Graf zu 16, 18, 37, 41, 46, 55, 60, 63, 64, 66–69, 71–74, 91, 92, 98–114, 116, 117, 125, 126, 128, 131–133, 136, 146, 147, 150, 151, 153, 154, 157, 166, 167, 169–181, 183–185, 188–190, 192, 193, 195–202, 204–217, 219, 220–222, 224, 226, 230, 231, 233, 235, 236, 238, 240, 242, 244, 245, 247,

248, 250−252, 260, 261, 265, 268, 270−272, 274−278, 293−295, 299, 301, 303, 306−309, 311, 317, 319, 321−323, 325−327, 332, 333, 337, 354−358
− Luise Gräfin zu, geb. von Reventlow, a. d. H. Brahe-Trolleburg, verw. von Gramm, Frau des vorigen 16, 132, 133, 165, 198−200, 235, 250−252, 261, 271, 277, 293, 303, 306, 308, 311, 319, 322, 325, 328, 355−357
− Friedrich Leopold (Fritz) Graf zu 16−18, 29, 35−37, 39, 45, 46, 55, 60, 63, 64, 66−69, 71−76, 81, 91, 92, 97−104, 106, 107, 109−114, 117, 122, 125, 126, 128, 131−133, 136, 146, 147, 150, 151, 153, 154, 157, 166, 167, 169−186, 188−190, 192, 195−197, 200, 201, 205, 206, 209−222, 224, 230−233, 235, 236, 238, 240, 241, 244, 245, 247−250, 265, 268, 270−272, 274, 275, 277−279, 281, 283, 285, 287, 293, 295, 299, 301, 302, 306−309, 314, 317, 319, 320−326, 331−333, 337, 354−357
− Agnes Gräfin zu, geb. von Witzleben, Frau des vorigen 320−322, 326
− Katharina (Käthchen) Gräfin zu 16, 19, 24, 36, 37, 41−44, 47, 60, 62−64, 66−68, 74, 97−100, 106, 107, 112, 116, 122, 133, 134, 146, 160, 161, 173, 186, 190, 197, 199, 200, 202, 207, 209, 215, 222, 231, 248, 250, 265, 270, 272−275, 277, 279, 280, 284, 293, 295, 303, 306−309, 312, 317−332, 325, 326, 333, 337, 356, 357
− Augusta Louise (Gustchen) Gräfin zu (s. auch unter Bernstorff) 15−20, 24−29, 35−123, 125−134, 136−149, 151−157, 160−163, 165−184, 186−193, 195−209, 211−222, 224−227, 230−245, 247−250, 252, 254−267, 269−272, 274−280, 282−284, 286−288, 291, 293−295, 297−308, 310−327, 332, 333
− Karl Friedrich Gottlieb Graf zu 273, 324, 337
− Andreas Heinrich Graf zu 40, 324, 337
− Magdalena (Lenchen) Gräfin zu 40, 41, 60, 63, 67, 68, 74, 97−100, 107, 122, 126, 146, 161, 272, 333, 337
− Juliane (Julchen) Gräfin zu, verehel. von Witzleben 16, 36, 40, 41, 46, 47,

60, 63. 64, 65, 68, 74, 97−101, 107, 122, 146, 161, 171−174, 178, 186, 190, 211−213, 245, 250, 270, 272−275, 277, 281, 307−309, 321, 323, 326, 333, 337
− Magnus Graf zu 36, 40, 60, 63, 64, 65, 68, 74, 97, 98, 100, 107, 146, 173, 186, 190, 238, 248, 270, 272, 273, 274, 275, 276, 307, 324, 333, 337, 358
− Andreas Graf zu 40, 41, 324, 337.
− Christian Ernst Graf zu (1783−1846), Sohn von Friedrich Leopold 326
Stolberg-Wernigerode, Christian Ernst Graf zu (1691−1771) 39, 264

Tante aus Süddeutschland (konnte nicht ermittelt werden) 147, 202, 204, 303
Telemann, Georg Phil. (1681−1767), Kirchenmusikdirektor 93, 164
Thienen, Sophie Magdalena von, a. d. H. Kühren (1741−1799), Ue. C. 65, 78, 79, 221, 302, 307, 314, 315
Tremsbüttel 197, 198, 199, 200, 201, 277, 284, 293, 303, 312, 317, 318, 319, 320, 322, 325, 326, 356−358
Türckheim, Bernhard Friedrich Baron von (1752−1831), Bankier 298
− Anna Elisabeth, Frau des vorigen (s. unter Schönemann)

Uetersen, Kloster u. Ort 16, 20−26, 31, 32, 48−60, 62−85, 87−95, 97−99, 103, 104, 106−109, 112−117, 122, 123, 126, 128−130, 133, 134, 136−142, 145−149, 151, 152, 154−157, 160−162, 166−170, 172, 173, 177, 200, 205, 213, 214, 216, 217, 220, 221, 223−226, 230, 233−235, 237, 238, 242, 243, 245, 247, 249, 250, 253, 254, 257, 260, 263, 265, 269, 271, 272, 274, 275, 285−298, 301−306, 311−314, 316, 320−326, 354−358
Uecken (Ucken), Sophie von, a. d. H. Lambhorst/Fünen (* 1631, † nach 1693), Ue. C. 64
Unzer, Joh. Christoph (1747−1809), Arzt 125
Ulm 216, 285

Vaals/Niederrhein 44
Vallø/Seeland, Schloß 24, 55, 66, 116, 133, 222, 273, 279, 280, 355
Vemmetofte/Seeland, Schloß 29, 322

Vettern aus Süddeutschland (konnten nicht ermittelt werden) 147, 202, 203, 204, 303

Voigt, Friedrich Heinrich Christian (1725–1792), Klosterhofmeister 254

Voß, Joh. Heinrich (1751–1826), Rektor, Dichter 109, 111, 114–118, 120, 121, 126, 127, 136, 222, 223, 233, 245, 247, 278, 293, 298, 331

Wahrendorf, Gutsbesitz 288

Wandsbek 15, 94, 222, 245, 293, 298, 322

Warnstedt, Georg Heinrich von (1725–1775), Offizier 54, 57

Warnsholtz, Anna Elisabeth (* um 1760), Jungfer 147

Wedderkop, Christiane Sophie, a. d. H. Marutendorf (1731–1769), Ue. C. 136, 139

– Marg. Elisabeth, a. d. H. Steinhorst (1721–1774) Ue. C. 79, 302

Weimar 87, 168, 177, 185, 206, 216, 217, 219, 220, 223, 230–232, 234, 240, 243, 249, 260, 271, 272, 298–302, 305, 321, 334, 335

Weiß, Dr. Friedrich Wilhelm (1744–1826), Arzt und Komponist 246

Wheen, dän. Insel im Sund 46

Wickede, Friedr. Bernhard von (1748–1825), Silhouetteur 133, 284

Wiese, Joh. Christoph (1720–1776), Hauptpastor 79, 81, 88, 146

Wieland, Christoph Martin (1733–1813), Dichter 240

– Anna Dorothea, geb. Hillenbrandt (1746–1801), Frau des vorigen 249

Willigs, Nicolaus von der (1730–1798), Kaufmann 78, 267

Winterfeld, Dorothea Sophia von (* um 1750), Conventualin zu St. Johannis Schleswig 289

Winthem, Johanna Elisabeth von (Windeme, Hannchen), geb. Dimpfel (1747–1821) 18, 93, 101, 102, 133, 147, 197, 198, 222, 223, 236, 250, 265, 277, 356

– Margaretha Johanna von (Meta) (1766–1841), Tochter der vorigen 277

Wohnsfleth, Magdalena von (1695–1761), Ue. C. 226

Wolf, Ernst Wilhelm (1735–1792), Hofkapellmeister 224

Wotersen, Schloß und Gut 67, 317, 330

Würzburg 216

Zimmermann, Dr. Johann Georg (1728 bis 1795), Hofarzt 125, 176, 195, 196, 197, 212, 232, 233, 237, 293

Zoege von Manteuffel, Peter († vor 1785) 302

– Elisabeth Cath. Fridericia (Zöge), verehel. Zoege von M., Ue. C. (* 1745), Frau des vorigen 29, 65, 78, 79, 152, 221, 236, 260, 302, 303

– W. J., Großfürstl. Brigadier u. Kammerherr, Vater der vorigen 56, 302

Zürich, Züricher See 131, 173, 177, 178, 180, 181, 213, 216, 295, 298

373

Bildnachweis

Bramstedt, ev.-luth. Kirchengemeinde, S. 37.

Düsseldorf, Goethe-Museum: Seiten 127 rechts, 167, 300, Fotos: Walter Klein.

Frankfurt, Freies Deutsches Hochstift Frankfurter Goethe-Museum: Seiten 110 links, 129, 131 rechts, 170, 176, 181, 191, 220 links, 262, Fotos: U. Edelmann.

Frederiksborg, Nationalhistorisches Museum: Seiten 45 links, Foto: Larsen; 48 rechts, 329, Foto: Bengtsson.

Göttingen, Niedersächs. Staats- und Universitätsbibliothek: Seite 131 links.

Hamburg, Kunsthalle: Seite 119, Foto: Elke Wadford. Altonaer Museum: Seiten 67 oben, 234, 248. Museum f. Hamburg. Geschichte: Seiten 82, 93, 101, 299 Mitte, Fotos: Fischer-Daber.

Kiel, Landesamt f. Denkmalpflege in Schlesw.-Holstein: Seiten 68, 151, 203, 254. Schleswig-Holst. Landesbibliothek: Seiten 20, 33, 48 links, 59, 166, 212, 332.

Kopenhagen, Königl. Bibliothek: Seiten 32, 252, 279.

Meldorf, Dithmarscher Landesmuseum: Seite 121.

Privatbesitz: Seiten 34, 43, 51, 52, 56, 86, 94, 110 rechts, 114, 117, 143, 160, 172, 173, 174, 201, 281, 284, 288, 299, 306 rechts, 322, 333.

Schleswig, Schleswig-Holst. Landesmuseum: Seite 257. Landesarchiv: Seiten 137, 164.

Uetersen, Adeliges Kloster: Seiten 18, 27, 49, 65, 74, 89, 147, 153, 155 unten, 156, 162, 236, 253, 264, 286. Fotos: 27 u. 153 Schweim, 162 H. Hartung, 253 G. Rohde. Archiv Schweim: Seiten 16, 25, 72, 75, 141 links, 220, 223, 295, 297. Pastoratsarchiv: Seite 99.

Weimar, Nationale Forschungs- und Gedenkstätten d. klass. deutsch. Literatur: Seiten 178, 217.

Fotos: S. 320 A. P. Graf v. Bernstorff; S. 67 unten Carstens, Kiel; S. 21 H. H. Henningsen, freigegeb. u. SH-1246/2 7. 6. 89; S. 227 Pallas, Schwerin; S. 31, 36, 40, 42, 85, 141 rechts, 145, 148, 155 oben, 186, 189, 243 links, 256, 268, 269, 280, 331 E. u. R. Plath; S. 292 U.Plath; S. 83, 100, 165, 229, 243 rechts G. Rohde.

Zeichnungen: Seiten 22 und 139 F. Frank; 146 U. Plath.

Abbild. nach gedruckten Quellen: Seiten 19, 45 rechts, 95, 127 links, 196, 300 rechts, 305 nach „Bildatlas zur Geschichte der Deutschen Nationalliteratur", Marburg 1887; S. 179, 214, 275, 335 nach „Schleswig-Holstein", H. Biernatzky, München 1847; S. 299 links nach „Schulte-Strathaus", Tafel 32; S. 245 nach „Die Elbchaussee", 1985; S. 306 nach „Geistesleben und Politik in Schl.-Holst.", Otto Brandt, 1925; S. 336, 250, 278 nach „Efterladte Papirer . . ." Bd. 9; S. 261 a. a. O. Bd. 3; S. 30 und 263 nach Lit.verz. 65; S. 39 Lit.verz. 82; S. 41 und 61 Lit.verz. 64; S. 110 Mitte Lit.verz. 16; S. 274 Lit.verz. 15; S. 329 links Lit. verz. 7. S. 70, 80 Lith. von E. Ritter Hbg. um 1840.
Die Herkunft der Lieder: S. 96, 115, 175 nach „Lieder im Volkston", 1782; S. 113, 118, 124 nach „Volksthümliche Lieder der Deutschen", 1895; S. 246 nach HMA 1777. Notenschrift: Hans Langheinrich. S. 160/61 nach „Goethes Gedichte in Kompositionen", Georg Olms, Hildesheim 1975.

Farbtafeln: A. L. Gräfin zu Stolberg-Stolberg – Privatbesitz. Der junge Goethe – Freies Deutsches Hochstift Frankfurter Goethemuseum, Foto: U. Edelmann. Deckenfresco Frankfurter Römer – Histor. Museum Frankfurt/Main, Archivbild. Deckenfresco Klosterkirche Uetersen – Foto: Gerda Rohde, Retusche: Dieter Göhler, beide Uetersen.

Stammtafeln

Christian Günther Graf zu Stolberg-Stolberg und seine Kinder

Christian Günther Graf zu Stolberg-Stolberg * 9. 7. 1714 † 22. 6. 1765	∞ 26. 5. 1745	Christiane Gräfin zu Castell-Remlingen * 7. 9. 1722 † 20. 12. 1773

1. Henriette * 12. 1. 1747 † 4. 8. 1782
   ∞ 3. 12. 1762 Andreas Peter Graf von Bernstorff * 28. 8. 1735 † 21. 6. 1797

2. Christian * 15. 10. 1748 † 18. 1. 1821
   ∞ 15. 6. 1777 Luise von Gramm geb. Gräfin Reventlow * 21. 8. 1746 † 1. 12. 1824

3. Friedrich Leopold * 7. 11. 1750 † 5. 12. 1819
   ∞ 11. 6. 1782 Agnes von Witzleben * 9. 10. 1761 † 15. 11. 1788
   ∞ 15. 2. 1790 Sophie Gräfin von Redern * 4. 11. 1765 † 8. 1. 1842

4. Katharina * 5. 12. 1751 † 22. 2. 1832

5. Augusta Louise * 7. 1. 1753 † 30. 6. 1835
   ∞ 8. 8. 1783 Andreas Peter Graf von Bernstorff

6. Karl Friedrich Gottlieb * 12. 2. 1754 † 9. 12. 1754

7. Karl Friedrich Gottlieb * 20. 4. 1755 † 20. 5. 1755

8. Andreas Heinrich * 1756 † 1759

9. Magdalena * 3. 2. 1758 † 24. 7. 1773

10. Juliane * 9. 11. 1759 † 20. 5. 1847
    ∞ 27. 4. 1787 Henning von Witzleben * 24. 7. 1759 † 25. 1. 1835

11. Magnus * 30. 11. 1760 † 14. 12. 1780

12. Andreas * 11. 8. 1762 † 29. 6. 1765

Andreas Peter Graf von Bernstorff und seine Kinder

Andreas Peter Graf von Bernstorff * 28. 8. 1735 † 21. 6. 1797
- I. ∞ 3. 12. 1762 Henriette Gräfin zu Stolberg
  *12. 1. 1747 † 4. 8. 1782
- II. ∞ 8. 8. 1783 Augusta Louise Gräfin zu Stolberg
  * 7. 1. 1753 † 30. 6. 1835

I. 1. Andreas Christian Gottlieb
   * 22. 11. 1763 † 15. 2. 1765

   2. Sophie Magdalene Charlotte
   * 20. 9. 1765 † 10. 1. 1769

3. Johann Hartwig Ernst, Major, Kammerjunker, Herr auf Wotersen
   * 5. 4. 1767   † 15. 5. 1791
   ⚭ 3. 8. 1790 Constance Friederike Henriette Knuth von Gyldensteen
   * 17. 12. 1772   † 9. 6. 1827

4. Andreas Gottlieb Joachim, Premierleutnant und Kammerjunker
   * 8. 3. 1768   † 24. 4. 1786 Altona

5. Christian Günther, dänischer und preußischer Staatsminister,
   Herr auf Dreilützow und Harst
   * 3. 4. 1769   † 28. 3. 1835 Berlin
   ⚭ 21. 8. 1806 Augusta Louise Elisabeth Gräfin von Dernath
   * 27. 1. 1789   † 1867

6. Sophia Magdalena Charlotte („das zweite Lottchen")
   * 8. 5. 1770   † 30. 10. 1841
   ⚭ 7. 5. 1787 Magnus Reichsgraf von Dernath, Gesandter in Madrid
   * 31. 8. 1765   † 15. 4. 1828

7. Joachim Friedrich, Geheimer Konferenzrat, Herr auf Neudorff
   * 5. 10. 1771   † 26. 10. 1835
   ⚭ 9. 5. 1795 Sophia Henriette Elisabeth von Blücher
   * 15. 5. 1770   † 29. 1. 1807

8. Friedrich, Kammerherr, Herr auf Stintenburg
   * 24. 7. 1773   † 3. 4. 1838
   ⚭ 23. 5. 1803 Ferdinandine Charlotte Marianne Caroline Baronesse Hammerstein
   * 19. 11. 1783   † 24. 3. 1853

9. Emilie Hedwig
   * 27. 10. 1774   begraben 25. 5. 1776

10. Emilie Louise Henriette
    * 7. 10. 1776 Kopenhagen   † 26. 11. 1855 Preetz
    ⚭ 24. 4. 1797 Cai Friedrich Graf von Reventlow, Herr auf Altenhof
    * 7. 11. 1753   † 1834

11. Emilie Hedwig Caroline („Milchen")
    * 7. 11. 1777   † 4. 5. 1811
    ⚭ 22. 9. 1794 Carl Emil Graf zu Rantzau auf Rastorf
    * 17. 2. 1775   † 25. 10. 1857

12. Magnus Carl, Oberst, Herr auf Bernstorff
    * 17. 7. 1781   † 8. 12. 1836
    ⚭ 15. 7. 1807 Caroline Josephine Louise Charlotte Comtesse Baudissin
    * 27. 10. 1788   † 13. 2. 1830 Plön

II. 13. Karl Andreas Christian
    * 15. 5. 1788   † 21. 6. 1792

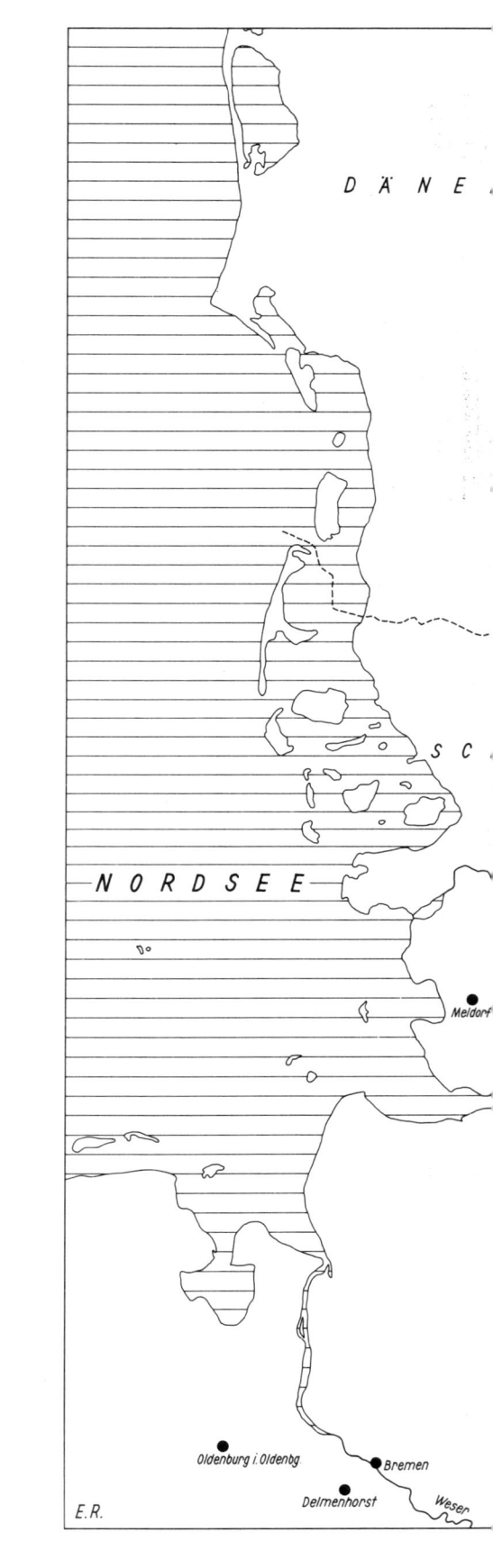

D Ä N E

S C

N O R D S E E

Do

Meldorf

Oldenburg i. Oldenbg. Bremen

Delmenhorst   Weser

E.R.